DOUGLAS / OLSHAKER

Mörder aus Besessenheit

Auch er hat eine Obsession – der professsionelle Killerjäger des FBI ist wie besessen davon, Gewaltverbrechern das Handwerk zu legen. Mit John Douglas wagt der Leser erneut einen Blick hinter die Kulissen der Kriminalität. Statt Fingerabdrücke, Blutspuren und Zeugenaussagen zu sammeln, versetzt sich der berühmte FBI-Agent mit geradezu untrüglichem Gespür in das Seelenleben von Täter und Opfer. Mit Scharfsinn und Sachverstand beschreibt er in seinem neuen Buch vor allem gegen Frauen gerichtete Triebverbrechen. Er erforscht die seelische Struktur von Mördern, Serienvergewaltigern und Sexualverbrechern ebenso wie die Seele ihrer Opfer. Nicht der Name und die Adresse helfen bei der Ermittlung des Täters, sondern ein präzises Bild davon, wie er lebt, was in ihm vorgegangen ist, was ihn zu dem Verbrechen motiviert hat.

Autoren

John Douglas arbeitet seit mehr als 25 Jahren für das FBI und ist zum führenden Experten für Persönlichkeitserforschung und kriminologische Analysen von Serienmördern geworden. Er hat Polizeifahndern in aller Welt als Berater zur Seite gestanden und ist Autor mehrerer Publikationen zur Kriminologie.

Mark Olshaker ist ein erfolgreicher Dokumentarfilmer und Autor von preisgekrönten Kriminalromanen.

Im Goldmann Verlag ist von John Douglas
und Mark Olshaker außerdem erschienen:

Die Seele des Mörders (12960)
Jäger in der Finsternis (12966)

John Douglas
Mark Olshaker

Mörder aus Besessenheit

Profiling:
Die erfolgreiche Jagd
nach Triebverbrechern

Aus dem Amerikanischen
von Andreas Rieger

GOLDMANN

Umwelthinweis:
Alle bedruckten Materialien dieses Taschenbuches
sind chlorfrei und umweltschonend.

Vollständige Taschenbuchausgabe Dezember 2000
Wilhelm Goldmann Verlag, München,
in der Verlagsgruppe Bertelsmann GmbH
© 1999 der deutschsprachigen Ausgabe
Hoffmann und Campe Verlag, Hamburg
© 1998 der Originalausgabe Mindhunters, Inc.
Originalverlag: Scribner, New York
Originaltitel: Obsession
Umschlaggestaltung: Design Team München
Umschlagfoto: Stone/Karen Moskowitz
Druck: Presse-Druck Augsburg
Verlagsnummer: 12972
KF · Herstellung: Sebastian Strohmaier
Made in Germany
ISBN 3-442-12972-9

3 5 7 9 10 8 6 4 2

Für

Jack Douglas

19. März 1918 – 14. Mai 1997

Vater und Freund,
unseren größten Beistand

In Liebe und mit der Hoffnung,
Du mögest auch über diese Arbeit stolz sein

Vorbemerkung der Autoren

Unseren tiefsten und aufrichtigsten Dank möchten wir dem Team aussprechen, das das Erscheinen dieses Buches erst möglich gemacht hat: unserer unerschrockenen Lektorin Lisa Drew; ihrem überaus tüchtigen Assistenten Blythe Grossberb; unserer eigenen begabten Assistentin und wissenschaftlichen Mitarbeiterin Ann Hennigan; unserem Agenten, Manager und Vertrauten Jay Acton; allen unseren Freunden bei Scribner und Pocket Books; und selbstverständlich Marks Ehefrau Carolyn, unserem Mindhunter vom Dienst.

Wir stehen ferner zutiefst in der Schuld all derer, die uns in heroischer Weise ihre Einsichten haben wissen lassen, uns teilhaben ließen an ihren beruflichen Erfahrungen und in einigen wahrhaftigen Fällen ihr Leben für uns aufs Spiel gesetzt haben. Dies sind in alphabetischer Reihenfolge David Beatty, Direktor der Rechtsabteilung der Nationalen Zentrale für Verbrechensopfer; Jack und Trudy Collins; Carroll Ann Ellis, Leiterin der Victim-Witness Unit des Distrikts Fairfax/Virginia; Linda A. Fairstein, Leiterin des Untersuchungsausschusses für Sexualdelikte an der New York County Distrikt-Kanzlei; Hans Hageman, geschäftsführender Leiter der East Harlem Privatschule von Exodus House; Katie und Steven Hanley; Dr. Stanton Samenow; Gene, Jeni und Peggy Schmidt; der Generalstaatsanwältin von Kansas, Carla Stovall sowie Sandy Witt, Koordinatorin des Verbandes der Zeugen von Verbrechensopfern des Distrikts Fairfax.

Wie immer hat sich auch dieses Mal wieder die Mitarbeit der Kollegen Dr. Ann Burgess und Roy Hazelwood als unschätzbar erwiesen. Außerdem möchten wir unseren Dank aussprechen gegenüber Jim Adler, Lynn Allen, Richard Berlin; Detective Bob Murphey; Stacey Payne; Eric Rittenhouse; Chief M. Douglas Scott; Bill Whildin und allen Kollegen von John sowie den Freunden von Mark beim FBI.

Schließlich möchten wir diese Gelegenheit nutzen, auch unseren besonderen Dank gegenüber Johns Vater, Jack Douglas, auszudrücken, der am Morgen des 14. Mai 1997 starb, als wir dieses Buch schrieben. Wir hatten keinen großartigeren und begeisterteren Fürsprecher, und er fehlt uns sehr. Deshalb möchten wir ihm dieses Buch widmen.

John Douglas und Mark Olshaker

Inhalt

Die Seele ist ein Ort für sich, wo der Himmel zur Hölle werden kann und die Hölle zum Paradies.

John Milton,
Verlorenes Paradies

»Mir ist nichts passiert, Officer Starling. *Ich* bin passiert. Sie können mich nicht auf eine Reihe von Einflüssen reduzieren. Sie haben Gut und Böse zugunsten eines Täterprofils aufgegeben, Officer Starling. Haben jedem Menschen eine Portion moralischer Würde verpaßt – nie trägt irgend jemand für irgend etwas die Schuld. Sehen Sie mich an, Officer Starling. Könnten Sie allen Ernstes sagen, ich sei schlecht? Bin ich schlecht, Officer Starling?«

Thomas Harris,
Das Schweigen der Lämmer

KAPITEL EINS

Motivation X

Sie waren alle tot. Alle vier. Die ganze Familie.

Es war 1979. Ich saß an meinem Schreibtisch in Quantico und brütete über den Farbaufnahmen vom Tatort. Mr. und Mrs. Kenneth Peterson befanden sich im Schlafzimmer ihres einstöckigen Holzhauses in dieser mittelgroßen Stadt am Atlantischen Ozean – er lag auf dem Bett und seine Frau, Sarah, nackt auf dem Boden, den Kopf zur Seite gedreht. Beide waren mit schwarzem Isolierband und weißer Jalousieschnur gefesselt, mit der sie, den Druckspuren an ihren Hälsen zufolge, vermutlich erdrosselt wurden. Glücklicherweise waren ihre Augen geschlossen, doch ihre blutverschmierten, geschwollenen Gesichter trugen nicht gerade einen friedlichen Ausdruck. Die elfjährige Melissa befand sich im Keller. Sie war aufrecht mit weißer Jalousieschnur gefesselt, den Hals an ein Abflußrohr gebunden. Sie war mit einem Handtuch geknebelt, von der Taille abwärts nackt bis auf die Sokken; ihr Höschen hing ihr um die Fußgelenke. Ich starrte auf die Nahaufnahme ihres Gesichts, über das in wirren Strähnen ihr langes, dunkles Haar hing. Den Bildern nach zu urteilen schien sie ein hübsches Mädchen gewesen zu sein, doch bei solchen Tatortfotos täuscht man sich leicht. Gewaltverbrechen sind immer entstellend, und ein gewaltsamer Tod verändert das Bild des Opfers vollkommen. Daniel, den sie Danny nannten, war erst neun Jahre alt. Er lag auf dem Fußboden in seinem Zimmer gleich neben dem Bett. Er war vollständig bekleidet und mit einer Schnur gefesselt. Über seinen Kopf war ein Plastikbeutel gestülpt. Welche Wunden die Körper der Kinder auch sonst noch aufwiesen, sie waren beide stranguliert worden. Das Massaker hatte zwischen acht und zehn Uhr stattgefunden an einem Mittwochmorgen im Februar 1974 – mehr als fünf Jahre zuvor. Inzwischen gab es zwei, möglicherweise auch drei solcher Mordfälle, sowie einen bislang unbekannten Täter, der offensichtlich immer noch aktiv war. Aus dem Grund hatte die örtliche Polizei uns angefordert.

Aus bestimmten Gründen, die bald ersichtlich sein werden, sind die Namen und einige Details dieses Falles hier abgeändert worden. Die Tatsachen hingegen sprechen für sich selbst.

Dann studierte ich die übrigen Fotos und die Ermittlungsberichte der Peterson-Akte. Trotz der Verstümmelung der Opfer handelte es sich bei diesem Fall durchaus um ein planvolles Verbrechen, bei dem es nicht um Bereicherung ging. Es gab keinerlei Anzeichen für ein gewaltsames Eindringen, doch an einem Foto wurde deutlich, daß die Telefonleitungen gekappt worden waren, bevor der Täter das Haus betrat, und eine Untersuchung der ermittelnden Beamten hatte ergeben, daß die Schnur, mit der die Opfer gefesselt worden waren, nicht vom Tatort stammte. Wer immer der Täter war, er hatte die Aktion genauestens geplant.

Es war nicht ganz klar, was im Haus fehlte, wenn überhaupt etwas entwendet worden war, lediglich der Wagen der Familie wurde gestohlen. Die Polizei fand ihn später verlassen auf dem Parkplatz eines Lebensmittelladens.

1979 wurde unser Programm zur Persönlichkeitsanalyse von Straftätern gerade erst aus der Taufe gehoben. Ich war damals erst seit zwei Jahren in Quantico, zunächst als Berater an der staatlichen Polizeiakademie, und dann als Lehrkraft, nachdem ich eine gewisse Zeit als Agent in den Revieren von Detroit und Milwaukee tätig gewesen war. Der Leiter des FBI, William Webster, hatte uns kurz zuvor zusätzlich zu unserer Tätigkeit als Ausbilder und wissenschaftliche Mitarbeiter der »Abteilung für Verhaltensforschung« (Behavioral Science Unit) auch offiziell als kriminalpsychologische Berater akzeptiert. Ein paar Jahre später sollte ich dann von den Ausbildern als Erster vollständig in die Abteilung zur Persönlichkeitsanalyse von Gewalttätern hinüberwechseln, doch bis jetzt war ich noch hauptsächlich mit meiner Lehrtätigkeit beschäftigt, vor allem in den kriminalpsychologischen Kursen, die von den Agenten und Polizeikollegen der USA und anderer Länder zu absolvieren waren. Auch Bob Ressler, Roy Hazelwood und einige weitere Kollegen des Lehrkörpers begannen sich in dieser Zeit als Berater zu betätigen, soweit dies ihr Auftrag als Ausbildungskräfte zuließ.

Obgleich wir noch neu und relativ unbekannt waren, hatten wir dort bereits eine gewisse Verfahrensprozedur entwickelt: Schicken Sie uns die Tatortfotos zu und die Berichte der ermittelnden Beamten vor Ort, Zeugenaussagen, den Autopsiebefund, Protokolle und die Ergebnisse der medizinischen Untersuchung, Kartenmaterial vom Tatort oder von eventuellen anderen Fundorten der Leichen und alles, was für den Fall von Bedeutung sein könnte. Lassen Sie uns alles wissen, was Sie über die Opfer und ihre Lebensgewohnheiten in Erfahrung bringen konnten, aber behalten Sie die Liste möglicher Verdächtiger für sich, wenn Sie eine haben sollten, und erzählen Sie uns nicht, wer Ihrer Meinung nach der Täter sein könnte; wir möchten nicht durch Ihre Meinung beeinflußt werden.

Kenneth Peterson war zum Zeitpunkt seines Todes einundvierzig Jahre alt. Seine Frau, Sarah, war vierunddreißig, genauso alt wie ich, als ich dort saß und die Akten studierte. Kenneth hatte seinen Abschied von der Army genommen – er war in Deutschland stationiert gewesen – und kam dann mit seiner Familie zurück in die USA, wo er sich schließlich hier in dieser hübschen Stadt an der Küste niederließ, um als Pilot und Mechaniker etwas außerhalb, im Süden, auf einem kleinen Flugplatz zu arbeiten. Die Petersons waren erst etwa einen Monat zuvor in ihr kleines Haus gezogen, in dem sie jetzt ums Leben kamen.

Ich sah flüchtig durch die kalten, klinischen Fakten der vier Autopsieberichte. Genau, wie es die Photographien vom Tatort vermuten ließen, sind alle vier Opfer durch Ersticken zu Tode gekommen, was mittels Quetschung des Kehlkopfes durch Strangulation geschah, wodurch ein Lungenödem und ein Blutstau in den inneren Organen ausgelöst wurden. Sarah hatte noch weitere Verletzungen, und wie es im Aufnahmebericht des Falles hieß, hatte Melissa ursprünglich einen weißen BH getragen, der vorne aufgeschnitten war. Es gab jedoch keinerlei Hinweise auf eine Vergewaltigung der weiblichen Opfer.

Obgleich an den Leichen keine Schußwunden gefunden wurden, war ich mir ziemlich sicher, daß der Täter eine Waffe besessen haben mußte, sonst hätte er wohl kaum so viele Menschen gleichzeitig unter Kontrolle halten können, schon gar nicht, wenn einer von ihnen ein ehemaliger Armeeangehöriger war. Aber ganz eindeutig hatte der Täter wohl zu keinem Augenblick die Absicht gehabt, von der Waffe Gebrauch zu machen, es sei denn als allerletzte Möglichkeit, zur Rettung des eigenen Lebens. Offensichtlich war er in das Haus eingedrungen mit dem festen Vorsatz zu töten – daß es sich hierbei um einen fehlgeschlagenen Einbruch oder mißlungenen Raubversuch gehandelt haben konnte, war auszuschließen –, aber der Täter war ganz eindeutig nicht daran interessiert gewesen, schnell und »sauber« mit einem gezielten Schuß zu töten.

Die Polizei hielt sich schließlich an eine Reihe von möglichen Verdachtspersonen, über die in der Presse berichtet wurde, die sich jedoch letztlich als nicht sehr überzeugend erwiesen. Doch dann, im Oktober, erhielt der Herausgeber einer lokalen Tageszeitung einen Anruf, demzufolge er in ein bestimmtes Buch sehen sollte, das sich in der Hauptfiliale der öffentlichen Bibliothek befand. Darin lag ein Brief, den der Mörder geschrieben haben wollte. Er behauptete, daß die Verdachtspersonen, die von der Polizei verhört wurden, »absolut keine Ahnung« hätten. Um seine Behauptung zu bekräftigen, der gesuchte Täter zu sein, hatte er mit Schreibmaschine unter der Überschrift »DER FALL PETERSON« eine detaillierte Beschreibung der einzelnen Opfer geliefert, in welcher Position sie beispielsweise gelegen hatten, die Art, wie sie gefesselt waren und welche Kleidung sie trugen sowie genauere Angaben über ihren Tod. Außerdem ließ er noch in scheinbarer Willkür gewisse »Kommentare« zu jedem der Opfer einfließen wie etwa die Tatsache, daß Kenneth sich erbrochen und Sarah das Bett nicht gemacht hätte. Er beschwerte sich sogar darüber, daß der Innenraum des Wagens, den er gestohlen hatte, völlig verschmutzt war und so gut wie kein Benzin mehr im Tank hatte.

Ich las die gräulichen Photokopien, die Blatt für Blatt in einer Schutzhülle aus Plastik steckten, und fragte mich: *Was sagst du mit alledem über dich selbst aus?*

Der Text, der diesen Beschreibungen folgte, war etwas unzusammenhängend. Dort erklärte der Schreiber einige Abschnitte lang, wie schwer es ihm fiele, sich selbst zu kontrollieren, und daß er jetzt, nach den Morden, nicht mehr recht mit dem starken Verlangen zu töten umgehen könne, da er sich an niemanden wenden könne, um über sein Problem zu sprechen.

»Ich weiß nie, wann sich dieses Monster wieder in mein Bewußtsein stiehlt. Aber wenn es erst einmal da ist, dann bleibt es. Wie kann man sich davon befreien? Wenn einer um Hilfe bittet, nachdem er vier Menschen umgebracht hat, dann lacht doch nur jeder oder gerät in Panik und ruft die Bullen.«

In gewisser Weise war ich durch den Text an den Hilfeschrei William Heirens erinnert, des siebzehnjährigen Collegeschülers, der in den vierziger Jahren in Chicago als Serienkiller von sich reden machte, und mit dem Lippenstift eines seiner Opfer an die Wand geschmiert hatte, »Um GoTtes Willen scHnappt mich, Bevor ich nocH mehr umbringe. Ich habe keine KonTRolle mehr über miCH.« Als man ihn faßte, unterstellte er die Mordtaten einem gewissen George Murman (ein Name, den er möglicherweise von »Murder Man« herleitete), der, wie er schließlich zugestand, in ihm lebte. Ihm wurde der Prozeß gemacht, und er wurde zu einer lebenslangen Haftstrafe verurteilt. Bob Ressler und ich haben ihn kürzlich im Zuge unserer Forschungsarbeit für die kriminologische Persönlichkeitsanalyse von Serienmördern im Gefängnis interviewt. Im Gegensatz zu dem aktuellen Fall hatte man in Heirens Lippenstiftappell noch eine gewisse Aufrichtigkeit entdecken können, doch dieser unbekannte Täter spielte mit seinem Publikum.

Den Modus Operandi (MO) seiner Taten beschrieb er folgendermaßen: »… ich folge ihnen, beobachte sie, warte in der Dunkelheit, warte und warte.« Genau wie Heirens versuchte er, sich eines Teils der Verantwortung zu entledigen, indem er sagte: »Möglicherweise können Sie ihn aufhalten. Ich kann es nicht. Er hat sich bereits sein neues Opfer oder seine nächsten Opfer ausgesucht. Ich weiß selbst noch nicht, wer sie sind.« Dann schließt er seine Nachricht mit der Bemerkung »Viel Erfolg bei Ihren Ermittlungen« und verabschiedet sich mit der Bemerkung: »AUFRICHTIG, IHR DURCHAUS SCHULDIGER.«

Als Postskriptum fügte er noch hinzu: »Da Sexualtäter ihren MO nicht ändern oder von ihrer Natur her nicht dazu in der Lage sind, werde auch ich meinen nicht ändern. Mein Code ist weiterhin … Suchen und Zerstören.«

Ich erkannte, das war der Schlüssel. Dieser Mensch brüstet sich nicht nur damit, für die Morde verantwortlich zu sein, sondern drückt ihnen auch noch seinen eigenen Stempel auf, gibt sich sozusagen Profil. Was immer dieser Vogel im Laufe seines Lebens zustande gebracht haben mochte – und ich vermutete, daß es nicht viel gewesen sein konnte –, auf diese Tat ist er ganz besonders stolz. Die meiste Zeit denkt er sicherlich über nichts anderes nach und träumt von nichts anderem als davon. Er hält sich für einen Künstler, und dies ist seine »Kunst«, sein Lebenswerk. Der zweite Teil seiner Nachricht ist nichts weiter als eine Erklärung, eine oberflächliche Entschuldigung dafür, warum er auch weiterhin morden würde. Das ist es, was ihm das höchstmögliche Lebensgefühl gibt. Im Augenblick der Tat kann er sich selbst über die Unzulänglichkeit und Sinnlosigkeit seiner Existenz hinwegtäuschen und seine unbeschränkte Macht über andere Menschen auskosten. Gleichgültig, was sie besitzen oder im Leben erreicht haben, in diesem Augenblick ist er mächtiger als sie. So will er gesehen und erkannt werden.

Dabei war es eine ganze Zeitlang geblieben. Es folgten keine weiteren Verbrechen und keine weiteren Botschaften des Täters mehr.

Aber selbst ohne die verbriefte Ankündigung, die ich vor mir liegen hatte, war mir klar, daß dieser bislang unbekannte Täter noch weitere Morde begehen würde. Dann las ich die erste Seite des Schreibens noch einmal genauer durch. Ein Punkt erschien mir besonders unfaßbar; etwas Ähnliches war mir noch nie zuvor begegnet. Der Schreiber notierte in seinem Brief sogar genau, wo Melissas Brille liegengelassen worden war. Wie war er dazu imstande? War er tatsächlich so zwanghaft, daß er durch das ganze Haus lief und sich akribisch jede Einzelheit aufgeschrieben hatte? Er hätte sich doch, verdammt noch mal, an dieses Detail nicht mehr erinnern können nach acht Monaten.

Natürlich nicht! Er mußte im Besitz von Tatortphotographien sein, genau wie ich. Nur er stellte sich offensichtlich seine eigenen her. Er brachte sich wohl eine Kamera mit an den Schauplatz des Geschehens, oder, das war wohl wahrscheinlicher, er mußte einen Photoapparat der Petersons benutzt haben. Wenn man nicht gerade wußte, wo man danach hätte suchen müssen, war eine Kamera nicht gerade ein Gegenstand, den man bei den Ermittlungen am Tatort vermissen würde. Und wenn er nicht gerade selbst ein Hobbyphotograph war mit Entwicklungsgerät und eigener Dunkelkammer, dann mußte es sich dabei um eine Polaroidkamera handeln. Er hätte unmöglich das Risiko eingehen können, einen Film mit solchen Aufnahmen zum Entwikkeln einzuschicken.

Und warum hatte er die Fotos gemacht? Sicherlich nicht, um Polizei und Medien genau ins Bild setzen zu können, obgleich er genau das tat. Mir wurde klar, daß er die Aufnahmen gemacht hatte, weil er sich auf diese Weise den Tathergang wieder und wieder vergegenwärtigen konnte. Manche dieser Typen stecken sich Schmuck und Unterwäsche ihrer Opfer ein, aber dieser Kerl machte Fotos vom Ort seines Verbrechens. Selbstverständlich würde er noch weitere Morde begehen. Er hatte ein zu großes Vergnügen daran. Und er würde damit fortfahren, sobald ihm sein Erinnerungsvermögen zur Befriedigung seines Triebes nicht mehr reichte.

Der nächste Mord in dieser Serie geschah im Mai 1977, etwas später als drei Jahre danach. Ein Weißer hatte sich mit vorgehaltener Waffe Zutritt in das Haus der siebenundzwanzigjährigen Frances Farrell verschafft. Er sperrte die drei Kinder – zwei Jungen und ein Mädchen – in das Badezimmer, fesselte anschließend die Mutter und erwürgte sie. Offensichtlich hinderte das Telefon den Eindringling daran, sein Werk zu vollenden, als es plötzlich zu klingeln begann. Den Kindern gelang es, sich von ihren Fesseln zu befreien und die Polizei zu rufen. Wenn es der gleiche Kerl gewesen war, dann versäumte er dieses Mal, das Telefonkabel zu kappen, oder es war vielleicht nicht zugänglich. Auf diese Weise konnte die Polizei dem Puzzle der verschiedenen Zeugenaussagen, die sich im Mordfall Peterson gefunden hatten, ein paar Details hinzufügen. Einer von Frances' Söhnen war am Morgen der Tat auf der Straße von einem Unbekannten, von dem er glaubte, er sei mit dem Mörder seiner Mutter identisch, nach dem Weg gefragt worden.

Die Tatfotos von Frances Farrell waren ziemlich scheußlich, möglicherweise noch abstoßender, als das, was man aus dem Fall Peterson kannte. Wie Sarah Peterson war sie nackt und mit schwarzem Isolierband und weißer Jalousieschnur gefesselt. Ihre Arme waren hinter dem Rücken mit Isolierband und Jalousieschnur zusammengebunden sowie einem Paar ihrer Strümpfe. Wie bei Danny Peterson war auch Frances eine Plastiktüte über dem Kopf gestülpt worden. Als die Plastiktüte am Tatort entfernt wurde, war ihr Gesicht infolge von Zyanose und innerer Blutungen fast blauschwarz; um Nase und Mund war bluthaltiges Erbrochenes festgetrocknet. Dem Autopsiebefund zufolge wies die Leiche jedoch wiederum keinerlei Wunden an den Händen auf, die auf eine Gegenwehr hätten schließen lassen, und es gab keinerlei Anzeichen einer Vergewaltigung.

Dann, am 6. November des gleichen Jahres, wurde Lori Gallagher bei ihrer Rückkehr nach Hause von einem Eindringling überrascht, der durch das Schlafzimmerfenster eingestiegen war. Dieses Mal hatte er die Telefonleitung durchgeschnitten. Sie lag mit dem Gesicht nach unten auf dem Bett und trug einen langärmeligen roten Pullover. Ihr Höschen war heruntergezogen worden, und mit der Strumpfhose hatte der Täter ihr die Handgelenke auf dem Rücken zusammengebunden. Eine Reihe weiterer farbiger Strumpfhosen war ihr als Knebel durch den Mund um den Hals gebunden, und sie blutete aus Mund und

Nase. Ihr ganzer Körper war leicht rötlich gefärbt von petechialen Hautblutungen. Erneut wies die Leiche keine Wunden auf, die auf eine Gegenwehr hätten schließen lassen, und es gab kein Anzeichen für eine vaginale oder anale Vergewaltigung. Und wieder war das Opfer erdrosselt worden.

Besonders bemerkenswert an diesem speziellen Mordfall war, wie die Polizei davon erfuhr. Am Morgen danach hatte der Täter selbst angerufen und den Beamten erklärt, wo sich der Tatort befände. Es gelang der Polizei zurückzuverfolgen, von welchem Telefon aus das Gespräch geführt worden war. Es war ein öffentlicher Fernsprecher an einer belebten Ecke mitten in der Stadt. Einige Zeugen glaubten sich schwach an einen hochgewachsenen blonden Mann erinnern zu können, der das Telefon etwa zur Tatzeit benutzt hatte.

Etwa Anfang Februar 1978 schickte der Mörder ein Gedicht an das Büro der örtlichen Tageszeitung. Doch irgendwie geriet es dort in die Verteilerzentrale, so daß einige Tage lang niemand davon Notiz nahm. Offensichtlich ganz außer sich wegen des geringen Interesses an seiner Person, oder anders ausgedrückt, wegen des Mangels an Publikum, dessen der Täter so dringend bedurfte, schlug er einen anderen Weg ein und schickte einen Brief an den lokalen Fernsehsender, der einen Großteil der Region versorgte. Darin rühmte er sich nicht nur erneut der Peterson-Morde, sondern übernahm auch die Verantwortung für die Fälle Farrell und Gallagher.

Die Fernsehstation brachte den Brief umgehend zur Polizei, die ihn sehr ernst nahm.

Die Darstellung der Morde an Frances Farrell und Lori Gallagher waren ebenso detailliert wie das erste Bekennerschreiben zum Fall Peterson. Der Täter schrieb darin, was die Farell-Kinder doch für ein Glück gehabt hätten, daß ihm das Telefon dazwischen gekommen sei. Das hätte ihnen das Leben gerettet. Er hatte die Absicht gehabt, sie auf die gleiche Weise wie Danny Peterson umzubringen. Dieses Mal jedoch verriet der Brief noch mehr über Vorgehensweise und Motivation des Täters. Am Ende der einzelnen Beschreibungen sowohl des Mordes an Lori Gallagher als auch an Frances Farrell fügte der Täter haargenau den gleichen Kommentar hinzu: »Die Wahl fiel zufällig auf sie, ohne großartige Planung. Motivation X.«

»Wie viele Menschen muß ich noch umbringen, bevor mein Name in der Zeitung erscheint oder die Nation auf mich aufmerksam wird?« schien er praktisch zu betteln. »Glauben die Bullen denn, die Toten stünden in keinerlei Zusammenhang? Ja, der MO ist jeweils ein anderer, aber seht euch doch nur das Muster an, das sich daraus entwickelt.«

Als ob er sich nicht schon klar genug ausgedrückt hätte, erklärte er noch: »Ihr versteht nichts von dieser Angelegenheit, weil ihr nicht unter dem Einfluß von Motivation X steht, dem gleichen Ding, das aus Sams Sohn, Jack the Ripper, dem Würger von Boston, dem Hillside Strangler, Ted [Bundy] von der Westküste und vielen anderen berüchtigten Gestalten das gemacht hat, was sie waren.«

Er bezeichnete diese Heimsuchungen als »einen schrecklichen Alptraum«, gab jedoch zugleich zu, daß er deswegen allerdings nicht etwa schlechter schlafe. »Nach einem Ding wie dem Fall Gallagher gehe ich nach Hause und lebe weiter wie jeder andere auch. Und so bleib ich dann, bis mich der Trieb von neuem überkommt.«

Schon damals, als ich mich noch ziemlich am Anfang meiner Arbeiten zur Erforschung des Täterprofils von Serienmördern befand, wußte ich, daß er nach einer solchen Tat nicht einfach nach Hause ging und sein Leben lebte wie jeder andere. Ich hatte bereits begriffen, wie man die tiefere Botschaft zwischen den Zeilen zu lesen hatte, sozusagen den »Subtext« verstand, wie das die Schauspieler nennen. Hier sagte er nämlich etwas ungemein Wichtiges und Richtiges nicht nur über sich selbst, sondern faktisch über jeden Serientäter. Und das ist, daß sie im herkömmlichen Sinne tatsächlich einfach wieder ihrem Alltag nachzugehen und ein normales Leben zu führen scheinen wie jeder von uns. Auch wenn sie in Wahrheit Monster sind, handeln sie scheinbar normal, und man sieht es ihnen nicht an. Das ist der Grund, warum sie Erfolg haben. Wir sehen sie zwar, doch wir schauen durch sie hindurch. Was sie zu Ungeheuern macht, ist nicht ihr äußeres Erscheinungsbild, sondern die Tatsache, daß ihnen ihr eigener Wahnsinn keine schlaflosen Nächte bereitet.

Sein Brief schloß mit dem Appell: »Wie wäre es, wenn wir einen Namen für mich fänden?« und schlug dann fast ein wenig feierlich vor »SEARCH AND DESTROYER,« also Suche und Zerstörer.

Richtig hätte es wohl heißen müssen »Sucher und Zerstörer«, denke ich, aber auch wenn seine Syntax nicht korrekt war, so hatte er doch genau auf den Punkt gebracht, was er uns sagen wollte. Über seinen Stil hat er sich kein großes Kopfzerbrechen bereitet, aber er hat ganz gewiß eine Menge darangesetzt, an seinem Image zu feilen. Wenn wir ihn also schnappen wollten, würden wir wohl oder übel auf sein Spiel eingehen müssen.

Die Polizei hatte bereits wertvolle erste Schritte eingeleitet, bevor sie sich an uns wandte. Es war nicht nur eine Spezialeinheit auf diesen Fall angesetzt, um alle Hinweise und bisher gesammelten Beweisstücke zu sichten und den Mörder zu jagen, sondern der Leiter des Dezernats hatte, sobald das neue Bekennerschreiben bei der Fernsehstation eingegangen war, eine Pressekonferenz abgehalten und die Botschaft des Täters publik gemacht und betont, daß man von der Authentizität des Schreibens überzeugt sei.

»Ich möchte noch einmal ausdrücklich betonen, daß wir keinerlei Zweifel an der Echtheit des Schreibens haben, und daß die Person, die es verfaßte, tatsächlich der Mörder dieser Menschen ist. Der Täter hat sich mit der regelmäßig auftauchenden Formulierung ›suchen und zerstören‹ zu erkennen gegeben und möchte ›Sucher und Zerstörer‹ genannt werden. Da wir überzeugt sind, daß dieser Mann für sechs Morde verantwortlich ist, möchten wir jeden einzelnen Bürger dieser Stadt um Mithilfe bei der Aufklärung dieses Falls bitten.«

Obgleich ich meine Tätigkeit im Rahmen der Persönlichkeitserforschung und Verbrechensanalyse gerade erst aufgenommen hatte, erkannte ich den ausgeprägten Instinkt des leitenden Mannes des Polizeidezernats sofort, ein Gefühl, das sich während meiner gesamten Dienstzeit bei der Strafverfolgungsbehörde nur noch verstärken sollte.

Bei dieser Art von Arbeit besteht immer eine gewisse Versuchung, Informationen zurückzuhalten und noch einmal zu überprüfen, was manchmal natürlich auch notwendig ist. In jedem anhängigen Fall muß man bestimmte Details geheimhalten, um die Glaubwürdigkeit der verschiedenen Zeugen und die unterschiedlichen Verdächtigen in Ruhe überprüfen zu können. Jedes sensationelle Verbrechen und jede Mordserie – und der Fall *Search and Destroyer* gehörte zweifellos in diese Kategorie – zieht unweigerlich eine ganze Reihe von Verrückten auf den Plan, die am liebsten jede einzelne Mordtat selbst begangen hätten. In anderen Worten heißt das, man wird Bekenntnisse hören von Leuten, die gerne das getan hätten, was der Mörder getan hat, dazu nur nicht in der Lage waren, aber auf diese Weise wenigstens versuchen wollen, die gleichen Phantasien zu initiieren und die gleiche Aufmerksamkeit zu erlangen wie der echte Mörder. Diese Charaktere muß man dann unbedingt wieder rechtzeitig ausblenden, bevor man zuviel Zeit mit ihnen vergeudet.

Doch rückblickend muß ich sagen, daß ich immer und immer wieder erlebt habe, daß die Öffentlichkeit in den meisten Fällen der beste und effektivste Partner war, wenn es darum ging, einen unbekannten Täter vor Gericht zu bringen. Irgend jemand dort draußen kennt ihn. Irgend jemand dort draußen hat etwas gehört oder gesehen. Irgend jemand dort draußen kennt das entscheidende Stück des Puzzles. »Douglas' erste Regel für die Aufklärung eines Verbrechens« besagt, je mehr man die Öffentlichkeit über einen Fall wissen läßt, desto eher ist sie in der Lage zu helfen.

Es lag zum Teil genau daran, daß ich nicht der erste war, der sozusagen ein Täterprofil von *Search and Destroyer* anbot. Die Medien überschlugen sich fast mit dieser »Motivation X«, und ließen alle möglichen Psychiater und Psychologen zu Wort kommen, die sich darüber verbreiteten, wie der unbekannte Killer zu dem hatte werden können, was er war. Einige dieser Verlautbarungen waren auch tatsächlich recht brauchbar, aber unser Ansatz für die Erstellung eines kriminalistischen Persönlichkeitsprofils ist von der Natur der Sache her schon ganz anders angelegt als das, was von Leuten der psychologischen Zunft in der Regel erstellt wird. Deren Job ist es, anhand allgemeingültiger psychologischer Daten herzuleiten, wie der Mann zum Verbrecher geworden ist, während ich mir mit Hilfe des vorliegenden Materials ein Bild von dem machen muß, wie sich der Täter in diesem speziellen Augenblick darbietet, woran wir ihn erkennen könnten, und was wir tun müssen, um ihn dingfest zu machen, bevor er noch mehr Unheil anrichtet.

Einer dieser Psychologen schrieb zum Beispiel einen Beitrag, in dem er die Theorie aufstellte, daß sich der Killer ausgiebig mit der Lektüre populärwissenschaftlicher medizinischer und psychologischer Literatur befaßt haben mußte, um sich selbst und das, was ihn zu seinen mörderischen Taten treibt, besser verstehen zu können, und daß sich der Mörder aller Wahrscheinlichkeit nach schon seit seiner Pubertät mit diesen impulsiven Stimmungen und Gewaltphantasien beschäftigt hätte.

Das mochte ja möglich sein, aber aus der kriminologisch-analytischen Perspektive, aus der ich den Fall betrachtete, handelte es sich bei diesem Kerl um jemanden, der fasziniert war von Arbeit und Vorgehensweise der Polizei, von dem gesamten Spektrum der polizeilichen Ermittlungstätigkeit. Entweder war er tatsächlich selbst auf irgendeine Weise im Vollstreckungsvollzug beschäftigt, oder er träumte wenigstens davon, welche phantastische Machtposition ihm dieser Beruf geben könnte. Ich war überzeugt davon, daß er wie ein echter Ermittlungsbeamte Aufnahmen vom Tatort machte. Desgleichen waren seine schriftlichen Kommentare über Zustand und Lage der Leichen sowie die Situation am Tatort in reinem Polizistenjargon abgefaßt, waren methodisch und verfahrenstechnisch absolut korrekt; so bezeichnet er beispielsweise, in welcher Position die Opfer aufgefunden wurden, indem er die nord-südliche bzw. ost-westliche Lage der Leichen nennt, was ein für die Polizei typischer Sprachgebrauch ist. Ich wäre überhaupt nicht verwundert gewesen, wenn er in der gleichen Weise, in der er den Tatort ablichtete, auch Skizzen anfertigte und sich neue Mordpläne über seine zukünftigen Verbrechen ausmalte, die er in seinem Brief ja bereits angekündigt hatte.

Die Dienststelle der »Abteilung für Verhaltensforschung« war in einem unterirdischen Gebäudetrakt in Quantico untergebracht, etwa sechzig Fuß unter der Erde. Ursprünglich sollten diese Räumlichkeiten im Fall eines feindlichen Angriffs als nationale Polizeizentrale dienen. Für die Situation wäre der Bunker sicherlich auch sehr geeignet gewesen, aber als täglicher Arbeitsplatz erschien es mir dort doch ein wenig bedrückend. Daher zog ich mich, immer wenn ich mich einmal wirklich auf einen bestimmten Fall konzentrieren und in Ruhe darüber nachdenken wollte, mit dem entsprechenden Arbeitsmaterial in das oberste Stockwerk der Bibliothek zurück, die in einem angrenzenden Gebäude untergebracht war, und wo normalerweise die Rechtsabteilung ihren Sitz hatte. Dort versuchte ich dann, mir den Tathergang vorzustellen – was sich im einzelnen zwischen Täter und Opfer abgespielt haben mußte. Ich versuchte möglichst genau die Beziehung zwischen Opfer und Täter zu analysieren, was wir schließlich als *Viktimologie* bezeichneten, und was meiner Meinung nach ebenso bedeutend war wie die genauere Kenntnis des Täters selbst, um den Fall in den Griff zu bekommen.

Im Gegensatz zu meinem winzigen unterirdischen Büro in diesem Bunker gab es in der Bibliothek Fenster und reichlich Tageslicht, so daß man nicht das Gefühl hatte, man arbeitete in einer Gruft.

Zunächst versuchte ich mir vorzustellen, wie sich jedes einzelne Opfer verhalten haben mochte, als es mit dem Täter konfrontiert war. Ich machte mir Gedanken über die Art der Wunden, versuchte sie zu deuten und versuchte mir klar darüber zu werden, warum das entsprechende Opfer ausgerechnet auf diese Weise behandelt worden war.

Wenn man zum Beispiel bei seinen Untersuchungen herausfindet, daß sich das eine oder andere Opfer dem Willen des Täters ohne Gegenwehr gefügt haben muß, und trotzdem Spuren von körperlicher Mißhandlung an der Leiche gefunden werden, dann läßt das ganz eindeutige Rückschlüsse auf den unbekannten Mörder zu, der seine Opfer offensichtlich quält, weil ihm die Tat erst dadurch die richtige Befriedigung verschafft.

Ich versuchte mir die Situation vor Augen zu führen und den Terror vorzustellen, den die kleine Melissa Peterson über sich ergehen lassen mußte, als dieser Mensch sie mit vorgehaltener Waffe zwang, sich zu entkleiden, als er ihre Handgelenke zusammenschnürte, sie an der Taille und den Beinen fesselte. Ob er ihre Eltern zu der Zeit bereits umgebracht hatte? Ich vermutete, ja – denn sicherlich war er sich darüber im klaren, daß die größte Bedrohung zuerst aus dem Weg geräumt sein mußte. Wußte sie wohl, daß die Eltern bereits tot waren und ihr nicht mehr zu Hilfe kommen konnten? Sie mußte ja den Tumult gehört haben, mußte gehört haben, wie sie schrien und um ihr Leben und das Leben ihrer Kinder gebettelt hatten. Und ob ihr wohl klar war, daß ihr Peiniger dadurch nur noch mehr in Fahrt kam? Mir drehte sich der Magen um, und ich fühlte mich fast krank bei dem Gedanken, wie er die Würgeschlinge fester und fester um ihren Hals zog. Während er das Kind zu Tode folterte, mußte er sich der Tatsache voll bewußt gewesen sein, daß er das Letzte war, das dieses junge Mädchen jemals zu Gesicht bekommen würde, und er mußte sich an der Vorstellung geweidet haben. Wie konnte jemand fähig sein, das einem anderen Menschen anzutun? Und noch dazu einem so jungen, unschuldigen Kind? Wie sollte jemand, der solche Bilder gesehen hat, nicht besessen sein von dem Verlangen, ein solches Monster zur Strecke zu bringen?

Melissa, ich werde dich niemals vergessen können, werde immer an deine Mutter und deinen Vater und deinen Bruder denken müssen und an all die anderen, die wie du jetzt tot sind, nur weil das irgend jemandem gerade in den Kram paßte. Und nur weil andere Menschen nicht gesehen haben, was ich gesehen habe, heißt das nicht, daß es sie nicht genauso unerwartet hätte treffen können wie dich und deine wundervolle Familie. Wie dich hätte es jeden einzelnen von uns treffen können.

Aber sich über die Tat zu entsetzen, nach Rache für die unschuldig Ermordeten zu schreien und dem Killer den Garaus machen zu wollen, bringt überhaupt nichts. Ich mußte mir klar darüber werden, was die Tatsachen im einzelnen bedeuteten. Was konnte ich aus den Tatortfotos und dem übrigen Indizienmaterial schließen, über das ich verfügte?

Im Verlauf dieses Berichts wird von *organisierten* bzw. *unor-ganisierten* Täterprofilen die Rede sein, doch zunächst konnte ich in Anbetracht der vorhandenen Indizien nur soviel sagen, daß der unbekannte Mörder ganz offensichtlich die Durchführung seiner Tat geplant zu haben schien. Ich fand keinerlei Anzeichen dafür, daß er seine Opfer persönlich gekannt hätte, was bedeutete, daß er sie überwacht und beobachtet haben mußte (ein weiteres Verhaltensmuster, das er möglicherweise für polizeitypisch hielt). Er hatte sich allem Anschein nach genau ausgemalt, wie er seine Opfer unter Kontrolle halten, sie erniedrigen und umbringen würde, bevor er in das Haus eindrang. Von unseren Untersuchungen und den Interviews her, die wir in den verschiedenen Zuchthäusern geführt hatten, wußten wir: Sexualmörder spielen ihre Taten in der Phantasie zunächst immer sehr genau durch.

Dem Polizeibericht zufolge wurde an Melissas Bein Sperma gefunden. Das ist nicht verwunderlich, denn viele Sexualtäter onanieren beim Anblick ihrer Opfer. Aber wie paßt das mit dem Verhalten des Killers zusammen, das wir den Indizien zufolge bisher von ihm hatten?

Mir schien, als mußte er ein stark visuell geprägter Typ sein. Er machte nicht nur Aufnahmen vom Tatort, sondern wendete auch große Mühe auf, den Tathergang zu beschreiben und positioniert seine Opfer in einer gewissen, seinen Vorstellungen entsprechenden Weise. Das traf besonders auf Melissa zu, der er scheinbar von allen die meiste Zeit und Aufmerksamkeit widmete. Für mich bedeutete dies, daß der Täter sich trotz seiner sexuellen Obsession zutiefst minderwertig fühlte und sich daher eher an Kindern vergriff, als sich auf Gleichaltrige einzulassen. Sein Minderwertigkeitsgefühl äußerte sich auch in der Tatsache, daß er die Frauen zwar entkleidete, aber nie in sie eindrang. Statt dessen benutzte er sie lediglich, um an ihnen seine Phantasie aufzuladen, wenn er onanierte. Tatsächlich hatte er offensichtlich auch seinen Samenerguß, nachdem das Mädchen bereits tot war.

Obgleich er also seine Opfer ein schreckliches Martyrium durchleiden ließ, quälte er sie nicht in dem Sinne, wie wir es von sexuellen Sadisten her kennen, die das körperliche Leid ihrer Opfer brauchen, um eine Befriedigung aus ihrer Tat ziehen zu können. Die Qual, die er seinen Opfern zufügte, war eher seelischer Natur, die Art, wie er seine Macht und Überlegenheit unter Beweis stellte. Auch wenn er sich für seine Opfer alle möglichen physischen Formen der Folter ausgedacht haben mochte, so hinterließ er damit ebensowenig offensichtliche Spuren wie durch die Tatsache, daß er keinen tatsächlichen Geschlechtsverkehr mit den Opfern beging.

Seine Entwicklungshemmung hatte sich wahrscheinlich zunächst durch Schlüssellochguckereien oder gewisse voyeuristische Momente gezeigt, was haargenau zu seiner Neigung passen würde, wie er jetzt seine Opfer ausspionierte. Er verbrachte soviel Zeit mit ihnen, daß er sich vollkommen sicher gefühlt haben mußte, das Umfeld genau unter Kontrolle zu haben. Er mußte gewußt haben, daß die Familie nur aus vier Personen bestand, und es sonst niemanden mehr gab, der ihn vielleicht unerwartet gestört hätte.

Ebenso bezeichnend wie er mit Melissa verfuhr, war sein Verhalten ihrem kleinen Bruder gegenüber. In einem seiner Briefe erklärte er, daß er dem Jungen eine Plastiktüte über den Kopf gezogen habe, um ihn ersticken zu lassen, was er auch mit Frances Farrells Sohn vorgehabt hatte, wie er sagte, nur daß ihm damals der Telefonanruf dazwischen gekommen war. Aber zusätzlich erdrosselte er den kleinen Daniel, genau wie seine Schwester und die Eltern. Der Plastikbeutel war also gar nicht mehr nötig, um ihn umzubringen, sondern das, was wir einen *overkill* nennen. Es mußte für den Täter demnach noch einen anderen Grund gegeben haben, diese Maßnahme zu ergreifen. Dieser Grund lag meiner Meinung eindeutig in der Tatsache, daß er dem Mord an dem kleinen Danny gegenüber, im Gegensatz zu den übrigen, keine guten Gefühle gehabt hatte. Mit dem Plastikbeutel wollte er ihn irgendwie vertuschen und damit wohl außerdem verhindern, den anklagenden Blick des toten Jungen sehen zu müssen.

Warum? Weil er sich mit dem Jungen identifizierte, genau wie zuvor mit Frances Farrells kleinen Söhnen, die er im Badezimmer eingeschlossen hatte, damit sie nicht mit ansähen, was er ihrer Mutter antun würde. Ob er das gleiche schließlich auch dem Mädchen angetan hätte, darüber kann jetzt nur noch spekuliert werden.

Dort oben in der Bibliothek saß ich also allein an meinem Tisch und begann mein Täterprofil zu erstellen. Auf das gelbe Papier der Rechtsabteilung schrieb ich mit großen Buchstaben auf die erste Seite »SERIENMORDE« und setzte den Namen der Stadt darunter.

Dann fügte ich noch diesen Standardsatz hinzu, der inzwischen sozusagen zur »Gebrauchsanweisung« für unsere Entwürfe von Täterprofilen geworden war und so etwas wie eine juristische Absicherung darstellte: »Es ist zu berücksichtigen, daß die anhängige Analyse kein Ersatz ist für eine exakte und tiefgreifende Ermittlung des Falles.« Und weiterhin hob ich hervor, daß wir die Persönlichkeitsanalyse auf der Basis von Erfahrungen erstellt haben, die wir anhand ähnlicher Fälle gewinnen konnten, daß jedoch kriminelle Handlungen niemals nach dem gleichen Muster abliefen, sowenig wie es Täterpersönlichkeiten gäbe, die einander genau entsprächen.

Anschließend beschrieb ich diese *Search and Destroy*-Mordfälle als Ergebnis der krankhaften Phantasie eines völlig unfähigen Nobodys, der sich auf diese Weise zum ersten Mal in seinem Leben eine Position schuf, in der er Macht und Kontrolle ausüben konnte, und endlich die öffentliche Aufmerksamkeit erhielt, die ihm seiner Meinung nach schon viele Jahre lang zustünde. Dieser Mensch ist sogar in einem so hohen Maß gestört und unfähig, daß er offensichtlich nicht einmal in der Lage ist, seine Taten nach einem eigenen Muster zu gestalten, sondern sich an Kriminellen orientiert, die der Öffentlichkeit bestens bekannt sind. Er ist dermaßen eifersüchtig auf die Bekanntheit anderer Killer, daß er sich sogar Gestalten wie »Sams Sohn« zum Vorbild nimmt, obwohl die Peterson-Morde stattfanden, bevor dieses Monster überhaupt in Aktion getreten war. In anderen Worten, er bemüht sich, in einem jämmerlichen Versuch über andere Killern zu definieren, die erst nach ihm in Erscheinung getreten sind.

Der unbekannte Täter ist wahrscheinlich ein Weißer zwischen fünfundzwanzig und fünfunddreißig Jahren. Möglicherweise ist er auch verheiratet, doch in dem Fall kann man voraussetzen, daß er als Person und Sexualpartner fortwährend Probleme hat.

Der Kerl ist ganz offensichtlich psychotisch, innerlich vereinsamt und isoliert, und wahrscheinlich hatte er noch nie in seinem Leben eine normale sexuelle Beziehung zu einer Frau. Alle seine Opfer scheinen, im Gegensatz zu ihm selbst, kontaktfreudige Personen gewesen zu sein, die aus sich hinausgehen konnten und von anderen Menschen gemocht wurden. Seiner Meinung nach mußten sie daher noch schlechter dran sein als er selbst – denn jetzt erwiesen sie sich ja nicht nur als verwundbar, sondern sie waren absolut hilflos und bettelten um ihr Leben.

In Anbetracht der Täteranalysen, die wir anhand unserer Interviews von verschiedenen vergleichbaren Sexualmördern entwickelt hatten, vermutete ich, daß unser Unbekannter aus einer zerstörten Familie stammen mußte und wahrscheinlich von einer labilen und tyrannischen alleinerziehenden Mutter großgezogen worden ist. Möglicherweise war sie in hohem Maß religiös und hatte ihren Sohn schon in frühester Kindheit mit einem erdrückenden Schuldgefühl überfordert. Der Vater des Täters hatte die Familie wahrscheinlich verlassen oder war gestorben, als der Unbekannte noch ein Kind war, vielleicht im Alter von Danny oder sogar noch jünger. Es hätte mich auch nicht gewundert, wenn er von Pflegeeltern großgezogen worden wäre.

Vermutlich war der Täter ein durchschnittlicher Schüler gewesen, der jedoch eher Wert darauf gelegt haben mochte, die Klasse zu spalten, als seine Schulaufgaben zu machen. Aus seiner Sprache ist eindeutig zu schließen, daß er sich für den Polizeidienst interessierte, aber genausogut hatte er möglicherweise beim Militär gedient, was meiner Meinung nach besonders die Formulierung »suche und zerstöre« nahelegte, doch ich wollte diesen Punkt nicht überbewerten. 1974 war der Vietnamkrieg so sehr im Bewußtsein der Öffentlichkeit verankert, daß diese Formulierung tatsächlich jedem Menschen geläufig war. In dem Fall wäre die Tatsache, daß er ausgerechnet diese Formulierung aufgriff, nur ein weiteres Zeichen für seinen phantastisch verstiegenen Zustand gewesen.

Sicherlich war er bereits wegen Voyeurismus' oder Einbruchs auffällig geworden, doch im Gegensatz zu anderen Sexualtätern war nicht zu erwarten, daß er schon einmal wegen einer Vergewaltigung verurteilt worden war.

Für seine Straftaten wird er sich wohl aus Sicherheitsgründen immer reine Wohngegenden aussuchen, weil er hier die Wahl zwischen mehreren potentiellen Opfern hat und es in solchen Stadtgebieten die besseren Fluchtmöglichkeiten und Verstecke gibt als beispielsweise in einem Park. Die Wahl seiner Opfer trifft er, wie er selbst sagt, zum Teil geplant und zum Teil willkürlich – wenn er wieder seinen Drang zum Töten verspürt, schlägt er zu, wo sich die Gelegenheit gerade bietet.

Die langen Pausen zwischen den einzelnen Mordfällen konnten verschiedene Ursachen haben. Möglicherweise hat er in der Zwischenzeit seinen Militärdienst geleistet oder war aus irgendeinem anderen Grunde nicht in der Gegend. Vielleicht war er auch in eine Nervenheilanstalt eingewiesen worden oder man hatte ihn für sonstwas eingesperrt.

Von ihm selbst wissen wir, daß er sehr genau verfolgt, was die Medien berichten, und daß er sich ungemein danach sehnt, von der Öffentlichkeit wahrgenommen zu werden. Von einem Polizeinarren wie ihm ist außerdem zu erwarten, daß er irgendwie versuchen würde, sich in die Ermittlungen einzuklinken, indem er beispielsweise die Stammlokale von Polizisten frequentiert, sich bei dem einen oder anderen Beamten anbiedert und auf diese Weise ihre Gespräche aushorcht. Dadurch würde er sich dann einbilden können, »einer von ihnen« zu sein, woran ihm offensichtlich viel liegt, und er hätte zudem das Gefühl der Überlegenheit, um seinen Minderwertigkeitskomplex zu kompensieren, weil er sich einreden kann, die Polizeibehörden ausgetrickst zu haben und die Gesellschaft in Angst und Schrecken zu versetzen. Sobald er sich dann stark und wichtig genug fühlt, tritt er schließlich selbst als Gesprächspartner in Erscheinung, indem er entweder die Polizei direkt anruft oder ihr oder der

Presse aktuelle Fotos zukommen läßt, die er am Tatort aufgenommen hat. Er würde vermutlich wieder und wieder morden und immer gerissener und selbstsicherer werden, je öfter er ungeschoren davonkommt.

Das Täterprofil ist zwar ein wichtiges Instrument, aber es ist nur eines von vielen. Wenn sich die ermittelnden Beamten damit anfreunden können und es annehmen, so haben sie unter Umständen eine gute Chance, die Liste infrage kommender Verdächtiger drastisch einzuengen, und sie können einen möglichen Täter sogar erkennen, wenn er vor ihnen steht. Darauf weisen wir immer wieder mit Nachdruck hin, wenn man annehmen darf, daß die Beamten den Gesuchten im Zuge ihrer Erstermittlungen möglicherweise bereits vernommen haben. Doch ebenso wichtig ist, wenn nicht gar von noch größerer Bedeutung, daß man begreift, was durch das Täterprofil über den Verdächtigen ausgesagt wird, so daß man die Erkenntnisse in entsprechende präventive Maßnahmen umsetzen kann, worin die nächste Phase unserer beratenden Tätigkeit für die Ermittlungsbehörden bestand.

Worauf wir sicherlich setzen konnten, das fühlte ich, war die unendliche Selbstbezogenheit des Täters, seine Arroganz. Irgendwann würde er sich einem Freund oder Bekannten gegenüber oder sogar vor einem Familienmitglied seiner Tat brüsten und irgendein Detail dessen, was er getan hat, herausrutschen lassen. Auch die Tatsache, daß er so begeistert von der Polizeiarbeit ist, würde sich möglicherweise irgendwann zu unseren Gunsten auswirken. Wenn er nicht sogar selbst für irgendeine Dienststelle tätig ist, die mit polizeiähnlichen Aufgaben betraut ist, und sei es als Wachmann oder Teilzeitbeschäftigter bei einem dieser Sicherheitsdienste, die man nächteweise für verschiedene Aufgaben mieten kann – eines Tages würde er sich womöglich als echter Polizist ausgeben. Bei seiner Vorliebe für Gewalttaten liest er höchstwahrscheinlich diese billigen Kriminalromane »über den wahren Detektiv«, die überall im Handel sind und in denen von nichts anderem die Rede ist als von Sadismus und allen möglichen Formen von Gewaltanwendung gegen Frauen. Demzufolge wüßte er wohl mit Sicherheit auch, wie leicht es ist, sich über die Kleinanzeigen eine falsche Polizei- oder Detektivmarke schicken zu lassen, die wie eine echte aussieht, und die er sich anstecken könnte. Wahrscheinlich hat er so ein Imitat sogar benutzt, um in die Wohnungen seiner Opfer zu gelangen, denn es wurden nie Spuren entdeckt, die auf ein gewaltsames Eindringen hätten schließen lassen. Möglicherweise läßt er seine falsche Dienstmarke bei jeder sich bietenden Gelegenheit aufblitzen, vielleicht sogar wenn er in der Kneipe die Drinks bezahlt.

Er hat natürlich Sorge geschnappt zu werden, aber wahrscheinlich ist er dermaßen fasziniert von dem Rummel, den er angezettelt hat, daß er vor lauter eitlem Stolz gar nicht auf den Gedanken kommt, wieder aus der Gegend zu verschwinden, nicht einmal dann, wenn es für ihn brenzlig zu werden droht.

Als ich erfuhr, daß die juristische Abteilung der staatlichen Universität ganz in der Nähe der Tatorte untergebracht war, kam mir der Gedanke, daß es durchaus möglich war, daß *Search and Destroyer* dort an einigen Vorlesungen teilgenommen oder sich zumindest in den Fachbüchern der Bibliothek umgesehen hat. Auf unseren Rat hin begann die Polizei die Kopierapparate genauer zu observieren, indem sie an den Glasplatten der Kopiertische bestimmte Zeichen anbrachte und die Maschinen mit Kopierpapier fütterte, das ein bestimmtes Wasserzeichen trug. Und tatsächlich tauchte zwischen den Briefen, die der Täter an Polizei und Presse verschickte, später eines dieser markierten Blätter wieder auf, was bedeutete, daß er sich wirklich dort an der Universität herumgetrieben hatte.

Meiner Meinung nach war es wichtig, ihn unter größtmöglichen Streß zu bringen. Vielleicht war es also ein ganz guter Einfall, über die Presse zu lancieren, daß eine verdächtige Person bei den Petersons oder den Gallaghers gesehen worden sei, wie sie die Telefondrähte gekappt hätte. Je stärker wir ihn unter Druck setzten, desto eher würde er sich durch bestimmte Verhaltensauffälligkeiten verraten. Familienmitglieder, Freunde oder Arbeitskollegen, alle mußten alarmiert sein, auf plötzlich gesteigerten Alkoholkonsum zu achten, auf äußerliche Veränderungen in ihrer nächsten Umgebung, ob zum Beispiel jemand plötzlich auffallend stark abnahm, sich den Bart rasierte oder sich einen Bart stehen ließ, darauf, ob sich jemand besonders nervös verhielt oder sich auffallend intensiv mit dem Fall zu befassen schien, was sich beispielsweise darin äußern mochte, daß jemand ohne erkennbaren Grund bei jeder Gelegenheit die Sprache auf diese Serienmorde bringt. Genauso wie der Täter innerlich die ganze Zeit mit den Mordfällen beschäftigt war, so dürfte ihm auch die Jagd nach dem Mörder keine Ruhe lassen. Er war zu gleicher Zeit aufgekratzt durch seine Taten und zutiefst verängstigt, daß man ihn fassen könnte. Es lag an uns, ihn zu zwingen, sich selbst zu verraten.

Aber was ist, wenn er tatsächlich selbst ein Polizist ist? fragte ich mich. Er wäre dann einer von uns. Möglicherweise bittet er mich ja sogar zu einem Fall um Hilfe und Rat, an dem er gerade arbeitet. Wie oft mir der Gedanke durch den Kopf ging! Jawohl, die Täter sind mitten unter uns. Sie sehen uns zu, wie wir nach ihnen fahnden und dabei geradezu an ihnen vorbeischauen. Und wie besonders abscheulich es ist, wenn sich herausstellt, daß ein Täter ausgerechnet zu denen gehört, die einen Eid darauf geleistet haben, Gesetz und Ordnung zu hüten. Wie oft habe ich das nicht schon während meiner Laufbahn erleben müssen! Das ist wie eine Perversion der Natur, das gleiche perverse Phänomen wie der Tod eines Kindes, das früher stirbt als seine Eltern.

So wie ich die Gefühlslage des Täters hinsichtlich seiner verschiedenen Opfer einschätzte, hielt ich es für eine gute Idee, ihn unter psychologischen Streß zu bringen, indem wir die Aufmerksamkeit der Öffentlichkeit auf Danny Peterson oder sogar Frances Farrells Söhne lenkten, die ihre Mutter überlebt hatten. Mit Hilfe der Presse, dem Bericht in einer Illustrierten oder einer Fernsehreportage mußten wir den Täter dazu bringen, sich mit seinen Opfern als leibhaftigen Menschen auseinanderzusetzen. Wenn er auch nur eine Spur von schlechtem Gewissen oder Reue über seine Taten empfand, dann galt es, diese Gefühlsregungen in ihm zu provozieren. Aus dem gleichen Grund ließ ich auch häufig den Tag der Begräbnisfeier oder den Friedhof öffentlich bekanntgeben, auf dem die Opfer beigesetzt wurden, denn von unseren Nachforschungen wußte ich, daß Mörder nicht selten zurückkamen, um ihren Opfern einen letzten Besuch abzustatten.

Zusätzlich gaben wir der Polizei noch ein paar Tips, wie sie *Search and Destroyer* möglicherweise dazu bringen konnte, sich zu verraten, bevor er erneut morden würde. Ich möchte hier aus ermittlungstaktischen Gründen nicht allzu viele Einzelheiten preisgeben, doch ich gab hinsichtlich dieser psychologischen Deutungsversuche von Motivation X, wie sie in den Medien gehandhabt wurden, vor allem eins zu bedenken, nämlich daß man nicht zulassen sollte, daß der Täter wie ein psychotisches Tier dargestellt würde. Damit verschaffte man ihm lediglich einen Freibrief. Meiner Meinung nach bestand eher die Gefahr, daß er erneut zuschlagen würde, wenn er zu der Überzeugung gelangte, daß er tatsächlich keine Kontrolle über das hatte, was er tat. Dann hätte er sozusagen eine psychologische Ausrede für seine Verbrechen.

Danach warteten wir alle gespannt, was passieren würde, doch es gab keine Mordfälle mehr, die nach dem Muster von *Search and Destroyer* ausgeführt worden wären. Statt dessen erhielt die Polizei jedoch mit der Post eine Zeichnung, die geradezu klinisch kalt angefertigt und eindeutig pornographischen Charakters war. Sie stellte eine nackte Frau dar, die gefesselt und geknebelt auf einem Bett lag, und der ein riesiger Holzstiel zwischen die Beine gerammt war. Es hätte eine Tatortzeichnung sein können, nur daß bei uns bisher kein einziger solcher Fall bekannt war. Meiner Meinung nach handelte es sich bei dieser Zeichnung aller Wahrscheinlichkeit um das Szenario, wie sich der Täter seinen nächsten Mord vorstellte. Die Polizei im gesamten Stadtgebiet wurde mit allem versorgt, was wir durch Zeugenaussagen bisher über das Erscheinungsbild des Täter wußten, und ausführlich instruiert, auf welche Verdachtsmomente sie insbesondere zu achten hätte. Jeder einzelne Beamte wurde darüber unterrichtet, welchen MO der Täter möglicherweise als nächstes benutzen würde und in welchem Personenkreis er sich sein nächstes Opfer aller Wahrscheinlichkeit nach suchen würde.

Ich wünschte, ich könnte an dieser Stelle berichten, daß wir den Fall zu einem befriedigenden Abschluß gebracht hätten. Doch leider entspricht das nicht den Tatsachen. Um ehrlich zu sein, laufen die Ermittlungen sogar immer noch. Nach dem Mord an Lori Gallagher schien der Killer wie vom Erdboden verschwunden. Der Fall ist nie abgeschlossen worden, und der Mörder läuft möglicherweise noch immer dort draußen herum. Aus dem Grund habe ich auch die Namen und einige Details geändert.

Was war geschehen? Warum hatte er plötzlich aufgehört?

Das werden wir unter Umständen nie in Erfahrung bringen. Eine mögliche Erklärung ist, daß er wie verschiedene andere Serienkiller, die plötzlich völlig unerwartet und gegen alle Vorhersagen und Befürchtungen ihr Handwerk aufgeben, wegen irgendeines anderen Deliktes aufgegriffen und eingesperrt wurde oder in eine Nervenheilanstalt eingewiesen und niemals mit den schrecklichen Verbrechen, mit denen er die gesamte Region jahrelang in Atem gehalten hat, in Verbindung gebracht worden ist. Möglicherweise ist er auch bei einem Autounfall ums Leben gekommen, oder ihn hat einer seiner früheren Komplizen oder sonst ein Feind umgebracht. Eine andere Erklärung ist, daß er die Nase zu tief in die Ermittlungen gesteckt hat, daß er verhört wurde und plötzlich erkannte, wie nahe die Polizei ihm bereits auf den Fersen war, und er es plötzlich mit der Angst zu tun bekommen hat.

Die meisten Sexualmörder machen immer weiter, bis sie auf die eine oder andere Weise gestoppt werden. Aber in diesem Fall lagen die Dinge möglicherweise etwas anders. Das Ganze war so auffällig auf die Optik fixiert, so phantastisch überladen und jenseits all dessen, was einen tatsächlichen menschlichen Kontakt zu den Opfern hätte zulassen können, daß dem Mörder schließlich seine Phantasie ausgereicht haben mochte, jetzt, nachdem er einen Geschmack vom eigentlichen Suchen und Zerstören bekommen hatte, wovon er derart besessen gewesen war. Möglicherweise hatte er sich schließlich damit zufriedengeben können, daß er für eine Zeitlang die Macht über Leben und Tod anderer Menschen in Händen gehalten hatte, diese

Macht ausgeübt und zudem den ganzen Polizeiapparat an der Nase herumgeführt zu haben, womit er sich seine Überlegenheit bewiesen hat. Durch seine haarsträubenden Greueltaten hatte er sich zum Mittelpunkt des öffentlichen Interesses machen können und war für sein erbärmlich kleines Ego endlich jemand geworden. Möglicherweise besaß er auch immer noch seine Tatortfotos und wer weiß wie viele solcher Zeichnungen, wie die eine, die er der Polizei zukommen ließ. Vielleicht reichte ihm das ja.

Hatte ich mich mit meinem Täterprofil von *Search and Destroyer* vielleicht geirrt, und er ist deswegen nie geschnappt worden? Ich glaube nicht, aber er ist der einzige, der das beantworten könnte. Doch selbst davon bin ich nicht ganz überzeugt, denn im Verlaufe unserer Forschungsarbeiten haben wir gelernt, daß wir in der Regel über die Obsessionen eines Serienkillers besser Bescheid wissen als der Täter selbst.

Jahre später ereignete sich eine weitere Mordserie, die nach MO und Stil den vorangegangenen Morden sehr ähnlich war. Die Medien begannen sogleich zu spekulieren, ob *Search and Destroyer* wieder zurückgekehrt sei. Aber dann flatterte bei einer der örtlichen Zeitungen ein Brief ins Haus, in dem es hieß »Ich war es nicht.« Angenommen, es handelte sich dabei tatsächlich um ein authentisches Schreiben von *Search and Destroyer*, dann war er also wirklich noch dort draußen und ist es vielleicht immer noch.

Ich schicke absichtlich diese etwas die Erwartungen dämpfende Geschichte aus den Anfängen meiner Tätigkeit als Ersteller von Täterprofilen vorweg.

Wir könnten aber auch gleich hier eingestehen, daß die Guten nicht immer auch die Sieger sind. Genau wie die Medizin ist auch das, was wir betreiben, keine exakte Wissenschaft. Bei den enormen Einsätzen kann es für uns verheerende Folgen haben, solange der Mörder noch frei herumläuft und nur darauf wartet, wieder zuzuschlagen. Täter kommen in der unterschiedlichsten Tarnung daher, und sie sind immer gefährlich, und trotz unseres Engagements und unserer eigenen Besessenheit können wir sie nicht immer dingfest machen.

Es ist eine traurige Tatsache, daß wir nicht jede Schlacht gewinnen und dazu wahrscheinlich auch nie in der Lage sein werden. Selbst wenn wir als Sieger aus einer Schlacht hervorgehen, so ist auch das immer nur ein Teilsieg, denn bis zu dem Zeitpunkt, an dem wir beginnen können tätig zu werden, hat bereits ein Mensch dran glauben müssen. Es beruhigt mich jedoch ein wenig, wenn ich daran denke, daß mich und meine Kollegen die Obsession, die uns auf der Jagd nach dem Mörder der Peterson-Familie, von Frances Farrell, Lori Gallagher und möglicherweise noch weiterer Opfer überkommen hatte, nie von uns gewichen ist und wir uns deswegen mit höchster Konzentration der Aufgabe widmen konnten, den Tausenden von Opfern, die zu unseren Klienten wurden, Gerechtigkeit zu verschaffen, und zu helfen, Tausende von weiteren Tätern zu verfolgen.

Wir müssen demütig und ohne übertriebene Erwartungen in den Kampf ziehen, doch ebenso wichtig sind Kenntnis und Wachsamkeit sowie eine gewisse Portion Weitblick und ein generelles Gefaßtsein auf jedes denkbar mögliche Ereignis. Denn der einzig wahrhaftige Sieg ist es, zu verhindern, daß diese Ungeheuer uns, unsere Familien oder Freunde zu ihren Opfern machen. Auch das hat nichts mit exakter Wissenschaft zu tun, aber ich weiß, daß diese Einstellung eine Menge bewirken kann.

Der Krieg wird nie zu Ende gehen, und wir alle sind darin Soldaten. Doch zuerst müssen wir uns darüber klarwerden, wer unser Feind ist, und verstehen, in welchen Kampf wir ziehen, als Individuen und als Gesellschaft. Darüber gilt es nachzudenken.

KAPITEL ZWEI

Jäger und Gejagter

M*anipulation. Dominanz. Kontrolle.*
Das ist die Losung für alle sexuellen Straftäter, seien sie nun
Spanner, Vergewaltiger oder Lustmörder. Auch für mich und
meine Kollegen müssen diese Begriffe Parole werden, wenn wir
uns in die Psychologie der Gewalttäter hineinarbeiten und sie
zur Strecke bringen wollen.

Unser wichtigstes Werkzeug ist das Persönlichkeitsprofil des
Täters oder die kriminologische Persönlichkeitsanalyse des Se-
rienmörders, wie ich es nach meiner Ernennung zum Chef der
»Investigative Support Unit« des FBI in Quantico nannte (der
Spezialeinheit, die zuvor »Behavioral Science Unit« geheißen
hatte und die ich umbenannte, um das B. S. im Kürzel loszuwer-
den, das mich zu sehr an das Wort *Bullshit* erinnerte, wie ich den
Leuten erklärte). Das beinhaltet nicht nur die Erstellung von
Persönlichkeitsprofilen unbekannter Täter, sondern auch die
Entwicklung präventiver Verfahren zu ihrer Ergreifung, die Aus-
wertung vergleichbarer Fälle sowie Verhör und strafrechtliche
Maßnahmen, wenn ein Täter schließlich identifiziert werden
konnte. Das Wichtigste ist jedoch, sich jederzeit darüber im kla-
ren zu bleiben, daß wir nicht die einzigen sind, die sich über
Täterprofil und Persönlichkeitsanalyse den Kopf zerbrechen.
Die Leute, die wir jagen, tun das ganz ohne Zweifel auch.

Jeder Sexualtäter hat seine ganz persönlichen Vorlieben und

nach einiger Zeit auch seine eigenen Vorgehensweisen entwikkelt. Er weiß genau, wo er sein Opfer aufspüren und nach welchen Gesichtspunkten er es auswählen muß – er kennt, wenn man so will, das Persönlichkeitsprofil seines bevorzugten Opfers und weiß, welche Falle er ihm stellen muß. Er versteht es, sich in sein Opfer hineinzuversetzen und den Effekt zu erzielen, um den es ihm geht: Er manipuliert, beherrscht und kontrolliert zunächst das Opfer seiner Wahl und manipuliert, dominiert und kontrolliert dann den gesamten Apparat der Ermittler, die ihn auszuschalten versuchen. Wir müssen also die gleichen Fähigkeiten entwickeln, über die der Täter verfügt, nur müssen wir noch besser darin werden als er selbst. Wahrscheinlich üben wir bereits erheblichen Druck auf ihn aus – das heißt die Straftat oder die Verbrechen, die er begangen hat und derentwegen wir ihm auf den Fersen sind, nehmen vermutlich bereits sein ganzes Denken in Anspruch. Wahrscheinlich verfolgt er fieberhaft die Berichte in den Medien und versucht sich ein Bild davon zu machen, wie weit die Ermittlungen der Polizei gediehen sind. Wir haben seine Aufmerksamkeit also möglicherweise bereits gebunden. Jetzt müssen wir herausbekommen, wie wir seine Reaktionen manipulieren können, die nächsten Schritte, über die er nachdenkt, seinen nächsten Schachzug. Er spielt ein Spiel, das für ihn lebenswichtig ist, und wir müssen in der Lage sein, uns wie der Täter selbst genauestens auf dieses Spiel zu kontentrieren.

Wenn ich *wir* sage, dann meine ich nicht nur mich und meine Kollegen vom FBI damit oder die amerikanischen und internationalen Polizeibeamten, Ermittler und Staatsanwälte, sondern dann spreche ich jeden meiner Leser, jeden einzelnen Menschen an, denn wir alle sind potentielle Beute für solche Typen. Wir alle können etwas dagegen unternehmen, ihr Opfer zu werden, können uns wehren. Es ist großartig, solchen Monstern das Handwerk zu legen, nachdem sie ein Verbrechen begangen haben, aber noch besser ist es, sie gar nicht erst dazu kommen zu lassen. Um das fertigzubringen, müssen wir zunächst einmal begreifen, womit wir es zu tun haben.

In diesem Buch geht es um die Besessenheit von Kreaturen,

die Jagd auf unschuldige und verwundbare Menschen machen, und um die Obsessionen, die solche Ungeheuer in Personen wie mir freisetzen und es sich zum Beruf gemacht haben, sie aus dem Verkehr zu ziehen. Genauer gesagt geht es hier um das zwischenmenschliche Gewaltverbrechen und darum, was wir dagegen unternehmen können. Doch dieses Buch handelt auch von den Opfern und den Menschen, die sie lieben und die in dieser Welt allein zurückgeblieben sind, von ihren eigenen Obsessionen auf der Suche nach Gerechtigkeit, nach Überwindung des Schmerzes und nach Frieden – wie sie im wahrsten Sinne des Wortes darum kämpfen, ihr Leben wieder lebenswert zu machen. Über eines müssen wir uns alle im klaren sein: solange wir Gewaltverbrecher unerkannt in unserer Mitte dulden, ist jeder einzelne von uns ein potentielles Opfer.

So wie in *Die Seele des Mörders* und *Jäger in der Finsternis* wollen wir auch hier von einigen interessanten Fällen aus unserem Berufsleben berichten und dem Leser sowohl den Jäger als auch den Gejagten nahebringen. Aber wir möchten, daß dieses Buch mehr ist als bloß eine Sammlung grausamer und faszinierender Fallbeispiele, woran uns natürlich gelegen ist, doch ebenso wollen wir aufzeigen, wie jeder einzelne die Möglichkeit, daß er selbst oder einer seiner Angehörigen oder Freunde einem Verbrechen zum Opfer fällt, minimieren kann. Desgleichen wollen wir klarmachen, daß auf jedes dieser Monster, die wir dort draußen kaltstellen müssen, eine Menge wirklich guter und mutiger Männer und Frauen kommt, die diese unausweichliche Arbeit erledigen. Wir wollen genau diese Leute und Organisationen ins rechte Licht rücken, die unserer Meinung nach ein Vorbild für eine bessere Welt darstellen, für Verbrechensbekämpfung und Heilung von dieser Geißel. Wir befinden uns mitten in einem Krieg, und diese Leute sind unsere wahrhaften Waffenbrüder.

Ich gebrauche absichtlich das Wort *Krieg* und mache damit hoffentlich deutlich, worauf ich hinaus will. Raub und Gewaltverbrechen sind zu einer Herausforderung geworden, die kaum noch zu ertragen ist. Entweder werden wir selbst Opfer eines Verbrechens oder wir kommen zu Schaden vor lauter Sorge, daß uns, unseren Lebenspartnern oder Kindern etwas zustoßen könnte. Kürzlich hieß es, daß bestimmte Arten von Gewaltverbrechen in unserem Lande statistisch gesehen abgenommen hätten. Das ist natürlich erfreulich. Aber ich muß gestehen, daß ich lange genug in diesem Geschäft bin und die Dinge nicht sehr rosig sehe. Ich glaube nicht, daß dieser Trend von langer Dauer sein wird. Es fehlt nicht viel, und die Gesellschaft wird gewalttätiger sein als je zuvor – eine wirtschaftliche Flaute könnte genügen, und die nächste Generation von Crack-Babys wächst bereits heran, ohne die geringste Aussicht auf Zukunft oder auf seelische Unterstützung. Viele Experten glauben, daß wir den Höhepunkt gesellschaftlicher Verrohung erst zwischen 2005 und 2010 erreichen werden, und ich frage mich, ob die Politiker, die sich jetzt für den statistischen Niedergang der Kriminalitätsrate feiern lassen, dann auch noch zur Verfügung stehen werden, um die Verantwortung dafür zu übernehmen, was manche von uns bereits unaufhaltsam auf uns zukommen sehen. Es wird noch jede Menge Gewalt und Angst um sich greifen.

Wenn wir dieses Thema tatsächlich in den Griff bekommen wollen, daß in den USA bereits der Sorge um die Wirtschaft und den finanziellen Ängsten des Bürgers den Rang abläuft, dann müssen wir dem Verbrechen den Krieg erklären.

Während ich dabei war, dieses Buch vorzubereiten, habe ich durch Zufall im Fernsehen die Debatte über das Jugendstrafgesetz von 1997 verfolgt. Ich war bereits einige Male ins Kongreßgebäude geladen worden, um dort vor verschiedenen Ausschüssen und Unterausschüssen auszusagen, die mit der Strafverfolgung, mit Kriminalität und ihren Folgen befaßt waren, so daß mich die Debatte interessierte und ich gespannt war, mit welchen Argumenten die verschiedenen Abgeordneten aufwarten würden – ich glaube, ich kenne inzwischen den Standpunkt jedes einzelnen.

Einige Redner argumentierten, daß wir die Verbrechensbekämpfung strenger angehen müßten, daß wir mehr Gefängnisse und härtere Strafen bräuchten. Andere meinten, dies sei nur politisches Geplänkel, und wir sollten statt dessen mehr Geld in

Sozialprogramme stecken und an die »Wurzeln des Problems« gehen, indem wir Armut und sozialer Ungerechtigkeit den Boden entzögen. Wieder andere meinten, die Antwort läge in verbesserten Ausbildungsmöglichkeiten für die Jugendlichen und neue Arbeitsbeschaffungsmaßnahmen, und daß wir auf diesem Gebiet investieren müßten. Und dann gab es noch den Standpunkt, daß der Angelegenheit nur beizukommen sei, wenn man die Kinder der potentiell gefährdeten Bevölkerungsschichten rechtzeitig dem Einfluß ihrer schädigenden Elternhäuser entziehen würde, ihnen eine Therapie zukommen ließe und sie den positiven Einflüssen aussetzen würde, die sie bräuchten.

Als ob nur *einer* dieser Redner die richtige Antwort auf das Problem gewußt hätte!

Meiner Meinung nach liegt die einzig richtige Maßnahme dabei ganz klar auf der Hand. Wenn wir die Thematik tatsächlich ernsthaft angehen wollen und nicht nur herumpfuschen und politische Sprüche klopfen wollen, dann bleibt uns nichts anderes übrig, als dem Verbrechertum einen regelrechten Krieg zu liefern, und das bedeutet, dem Feind nach bestem Vermögen das Leben zur Hölle zu machen.

In anderen Worten heißt das, jeder der Redner hat recht, und wir müssen jedes Argument aufgreifen. Natürlich müssen wir zu den Wurzeln des Problems von Armut und sozialer Ungerechtigkeit vorstoßen, müssen einschreiten und potentiell gefährdete Kinder und Jugendliche so schnell wie möglich erkennen und sie aus dem gefährdenden Umfeld befreien, bevor es zu spät ist. Selbstverständlich müssen wir ihnen die besten Ausbildungsmöglichkeiten bieten, ihnen bessere Arbeitsplätze und Lehrstellen zur Verfügung stellen, und natürlich brauchen wir härter greifende und sicherere Gesetze, damit diejenigen, denen wir nicht helfen konnten, nicht einfach ihre kriminelle Laufbahn fortführen können. Zu hoffen, daß es auf die gesamte Problematik nur eine richtige Antwort gäbe, wäre so, als ob man jede Art von Krebs mit der gleichen Heilmethode bekämpfen wollte. Es wäre schön, wenn das hinhauen würde, aber nicht einer der mir bekannten Experten setzt auf solch ein Wunder. Wer glaubt, daß man die Notwendigkeit von Gefängnissen gebannt hätte, sobald man an die Wurzeln der sozialen Armut vorgestoßen ist, der ist genauso naiv wie jemand, der meint, daß sich jedermann spürbar sicherer fühlen könnte, wenn man einem Verbrecher gleich von vornherein eine fünfzigjährige Haftstrafe verpassen würde. Wir wollen also erst einmal schauen, was zu tun ist, damit wir uns tatsächlich persönlich sicherer und besser geschützt fühlen können.

Bevor es bei einer Gerichtsverhandlung zur Urteilsverkündung kommt, versucht der Verteidiger häufig noch auf den letzten paar Metern zu betonen, daß der Angeklagte doch, ganz gleich, welcher Verfehlungen er gerade überführt worden ist, in Wahrheit gar kein so schlechter Kerl sei; auch er habe eine gute, eine freundliche, mitfühlende, verantwortungsvolle und verletzbare Seite. Genau das haben sie in der Gerichtsverhandlung um Timothy McVeigh geltend zu machen versucht, als es um seine Verurteilung wegen des Bombenanschlags in Oklahoma City ging. Man legte Kinderfotos des Delinquenten vor und ließ Freunde rührselige und witzige Geschichten über ihn erzählen, und die Geschworenen mußten sich von Armeekameraden anhören, was für ein loyaler Soldat er gewesen sei. Man versuchte die Dinge so darzustellen, als sei McVeigh über die Aktion gegen die Davidianersekte in Waco, Texas, emotional derart geschockt gewesen, als er mit ansehen mußte, wie Frauen und Kinder lebendigen Leibes in den Flammen zu Tode kamen, daß er seiner Wut über die Regierung des Bundesstaates einfach Luft machen mußte und deswegen am Jahrestag des Desasters von Waco eines ihrer Gebäude in die Luft jagte und gleich noch Hunderte von Angestellten mit, die sich zu dem Zeitpunkt gerade in dem Gebäude befanden.

Ich kann zu dem Ganzen nur sagen »Das ist falsch!« oder ein wenig pointierter »Das ist Blödsinn!« Dieser gute, freundliche, mitfühlende, verantwortungsvolle und verletzbare Kerl hat eiskalt den Mord an 168 Menschen geplant und ausgeführt. Dazu war er imstande! Andere Aspekte über sein Leben und seine Persönlichkeit werden in dem Augenblick vollkommen irrelevant. Doch auf dieses Thema werden wir noch häufiger zurückkommen, genau wie ich während meiner Laufbahn bei der Polizei damit immer wieder zu tun hatte.

Wir sind, was wir denken.

Wir sind, was wir tun.

Ich will gerne einräumen, daß jeder, der einen Mord oder sonst einen grausamen oder gewaltsamen Akt begeht, als »psychisch krank« betrachtet werden kann. Sogenannte normale, also psychisch intakte Menschen, machen so etwas einfach nicht. Aber ich glaube nicht daran, daß daraus notwendigerweise zu folgern ist, daß derjenige Mann (und gelegentlich auch manchmal Frau) deswegen »verrückt« ist und nicht imstande wäre, seine Handlungsweise den in einer Gesellschaft gültigen Gesetzen anzupassen oder der allgemein geltenden Moral unterzuordnen.

Ebensowenig glaube ich, daß es für unser Problem auf dem Gebiet der Kriminalität irgendeine einfache Lösung gäbe. Und es ist wohl auch ziemlich naiv anzunehmen, es gäbe eine einzige allumfassende psychoneurologische Erklärung dafür, warum gewisse Menschen Gewaltverbrechen begehen, besonders wenn es sich dabei um Serientäter handelt. Gewisse Theoretiker unter den Wissenschaftlern glauben, daß solch ein abnormales Verhalten als Folge organischer Verletzungen oder Anomalien des Gehirn im Verbund mit einem gewalttätigen Elternhaus oder Mißhandlungen während der Kindheit zutage tritt. Eine andere Lehrmeinung besagt, daß solche organischen Hirnschäden, wie sie bei manchen Tätern aus dem Umfeld dieser asozialen Gesellschaftsschichten nachzuweisen sind, tatsächlich von Verletzungen herrühren, die durch einen rücksichtslosen und leichtsinnigen Lebenswandel hervorgerufen werden. Das heißt, der Täter ist durch sein Verhalten in diesen psychischen Zustand geraten und nicht aufgrund seines psychischen Zustands erst zum Täter geworden.

Ich sammele auf diesem Gebiet nun bereits seit den 70er Jahren Erfahrungen, als ich als junger FBI-Agent an der staatlichen Polizeiakademie von Quantico zum erstenmal mit der kriminologischen Erforschung von Serienmördern und Gewalttätern, die wiederholt auffällig geworden sind, begonnen habe, und ich glaube wirklich, daß diese Menschen praktisch alle aus dysfunktionellen Verhältnissen kommen oder in irgendeiner Form als Kinder mißbraucht worden sind. Aber das erklärt nicht, warum sie die Taten begangen haben, und noch weniger entschuldigt es ihr Verhalten.

Nach allem, was ich gesehen habe, hege ich nicht den leisesten Zweifel daran, daß Vernachlässigung von kleinen Kindern oder ihr Mißbrauch ein sehr ernst zu nehmender Faktor ist, und sie dadurch tatsächlich zu tief verzweifelten Menschen heranwachsen. Dieser Einschätzung würde vermutlich jeder, der sich professionell mit sozialpsychologischen Problemen beschäftigt, zustimmen. Wir alle haben das höchste Mitgefühl für solche Menschen.

Was ich jedoch während meiner Forschungsarbeiten durch keine einzige wie auch immer geartete Kombination aus Daten und logischen Rückschlüssen bestätigt gefunden habe, ist, daß diese Personen wegen ihrer psychologisch verwirrten Situation *zwangsläufig* zu Gewaltverbrechern werden müßten. Zweifellos werden sie als Opfer schädigender Einflüsse dargestellt, die unser aller Mitgefühl verdienen, aber sobald sie sich in aggressiver Weise gegen ihre Mitmenschen wenden, haben sie meiner Meinung nach jeden Bonus, den sie aufgrund ihrer benachteiligten Situation haben mögen, verspielt. Im Gegenteil, sie entscheiden selbst, und zwar trotz ihres schlechten Umfeldes oder anderer Faktoren, die man ihnen als mildernde Umstände anrechnen könnte, Raub oder Gewaltverbrechen zu begehen.

Ein schlechtes Umfeld macht es Personen aus diesem sozialen Milieu sicherlich nicht leichter, zu einem »ordentlichen« Menschen heranzureifen, aber wie oft erleben wir nicht, daß die Nachkommen von Sexualtätern oder anderer wiederholt straffällig gewordener Verbrecher ohne weiteres zu achtbaren und gesetzestreuen Mitgliedern der Gesellschaft werden. Als Reaktion auf ihre üblen Erfahrungen während der Kindheit ergreifen viele sogar ganz gezielt einen Beruf im sozialen Bereich oder im Strafvollzug oder engagieren sich für politische Reformen, um auf diese Weise womöglich anderen ein ähnliches Schicksal zu ersparen.

Ich möchte es an der Stelle noch einmal betonen, weil dies der gedankliche Unterbau meines Buches und meine grundsätzliche Einstellung zu Verbrechen und Bestrafung ist: Bis auf die sehr selten in Erscheinung tretenden Individuen, die tatsächlich psychisch so verwirrt sind, daß sie nicht wissen, was sie tun – und diese Personen werden im Gegensatz zu erfahrenen und kalkuliert vorgehenden Serientätern in der Regel nach kürzester Zeit geschnappt –, verübt ein Gewalttäter und besonders ein Sexualmörder seine Taten, weil er es so *will*. Der springende Punkt ist, daß er selbst es *will*. Genau das ist mein Standpunkt, und wenn jemand damit nicht einverstanden ist oder sich der Problematik nicht öffnen kann, um mich wenigstens versuchen zu lassen, ihm meine Sichtweise auseinanderzusetzen, der kann ebensogut gleich hier das Buch wieder zuklappen.

Diejenigen, die bereits *Die Seele des Mörders* und *Jäger in der Finsternis* gelesen haben, werden sich noch an den Namen Edmund Emil Kemper III erinnern. Unter all den Serienmördern unserer ersten Profilstudie war dieser Mann wahrscheinlich derjenige, der mich am meisten interessiert hatte und der mich durch die Kombination von Intellekt, seiner rein physischen Erscheinung, der Brutalität seiner Verbrechen sowie der offensichtlich völlig unverstellten Einschätzung von Ursache und Wirkung seiner Taten und seiner verdrehten Psyche geradezu in Bann gehalten hatte. Ich habe ihn damals in Vacaville, in der staatlichen Klinik von Kalifornien interviewt. Kemper ermordete und verstümmelte Anfang der 70er Jahre eine Reihe besonders hübscher junger Frauen in der Nähe des Universitätsgeländes von Santa Cruz, wobei er manchen von ihnen sogar den Kopf abtrennte. Zuvor hatte er, als er gerade vierzehn Jahre alt war und seinen Großeltern auf ihrer Farm einen Besuch abstattete, sowohl seinen Großvater als auch seine Großmutter erschossen und war daraufhin in das Atascadero State Hospital von Kalifornien überstellt worden, einer Einrichtung für strafrechtlich Unzurechnungsfähige, wo er bis zu seinem einundzwanzigsten Lebensjahr blieb. Der Hintergrund der Geschichte war der, daß Ed, der schließlich ein imposanter, breitschultriger Zweimetermann wurde, sein Leben lang nie mit seiner Mutter,

Clarnell, klargekommen ist, die den kleinen Jungen zusammen mit seinen beiden Schwestern allein großgezogen hatte, nachdem ihre Ehe mit Eds Vater, Edmund jr., in die Brüche gegangen war. Als Ed in die Pubertät kam und plötzlich dramatisch zu wachsen begann, verbannte Clarnell neben anderen vermeintlich harmlosen Grausamkeiten, die sie sich leistete, den sensiblen Jungen in einen provisorisch eingerichteten Kellerraum, in dem sie ein Bett für ihn aufgestellt hatte, weil sie fürchtete, er könnte versuchen, sich an seinen Schwestern zu vergreifen. Es ist wahr, daß Ed zu dieser Zeit bereits sehr beunruhigende Verhaltenszüge an den Tag gelegt hatte, indem er beispielsweise zwei Hauskatzen der Familie zerstückelte und mit seiner Schwester Susan rituelle Totenspiele veranstaltete. Es ist auch wahr, daß Clarnell – die zu der Zeit, als Ed mit seinen Morden die Gegend terrorisierte, bereits von ihrem dritten Ehemann getrennt war und als Sekretärin an der Uni von Santa Cruz arbeitete – sich nie sonderlich für ihren Sohn interessiert hatte, sondern ihre Aufmerksamkeit und Sympathie eher den Studenten schenkte, denen sie durch ihre Arbeit gelegentlich begegnete. Und es ist ebenso wahr, was ich bereits hervorgehoben habe, daß nämlich unter all den Serienkillern und Gewaltverbrechern, die ich während meiner beruflichen Laufbahn studieren konnte, Ed wegen seiner überragenden Intelligenz, seiner Einsichtsfähigkeit und Bereitschaft, sich seiner eigenen perversen Ungeheuerlichkeit zu stellen, mir sozusagen der »liebste« war.

Nach all dem habe ich jedenfalls nicht den geringsten Zweifel daran, daß Edmund Kemper diese jungen Frauen in und um Santa Cruz ermordet hat – so irrsinnig und entsetzlich dieser Umweg auch sein mochte –, weil er sich eigentlich an seiner Mutter rächen wollte. Dafür spricht sicherlich auch die Tatsache, daß er die Köpfe mindestens zweier seiner Opfer vor dem Haus unter Clarnells Fenster vergrub, weil sie, wie er sagte »immer wollte, daß die Leute zu ihr aufsähen.« Ed hat es schließlich fertiggebracht, sie in ihrem Bett zu erschlagen. Er schnitt ihr den Kopf ab und warf ihren Kehlkopf in den Müllschlucker, weil er es einfach satt hatte, wie sie ihn »jahrelang angemeckert, angeschrien und beschimpft hat.« Kemper sagte mir, er habe sich öfter in ihr Schlafzimmer geschlichen, wenn seine Mutter schlief, und davon geträumt, sie mit einem Messer zu erstechen und ihr den Schädel mit einem Hammer zu zertrümmern.

Gleich nachdem er sie getötet hatte, lud er ihre Freundin Sally Hallett zu einem »Überraschungsessen« ins Haus ein, schlug sie mit einem Baseballschläger zusammen, erwürgte sie und schnitt ihr den Kopf ab. Dann legte er den enthaupteten Körper in sein Bett und legte sich selbst ins Bett seiner Mutter, um erst einmal auszuschlafen, bevor er eine ausgedehnte Autofahrt durch alle möglichen Bundesstaaten unternahm, bis er sich schließlich von einer Telefonzelle in Colorado bei der Polizei meldete und meinte, sie sollten kommen und ihn festnehmen. Er hatte sein Ding sozusagen erledigt und konnte es damit gut sein lassen. Wenn ich mir meine eigene Psyche betrachte, so war es vielleicht dieser Zug an Kemper, der mich an ihm faszinierte – er hat aus eigenen Stücken aufgegeben.

So sehr ich auch »verstehen« kann, warum Ed getan hat, was er tat, so heißt das wahrhaftig nicht, daß ich seine Taten entschuldige oder sie auch nur als unvermeidbar akzeptieren könnte. Im Gegenteil, ich glaube ganz und gar nicht, und ich habe auch nicht das leiseste Anzeichen dafür gefunden, daß er diese Frauen töten *mußte* – daß er wegen seiner Herkunft, seiner traumatischen Kindheitserfahrung oder aus irgendeiner pseudoreligiösen Überzeugung heraus *gezwungen* gewesen wäre, sie zu töten. Im Gegenteil, er war ein durchaus angepaßter, disziplinierter Mann. Er hat auch nicht etwa seine Morde inszeniert, während ihm ein uniformierter Polizeibeamter dabei zusah – ein Zwangsverhalten, das, soweit ich weiß, kein einziger Serienmörder jemals an den Tag gelegt hätte –, sondern er hat es fertiggebracht, seinen Wagen sicher durch eine Polizeisperre zu steuern, an der alle passierenden Autos von Beamten durchsucht wurden, während eins seiner toten Opfer als seine schlafende Freundin getarnt neben ihm auf dem Beifahrersitz lag. Er machte mir gegenüber auch deutlich, welche persönliche Genugtuung es ihm bereitet hatte, als er einmal, als er bei einem seiner psychiatrischen Beratungsgesprächen, für die man ihm bedingten Hafturlaub gewährt hatte, mit dem Auto vorgefahren kam, während hinten im Kofferraum der Kopf der fünfzehn Jahre alten Aiko Koo lag.

Hätte Ed Kemper seine abscheulichen Taten wohl auch begangen, wenn er dieses zerrüttete Elternhaus und seine traumatischen Kindheitserfahrungen nicht gehabt hätte? Möglicherweise nicht. Aber entschuldigt das seine Verbrechen? Ganz sicher nicht, und ich vermute, daß dieser intelligente und einsichtige Kemper, der den Rest seines Lebens hinter Gittern verbringen muß, mir recht geben würde.

Um es noch einmal ganz deutlich zu sagen: Aufgrund meiner jahrzehntelangen beruflichen Erfahrung durch meine Studien und Analysen bin ich zutiefst davon überzeugt, daß die überwältigende Mehrheit der sexuell motivierten Wiederholungstäter ihre Verbrechen begehen, *weil sie es wollen* und weil sie daraus eine Form der Befriedigung beziehen, die sie durch nichts anderes, was ihnen das Leben zu bieten hat, erfahren können. Sie erleben bei ihren Verbrechen ein für sie einzigartiges Hochgefühl, wobei es ihnen völlig gleichgültig ist, welche Konsequenzen ihre Taten für andere haben. So betrachtet ist ihr Verbrechen Ausdruck eines auf die Spitze getriebenen Egoismus; dem Täter ist absolut egal, was aus seinem Opfer wird, solange er nur selbst das bekommt, was er will. Genau gesagt fühlt er sich dadurch, daß er seine Opfer manipuliert, beherrscht und kontrolliert, im wahrsten Sinne des Wortes erst vollständig und richtig lebendig, wobei die Qualen, die er seinem Opfer zufügt, und schließlich der Tod des Opfers für ihn die Quintessenz seiner Selbstbefriedigung ausmachen. Ed Kemper hatte *beschlossen*, diese Frauen zu töten, weil er sich dadurch, aus welchen Gründen auch immer, einen tiefgehegten Wunsch erfüllen konnte.

Sind Serienmörder und andere Sexualtäter psychisch krank?

Man könnte es so ausdrücken; es ist wohl in erster Linie eine Frage der Definition. Mit Sicherheit sind sie abnormal, und sicherlich ist das, was sie tun »krankhaft.« Sicherlich haben sie auch einen sehr ernst zu nehmenden seelischen Defekt, und jeder, der Vergnügen daran findet, zu vergewaltigen, zu quälen und zu töten, hat einen ziemlich eindeutigen psychischen

Schaden. Aber auch was mit »Wahnsinn« zu bezeichnen wäre, ist eine Frage der Definition. Und das, worauf wir heute zurückgreifen, um zu entscheiden, ob jemand wahnsinnig ist oder nicht, sei es mit dem herkömmlichen britischen M'Naghten-Verfahren von 1843, mit der man die Unterscheidungsfähigkeit zwischen »richtig« und »falsch« feststellt oder der modernere Test, wie er im Strafgesetzbuch vom American Law Institute festgesetzt ist, immer noch geht es dabei um die Fähigkeit, Impulse zu kontrollieren und Konsequenzen abschätzen zu können, die eine bestimmte Handlung nach sich ziehen. Viele Leute scheinen nicht zu begreifen, daß jemand emotionale oder psychische Probleme haben kann – und zwar heftige –, aber trotzdem sehr wohl in der Lage ist, zwischen »richtig« und »falsch« zu unterscheiden und sein Verhalten den Umständen entsprechend zu koordinieren. Mit anderen Worten heißt das, *niemand muß Gewaltverbrechen begehen.* Wenn jemand ein Gewaltverbrechen verübt, so tut er das in praktisch allen Fällen, weil er sich dazu entschieden hat, genau wie man sich entscheidet, etwas Bestimmtes zu essen, eine bestimmte Arbeit anzunehmen, ein Verhältnis mit jemandem einzugehen oder sonst etwas zu tun – wir machen das alles, weil wir uns so entschieden haben.

Ein Verbrecher ist möglicherweise besessen davon zu töten, genau wie ich besessen davon sein kann, ihn zu jagen. Aber nichts zwingt ihn dazu, genausowenig wie mich jemand zwingt, ihm nachzusetzen.

Es ist richtig, daß es Menschen gibt, die ein Gewaltverbrechen begehen, weil sie im wahrsten Sinne des Wortes verrückt sind bis hin zum Wahnhaften, aber von denen gibt es nicht allzu viele, und nicht einer von ihnen ist ein Serienmörder oder Vergewaltiger. Die wirklich Verrückten sind außerdem sehr leicht zu fassen.

Andererseits finden sich unter Serienmördern immer wieder Täter, die nach ihrer Verhaftung plötzlich behaupten, unter einer schizoiden Persönlichkeitsspaltung zu leiden. William Heirens beispielsweise gab vor, daß nicht er alle diese Frauen ermordet hätte, sondern die Taten auf das Konto von George

Murman gingen, der in ihm hauste und Besitz von ihm ergriffen hätte. Nie will einer für das, was er angerichtet hat, die Verantwortung übernehmen: »Jemand anders hat die gute Hälfte meiner Persönlichkeit okkupiert.« Aber bei jedem Fall, an dem ich mitgearbeitet habe, und bei dem der Täter zu seiner Verteidigung vorgab, unter schizophrenen Schüben zu leiden, erwiesen sich die Behauptungen als absolut unbegründet. Zum einen ist ein solches Krankheitsbild äußerst selten, und zum anderen kündigt sich eine derartige Verhaltensauffälligkeit in der Regel bereits in frühester Kindheit als ein gewisser Abwehrmechanismus infolge extremer sexueller oder physischer Mißhandlung an. Man kann also davon ausgehen, daß es in der Biographie einer derart gestörten Persönlichkeit eine große Anzahl nachprüfbarer Vorfälle gegeben haben muß, lange bevor es schließlich zu dem Verbrechen gekommen ist. Überdies sind die meisten Menschen, die an einer schizoiden Persönlichkeitsspaltung leiden, Frauen. Und abschließend sei gesagt, daß ich während meiner gesamten Laufbahn nicht ein einziges psychiatrisches Fachbuch in die Hand bekommen habe, in dem die Rede davon gewesen wäre, daß diese seelische Dysfunktion den Kranken zu Gewalttätigkeit zwingt oder auch nur dafür prädisponieren würde. In anderen Worten heißt das, wenn mich jemand davon überzeugen könnte, daß ein bestimmter Täter tatsächlich an einer Persönlichkeitsspaltung leidet, dann wäre das nicht mehr als ein zweitrangiger Befund, aber beileibe keine Erklärung dafür, warum er vergewaltigt oder gemordet hat.

David Berkowitz, der sich selbst »Son of Sam« nannte und New York City vom Sommer 1976 an terrorisierte, bis er bei einer Routineuntersuchung der Autoschilder durch die Verkehrspolizei im Sommer 1977 gefaßt wurde, hatte in öffentlichen Briefen und Verlautbarungen behauptet, daß er mit seiner Faustfeuerwaffe mit einem Kaliber von 11 mm sechs junge Männer und Frauen ermordet hatte, weil der dreitausend Jahre alte Hund seines Nachbarn ihm den Befehl dazu gegeben hätte. Zugegeben, es gibt eine Menge Leute, die aus Gründen ein Gewaltverbrechen begehen, die uns absolut schleierhaft sind, aber dieser Typ hat meiner Meinung nach echten Blödsinn von sich gegeben. Nichts am Verhalten dieses Berkowitz wies darauf hin, daß er seine Befehle von irgendeinem Hund entgegengenommen hätte. Er hatte in der Army gedient und war in New York City einer Arbeit als Postangestellter nachgegangen. Dann machte er einen Ausflug nach Texas, während dessen er sich von Charter Arms eine 44er Bulldog besorgte, eine ganz schön schlagkräftige Waffe. Anschließend fuhr er hinaus auf die städtische Mülldeponie und übte schießen, bis er den Bogen raus hatte, und machte sich dann daran, nachts, auf den Straßen seine Opfer zu jagen: junge Liebespaare, die es sich in irgendeiner Seitenstraße in ihrem geparkten Fahrzeug versuchten gemütlich zu machen. Und immer tauchte er zuerst auf der Seite auf, an der die Frau saß, und feuerte auf sie.

Eine Untersuchung seiner biographischen Hintergründe brachte an den Tag, daß Berkowitz als Baby zur Adoption ausgesetzt worden war, wovon er selbst jedoch erst während seines Militärdienstes erfuhr. Als Kind und als heranwachsender junger Mann hatte er im Queens-Viertel von Brooklyn mehr als zweitausend Brände gelegt – indem er beispielsweise Mülltonnen ansteckte oder verlassene Häuser abfackelte – und darüber akribisch Buch geführt. Während der Löscharbeiten sah er dann den Feuerwehrmännern in den Flammen zu und holte sich einen runter. Daß durch seine Taten alle diese Leute auf den Plan gerufen wurden, verschaffte ihm wohl ein einzigartiges Gefühl von Macht und Potenz.

Seine erste sexuelle Erfahrung mit einer Frau machte er während seiner Soldatenzeit in Korea – es war eine Prostituierte, von der er sich prompt einen Tripper holte. Nachdem er die Army verlassen hatte, ging er wieder zurück nach New York, wo er seine leibliche Mutter und seine Schwester ausfindig machte, die in Long Beach auf Long Island lebten (zufälligerweise ganz in der Nähe, wo ich selbst aufgewachsen bin). Als er sie schließlich aufsuchte, war er entsetzt und enttäuscht zugleich, daß sie absolut nichts mit ihm zu tun haben wollten. Durch dieses Erlebnis schlugen sein Groll und sein Ärger dem anderen Geschlecht gegenüber endgültig in einen regelrechten Haß auf Männer und Frauen gleichermaßen um, die nicht wie er selbst einsam und unzulänglich waren, und es war in dieser Zeit, daß er sich die Waffe besorgte, die ihm das Gefühl von Macht und Männlichkeit verschaffte.

Als ich zusammen mit einigen Kollegen gerade das erste Forschungsteam zur Erstellung von Persönlichkeitsprofilen von Serientätern aus der Taufe gehoben hatte, sprach ich mit Berkowitz im Staatsgefängnis von Attica. Aus unseren Studien ging damals das Buch *Sexual Homicide: Patterns and Motives* hervor, das wir in Zusammenarbeit mit Professor Ann W. Burgess von der Universität von Pennsylvania erstellt hatten. Aber von größerer Bedeutung war, daß unsere kriminologische Persönlichkeitserforschung und Ermittlungsanalyse zum ersten Mal auf der Wechselbeziehung von Indizien und Indikatoren basierte, die aus dem Tathergang und aus dem weitern Umfeld des Verbrechens hergeleitet werden konnten, sowie darauf, was sich im Kopf des Täter selbst zum Zeitpunkt der Tat abspielte. Berkowitz hatte die Verbrechen zunächst zugegeben und war zu mehrfach lebenslänglich verurteilt worden, beteuerte dann jedoch mit einer ganzen Reihe von Begründungen seine Unschuld, und berief sich unter anderem eben auf seine vermeintliche psychische Unzurechnungsfähigkeit.

Es ist sicherlich nicht verwunderlich, daß Serientäter zu ihrer Verteidigung das Blaue vom Himmel lügen. Besonders die etwas »erfolgreicheren«, die wir im Zuge unserer Arbeit vernommen haben, waren notorische Lügner, die jeden Menschen in ihrem Dunstkreis zu manipulieren versuchten. Wir hatten bald herausbekommen, daß wir, wenn wir irgend etwas Brauchbares aus diesen Vernehmungen beziehen wollten und diesen Schwerenötern nicht nur Unterhaltung und ein Forum für ihre Selbstdarstellungssucht bieten wollten, bestens auf die Gespräche vorbereitet sein mußten, und das bedeutete, daß wir den Fall und alle damit zusammenhängenden Verbrechen besser kennen mußten als die Täter selbst. Das hieß nicht selten, daß wir uns durch endloses Wortgeplänkel schlagen mußten, bevor der Betreffende endlich begriff, daß er uns nicht an der Nase herumführen könnte wie etwa seine Psychiater, die Presse oder sogar seine Anwälte. Besonders traf das auf Fälle zu, bei denen versucht wurde, den Einwand von geistiger Unzurechnungsfähigkeit geltend zu machen.

Während eines dieser umständlichen und endlosen Verhöre gab Berkowitz mir gegenüber schließlich zu, daß er, wenn er durch die Straßen lief und kein Opfer fand, das seinen Vorstellungen entsprach, an den Ort eines seiner zurückliegenden Verbrechen ging und sich einen runterholte. Dabei genoß er dann noch einmal den Moment seines großen Triumphes. In der gleichen Weise mußte *Search und Destroyer* über seinen Tatortfotos onaniert haben, dessen war ich mir sicher.

Sobald Berkowitz mir das gesagt hatte, wußte ich, daß seine Geschichte mit dem Hund der reine Blödsinn war. Genau wie der unbekannte Täter, der im vorherigen Kapitel beschrieben wurde und wie so viele andere Sexualtäter, hat er die Morde begangen, weil er dadurch gute Gefühle bekam. Angesichts einer toten Frau konnte er sich der Vorstellung hingeben, sie vollständig zu besitzen, wozu er unter normalen Umständen niemals im Leben fähig wäre. Seine Art die Opfer zu manipulieren, zu beherrschen und herumzudirigieren, bedurfte keines verbalen Austausches und keines Gespräches, es bedurfte keines körperlichen Kontaktes, und es war auch nicht nötig, daß er sich irgendwelche Andenken einsteckte wie Schmuck oder Unterwäsche. Aber es handelte sich hier, wie bei den herkömmlichen Sexualverbrechen auch, um genau das gleiche Muster von Manipulation, Dominanz und Kontrolle.

Als wir schließlich auf sein Motiv für die Taten zu sprechen kamen, erklärte mir Berkowitz, daß er auf telepathischem Weg von einem dreitausend Jahre alten Dämon den Befehl dazu bekommen haben will, von dem der schwarze Labrador Retriever namens Harvey besessen sei, der seinem Nachbarn Sam Carr gehöre. Diese Behauptung sowie seine verschiedenen Briefe, die voll waren von obskuren symbolischen Andeutungen, hätten die meisten Psychiater sofort als ein Zeichen für paranoide Schizophrenie gedeutet.

»He, David, verkneif dir diesen Scheiß«, sagte ich zu ihm. »Mit dem Köter hat das doch überhaupt nichts zu tun.«

Er lachte und gab zu, daß er sich das nur ausgedacht hatte.

Das Ganze war nur ein weiterer Versuch von Manipulation, Dominanz und Kontrolle. Wie Ed Kemper war der Typ nicht normal, aber er wußte ganz genau, was er tat und hörte nicht auf damit.

Genau das ist einer von mehreren Gründen, die mich, so leid es mir auch tut, nicht recht daran glauben lassen, daß es für solche Typen irgendeine Chance auf Besserung gibt. Wie im Verlaufe dieses Buches noch deutlich wird, haben Sexualverbrecher und Kinderschänder, im Gegensatz zu Einbrechern oder Bankräubern und sogar Drogendealern, die das, was sie tun, nicht unbedingt mögen – die nur das Geld wollen, das ihnen ihr Job einbringt – eine echte Freude an ihren Verbrechen. Ja, viele von ihnen halten das, was sie tun, nicht einmal für kriminell und wollen sich demzufolge auch gar nicht ändern.

Dr. Stanton E. Samenow, der psychologische Leiter an der staatlichen Klinik von Washington/D. C., der sich wie kaum ein anderer um Verständnis und Heilung von Gewohnheitsverbrechern bemüht hat, stellt den Gedanken an ihre Rehabilitation sogar völlig in Abrede. »Rehabilitation, wie sie heute noch praktiziert wird, ist in jedem Fall zum Scheitern verurteilt«, schreibt er in seinem scharfsinnigen Buch *Die kriminelle Psyche*, »weil sie auf grundverkehrten Voraussetzungen fußt«. Jemanden zu rehabilitieren heißt, eine frühere konstruktive Fähigkeit oder Verfassung wieder herzustellen. *Es gibt aber nichts, was bei einem Kriminellen wieder herzustellen wäre.* In seinem Leben gibt es keine frühere konstruktive Verfassung, in der er ein verantwortungsvolles Mitglied der Gesellschaft gewesen wäre.

Ich befürchte, daß ich und meine Kollegen aufgrund der Erfahrungen, die wir während unserer Nachforschungen gemacht haben, den beherzten Feststellungen Dr. Samenows aus tiefster Überzeugung beipflichten müssen.

Während der Zusammenarbeit unserer Einheit in Quantico bei der Unterstützung der Ermittlungen der örtlichen Polizeidienststellen haben wir uns immer bemüht, die obsessive Natur der gesuchten Täter zu begreifen.

Mitunter nahm einer der Gesuchten sogar direkten Kontakt

zu uns auf, wie beispielsweise im Fall von *Search and Destroyer*, der uns genau aufklärte, warum er seine Taten beging, und wie er verstanden werden wollte.

Ein andermal gab er uns indirekte Hinweise, wie etwa in Atlanta.

Doch bisweilen tappten wir auch völlig im dunkeln. Das waren dann die zähesten Fälle, die mich schier zur Verzweiflung bringen konnten und einmal sogar fast das Leben kosteten. Aber davon gleich mehr.

An dieser Stelle möchte ich noch auf einen Fall zu sprechen kommen, der sich im Winter 1981 in Atlanta/Georgia zutrug, als die ganze Stadt von einer regelrechten Panik ergriffen wurde, nachdem erst die Leiche des dreizehnjährigen Alfred Evans in einem Waldstück gefunden wurde, drei Tage nachdem er als vermißt gemeldet worden war, und die Polizei dann, als sie den Fundort absuchte, auf eine weitere Leiche stieß, die bereits in Verwesung übergegangen war. Bei der zweiten Person handelte es sich um den vierzehnjährigen Edward Smith, der vier Tage vor Alfred verschwunden war. Beide Jungen waren Schwarze. Alfred war erwürgt worden und Edward wurde erschossen. Als man mich schließlich hinzurief, gab es bereits sechzehn Leichen, sämtlich Kinder aus der schwarzen Bevölkerungsschicht, und so weit man annehmen durfte, waren der oder die Killer immer noch am Werk.

Zu der Zeit steckte das Programm des FBI zur Erstellung von Täterprofilen noch in den Kinderschuhen. Die Einheit wurde an der staatlichen Polizeiakademie in Quantico eingerichtet, weil das Unternehmen dort seinen Anfang nahm, zunächst inoffiziell unter der Leitung der beiden Experten für kriminologische Verhaltensforschung des BSU, Howard Teten und Dick Ault, und schließlich mit etwas größerer offizieller Rückendeckung, als man aus Forschungszwecken dazu überging, in den Staatsgefängnissen überführte Serientäter nach ihren Verbrechen zu befragen. Ich war damals der einzige, der hauptberuflich mit der Erstellung von Täterprofilen beschäftigt war, und unser Treiben wurde zum Teil noch recht mißtrauisch beäugt, sowohl von den verschiedenen Polizeibehörden als auch von der FBI-

Zentrale selbst. Unter dem betonharten Regiment von J. Edgar Hoover, der unsere Arbeit für nichts weiter als Hokuspokus hielt, konnte eine solch heikle Einsatztechnik natürlich kaum gedeihen, und wir kamen irgendwie nicht richtig zum Zuge. Als sich dann aber schließlich die Anfragen der verschiedenen Polizeidienststellen auf unseren Schreibtischen zu stapeln begannen, kamen mir einige führende Leute des BSU zu Hilfe, und vor allem Robert »Roy« Hazelwood, ein wahrhafter Experte auf dem kriminalistischen Gebiet von Sexualverbrechen und zwischenmenschlicher Gewalt, und zwar nicht nur in der FBI-Zentrale, sondern im gesamten Apparat des Strafvollzugs. Roy, der inzwischen nach einer bemerkenswerten Karriere aus dem Amt schied, ist landesweit noch in beratender Funktion tätig.

Roy und ich sind damals zusammen runter nach Atlanta geflogen, um herauszufinden, ob die Fälle tatsächlich in irgendeinem Zusammenhang standen, und um welche Sorte Mensch es sich bei dem Mörder oder den Mördern möglicherweise handelte. Dafür studierten wir zunächst die Viktimologie, also die Beziehung, die zwischen dem Verbrecher und dem Opfer bestanden haben mochte. Wir gingen sämtliche Akten durch und sprachen mit den Familienmitgliedern der Opfer und möglichst vielen Menschen, die die Opfer gekannt hatten und in ihrer Nachbarschaft lebten, denn möglicherweise gab es ja irgend etwas, das die toten Kinder gemeinsam hatten. Schließlich ließen wir uns noch von der örtlichen Polizei an die Stellen bringen, an denen sich der Täter seiner toten Opfer entledigt hatte, um vielleicht aus der Perspektive des Mörders selbst irgend etwas Auffälliges zu entdecken.

Die vorherrschende Meinung in Atlanta war die, daß für die Morde irgendeine Ku Klux Klan-ähnliche Verschwörung verantwortlich zu machen sei, und daß es sich dabei um einen versuchten Genozid gegen die schwarze Rasse handelte. So sehr sich diese Erklärung zunächst auch anzubieten schien – die Opfer waren ja tatsächlich ausnahmslos Schwarze, während es sich andererseits bei Serienmördern fast immer um Weiße handelt –, waren Roy und ich, als wir uns in die Fälle eingearbeitet hatten, beide überzeugt, daß die Dinge anders liegen mußten.

Zum einen waren alle Kinder aus Wohngegenden verschwunden, in denen fast ausschließlich Schwarze lebten. Wenn dort ein Weißer oder gar eine Gruppe von Weißen aufgetaucht wäre, dann wäre das mit Sicherheit jemandem aufgefallen, aber es gab keinen Zeugen, der das bestätigt hätte. Zum anderen hätte eine Gruppe, die irgendwelche rassistischen Ziele verfolgt, wohl kaum anonym gehandelt, und genau das war hier der Fall. Wenn eine von Haß getriebene Vereinigung wie der Ku Klux Klan ein Gewaltverbrechen begeht wie einen Lynchmord oder einen rassistisch motivierten Mord, dann will sie die Tat immer in erster Linie als einen symbolischen Akt verstanden wissen, als ein Politikum, mit dem in der Zielgruppe eine Atmosphäre von Panik und Hysterie angefacht werden soll. Zumindest hätten wir von einer solchen Gruppe erwarten können, daß sie sich an die lokalen Medien wenden und für die Taten die Verantwortung übernehmen würde, wie das bei terroristischen Anschlägen fast immer geschieht, oder wie wir das gerade im Fall von *Search and Destroyer* gesehen haben. Wie ich schon sagte, man muß sich zunächst über die Art der Obsession klarwerden, erst daraus kann man dann gewisse Rückschlüsse ziehen, um welche Täterpersönlichkeit es sich möglicherweise handelt. Doch da es solche Bekennerschreiben nicht gab, kamen Roy und ich zu dem Schluß, daß, wer auch immer diese Kinder, von denen die meisten Jungen waren, ermordet haben mochte, dies aus irgendeinem anderen Grund getan haben muß.

Sobald wir also alles mögliche Material zusammengestellt hatten, um ein Persönlichkeitsprofil des Täters zu erstellen, hatten wir den Eindruck, daß wir es dabei nur mit einem Schwarzen zu tun haben konnten, der etwa Mitte zwanzig sein mußte und offensichtlich eine sexuelle Vorliebe für diese Kinder hatte. Höchstwahrscheinlich hatte er sich irgendeines Tricks bedient, damit sie mit ihm kamen. Vielleicht hat er sie auch mit Geld geködert. Als nächstes fragten wir uns, woran wir erkennen könnten, welches Motiv er für die Taten hatte.

Doch erst durch einen Zufall schafften wir den Durchbruch dann tatsächlich. Uns ging sozusagen ein knallroter Hering ins Netz, woran man wieder sehen kann, daß man bei der Bearbeitung solcher Fälle kein einziges Detail außer acht lassen darf. Der maßgebliche Hinweis kann aus der unmöglichsten Ecke kommen, und man muß die Ermittlungsergebnisse immer in ihrer Gesamtheit im Auge behalten.

Ein Fall, der wie die Kindermorde von Atlanta die ganze Medienlandschaft auf den Plan ruft, wirbelt natürlich viel Staub auf, und es ist selbstverständlich, daß dadurch auch jede Menge Fehlinformationen und Falschmeldungen hochgespült werden. Genau aus dem Grund ist es manchmal nötig, daß man gewisse Details des Verbrechens oder nährere Angaben zum Tatort nicht an die Öffentlichkeit dringen läßt. Während wir in diesem Fall ermittelten, erhielt die Polizei in der kleinen Ortschaft Conyers, etwa zwanzig Meilen von Atlanta entfernt, eines Tages einen anonymen Anruf von einem Mann, einem Weißen, wie es schien, so einem richtigen Proleten, der behauptete, der Mörder zu sein. Er kündigte an, daß er »noch mehr von diesen Niggerkindern« umbringen würde, und gab genau an, an welcher Stelle entlang der Sigmond Road die Polizei die nächste Leiche finden könnte.

Sobald ich die Aufzeichnung des Gespräches gehört hatte, war mir klar, daß der Anrufer ein Hochstapler war und nicht das Geringste mit der Sache zu tun hatte. Wahrscheinlich war es irgend so ein Zukurzgekommener von ganz unten, der seinen privaten Rassenhaß befriedigte, indem er einen anonymen Anruf bei der Polizei tätigt und behauptet, er hätte die Morde begangen. Aber weil ich wußte, auf welche Weise die Presse den Fall verfolgte, dachte ich mir, dies sei eine hervorragende Gelegenheit, meine Theorie einmal zu überprüfen.

Ich schlug also vor, die Polizei solle die Presse von dem Anruf unterrichten und anschließend möglichst viel Wirbel darum machen, wenn sie die Leiche an der Sigmond Road suchten. Nur sollten sie nicht an der Stelle nach der Leiche suchen, die der anonyme Anrufer ihnen genannt hatte, sondern genau auf der gegenüberliegenden Seite der Straße. Ich hatte eine dunkle Ahnung, daß der Kerl wahrscheinlich den Arbeiten der Polizei zusehen würde, und mit ein wenig Glück könnten sie ihn dann gleich an Ort und Stelle dingfest machen. Wenn nicht, dann würde er möglicherweise erneut anrufen, um den Beamten zu erklären, was sie doch für Idioten seien, wodurch sie ihm wenigstens eine Falle stellen oder seine Spur aufnehmen könnten, um ihn zu schnappen. Und genauso kam es. Sie nahmen ihn bei sich zu Hause fest, und ich dachte, daß die Sache damit abgeschlossen wäre.

Aber die Presse hatte die Episode ungeheuerlich aufgebauscht, und kurz darauf wurde tatsächlich eine Leiche an der Sigmond Road gefunden. Es handelte sich um den fünfzehn Jahre alten Terry Pue. Seine Leiche wurde jedoch nicht an der Stelle entdeckt, die der anonyme Anrufer der Polizei genannt hatte, sondern dort, wo die Beamten schließlich auf meinen Rat hin danach gesucht hatten. Das bedeutete, daß der Täter offensichtlich genau verfolgte, was die Medien zu dem Fall brachten, und er wollte nun demonstrieren, wie sehr er uns allen überlegen sei – daß er Polizei und Presse gleichermaßen manipulieren, beherrschen und herumdirigieren konnte, wie seine jugendlichen Opfer. Das war eine wichtige Botschaft für uns, denn es bedeutete, daß er über die Medien mit der Polizei kommunizierte.

Nach einem weiteren Mord an dem zwölfjährigen Patrick Baltazar, dessen Leiche am Buford Highway gefunden wurde, hatten wir schließlich auch den letzten Stein des Puzzles in Händen, als uns das kriminalmedizinische Labor meldete, daß die Haare und Faserreste, die an Patricks Leiche festgestellt werden konnten, genau mit denen übereinstimmten, die auch fünf der anderen Opfer aufwiesen.

In dem Augenblick wußte ich, die nächste Leiche würden wir im Chattahoochee Fluß finden, weil dem Täter klar sein dürfte, daß die verräterischen Haar- und Faserreste vom Wasser abgespült würden, und auf diese Weise könnte er erneut unter Beweis stellen, wie sehr er uns Blödmännern von der Fahndung überlegen wäre. Genau das trat ein. Es wurden noch drei weitere Leichen aus dem Fluß gezogen. Es dauerte eine Weile, bis der Einsatz mit den verschiedenen Dienststellen der Staatspolizei, der Bundesbehörden und der örtlichen Polizei koordiniert werden konnte, doch die Beamten von Atlanta observierten einige der Brücken über den Chattahoochee. Eine Zeitlang passierte gar nichts. Doch dann, um halb drei Uhr morgens, am letzten Tag der offiziellen Überwachungsoperation, hörte ein Polizeibeamter, der die Jackson Parkway Brücke observierte, wie etwas ins Wasser geworfen wurde, nachdem er ein Auto auf die Mitte der Brücke fahren gesehen hatte. Dann kam der Wagen wieder zurück und wurde von einem anderen Beamten angehalten.

Der Fahrer des Wagens war ein gewisser Wayne Bertram Williams, ein Schwarzer um die Fünfundzwanzig, der unserem Täterprofil genau entsprach. Nach seiner Verhaftung fand die Polizei in seiner Wohnung belastende Spuren wie Haare und Faserreste, die zwölf der gefundenen Opfer zugeordnet werden konnten – genau den zwölf Leichen, die nach unseren Recherchen von ein und demselben Killer umgebracht worden sein mußten. Wayne Williams sitzt zur Zeit eine lebenslängliche Haftstrafe ab wegen Morders an zwei der Opfer.

Solange der gesuchte Täter nicht direkt oder indirekt mit uns in Kontakt tritt, sind wir auf Spekulationen angewiesen, die wir anhand unserer Ermittlungen und den Erfahrungen anstellen müssen, die wir durch vorangegangene Fälle sammeln konnten. Doch bis wir ihn nicht wirklich ausfindig gemacht haben, können wir nie sicher sein.

Der Fall, der mir fast das Leben gekostet hat, waren die Green River Morde, denen vermutlich inzwischen sechzig Menschen zum Opfer gefallen sind. Ich hatte mich frühzeitig aus den Ermittlungen zurückgezogen, nicht weil ich es gewollt hätte, sondern weil ich nicht anders konnte. Wie sich die Leser von *Jäger in der Finsternis* noch erinnern werden, war ich im Dezember 1983 in meinem Hotelzimmer in Seattle zusammengebrochen, während ich an dem Fall arbeitete. Ich war achtunddreißig Jahre alt und hatte mir durch den ungeheuren Streß dieses Falles und über 150 weiterer laufender Ermittlungen eine Virusenzophalitis zugezogen, an der ich wohl in meinem Hotelzimmer gestorben wäre, wenn nicht die beiden Sonderermittler, die ich mitgebracht hatte, Blaine McIlwaine und Ron Walker, aus Sorge, weil ich plötzlich nicht mehr auftauchte, die Tür zu meinem Zimmer eingeschlagen hätten. Ich lag fünf Tage lang im Koma, und die Ärzte gaben kaum noch einen Pfifferling für mich.

Aber vorher, nachdem die Leichen von sechs jungen Frauen im Green River oder in der Nähe des Flusses gefunden worden waren, hatte ich ein Täterprofil des Killers erstellt. Die meisten der ersten Opfer, wenn nicht sogar alle, waren Prostituierte oder Reisende, die zwischen Tacoma und Seattle pendelten. Man hatte eine aufwendige Spezialeinheit auf die Morde angesetzt, deren Leiter (der sogenannte Special Agent in Charge oder SAC, wie wir beim FBI sagen) von der Außenstelle in Seattle in unser Büro nach Quantico gereist kam und uns einen ganzen Berg von Aktenmaterial auf den Tisch packte. Ich hatte mich dann, wie ich das oft tat, nach oben in die Bibliothek verzogen, um das Material zu analysieren und ungestört über die Fälle nachdenken zu können.

Anhand der Beweisstücke, die mir vorgelegt wurden, mußte es sich bei dem unbekannten Täter meiner Meinung nach um einen Weißen Mitte Zwanzig handeln. Wahrscheinlich war er arbeitslos oder unterbeschäftigt in irgendeinem Fabrikjob tätig. Ganz offensichtlich war er jemand, der viel draußen in der freien Natur unterwegs war, ein Jäger vielleicht, ein Angler oder Kletterer, denn er kannte sich in der Gegend des Green River bestens aus und wußte, wo man ihm am wenigsten aufstöbern würde. Er hätte die Leichen von jeder x-beliebigen Brücke werfen können, doch er machte sich immer die Mühe, sie bis hinunter ans Wasser zu tragen, um sie dann irgendwo dort abzulegen, wo es besonders schwer sein würde sie zu finden.

Unter den mannigfaltigen Details des Täterprofils und den vielen unterschiedlichen Faktoren, die ich bei seiner Erstellung berücksichtigen mußte, war eins der bedeutendsten Momente die Weise, in der der Täter sich der Leichen entledigte. Er warf sie nämlich einfach wie Abfall fort, das heißt ohne irgendeine besondere Inszenierung wie etwa dieser rituellen Art, sie zusammenzuschnüren oder ihnen Plastikbeutel über den Kopf zu stülpen, und ohne das geringste Anzeichen von Repekt vor den Toten, indem er beispielsweise die Leichen in einer etwas würdevolleren Art zugedeckt hätte, wie das bei manchen Serienmördern zu beobachten ist. Daraus folgerte ich, daß es sich bei diesem Täter um jemanden handeln mußte, der auch nicht nur einen Anflug von schlechtem Gewissen für seine Taten empfand. Ja, ich hatte den Eindruck, daß er seine Opfer regelrecht demütigen wollte, so wie er sich selbst möglicherweise früher von Frauen gedemütigt fühlte. Mir schien, als hielt er sich für einen Racheengel oder so etwas, dessen Pflicht und Vorrecht es war, Frauen für ihre Fehltritte zu bestrafen.

Beide, sowohl der Green River-Killer als auch der Kindermörder von Atlanta, haben ihre Opfer in einen Fluß geworfen, weil auf diese Weise mögliche Spuren durch das Wasser vernichtet würden. Wie komme ich dann aber darauf, daß es dem Green River-Killer darum ging, seine Opfer zu bestrafen (indem er sie beispielsweise nicht unbedingt für den eigenen Lustgewinn quälte, wie das ein sadistischer Sexualtäter getan hätte, sondern weil er die Vorstellung hatte, sie für ihre Sünden bestrafen zu müssen), während der Kindermörder von Atlanta ein Homosexueller war und sich deshalb an seine Opfer herangemacht hatte? Für die Erstellung eines Täterprofils müssen unendlich viele Feinheiten bedacht werden, weshalb die Arbeit bislang auch noch nicht recht befriedigend mit dem Computer ausgeführt werden konnte. Zunächst mochte der unbekannte Täter die Schlagzeilen der Presse wohl verfolgt haben, aber er machte keine Anstalten, sich in irgendeiner Form auf das Spiel einzulassen. Ihm ging es offensichtlich nicht um irgendeine Form von Anerkennung, doch gleichzeitig wuchs die Zahl der Morde stetig an, und die Verbrechen wurden immer gewalttätiger.

Dann muß noch bedacht werden, nach welchen Gesichtspunkten die Opfer ausgewählt werden – die Viktimologie. In Atlanta, wo es sich bei den Opfern um kleine Jungen aus der schwarzen Bevölkerungsschicht handelte, zogen wir den Schluß, daß der unbekannte Täter ebenfalls ein Schwarzer sein müsse, wodurch wir ein ganz bestimmtes Verhältnis zwischen Täter und Opfern voraussetzen konnten, auf das wir unsere weiteren Ermittlungen aufbauen konnten. Bei den Opfern im Green River-Fall handelte es sich hingegen hauptsächlich um Prostituierte.

Prostituierte sind aus verschiedenen Gründen für viele Serienmörder ganz besonders bevorzugte Opfer. Zunächst einmal sind sie durch ihre spezifische Arbeit und ihre Art der Kundenbeschaffung ganz besonders gefährdet und für jeden Verbrecher leicht zugänglich. Schließlich verdienen sie sich ja ihren Lebensunterhalt, indem sie sich an der Straße aufgabeln lassen. Außerdem halten viele Männer mit einem ernsthaft gestörten Selbstwertgefühl Prostituierte für »schlecht« oder schmutzig oder sogar böse, womit sie vor sich selbst rechtfertigen, sie mißbrauchen zu dürfen. Einigen der nackten Frauenleichen von Green River waren als Zeichen sexuellen Lustgewinns jede Menge kleiner Steine in die Vagina gestopft worden, ein Akt, der mir zuvor noch nie begegnet war, und der wohl auch eindeutig darauf schließen ließ, daß es dem Täter damit um die Erniedrigung seines Opfers ging.

Wie ich fand, hatte uns der Green River-Killer also auf seine Weise damit gezeigt, worum es ihm bei seiner Art von Obsession ging, doch in diesem Fall reichte bloßes Verstehen nicht aus.

Vor allem aber war das Täterprofil, das sich aus allem ergab, so breit gefächert, daß es auf eine ziemlich große Zahl von Männern paßte, die durch die Ermittlungen erfaßt werden könnten. Außer der Tatsache, daß der Täter sich in der Region außerordentlich gut ausgekannt haben mußte, handelte es sich bei den Taten nicht um sonderlich ausgeklügelte Verbrechen, die eine einzigartige oder in irgendeiner Form spezielle »persönliche Handschrift« trugen. Am erfolgversprechendsten bei der Profilerstellung war in einem solchen Fall die Entwicklung präventiver Verfahren, die den gesuchten Täter dazu bringen könnten, sich selbst zu verraten.

Tatsächlich, indem sich die Ermittlungen hinzogen und die Zahl der Leichenfunde ständig stieg, kam ich mehr und mehr zu der Überzeugung, daß wir es hier nicht mit einem Einzeltäter zu tun hatten, sondern höchstwahrscheinlich mit mehreren. Es gab zu viele verschiedene Leichenfundorte und Indizien sowie Details, die wir an den Leichen entdeckten und unterschiedliche Modi Operandi, so daß ich schließlich von zwei, und dann von drei verschiedenen Mördern ausging. Alle Täter paßten auf das gleiche allgemeine Persönlichkeitsprofil, und jeder Mord schien die gleiche Botschaft zu vermitteln.

Genau wie der Serienmord im vorangegangenen Kapitel blieben auch die Green River-Morde ungeklärt. Deswegen, und weil mir der Fall fast das Leben gekostet hat, bin ich nach wie vor ganz besessen davon und werde es wohl auch bleiben. Einer, oder was wahrscheinlicher ist, mehrere Killer sind dort draußen immer noch auf der Jagd.

Aber wir auch.

KAPITEL DREI

Ein Bericht über zwei Vergewaltiger

Stellen Sie sich vor, Sie seien ein elfjähriges Mädchen, das gerade einschläft. Das jüngere Schwesterchen ist zu Ihnen ins Bett gekrochen und schlummerte bereits, während Sie jetzt auch selbst allmählich eindösen. Endlich versinken Sie in Schlaf, in diesen tiefen, sicheren Schlaf, den man nur erlebt, solange man noch klein ist: Mit elf Jahren ist man gerade groß genug, um sich nicht mehr vor Gespenstern im Schrank zu fürchten und noch jung genug, um sich nirgendwo behaglicher zu fühlen als inmitten seiner Lieblingskuscheltiere im Bett. Wenn die Eltern nicht bereits von ihrer Party zurückgekehrt sind, dann würden sie wohl jeden Augenblick kommen. Die Großmutter ist im Wohnzimmer vor dem Fernsehgerät eingenickt.

Plötzlich wachen Sie auf, weil Sie irgend etwas oder irgend jemand berührt. Es ist wohl die Mutter, die Ihnen den Gutenachtkuß gibt. Aber nein, es ist ein wildfremder Mann, der Sie da plötzlich anknurrt, weil er will, daß Sie sich das Höschen ausziehen. Doch Sie sind noch ganz schlaftrunken und wissen gar nicht, was da vor sich geht. *Wer ist das? Warum ist der hier?* Da reißt Ihnen der fremde Kerl plötzlich das Höschen vom Leib und zischt Sie an, wenn Sie jetzt nicht genau das täten, was er sagt, dann würde er Ihnen ganz schrecklich ins Gesicht schlagen.

Dann hebt er Ihr Nachthemdchen. Er küßt und berührt Sie an

Stellen Ihres Körpers, wo es wehtut, aber Sie können ihn nicht von sich fortschieben, und als Sie ihn bitten doch aufzuhören, sagt er, Sie sollten den Mund halten, sonst werde er Sie aus dem Haus schleppen und noch viel mehr wehtun, oder er werde vielleicht sogar Ihre Großmutter umbringen. Während der ganzen Zeit rührt sich Ihr kleines Schwesterchen nicht und schläft offensichtlich friedlich weiter. *Gebe Gott, daß sie nicht plötzlich aufwacht, sonst tut der Mann ihr auch noch was.*

Als er dann endlich fertig ist, gibt er Ihnen ein Handtuch, mit dem Sie sich abwischen sollen. Dann sagt er zu Ihnen, wenn Sie irgend jemandem davon erzählen, würde er zu Ihnen zurückkommen und Ihnen noch Schlimmeres antun.

Sie glauben ihm; Sie wissen, daß er es ernst meint. Von diesem Tag an sind Sie nicht mehr die gleiche Person wie zuvor.

Genau so hätte sich der Fall auch in einem Vorort oder jeder amerikanischen Stadt abspielen können. Die Vergewaltigung trug sich aber tatsächlich in Neuseeland zu. Schockierender als die Details dieses speziellen Verbrechens ist die Tatsache, daß diese Vergewaltigungen von einem Serientäter an kleinen Mädchen und jungen Frauen verübt wurde, der die Region von South Auckland über ein Jahrzehnt, von 1980 bis 1995, in Atem hielt. Man sprach damals von dem Täter nur als dem Vergewaltiger von South Auckland.

Ich selbst wurde auf diesen Serienvergewaltiger erst aufmerksam, nachdem zwei Spezialagenten der Investive Support Unit, Steve Mardigian und Tom Salp, im Herbst 1994 von einer Konferenz in Australien zurückgekehrt waren, wo sie über die Methode der Persönlichkeitsanalyse unbekannter Gewalttäter referiert hatten. Fast immer, wenn wir auf Vortragsreisen oder Konferenzen unterwegs sind, oder irgendwo ein örtliches Polizeidepartment oder eine Sondereinheit beraten, versuchen die Ermittler Kontakt zu uns aufzunehmen, und bitten, sich mit uns treffen zu können, um über ihre verschiedenen schwierigen, ungelösten oder anhängigen Fälle mit uns reden zu können. Natürlich versuchen wir zu helfen, wo immer es uns möglich ist.

Auf ihrem Weg nach Adelaide mußten Steve und Tom durch Auckland reisen. Der Chefermittler im Fall des Auckland-Vergewaltigers – die Ermittlungen liefen unter dem Sammelnamen »Operation Park«, nach dem Mountfort Park im Manurewa Distrik, um den herum alle die Vergewaltigungen stattgefunden hatten – war Detective Inspector John Manning. Als der erfuhr, daß die beiden Agenten in die Gegend kommen würden, vereinbarte er ein Treffen mit ihnen und brachte Berge von Material mit über alle Fälle, die in irgendeinem Zusammenhang stehen konnten, einschließlich der gesamten Ermittlungsakten bis zum damaligen Tag.

Zwei Jahre später, 1996, hatte ich meinen Abschied vom FBI genommen und reiste im Zuge der Veröffentlichung meines Buches *Die Seele des Mörders* nach Neuseeland. Dort erfuhr ich dann an Ort und Stelle weitere Einzelheiten über den Fall, der für Polizei und Bürger gleichermaßen zu einer wahren Obsession geworden war. Als mir jetzt Näheres über die Verbrechen dieses Vergewaltigers geschildert wurden (es waren inzwischen mehr als fünfzig Frauen und Mädchen betroffen), wurde mir gleich klar, wie der Kerl eine so große Aufmerksamkeit erreichen und so viel Angst und Schrecken verbreiten konnte.

Der Vergewaltiger schlug immer spät in der Nacht oder in den frühen Morgenstunden zu, nachdem er sich für gewöhnlich durch ein offenes Fenster oder eine unverschlossene oder leicht zu entriegelnde Tür Zugang zum Haus verschafft hatte. Es war typisch für ihn, daß er seine Opfer, die in den meisten Fällen junge Mädchen wie das oben beschriebene waren, im Schlaf überraschte, wenn sie in ihrem Bett lagen. Sie sahen dann urplötzlich einen wildfremden Mann vor sich, der ihnen ein Messer an den Hals hielt. Für gewöhnlich bedeckte er das Gesicht seines Opfers oder trug selbst irgend etwas vorm Gesicht, damit er nicht erkannt wurde. Nach Möglichkeit arrangierte er auch erst alles seinen Vorstellungen entsprechend, bevor er sein Opfer dann aufweckte. Er drehte beispielsweise Glühbirnen aus den Fassungen, riß die Telefonschnur aus der Wand, versuchte von vornherein zu verhindern, daß ihm sein Opfer entwischen konnte, oder sperrte Familienmitglieder ein, die dem Mädchen unter Umständen zu Hilfe kommen könnten. Ebenso ließ er die entsprechenden Türen offenstehen, um sich im Bedarfsfall schnell wieder aus dem Staub machen zu können. In verschiedenen Fällen konnten Verwandte eine Vergewaltigung vereiteln, als sie das Opfer schreien hörten und ihm zu Hilfe eilten.

Bei anderen Gelegenheiten entführte er auch sein Opfer von der Straße fort oder zwang es, mit ihm das Haus zu verlassen, wobei es barfuß und mit nichts weiter bekleidet als mit seinem Nachthemdchen durch die Dunkelheit marschieren mußte, bis er irgendwo im Freien über das Kind herfiel. Es kam aber auch vor, daß Mädchen und junge Frauen nachts plötzlich aufwachten und bei sich im Zimmer einen fremden Mann entdeckten, der nichts weiter als »Hallo« sagte, wenn er überhaupt etwas von sich gab, und dann wieder verschwand, ohne eine Vergewaltigung versucht zu haben. Doch selbst bei solchen Gelegenheiten, wenn es nicht zur Vergewaltigung kam, versetzte der Täter seine Opfer in Panik, indem er ihnen das Gefühl raubte, sich in ihrem eigenen Zuhause in Sicherheit fühlen zu können.

Der Vergewaltiger konnte äußerst brutal und eiskalt sein, besonders wenn er auf Widerstand stieß. Manche Frauen und sogar kleine Mädchen schlug er bisweilen so sehr, daß sie ohnmächtig wurden, oder er ihnen die Zähne aus dem Kiefer brach, und einige der Opfer mußten anschließend blutüberströmt ins Krankenhaus gebracht werden. Ein Mädchen büßte durch die Schläge einen Teil seiner Hörkraft ein, und ein anderes, das eine Zahnklammer trug, schlug der Vergewaltiger dermaßen brutal ins Gesicht, daß es schwerste Schnittverletzungen in der Mundhöhle erlitt. Aber die Vergewaltigungen waren, auch wenn die Opfer nicht geschlagen wurden, in höchstem Maße entwürdigend, und in vielen Fällen drohte der Täter seinen Opfern damit, daß er zurückkommen würde.

Bei anderen seiner Opfer verhielt er sich dem gegenüber fast kleinlaut. So redete er sie beispielsweise mit ihrem Namen an, wenn er mit ihnen sprach, oder verabschiedete sich mit einen Kuß auf die Wangen, ganz so als seien sie alte Freunde. Doch die allermeisten beschimpfte er – selbst elf-, dreizehn- und vierzehnjährige Mädchen –, indem er sie »geile Schlampen« nannte oder sie in ganz besonders vulgärem Ton fragte, wie sie ihn sexuell gefunden hätten. Und zugleich erklärte er ihnen auch wieder, daß sie wunderschön seien. Man muß sich nur einmal vorstellen, was allein dieses konfuse Verhalten und Gerede bei einem Opfer auslöst – besonders wenn es sich um ein so junges Mädchen handelt. Wie sollte es sich in einer solchen Situation möglicherweise verhalten, wie reagieren? Diesem Kerl war ja schlichtweg alles zuzutrauen. Er hätte losschlagen oder sein Opfer gar töten können. Was wollte er überhaupt?

Der Vergewaltiger machte sich auch an junge Frauen heran, wenn ihre Männer zur Arbeit außer Haus waren. Und wenn sie nicht den Mund hielten und genau das taten, was er von ihnen verlangte, dann drohte er, ihre Kinder umzubringen, die häufig im gleichen Zimmer schliefen. In einem Fall brach er bei einer vierzigjährigen Mutter ein, die mit ihrer zwölfjährigen Tochter und einem Säugling allein im Haus war. Zunächst fesselte und vergewaltigte er die Mutter auf der Wohnzimmercouch und machte sich dann an verschiedenen Orten im ganzen Haus über die kleine Tochter her. Jedes der Opfer hörte die Schreie des anderen, während sich der Vergewaltiger an ihnen verging, doch sie konnten ihn nicht dazu bringen, von ihnen abzulassen.

Er tat auch etwas, das im höchsten Maße ungewöhnlich ist für einen Serienvergewaltiger: Er kehrte nämlich zu mindestens einem seiner Opfer zurück und vergewaltigte es ein zweites Mal. Die meisten Vergewaltiger drohen ihren Opfern damit wiederzukommen – besonders wenn das Opfer es wagen sollte, ihn bei der Polizei zu melden –, und praktisch jedes Opfer hat eine Heidenangst davor. Aber die wenigsten Täter kommen tatsächlich ein zweites Mal. Dieses Individuum jedoch vergewaltigte eine Frau auf dem Sofa ihres Wohnzimmers, auf dem sie eingeschlafen war, und kam dann etwa vier Monate später noch einmal und vergewaltigte sie in ihrem Bett erneut. In einem anderen Fall drang er ein zweites Mal in ein Haus ein, in dem ein fünfzehnjähriges Mädchen wohnte, das er beim ersten Versuch nicht vergewaltigen konnte, weil die Mutter des Opfers dem Kind zur Hilfe kam und die Tat vereitelte. Auch beim zweiten

Mal kam es nicht zur Vergewaltigung, aber beide Male prügelte der Täter brutal auf das Mädchen ein und riß ihr ein Ohrläppchen ab, als er ihr über das Gesicht schlug und dabei am Ohrring des Kindes hängenblieb.

Trotz dieser ungewöhnlichen Praxis, ein Opfer mehr als einmal aufzusuchen, legte der Täter aber auch Verhaltensweisen an den Tag, die leichter kalkulierbar waren. Er gehörte zu dem Typ Vergewaltiger, der gleich wieder auf die Suche nach dem nächsten Opfer geht, wenn er beim ersten Versuch gescheitert ist. Das treibende Moment bei diesem Tätertyp ist ein massives Minderwertigkeitsgefühl. Er vergewaltigt, um sich selbst unter Beweis zu stellen, was für ein starker Kerl er ist, und daß er Macht über Frauen hat. Wenn ihm das bei dem ersten Opfer jedoch nicht gelingt, dann zieht er noch in der gleichen Nacht weiter und sucht sich das nächste, es sei denn, die Gefahr geschnappt zu werden, erscheint ihm zu groß. Von dem Auckland-Vergewaltiger wußte man, daß er in manchen Nächten, wenn er bei dem ersten oder zweiten Versuch nicht zum Zuge kam, noch in mehrere andere Wohnungen einstieg.

Obgleich dieser Mann also in einem gänzlich anderen Kulturkreis aufgewachsen war als all die anderen Serientäter, mit denen ich in den verschiedensten Gefängnissen gesprochen hatte, wies er genau die gleichen stereotypen Verhaltensmuster auf. Das zeigt einmal mehr, daß Menschen nicht nur innerhalb einer ganz bestimmten Gesellschaft zu Gewaltverbrechern werden oder das Produkt spezifischer sozialer Einflüsse wären. Steve Mardigian und Tom Salp, alle die wir uns in Quantico eingehend mit den verschiedenen Typologien von Vergewaltigung beschäftigt hatten, kannten das Persönlichkeitsprofil des Täters von Auckland, mit dem die neuseeländischen Behörden zu tun hatten. Er verriet sich durch seine Vorgehensweise, seine »Kunst«. Das Motiv dieser Männer, die junge Mädchen nachts in ihren Betten überraschen, sich in Windeseile an ihnen vergehen und dann wieder Reißaus nehmen, ist uns bekannt. Oberflächlich betrachtet mögen sie keinerlei Gemeinsamkeiten aufweisen, doch an der Art, wie sie ihr Verbrechen ausüben, ist zu erkennen, daß sie alle die gleiche Obsession haben.

Der Auckland-Vergewaltiger hatte für seine Operationen offensichtlich gezielt eine ganz bestimmte Gegend ausgesucht, genau wie amerikanische Kriminelle für das Gelingen ihrer Verbrechen mit Vorliebe großstädtische Gebiete wählen anstelle von kleinen Ortschaften oder reinen Wohnsiedlungen, in denen jeder jeden kennt. South Auckland ist die inoffizielle Bezeichnung für Manukau City, einer Industriestadt mit vergleichsweise niedrigen Mieten und vielen Fabriken. Es ist die drittgrößte Stadt Neuseelands und hat etwa eine viertel Million Einwohner. Alle diese Faktoren passen genau ins Bild. Viele der Verbrechen fanden genau hier statt, in Häusern mit Hinterhöfen, die alle über schmale, dunkle Gassen miteinander verbunden waren, was es dem Täter leicht machte, anschließend schnell und unerkannt zu entkommen.

Auch die niedrigen wirtschaftlichen Verhältnisse der Bewohner dieser Gegend kamen dem Täter zugute, denn es bedeutete, daß hier viele Familien – und damit eine große Zahl potentieller Opfer – unter bestimmten Umständen lebten, die sie zu einer einfachen Beute für ihn machten: Kinder, deren Eltern nachts in den Fabriken arbeiteten oder getrennt lebten, so daß die Kleinen häufig allein zu Hause waren oder auf ihre jüngeren Geschwister aufpassen mußten; Familien, denen das Geld fehlte, eine zerbrochene Fensterscheibe auszutauschen oder Türschlösser zu ersetzen, und die sich deswegen mit alternativen Lösungen behalfen, und Türen nur unzulänglich sicherten, indem sie beispielsweise ein Küchenmesser in den Holzrahmen rammten, und die Tür oder das Fenster auf diese Weise arretierten. In manchen Häusern gab es nicht einmal ein Telefon, was zur Folge hatte, daß die Polizei häufig erst sehr spät von den Überfällen erfuhr. Der Vergewaltiger suchte sich unterdessen mit Bedacht die aller Verwundbarsten unter diesen Menschen aus. Eines seiner Opfer war beispielsweise ein kleines Mädchen, das zu Hause mit seiner Großmutter allein gelassen worden war, die ihren Rausch ausschlief, während der Vergewaltiger sich an dem Kind verging. Andere Opfer lebten in äußerst schwierigen oder zerrütteten Familienverhältnissen, mit einem Stiefvater oder Freund der Mutter zusammen, der möglicherweise selbst bereits wegen Mißbrauchs auffällig geworden war und nun als Verdächtiger gelten mochte. Mitunter lebten die Opfer mit ihrer Großfamilie aus finanziellen Gründen in so beengten Verhältnissen, daß man bei dem ständigen Kommen und Gehen gar nicht Notiz davon nahm, wenn sich eine unbekannte Person einschlich.

Und schließlich gab es da noch den etwas heiklen Punkt einer möglichen Diskriminierung: Etwa 35 Prozent der Bevölkerung von South Auckland waren nämlich, genau wie eine große Zahl der Opfer, entweder Zuwanderer von den Pazifischen Inseln oder sie gehörten der Volksgruppe der Maori an. Auch der Vergewaltiger selbst wurde als ein Maori beschrieben, weshalb die Polizei sich später bei ihren Ermittlungen aus Mangel an näheren Hinweisen auf junge Maori-Männer konzentrierte.

Viele Neuseeländer fragten damals, ob die Opfer nicht möglicherweise durch die Marginalität der Bevölkerungsschicht, aus der sie stammten, und durch die sozioökonomische Situation in der betreffenden Wohngegend besonders gefährdet gewesen seien. Wahrscheinlich hätten sich die lokalen Sicherheitskräfte viel früher eingeschaltet, wenn eine solche Serie von Vergewaltigungen in einem wohlhabenderen Stadtviertel aufgetreten wäre. Vermutlich hätten sie den Täter dann auch viel schneller gefaßt. Vielleicht hätten sich die Opfer auch eher bei der Polizei gemeldet, und die Verbrechen hätten in den Nachrichten von Anfang an einen ganz anderen Stellenwert eingenommen, argumentierten viele. Dazu muß man wohl sagen, daß diese speziellen Stadtgebiete tatsächlich ein ideales Betätigungsfeld lieferten für einen mobilen Serientäter. Hinzu kam noch, daß die ermittelnden Polizeieinheiten in Otara zunächst von ganz ähnlich gelagerten Vergewaltigungsfällen, die sich gleich in den benachbarten Distrikten von Mount Eden und Papatoetoe abgespielt hatten, überhaupt keine Ahnung hatten. Das gleiche Phänomen beobachten wir auch immer wieder in den Vereinigten Staaten, wo die ermittelnden Behörden häufig nichts von bestimmten Straftaten wissen, die nur ein paar Kilometer weiter in einem angrenzenden Distrikt verübt worden waren, der nicht zu ihrem Zuständigkeitbereich gehört, und ein Zusammenhang der Fälle dadurch erst viel zu spät festgestellt wird.

In beratender Funktion habe ich weltweit an den Ermittlungen zu zahlreichen Fällen mitgearbeitet. Einer der bekannteren war der Fall des Yorkshire-Rippers in England, der mich immer noch zutiefst entsetzt, wenn ich daran denke, und den ich ganz besonders erstaunlich finde. Nicht nur wegen der Scheußlichkeit, mit der die einzelnen Verbrechen verübt worden waren, sondern weil wir es damals mit einem Vergewaltiger zu tun hatten, der auf einer unglaublich breiten Ebene operierte: Er schien seine Opfer völlig willkürlich ausgewählt zu haben, ganz als spielten Alter und Aussehen für ihn absolut keine Rolle. Das Verlangen dieses Individuums, Frauen zu beherrschen und herumzudirigieren, war offensichtlich so übermächtig, daß er überhaupt keinen Gedanken daran verschwendete, welchem speziellen Typus Frau er den Vorzug geben sollte. Ihm war jede Frau recht, solange sich nur eine Gelegenheit bot. Wie bei jedem Serienvergewaltiger, mit dem ich bei uns in den Vereinigten Staaten zu tun gehabt hatte, hielt ich es für undenkbar, daß der Kerl irgendwann von selbst aufhören würde zu vergewaltigen, solange er nicht geschnappt würde – oder tot wäre. Sicherlich hätte es Unterbrechungen geben können, wenn er beispielsweise wegen anderer Delikte vorübergehend eingebuchtet worden wäre oder in eine andere Gegend gezogen wäre, aber er hätte wohl immer so weitergemacht, solange man ihn nicht für alle Ewigkeit hinter Gitter steckte.

Bereits im März 1989 hatte die *Sunday News* berichtet, daß die Polizei von South Auckland vermutete, ein Serienvergewaltiger triebe im Randbezirk von Otara sein Unwesen. Der damalige Detective der Polizeieinheit im Nachbardistrikt von Otahuhu, Sergeant Brett Kane, hatte die Bevölkerung gleich gewarnt, daß noch mit weiteren Vergewaltigungen zu rechnen sei, solange der Täter nicht dingfest gemacht worden wäre.

Der Täter war sehr geschickt und hinterließ bei seinen Einbrüchen kaum verwertbare Spuren. Doch 1990 begann die Polizei von Neuseeland damit, routinemäßig am Tatort auch eventuell vorhandene Körperflüssigkeiten zu sammeln und mit Hilfe der DNA-Analyse einen genetischen Fingerabdruck des Täters zu erstellen. Um 1993 stellte Detective Sergeant Dave Henwood, der stellvertretende Leiter der Polizei von Papakura, alle Fälle von Vergewaltigung zusammen, zu denen seit 1988 Ermittlungen geführt worden waren, und sortierte die älteren Fälle nach dem spezifischen MO der Täter und die neueren Fälle entsprechend der DNA-Analyse. Im August 1993 startete die Polizei von Papakura schließlich die »Operation Park«, die offiziellen Ermittlungen zu den Serienvergewaltigungen. Im Zuge der Fahndungsarbeiten zogen die Beamten von Haus zu Haus und führten eine Befragung der Anwohner der betreffenden Wohngebiete durch. Zusätzlich startete die Polizei eine präventive Maßnahme, indem sie über eine Anzeige in dem lokalen *Manukau Courier* den Täter aufforderte, sich zu stellen. So lobenswert dieser Versuch ja sein mag, habe ich noch nie erlebt, daß diese spezielle Maßnahme irgendein Ergebnis gebracht hätte. Doch parallel dazu ließ die Polizei auch eine sehr beeindruckende großangelegte Kampagne anlaufen, die etwas mehr Erfolg zu versprechen schien, indem sie nämlich Handzettel an die Bewohner verteilte, auf denen der Täter in Maori sowie in anderen Sprachen der Pazifischen Inseln beschrieben wurde.

Anfang 1994 wurde die »Operation Park« offiziell an die Strafverfolgungsbehörden von Manukau übertragen, einem größeren Distrikt, der bessere Möglichkeiten hatte, mit einem Fall wie diesem umzugehen. Der Chefermittler war Detective Hauptsergeant Stu Mills, der bereits einige der größten Fälle Neuseelands geleitet hatte, die seit 1970 aufgetreten waren. Auch Henwood beteiligte sich mit seinem Team von Papakura, und man zog international renommierte Experten in kriminalpsychologischen Fragen als Berater zu den Ermittlungsabeiten hinzu. Einer dieser Experten, der leitende Psychologe des Justizministeriums von Auckland, Hans Laven, fertigte eine Studie des Täterprofils an, das er auf der Basis der Vergewaltigungsfälle erstellte, die bis dahin einem bestimmten Täter zugeordnet werden konnten.

Laven fiel auf, daß der Vergewaltiger seinen Opfern nie Geld stahl, nicht einmal wenn er die Gelegenheit dazu gehabt hätte, woraus er schloß, daß der Täter offensichtlich einen Arbeitsplatz hatte. Ferner sollte der Täter nach der Beschreibung eines der Opfer Arbeitsstiefel getragen haben, was die Vermutung nahelegte, daß er möglicherweise in einer der ortsansässigen Fabriken arbeitete. Aus der Tatsache, daß der Vergewaltiger scheinbar von zu Hause fort konnte, wann immer er wollte (was sich an der Tatzeit ablesen ließ, die immer entweder in die späten Nachtstunden oder auf den frühen Morgen fiel), folgerte Laven, daß es sich bei dem Gesuchten entweder um einen alleinstehenden Mann handelte, um einen Schichtarbeiter, oder um jemanden, der in der Beziehung zu seinem Partner das Sagen hatte. Laven fand ferner heraus, daß die meisten der Opfer sehr jung waren, und daß der Täter bei älteren Opfern immer zusätzliche Maßnahmen ergriff, indem er sie beispielsweise erst fesselte, bevor er zur eigentlichen Tat schritt. Der Psychologe zog daraus den Schluß, daß der Täter möglicherweise Erwachsenen gegenüber kein allzu stabiles Selbstvertrauen hatte, weder physisch noch sexuell, und daß er vielleicht als Kind selbst mißbraucht worden war.

Mit den meisten Schlußfolgerungen, die Laven aus seinen Untersuchungen zog, war ich einverstanden, doch vor allem stimmte ich ihm in dem Punkt zu, daß die Polizei seiner Meinung nach von den Opfern unbedingt detailliertere Informationen über den Täter haben mußte – was genau er bei den einzelnen Schritten seines Verbrechens sagte und tat –, denn das war es, was wir brauchten, um uns ein klareres Bild von dem Gesuchten zu machen. Dann hätte ich seinen Schlußfolgerungen noch hinzugefügt, daß der Täter höchstwahrscheinlich nicht nur im Umgang mit Frauen zu beherrschen versucht, sondern wahrscheinlich ganz generell ein höchst angespanntes Verhältnis zu den Menschen hat, mit denen er sich umgibt. Wahrscheinlich phantasierte er, daß die Frauen und Mädchen, die er vergewaltigte, es endlich vielleicht doch schön fanden, was er mit ihnen trieb. Aber in Wahrheit war es natürlich für keines der Opfer ein Vergnügen, von ihm vergewaltigt zu werden – vielmehr ließen manche den Gewaltakt regelrecht in Tränen schwimmend über sich ergehen –, was ihn nur noch mehr frustriert haben mußte, denn es führte ihm vor Augen, daß er alles andere war als ein toller Bursche. Deshalb versuchte er es wieder und wieder in der Hoffnung, im Leben endlich das zu bekommen, wovon er so sehr träumte.

Wie wir aus anderen Fällen von Serienvergewaltigungen wissen, gibt es in der Biographie der meisten Täter gewisse auslösende Momente – sogenannte Streßfaktoren, wie wir sagen –, die der Vergewaltigung vorausgehen. Ich hätte der Polizei daher geraten, sich noch einmal die Akten über die erste Vergewaltigung anzusehen, die vom Tatprofil her dieser Person zuzuschreiben war, und die Gegend, in der diese Tat stattgefunden hat, näher unter die Lupe zu nehmen. Es war nämlich gut möglich, daß der Gesuchte zu der Zeit dort ganz in der Nähe gelebt hat. Es ist bekannt, daß Kriminelle häufig ihre ersten Verbrechen dort begehen, wo sie sich besonders sicher fühlen, und das ist eben in der Regel dort, wo sie wohnen oder arbeiten.

Anfang 1994 begann die Polizei mit ihren umstrittensten präventiven Maßnahmen bei der Fahndung nach dem Täter: Überall in den Straßen griffen sie Männer auf, die in irgendeiner Form der Täterbeschreibung entsprachen, und nahmen ihnen eine Blutprobe ab, um ihren genetischen Fingerabdruck mit dem zu vergleichen, den sie anhand der DNA-Analyse an den Tatorten gefunden hatten. Beamten bezogen Stellung auf öffentlichen Plätzen – wie Bibliotheken, Grünanlagen und Einkaufszentren – und sprachen schmächtige Maori-Männer zwischen zwanzig und vierzig an, um sie um eine Blutprobe zu bitten. Die Teilnahme an dieser Kampagne war natürlich, wie es hieß, freiwillig.

Zu der Zeit war es auch, als die *Sunday News* eine Belohnung von 5000 Dollar aussetzte für Hinweise, die zur Ergreifung des Täters führten.

Die Polizei verfolgte jetzt noch eine weitere Spur, die sie an einem der Tatorte fand: Als der Täter nämlich durch ein Küchenfenster in ein Haus einstieg, hatte er auf dem Sitzkissen eines Stuhls, auf den er sich gestellt hatte, einen Fußabdruck hinterlassen, dem die Ermittler eine ganz bestimmte Schuhmarke zuordnen konnte, bis hin zum Hersteller und schließlich dem einzigen Vertreiber dieser Art Stiefel, den es in der Stadt gab. Dann begann man damit, peinlich genau nachzuforschen, welche Männer Stiefel dieser Art in der Größe des Täters während der letzten zwei Jahre gekauft hatten, denn anhand des Abdrucks konnte das ungefähre Alter der betreffenden Schuhe ausfindig gemacht werden. Von jedem Mann, den sie auf diese Weise ausfindig machen konnten, und auf den die Täterbeschreibung des Vergewaltigers paßte, nahmen sie eine Blutprobe und verglichen sie mit der entsprechenden DNA-Analyse des Vergewaltigers.

Während dieser Kampagne übernahm John Manning die Leitung der Ermittlungen und beraumte das Treffen an, das ihn mit meinen beiden Kollegen von der Spezialeinheit ISU (Investigative Support Unit) zusammenführte. Durch seine Untersuchungen kam Manning zu dem Schluß, daß sie es mit einem Typen zu tun hatten, den sie den »vornehmen Vergewaltiger« nannten, und auf den das Täterprofil zutraf, das ich oben beschrieben habe: ein Mann, der Probleme in seinen Beziehungen zu Frauen hatte und der Phantasie nachhing, seine Opfer könnten irgendein sexuelles Vergnügen daran finden, wenn er über sie herfiel. Steve Mardigian stimmte wohl zu, daß es sich bei dem Gesuchten tatsächlich um diesen Kerl handeln konnte, gab jedoch zu bedenken, daß wir es hier mit Individuen zu tun hatten, die unter Umständen auch mehrere der typischen Verhaltensmerkmale auf sich vereinigen könnten; ein Grundsatz, den wir in unserer Spezialeinheit immer beherzigten. Es sei daher nötig, sich noch genauer auf die individuellen Charakterzüge dieses speziellen Tätertyps zu konzentrieren. Ausgestattet mit diesem Wissen und weiteren Resultaten, die die Konferenz erbrachte, erstellte Manning ein Persönlichkeitsprofil des Vergewaltigers, das zum erstenmal in der Geschichte Neuseelands zur Identifizierung eines Serienverbrechers führte.

Manning richtete jetzt alle seine Aufmerksamkeit auf die mögliche Vergangenheit des Gesuchten. Der Täter trug zum Beispiel bei seinen Operationen immer Handschuhe, um keine Fingerabdrücke zu hinterlassen. Durch diese Tatsache sowie Mannings Wissen darüber, daß Vergewaltiger sich häufig weniger schwerwiegender Delikte schuldig gemacht haben, bevor sie zu Gewaltverbrechern wurden, brachte den Ermittler auf den Gedanken, daß der Gesuchte möglicherweise schon einmal wegen eines Einbruchs gefaßt worden sein konnte, dessen er überführt wurde, weil seine Fingerabdrücke am Tatort gefunden wurden. Wie wir immer und immer wieder gezeigt haben, sind Kriminelle unbedingt in der Lage, aus ihren Fehlern zu lernen.

Der unbekannte Täter hatte wahrscheinlich auch als Jugendlicher schon Ärger mit der Polizei gehabt oder war zumindest in der Schule durch bestimmte Verhaltensformen auffällig geworden. Es könnte also ein Jugendstrafregister über ihn existieren. Genau wie in den USA hat wohl auch in Neuseeland ein junger Mann gewisse Schwierigkeiten bei der Arbeitssuche, wenn er bereits zu einer Jugendstrafe verurteilt worden war. Möglicherweise zog er also genau zu diesem Zeitpunkt um oder suchte sich einen neuen Job, als er auch seine kriminellen Aktionen in eine andere Gegend verlegte.

Aus den Beschreibungen verschiedener Opfer konnte die Polizei entnehmen, daß es sich bei dem Täter höchstwahrscheinlich um einen Maori handelte oder um einen Angehörigen der verschiedenen Volksgruppen der Pazifikinseln. Und die Tatsache, daß er imstande war, durch auffallend kleine Fenster in die verschiedenen Häuser einzusteigen, bedeutete, daß er von recht schmalem Wuchs gewesen sein mußte. Er war jedoch mindestens 1,70 m oder 1,80 m groß und schätzungsweise zwischen fünfundzwanzig und fünfunddreißig Jahren alt, da ihm eine Vergewaltigung zugeordnet werden konnte, die in das Jahr 1988 fiel.

Die Ermittlungsarbeiten der Polizei wurden mit größter Sorgfalt betrieben, erwiesen sich jedoch als sehr zeitaufwendig und anstrengend, da alle entsprechenden Strafregister gesichtet werden mußten, in denen es um Einbruch, Diebstahl und außer um Vergewaltigungen auch um alle möglichen Formen von Sexualdelikten und sogar um verkehrsrechtliche Übertretungen ging. Es galt nach einem möglichen Täter zu fahnden, der den verschiedenen Gesichtspunkten entsprach und zur Zeit der Vergewaltigungen in der betreffenden Wohngegend gemeldet war. Immer wieder mußten die ermittelnden Beamten ihre entsprechenden Kriterien um eine winzige Nuance ändern, legten Listen über Listen von potentiellen Tätern an und nahmen Blutproben von jedem einzelnen, bis sie endlich fündig wurden.

Im Frühling 1995 kam plötzlich einer der Computerfahnder mit einem Namen daher: Joseph Stephenson Thompson. Thompson paßte genau auf das Bild, das die Opfer von dem Vergewaltiger gegeben hatten. Er war sechsunddreißig Jahre alt, schmal gewachsen, und er war Maori. Zudem hatte er bereits als Vierzehnjähriger seine Einbrecherkarriere begonnen und in verschiedenen Vierteln der Stadt gelebt, in denen der Vergewaltiger aktiv war. Es gab sogar eine Polizeiakte von 1984, wonach eine Frau Anzeige gegen Thompson erstattet hatte, weil er plötzlich in ihrem Schlafzimmer aufgetaucht war. Als er damals verhaftet wurde, hatte er behauptet, nur ein einfacher Einbrecher zu sein, aber rückblickend muß man wohl davon ausgehen, daß dies bereits der erste Versuch einer Vergewaltigung gewesen war.

Thompson wurde am 15. Juli 1995 verhaftet und später wegen 129 verschiedener Delikte verurteilt, was ein absoluter Rekord im gesamten Commonwealth war. Unter anderem wurden ihm 29 Fälle von schwerem Diebstahl und 11 Einbrüche zur Last gelegt, 6 Mal Hausfriedensbruch mit versuchter Körperverletzung und 6 Fälle von schwerer Körperverletzung. Außerdem 1 Raubüberfall, 5 Entführungen, 10 Überfälle mit versuchter Vergewaltigung, 46 vollendete Vergewaltigungen und 15 weitere Sexualdelikte. Die Anklage ersparte es den Opfern vor Gericht auszusagen, aber die Öffentlichkeit und die Medien waren damit nicht zufrieden, sie wollten verstehen, wie ein Mensch so etwas tun kann.

In seinem Plädoyer versuchte Thompsons Verteidiger vor der Urteilsverkündigung für den Täter mildernde Umstände zu erwirken. Man könne seine Taten zwar nicht entschuldigen, doch sein Mandant entstamme einem sozialen Milieu, in dem er als Kind vernachlässigt und schon früh selbst sexuell mißbraucht worden sei. Es hieß, daß Thompsom Reue über seine Taten gezeigt habe und Polizei und Wissenschaft die Möglichkeit gab, seinen Fall auszuwerten und mehr über die psychologische Struktur von Tätern, wie er einer war, in Erfahrung zu bringen.

Genauere Nachforschungen brachten schließlich entsetzliche Zahlen an den Tag: Die Opfer von siebenundvierzig Vergewaltigungen, die Thompson selbst zugab, waren jünger als siebzehn Jahre, und nur der Himmel weiß, wie viele von ihnen dadurch einen lebenslangen psychischen Schaden davontrugen. Er terrorisierte die Opfer in ihren eigenen vier Wänden, schlug sie und vergewaltigte sie. Jeden Überfall hatte er genau geplant, drehte mit Bedacht die Glühbirnen aus den Fassungen und trug Handschuhe, und später ging er sogar dazu über, den Tatort hinterher wieder zu säubern – er versuchte selbst mögliche Spuren für eine DNA-Analyse zu beseitigen, da er durch die Medien wußte, daß die Polizei auch solche Indizien auswertet.

Thompson wurde zu der höchsten Strafe verurteilt, die in Neuseeland möglich ist: dreißig Jahre Haft, von denen er mindestens fünfundzwanzig absitzen muß, bevor er ein Gesuch auf vorzeitige Entlassung stellen kann. Obgleich sein Verteidiger gegen die Härte des Urteils Berufung einlegte (ein Schritt, der ihm Morddrohungen seitens empörter Bürger einbrachte), stand der Richterspruch fest.

John Manning wurde für seine Mühen mit der Queen's Police Medal geehrt, eine Anerkennung, die ihm meiner Meinung nach mindestens zustand, denn immerhin hat er bei seinen Ermittlungen zu Herzen genommen, was unsere Forschungsarbeiten immer und immer wieder bestätigt haben: niemand wacht plötzlich einfach auf und beschließt, ein Serienvergewaltiger zu werden. Es gibt immer erkennbare Warnsignale und vorausgehende Gesetzesverstöße, auf die die Behörden aufmerksam werden müssen als Hinweise auf zukünftige Gefahren.

Wenn ich davon spreche, sich in das Innerste eines Gewaltverbrechers zu begeben, dann meine ich damit einen Prozeß, den ich einmal als eine »Reise in die Finsternis« beschrieben habe. Wer sich nur seinem Gefühl überläßt oder auf einer moralisierenden Ebene von »Gut« und »Böse« spricht, wer nur ungläubig den Kopf darüber schüttelt angesichts all dessen, was ein sogenanntes menschliches Wesen imstande ist seinen Artgenossen anzutun, der kann das Verbrechen unmöglich aus der Sicht des Kriminellen sehen. Doch genau darum geht es, wenn man ein Täterprofil erstellen will: Man muß sich auf die Ebene des Gewaltverbrechers begeben, um die Welt so zu sehen, wie er sie erlebt. Das ist selbst für mich und meine Kollegen noch immer sehr schwer, trotz unserer analytisch nüchternen Unvoreingenommenheit und unserer jahrzehntelangen theoretischen und praktischen Erfahrung. Deswegen kann ich auch sehr gut nachvollziehen, wie entsetzlich es für das Opfer eines Gewaltverbrechens sein muß, sich urplötzlich in einer solchen Situation wiederzufinden, und ganz auf seine Instinkte und seinen Überlebenswillen reduziert, diesen gleichen gedanklichen und psychischen Prozeß zu absolvieren.

Wie oft habe ich Frauen schon darüber sprechen gehört, wie sie in solch einer Situation einen Vergewaltiger oder einen Sexualtäter austricksen oder ihm entkommen würden. Die Wahrheit ist nur leider, daß niemand genau weiß, wie er sich in einer solchen Situation am besten verhalten sollte, bevor es nicht tatsächlich dazu gekommen ist. Erst wenn man wirklich seinem eigenen Vergewaltiger in diesem speziellen schrecklichen Augenblick gegenübersteht, weiß man, mit welchem Ungeheuer man es zu tun hat. Theorie ist fehl am Platz und unter Umständen verhängnisvoll, denn was bei dem einen Vergewaltiger die richtige Reaktion sein mag, kann bei dem anderen absolut tödlich sein. Worum es geht, ist Überleben. Und deswegen habe ich auch einen Heidenrespekt vor jeder Frau, die einen solchen Gewaltakt überstanden hat, denn so unfaßbar sich das auch anhören mag, aber überlebt zu haben und imstande zu sein, über einen solchen Fall berichten zu können, ist bereits ein großer Sieg. Ein Opfer kann es sich nämlich nicht leisten, den ganzen Vorgang erst einmal aus sicherer Distanz zu betrachten und sich die Forschungsergebnisse der vergangen Jahre zu vergegenwärtigen. Es muß die Situation augenblicklich erfassen können, muß den Extremfall in dem Moment, in dem sich die Handlung vollzieht, analysieren und instinktiv entscheiden, was es tut oder sagt, um lebend wieder herauszukommen. Ich werde immer ganz rasend vor Zorn, wenn ich zum Beispiel einen Anwalt oder sonst einen Schlaumeier vor Gericht höre, der einer Frau, die Opfer einer Vergewaltigung geworden ist, im Nachhinein erklären will, was sie in diesem Augenblick unmittelbarer Lebensbedrohung hätte richtiger oder anders machen sollen. Vielleicht ist das ja meine Perversion, daß ich mir dann wünsche, dieser Mensch wäre selbst einmal mit einer solchen Situation konfrontiert, nur um zu sehen, wie er sich dann verhält.

In der ersten Aprilwoche 1984 wurde eine einundvierzigjährige Kellnerin in ihrer Wohnung in einem Randbezirk von Cleveland überfallen. Es war noch früh am Morgen, als der Täter, ein etwas schwächlicher junger Weißer, sie mit dem Messer zum Oralverkehr zwang, während er an ihren Brüsten herumfingerte. Er sagte, daß er ihr nichts tun würde, solange sie täte, was er von ihr wollte, und vor allem dürfe sie ihn nicht ansehen. Als er befriedigt war, nahm er der Frau ihr Geld ab und schloß sie im Badezimmer ein. Die Frau hatte nicht gewagt, den Mann genauer anzusehen, aber etwas war ihr an ihm aufgefallen: er hatte nämlich so etwas wie eine Beule oder irgendeine Narbe am Penis.

Im allgemeinen haben Opfer einer Vergewaltigung Hemmungen, sich an die Polizei zu wenden, und versuchen sich so zu verhalten, als sei nichts vorgefallen, in der Hoffnung, daß ihre schrecklichen Erinnerungen, ihre Scham und Angst sich irgendwann wieder von selbst verflüchtigen. Parallel dazu versuchen sie an den Reaktionen von Freunden, Bekannten, Kollegen oder Familienmitgliedern abzuwägen, ob sie den Fall melden sollen oder nicht. Wie bei allen Gewaltverbrechen sind dadurch im Endeffekt weit mehr Personen als die direkt betroffenen Opfer in einen solchen Fall involviert. Eine Frau, die Opfer einer Vergewaltigung geworden ist, mag zum Beispiel unter der Furcht leiden, daß andere sie nicht mehr mit den gleichen Augen ansehen könnten, sobald bekannt würde, daß sie vergewaltigt worden ist, oder daß sie das Verbrechen durch welche Verhaltensweise auch immer in einem gewissen Sinne mitverschuldet hätte, wodurch sie sich nur noch verwundbarer und noch verunsicherter fühlt. Zu alledem kommt, daß die meisten Vergewaltiger ihren Opfern ganz eindeutig Vergeltung androhen, wenn sie den Fall der Polizei melden sollten, denn irgendwie würden sie schon Wind davon bekommen.

Dieses spezielle Opfer hatte jedoch den Mut, den Vorfall der Polizei zu melden, was besonders angesichts der Tatsache von Bedeutung war, als nur eine Woche darauf, gleich ein paar Straßenzüge weiter, erneut eine Frau mit Waffengewalt zu sexuellen Handlungen gezwungen wurde.

Es war 5.30 Uhr morgens, am 13. April 1984, als sich Betty Ocilka, eine Postbotin, gerade für die Arbeit fertigmachte, und plötzlich ein wildfremder Mann – mit einer Strumpfmaske vor dem Gesicht – in ihrer Küche auftauchte, sie sofort in den Schwitzkasten nahm und ihr ein Messer an die Kehle hielt. Als sie instinktiv zu schreien begann, würgte er sie brutal und drohte, sie umzubringen, wenn sie nicht augenblicklich still wäre. Mit vorgehaltenem Messer führte er sie ins Wohnzimmer, wo er auf dem Sofa über sie herfiel, während er ihr wieder drohte, ihr nichts anzutun, solange sie sich nicht wehre. Betty Ocilka war eine alleinstehende Mutter (ihr Ehemann war Polizeibeamter in Cleveland gewesen, der vor einiger Zeit Selbstmord begangen hatte) und fürchtete, der Fremde könnte ihrem dreijährigen Sohn etwas zuleide tun, wenn dieser durch den Lärm des Überfalls aufwachen sollte und die Treppe herabkäme, um nachzusehen, was los sei.

Sie versuchte den Mann davon abzubringen, sie zu vergewaltigen, indem sie vorgab, gerade ihre Mensis zu haben, doch er zwang sie, es ihm mit dem Mund zu besorgen und sein Sperma anschließend herunterzuschlucken. Dann nahm er das gesamtes Bargeld an sich, das sie im Haus hatte – es handelte sich gerademal um 21 Dollar –, sperrte sie wie die anderen Opfer im Badezimmer ein und verschwand, doch nicht ohne ihr vorher gedroht zu haben, er würde wissen, wenn sie die Polizei verständigen sollte und dann wiederkommen. Sobald der Kerl fort war, lief sie hinauf, um nach ihrem Kind zu sehen, das jedoch nicht mehr in seinem Bettchen lag. Für einen Augenblick war sie voller Panik, weil sie glaubte, der Vergewaltiger hätte es entführt, doch dann fand sie den Jungen schlafend in ihrem Bett. Wie sie später James Neff berichtete, dem hervorragenden Kriminalreporter, der in seinem Buch *Der Unvollendete Mord* die Vergewaltigungsfälle von Cleveland bearbeitet hat, war es ein gänzlich atypisches Verhalten für ihren kleinen Sohn, aus seinem Bettchen zu klettern um anschließend ins Bett der Mutter zu schlüpfen. Ganz offensichtlich hatte er irgend etwas gehört, das ihm Angst gemacht hat, und war deshalb ins Schlafzimmer seiner Mutter gelaufen. Neffs Bericht zufolge war sie dadurch erst recht in höchster Aufregung und entschloß sich, gegen alle Warnungen des Verbrechers augenblicklich die Polizei zu verständigen.

Während sie auf die Ankunft der Beamten wartete, spülte sie sich den Mund, brühte sich einen Kaffee auf und trank zwei Tassen. Mit ihrem instinktiven Bemühen sich zu reinigen, zerstörte sie unglücklicherweise ein wichtiges Beweismittel, das für die Ermittlungen von großer Bedeutung hätte sein können.

Detective Bob Matuszny vom zweiten Revier der Polizei von Cleveland war ein guter Bekannter von Betty Ocilka (sie trug in der Nähe des Polizeireviers die Post aus) und hatte auch ihren verstorbenen Ehemann gekannt. Er war erschüttert, als er von dem Gewaltverbrechen erfuhr, das an ihr begangen worden war. Doch abgesehen davon, daß ihn eine persönliche Sympathie mit dem Opfer verband, war er beunruhigt, weil er gerade erst im Fall der Vergewaltigung an der Kellnerin vor einer Woche ermittelt hatte. Er und sein Partner Phil Parrish gingen den Polizeibericht im Ocilka-Fall gemeinsam erneut durch und fuhren dann geradewegs zu ihr, um sie noch einmal zu befragen. Es gab genügend Übereinstimmungen, die die Vermutung nahelegten, daß die Fälle in irgendeinem Zusammenhang standen. Doch es gab noch einen ganz besonderen Punkt, den sie klären wollten: Das Opfer der ersten Vergewaltigung hatte angegeben, daß der Täter irgendeine Beule oder eine Narbe auf seinem Penis hatte, während davon im Bericht Betty Ocilka keine Rede war.

Es mag befremdlich anmuten, daß dieses überaus wichtige

Detail bei der ersten Vernehmung vernachlässigt worden ist, aber es macht ein besonderes Problem bei den Ermittlungen in Fällen von Vergewaltigungen deutlich. Im Gegensatz zu anderen Verbrechen ist bei Vergewaltigungen eine ganz besondere Schulung und Erfahrung unumgänglich, ohne die man das spezifische Motiv des Täters nie erkennen und unmöglich die Person identifizieren kann, nach der man fahndet. Was einen Vergewaltiger zu seiner Tat veranlaßt, ist unvergleichlich viel schwieriger zu erfassen, als beispielsweise das Motiv eines Einbrechers, Bankräubers oder Autodiebs. Bei einem Kerl, der mit vorgehaltener Waffe einen Eckladen überfällt, und anschließend wieder ohne jemanden verletzt zu haben verschwindet, sobald er sein Geld hat, ist es ziemlich offensichtlich, um was es ihm geht. Doch auch wenn wir generell wissen, daß ein Vergewaltiger darauf aus ist, andere zu manipulieren, zu beherrschen und herumzudirigieren, so ist doch eine behutsame Analyse seines Verhaltens während des Überfalls nötig, um herauszufinden, welch ein Typ von Gewalttäter er ist. So wie man erst aus der Art, wie ein Mensch sich verhält, Rückschlüsse auf seinen Persönlichkeitstyp ziehen kann, so erfährt man im Falle eines Vergewaltigers am meisten über ihn, wenn man sorgfältig analysiert, was er tut und sagt.

Um die spezielle Charakterstruktur eines Vergewaltigers zu analysieren, ist es wichtig zu wissen, ob der Täter sein Opfer schlägt, ob er die Vergewaltigung zu rechtfertigen versucht, ob er sich durch einen Trick Zugang zu der betreffenden Frau oder dem Mädchen verschafft oder sein Opfer mitten in der Nacht plötzlich überfällt. Welcher Art ist die Vergewaltigung, und was sagt er möglicherweise vor, während oder nach der Tat? Diese grundsätzlichen Fragestellungen sind nur ein grober Anfang für die weiteren Recherchen, die wir anstellen müssen, um genügend Informationsmaterial zusammenzutragen, aus dem wir schließlich ein aussagekräftiges Täterprofil erstellen können, wovon in einem späteren Kapitel noch ausführlicher zu sprechen sein wird.

Wenn der Beamte, der das Vergewaltigungsopfer zu der Tat befragt, nicht die nötige Erfahrung hat – oder selbst in irgendeiner Form irritiert oder gehemmt ist – sind die betroffenen Frauen häufig noch zu traumatisiert, verschämt oder verängstigt, um sich jedes Detail des Aktes vor Augen führen zu wollen oder gewisse intime Einzelheiten des Vorgangs anzusprechen. Viele stehen auch noch unter dem Schock des Überfalls, und es ist durchaus nicht ungewöhnlich, daß sie sich erst Tage später an den genauen Tathergang erinnern, wenn sich ihr mentaler und körperlicher Gesamtzustand allmählich wieder etwas normalisiert.

Neben der Tatsache, daß Bob Matuszny mit dem Opfer befreundet war, gehörte er – wie auch sein Partner Phil Parrish – zu den erfahreneren Beamten der Einheit. Er und Parrish waren in demselben üblen Stadtviertel großgeworden und hatten die gleiche High School besucht. Sie wußten, welche Informationen sie brauchten, um sich ein Bild von dem Kerl machen zu können, nach dem sie suchten.

Sie fragten Betty Ocilka auch, ob sie sich an »irgendeine Auffälligkeit im Genitalbereich des Täters« erinnere. Sie antwortete, er habe »ganz vorne eine Beule oder so etwas ähnliches« gehabt.

Für gewöhnlich sind nicht allzu viele Serienvergewaltiger in der gleichen Gegend aktiv, was es um so unwahrscheinlicher machte, daß dort draußen gleich zwei Vergewaltiger herumliefen, die beide eine auffällige Beule an ihrem Geschlechtsorgan hätten. Man konnte also mit einiger Sicherheit davon ausgehen, daß die Vergewaltigungen von ein und demselben Täter begangen wurden.

Matuszny erinnerte sich plötzlich an einen anderen Fall von Vergewaltigung, in dem er ermittelt hatte, und ging noch einmal die Akten der ungelösten Fälle durch, bis er fand, wonach er suchte: Am 5. Oktober 1983 war eine dreiundzwanzigjährige Frau in ihrer Wohnung im ersten Stock vergewaltigt worden, in die sie gerade erst eingezogen war – sie hatte noch nicht einmal die Zeit gehabt, ihre Umzugskartons auszupacken oder die Vorhänge aufzuhängen –, das Wohnhaus befand sich nur ein paar Straßenzüge von den neuerlichen Tatorten entfernt. Die Verbrechen hatten alle ganz in der Nähe der bewaldeten Grünfläche des Brookside Park stattgefunden; eine ideale Voraussetzung für einem Vergewaltiger, nach der Tat unerkannt zu verschwinden. In allen Fällen hatte die Polizei Fingerabdrücke des Täters sicherstellen können, von denen Matuszny allerdings noch nicht wußte, ob sie miteinander übereinstimmten. Doch wie es schien, war hier ein und derselbe Täter am Werk gewesen, und Matuszny erhielt von seinem Vorgesetzten das Einverständnis, sich ausschließlich der Fahndung nach diesem Serienvergewaltiger zu widmen.

Als erste Maßnahme galt es in den übrigen Polizeidistrikten der Stadt Erkundigungen einzuziehen, ob es Hinweise dafür gab, daß der Gesuchte, der nun unter dem Namen »Der Vergewaltiger der West Side« geführt wurde, möglicherweise inzwischen in einer anderen Gegend aktiv geworden ist. Schon bald nachdem die Fahndung anhand des MO sowie bestimmter körperlicher Merkmale des Täters eingeleitet worden war, gab es die ersten Rückmeldungen über zwei Vergewaltigungen, die sich im Vierten Distrikt zugetragen hatten. Im ersten Fall war das Opfer eine einundfünfzigjährige Großmutter, die nur einige Monate zuvor, am 2. Februar, von einem Weißen männlichen Geschlechts überfallen wurde, nachdem er in das zweistöckige Wohnhaus eingestiegen war. Er vergewaltigte die Frau und sperrte sie anschließend zusammen mit ihrer dreijährigen Enkelin im Badezimmer ein. Der Vergewaltiger war, ohne Fingerabdrücke an Türen oder Fenstern zu hinterlassen und ohne eine Scheibe zerschlagen zu haben, ins Haus eingedrungen. Genau wie der Täter im Zweiten Distrikt der Stadt hatte er den Vernehmungen nach eine Beule am Penis.

Der andere Fall ähnelte den übrigen zwar, was die Beschreibung des Täters und seines MO anging, aber das fünfundzwanzigjährige Opfer war nicht bereit, mit der Polizei zu sprechen. Ihr Mann wollte nicht, daß sie noch irgend etwas mit der Sache zu tun hätte; eine Reaktion, die leider bei verheirateten Paaren, bei Lebenspartnern, Familienmitgliedern oder engen Freunden von Vergewaltigungsopfern sehr häufig zu beobachten ist. Sie sind oft außerstande, mit ihren Emotionen umzugehen und sehen die einzige Möglichkeit, die Angelegenheit zu verarbeiten, darin, zu leugnen, daß eine Vergewaltigung überhaupt stattgefunden hätte. Aber obgleich manche Opfer nicht mit der Polizei kooperieren wollen, um das Puzzle zu vervollständigen, geschweige denn später als Zeugen aussagen möchten, wenn der Verbrecher gefaßt worden ist und es zur Verhandlung kommt, hat diese Frau den Täter und den Überfall schließlich für die Polizei beschrieben. Demnach handelte es sich um einen Weißen von schlanker Gestalt. Er hatte an die Tür geklopft und sich dann sogleich mit vorgehaltenem Messer Zutritt verschafft. Er sagte zu ihr, er würde ihr nichts anhaben, solange sie täte, was er wollte – genau auf die gleiche Weise waren auch die anderen Opfer bedroht worden –, und dann vergewaltigte er sie. Das Opfer berichtete, daß er eine Beule am Penis hatte.

Da es sich nun bereits um fünf Fälle handelte, die man auswerten konnte, schien ein Durchbruch der Beamten in Reichweite. Wenn sie jetzt also ein einigermaßen konkretes Fahndungsbild des Täter erstellt hätten (sowie eine Skizze von seinem Geschlechtsteil), könnte die Fahndung anlaufen. Man legte daher zwei verschiedenen Opfern jeweils das Schaubild eines männlichen Glieds vor und forderte sie auf, die Stelle zu benennen, an der sich am Penis des Täters die Beule befand. Beide Aussagen stimmten überein. Dann suchte noch Detective Andrew Charchenko die beiden Opfer auf und fertigte anhand ihrer Aussagen eine Zeichnung vom Gesicht des Vergewaltigers an sowie seines langen, krausen Haares. Nachdem das Fahndungsbild fertig war, wurden Kopien davon an allen möglichen Stellen entlang der West Side ausgehängt, in Bars, Pizzastuben und sogar Frisierläden, da die Opfer die Frisur des Täters als in gewisser Weise auffällig beschrieben hatten. Alles was jetzt noch fehlte, war ein Verdächtiger, der sozusagen die Ähnlichkeit der Zeichnung bestätigte. Etwa eine Woche später entdeckte derselbe Detective, der das Fahndungsbild angefertigt hatte, in einem Imbißladen in der Gegend einen Mann, der der Person auf der Zeichnung sehr ähnlich sah. Er trug die gleichen Tennisschuhe (schmutzig-weiß mit blauen Streifen), wie Betty Ocilka es beschrieben hatte. Der Beamte führte den Mann zu Matuszny und Parrish, denen die anderen inzwischen den Spitznamen »die Schwanz-Fahnder« verpaßt hatten. Beim Verhör zeigte sich jedoch, daß der Verdächtige für alle in Frage kommenden Tatzeiten ein Alibi hatte. Matuszny und Parrish wollten den Mann aber nicht gehen lassen, bevor sie sich ihrer Sache nicht absolut sicher waren. Sie forderten ihn daher auf, ihnen seinen Penis zu zeigen. Dieser Wunsch haute den Kerl fast vom Stuhl, doch als sie ihm erklärten, daß ihn das als Verdächtigen ein für allemal entlasten konnte, willigte er ein. Sie gingen also zur Herrentoilette und ließen sich das gute Stück vorführen, und als sie an der entsprechenden Stelle keine Beule entdecken konnten, ließen sie den Mann wieder laufen. Die Aktion war jetzt in vollem Gange, so daß Matuszny und Parrish schon kurze Zeit später jede Woche zwei neue Verdächtige zu begutachten hatten.

Etwa in dieser Zeit fertigten die beiden Beamten einen kurzen schriftlichen Abriß der Vergewaltigungsfälle sowie eine Beschreibung des Täters an und schickten das Ganze an alle Polizeidienststellen der benachbarten Stadtbezirke. Zugleich baten sie um Informationen über jeden Vergewaltigungsfall, der in dem entsprechenden Zuständigkeitsbereich bekannt geworden ist und einen ähnlichen MO aufweist sowie über eventuelle Auffälligkeiten, die von den Opfern am Sexualorgan des Täter beobachtet werden konnten. Im Verlauf einer einzigen Woche wurden aus drei der angeschriebenen Bezirke Vergewaltigungen gemeldet – aus Middleburg Heights, Parma und Parma Heights – insgesamt vier ungeklärte Fälle. Zwei der Vergewaltigungen, die sich beide in Parma ereigneten, hatten in ein und demselben Wohnblock stattgefunden: Einmal war eine Schwangere das Opfer und in dem anderen Fall eine vierundfünfzigjährige Großmutter, deren Enkelin im Nachbarzimmer schlief, während die Vergewaltigung stattfand. Matuszny und Parrish trafen sich also mit den Kriminalbeamten dieser Stadtbezirke, die in den möglicherweise verwandten Fällen die Ermittlungen führten, und tauschten Informationen aus. Das Ergebnis war eindeutig: Die Männer kamen einstimmig zu der Überzeugung, daß es sich bei der Serie von Vergewaltigungen im Raum Cleveland tatsächlich um ein und denselben Täter handeln mußten.

Mit drei weiteren ungeklärten Fällen, die den gleichen MO

aufwiesen, war man jetzt bei insgesamt zwölf Vergewaltigungen angekommen. Das reichte, um einen Stadtverordneten namens Joe Cannon auf den Fall aufmerksam werden zu lassen. Presse und Fernsehen hatten die Möglichkeit, daß ein Serienvergewaltiger sein Unwesen trieb, zwar noch nicht aufgegriffen, aber die Leute wußten durch die Berichte privater Sicherheitsdienste, die in den Wohngegenden ihre Runden machten, daß es wiederholt zu Vergewaltigungen von Frauen gekommen war. Es lag also schon ein erheblicher Druck auf der Polizei, die Sache aufzuklären. Matusznys Vorgesetzter bewilligte daher einen Überwachungsplan, den Matuszny und Parrish ausgearbeitet hatten, und jetzt patouillierten in den späten Nachtstunden und früh am Morgen Beamten in Zivilfahrzeugen in den Straßen der entsprechenden Wohnviertel, damit die Polizei im Fall, daß eine Vergewaltigung oder sonstein Sexualdelikt gemeldet würde, schnell reagieren könnte.

Bei vielen Fällen, an denen ich gearbeitet habe, hat die Polizei spezielle zusätzliche Maßnahmen getroffen, um den gesuchten Täter zu ergreifen. Es wurden Sondereinheiten aus Beamten der unterschiedlichsten Zuständigkeitsbereiche gebildet, und man schaltete die verschiedensten Spezialisten ein. Die Polizei traf alle möglichen Vorbereitungen, die betreffenden Wohngegenden zu präparieren, und leitete diverse Aktionen ein, die sie mit den örtlichen Bürgerwehrgruppen und den Medien absprachen. Immer wenn ein solcher Fall auftritt, ob er nun in der Presse großen Wirbel macht oder nicht, gerät die Polizei unter enormen Druck, einerseits die Angelegenheit endlich zu klären, und zum anderen die Sonderausgaben, die die Fahndungsmaßnahmen verursachen, vor der Öffentlichkeit zu rechtfertigen. Als schließlich nach Wochen keine entsprechenden Meldungen gemacht werden konnten, wurde die spezielle Überwachungsaktion im Juni wieder abgeblasen. Zur gleichen Zeit wurde Phil Parrish zum Sergeant befördert und auf einen anderen Posten im Stadtzentrum berufen, wodurch Matuszny bei der Jagd auf den Cleveland-Vergewaltiger die Ermittlungen allein führen mußte.

Am 23. Juni hatte die Polizei allen Grund, sich zu fragen, warum sie die Überwachungsaktion so frühzeitig wieder abgebrochen hat. Um etwa 4 Uhr morgens wachte die siebenunddreißigjährige Marian Butler auf, weil sich plötzlich ein fremder Mann in ihrem Appartement in Parma Heights befand. Nur wenige Stunden zuvor hatte sie mit einer Freundin noch die Nachrichten im Fernsehen verfolgt, in denen von dem Serienvergewaltiger die Rede war, der sich möglicherweise in der Gegend herumtreibt. Obgleich Marian Butler im ersten Stock wohnte, und ihrer Freundin gegenüber des öfteren gewitzelt hatte, was für ein unattraktives Opfer sie für einen Vergewaltiger abgäbe, war sie zu Bett gegangen und hatte wegen der schlechten Belüftungsmöglichkeiten der Wohnungen des Hauses die Fenster offen stehen gelassen.

Manche Leute staunen darüber, wie eine Frau so leichtsinnig sein kann, nachts die Fenster aufzulassen. Bezeichnenderweise finden das aber meistens Leute erstaunlich, die keine Ahnung haben, wie heiß es in den Sommermonaten nachts in den kleinen Appartements der Wohnhäuser in einer mittelständischen Gegend wie Parma Heights werden kann. Da riskiert man schon manchmal etwas für ein bißchen frische Luft, besonders wenn man nächtelang vor Hitze kaum geschlafen hat.

Als Marian Butler aufwachte und diesen fremden Mann in ihrem Schlafzimmer sah, begann sie instinktiv zu schreien. Doch bevor sie noch irgend etwas unternehmen konnte, hielt er ihr den Mund zu und drohte ihr, ganz ähnlich wie in den anderen Fällen, mit vorgehaltenem Messer, er würde sofort von seiner Waffe Gebrauch machen, wenn sie nicht ruhig wäre und genau täte, was er ihr sagt. Außerdem befahl er ihr, ihn nicht anzusehen, und verlangte ihr Bargeld. Marian Butler hatte gerade erst eine Operation hinter sich, bei der ihr eine Zyste am Unterleib entfernt worden war, und sie erklärte dem Täter, daß es ihr unmöglich sei, Sex mit ihm zu haben. Als er sie daraufhin zwang, es ihm mit dem Mund zu besorgen, war sie geistesgegenwärtig genug, sich jede Kleinigkeit zu merken, die sie an ihm beobachten konnte, von den Schuhen, die er trug, bis hin zu seiner Jacke, einer Bandage an seiner rechten Hand und dem leichten Geruch eines Pfefferminzbonbons, das er lutsch-

te. Als er fertig war, knipste er versehentlich das Schlafzimmer-
licht an, so daß sie einen deutlichen Blick auf sein Gesicht werfen konnte.

Er zwang sie, ihm alles Geld zu geben, das sie im Haus hatte,
und sperrte sie anschließend im Badezimmer ein, wo sie bleiben sollte, bis er ihr die Erlaubnis gäbe, wieder rauszukommen.
Sie hörte noch, wie er sich im Schlafzimmer zu schaffen machte, wahrscheinlich auf der Suche nach Wertgegenständen, und
kam aus dem Badezimmer, sobald er verschwunden war. Marian Butler rief daraufhin unverzüglich die Polizei und konnte
eine erstaunlich präzise Beschreibung des Täters geben – bis
hin zu seinem Pfefferminzbonbon. Wie Neff in seinem Bericht
schrieb, hatte sie ihren Freundinnen geschworen, »eines Tages
gegen diesen Bastard als Zeugin auszusagen.«

Nur wenige Wochen später schlug der Vergewaltiger erneut
zu. Diesesmal fiel er über eine dreiundzwanzigjährige junge
Mutter her, während ihr drei Wochen alter Säugling auf der
Couch neben ihr schlief. Ihre Beschreibung des Täters entsprach genau dem, was andere Opfer bezüglich des dünnen,
dunklen Haares und des schmächtigen Wuchses ihres Peinigers
zu Protokoll gegeben hatten. Demnach trug er sogar die gleiche
Kleidung: Jeans und eine schwarze Jacke, die ihm bis zur Taille
reichte. Auch was sie zu seinem Verhalten aussagte, paßte zu
den übrigen Beschreibungen: Er durchschnitt die Telefonschnur, weckte sie, indem er sie begrabschte, und bedrohte sie
mit einem Messer, wobei er sie anhielt, genau zu tun, was er ihr
sagte, dann würde ihrem Baby auch nichts geschehen. Genau
wie Marian Butler zwang der Täter sie, als sie erklärte, daß sie
keinen Sex mit ihm haben könnte (sie hatte gerade erst ihren
kleinen Sohn zur Welt gebracht), es ihm mit dem Mund zu besorgen, was ihr Gelegenheit gab, ebenfalls diese auffällige Beule
an seinem Penis zu beobachten.

Es mußte schrecklich frustrierend für Detective Matuszny gewesen sein, daß der Vergewaltiger, der sich ausgerechnet während der großangelegten Überwachungsaktion ruhig verhalten
hatte, nun plötzlich wieder in Aktion trat, kaum daß die Operation abgeblasen worden war. Aber zumindest hatten die Beam-

ten diesesmal eine gewisse Spur: Er hatte nämlich eine Marlboro-Zigarette am Tatort zurückgelassen, an der vielleicht noch Speichelreste klebten, anhand derer man die Blutgruppe des Täters feststellen könnte. Außerdem hatte einer der Nachbarn ganz in der Nähe einen Mann beobachtet, auf den die Beschreibung des Täters haargenau paßte.

Matuszny wandte sich schließlich an unsere Sondereinheit in Quantico um Hilfe, nachdem er von einem seiner Vorgesetzten von unserer Arbeit gehört hatte, der einen Kursus an der FBI-Akademie absolviert hatte. Er schickte uns das gesamte Aktenmaterial zu siebzehn verschiedenen Vergewaltigungsfällen. Sein Kontaktmann bei der ISU war Blaine McIlwain, einer der beiden Kollegen, die damals in Seattle meine Hoteltür eingetreten und mir das Leben gerettet hatten. Er war noch einigermaßen unerfahren in diesem Job, aber äußerst talentiert. Ich hatte sofort großes Vertrauen in sein kriminologisches Gespür und hielt ihn für einen ungewöhnlich aufnahmefähigen Mann. Wir trafen uns regelmäßig und besprachen die einzelnen Fälle, während er das gesamte Täterprofil erstellte.

Da die ersten Vergewaltigungen nicht weit vom städtischen Tiergarten entfernt stattgefunden hatten, waren wir der Auffassung, die Polizei sollte zunächst nach jemandem suchen, der ganz in der Nähe des Zoos lebte. Wahrscheinlich hatte er hier seine Recherchen angestellt, ein möglichst leicht zu kontrollierendes Opfer zu finden, etwa unter Müttern, die kleine Kinder hatten, um die sie sich kümmern mußten, oder Frauen, von denen er wußte, daß sie allein sein würden, wenn er zuschlug. Die Tatsache, daß die Vergewaltigungen meistens in den frühen Morgenstunden stattfanden, ließ darauf schließen, daß wir es mit einem Täter zu tun hatten, der wahrscheinlich keine Arbeit hatte. Wenn er doch eine feste Anstellung gehabt haben sollte, was ziemlich unwahrscheinlich war, dann sicherlich in einem niederen Beruf, in dem er nicht allzuviel Kontakt mit anderen Menschen hatte. So wie die meisten Sexualverbrecher hatte er möglicherweise mit massiven Minderwertigkeitskomplexen und einem stark gestörten Selbstbewußtsein zu kämpfen (wobei die Vergewaltigungen ein Versuch sind, sich selbst zu beweisen, was für ein toller Hecht er ist). Parallel dazu war er vermutlich stolz wie Otto über seine neue zweifelhafte Berühmtheit als der »Vergewaltiger der West Side« und sammelte sämtliche Zeitungsartikel, die sich mit den Vorfällen beschäftigen.

Wegen seiner starken Minderwertigkeitsgefühle war anzunehmen, daß er, wenn überhaupt, nur eine Beziehung zu einer entschieden jüngeren oder geistig anspruchslosen Frau haben konnte. Unserem Persönlichkeitsprofil nach lebte er allerdings in keiner partnerschaftlichen Beziehung. Wahrscheinlich gab es in seinem Leben eine dominante weibliche Person, seine Mutter vielleicht, eine Tante oder sonst eine weibliche Verwandte, bei der er immer noch wohnte. Durch Konflikte, die er mit dieser Person hat, gerät er vermutlich immer wieder unter Streß und muß seine männliche Rolle in Zweifel ziehen, was dazu beitragen könnte, daß er den starken Drang entwickelt, seine weilblichen Opfer zu vergewaltigen und zu beherrschen. Es war auch sehr gut möglich, daß er pornographische Heftchen und Bilder sammelte und ein Tagebuch über seine Überfälle führte oder eine Liste all der Frauen, die er ausspioniert und die er tatsächlich vergewaltigt hat, ganz so, als seien sie jetzt sein Eigentum. Ferner konnte man davon ausgehen, daß über ihn ein Jugendstrafregister existierte, wonach er bereits früher wegen Voyeurismus' und Einbruchs aufgefallen ist oder wegen Diebstahls gewisser fetischistischer Utensilien wie Schmuck und Frauenunterwäsche. Er war der Typ, der möglicherweise ein Motorrad besaß oder ein dunkelfarbenes, älteres Auto fuhr, das vermutlich in ziemlich schlechtem Zustand war.

Einige der Opfer hatten ihn als auffällig sauber beschrieben. Deswegen glaubten wir, daß er möglicherweise irgendwo beschäftigt war, wo Sauberkeit besonders gefragt war, etwa in einer Großküche, an einem Krankenhaus oder etwas Ähnlichem.

Neben der Tatsache, daß er höchstwahrscheinlich die Zeitungsartikel über seine Überfälle sammelte, waren vermutlich unmittelbar nach den Straftaten noch weitere Verhaltensauffälligkeiten bei ihm festzustellen. Wenn er beispielsweise trank oder Drogen zu sich nahm, dann wird sich bei ihm der Konsum dieser Mittel anschließend noch gesteigert haben. Desgleichen, hob Blaine hervor, würde er vermutlich, sofern er ein religiöser Mensch war, nach seinen Taten durch das schlechte Gewissen, das sein Verhalten in ihm hervorrief, noch verstärkt religiöse Verhaltensweisen an den Tag legen.

Am 26. Juli schlug der Vergewaltiger erneut zu. Diesesmal verschaffte er sich zu einem Appartement Zutritt, das ebenfalls in Parma Heights lag, indem er die Jalousien am Wohnzimmerfenster zerschnitt. Anschließend weckte er die siebenundzwanzigjährige Mieterin, bedrohte sie mit dem Messer und vergewaltigte sie. Dann, am 17. August, wurde eine sechzigjährige Frau in dem gleichen Wohnviertel von einem Mann sexuell belästigt, der ebenfalls versucht hatte, gewaltsam in ihre Wohnung einzudringen, während die Frau schlief.

In dem Tempo fuhr der Vergewaltiger fort. Sein letztes Opfer überfiel er in den Morgenstunden des 14. September 1984. Es war die dreiundzwanzigjährige Karen Holztraeger. Die hübsche junge Mutter von drei kleinen Jungen hatte über die Medien von den Vergewaltigungsfällen gehört und noch versucht, die Wohnung, in der sie mit ihrer Familie lebte, zu sichern. Sie hatte ihren Vermieter darauf hingewiesen, daß mehrere Fenster der Wohnung, die im ersten Stock lag, nicht mehr richtig schlossen, und ihr wurde versprochen, daß die Sache sobald wie möglich in Ordnung gebracht würde. Wenn ihr Mann nachts arbeitete, hielt sie die Fenster immer geschlossen, und in wenigen Wochen würde die Familie ohnehin in ein eigenes Haus an den Stadtrand ziehen.

Karen Holztraeger wachte auf, weil plötzlich ein wildfremder Mann an ihrem Bett saß. Er zog ein Messer und sagte, er habe gesehen, daß ihre Kinder fest schliefen. Die Schlafzimmertür hätte er geschlossen, und er würde die Kinder nicht aufwecken und ihnen nichts antun, solange sie kooperiere. Bevor er sie vergewaltigte, fragte er sie, ob sie ihn kenne. »Ich kenne dich nämlich. Ich habe dich die ganze Zeit beobachtet.«

Als er fertig war, verlangte er ihr Bargeld und schickte sie ins Badezimmer mit der Warnung, er würde zurückkommen, wenn sie sich an die Polizei wenden sollte. Trotz seiner Drohung rief

Karen Holztraeger so schnell sie konnte die Polizei und gab eine Beschreibung des Mannes, die sich in allen Punkten mit den übrigen Täterbeschreibungen deckte, mit Ausnahme der Kleidung, die er trug.

Auch das ganze nächste Jahr über war Detective Bob Matuszny mit dem Fall beschäftigt, brachte seinen Bericht über den Vergewaltiger immer wieder auf den neusten Stand, leitete ihn an die verschiedenen Polizeidienststellen der Stadt weiter und folgte jedem neuen Hinweis. Aber er fand keinen rechten Durchbruch. In dieser Zeit wurde in der Polizeihauptverwaltung der Stadt eine neue, zentrale Einheit zur Bekämpfung von Sexualdelikten ins Leben gerufen. Demnach sollten in Zukunft die verschiedenen Fälle nicht mehr von den Beamten der jeweiligen Dienststelle der Stadtbezirke bearbeitet werden, sondern von dieser Spezialeinheit, deren Führung in Händen von Lieutenant Lucie J. Duvall lag, eine der ranghöchsten Frauen der Polizei von Cleveland und die erste Frau, die ein Sittendezernat befehligte.

Matuszny wußte, daß vom nächsten Fall an sämtliche Aktionen des West Side-Vergewaltigers von der neu errichteten Sondereinheit bearbeitet werden würden, doch er hatte kein Interesse daran, sich an diese Dienststelle im Stadtzentrum versetzen zu lassen. Glücklicherweise schloß sich der neuen Einheit zur Bekämpfung von Sexualdelikten aber ein anderer Detective aus dem Zweiten Distrikt an, der noch dazu mit Matuszny befreundet war. Ed Gray war erst ein paar Wochen bei der neuen Einheit beschäftigt, als er und sein Mitarbeiter die Akte von einem Vergewaltigungsfall auf den Tisch bekamen, der sich in der West Side abgespielt hatte und den Fällen sehr ähnlich war, die, wie er wußte, Matuszny bearbeitet hatte: ein junger Weißer, der von Statur und Aussehen her – bis hin zu der Beule an seinem Penis – den älteren Beschreibungen des West Side-Vergewaltigers entsprach, war über eine Frau hergefallen, deren Freund gerade erst die Wohnung verlassen hatte, um zur Arbeit zu gehen. Der Täter verlangte mit gezogenem Messer Oralsex von ihr.

Wenn ein Fall nicht gleich gelöst wird, und die Akten erst einmal eine Zeitlang herumgelegen haben, dann besteht immer die Gefahr, daß die Angelegenheit sozusagen schal wird. Wie oft habe ich nicht erlebt, daß die Ermittlungsarbeiten nach einiger Zeit einfach nicht mehr recht vorangingen, weil die mit dem Fall beschäftigten Beamten beispielsweise einem anderen Zuständigkeitsbereich zugeteilt wurden, weil die Leute plötzlich in Pension gingen oder versetzt wurden und weil einfach der ganze Arbeitsablauf gestört war. Aber genau das wollte Ed Gray verhindern. Deshalb rief er Bob an und bat ihn, doch mitzukommen, wenn er mit seinem neuen Partner, der noch einigermaßen unerfahrenen Andrea Zbydniewski, die alle kurz Zeb nannten, das Opfer besuchen würden, um mit ihm zu sprechen. Es ist nicht leicht sein Revier, an dem man jahrelang gearbeitet hat, einfach jemand anderem zu überlassen, aber es verrät Klasse und hohe Professionalität, wenn man sein Wissen an Leute weitergibt, die das Zeug dazu haben, die Informationen sinnvoll zu verwenden, und man sich nicht ganz von einem Fall zurückzieht. Nach der Vernehmung waren sich die drei Männer völlig einig: Hier war derselbe Kerl am Werk gewesen.

Etwa einen Monat später, als bereits zwei Beamten wieder ihre Versetzung beantragt hatten, und allein hinsichtlich des West Side-Vergewaltigers inzwischen in vierundzwanzig verschiedenen Fällen ermittelt werden mußte, brauchte die neue Spezialeinheit Hilfe. Duvall forderte daher Detective Matuszny vorübergehend für die Sondereinheit im Hauptquartier an. Was Matuszny daran überhaupt nicht gefiel, war, daß er ohne Partner arbeiten mußten. Aber wenigstens hatte er jetzt die Möglichkeit, den Kerl vielleicht doch noch festzunageln, auf den er nun schon so lange Jagd machte.

Auf der Suche nach jedem möglichen Hinweis schickte er alle ihm zur Verfügung stehenden Informationen über MO und Erscheinungsbild des Täters an die Polizeidienststellen im ganzen Land und bat darum, sofort unterrichtet zu werden, wenn irgendwo eine Vergewaltigung gemeldet worden sei, die auch nur die geringste Ähnlichkeit aufwiese. Das ist genau die Form der Fahndung, die man meiner Meinung nach längst landesweit hätte computerisieren sollen, so wie das der FBI seit mehr als zwölf Jahren mit seinem VICAP tut (dem Violant Criminal Apprehension Program, also dem Computerprogramm zur Ergreifung von Gewaltverbrechern). Mit den entsprechenden Finanzmitteln und den erforderlichen Berichten über die einzelnen Fälle, die von den Ermittlern vor Ort nur in das Programm eingespeist werden müßten, hätte jede Dienststelle auf Knopfdruck genau die Informationen, die sie bräuchte, während sich Matuszny heute noch fast ein Bein ausreißen muß, um auch nur herauszufinden, wo die entsprechenden Akten abgelegt wurden.

Obgleich es jede Menge Anrufe und Faxe auf die Anfrage gab, war nichts Passendes dabei, und Matuszny wandte sich wieder den Fällen in der West Side zu – besonders dem zuletzt gemeldeten – doch mit einem Unterschied in seiner Ermittlungstechnik: Seine neue Vorgesetzte, Lieutenant Duvall untersagte ihm nämlich, weiterhin auch die Geschlechtsteile von Verdächtigen zu inspizieren. Im November hatte er seinen Bericht über den jüngsten Fall abgeschlossen, und da es keine neuen Hinweise mehr im Fall des West Side-Vergewaltigers gab, wußte Matuszny, daß er wohl oder übel seine Sachen packen und sich anderen Ermittlungsaufträgen zuwenden müßte. Er beantragte also, von der Sondereinheit für Sexualverbrechen wieder zurück ins Zweite Revier versetzt zu werden, und seinem Gesuch wurde stattgegeben.

Nur einen Monat danach schlug der Vergewaltiger erneut zu. Früh am Morgen des 13. Dezember 1985 brach er in eine Wohnung ein und überfiel eine Frau, die gerade unter der Dusche stand. Er vergewaltigte sie mit gezogenem Messer und zwang sie, ihm zu sagen, daß sie ihn liebe, geradezu als ob er einem Drehbuch folgte. Nachdem er sie auf diese Weise terrorisiert und bedroht hatte, daß er zurückkommen und sie töten würde, wenn sie die Polizei verständigen sollte, warnte er sie, bevor er flüchtete, vorsichtig mit der elektrischen Lockenwickelzange umzugehen, die sie im Badezimmer in der Steckdose gelassen hatte, ganz als mache er sich nach allem, was er ihr angetan hatte, plötzlich Sorgen darum, daß sie sich versehentlich verletzen könnte.

Durch diesen neuen Fall mußten Ed Gray und Andrea Zbydniewski wieder die Ermittlungen übernehmen, obgleich sie genug zu tun hatten mit dem, was sich auf ihren Schreibtischen stapelte, wie Kindesmißbrauch und anderen Fällen von Vergewaltigung. Doch diesesmal schien es, als hätten sie einen brauchbaren Hinweis gefunden: Ein Junge, der die Zeitungen austrägt, hatte nämlich einen Monat zuvor einen Mann beobachtet, der dort in der Gegend herumgeschlichen war. Der Mann hatte eine dieser Skimützen getragen, die das ganze Gesicht verdecken, und sie zum Rauchen abgenommen. Mit Hilfe des Jungen konnte die Polizei eine neue Fahndungszeichnung anfertigen, die der Skizze, die zuvor vom West Side-Vergewaltiger gemacht wurde, sehr ähnlich war. Außerdem konnte er die Kleidung des Unbekannten sehr genau beschreiben. Gray und Zbydniewski brachten die neue Fahndungszeichnung in Umlauf, erhielten auch einige neue Hinweise, aber keine einzigen Rückmeldungen, die zu irgend etwas geführt hätten. Anfang Februar 1986 ließ die Polizei schließlich durch die Medien ein farbiges Ganzkörperportrait des Gesuchten verbreiten und setzte zudem eine Belohnung von 2000 Dollar für Hinweise aus, die zur Ergreifung des Täters führen.

Gegen Ende Mai, nachdem sich der Täter scheinbar Monate lang still verhalten hatte, schlug er wieder zu. Diesmal brach er in ein Appartement im ersten Stock eines Wohnhauses in North Olmsted ein. Zur Tatzeit war es noch nicht ganz fünf Uhr morgens. Er riß eines von zwei Mädchen aus dem Schlaf, die dort zusammen wohnten, und vergewaltigte sie. Ihre Mitbewohnerin war zu dem Zeitpunkt außer Haus. North Olmsted lag außerhalb des Zuständigkeitsbereiches der Spezialeinheit für Sexualdelikte. Der mit den Ermittlungen des Falles betraute Detective, Frank Viola, hatte sich zwei Jahre zuvor mit Matuszny getroffen und erkannte den MO des West Side-Vergewaltigers wieder. Zusätzlich dazu, daß der Täter nun offensichtlich in ein neues geographisches Aktionsfeld ausscherte, schien er auch seinen MO zu verfeinern, denn wie das Opfer berichtete, zwang er sie jetzt, sein Sperma herunterzuschlucken, damit es nicht als Beweis gegen ihn verwendet werden konnte. Aber es gelang der Polizei, an einem Fensterbrett einen Fingerabdruck des Vergewaltigers zu nehmen.

August 1986 ergab sich eine interessante Entwicklung in dem Fall. Man konnte in Arkansas einen Verdächtigen festnehmen, der zuvor auf der West Side gelebt hatte, nicht weit entfernt von der Gegend, in der einige der Vergewaltigungen stattgefunden hatten. Er hatte die Stadt in der Zeit verlassen, als die Fahndungszeichnung in den Medien erschienen war. Zunächst wegen eines ganz anderen Deliktes verhaftet, war der Mann den Beamten wegen seiner großen Ähnlichkeit mit der hinlänglich bekannten Fahndungszeichnung aufgefallen. Doch obgleich er körperlich den Beschreibungen des gesuchten Täters entsprach, hatte er einen südamerikanischen Akzent, der von keinem der Opfer erwähnt worden war. Außerdem hatte er für die meisten Tatzeiten ein Alibi und überdies ein weiteres schlagendes Argument für seine Unschuld: Er war nämlich fast während der gesamten in Frage kommenden Zeit in Gips, weil er sich einen Fuß gebrochen hatte, und von einem Gipsverband war bei keinem einzigen Opfer jemals die Rede gewesen.

Nach einem frustrierenden Jahr, in dem keine neuen Hinweise mehr eingingen und man schon vermutete, der Täter triebe sein Unwesen jetzt möglicherweise in einer anderen Gegend (oder die eventuellen neuen Opfer waren vielleicht zu verängstigt, um die Vergewaltigung zu melden), da zeichnete sich plötzlich doch wieder eine gewisse Entwicklung in dem Fall ab. Als sie morgens gerade in der Küche ihren Kaffee trank, hörte Betty Ocilka nämlich draußen, vor dem Fenster, ein Geräusch und sah einen Schatten, der ihr vorkam wie der Kopf eines Mannes. Die Waffe in der Hand, die sie, seitdem sie selbst vergewaltigt wurde, immer griffbereit hatte, zog sie die Vorhänge zur Seite und sah einen Mann dort stehen. Zu Tode erschreckt schrie sie auf und feuerte auf den Kerl, der sofort das Weite suchte.

Matuszny und Gray hielten es jedoch für höchst unwahrscheinlich, daß der Vergewaltiger tatsächlich einen Tatort zweimal aufgesucht hätte, noch dazu wo Betty Ocilka schon öfter die Polizei angerufen hatte, weil sie glaubte, ihren Vergewaltiger wiedergesehen zu haben. Nach alldem, was sie durchgemacht hatte, wäre es auch nicht verwunderlich gewesen, wenn sie immer noch traumatisiert war von dem Überfall auf sie.

Jetzt hatte auch Gray genug und bat um seine Versetzung, die Lieutenant Duvall jedoch ablehnte. Im November 1987 erweiterte Howard Rudolph, der oberste Polizeichef – der selbst ganz in der Nähe einiger der Tatorte des West Side-Vergewaltigers lebte –, den Verantwortungsbereich und die Handlungsbefugnisse der wissenschaftlichen Ermittlungseinheit, in der Hoffnung, den Fall auf diese Weise endlich in den Griff zu bekommen. Zu dieser Einheit meldete sich Gray, und diesesmal wurde seinem Versetzungsgesuch stattgegeben.

Nachdem einige Monate lang keine neuen Fälle mehr bei der Polizei gemeldet worden waren, schien sich der Vergewaltiger jetzt wieder zu regen. Am Morgen des 18. November drang er in das Appartement einer zweiundzwanzigjährigen Frau ein, die die Wohnungstür offenstehen gelassen hatte, um einen Korb Wäsche in die Waschküche zu tragen. Als sie in die Wohnung zurückkehrte, hielt er ihr ein Messer an den Hals und zwang sie, oralen Sex an ihm vorzunehmen, um sie dann anschließend vaginal zu vergewaltigen. Nachdem er auf ihren Bauch ejakuliert hatte, wischte er das Sperma fort, um mögliche Spuren zu beseitigen, und drohte ihr, er würde wiederkommen und sie umbringen, wenn sie es wagen sollte, sich an die Polizei zu wenden; ein typisches Verhaltensmuster des West Side-Vergewaltigers.

Ein paar Wochen später überfiel er eine Zweiundzwanzigjährige im Haus ihres Verlobten – nur zwei Straßenzüge von der Wohnung des obersten Polizeichefs entfernt. Sie war gerade damit beschäftigt, Weihnachtsgeschenke zu verpacken, während sie auf die Rückkehr ihres Verlobten wartete, als der Vergewaltiger plötzlich auftauchte, sie sofort bei den Haaren packte und ihr den Mund zuhielt. Sie wehrte sich mit der Schere, mit der sie das Packpapier zurechtgeschnitten hatte, und schrie. Als der Täter sich mit einem Opfer konfrontiert sah, daß sich aggressiv zur Wehr setzte, wurde er nur noch brutaler. Er schlug der Frau wieder und wieder ins Gesicht. Dann nahm ihr die Schere ab und bedrohte sie damit, während er ihr Bargeld verlangte. Sie sagte, daß sie nur zwei Dollar im Portemonnaie habe. Das wisse er selbst, antwortete der Mann, aber sie solle ihm alles geben, was sie im Haus hätte. Danach führte er sie zur Hintertür und verlangte, daß sie sie öffne; vermutlich, damit seine Fingerabdrücke nicht am Tatort gefunden würden. Als sie Schwierigkeiten hatte, die Tür aufzumachen, zwang er sie, sich auszuziehen, wobei er mit der Schere ihren Büstenhalter zerschnitt. Als er sah, daß sie ihre Mensis hatte, zwang er sie zu oralem Sex. Dann drohte er ihr, Neffs Bericht zufolge, mit den Worten, »Wenn du die Polizei einschaltest, wirst du Weihnachten nicht mehr erleben.«

Im darauffolgenden Jahr geriet die Polizei wirklich in Verlegenheit, weil der Druck der Öffentlichkeit immer größer wurde. Im März 1988 schlug der Vergewaltiger erneut zu. Zunächst hatte eine Frau ihn draußen vor ihrer Wohnung im ersten Stock eines Appartementhauses gesehen. Die Polizei konnte Spuren sicherstellen, die darauf schließen ließen, daß jemand versucht hatte, gewaltsam in die Wohnung einzubrechen. Dann, nur ein paar Nächte später, wurde dieselbe Frau von einem Unbekannten geweckt, den sie im ersten Augenblick für ihren Freund gehalten hatte. Doch dann stieg er auf sie drauf und bedrohte sie mit einem Messer. Er schnitt ihr das Nachthemd auf und vergewaltigte sie.

Es scheint verrückt, daß der Vergewaltiger an einen Tatort zurückgekommen sein sollte, wo ihm nur wenige Tage zuvor die Polizei einen Strich durch die Rechnung gemacht hatte. Doch tatsächlich ist genau dieses Verhalten bei Serienvergewaltigern oft anzutreffen, die mit jedem Unternehmen, das sie »erfolgreich« über die Bühne gebracht haben, dreister werden. Ähnlich wie andere Kriminelle, die an Polizei oder Medien lange Briefe verfassen, um sich ihrer Taten zu rühmen, wollte dieser Typ zeigen, wie leicht er die Ermittler austricksen kann. Sie wußten zwar, wo er zugange war, aber er konnte trotzdem an ihnen vorbeischlüpfen und sich holen, was er wollte. Dieser Schlag von Gewaltverbrechern ist stolz auf das, was er tut, und wir hoffen immer, daß ihn genau dieser Größenwahn eines Tages zu Fall bringen wird. Manche, wie gesagt, verfassen sogar Briefe.

Eines Nachts im Sommer 1988 machte der Vergewaltiger vor lauter Größenwahn endlich den Fehler, auf den die Polizei schon lange gewartet hatte. Nachdem er in die Wohnung einer

Frau eingebrochen war und sie vergewaltigt hatte – es war die Tochter eines Polizeibeamten von Cleveland –, stahl er die Kreditkarte des Opfers. Bevor er verschwand, verlangte er noch, daß sie ihm ihre Telefonnummer sowie die Geheimnummer der Karte nannte. Dann stieß er noch seine üblichen Drohungen aus, was er alles mit ihr anstellen würde, wenn sie die Polizei hinzuziehen sollte, und machte, daß er fortkam.

Diesmal hatte die Polizei nicht nur die Zeugenaussage eines Opfers, sondern zudem auch einen neuen Hinweis. Die Karte war etwa um fünf Uhr morgens an einem Geldautomaten benutzt worden. Eine Sicherheitskamera hat den Vorgang festgehalten. Das Problem war nur, daß das Photo, das die Kamera vom Täter machen konnte, der sein Gesicht hinter einer Sonnenbrille zu verstecken versuchte, so dunkel und verschwommen war, daß es kaum mehr Aufschluß gab als die Fahndungszeichnung, die die Polizei selbst angefertigt hatte. Alles, was man erkennen konnte, war die untere Partie des Gesichts, sein langes, gelocktes Haar, eine Zigarette und der Kragen einer Jeansjacke.

Die Sondereinheit für die Bekämpfung von Sexualstraftaten veröffentlichte das Photo augenblicklich, und der örtliche Fernsehsender lieferte die dazugehörigen Hintergrundinformationen und blendete eine Telefonnummer ein, unter der sich die Zuschauer zu dem Fall melden konnten. Der erste vielversprechende Hinweis kam schnell. Noch in der gleichen Nacht rief eine Frau an, die den Mann auf dem Photo erkannt zu haben glaubte und wisse, wo er wohne und arbeite. Sie wußte auch, daß er genau solch eine Sonnenbrille wie auf dem Photo besäße und nannte den Namen des Verdächtigen. Die Polizei fand heraus, daß der Betreffende ganz in der Nähe einiger Tatorte wohnte und auch sein Arbeitsplatz nicht weit von verschiedenen Wohnungen entfernt lag, in denen Opfer des Vergewaltigers überfallen worden waren. Mit einem Durchsuchungsbefehl bewaffnet warteten die Beamten ungeduldig, daß der Verdächtige von der Arbeit zurückkommen würde, um ihn festnehmen zu können. Unter Hinzunahme des obersten Polizeichefs und des stellvertretenden Staatsanwaltes, Tim McGinty, stellte die Polizei ein paar Männer für eine Gegenüberstellung in einer Reihe auf, doch das jüngste Opfer des West Side-Vergewaltigers konnte keinen als den Täter identifizieren. Der Verdächtige wurde daraufhin wieder entlassen – lediglich eine Haarprobe behielt die Polizei, um sie mit Hilfe der DNA-Analyse zu überprüfen und bei der Klärung eventueller zukünftiger Vorfälle zur Hand zu haben.

Im November wurde eine junge Frau von verdächtigen Geräuschen in ihrem Appartement geweckt. Als sie sich umsah, erkannte sie, wie ein Mann vor ihrem Wohnzimmerfenster onanierte. Er hatte bereits das Fliegengitter abgenommen! Sie rief augenblicklich die Polizei – ihr Vater war selbst Polizeihauptmann –, aber bis die Beamten eintrafen, war der Kerl verschwunden. Da jedoch sein Verhalten und sein Äußeres, wie es die junge Frau beschrieb, dem West Side-Vergewaltiger sehr ähnelte, veranlaßte die Polizei die verschärfte Überwachung der betreffenden Wohngegend.

Trotz verschärfter Polizeiüberwachung des Wohnviertels wurde die Frau an einem Samstag gegen Ende des Monats von einem Mann geweckt, der rittlings auf ihr saß und ihr ein Messer vor das Gesicht hielt. Er sprach sie mit ihrem Namen an und fragte, warum sie die Polzei gerufen hätte. Ihr würde nichts passieren, wenn sie ihm gehorchte. Sie warf einen kurzen Blick auf sein Gesicht. Er hatte sich einen Nylonstrumpf über den Kopf gezogen und befahl ihr, ihn nicht anzusehen. Dann vergewaltigte er sie, ejakulierte auf ihren Bauch und wischte anschließend die möglichen Spuren mit ihrer Decke fort. Zusammen mit ihrem Bargeld nahm er auch ihre Kreditkarte an sich und verlangte, die Geheimnummer zu erfahren. Als er ging, warnte er sie, er käme zurück und würde sie umbringen, wenn sie noch einmal die Polizei riefe. Sie wollte es dennoch sofort versuchen, sah aber, daß er die Telefonschur zerschnitten hatte. Also stieg sie in ihren Wagen und fuhr in das Polizeirevier ihrers Vaters.

Alle waren schrecklich frustriert darüber, daß dieser verdammte Kerl schon wieder zugeschlagen hatte – und zwar obwohl die Polizei diesesmal rechtzeitig gewarnt wurde, und der Vater des Opfers noch dazu selbst Polizist war! Aber es gab noch eine schwache Hoffnung, daß sich der Täter vielleicht verraten würde, wenn er die gestohlene Kreditkarte benutzt. Nach einer Rückfrage bei den Banken wußte man natürlich sofort, daß der Täter nur Minuten nach der Vergewaltigung einen Geldautomaten aufgesucht hatte. Die Aktion war in Intervallen von drei Sekunden von einer Sicherheitskamera festgehalten worden, so daß die Polizei nun eine Reihe Fotos vom Täter hatte, die sie auswerten konnte: Auf einem waren die schwachen Umrisse eines langhaarigen Mannes zu sehen, der eine Zeitung in der Hand hatte, und auf dem nächsten konnte man erkennen, wie er sich die Zeitung vors Gesicht hielt und dann damit die Kamera bedeckte. Dann folgte eine Serie unterbelichteter Fotos, und schließlich sah man den Täter von hinten, wie er von der Kamera fort zu seinem Wagen ging.

Die Fotos schienen nicht gerade den Durchbruch zu bringen, aber Vic Kovacic, der Leiter der wissenschaftlichen Ermittlungseinheit, hielt es für möglich, daß man die Bilder mit einem gewissen technischen Aufwand noch genauer auswerten und einige Details sichtbar machen könnte, die beim ersten Hinschauen nicht ohne weiteres zu erkennen seien. Die Dienststelle verfügte über einen Computer, der genau zu dem Zweck angeschafft worden war, Fotos und ähnliche Beweisstücke zu analysieren. Vielleicht würde man damit in der Lage sein, aus dem Material ein klareres Bild zu gewinnen. Man speiste also die Photographien der Sicherheitskamera in den Computer ein, und nach kurzer Zeit wurden verfeinerte und vergrößerte Bilder ausgespuckt, auf denen man schließlich das Fahrzeug, das der Täter benutzte, anhand des rechten Kotflügel identifizieren konnte. Mit Hilfe entsprechender Listen konnte der Kotflügel einem dunklen Chevrolet Monte Carlo zugeordnet werden, Baujahr 1975 oder 1976. Es waren sogar einige Blechschäden festzustellen, die zu einer präziseren Identifikation des Fahrzeugs herangezogen werden könnten. Schon kurz darauf hatte die gesamte Polizei der Stadt eine Beschreibung des Fahrzeugs, die sich zu meiner Zufriedenheit genau mit dem deckte, was wir in unserem Täterprofil zu dem Wagen vermerkt hatten, den der Gesuchte aller Voraussicht nach benutzen würde.

Nachdem die Polizei nun seit Jahren hinter diesem Kerl her war, hielt sie jetzt endlich etwas Konkretes in Händen, mit dem sie arbeiten konnte. Doch man darf nie vergessen, daß bei den Ermittlungen auch der Zufall eine entscheidende Rolle spielen kann. Möglicherweise wirkt er sich ja zugunsten des Verbrechers aus, aber er kann auch zum Glückstreffer der ermittelnden Beamten werden. In diesem Fall hatte Vic Kovacic Glück. Nachdem er auf der Suche nach dem verdächtigen Fahrzeug in seiner Freizeit wochenlang in der West Side herumgefahren war, stieß er am 21. Dezember 1988 plötzlich auf den Wagen, als er in ein Restaurant wollte, dessen Parkplatz besetzt war. Also parkte er seinen Wagen vor einem Wohnhaus gegenüber, und da sah er ihn: einen kastanienbraunen Monte Carlo mit dem gleichen verrosteten Kotflügel und der eingedellten Stoßstange, genau wie auf dem Computerfoto. Er notierte sich das Kennzeichen und raste zurück ins Büro.

Der Wagen war auf einen gewissen Ronnie Shelton zugelassen, siebenundzwanzig Jahre alt, 1,77 m groß und 69 kg schwer. Alles paßte zu den Beschreibungen, die über den Vergewaltiger vorlagen. Weitere Nachforschungen ergaben, daß Shelton ein Strafregister hatte, wonach er bereits einmal wegen Voyeurismus' in Tateinheit mit Vergewaltigung verurteilt worden war. Schließlich verglich Kovacic noch die Fingerabdrücke, die Shelton nach einem Einbruch abgenommen wurden, dessentwegen er 1985 verurteilt worden war, und sie stimmten haargenau mit denen des Vergewaltigers überein.

Zuerst fuhren sie zu Sheltons Eltern. Sein Vater meinte, daß er Ronnie nicht gesehen habe und nicht wüßte, wo sie ihn finden könnten. Als die Beamten das Wohnhaus näher unter die Lupe nahmen, vor dem Kovacic Sheltons Wagen entdeckt hatte, erfuhren sie, daß einer von Sheltons Freunden hier lebte, der an diesem Tag eine Räumungsklage erhalten hatte. Ronnie hatte bei ihm gewohnt und half ihm jetzt möglicherweise beim Umzug. Was die Polizei nicht wußte, war, daß Shelton zurückgekommen war, um seine eigenen Klamotten aus der Wohnung zu holen, nachdem er sich mit seinem Kumpel gestritten hatte, wie vermutlich mit vielen anderen seiner ehemaligen Freunde.

Um 19 Uhr kehrte Shelton zu der Wohnung zurück. Er saß in einem Auto, das einer seiner Freunde steuerte. Obgleich die beiden Beamten ihn in dem fremden Fahrzeug zunächst nicht bemerkten, sah Shelton sie sofort, hielt sie aber für Bekannte des Typen, den man auf die Straße gesetzt hatte, die dort waren um sicherzustellen, daß Ronnie keine Scherereien machte. Um seine Sicherheit besorgt, weil der Kumpel ihm nach dem Streit bereits die Polizei auf den Hals gejagt hatte, ließ Shelton sich nun von seinem Freund zu einem Münzfernsprecher fahren und rief *seinerseits* die Polizei an und bat sie, ihn zu schützen, wenn er in die Wohnung ginge.

Während Shelton auf seine Eskorte wartete, sah er seinen Kumpel aus dem Wohnhaus kommen und stieg aus dem Wagen des Freundes aus. In dem Augenblick erkannten die Beamten ihn, die ja vor Ort waren, um ihn festzunehmen. Als sie ihn gerade gegen das Auto stellten, um ihm Handschellen anzulegen, erschienen die Polizisten, die Shelton zu seinem Schutz angefordert hatte, und die von der Festnahme nichts wußten. Für die Kriminalbeamten, die Shelton festnahmen, war es ein ziemlich beklemmender Augenblick, sich vor den uniformierten Polizisten auszuweisen. Danach entbrannte eine Diskussion, wer Shelton nun eigentlich festnehmen sollte, die Kriminalbeamten vom Sittendezernat oder die Polizisten vom Zweiten Revier, in deren Zuständigkeitsbereich man sich befand. Am Ende nahmen die Beamten vom Sittendezernat die Verhaftung vor und ließen Sheltons Wagen sicherstellen. Sie fanden in dem Fahrzeug unter anderem eine Sonnenbrille, ein Schnappmesser, einen Feldstecher und Frauenschmuck.

Nachdem Shelton in Untersuchungshaft genommen worden war, trennte er den Reißverschluß aus dem Overall seiner Gefängniskleidung und versuchte sich an den Deckenstäben der Zelle aufzuhängen. Doch der Versuch scheiterte, weil der Reißverschluß seinem Gewicht nicht standhielt. Man stellte ihn wegen Suizidgefahr unter gesonderte Beobachtung.

War das ein ernstgemeinter Selbstmordversuch? Nach seiner Festnahme konnte Shelton niemanden mehr manipulieren, beherrschen und herumdirigieren. Jetzt war *er* derjenige, der beherrscht und kontrolliert wurde. Jeder Aspekt seines Lebens würde von nun an dem Willen anderer unterworfen sein. Er würde nicht einmal mehr selbst bestimmen können, was er aß, wann er aß oder welche Kleidung er trüge. Selbstmord wäre der ultimative Schachzug für ihn gewesen; damit hätte er der Polizei die Möglichkeit genommen, ihn vor Gericht zu stellen, und er hätte seine Opfer um die Genugtuung gebracht, ihn bei einer Gegenüberstellung zu identifizieren und ein für allemal hinter Gitter zu bringen. Genau das ist der Grund, warum viele solcher Typen versuchen sich umzubringen, sobald sie geschnappt worden sind, und deswegen empfehle ich immer, sie von vornherein unter gesonderte Bewachung zu stellen.

Detective Zbydniewski war die erste, die Shelton verhörte. Zunächst stritt er alles ab und gab nur zu, hin und wieder Drogen konsumiert zu haben. Aus seinen Äußerungen war allerdings zu entnehmen, daß er auch Kreditkarten gestohlen hatte. Dann versuchte Zeb es anders und fragte, ob er als Kind mißbraucht worden sei. Er antwortete, daß ein sexueller Mißbrauch nicht stattgefunden habe, er sei aber geschlagen worden. Sie zeigte ihm dann die Fotos, die die Sicherheitskamera von ihm am Geldautomaten gemacht hatte. Er schien einen Augenblick sehr irritiert, als er sah, daß es belastendes Filmmaterial von ihm gab, faßte sich jedoch schnell wieder und weigerte sich, noch irgend etwas zu sagen – bisher hatte er jedoch noch nicht um einen Anwalt gebeten.

Ein paar Tage später hatte er seinen Anwalt. Am Weihnachtsabend hatte Maria Shelton Jerry Milano gebeten, einen Rechtsanwalt, der bereits häufiger die Verteidigung von Kriminellen übernommen hatte, ihrem Bruder zu helfen.

Unterdessen war die Polizei damit beschäftigt herauszufinden, wie viele der ungeklärten Vergewaltigungen auf Sheltons Konto gingen. Seine Fingerabdrücke entsprachen denen, die man an vier verschiedenen Tatorten hatte nehmen können. Um Shelton auch noch die übrigen Vergewaltigungen nachzuweisen, wandte sich der stellvertretende Staatsanwalt des Bezirks, Tim McGinty, an Bob Matuszny, weil er davon ausging, daß Bob sich in den Fällen nicht nur ausgezeichnet auskannte, sondern bereits mit vielen der Opfer persönlich gesprochen hatte.

ty mußte Matuszny jedoch darauf hinweisen, daß für die tunden, die Bob für seine Arbeit wahrscheinlich aufwenden werden müßte, kein Geld zur Verfügung stünde. Doch Matuszny war so besessen von der West Side-Geschichte, daß er bei der Aussicht, diesen Kerl nun endlich doch noch dranzukriegen, für den Fall seine gesamte Freizeit einsetzte.

Zunächst wollte McGinty den Beschuldigten dazu bringen, sich damit einverstanden zu erklären, daß man ein Foto von seinem Geschlechtsteil machte, um die Sache mit der Beule am Penis des Täters endlich zu bereinigen. Einige der Opfer des West Side-Vergewaltigers hatten diese Beule erwähnt, andere wiederum keinen Ton davon gesagt. Der Staatsanwalt wollte diese Widersprüchlichkeit unbedingt geklärt wissen. Gleichzeitig versuchte man Opfer ausfindig zu machen, die bereit waren, Shelton in einer Gegenüberstellung als den gesuchten Täter zu identifizieren. Aber viele der traumatisierten Frauen hatten die Gegend bereits Jahre zuvor verlassen. Das Büro des Staatsanwaltes bat die örtliche Presse und die Fernsehstationen, kein Bild von Shelton zu bringen, damit die Verteidigung später nicht behaupten könnte, daß eine zuverlässige Identifikation des Täters durch die Veröffentlichung der Fotos ihres Mandanten nicht mehr möglich sei. Die Medien zeigten eine erstaunliche Zurückhaltung.

Zusätzlich zu den ursprünglichen Fällen, an denen Matuszny gearbeitet hatte, überprüften die Polizeibeamten auch noch einmal die Fälle, die über Grays und Zbydniewskis Schreibtisch gegangen waren, sowie die Akten der Vergewaltigungen, die in den angrenzenden Stadtgebieten stattgefunden hatten, und die ihnen durch den Spezialagenten John Dunn vom Büro des FBI in Cleveland übermittelt worden waren. Insgesamt beliefen sich die ungeklärten Fälle, die möglicherweise mit Shelton in Verbindung gebracht werden konnten, inzwischen auf vierzig Vergewaltigungen.

Eins der ersten Opfer, das vorgeladen wurde, um ihren Peiniger bei einer Gegenüberstellung mit fünf verschiedenen Männern zu identifizieren, war Karen Holztraeger. Sie engte die möglichen Täter mit Leichtigkeit auf zwei der Männer ein. Die Kriminalbeamten forderten beide Männer auf, einen bestimmten Satz zu sagen, den der Vergewaltiger während der Tat benutzt hatte, und Karen Holztraeger mußte den richtigen identifizieren – doch sie zeigte auf den falschen. Als sie ging, erklärte sie der Polizei, daß sie wußte, wer der richtige Mann war, doch sei sie zu verängstigt gewesen, um auf den echten Täter zu weisen.

Shelton wurde zunächst wegen der Vergewaltigung verurteilt, die anhand der Fotos am Bankautomaten zu seiner Verhaftung geführt hatten. Doch nach zwei Wochen brachte McGinty fünf weitere Fälle zur Anklage, bei denen Fingerabdrücke am Tatort sichergestellt wurden, die mit denen Sheltons identisch waren.

Um nichts dem Zufall zu überlassen, überprüfte der Staatsanwalt weiterhin Sheltons gesamtes Strafregister bis hin zu Verkehrsdelikten, wegen derer er auffällig geworden war. Er vernahm sogar seine früheren Freundinnen. Gute Staatsanwälte glauben, daß sie ihr Gegenüber genau kennen, und McGinty wollte auf alles vorbereitet sein. Er fürchtete, daß Sheltons Verteidiger möglicherweise auf die Unzurechnungsfähigkeit seines Mandanten hinauswollte, was, wenn er erfolgreich sein sollte, Shelton das Gefängnis erspart hätte.

Während McGinty Sheltons Vergangenheit durchforstete, stieß er auf einen Suizidversuch des Angeklagten, den er 1986 in der Wohnung einer seiner früheren Freundinnen unternommen hatte. Dadurch geriet er an den Psychiater Ross Santamaria, der Shelton damals deswegen behandelt hatte, sowie an Sheltons frühere Freundin. Santamaria gab zu Protokoll, daß er an Shelton damals keine Geisteskrankheit festgestellt habe, daß er ihn jedoch als einen äußerst manipulativen Charakter eingeschätzt habe – eine Beurteilung, die er auch vor Gericht wiederholen würde. Die Aussage der ehemaligen Freundin des Angeklagten bestätigte schließlich nicht nur, was der Psychiater gesagt hatte, sondern gab McGinty sogar noch Informationen, von denen er selbst nicht geträumt hätte.

Sie vervollständigte das Bild von Sheltons brutalem Charakter und beschrieb, wie er sie geschlagen hatte und wie er wegen seines aggressiven Temperaments immer wieder in Schlägereien verwickelt wurde. Sie berichtete auch von Straftaten, derer er sich im Umgang mit ihr schuldig gemacht habe, daß er ihre Kreditkarten gestohlen, sie vergewaltigt und einmal sogar zu töten versucht hatte. Obgleich sie sich bereiterklärte, ihre Aussagen vor Gericht zu wiederholen, schämte sie sich zuzugeben, mit Shelton in einer intimen Beziehung gestanden zu haben. Nicht einmal ihre Eltern wüßten, in welchem Ausmaß er sie mißhandelt hatte, und sie wolle auch nicht, daß sie es jemals erführen. Dann versuchte sie noch zu erklären, wie charmant Shelton manchmal sein konnte, was es ihr damals so schwer gemacht hatte, ihn zu verlassen. Doch am wichtigsten für McGinty war, daß sie endlich das Geheimnis von einem der großen Mysterien dieses Falles lüftete: Im Frühjahr 1986 hatte sie den chirurgischen Eingriff bezahlt, mit dem eine Warze an Sheltons Penis entfernt wurde.

James Neff beschreibt in seinem Buch, wie erstaunt und fast ein wenig amüsiert McGinty war, als er hörte, wie umgänglich Ronnie Shelton im Umgang mit Frauen sein konnte. Bei seinem langen, fast femininen Haarschnitt und seiner ganzen einigermaßen affektierten Persönlichkeit war es McGinty einfach schleierhaft, was eine Frau an diesem Kerl möglicherweise finden konnte.

Nach allem, was diese Frau zu Protokoll gab, war Shelton der Prototyp eines Vergewaltigers: in seiner Persönlichkeit von massiven Minderwertigkeitskomplexen gestört, hatte er Schwierigkeiten, es länger an einem bestimmten Arbeitsplatz auszuhalten, hatte permanent Überwürfnisse mit Eltern und Freundinnen, war auch was seine Sexualität betraf völlig verstört (er haßte es, wenn Leute ihn wegen seines Haars, seines weibischen Äußeren oder seines schmächtigen Wuchses auf die Schippe nahmen und besonders, wenn sie ihn ein »Milchgesicht« nannten). Diese Tätertypen scheinen permanent einen Balanceakt zu vollführen. Einerseits können sie charmant genug sein, im einen Augenblick alle möglichen Frauenherzen zu gewinnen, und im nächsten Moment haben sie die größten Schwierigkeiten, sich als Mann zu fühlen und müssen unter allen Umständen unter Beweis stellen, was für tolle Burschen sie sind. Das bedeutet nicht, daß sie eine gespaltene Persönlichkeit hätten, es heißt nur, daß sie in der Lage sind, ihre tiefe Unsicherheit und ihre Emotionen unter Kontrolle zu halten, solange es ihnen nützt. Wenn sie etwas wollen oder brauchen, können sie sich so verhalten, daß sie es auch bekommen, weshalb so viele Vergewaltiger tatsächlich einen Sexualpartner haben, obwohl sie zu gleicher Zeit herumziehen und andere Frauen überfallen.

McGinty und die Polizei hatten immer noch Schwierigkeiten, Shelton mehr als die fünf Fälle nachzuweisen, in denen seine Fingerabdrücke am Tatort sichergestellt werden konnten. Sie waren der Überzeugung, daß er mindestens für dreiundzwanzig weitere Vergewaltigungen verantwortlich war, brauchten jedoch stichhaltige Beweise dafür. In manchen der Fälle waren die Spuren, die am Tatort gefunden wurden, verunreinigt und nicht mehr zu gebrauchen, und in anderen Fällen wurden überhaupt keine Spuren gesichert. In wieder anderen Fällen paßte Shelton zwar genau in das Bild, das die Opfer vom Täter gegeben hatten, doch die betreffenden Frauen waren außerstande, ihn bei einer Gegenüberstellung zu identifizieren.

Der Staatsanwalt und die Polizei sprachen noch einmal mit John Dunn, und der empfahl ihnen schließlich, mit mir Verbindung aufzunehmen; möglicherweise könnte ich ja anhand eines Persönlichkeitsprofils nachweisen, daß tatsächlich für alle Fälle nur eine einzige Person als Täter in Frage kam. McGinty hatte, glaube ich, am Anfang seine Zweifel, aber er hat sich wohl gedacht, daß ein Versuch ja nichts schaden könnte. Der einzige Haken wäre nur, daß es das erste Mal gewesen wäre, daß einem Gericht in Ohio ein solches Expertenurteil als Zeugenaussage vorgelegt würde.

McGinty bereitete mit seinem Team eine 230 Punkte umfassende Anklageschrift vor, die längste, die in diesem Bezirk je zur Verhandlung kommen würde, und Jerry Milano kündigte öffentlich an, daß sein Mandant geistige Unzurechnungsfähigkeit für sich geltend machen würde und, gleichgültig wie das Urteil ausfiele, höchstens fünfzehn Jahre bekommen könnte. McGinty meinte daraufhin, die Rechtsprechung in Ohio müsse geändert werden. Es ginge nicht an, daß ein Serienvergewaltiger nach so kurzer Zeit bereits wieder auf freien Fuß käme. Außerdem konnte McGinty Sheltons frühere Freundin überreden, ihre Aussage zum Verhalten des Angeklagten und über die Tatsache, daß er sie vergewaltigt hatte, vor Gericht zu wiederholen, damit könnte sie dazu beitragen zu verhindern, daß Shelton sich auf geistige Unzurechnungsfähigkeit herausrede.

Neff zitiert in seinem Report McGinty folgendermaßen:

»Was ich den Geschworenen zeigen will, ist, daß dieser Shelton vierundzwanzig Stunden am Tag ein ausgemachter Saukerl ist, und nicht nur früh morgens um sechs … Ich will klarmachen, daß er sie vergewaltigt hat, sie mißbraucht hat, ihr eine Geschlechtskrankheit angehängt und die Kreditkarten geklaut hat … Ich will zeigen, was für ein manipulativer Charakter dieses Früchtchen Ronnie ist. Dann können wir auch deutlich machen, wie es ihm gelang, von jedem x-beliebigen Arzt einen Freischein als ›Spinner‹ zu bekommen. Wir brauchen die Aussage des Mädchens, um zu zeigen, daß er ohne weiteres schuldfähig ist. Das Mädchen beweist es doch, daß Shelton auch ein ganz normales sexuelles Verhalten an den Tag legen konnte. Das heißt, er hat aus lauter Spaß an der Sache vergewaltigt. Er ist ein klassischer Gewaltverbrecher.«

Während ich mir unterdessen die Akten selbst genauer ansah, wurde mir immer klarer, wie sehr sich die verschiedenen Fälle ähnelten. Durchweg tauchten die gleichen Elemente des Modus Operandi auf: etwa die Zielgruppe der Opfer, die alle in Appartements lebten, die sich im ersten Stockwerk befanden; und immer gab es einen geeigneten Fluchtweg. Die Tatzeit, die typischerweise immer in die frühen Morgenstunden fiel, wenn die Opfer sich allein oder nur mit ihren minderjährigen Kindern in der Wohnung befanden. Die Art, wie er plötzlich vor den Frauen auftauchte, und sie mit einem Messer oder sonst einem spitzen Gegenstand bedrohte. Vor allem aber überzeugte mich sozusagen »die persönliche Handschrift« des Vergewaltigers, die immer die gleiche war – all das, was er tut, und was nicht unbedingt der Vorbereitung des Verbrechens dient, sondern einzig seiner emotionalen Befriedigung. In vielen Fällen onanierte er beispielsweise vor den Augen der Frauen, oder er zog bei der Vergewaltigung, kurz bevor er seinen Erguß hatte, sein Glied heraus und ejakulierte auf den Bauch des Opfers. Für mich war das ein deutliches Zeichen dafür, daß er mit seinen Vergewaltigungen Macht demonstrieren wollte, daß er seinen Opfern vorführen wollte, wie vollständig er sie beherrschte. Diese geradezu rituelle Verhaltensweise traf für jeden einzelnen Fall zu und konnte nur bedeuten, daß alle Vergewaltigungen von ein und demselben Mann begangen wurden, gegen den ich mit Freuden aussagen würde.

Außer meiner Aussage hatte McGinty noch den Befund von Dr. Michael Knowlan, des vom Gericht hinzugezogenen Psychiaters, der eine Woche lang fast acht Stunden täglich mit Shelton sprach. Jerry Milano gründete seine Verteidigung auf dem Argument, daß Shelton einen Hirnschaden davongetragen habe, als er 1983, als er bei einer Baufirma beschäftigt war, von einer Leiter gestürzt sei und sich einen Schädelbruch zugezogen hätte. Außerdem argumentierte er mit der Aussage einer Sozialarbeiterin namens Rita Haynes an der gerichtsmedizinischen Klinik von Cuyahoga, die gehört haben wollte, wie Shelton zu ihr gesagt hat, daß er sich während seiner Vergewaltigungsserien immer »wie durch einen Schild vor der Polizei geschützt« gefühlt habe. Knowlan war allerdings nach seinen Treffen mit Shelton zu der Ansicht gekommen, daß man es hier durchaus mit einem schuldfähigen, gesunden Mann zu tun habe. Er sei zwar nicht allzu realitätstüchtig und von seiner Charakterstruktur her eine asoziale Person, doch das bedeute nicht, daß er einen »geistigen oder psychischen Defekt« habe, vielmehr könne er sehr wohl unterscheiden, was »richtig« und was »falsch« sei.

Knowlan hob ferner hervor, daß Shelton ihm gesagt habe, er dächte »rund fünfzig Mal im Monat daran, eine Frau zu vergewaltigen, doch am Ende habe er nur fünfzehn Vergewaltigungen im Monat begangen. Auch diese Tatsache, daß der Angeklagte daran dachte zu vergewaltigen, es aber in manchen Fällen nicht tat, läßt vermuten, daß er sehr wohl in der Lage war, zu entscheiden, wann und ob er eine Gewalttat beging.«

Um ihren Standpunkt vortragen zu lassen, rief die Verteidigung schließlich den forensisch psychiatrischen Gutachter Dr. Emanuel Tanay auf. Er hatte schon im Fall des Angeklagten Michael Levine mit Milano zusammengearbeitet, der Levine gegen den Vorwurf des schweren Mordes an dem erfolgreichen Geschäftsmann Julius Kravitz aus Cleveland verteidigt hatte. Tanay, der Mitte sechzig war, langes, graues Haar hatte und mit einem eleganten europäischen Akzent sprach, hatte Gerichtserfahrung durch Hunderte von Fällen, in denen er ausgesagt hat, unter anderem zu Ted Bundy und Jack Ruby. Aus seinem Gespräch mit Shelton zog Tanay den Schluß, daß der Angeklagte, obgleich er zu Knowlan sagte, er hätte nicht sooft vergewaltigt, wie er sich danach gefühlt habe, immer noch unter dem Zwang stünde, vergewaltigen zu müssen. »Und ein zwanghaftes Verhalten unterdrücken zu wollen ist genau das, was eine Zwangsneurose charakterisiert.«

Während die Hauptverhandlung immer näher rückte, glaubte Richter Richard McMonagle, daß sich Verteidigung und Staatsanwaltschaft noch einigen würden, doch nach Milanos Worten machten die Strafvollzugsbehörden von Ohio sich geradezu einen Sport daraus, Delinquenten wegen Vergewaltigung zu verurteilen, während McGinty mit immer neuen und immer weiteren Anklagepunkten aufwartete und unbedingt einen Prozeß wollte. Es war ein Pokerspiel, aber McGinty beharrte auf dem Standpunkt, daß jedes der Opfer das Recht habe, daß die ihm zugefügte Tat zur Anklage käme – was nicht möglich wäre, wenn die Anklage sich auf das Argument strafmildernder Umstände einließe –, und jede der betroffenen Frauen sollte Gelegenheit bekommen, sich vor der Verhandlungskommission zu äußern, und alles dafür zu tun, daß Shelton so lange wie möglich hinter Gitter käme. Außerdem hoffte McGinty, der Öffentlichkeit endlich begreiflich machen zu können, wie grotesk die Rechtsprechung angesichts der Ungeheuerlichkeit und des Ausmaßes der Verbrechen des Vergewaltigers tatsächlich ist. Dieser Fall bot seiner Meinung nach genügend Stoff, die Rechtsprechung grundlegend zu reformieren. Und ehrlich gesagt, jeder von uns, der sich mit diesem Fall beschäftigt hatte, wußte, daß fünfzehn Jahre auf Eis die Obsessionen eines Typen wie

Shelton nicht abkühlen lassen würden, dessen ganzer Lebensspaß darin bestand, Frauen zu vergewaltigen.

McGinty griff jetzt zu einer neuen Taktik bei seinen Vorbereitungen auf die Hauptverhandlung. Da es die Opfer waren, die den Schlüssel zu dem Fall in Händen hielten, wollte er sichergehen können, daß jede einzelne der Frauen bereit sein würde vor Gericht auszusagen, und mit ihrer Darstellung trotz der möglichen Verängstigung, mit der viele von ihnen immer noch zu tun hatten, die Geschworenen erreichen könnte und sich nicht von der Verteidigung verunsichern lassen würde. Er traf sich daher mit Carla Kole, einer Sozialarbeiterin am Gericht, die sich zusammen mit anderen geschulten Männern und Frauen um Zeugen kümmerte und Opfer von Gewaltverbrechen betreute. Gemeinsam luden sie die Frauen ein, die Opfer des zu verhandelnden Falles waren – insgesamt dreißig –, sich alle zusammen mit ihren Ehemännern oder auch Freunden, wenn sie wollten, zu treffen, um sich gemeinsam auf das vorzubereiten, was sie im Gerichtssaal erwarten würde. Sie besprachen jede Einzelheit, angefangen damit, wie sie ihre Privatsphäre schützen könnten, welches Urteil Shelton zu erwarten hätte, wenn er schuldig gesprochen würde, bis hin zu einer möglichen Strafmilderung des Angeklagten, für den Fall, daß er selbst ein Schuldbekenntnis ablegen sollte. Sie diskutierten selbst darüber, wie man sich den Familienangehörigen des Angeklagten gegenüber verhalten sollte, da Sheltons frühere Freundin sich darüber beschwert hatte, daß seine Schwester ihr nachstellte. McGinty fragte die Opfer sogar, welche Strafe ihrer Meinung nach für die Verbrechen angemessen sei.

Am 11. September 1989 wurden die Geschworenen benannt, was zu einem regelrechten Medienspektakel gedieh. Auf McGintys Drängen hin fanden sich alle dreißig Opfer jeden Tag im Gerichtsgebäude ein, selbst wenn sie draußen warten mußten, weil sie noch nicht ausgesagt hatten. Auch Ronnie Sheltons Familienangehörige – seine Eltern und seine Schwester Maria – hielten sich bereit.

Milano versuchte zunächst, die Aussage der Opfer zu verhindern, da seiner Meinung nach nun, da Shelton die Vergewaltigungen zugegeben hatte, der einzige Verhandlungspunkt der Geisteszustand des Täters sei. Milano argumentierte, daß es dem Gericht sowohl Geld als auch Zeit sparen würde, wenn man zu diesem Punkt nur noch die Experten anhört. Das Gericht entschied jedoch, die Opfer vor den Geschworenen zu Wort kommen zu lassen.

Der Richter wies die Geschworenen allerdings darauf hin, daß der Angeklagte nicht straffrei ausginge, wenn sie ihn tatsächlich für unzurechnungsfähig und damit schuldunfähig erklären sollten; er würde dann in eine Justizvollzugsanstalt eingewiesen, wo man ihn alle sechs Monate auf seinen Geisteszustand hin untersuchen würde, und möglicherweise müßte er sein ganzes Leben über dort bleiben. Die Staatsanwaltschaft wandte ein, daß dies unter Umständen Geschworene beeinflussen könnte, Shelton für unzurechnungsfähig zu erklären, obgleich sie zu keinem klaren Urteil über den Geisteszustand des Angeklagten gekommen sind, weil sie dadurch die Genugtuung hätten, zu wissen, daß er weggesperrt würde.

Am 18. September traf ich mich mit McGinty, einen Abend bevor er mich in den Zeugenstand rufen wollte, um seine Anklage zum Abschluß zu bringen. Obgleich er den Bericht, den ich ihm geschickt hatte, sehr zu schätzen wußte, merkte ich, daß er immer noch seine Bedenken hatte, wie effektiv ich im Zeugenstand sein würde. Vor allem nach all den Tagen höchst dramatischer und ergreifender Zeugenaussagen seitens der Frauen, die Sheltons Opfer geworden waren, wollte er sein Plädoyer sicherlich nicht mit jemandem abschließen, dessen Glaubwürdigkeit auch nur im Geringsten angezweifelt werden könnte. Während wir aßen, gingen wir alle Punkte noch einmal genau durch, bis er schließlich nach und nach etwas entspannter wurde und sich meinetwegen nicht mehr ganz so unsicher fühlte. Ich bin sehr froh, daß er damals seine Bedenken nicht allzusehr auf die Tatsache gerichtet hatte, daß ich mich – so überzeugt ich auch von dem war, was ich sagte – mit meiner Arbeit doch noch auf recht wackligem Boden befand und möglicherweise alles in den Sand setzen könnte, was nicht nur die dreißig Frauen und deren Familien, die auf ihn setzten, in arge Bedrängnis gebracht hätte. So groß der Druck auch war, unter dem ich stand, fühlte ich mich doch sehr zuversichtlich, weil für mich der Zusammenhang der Fälle so eindeutig war, daß ich keinen Moment daran zweifelte, die Geschworenen überzeugen zu können. McGinty brauchte meine Aussage zum Täterprofil, um den eindeutigen Zusammenhang der fraglichen Fälle nachzuweisen, denn auch wenn Milano Sheltons Schuld nicht in Abrede stellte, so könnte er doch möglicherweise später verlangen, die einzelnen Anklagepunkte, die Shelton nicht nachzuweisen waren, wieder fallenzulassen. Mit anderen Worten hieß das, ich mußte den Geschworenen klarmachen, inwiefern selbst für die Fälle, in denen es keine herkömmlichen Spuren gab, die den Vergewaltiger eindeutig identifiziert hätten, nur Shelton als Täter in Frage kam.

Ich wollte, daß meine Aussage sozusagen eine pädagogische Erfahrung für die Geschworenen würde, damit sie verstünden, warum und inwiefern die verschiedenen Verbrechen miteinander im Zusammenhang standen, und daß nur ein einziges Individuum sie begangen haben konnte. Das Wichtigste, was ich ihnen verständlich machen mußte, war der Aspekt der »persönlichen Handschrift« des Täters, und inwieweit sie auf der einen Seite mit dem leichter zu verstehenden Modus Operandi in Zusammenhang stand und sich auf der anderen Seite von ihm unterschied.

Der MO ist das, was der Täter vornehmen muß, um sein Verbrechen begehen zu können. Dabei handelt es sich um ein erlerntes Verhalten, das der Täter im Laufe der Zeit modifiziert und perfektioniert. Der Komplize eines Bankräubers könnte beispielsweise nach der ersten oder zweiten Aktion darauf kommen, daß er den Motor des Fluchtfahrzeugs während des Überfalls laufen lassen sollte, um schneller wieder vom Tatort verschwinden zu können. Dies wäre ein Aspekt des Modus Operandi. Die sogenannte »persönliche Handschrift« dagegen zeigt sich in dem, was der Verbrecher tun muß, um seine emotionale Befriedigung aus der Tat zu beziehen. Dabei geht es also nicht um einen Akt, der zur erfolgreichen Ausführung des Verbrechens nötig wäre, sondern vielmehr und vor allem um den Grund für dieses spezielle Verbrechen.

Um diesen Punkt deutlich zu machen, führte ich ein Beispiel an, auf das ich während meiner Lehrtätigkeit an der Polizeiakademie häufig zurückgegriffen habe, und in dem es auch um Bankraub geht. Ich habe im Zuge meiner Tätigkeit an zwei Fällen gearbeitet, die ganz unabhängig voneinander in zwei verschiedenen Bundesstaaten begangen worden waren. Der eine Fall ereignete sich in Grand Rapids, Michigan. Dort verlangte der Täter, daß sich jeder, der sich in der Bank aufhielt, splitternackt auszog und so bleiben sollte, bis er die Bank mit dem Geld verlassen hätte. In dem anderen Fall, der sich in Texas zutrug, verlangte der Bankräuber ebenfalls, daß sich alle Anwesenden auszogen, aber mit einem Unterschied: Er ließ sie in entwürdigenden sexuellen Stellungen posieren und photographierte sie dann.

Worin liegt bei diesen beiden ähnlichen Verhaltensmustern der Unterschied? Nun, für einen geschulten Analytiker handelt es sich im ersten Fall um einen Modus Operandi, während der zweite ein Beispiel für die »persönliche Handschrift« des Täters ist.

Im Fall Michigan verlangte der Täter, daß sich die Opfer nackt auszögen, um so dafür zu sorgen, daß sie sich unbehaglich und verlegen fühlten, und nicht zu ihm aufsahen und ihn später vielleicht identifizieren könnten. Außerdem würden sie, wenn er das Bankgebäude verlassen hätte, eine Zeitlang zu beschäftigt damit sein, sich wieder anzuziehen, bevor sie die Polizei anriefen oder würden sonstwie zu seinen Gunsten reagieren. Es würde einiges Durcheinander geben, bevor sie sich wieder in Ordnung gebracht hätten, um seine Verfolgung aufzunehmen. Dieser MO diente dem Täter also in erster Linie, sein Ziel zu erreichen, nämlich die Bank auszurauben.

Im Fall Texas hingegen verlangte der Verbrecher, daß sich jeder nackt auszog, um anschließend Fotos von ihnen zu machen, was nichts mit der erfolgreicheren Ausführung der Tat zu tun hatte; ganz im Gegenteil, er verzögerte damit den Bankraub nur und machte es seinen Verfolgern im Endeffekt nur leichter. Aber es war etwas, das er für seine ganz individuelle Befriedigung und sein Wertgefühl brauchte. Hierbei handelte es sich um das, was ich seine »persönliche Handschrift« nenne – etwas, das für diesen speziellen Täter (und möglicherweise sogar ausschließlich für ihn) typisch ist.

Ein anderes Beispiel für die »persönliche Handschrift« eines Täters gab es im Fall des Serienbombers, dessen Persönlichkeitsprofil ich erstellt hatte. Er hatte die Angewohnheit, das Innere seiner Sprengsätze schwarz zu sprühen. Das hatte nichts mit der Effektivität seiner Bomben zu tun, sondern etwas, das er aus ganz persönlichen Gründen tat.

Bei Sexualtätern können MO und »persönliche Handschrift« in einem viel umfassenderen Sinne auftreten als nur während der direkten Straftat. Für manche Typen ist beispielsweise dieses werbende Drumherum – wie Wein, getragene Musik, gedämpftes Licht oder Kerzenschein – ein MO, um das Opfer allmählich unter Kontrolle zu bekommen. Andere Sexualtäter hingegen überwältigen ihre Opfer in einer blitzartigen Attacke von hinten, um zum Ziel zu kommen. Doch wenn der Sexualtäter sein Opfer erst einmal unter Kontrolle hat, sei es nun durch ein schickes Essen oder einen Schlag auf den Kopf, dann kann er seinen Obsessionen frönen, wie es ihm paßt; an diesem Punkt setzt seine »persönliche Handschrift« ein.

Eine »persönliche Handschrift« kann im wahrsten Sinne jede Form annehmen – ob ein Einbrecher nun am Tatort auf den Boden pinkelt, um seine Arroganz und Verachtung zum Ausdruck zu bringen, oder ein Sexsadist seine Opfer auf eine ganz spezielle Art und Weise quält, oder ein anderer Typ von Sexualverbrecher seine ermordeten Vergewaltigungsopfer mit einer Videokamera filmt, um sie sich anschließend sooft er will ansehen zu können – all das sind »persönliche Handschriften«, die mir in jeder nur denkbaren Variation während meiner gesamten Dienstzeit begegnet sind.

Shelton benutzte fast allen seinen Opfern gegenüber die gleiche entwürdigende Sprache und vergewaltigte sie in der gleichen entwürdigenden Art und Weise. »Das Thema, das dem allen zugrunde liegt, ist nicht Sex«, betonte ich in meiner Aussage. »Das Thema ist Wut und Macht. Und die Methode, in der diese Sexualdelikte durchgeführt wurden – indem der Täter vor den

Augen des Opfers onaniert, es vaginal vergewaltigt und dann seinen Penis herauszieht, um auf den Bauch des Opfers zu ejakulieren oder zu onanieren, um die Frau mit seinem Sperma vollzuspritzen oder zwischen ihren Brüsten zu onanieren – zeigen, daß es hier um die vollständige Beherrschung des Opfers geht.«

Ich fuhr dann fort, den Geschworenen meinen Standpunkt auseinanderzusetzen. »Die einzelnen Elemente dieses speziellen Verbrechens sind absolut außergewöhnlich – um es ganz deutlich zu sagen, sie sind beispiellos, und ich zögere keinen Augenblick, Ihnen zu sagen, daß Sie hier in Cleveland, Ohio, eine bestimmte Person haben müssen, die diese Anhäufung von Verbrechen auf eine so einzigartige Weise begeht. Sie haben diese Person.«

Aber ich erklärte dem Gericht nicht nur, inwiefern bei allen fraglichen Fällen die gleiche »persönliche Handschrift« festzustellen war, sondern sagte auch zu Ronnie Shelton als Person aus. Er war das, was wir einen nach »Selbstbestätigung suchenden Machttyp« nennen, ein Typ von Vergewaltiger, der vergleichsweise selten auftritt. Nur einer von zehn Tätern ist diesem Vergewaltigertyp zuzuordnen. Wir werden auf die Typologie von gewalttätigen Sexualverbrechern im nächsten Kapitel ausführlich zu sprechen kommen. An dieser Stelle sei vorerst nur auf folgendes hingewiesen: Im Unterschied etwa zu dem sogenannten »vornehmen Vergewaltiger«, der sich häufig für die Tatsache, daß er vergewaltigt, zu entschuldigen und zu rechtfertigen versucht, gehört Shelton nämlich zu einer vergleichsweise ungewöhnlichen Gruppe von Vergewaltigern. Sein Motiv war Wut und Macht, das starke Bedürfnis, Frauen zu manipulieren, zu beherrschen, zu kontrollieren und sie zu erniedrigen. Ich wäre entsetzt gewesen, wenn es geheißen hätte, daß sich in dieser Gegend gleich zwei Vergewaltiger herumgetrieben hätten, auf die die gleiche Beschreibung, dieselbe außergewöhnliche »persönliche Handschrift« gepaßt hätte.

Ich erklärte, daß Shelton wie ein wildes Raubtier war: Er brauchte nicht jede Nacht zu vergewaltigen, aber er war ständig auf der Jagd und hielt nach möglichen Opfern Ausschau. Auch wenn ich das in meiner Aussage nicht ansprach, war er tatsächlich mehre Male wegen Voyeurismus' verhaftet worden, was ja genau in das Bild paßte, daß er auf der Jagd war und seinen nächsten Überfall vorbereitete.

Ich erklärte dem Gericht, daß ich keinesfalls überrascht war, als ich erfuhr, daß Shelton während der gleichen Zeit, in der er seine Opfer vergewaltigte, auch eine normale sexuelle Beziehung hatte. Vielmehr sei das sogar recht typisch für einen Vergewaltiger dieses Schlages. Häufig ist gerade die Problematik, die sich für diesen Vergewaltigertyp aus seiner offiziellen sexuellen Beziehung ergibt, das auslösende Moment und das treibende Motiv für seine Verbrechen. Er ist nicht in der Lage, das Problem, das er mit seiner Frau hat – sei sie seine Ehefrau, seine Freundin oder sonst eine Partnerin –, mit eben dieser Person zu bearbeiten, also läßt er seinen ganzen Zorn an dem nächstbesten Opfer aus. Wie ich schon in meinem Report an McGinty geschrieben hatte, erklärte ich dem Gericht noch einmal, daß die Art und Weise, wie die verschiedenen Frauen vergewaltigt wurden, deutlich macht, wie enorm der Drang des Täters war, seine Opfer zu beherrschen. Dann schloß ich meine Aussage mit der Feststellung, daß ich, anhand meiner Erfahrung durch mehr als fünftausend Fälle, an denen ich gearbeitet habe, und von denen die meisten Vergewaltigungen oder Sexualmorde im Verbund mit Vergewaltigung gewesen waren, in den fraglichen Fällen das Tatelement, nämlich die Suche nach Bestätigung von Macht und Männlichkeit, für außergewöhnlich deutlich hielt, und daß ich der tiefsten Überzeugung sei, daß Shelton für alle diese Verbrechen verantwortlich ist.

Ob ich je von dem Terminus eines »zwanghaften Vergewaltigungssyndroms« gehört hätte, fragte McGinty mich.

»Nein, Sir«, antwortete ich.

Was dann geschah, muß ich gestehen, gehört zu dem, an das ich mich am liebsten erinnere, wenn ich an all die Expertenaussagen denke, die ich im Laufe meiner Arbeit vor Gericht gemacht habe. Ich war immer noch im Zeugenstand, als Jerry Milano sich schließlich erhob, um mich ins Kreuzverhör zu nehmen. Aber anstatt zu beginnen, bat er um Erlaubnis, an den

Richtertisch treten zu dürfen, um eine Zwischenfrage an den Staatsanwalt zu stellen. Ich konnte nicht verstehen, was er, Richter McMonagle und Tim McGinty sagten, aber ich sah, wie der Richter den Kopf schüttelte und McGinty übers ganze Gesicht grinste. Dann gingen Verteidigung und Anklage wieder an ihre Plätze, und Milano beantragte, meine Aussage aus dem Protokoll streichen zu lassen. Richter McMonagle bestimmte jedoch, daß die Aussage stehenbleiben konnte und unterbrach die Verhandlung für einen Moment.

Während die Leute den Gerichtssaal verließen und ich aus dem Zeugenstand heraustrat, kam McGinty auf mich zu und sagte, daß Milano eben bei der kurzen Unterredung ganz hilflos gemeint habe: »Was zum Teufel soll ich den Kerl denn möglicherweise noch fragen? Der hat ja jeden Morgen vorm Frühstück schon ein Dutzend Fälle gelöst!« Ein wenig später, als ich draußen auf dem Korridor wartete, bis die Verhandlung weiterginge, hörte ich, wie Jerry Milano am Telefon mit seinem Büro sprach und mehr oder weniger die gleiche verzweifelte Bemerkung machte.

Als die Gerichtsverhandlung fortgesetzt wurde, bezog ich wieder meinen Platz im Zeugenstand. Richter McMonagle sah zu Milano herüber und erklärte: »Ihr Zeuge.«

Der Verteidiger antwortete jedoch nur: »Ich habe an diesen Zeugen keine Fragen, Euer Ehren.«

Dr. Tanay spielte als Teil seiner Aussage ein Band vor, das er während seines Gespräches mit Shelton mitgeschnitten hatte. Darauf sprach der Angeklagte unter anderem in weinerlichem Ton von den schrecklichen Familienverhältnissen, unter denen er aufgewachsen sei. Während der endlosen Befragung durch die Staatsanwaltschaft machte McGinty darauf aufmerksam, daß Dr. Tanay sich seine Meinung über den Angeklagten nach einem Gespräch gemacht habe, das nur eine Stunde gedauert habe, und daß es ja ohne weiteres möglich sei, daß Shelton ihn belogen hat. Tanay gab daraufhin zu bedenken, daß es seine Diagnose nur bestätige, wenn Shelton ihn angelogen haben sollte.

Das stärkste Argument seitens der Verteidigung war, als Dr.

Tanay auf die Tatsache zu sprechen kam, daß Shelton durch seinen Sturz von der Leiter damals drei Tage lang bewußtlos gewesen sei. Aufgrund dieser Verletzung, so argumentierte der Psychiater, sei bei dem Angeklagten der Trieb zu vergewaltigen möglicherweise erst ausgelöst worden, denn erst danach habe er mit seinen Gewaltverbrechen begonnen.

Obgleich es erst nach der Gerichtsverhandlung durch die journalistische Glanzleistung von James Neff an den Tag kam, konnte ein weiterer ungeklärter Vergewaltigungsfall ausfindig gemacht werden, der ganz ähnliche Charakteristika aufwies und bereits fünf Jahre vor Sheltons Schädeltrauma stattgefunden hatte. Und wie kaum anders zu erwarten war, konnten die Ermittler, die Neff auf den Fall ansetzte, nachweisen, daß die Fingerabdrücke, die am Tatort sichergestellt worden waren, genau mit denen von Shelton übereinstimmten.

Nachdem alles gesagt und getan war, zogen sich die Geschworenen zur Beratung zurück. Doch erst vier Tage später wurden sie sich über das Verdikt einig, was für die Opfer eine quälend lange Zeit gewesen sein muß. Bevor der Spruch verkündet wurde, stand alles von den Stühlen auf und applaudierte McGinty, als er den Saal betrat, um das Urteil zu hören: schuldig in 49 Fällen von Vergewaltigung und insgesamt 200 weiteren Straftaten.

Mit dem Strafmaß, das Richter McMonagle verhängte, schrieb er Justizgeschichte. Er verurteilte Shelton für jeden einzelnen Vergewaltigungsfall zu der entsprechenden Höchststrafe, die von zehn bis zu fünfundzwanzig Jahren reichte und nacheinander abzusitzen war, was jegliche Möglichkeit auf vorzeitige Haftentlassung ausschloß. Es war die längste Haftstrafe, die jemals von einem Gericht in Ohio verhängt worden war – genau 3198 Jahre. In der Nacht nach dem Urteil feierten die Opfer ihren Sieg und verbrannten symbolisch eine Puppe, die Ronnie Shelton darstellte.

Was ich am Fall Ronnie Shelton besonders faszinierend fand, war der Gesichtspunkt, nach dem er seine Opfer auswählte. Durch die Aussagen der Opfer wußte ich, daß es sein oberstes Ziel war, diese Frauen zu beherrschen und zu erniedrigen. Andererseits wußte ich aus Gesprächen, die ich mit Serienverbrechern geführt hatte, und durch meine Arbeit, in der ich den sozialen Hintergrund solcher Täter erforscht habe, daß diese Opfer häufig Frauen waren, die er eigentlich zutiefst haßte, sich jedoch außerstande fühlte, etwas gegen sie zu unternehmen. Ich mußte unwillkürlich an Ed Kemper denken, der seine ganze Wut an jungen Universitätsstudentinnen ausließ, bevor er schließlich in der Lage war, sich von seiner Mutter zu befreien.

Im Grunde war Ronnie Shelton jedes Opfer recht, solange es nur eine Frau war. Als ich dort im Gerichtssaal zu den dreißig Frauen hinüberschaute, war ich erstaunt, daß eigentlich das einzige sichtbare Merkmal, das alle diese Personen gemein hatten, ihr Geschlecht war; sonst ähnelten sie sich in nichts, weder in Haarfarbe, ihrer Statur noch in der Art sich zu kleiden. Es waren Frauen aller Altersstufen, und sie kamen aus den unterschiedlichsten Schichten, ob sie nun Studentinnen oder Mütter waren. Ob sie als Kosmetikverkäuferinnen, Sekretärinnen, Kellnerinnen arbeiteten oder sonst irgendeinen Beruf ausübten, schien ihm völlig gleichgültig gewesen zu sein. Ob sein Opfer nun achtzehn oder achtzig Jahre alt war, die Hauptsache war, daß die Wohnung, in der es lebte, ein Fenster oder eine Tür hatte, durch die er einsteigen konnte. Diese scheinbare Gleichgültigkeit bei der Wahl der Opfer erinnerte mich stark an den Fall Joseph Stephenson Thompsons, in einem ganz anderen Winkel der Welt.

Aber in den Fällen Shelton und Thompson gab es noch ganz andere Übereinstimmungen, die wir bei unseren Ermittlungsarbeiten sehr ernst nehmen müssen. Zunächst einmal wußten die Behörden in beiden Fällen schon ziemlich früh, nach wem sie Ausschau halten mußten, ihnen fehlte nur der Name des Täters. In beiden Fällen gab es fernerhin frappierende Übereinstimmungen, was das Täterprofil betraf, das der FBI bzw. die örtlichen Ermittler erstellt hatten. Und beide Täter begingen, besonders zu Anfang, ihre Verbrechen in einer für sie in geographischer Hinsicht vorteilhaften Gegend. Shelton trat beispielsweise meistens in der Nähe seines Elternhauses in Aktion oder dort, wo seine jeweilige Freundin gerade wohnte, wo er arbeitete oder irgendwo dazwischen. Auch Thompson blieb immer in der Nähe seines gegenwärtigen oder früheren Wohnviertels oder irgendwo entlang der Straßen, die er benutzte, um an seinen Arbeitsplatz zu gelangen. Wie bereits in seinem Täterprofil ermittelt worden war, hatte Shelton keinen festen Arbeitsplatz oder wenigstens Schwierigkeiten, einen festen Job zu halten, weil er sich für zu gut hielt, für jemand anderen in untergeordneter Stellung zu arbeiten. Ähnlich wie es auch im Fall Thompson vorhergesagt worden war, arbeitete dieser in einer örtlichen Fabrik. Beide Männer hatten eine problematische oder zumindest sehr unbeständige Beziehung zu ihren Freundinnen, die typischerweise immer jünger waren als sie oder in irgendeiner Hinsicht abhängig. Außerdem waren sie beide in ihren instabilen Beziehungen immer der dominierende Part. Shelton hatte ein extrem kontroverses Verhältnis zu seiner Mutter – die er als tyrannisch und ihm gegenüber gänzlich desinteressiert beschrieb – genauso wie zu seiner Schwester, die er allem Anschein nach zu beherrschen versuchte.

Obgleich es noch weitere Übereinstimmungen in beiden Täterprofilen gibt, möchte ich hier nur noch auf eine besonders überraschende und für die Ermittlungsbehörden zugleich beunruhigende Gemeinsamkeit beider Fälle hinweisen. Es wurde bereits hervorgehoben, daß dem Persönlichkeitsprofil nach beide Täter höchstwahrscheinlich ein Vorstrafenregister hatten, das bis in ihre frühe Jugendzeit zurückreichte. Dies erwies sich nicht nur als richtig, sondern in beiden Fällen war es auch zu verschiedenen Pannen bei der Fahndung gekommen – Momente, in denen die ermittelnden Beamte die Gesuchten fast hatten, es aber nicht bemerkten. Ich sage das keinesfalls, um die tüchtigen Männer und Frauen zu kritisieren, die manchmal bis tief in die Nacht ihrer bisweilen ermüdenden und oft sogar gefährlichen Arbeit nachgehen. Ich sage das vielmehr, weil ich der Überzeugung bin, daß wir uns diese Fälle besonders genau ansehen müssen, um etwas daraus zu lernen und Nutzen daraus zu ziehen, um diesen schwerarbeitenden Beamten die Hilfe und Unterstützung zukommen zu lassen, die sie brauchen und verdient haben.

Schon vor seiner endgültigen Verhaftung war Thompson wegen verschiedener Delikte von der Polizei aufgegriffen worden, bei denen sämtliche Alarmsirenen aufgeheult haben sollten. Außer im April 1984, als er seinen Kopf gerade noch einmal aus der Schlinge ziehen konnte, als er bei einer Frau im Schlafzimmer erwischt wurde und behauptete, er sei nur ein Einbrecher, wurde er noch wegen verschiedener anderer Verbrechen festgenommen und war sogar eine Zeitlang inhaftiert. Zudem war er wegen Drogenvergehens und diverser Verkehrsübertretungen auffällig geworden. Wir wissen, daß Sexualtäter sich häufig vorher bereits wegen anderer, nicht sexuell motivierter Delikte strafbar gemacht haben, und das Einbruch häufig das erste Anzeichen für eine spätere Vergewaltigung sein kann. Auf alle Fälle sollte also jemand, der wegen Einbruchs in einer Zeit verhaftet wird, in der gerade in einem Fall von Serienvergewaltigungen ermittelt wird, auch als Verdächtiger für die Sexualtaten in Betracht gezogen werden.

Auch innerhalb des Polizeiapparates sollten die verschiedenen Dienststellen unbedingt miteinander in Verbindung bleiben. Im September 1990 war Thompson zum Beispiel wegen gefährlichen und rücksichtslosen Fahrens festgenommen worden und hatte dabei einen Wagen gefahren, der nur eine Woche später im Fernsehen beschrieben wurde, als das Programm *Crimewatch* ausgestrahlt wurde, und eben dieses Fahrzeug im Verbund mit einer Vergewaltigung gezeigt wurde, die gerade erst verübt worden war. Der Verkehrspolizist, der Thompson damals angehalten hatte, war nicht einmal auf die Idee gekommen, daß es sich hierbei um ein und dasselbe Fahrzeug handeln könnte. Der Vorfall wurde für die Polizei eine schrecklich peinliche Geschichte, als man den Fehler endlich erkannte.

Auch Shelton hatte ein paarmal großes Schwein gehabt. Im Spätfrühling 1985 beispielsweise, als eine Frau ihn dabei beobachtete, wie er vor den Wohnungsfenstern im ersten Stockwerk eines Appartementhauses herumschlich, und unverzüglich die Polizei rief. Noch an Ort und Stelle befragt, gab Shelton zur Antwort, er suche eine bestimmte Adresse und habe sich wohl im Haus geirrt. Als der Beamte daraufhin Sheltons Daten abfragte und offensichtlich nichts gegen ihn vorlag, ließ man ihn wieder laufen.

Solche Fälle wiederholten sich noch öfter während der nächsten paar Jahre, in denen Shelton mehrfach wegen Voyeurismus' und anderer verwandter Straftaten verhaftet wurde. Im Februar 1987 wurde er wegen Hausfriedensbruchs festgenommen, nachdem ihn jemand – mit einer Skimütze über dem Kopf – vor dem Fenster einer Nachbarwohnung herumstehen sah. Er erklärte der Polizei, daß er lediglich nach einem Hund suche, der ihm davongelaufen sei; dem Polizist kam nicht in den Sinn, daß dieser Fall möglicherweise irgend etwas mit dem Serienvergewaltiger zu tun haben könnte, nach dem zur Zeit alles fahndete. Noch im selben Jahr wurde Shelton sogar verhört, als die Polizei ihn im Zusammenhang mit einem Fall von Voyeurismus vorlud. Shelton dachte schon, dieses Mal hätten sie ihn, aber es stellte sich heraus, daß sie einen Tatverdächtigen in einem Einbruchsfall suchten, der in dieser Gegend begangen worden war. Sie wußten, daß sich der gesuchte Einbrecher an einer Fensterscheibe verletzt hatte, und als sie an Sheltons Händen nichts Auffälliges entdecken konnten, ließen sie ihn wieder gehen. Im Dezember 1988 wurde er wegen Voyeurismus' verhaftet, und zwar genau im Zentrum des Aktionsfelds des West Side-Vergewaltigers – in seiner Tasche fand man eine ganze Handvoll Wohnungsschlüssel zu einem Appartementgebäude in der Nachbarschaft. Er wurde trotzdem nur wegen des geringfügigeren Deliktes verurteilt und noch am gleichen Tag nach Hinterlegung einer Kaution wieder auf freien Fuß gesetzt.

Dies sind nur ein paar ganz besonders ärgerliche Beispiele für Momente, in denen er doch irgend jemandem hätte verdächtig vorkommen *müssen*. Dabei handelte es sich hier fast ausschließlich um in irgendeiner Form sexuell motivierte Straftaten, die sämtlich in der direkten Nachbarschaft zu einem seit langem anhängigen Fall ungeklärter Gewaltverbrechen stattfanden, während in den Polizeidienststellen bereits seit Jahren ein Fahndungsbild kursierte, das immer und immer wieder verbessert und verfeinert wurde und einen Typen darstellte, der diesem Shelton zum Verwechseln ähnlich sah.

Selbst Shelton war erstaunt, daß die Polizei ihn so einfach wieder ziehen ließ. Er konnte es kaum fassen, daß sie nicht begriffen, daß er doch mit seiner Spannerei seine zukünftigen Opfer ausfindig machte.

In gewisser Weise wird am Fall Shelton auch eine auffällige Unzulänglichkeit des Strafverfolgungssystems deutlich. 1982 hatte er zusammen mit einer Freundin in einer Wechselstube in Colorado, wo er zu der Zeit wohnte, einen Überfall vorgetäuscht. Die Sache brachte ihm eine Geldstrafe und eine Bewährungsauflage ein, und er zog daraufhin wieder zurück nach Ohio. Das heißt, er war während der ganzen Zeit, als er in Cleveland diese Vergewaltigungen beging und das Leben fremder Menschen zerstörte, nur auf Bewährung in Freiheit!

Doch ich will nicht den Bewährungshelfer verurteilen, im Gegenteil, der hat Shelton schon richtig eingeschätzt und alles getan, was in seiner Macht stand, um ihn von der Straße zu bekommen, aber er hatte einfach nicht die Handhabe, nicht die rechten Mittel. Immerhin hatte er ihn 1986 wegen Verstoßes gegen die Bewährungsauflage drangekriegt (nachdem Shelton wegen einer Schlägerei in einer Bar verhaftet worden war). Der Beamte hatte auch die Behörden in Colorado darüber informiert, daß Shelton gegen die Bewährungsauflagen verstoßen habe; außer der Tatsache, daß er inhaftiert wurde, hatte Shelton keinen festen Arbeitsplatz, hatte nicht die volle Summe nach Colorado überwiesen, zu der er wegen des vorgetäuschten Überfalls verurteilt worden war, wechselte ständig unerlaubt den Wohnsitz und hat sich auch sonst alle möglichen Vergehen zuschulden kommen lassen. Der Beamte beantragte, daß die Behörden von Colorado Sheltons Auslieferung erwirkten, um ihn hinter Schloß und Riegel zu bringen. Die Antwort kam postwendend: Colorado wolle ihn nicht, er sei jetzt das Problem von Ohio.

Die Geschichte mit Shelton und Thompson muß endlich auch irgendwie denen klarwerden, die in der Justiz an den verantwortlichen Stellen sitzen. Es ist doch so, daß ein Täter, der zunächst mit kleineren Delikten beginnt, in seinem späteren Leben nicht selten weitaus schwerwiegendere Verbrechen begeht. Wenn wir also jemanden vor uns haben, der bereits ein beträchtliches Strafregister wegen Voyeurismus' und Einbruchs hat, dann müssen wir doch sogleich in Erwägung ziehen, daß diese Person eines Tages möglicherweise auch zu einer Vergewaltigung imstande sein wird – wenn er nicht bereits eine Vergewaltigung begangen hat. Wir wissen, daß viele, die schon in ihrer Jugend kriminelle Handlungen begehen, als Erwachsene schließlich Verbrecher werden, die ohne weiteres auch zur Gewalt neigen.

Zusammen haben Shelton und Thompson nach eigenen Aussagen mehr als siebzig Frauen und Mädchen vergewaltigt. Aber wer weiß, wie viele sie tatsächlich auf dem Gewissen haben – Frauen, die zu verängstigt waren, um das Verbrechen der Polizei zu melden. Wir schulden ihnen und allen zukünftigen Opfern, daß wir unsere Lehren aus diesen Fällen ziehen, um potentiellen Opfern das nächste Mal die Schmerzen und Qualen ersparen zu können, die diese Menschen ertragen mußten.

KAPITEL VIER

Die verschiedenen Typen von Vergewaltigern

Ich habe diesen Blick oft genug gesehen, um sofort zu wissen, was er bedeutet.

Meistens erlebe ich das, wenn ich einen Vortrag halte oder ein Seminar gebe, oder im Anschluß an irgendeine öffentliche Veranstaltung, bei der ich gesprochen habe. Besonders häufig widerfuhr mir das, als ich zum Beispiel im Zuge der Veröffentlichung von *Jäger in der Finsternis* unterwegs war.

Ich habe kaum meinen Vortrag beendet, und die Leute erheben sich gerade von ihren Stühlen, um den Saal zu verlassen, da kommt eine Frau zu mir nach vorn ans Rednerpult und spricht mich etwa folgendermaßen an: »Mr. Douglas, könnte ich Sie wohl einen Moment sprechen?«

»Selbstverständlich«, antworte ich. Mitunter sind dann noch einige Leute um mich herum, die vielleicht noch etwas zu meinem Vortrag fragen wollen oder mir die Frage stellen möchten, die am häufigsten an mich gerichtet wird, nämlich wie man etwas mehr über die Täterprofilerstellung erfahren könnte.

»Warten Sie doch bitte einen Augenblick, bis die Leute gegangen sind«, schlage ich ihr dann vor, »wir können uns gleich gerne noch ungestört einen Moment unterhalten.«

Die Frau wartet dann geduldig, bis der Letzte den Raum verlassen hat, und erzählt mir schließlich ihre Geschichte.

Bisweilen war der Vergewaltiger jemand, den die betreffende

Frau gut kannte. Ein andermal handelte es sich dabei um einen wildfremden Mann, dem sie noch nie begegnet war. Es mochte sich in einem öffentlichen Park zugetragen haben, oder wenn die Frau unerwartet heimkam und in ihrer Wohnung plötzlich einem Einbrecher gegenüberstand. Möglicherweise handelte es sich um einen Mann, der behutsam mit seinem Opfer umging, sich für alles, was er tat, entschuldigte und ständig wissen wollte, ob er der Frau auch nicht wehtäte. Ein andermal war der Kerl äußerst brutal und quälte die Frau einfach, weil es ihm Vergnügen bereitete, zu hören wie sie schrie und um ihr Leben bettelte. Es war möglicherweise jemand, der im Parkhaus des Einkaufszentrums seinen Wagen neben ihrem Fahrzeug geparkt hatte und dort auf sie wartete, um sie dann plötzlich auf die Hintersitze seines fensterlosen Kleinbusses zu zerren. Aber ebensogut konnte es jemand gewesen sein, mit dem sie sich bereits seit Monaten regelmäßig traf. Die Frauen, die mit solchen Geschichten an mich herantraten, mochten ihr traumatisches Erlebnis im Alter von zwölf Jahren gehabt haben oder auch als Achtundsechzigjährige. Aber immer war der Täter ein Mann, und immer hat er seine Opfer gegen deren Willen vergewaltigt. Das Leben dieser Frauen war nach einer solchen Tat nie mehr so wie vorher, und in vielen Fällen hatten sie tatsächlich das Gefühl, daß sie ihr Leben überhaupt nicht mehr selbst bestimmten.

Manchmal, wenn der Vergewaltiger noch nicht geschnappt worden ist, kann ich gewisse präventive Strategien empfehlen, um ihn zu identifizieren oder ihn zu veranlassen, sich zu verraten. Wenn der Täter bereits verurteilt und hinter Gittern ist, fragt man mich mitunter, was ihn möglicherweise zu dem Verbrechen veranlaßt haben könnte, und warum er unschuldigen Frauen das antat. In anderen Fällen wiederum kann ich nur dasitzen und zuhören, die betroffene Person meiner ganzen Sympathie versichern und ihr Entsetzen über die ungeheuerliche Tat teilen. Wie auch immer der Fall liegt, es erstaunt mich nicht mehr im geringsten, wenn Frauen mit mir über dieses Verbrechen sprechen wollen, das an ihnen begangen wurde. Vergewaltigung ist von alters her das Delikt, das am seltensten zur Anzeige kommt, weil die Frauen häufig einfach nicht darüber zu sprechen wagen. Es ist das einzige Delikt, bei dem lange Zeit dem Opfer selbst eine Mitschuld vorgeworfen wurde. Erst seit dem Aufkommen der Frauenrechtsbewegung und dem tatkräftigen Eintreten für die Sache der Frauen durch Personen wie Linda Fairstein, der Vorsitzenden der Abteilung für Sexualdelikte in der New Yorker Staatsanwaltschaft, beginnt sich daran allmählich etwas zu ändern. Doch in diesem Punkt entwickeln sich die Dinge viel zu langsam.

Ein gewisser Hoffnungsschimmer am Horizont ist die zunehmende Sensibilisierung der Öffentlichkeit für dieses Thema und die aufrichtige Empörung der Menschen über diese Form des Verbrechens. Doch im Hinblick auf das persönliche Sicherheitsgefühl ist ein anderer Trend, den ich beobachte, weit weniger erfreulich, so verständlich und gutgemeint der Gedanke auch sein mag, der dahintersteckt. Das ist die Tendenz, jede Form von Vergewaltigung und Sexualdelikt in einen Topf zu werfen, als sei eben eine Vergewaltigung wie die andere, und jeder Vergewaltiger ein Verbrecher, der den gleichen Schaden anrichtet.

Ich bin absolut der Meinung, daß jede Vergewaltigung ein grauenhaftes Verbrechen ist, und daß jede sexuelle Gewalttat sowohl die Opfer als auch ihre Partner, ihre Freunde und die, die sie lieben, in größte Verzweiflung stürzt. Ich habe lange genug an Vergewaltigungsfällen gearbeitet und mit Hunderten von Opfern gesprochen, um zu wissen, wie wahr das ist. Aber ich habe auch etwas anderes gelernt: nämlich daß wir den Opfern und denjenigen Frauen, die möglicherweise einmal zu Opfern werden, wahrhaftig keinen Dienst erweisen, wenn wir uns nicht die Zeit nehmen und versuchen, genauestens zwischen den verschiedenen Formen von Vergewaltigung und den unterschiedlichen Typen von Vergewaltigern zu unterscheiden. Es mag sich ja ganz teilnahmsvoll und mitfühlend anhören, wenn man beispielsweise erklärt, eine Vergewaltigung durch einen alten Bekannten sei genau das gleiche wie eine Vergewaltigung durch einen Wildfremden, aber das ist einfach nicht wahr: Die Umstände, unter denen eine Vergewaltigung stattfindet, spielen eine ganz enorme Rolle. Zu behaupten, daß eine Vergewaltigung, die ein alter Bekannter an einer Frau verübt, der dabei keine Waffe benutzt, wodurch sich das Opfer nicht in Lebensgefahr fühlen muß, sei das gleiche wie die Vergewaltigung durch einen fremden Mann, der das Opfer gewaltsam entführt und mit vorgehaltenem Messer oder gezogener Pistole vergewaltigt und dabei brutal zusammenschlägt, heißt die Sache in einem unerträglichen Maß zu vereinfachen und uns selbst die Möglichkeit zu nehmen, die verschiedenen Verbrechen sowie die unterschiedlichen Tätertypen zu bekämpfen.

In gewisser Hinsicht haben Vergewaltigungen alle etwas gemeinsam, aber häufig kommt es eben gerade darauf an zu erkennen, was die einzelnen Fälle voneinander unterscheidet, was sie voneinander abhebt, denn daraus müssen wir präventive Strategien entwickeln und Möglichkeiten herleiten, wie wir den Opfern helfen können, ihre individuellen Traumata zu überwinden, die sie durch das Verbrechen davongetragen haben, das an ihnen verübt worden ist.

Diejenigen von uns, die beim FBI im Staatlichen Zentrum für die Analyse von Gewaltverbrechen (NCAVC) in Quantico beschäftigt sind – der Schirmorganisation, aus der auch meine Sondereinheit zur Unterstützung polizeilicher Ermittlungen (ISU) hervorgegangen ist – haben die unterschiedlichsten Vergewaltigungsfälle im Rahmen ihrer Tätigkeit so tiefgreifend untersucht, daß sie für diese Form des Verbrechens spezifische Kategorien und Subkategorien festsetzen können. Diese Analysetechnik basiert großenteils auf bestimmten Pionierarbeiten, die zuvor zu leisten waren, wie etwa den Forschungsarbeiten von Dr. Ann Burgess sowie meiner Kollegen, der Spezialagenten Roy Hazelwood und Ken Lanning. Nach mehr als zehnjähriger Untersuchungs- und Forschungstätigkeit erschienen 1992 die Ergebnisse dieser Arbeit zusammen mit einer ähnlichen Analyse anderer Gewaltverbrechen wie Mord und Brandstiftung als *Das Handbuch zur Klassifizierung von Verbrechen* – einem Standardwerk über die Ermittlung bei Gewaltverbrechen und deren Klassifizierung, das ich mit den Professoren Ann W. und Allen Burgess sowie dem früheren Spezialagenten Robert Ressler zusammen geschrieben habe. Ein potentieller Vergewaltiger könnte sich mit Hilfe dieser Kategorisierung von Verbrechertypen keinerlei Vorteile für seine kriminellen Obsessionen verschaffen, und auch ein Drogenabhängiger, der zur Beschaffung seines Stoffs Haushaltswarenläden ausraubt, würde nach der Lektüre des Handbuchs nicht dazu übergehen, seine Sucht mit Erpressung oder auf sonst eine Weise zu finanzieren. Aber uns anderen kann die Klassifizierung der unterschiedlichen Tätertypen helfen, einen Gewaltverbrecher rechtzeitig zu erkennen, oder doch wenigstens unsere Chancen zu verbessern, nicht zu seinem Opfer zu werden. Ich spreche absichtlich von »uns anderen«, da diese Art des Verbrechens auf die eine oder andere Weise jeden einzelnen von uns betrifft.

Bei unseren Forschungsarbeiten untersuchten wir die entsprechenden Akten der Fälle, die Aussagen der Opfer, Polizeiberichte und die Protokolle der Gerichtsverhandlungen, Schulzeugnisse, psychiatrische Gutachten, Berichte über Haftentlassung und Bewährungsauflagen sowie Berichte über den familiären Hintergrund und bestimmte entwicklungsgeschichtliche Berichte über den Täter. Nachdem wir dieses ganze Material gesichtet und analysiert hatten, konnten wir die Vergewaltiger vier verschiedenen grundlegenden Tätertypen zuordnen: dem »Selbstbestätigung suchenden Machttyp«, dem Vergewaltiger, dem es um die sexuelle Ausbeutung seines Opfers geht, also dem »exploitiven Typus«, dem »Wut-Typus« sowie dem »sadistischen Typ«. Auch das Verbrechen selbst unterteilten wir in mehr als fünfzig charakteristische Gruppen. Im Laufe der Jahre haben die verschiedenen Experten, die in dieser Angelegenheit forschen, ihre eigenen Bezeichnungen für die unterschiedlichen Gruppen geprägt, doch ist das Verhaltensmuster der einzelnen Vergewaltigertypen so spezifisch, daß sie anhand dessen ohne weiteres erkennbar sein sollten, gleichgültig welcher Terminus ihnen zugeordnet wird.

Der Selbstbestätigung suchende Machttyp unter den Vergewaltigern fühlt sich zutiefst minderwertig und ganz und gar nicht als ein Mann, mit dem eine Frau freiwillig etwas zu tun haben wollte. Dieses Gefühl, kein ganzer Kerl zu sein, kompensiert der Tätertyp, indem er Frauen dazu zwingt, mit ihm Sex zu haben. Zugleich versucht er, wie der Terminus für diese spezielle Vergewaltigerpersönlichkeit ankündigt, eine Bestätigung seiner Macht und Potenz zu bekommen. Dieser spezielle Tätertypus wird bisweilen auch als der »vornehme Vergewaltiger« genannt, oder sogar als der »selbstlose« Vergewaltigertypus bezeichnet – zum großen Teil wohl deshalb, weil seine Tat, so traumatisch sie auf das Opfer auch wirkt, häufig weniger gewalttätig vonstatten geht, und der Täter seinem Opfer seltener schwere körperliche Verletzungen zufügt als andere Vergewaltiger. Obgleich sicherlich nicht alle nach diesem Muster handeln, entschuldigen sich manche Täter dieser Kategorie während der Vergewaltigung bei ihrem Opfer oder möchten, daß die Frau ihnen sagt, wenn sie ihr wehtun – eine Frage, die mehr seinem Bedürfnis nach Bestätigung dient, als daß sie seine tatsächliche Besorgtheit darüber ausdrückt, wie es der Frau ergeht. Die freundlichen Termini *vornehm* und *selbstlos* sind daher wirklich nur im Kontext des vollen Spektrums dieser Vergewaltigertypen dort draußen anwendbar.

Dieser Typus ist meistens ein Einzelgänger, und er hat die Vorstellung, sein Opfer könnte sich allen Ernstes wohl dabei fühlen, wenn er es vergewaltigt, und sich anschließend möglicherweise sogar in ihn verlieben. Es kann sogar vorkommen, daß er nach dem Überfall noch einmal Kontakt zu der betreffenden Frau aufnimmt, und sie bittet, mit ihm auszugehen. Selbstverständlich bleiben seine Wunschträume unerfüllt: Anstatt das Herz der widerspenstigen Geliebten erobert zu haben, hat er eine unschuldige Person terrorisiert, verletzt und gegen sich in Rage gebracht. Die meisten Vergewaltiger dieses Typus' gestehen daher auch ein, daß ihnen der Sex mit ihren Opfern keine Freude macht, weshalb sie immer und immer wieder aufs neue versuchen müssen, ihre Obsessionen mit einer andern Frau zu befriedigen.

Es erstaunt nicht, daß dieser Typus von Vergewaltiger in der Regel Opfer vorzieht, die etwa in seinem Alter sind oder jünger und meistens auch von gleicher Rasse. Wenn er überhaupt versucht, sich seinem Opfer zu nähern, indem er sich vor der Tat mit ihm verabredet, dann wird er es mit einer jüngeren, weniger erfahrenen Frau versuchen, denn nur bei ihr kann er das Gefühl von Gleichwertigkeit empfinden. Doch wegen seiner tiefen Minderwertigkeitsgefühle überrumpelt er sein Opfer auch häufig mit einem Überraschungsangriff; er hat nicht das Selbstvertrauen oder die Fertigkeit, sich mit einem Trick in die Wohnungen der Frauen einzuschleichen, und bricht statt dessen eher mitten in der Nacht gewaltsam bei ihnen ein. Wenn wir die Vergangenheit dieses Tätertyps genauer betrachten, stoßen wir für gewöhnlich auf eine Reihe absonderlicher und ungewöhnlicher Masturbationsphantasien. Häufig ist er auch bereits auffällig geworden wegen Voyeurismus', Exibitionismus', Transvestitismus' oder hat Frauen mit obszönen Telefonanrufen belästigt. Er frequentiert Pornokinos und Sexshops und sammelt häufig pornographische Heftchen. Wenn er eine spezifische sexuelle Dysfunktion hat, dann geht es dabei meistens um sein vorzeitiges Ejakulieren, das er auch gerne in seiner tatsächlichen partnerschaftlichen Beziehung zum Thema macht, die er zu einer Frau haben mag, und das nach seinen eigenen Worten beim Vergewaltigungsakt hinderlich ist (selbstverständlich nur aus seiner Sicht).

Seine bevorzugte Tatzeit ist die Nacht, und am liebsten agiert er dort, wo er wohnt, oder in der Nähe seines Arbeitsplatzes – mit anderen Worten: in einem Umfeld, in dem er sich sicher fühlt. Den Tatort selbst dürfte er für gewöhnlich zu Fuß aufsuchen. Diese Beobachtungen treffen besonders auf die ersten Vergewaltigungen von Serientätern zu. Er benutzt keine bestimmte Waffe, und häufig gerade das, was er am Tatort vorfindet. Sein Tatmuster bleibt im großen und ganzen einigermaßen konstant, und die tatsächliche Dauer seines Auftritts – vom Augenblick, in dem er sein Opfer überwältigt, bis zu dem Moment, in dem er den Tatort wieder verläßt – ist relativ kurz, manchmal nur fünf bis zehn Minuten. Er erniedrigt, beschimpft und demütigt sein Opfer nicht in dem Maße wie die anderen Vergewaltigertypen, aber er läßt sich von den Frauen gerne in irgendeiner Form seine Qualität als Liebhaber »quittieren«, braucht Bestätigung dafür, wie begehrenswert sie ihn finden.

Möglicherweise bedeckt er während des Vergewaltigungsakts die Augen des Opfers oder maskiert sich selbst; letzteres mag er zu seinem eigenen Schutz tun, um eine spätere Identifizierung zu verhindern, aber auch weil er weiß, daß er sich für seine Tat schämen sollte. Er ist in gewisser Weise zaghaft und braucht sozusagen die Erlaubnis des Opfers für das, was er tut. Deswegen reißt er ihnen auch meistens nicht die Kleider vom Leib oder zwingt sie, sich auszuziehen, sondern entblößt nur die Körperteile der Frauen, die er für seinen Sexualakt braucht. Er neigt dazu, Zeitungsausschnitte, Rundfunkmeldungen oder ähnliches zu sammeln, in denen von seinen Taten die Rede ist, um sich selbst bei Bedarf wieder seiner Macht und Potenz zu versichern. Aus dem gleichen Grund nimmt er möglicherweise auch Souvenirs vom Tatort mit, häufig Stücke der Unterwäsche seiner Opfer. Nach der Tat mag ihn so etwas wie Reue überkommen, und er schämt sich und fühlt sich schuldig. Aber solange es sich bei diesem Individuum nicht um den Typus »Einmal und nie wieder« handelt, der die Vergewaltigung ausprobiert, befindet, daß ihm das Ganze nichts bringt und für immer die Finger davonläßt, wird er *definitiv* erneut vergewaltigen. Und zwar wird er so lange vergewaltigen, bis er geschnappt oder sonstwie daran gehindert wird – sei es, daß er bei einem anderen Verbrechen umgebracht oder ernsthaft verletzt wird oder bei einem nichtkriminellen Vorfall auf sonst eine Weise zu Tode kommt.

Er lebt allein oder bei seinen Eltern oder in irgendeiner anderen abhängigen Beziehung. Seine Mutter war oder ist wahrscheinlich ein sehr dominierender Charakter. Beruflich ist er seinen Fähigkeiten entsprechend unterfordert und übt vermutlich einen Job aus, bei dem er nicht allzuviel Kontakt zu anderen Menschen aufnehmen muß. Während dieser Vergewaltigertypus von allen der am wenigsten gefährliche ist, kann es, wenn er bei einer Reihe von Fällen erfolgreich war, bei ihm zu einem derart gesteigerten Selbstwertgefühl kommen, das ihn physisch ungleich aggressiver werden läßt.

Joseph Thompson, der Vergewaltiger von South Auckland,

war ein solcher nach Selbstbestätigung suchender Machttyp. Wer das Pech haben sollte, einem Vergewaltiger zu begegnen, wird aller Wahrscheinlichkeit nach mit diesem Typus zu tun haben.

Der exploitive Typ ist ein impulsiverer Täter. Ein solches Individuum vergewaltigt, wenn es die Gelegenheit dazu findet, er plant also nicht im voraus, wie er sich den Ablauf seines Verbrechens im Endeffekt vorstellt. Er nähert sich seinem potentiellen Opfer eher mit einem Trick, einer List, oder aber auch aus heiterem Himmel, in einer direkten, blitzschnellen Attacke. Anders als im Fall des machtanmaßenden Tätertyps, der Selbstbestätigung in seinem Vergewaltigungsakt sucht, ist es dem exploitierenden Typus ziemlich gleichgültig, wie es der Frau dabei ergeht, wenn er sie vergewaltigt. Er ist in jeder Hinsicht eigennützig – was sich verbal ausdrückt, physisch wie auch sexuell. Möglicherweise besteht auch bei ihm eine gewisse sexuelle Dysfunktion. Wenn das der Fall sein sollte, dann dürfte diese sexuelle Unzulänglichkeit sowohl bei einer Vergewaltigung als auch beim Geschlechtsverkehr mit seiner Frau, seiner Freundin oder auch mit jedem anderen möglichen Beziehungspartner zutage treten. Häufig handelt es sich bei der sexuellen Dysfunktion dieses Tätertypus darum, daß er Ejakulationsschwierigkeiten hat oder sogar überhaupt nicht zum Höhepunkt kommen kann. Seine bevorzugten Opfer dürften etwa so alt sein wie er selbst. Er schleicht überall herum auf der Suche nach einer Gelegenheit und mag sein Opfer in jeder x-beliebigen Bar oder irgendwo in der Nachbarschaft treffen. Wenn er eine Frau erst einmal in seiner Gewalt hat, geht es ihm nur noch darum, daß sie sich ihm sexuell vollständig unterwirft. Das ist es, was ihn wirklich in Erregung bringt – für ihn ist der sexuelle Akt insofern befriedigend, als er die Frau beherrschen und mit ihr tun und lassen kann, was er will; was man gemeinhin unter sexuellem Genuß versteht, ist ihm unbekannt. Wenn er sie schließlich in jeder ihm genehmen Form sexuell gedemütigt und über sie verfügt hat, dann ist es für ihn damit erledigt. Während des Aktes selbst ist bei diesem Typus von Vergewaltiger jedoch jede nur denkbare Attacke möglich. Besonders häufig ist die anale Verge-waltigung. Daß er eine Maske trägt oder versucht, sein Gesicht zu verbergen, kommt dagegen sehr selten vor. Dieser Tätertyp vergewaltigt in unregelmäßigen Zeitabständen – er kann schon am nächsten Tag wieder zuschlagen, einen Monat später oder auch erst nach einem halben Jahr – doch anders als der nach Selbstbestätigung suchende Machttyp versucht er nicht, Kon-takt mit seinem Opfer zu halten oder es erneut aufzusuchen, obgleich er damit häufig droht, für den Fall, daß die betreffende Frau die Polizei einschalten sollte.

Dieser Typ von Vergewaltiger legt in der Regel großen Wert auf sein eigenes äußeres Erscheinungsbild. Er stellt sich mit Vorlie-be als ein besonders harter und kerniger Bursche dar, dem man schon von weitem ansieht, was für ein toller Hecht er ist. Aus dem Grund kann man auch davon ausgehen, daß er einem kör-perlichen Beruf nachgeht. Er ist sehr an jeder Form von Sport interessiert, und auch das Automodell, das er fährt, kann diese Haltung widerspiegeln. Das kann in manchen Gegenden des Landes zum Beispiel eine Corvette sein oder sonst ein Macho-Auto; je nachdem fährt er unter Umständen aber auch einen Pickup, der bestens für die Jagd ausgerüstet ist. Mit Kritik oder Autorität kann er nur schlecht umgehen. Wahrscheinlich war er auch kein sonderlich guter Schüler und hat sicherlich keine Universität besucht. Sollte er verheiratet sein, dann kann davon ausgegangen werden, daß er seine Frau regelmäßig betrügt und auch seinen Kindern nicht allzuviel Aufmerksamkeit schenkt. Betrachtet man den familiären Hintergrund solcher Täter, so er-fährt man nicht selten, daß sein Vater seiner Mutter gegenüber ein ähnliches Verhalten an den Tag gelegt hat wie er selbst.

Ronnie Shelton war ein solcher exploitiver Vergewaltiger, der neben dem Selbstbestätigung suchenden Machttyp der häufig-ste Vergewaltigertyp ist, obgleich nur jeder zehnte Vergewaltiger zu einer dieser Kategorien zu zählen ist.

Der Wuttyp ist genau das, was der Terminus schon ausdrückt. Er läßt sozusagen seine Wut an Frauen aus und vergewaltigt sie, um sich für etwas zu rächen, das ihn in Zorn gebracht hat. Für ihn steht das Opfer stellvertretend für die Person oder die Menschen, die er haßt. Das kann seine Mutter sein, seine Frau oder Freundin oder das weibliche Geschlecht insgesamt, wenn der Kerl aus welchen Gründen auch immer, auf Frauen schlecht zu sprechen ist. Der springende Punkt ist, daß dieser Typ keine klare Motivation für seine Tat hat, die auf einen tatsächlichen oder konkreten Fall zurückzuführen wäre, bei dem ihm Unrecht geschehen sei. Es ist auch nicht ungewöhnlich, daß solche Männer eine jahrelange Beziehung zu einer Frau haben. Doch durch seinen übersteigerten Jähzorn ist dieser Tätertyp schlichtweg zu jede Gewalttat fähig – er kann die Frau, die er vergewaltigt, verbal mißhandeln, sie halb zu Tode prügeln oder gar umbringen. Weil aber seine bewußte oder unterbewußte Intention die ist, seine Wut abzulassen, sich also von ihr zu befreien, tötet dieser Vergewaltigertyp in aller Regel sein Opfer nicht.

Er vergewaltigt episodisch, je nachdem, was ihm gerade widerfährt, und nicht in vorhersehbaren Zeitabständen. Er begeht sein Verbrechen, weil urplötzlich eine Streßsituation auftritt, mit der er nicht umgehen kann, und die häufig von der Frau oder den Frauen ausgelöst wurde, gegen die sich seine eigentliche Wut richtet. In fast allen Fällen richtet er seine Gewaltattacke aufgrund dieser Affektverlagerung aber nicht gegen diese spezielle Person, sondern macht vielmehr eine x-beliebige Frau in seinem Bekanntenkreis zu seinem Opfer. Dabei verwendet er als Waffe, was ihm gerade in die Hände fällt, und sei es ein Küchenmesser, und schlägt möglicherweise auch mit den Fäusten auf sein Opfer ein, wenn er stark genug ist. Weil dieser Tätertyp eine Frau nicht nur überwältigen, sondern sie auch demütigen will, vergewaltigt er sie zunächst häufig anal und erzwingt anschließend oralen Sex von ihr. In aller Regel belegt er sie mit den übelsten Schimpfworten und ejakuliert in ihr Gesicht oder auf ihre Kleidung, um sie möglichst tief zu demütigen.

Wie sich die Leser unseres zuvor veröffentlichten Buches, *Jäger in der Finsternis*, vielleicht erinnern werden, war Timothy Spencer, der 1994 hingerichtet wurde, ein Vergewaltiger dieses Typs. Diese Individuen sind weit seltener anzutreffen als Vergewaltiger der anderen beiden Täterkategorien. Der Wuttyp macht wahrscheinlich weniger als 5 Prozent aller Vergewaltiger aus.

Der sadistische Vergewaltiger ist in vielerlei Hinsicht der gefährlichste Sexualverbrecher überhaupt. Sein Ziel ist es, mit den Vergewaltigungsattacken seine sadistischen sexuellen Phantasien an einem sich sträubenden Opfer auszutoben. Sexuelle Phantasien und Aggressivität verschmelzen bzw. ergänzen und stimulieren einander bei diesem Vergewaltigertypus; je aggressiver er wird, desto größer wird seine sexuelle Erregung. Seine Aggressivität beruht also nicht auf Wut oder Zorn wie bei den beiden zuvor beschriebenen Typen von Vergewaltigern. Er kann sogar recht charmant und verführerisch sein, wenn er sein auserkorenes Opfer in die Falle locken will. Er ist in höchstem Maße egozentrisch. Das einzige, worum es ihm geht, ist sein persönliches Vergnügen und seine eigene Befriedigung, wofür er Menschen in seine Gewalt bringt und sie quält. Um sein Opfer zu peinigen, wendet er die verschiedensten Formen seelischer und physischer Gewalt an, wobei er sich gezielt an den besonders empfindlichen Stellen sowie den Geschlechtsteilen der Frauen zu schaffen macht, wie Mund, Genitalien, Brüsten, Gesäß und Rektum. Seine bevorzugte Waffe ist das Messer, weil er damit sein Opfer am leichtesten einschüchtern und in Panik bringen kann. Häufig schneidet er die Kleidung der betreffenden Frau entzwei, oder reißt sie ihr vom Körper, weil er glaubt, daß sie keine Kleidung mehr braucht, wenn er erst einmal mit ihr fertig ist.

Je nachdem, was er bevorzugt, kann es bei dieser Form der Vergewaltigung zu ausgedehnten sexuellen Handlungen kommen, wahrscheinlich von höchst perverser Art, aber es kann auch passieren, daß er auf Sex ganz verzichtet. Er könnte es beispielsweise vorziehen, statt mit seinem Penis in die Frau einzudringen, ihr einen spitzen Gegenstand in die Vagina zu schieben. Dabei bedient er sich einer Kommandosprache und benutzt ein vulgäres Vokabular, bleibt jedoch unpersönlich. Das Opfer dient lediglich als Puppe; sie ist die Schauspielerin in seinem selbstverfaßten Drama, deren Aufgabe es ist, Furcht und Schmerzempfindlichkeit zu zeigen. Aus dem Grund sucht er sich seine Opfer häufig nach bestimmten, möglicherweise wechselnden Vorbildern aus, die für ihn eine besondere symbolische Rolle spielen, sei es, daß die Frau seiner Wahl jung oder alt sein muß, daß sie weißer oder schwarzer Hautfarbe oder ein asiatischer Typ sein muß, daß sie besonders schlank oder füllig sein sollte, oder daß er eine Schwarzhaarige, Blonde, Rote oder Brünette bevorzugt.

Der sadistische Vergewaltiger plant sein Verbrechen, ja er perfektioniert seinen MO im Laufe seiner kriminellen Laufbahn regelrecht. In dem Maße, in dem sich seine Vorstellung entwickelt, wie sein idealer Vergewaltigungsfall ablaufen sollte, und mit wachsender Erfahrung, die er hinsichtlich der verschiedenen Frauentypen gewinnt, verwendet er auch mehr Zeit auf die Planung seines nächsten erfolgreichen Verbrechens. Er bringt sich seine eigene Waffe mit zum Tatort und hat sich möglicherweise eine ganze Sammlung von Folterinstrumenten zusammengestellt – eine Kneifzange oder ähnliche scharfe Werkzeuge, Peitschen, Handfesseln, Nadeln, was auch immer er braucht, um seine Phantasie zu befriedigen. Da seine Gewaltaktionen viel Zeit in Anspruch nehmen, wird er sich voraussichtlich einen Ort ausgesucht haben, zu dem er sein Opfer bringen kann, und an dem er nicht gestört wird. Das könnte beispielsweise ein dunkler Verschlag im Wald sein oder ein schalldichter und speziell für diese Zwecke ausgestatteter Lieferwagen. Möglicherweise sagt er seinem Opfer auch, daß er ihm nichts anhaben werde, oder es freilassen würde, wenn es das tut, was er von ihm erwartet. Aber das ist nur ein Trick, mit dem er sein Opfer kontrollieren und dazu bringen will, daß es kooperiert. Da er seine Befriedigung daraus bezieht, daß er die Opfer quält und beherrscht, macht er unter Umständen Fotos im Verlauf seiner Folterprozedur, oder er hält den Vorgang auf Video oder Tonband fest, um sich alles in Ruhe noch einmal ansehen zu können, wenn ihm danach zumute ist. Aus dem gleichen Grund nimmt er möglicherweise auch Erinnerungsstücke vom Tatort mit, an denen er die Vorstellung festmachen kann, das Opfer sei »sein Eigentum.« Als Souvenir kann er den Schmuck des Opfers mitnehmen, Kleidungs- oder Wäschestücke oder sogar Körperteile.

Der Gewaltakt ist in der Regel höchst symbolisch für ihn. Gewissensbisse über das, was er tut, empfindet er nicht, weil er sein Opfer nicht als Person wahrnimmt; er sieht in der betreffenden Frau nicht einmal ein menschliches Wesen. Genau das ist die Art von Vergewaltigung, die häufig mit einem Mord endet. Der Mord an dem Opfer kann sogar ein integraler Bestandteil des Szenarios sein, das der Täter sich in seiner Phantasie ausgemalt hat, und er vollzieht möglicherweise seine sadistischen Handlungen noch am Körper des Opfers, nachdem er es umgebracht hat. Auf sein Mitleid zu setzen ist ganz und gar unnütz, weil er zu dieser Gefühlsregung nicht imstande ist. Er will, daß sein Opfer leidet. Es gibt nur eine einzige Situation, in der er möglicherweise von seinem Opfer abläßt, nämlich dann, wenn es der betreffenden Frau irgendwie gelingt, ihre eigene Entpersönlichung zu durchbrechen, und den Täter zu veranlassen, sie wieder als ein menschliches Individuum zu sehen. Ich kann mich an einige solche Fälle erinnern. Zum Beispiel als eine Frau einmal dem Vergewaltiger sagte, daß ihr Mann Krebs habe, und der Zufall es wollte, daß der Täter einen Bruder hatte, der selbst an dieser schrecklichen Krankheit litt. Er ließ sie in Frieden. Ein andermal hatte mir einer dieser sadistischen Typen von Vergewaltiger erklärt, daß eines seiner Opfer ihn sehr stark an seine Mutter erinnert habe, da habe er es gehen lassen. Unglücklicherweise tritt ein solcher Fall jedoch nur sehr selten ein, wenn man mit einem Sexualsadisten zu tun hat.

Der Typ des sadistischen Vergewaltigers ist normalerweise weißer Hautfarbe, verfügt über eine überdurchschnittliche Intelligenz, hat möglicherweise sogar einen College-Abschluß und ist in einem gehobenen Beruf der Mittelschicht tätig. Er ist meistens eine dominante Persönlichkeit und sammelt alle möglichen sadomasochistischen Folterwerkzeuge und entsprechendes pornographisches Bildmaterial. Er könnte auch eine Sammlung ähnlicher Gegenstände besitzen, wie beispielsweise Messer, Waffen oder Embleme und Utensilien aus der Nazi-Zeit. Sein bevorzugter Lesestoff sind Kriegsbücher, Bücher über Polizei und Justiz oder Schriften, die von Überlebenskämpfern handeln. Er könnte auch einen großen, scharfen Hund besitzen, wie einen deutschen Schäferhund, einen Doberman oder Rottweiler. Wegen seiner Intelligenz und der sorgfältigen Planung seiner Verbrechen ist dieser Tätertyp nur schwer zu fassen.

Steven Pennell von Delaware, der 1992 exekutiert wurde, und als der sogenannte I-40-Killer bekannt wurde, war ein solcher Typ von Vergewaltiger. Er nahm entlang der Interstate 40 Prostituierte in sein Auto und vergewaltigte, folterte und ermordete sie schließlich in seinem eigens dafür präparierten Lieferwagen. Dieser Vergewaltigertypus tritt am seltensten in Erscheinung.

Natürlich paßt nicht jeder Vergewaltiger exakt in eine dieser vier Kategorien. Häufig weisen Täter gewisse charakteristische Züge auf, die wir unterschiedlichen Vergewaltigertypen zuordnen können. Genau das macht es so schwer, konkrete Empfehlungen abzugeben, wie man sich am besten gegenüber dem einen oder anderen Sexualverbrecher verhalten sollte, besonders in der Streßsituation eines aktuellen Angriffs durch einen Vergewaltiger. Aber in den meisten Fällen dominiert eine dieser Kategorien, und wir sollten unsere Reaktionen dem anpassen, was wir über die Beweggründe des Täters in Erfahrung bringen können, darüber, was diesen speziellen Vergewaltigertypus motiviert und was er will.

Auch wenn sich die unterschiedlichen Verhaltensmuster überlappen, ist es außerordentlich hilfreich, wenn wir erkennen, mit welchem Tätertypus wir es in dem jeweiligen Fall zu tun haben. Wenn wir den Sexualverbrecher einer konkreten Kategorie von Vergewaltigern zuordnen können, dann haben wir die Möglichkeit, potentiellen Opfern – und den mit dem Fall befaßten Beamten, wenn es zu Ermittlungen kommen sollte – die individuellen Obsessionen dieses speziellen Vergewaltigers klarzumachen. Das genaue Motiv des Täters ist bei Vergewaltigungen sehr schwer herauszufinden, im Gegensatz zu überschaubareren, leichter zu definierenden Verbrechen wie etwa Einbruch. Wenn ein potentielles Opfer erkennt, was das Motiv eines Angreifers ist – was er eigentlich will –, so hat es die Möglichkeit, ihn sozusagen zu entschärfen, oder zumindest die Situation so zu steuern, daß er keine Gelegenheit bekommt, der betreffenden Frau etwas anzutun. Wenn wir als Strafverfolger die Obsessionen unseres unbekannten Täters erkennen, dann können wir uns eher ein Bild davon machen, mit welchem Ungeheuer wir es zu tun haben, und unsere Ermittlungen, die Anklage und das Strafurteil entsprechend darauf zuschneiden.

Linda Fairstein war seit 1972 Staatsanwältin in New York City und übernahm 1976 die Leitung des Untersuchungsausschusses für Sexualdelikte an der New York County Distrikt-Kanzlei. Außerdem ist sie die Autorin des hervorragenden Buches *Sexuelle Gewalt: Unser Kampf gegen das Sexualverbrechen* sowie zweier Kriminalromane, die begeisterte Aufnahme fanden. Ihr enormes persönliches Engagement hat zu zahlreichen Verbesserungen in der strafrechtlichen Verfahrensordnung geführt und die Einstellung von Polizei und Öffentlichkeit hinsichtlich des sexuellen Gewaltverbrechens entscheidend verändert. Ihrem Einsatz ist es zu verdanken, daß die Bürger wieder mehr Vertrauen in unser Rechtssystem haben. Linda Fairsteins eigener Werdegang – von einem Kind, das in einem städtischen Vorort aufwuchs, später das College besuchte, ihr Studium an einer renommierten rechtswissenschaftlichen Universität absolvierte und schließlich die gefeierte Heldin ihrer Stadt wurde, wozu sie die Bürgerschaft dank ihrer hervorragenden Arbeit machte, die sie in ihrem harten Job leistete und der wahrhaftig nichts für zartbesaitete Gemüter ist – liest sich spannend wie ein Roman, der das allmählich wachsende Bewußsein beschreibt, welche Dimensionen das Gewaltverbrechen inzwischen angenommen hat und was es uns als Gesellschaft angetan hat.

Wie die meisten von uns, die sich beruflich mit dem sexuellen Gewaltverbrechen auseinandersetzen, engagiert sie sich sehr für die Frauenbewegung und hat auf dieses Thema bereits aufmerksam gemacht, als sich noch niemand anderes dafür interessierte. Aber Linda Fairstein störte sich besonders an einem, nämlich an der allgemeinen Behauptung, eine Vergewaltigung sei in Wahrheit ein Gewaltverbrechen, und es ginge dabei nicht um Sex. Sie schreibt: »Das hat mich wirklich tief beunruhigt, denn ich hatte mit jeder Form von Gewaltverbrechen zu tun, aber eine Vergewaltigung ist etwas Besonderes. Dabei geht es nicht nur darum, daß jemand einem Menschen einen Baseball-schläger über den Schädel zieht, und auch nicht darum, daß einer mit Händen und Fäusten auf sein Opfer einprügelt, son-dern hier ist ein sexuelles Element im Spiel, das es in keiner an-deren Form des Gewaltverbrechens gibt. Das kann man nicht einfach ableugnen. Genau dieses Element ist es, wovor sich das Opfer fürchtet, was es am wenigsten erträgt. Und das ist, was mich aufgeschreckt hat. Es geht hier um eine ganz spezielle Waffe, die kein anderer Gewalttäter einsetzt, und der kein Opfer ausgesetzt sein will.«

Was Fairstein also klarmacht, und das ist von elementarer Wichtigkeit, ist, daß Vergewaltigung das einzige Gewaltverbre-chen ist, bei dem Sex die Waffe ist. Darin unterscheidet sich die-ses Verbrechen von jeder anderen Gewalttat, und es ist diese Waffe, was eine Vergewaltigung so traumatisch für das Opfer macht und die kriminologische Untersuchung so sehr er-schwert. Wie gesagt haben wir es bei der Vergewaltigung mit dem einzigen Gewaltdelikt zu tun, bei dem die weitverbreitete Annahme besteht, das Opfer könnte in irgendeiner Form zu sei-ner Zwangslage beigetragen haben. Hat das Opfer den Täter vielleicht dazu verleitet? Hat die betreffende Frau den Verge-waltiger irgendwie zu der Tat ermutigt, beispielsweise durch das, was sie sagte, was sie tat, was sie anhatte oder auch nicht anhatte?

Es mag ja nicht besonders schlau sein, wenn einer mit tau-send Dollar in der Tasche durch die Straßen läuft, aber heißt das, daß er es darauf anlegt, ausgeraubt zu werden? Kann man sagen, jemand, der mit einem nagelneuen, funkelnden Ferrari herumfährt, will von Autodieben überfallen werden? Oder will etwa jemand behaupten, John Lennon wollte ermordet werden, weil er so reich und berühmt und begabt war?

Auch Linda Fairstein ist der Ansicht, daß man, um sich zu verteidigen, zunächst den Feind kennen muß.

»Man glaubt nicht, was für Vorstellungen die Leute von diesem Verbrechen haben, woher der Täter kommt, und wer alles Opfer werden kann«, meint sie. »Daß der Täter nicht unbedingt ein fremder Mann sein muß, sondern ein Freund oder sogar enger Verwandter des Opfers sein kann, das scheint viele überhaupt nicht zu interessieren, bis das Verbrechen eines Tages jemanden in ihrer eigenen Familie trifft, oder sie sogar selbst zum Opfer werden. Dann wachen sie plötzlich auf, aber dann ist es zu spät.«

Kürzlich sprach Linda Fairstein bei einer öffentlichen Veranstaltung über einen Serienvergewaltiger, nach dem die Polizei fahndete, und der bereits mehr als dreizehn Frauen in der Upper East Side vergewaltigt hatte, einer der sichersten Wohngegenden Manhattans. Der jüngste Fall hatte sich gerade erst in einem Wohnhaus ereignet, in dem das Fahndungsfoto des Täters in der Eingangshalle aushing. Das Opfer betrat das Haus, ohne die Tür wieder hinter sich zu schließen; vielleicht hatte sie das auch einfach vergessen oder wollte nicht warten, bis die Tür wieder ins Schloß gefallen war. Der Täter brauchte ihr also nur hinterherzugehen.

Hat das Opfer den Verbrecher deswegen aufgefordert, sie zu vergewaltigen? Sicherlich nicht. Aber hätte vielleicht mehr Umsicht und ein klügeres Verhalten seitens der Frau, im Hinblick auf einen möglichen Überfall, die Wahrscheinlichkeit, daß sie selbst zum Opfer wird, mindern können? Ganz bestimmt. Manchmal warnen uns sogar die Vergewaltiger selbst, vor ihnen auf der Hut zu sein.

Eigentlich ist es nicht verwunderlich, daß es so viele unterschiedliche Typen von Vergewaltigern gibt. Man denke nur an die unterschiedlichsten Gründe, die Leute zu der Entscheidung kommen lassen, Arzt, Rechtsanwalt, Polizist oder sogar Einbrecher zu werden. Ein Grundsatz in unserer Spezialeinheit der ISU ist, daß sich die Persönlichkeit eines Menschen darin manifestiert, wie er sich verhält. Das ist so, und das läßt sich nicht nur im Vorschulkindergarten beobachten, wenn man Kindern beim Spielen zusieht und sich vorzustellen versucht, wie sie wohl später einmal als Erwachsene sein werden. Das erfährt man auch immer wieder, wenn man bei den Ermittlungsarbeiten in einem Vergewaltigungsfall die Verhaltensauffälligkeiten des gesuchten Täters analysiert. Lehrer und andere Berufsgruppen, die viel Zeit mit Kindern zubringen, entwickeln eine große Fähigkeit darin, die Stärken und Schwächen von Kindern, ihre Interessen und Schwachstellen einzuschätzen. Auch meine Kollegen und ich haben durch unsere Arbeit gelernt, wie die verschiedenen Tätertypen anhand ihres Verhaltens zu bewerten sind; nur daß wir es eben mit Erwachsenen zu tun haben, die ein besonders übles Bedürfnis umtreibt.

Dabei sind wir jedoch nicht die einzigen, die zwischen unterschiedlichen Typen von Vergewaltigern unterscheiden. Sexualtäter tun das genauso. Männer, die sich über kleine Kinder hermachen, rangieren unter Vergewaltigern traditionell auf der untersten Stufe der kriminellen Hackordnung. Ein sadistisches Ungeheuer, das eine Frau zu Tode prügelt, sie anschließend verstümmelt und sich an ihrem Körper sexuelle Befriedigung verschafft, hält das Verhalten eines Kinderschänders möglicherweise für »krank«, während er seine eigenen Taten zugleich völlig in Ordnung findet.

Einmal hatten wir einen Fall, da war ein Mann einer Frau zu Hilfe geeilt, weil er sah, wie sie von einem anderen geschlagen wurde, der sie zu überwältigen versuchte und sie vergewaltigen wollte. Einige Zeit später wurde genau dieser Mann, der zuvor die Frau davor bewahrt hatte, Opfer einer Vergewaltigung zu werden, selbst wegen einer ganzen Reihe sexueller Überfälle verhaftet. Als die Polizeibeamten, die ihn verhörten, erstaunt fragten, warum er einerseits selbst Frauen vergewaltige und andererseits ein Opfer vor einem anderen Vergewaltiger in Schutz genommen hatte, war der Mann fast beleidigt. Er konnte nicht fassen, wie die Polizei seine Attacken mit der versuchten Vergewaltigung, die er verhindert hatte, vergleichen konnte. Seiner Meinung nach hatte er, der seine Opfer kontrollierte, indem er sie bedrohte und einschüchterte, absolut nichts gemein mit einem Mann, der eine Frau körperlich verletzt, indem er sie schlägt. Die Tatsache, daß er eine ganze Reihe von Frauen traumatisiert, sie terrorisiert und ihnen sexuell Gewalt angetan hat, schien ihm überhaupt nicht klar zu sein.

Der Serienvergewaltiger Ronnie Shelton war in den verschiedenen Beziehungen, die er zu Frauen gehabt hatte, häufig gewalttätig geworden. Eine seiner früheren Freundinnen bestätigte während der Gerichtsverhandlung sowohl zu Sheltons unberechenbaren Charakter sowie die Tatsache, daß er sie vergewaltigt hatte. Trotzdem schien Shelton geradezu stolz darüber zu sein, wie rücksichtsvoll und fürsorglich er mit Frauen umginge, sei es, daß er seine Schwester oder irgendeine seiner Freundinnen ermahnte, nachts ihre Türen und Fenster gut zu verschließen, oder daß er einmal eine Frau in einem der Nachtclubs, die er frequentierte, aus der Gewalt ihres betrunkenen, brutalen Freundes befreit oder einem Mädchen geholfen hatte, als er es hilflos an der Straße fand und nach Hause fuhr. Wie James Neff in seinem Report schildert, war Shelton ganz besonders stolz auf den Brief, den ihm das Mädchen später schrieb, in dem sie sagte: »Ich möchte mich nur bei Dir bedanken, daß Du mir damals geholfen hast. Wenn Du nicht angehalten hättest, wer weiß, was passiert wäre. Wenn mehr Männer so wären wie Du, dann wären wir alle viel sicherer.«

Oberflächlich betrachtet schien Sheltons Verhalten oft in krassem Widerspruch zu stehen zu der Tatsache, daß er Frauen vergewaltigte. Das Motiv, das seinem Verhalten zugrunde liegt, ist jedoch immer das gleiche: ob er eine Frau nun vergewaltigte oder ihr half, für seinen Anspruch hatte er die Situation dadurch unter Kontrolle – er konnte seine Ritterlichkeit und Männlichkeit vorführen, konnte sich selbst einreden, was für ein starker Kerl er doch sei und sich damit über seine Minderwertigkeitsgefühle und Unsicherheiten hinwegtäuschen. Sein vermeintliches »gutes Benehmen« half ihm wahrscheinlich auch, sich vor sich selbst zu entschuldigen, wenn er dann wieder gewalttätig wurde. Für ihn waren es immer die Frauen oder andere Kräfte von außen, die ihn dazu veranlaßten zu vergewaltigen. Entweder hatte seine Freundin ihm irgend etwas zuleide getan, weshalb er sein nächstes Opfer vergewaltigte, oder der Ehemann des Opfers war Schuld daran, weil er seine Frau allein- und hilflos zu Hause zurückgelassen hatte.

So wie sich die einzelnen Vergewaltiger voneinander unterscheiden, gibt es auch verschiedene Punkte, in denen sie sich ähneln, und das ist es, was es uns möglich macht, sie in bestimmte Kategorien einzuteilen. Wenn wir erst einmal eine Vorstellung haben, mit welchem Typus von Vergewaltiger wir es zu tun haben, können wir auch sein mögliches Verhalten im Anschluß an die Tat einschätzen und die übrigen Elemente seines Persönlichkeitsprofils erarbeiten, das dann hoffentlich den Ermittlern weiterhilft. Durch meine jahrelange Erfahrung, die ich bei Gesprächen mit Vergewaltigern gewinnen konnte sowie durch die Analyse ihrer Verbrechen, weiß ich, daß sie, so sehr sie sich das auch wünschen, alles andere als einzigartig sind. Bis auf einige Ausnahmen haben sie alle mehr oder weniger die gleichen Grundmotive für ihre Taten. Ich weiß daher zum Beispiel, daß, gleichgültig in welchem Winkel des Landes eine Vergewaltigung stattfindet, hinter ähnlichen Verbrechen, die aus ähnlichen Gründen begangen werden, auch ähnliche kriminelle Täterpersönlichkeiten stehen.

Für die Ermittlungsarbeit in Fällen von Vergewaltigung ist der hilfreichste Hinweis darauf, mit welchem Tätertypus man es zu tun hat, immer die Art und Weise, wie sich der Verbrecher verhält. *Verhalten spiegelt Persönlichkeit.* Neben den Indikatoren, die uns der Tatort selbst liefert, den körperlichen Merkmalen des Täters und der Viktimologie, verfügen wir bei Sexualverbrechen häufig über sehr ergiebige Informationsquellen, die uns bei anderen Delikten wie Mord oder manchen Formen von Raub nicht zur Verfügung stehen. Und das ist das Opfer selbst, das eine Vergewaltigung überlebt hat und aus erster Hand berichten kann, was bei der Tat passiert ist und was gesagt wurde. Ich spreche dabei nicht über die Art Information, an die man allgemeinhin denken mag, wie etwa die körperliche Erscheinung des Täters, eine Beschreibung des Fahrzeugs, das er fuhr, oder ähnliches, sondern ich meine die häufig viel wichtigeren Hinweise, die uns bestimmte Verhaltensformen des Täters geben, die er unwillkürlich während des Verbrechensvorgangs verrät. Daraus ergeben sich schließlich die verschiedenen Puzzlestücke, aus denen wir Rückschlüsse ziehen können, welche Motive ihn leiten sowie auf die Art seiner Obsession; und das wiederum gibt möglicherweise einen Hinweis auf die übergeordnete Täterkategorie, der der Verbrecher zuzurechnen ist sowie auf die Persönlichkeit und gewisse charakteristische Merkmale, die damit normalerweise einhergehen.

Um noch einmal kurz unser Beispiel vom Einbrecher zu bemühen: Ein Junkie, der um alles in der Welt an das Geld kommen will, mit dem er sich seine Drogen beschaffen kann, wird anders in ein Haus einbrechen als etwa ein Profi, der dabei so geschickt vorgeht wie eine Katze. Auch wenn es oberflächlich betrachtet in beiden Fällen darum geht, sich Geld zu beschaffen, so ist das leitende Motiv, das beiden Taten zugrunde liegt – ebenso wie die Geschicklichkeit, mit der der jeweilige Einbrechers vorgeht und der Grad seiner Verzweiflung – völlig unterschiedlich. Ebendies zeigt sich darin, auf welche Weise der Täter in ein Haus einbricht. Wenn wir also davon ausgehen, daß nicht Sex das Hauptmotiv für eine Vergewaltigung ist, sondern daß es hier auch um Aggressionen und Macht geht, dann ist unser einziger wirklicher Hinweis auf Motivation und Persönlichkeitsstruktur des Täters die Art und Weise, wie er das Verbrechen begeht.

Bei einer Vergewaltigung müssen wir ganz besonders auf drei Punkte achten, nämlich, wie der Täter spricht und wie er sich physisch und sexuell verhält. Bei der Auswertung seines Sprechverhaltens kann es für die Identifizierung eines Täters von besonderer Hilfe sein, wenn man weiß, wie der Gesuchte sich ausdrückt, ob er einen Akzent hat oder eine bestimmte Mundart oder Umgangssprache benutzt. Als ebenso aufschlußreich – wenngleich dies auch weniger offensichtlich ist – erweist sich auch häufig das, *was* der Täter sagt oder was er seine Opfer unter Zwang sagen läßt. Ein Vergewaltiger, der eine Frau dazu zwingt ihm zu sagen, sie liebe ihn und wolle ihn, will mit seiner Gewalttat etwas anderes erreichen als jemand, der sein Opfer mit besonders vulgären Ausdrücken belegt und es beispielsweise »Schlampe«, »Miststück« oder »Nutte« nennt. Beide Tätertypen unterscheiden sich wiederum von demjenigen, der die Frau, die er in seine Gewalt gebracht hat, dazu zwingt, um ihr Leben zu betteln. Der erste Tätertypus hat ein emotionales Defizit, das sich aus seinem Minderwertigkeitskompex ergibt, und ist eher dem nach Selbstbestätigung suchenden Machttyp zuzuordnen, während der zweite es mehr darauf anlegt, sein Opfer zu demütigen, und es deshalb spüren lassen will, wie wertlos es für ihn ist. Der letzte ist dem sadistischen Typus zuzurechnen, der seine Freude daran hat zu sehen und zu hören, wie sein Opfer sich vor ihm fürchtet und wie es unter den Schmerzen leidet, die er ihm antut. Obgleich alle diese Täter einen starken Drang haben, ihre Opfer zu beherrschen, ist das, was sie sagen (und das, was sie ihren Opfern als Sprechrolle in ihrem selbstgeschriebenen Drehbuch zugedacht haben, und was sie sie unter Zwang sagen lassen) wie Wegweiser, die den Ermittlern auf ihrer Jagd nach den Verdächtigen zeigen, wo sie die Täter suchen müssen.

Auf ähnliche Weise gewährt auch die Art der Sexualverbrechen und ihr zeitlicher Ablauf gewisse Einsichten in das, was den Vergewaltiger motiviert. Von dem nach Selbstbestätigung suchenden Machttyp ist eher zu erwarten, daß er sein Opfer zu küssen versucht, es streichelt, und häufiger während der vaginalen Vergewaltigung die Stellung ändert oder versucht, das Opfer oral zu befriedigen, ganz als wollte er der Frau schöne Gefühle verschaffen. Der Wut-Typ, der eher daran interessiert ist, sein Opfer zu bestrafen, dürfte versuchen, anal in die Frau einzudringen, obgleich das, je nachdem wie und wann dies im Verlauf des Vergewaltigungsaktes geschieht, auch auf einen anderen Vergewaltigertypus hinweisen kann, der lediglich mit seinem Opfer herumexperimentiert. Gewaltsamer Oralsex im Anschluß an analen Sex – das ist schon an anderer Stelle bemerkt worden – weist in der Regel auf einen Vergewaltiger hin, der möglicherweise bereits einige Zeit in Gefängnissen verbracht hat. Besonders häufig ist das der Fall bei Vergewaltigern, die von ihren Opfern als Männer beschrieben werden, die einen muskulösen, breiten Oberkörper haben.

Auch die phyische Kraft, die bei einer Vergewaltigung aufgewendet wurde, kann eine Menge über den gesuchten Täter aussagen. Ebenso wie die Wahl seiner Worte Hinweise darauf geben kann, welche Ausbildung der Täter möglicherweise genossen hat, aus welchem sozialen Umfeld er stammt, oder welche Motive seiner Tat zugrundeliegen mögen, zeigt sich seine Persönlichkeitsstruktur in dem, was er tut. Wie mir Vergewaltiger selbst erklärt haben, besteht ein Unterschied zwischen einem Typen, der sein ahnungsloses Opfer in einer Blitzattacke überfällt und es erst bewußtlos schlägt, bevor er sich sexuell an ihm vergeht, und dem Typus, der sein Opfer mit Drohungen in seine Gewalt bringt oder jemandem, der eine Frau mit seiner charmanten, gefälligen Art in die Falle locken kann. Aber auch diese Vergewaltigertypen sind wiederum deutlich von dem zu unterscheiden, der sein Opfer ganz bewußt quält, um ihm Schmerzen zuzufügen, und den nichts von seinem Vorhaben abhalten kann – gleichgültig, was die Frau tut und zu welcher Geste der Unterwerfung sie sich herabläßt, um ihn dazu zu bringen, von ihr abzulassen und sie zu verschonen.

Wenn ein Täter während des Aktes brutal wird, dann ist es wichtig zu wissen, zu welchem Zeitpunkt er rohe Gewalt anwendet. War er möglicherweise ruhig und beherrscht, bis sich sein Opfer plötzlich geweigert hat, irgend etwas Bestimmtes zu tun, und ist er erst im Anschluß daran zu brutaleren Maßnahmen übergegangen? Und wenn die betreffende Frau sich an alle Forderungen des Vergewaltigers gehalten hat, warum hat er dann trotzdem plötzlich auf sie eingeschlagen? Was jeden einzelnen dieser Vergewaltiger zu seiner Tat treibt, kann der starke Drang sein, das Opfer zu bestrafen – wobei das Opfer stellvertretend für eine andere Person stehen mag, auf die der Täter in Wahrheit Wut hat – oder auch dem rein praktischen Bedürfnis dienen, sein Opfer während der Vergewaltigung unter Kontrolle zu behalten, bis hin zu dem Wunsch des Verbrechers, die entsprechende Person so vollständig zu beherrschen, daß er sie foltert und ihr Schmerzen zufügt und sie um ihr Leben fürchten läßt. In jedem dieser Fälle haben wir es mit ganz unterschiedlichen Charakteren zu tun, mit Männern, die von ihrer näheren Umgebung, von Nachbarn, Arbeitskollegen oder Freunden möglicherweise als ganz und gar andere Menschen beschrieben werden.

Selbst so einfache Verhaltensweisen, wie dem Opfer etwas abzunehmen, das ihm gehört, läßt gewisse Rückschlüsse auf den Charakter und die Lebensgewohnheiten des Täters zu: Wenn der Vergewaltiger nach der Tat beispielsweise mit dem Bargeld des Opfers verschwindet, so spricht das für völlig andere Bedürfnisse, die ein Täter haben mag, als wenn er dem Opfer die Unterwäsche stiehlt oder den Führerschein. Von dem nach Selbstbestätigung suchenden Machttyp etwa wissen wir, daß er bisweilen gestohlene Gegenstände dem Opfer sogar wieder zurückbringt.

Wie bei anderen Verbrechertypen analysieren wir auch beim Vergewaltiger die unterschiedlichen Verhaltensmuster, damit wir einen genaueren Einblick gewinnen können, wie weit er sein spezielles kriminelles Handwerk perfektioniert hat. Ein Täter, der beispielsweise sein Opfer instruiert, ihn nicht anzusehen, es gleichzeitig aber nicht für nötig zu halten scheint, eine Maske zu tragen, ist wahrscheinlich noch nicht so lange im Geschäft wie jemand, der nach der Ejakulation sein Sperma von seinem Opfer wischt, um keinen Beweis zurückzulassen. Jemand, der sein eigenes Seil mitbringt, mit dem er sein Opfer fesselt, damit es weniger schnell gefunden wird, und er selbst mehr Zeit hat, unerkannt zu entkommen, hat sicherlich mehr Erfahrung als jemand, der mit leeren Händen an den Tatort kommt und anschließend einfach wieder verduftet.

Roy Hazelwood war sein gesamtes Berufsleben lang mit Sexualdelikten und den verschiedenen Tätertypen beschäftigt. Von den Opfern die richtigen Informationen über bestimmte Verhaltensformen zu bekommen, die ein Vergewaltiger während des Akts an den Tag legt, ist so entscheidend, daß Hazelwood eine Liste von Fragen ausgearbeitet hat, die er an die ermittelnden Beamten übergab, und ihnen empfahl, sie den Opfern zu stellen, um auf diese Weise möglichst detaillierte Kenntnisse darüber zu erhalten, wie sich der Täter seinem Opfer genähert hat und es schließlich in seine Gewalt bringen konnte, welche Form der physischen Gewalt er ausgeübt hat, ob sich das Opfer gewehrt, und in welcher Weise es Widerstand geleistet hat etc.

So, wie wir diese Kategorisierungen nutzen können, um bestimmte charakteristische Verhaltenszüge der gesuchten Täter einzukreisen, so haben wir noch weitere typenspezifische Strategien entwickelt, um diese Zeitgenossen von den Straßen zu bekommen. Wir wissen zum Beispiel, daß der nach Selbstbestätigung suchende Vergewaltigertyp die Vorstellung hat, eine anhaltende Liebesbeziehung zu seinem Opfer könnte dazu führen, seine Tat wieder ungeschehen zu machen. Die Polizei konnte solche Täter schon dingfest machen, indem sie zum Beispiel einfach die Telefonanrufe zurückverfolgte, die während der nächsten paar Wochen nach der Vergewaltigung bei dem Opfer eingingen – oder indem sie die Wohnung und den Briefkasten des Opfers observierte, um zu sehen, ob der Täter vielleicht zurückkommt, um eine Nachricht oder irgendein Zeichen seiner Zuneigung zu hinterlassen, wie Blumen, Stofftierchen oder andere Erinnerungsgeschenke, wie sie ein echter Liebhaber machen würde. Es gelang Frauen auch manchmal, ihren Vergewaltiger in eine Falle zu locken und geradewegs der Polizei in die Arme zu führen, indem sie sich mit dem Täter an einem Ort verabredeten, an dem ihn die Beamten gleich bei seiner Ankunft verhafteten.

Es gibt aber auch ganz generelle Ermittlungstechniken, die auf jeden beliebigen Vergewaltigertyp angewendet werden können. Wie an Ronnie Shelton und Joseph Thompson deutlich wird, die viele Male wegen Voyeurismus' bzw. Einbruchs verhaftet wurden, kündigen sich mit solchen sogenannten Widrigkeitsdelikten und gewaltlosen kriminellen Handlungen häufig genug weitaus gefährlichere und schwerwiegendere Verbrechen an. Zugegeben, ein erwachsener Einbrecher, der verhaftet wird, weil er mit den Taschen voller Schmuck und Bargeld aus einem fremden Haus kommt, ist sicherlich anders drauf als ein Teenager, den man mit einem Damenhöschen in der Tasche erwischt. Aber auch wenn der Erwachsene auf den ersten Blick als der gefährlichere Täter von beiden erscheinen mag, und der zweite wahrscheinlich nur ein Spanner ist, der einen üblichen

Fetisch dabei hat, ist doch alles möglich. Ich jedenfalls würde mir eher Sorgen um den Teenager machen, der eines Tages vielleicht doch gewalttätig werden und bei anderen Menschen ernsthafte seelische Verletzungen verursachen könnte. Sicherlich geistern dort draußen weit mehr Spanner herum als Serienvergewaltiger, und es führt auch nicht notwendigerweise dazu, daß einer ein Gewaltverbrecher wird, weil er einen einfachen Fetisch in der Tasche hat. Auf der anderen Seite kann aber jemand, der heute wegen Voyeurismus' verhaftet wird, sehr wohl in der Zukunft zu einem Vergewaltiger werden, wenn es ihn nämlich irgendwann nicht mehr befriedigt, Frauen durch ein Fenster zu beobachten, sich in ihre Nähe zu phantasieren und dabei zu onanieren.

Immer wieder konnten wir beobachten, wie sich die Entwicklung eines Gewaltverbrechers Schritt für Schritt abzeichnete: Ein Mann, der sich gerne in eine Position phantasiert, in der er Macht über Frauen hat, fängt beispielsweise damit an, sadomasochistische Pornobilder zu sammeln oder zeichnet beispielsweise in einem Katalog für Damenunterwäsche den Fotomodellen Fesseln an Hände und Füße. Während das Bedürfnis dieser Person, diese Wünsche auszudrücken größer wird, kauft er sich vielleicht ein Seil – für die meisten Menschen ist das ein Gegenstand, der absolut nichts mit Sexualität zu tun hat –, und schließlich beginnt er zu onanieren, während er das Seil hält, und stellt sich dabei vor, was er damit alles anfangen könnte. (Um solche Gegenständen würde ich mich beispielsweise bei einer Hausdurchsuchung kümmern, wenn ein Verdächtiger im Zusammenhang mit einer sadistischen Vergewaltigung identifiziert wurde.)

Ich möchte hier nicht den Eindruck erwecken, ich stünde auf dem Standpunkt, daß Pornographie einen gesunden Menschen veranlassen könnte, ein Sexualverbrechen zu begehen – daran glaube ich genauso wenig, wie daran, daß Gewaltfilme im Kino oder im Fernsehen gesunde Leute dazu veranlassen, eine Bank zu überfallen oder ein Flugzeug in die Luft zu sprengen. Es gibt absolut keinen Beweis und keinerlei Daten, die diese Annahme unterstützten. Aber durch meine ausführlichen Gespräche mit

Verbrechern jeder Art weiß ich, daß es bei Männern, die bereits die Neigung haben, Pornographie zu sammeln und besonders Folterwerkzeuge und sadomasochistisches Bildmaterial, ein erstes Anzeichen ist, ein Symptom, wenn man so will, für ihre besonders gefährliche Obsession. Und da ich schon mal bei diesem Thema bin, möchte ich betonen, daß ich sicherlich nicht die Gewalt in den Medien für die alltägliche Gewalt in unserem Leben verantwortlich mache, aber ich bin davon überzeugt, daß die unterschiedlichsten Gewaltdarstellungen, denen Kinder und Jugendliche – ganz zu schweigen von Erwachsenen – permanent ausgesetzt sind, im Endeffekt bei uns allen zu einer Gemütsverrohung führen, die uns den tatsächlichen Horror um uns her kaum noch wahrnehmen lassen. Ich hätte es viel lieber, wenn sich meine Kinder ein Programm ansähen, in dem Gewalt so dargestellt wird, wie sie wirklich ist – nämlich schnell, sinnlos und widerwärtig – und nicht in verherrlichenden Bildern, die nur dafür gut sind, irgendwelche Movie Stars als Helden dastehen zu lassen.

Wenn dann die Phase zu Ende ist, in der dem Mann sein pornographisches Material genügt hat, macht er den nächsten Schritt und beginnt heimlich, Frauen auf ihrem Heimweg zu verfolgen. Das gibt seiner Phantasie neue Nahrung, denn jetzt hat er es bereits mit tatsächlichen, potentiellen Sexobjekten zu tun. Bisher hat der Mann noch nichts Kriminelles getan, möglicherweise ist noch nicht einmal jemand darauf aufmerksam geworden, was er da treibt. Doch ob er sich selbst dessen bewußt ist oder nicht, mit jedem Schritt wird er ein wenig vertrauter mit der Vorstellung, seine Wünsche auszuleben, bis er eines Tages schließlich soweit ist und tatsächlich zur Tat schreitet.

Häufig leben solche Männer ihre Wünsche bei Prostituierten aus, weshalb die Polizei sich auch oft an sie wendet, wenn in einem Fall von Serienvergewaltigungen ermittelt wird, bei denen eine auffällige phantastische Komponente eine Rolle spielt. Nicht selten haben Sexualtäter auch gleichzeitig eine stabile Beziehung zu einer Freundin oder sind sogar verheiratet, und bestimmte Elemente ihrer sexuellen Phantasie – oder eine eventuell vorhandene sexuelle Dysfunktion – könnten den Partnern aufgefallen sein.

Das Verhalten des Täters, das er vor, während und nach dem Sexualdelikt an den Tag legt, sagt nicht nur etwas zu seinen grundlegenden Motiven und seinen Phantasien aus, sondern es liefert auch wertvolle Hinweise auf den Grad seiner Intelligenz. Je nachdem, wie vielschichtig das Szenarium einer Tat geplant ist, und wie geschickt oder weniger geschickt die Tat schließlich ausgeführt wird, können wir auf die intellektuellen Fähigkeiten des Täters schließen und ein entsprechendes schematisches Diagramm anlegen.

Es wird deutlich, wie alles, was ein Vergewaltiger während des Verbrechens tut und sagt, gegen ihn ins Feld geführt werden kann, indem man es sich für die Ermittlungen zunutze macht. Und es wird auch klar, wie schwer es für ihn wäre, diese Elemente zu verbergen. Aus dem Grunde behaupte ich auch, daß wir mit diesem Buch keine Geheimnisse preisgeben. Besonders im Bereich des Sexualverbrechens sind die individuellen und persönlichen Obsessionen der Täter so komplex, daß sie ihr spezifisches Verhaltensmuster schlichtweg nicht ändern können. Wenn die Vergewaltigung von Frauen das ist, was ihm die größte Befriedigung in seinem Leben verschafft, er dabei aber nur Befriedigung findet, wenn er sein Opfer demütigt, dann wird auch die Lektüre dieses Buches ihn nicht veranlassen, sein Opfer anders zu behandeln oder es überhaupt zu unterlassen, Frauen Gewalt anzutun. Sollte er aber doch zur Besinnung kommen, weil er dieses Buch liest und die Wahrheit erfährt – nämlich daß er vergewaltigt, weil er ein erbärmlicher, kleiner Nobody ist und ihm einfach nichts Besseres einfällt, um etwas aus sich zu machen –, dann, um so besser; ich würde ihm sogar das Geld zurückgeben, das er für dieses Buch bezahlt hat.

Leider glaube ich allerdings kaum, daß ich aufgrund dieses Angebotes allzuviel Geld loswerde. Der Sexualtäter begeht seine individuellen Verbrechen auf seine ihm eigene Weise, weil er nur so seine Befriedigung findet. Er ist genau der, der er ist, und kann – wie der sprichwörtliche Leopard – die Flecken in seinem

Fell nicht einfach abschütteln. Um sich wirklich zu ändern, müßte er ganz und gar umdenken lernen.

Weil diese Individuen ihre Obsessionen, die sie bei ihren kriminellen Taten haben, nicht verbergen können, sind sie auch nicht in der Lage, die ihnen innewohnende Gefährlichkeit zu verschleiern – die Wahrscheinlichkeit, daß sie wieder und wieder Frauen vergewaltigen und dabei möglicherweise immer gewalttätiger werden. Viele Leute, die in psychologischen Berufen arbeiten und selbst im Justizvollzug, wie Bewährungshelfer oder Richter, sind der Meinung, daß bei Gewaltverbrechen keine Voraussagen getroffen werden können, wann oder ob ein Täter rückfällig wird. Aber das einzige, was sie damit sagen, ist, daß *sie* diesbezüglich keine Voraussagen machen können. Allen Ernstes, und ohne anmaßend sein zu wollen, behaupte ich – einfach anhand der jahrelangen Erfahrungen, die wir durch unsere Nachforschungen gewonnen haben –, daß viele von uns solche Voraussagen treffen können, und zwar mit einer außerordentlich hohen Trefferquote.

Dieser Ansicht ist auch Linda Fairstein, wenn sie sagt: »Ich glaube, daß gewisse Leute, die sich auf dieses Gebiet spezialisiert haben, das Verhalten von Gewalttätern vorausberechnen können. Meiner Meinung nach ist ein guter Polizist, der jahrelang in der Gewaltverbrechensbekämpfung tätig war, oder auch jeder einzelne meiner Kollegen, der bestimmte Fälle durcharbeitet und das soziale und persönliche Umfeld von Verbrechern kennt, unbedingt in der Lage vorherzusagen, welcher Täter mit an Sicherheit grenzender Wahrscheinlichkeit erneut in Erscheinung treten wird und welcher nicht. Genau das ist auch das Traurige daran.«

Ich werde häufig gefragt, ob jemand, der sich gut darin auskennt, Täterprofile zu erstellen, beurteilen kann, ob ein problematischer Jugendlicher als Erwachsener möglicherweise zu einer Gefahr für seine Mitmenschen wird. »Na klar«, antworte ich dann immer, »das können wir, aber das kann auch jeder gute Grundschullehrer.« Das ist kein Kunststück; es geht nur darum, genaue Beobachtungen anzustellen und die entsprechenden Daten und Erkenntnisse richtig auszuwerten. 1983 fand man anhand einer Studie heraus, die an sechzehn Sexualsadisten vorgenommen wurde, daß bei allen die substanzielle Phantasie des sadistischen Gewalttäters bereits im Alter von sechzehn Jahren voll ausgeprägt war, es jedoch noch einige Jahre brauchte, bevor sich diese verborgene Obsession in einem Verbrechen äußerte, das schließlich zu der ersten Verhaftung führte.

Dem möchte ich noch folgendes hinzufügen: Wenn jemand erst einmal ein schwerwiegendes Verbrechen begangen hat, dann hat man die beste Möglichkeit vorherzusagen, ob dieser Täter auch in Zukunft wieder Gewaltverbrechen begeht, wenn man sich genau auf die Art und Weise konzentriert, in der das Verbrechen durchgeführt wurde. Daran läßt sich nämlich erkennen, welche Motivationen und Phantasien der Täter hat, und wie er sich möglicherweise entwickeln wird. Linda Fairstein und jeder andere gute Staatsanwalt, der ähnlich viele Fälle gesehen hat, wird da sicherlich zustimmen.

Dies trifft besonders auf Sexualtäter zu. Wenn jemand erst einmal die Obsession entwickelt hat, die ihn schließlich dazu bringt zu vergewaltigen, Kinder zu mißbrauchen oder sonst ein scheußliches Sexualverbrechen zu begehen, dann wird es in den allermeisten Fällen außerordentlich schwierig, wenn nicht absolut unmöglich, ihn wieder herumzudrehen.

Dr. Stanton Samenow weiß, wovon er spricht. Während die meisten Psychiater und Psychologen entweder durch ihr Studium, ihre Ausbildung oder sonstwie zu ihren reichlich unausgegorenen Ansichten gekommen sind, hat Samenow sich in außerordentlich mühevoller Weise seine Meinung gebildet – indem er nämlich die Täter selbst sehr intensiv studierte. Er hat im Rahmen der Psychologie genau das getan, was auch ich in kriminologischer Hinsicht tue. Gemeinsam mit dem inzwischen verstorbenen Psychiater, Dr. Samuel Yochelson, der bereits neun Jahre lang mit Vergewaltigern der härtesten Sorte gearbeitet hatte, erstellte Samenow eine bahnbrechende Studie über Gewalttäter an der St. Elizabeth-Klinik von Washington, D.C.

Als Samenow seine Arbeit aufnahm, war er der Überzeugung, er könne allen diesen kriminellen Patienten helfen, wieder in normalen Bahnen zu denken und zu handeln, wenn er ihnen die nötige Einsicht vermittelte, ihren persönlichen Hintergrund und ihre Psyche zu verstehen, und warum sie sich auf einen kriminellen Lebensweg begeben haben. »Und schließlich«, so erinnerte er sich später, »hatten wir statt der Kriminellen, die die Zusammenhänge nicht erkannten, Kriminelle, die genau *wußten*, was los war. Aber sie waren nach wie vor asozial und nicht in die Gesellschaft zu integrieren. Meine Arbeit hatte überhaupt nichts bewirkt. Um ehrlich zu sein, habe ich ihnen durch mein Programm unbeabsichtigterweise erst die richtigen Ausreden für ihre Verbrechen geliefert.«

Auf diese überwältigende Erfahrung hin, die er im direkten Umgang mit den Verbrechern machen konnte, warf Samenow seine anfänglichen Einstellungen über Bord. »Ich mußte alle früheren Theorien vergessen. Das war, als ob man seine heiligsten Kühe zur Schlachtbank führte.« Das erste Buch der monumentalen, dreibändigen Studie, die er in Zusammenarbeit mit Yochelson erstellte, trägt den Titel *Die kriminelle Persönlichkeit* und beginnt mit dem Kapitel »*Die Schwerbelehrbaren*«.

»In diesem Kapitel geht es weniger um die Kriminellen«, schreibt Samenow in seinem Kommentar, »sondern eher um Dr. Yochelson und schließlich auch um mich, und darum, wie wir widerwillig all das aufgaben, was man uns beigebracht hatte, was wir gelernt und was wir praktiziert hatten. All das paßte einfach nicht zu dem, was wir immer und immer wieder erfahren mußten. Wir hatten es nämlich tatsächlich mit Menschen zu tun, die mit Begeisterung quälten und tyrannisierten, und zwar in einem Maß, das ihr eigenes Leid bei weitem überstieg, das sie möglicherweise durch mißliche soziale Umstände oder eine eventuelle gesellschaftliche Außenseiterposition erfahren hatten; wir hatten es mit Menschen zu tun, die eine deutliche Entscheidung getroffen hatten, und ganz und gar nicht mit Menschen, die glücklose Opfer irgendwelcher ungünstigen Umstände gewesen wären.«

Was konnte Samenow aus den Erfahrungen, die er an der psychiatrischen Klinik gesammelt hatte, über die Vorhersagbarkeit sexueller Gewalttätigkeit lernen?

»Wenn man mit sexuellen Gewalttätern gearbeitet hat – also

mit Menschen, die immer und immer wieder sexuell motivierte Verbrechen begangen haben –, dann hat man irgendwann begriffen, daß die sexuelle Orientierung dieser Leute weder mit Hilfe der Psychiatrie noch der Psychologie verändert werden kann. Menschen, die beispielsweise Kinder mißbrauchen, haben das immer und immer wieder und wieder getan und sind nicht für einen Bruchteil dessen, was sie angerichtet haben, belangt worden. Diese Individuen wieder auf die Gesellschaft loszulassen, obwohl wir genau wissen, daß wir ihnen nichts anzubieten haben, das die Sicherheit unserer Kinder garantiert, ist geradezu unverantwortlich.«

Samenow glaubt nicht daran, daß Kastration – ob auf chirurgischem oder chemischem Weg –irgend etwas an dem Problem ändern könnte. Auch ich sehe darin keine Lösung. Die meisten europäischen Studien, in denen die Kastration von Sexualverbrechern als effektive Maßnahme empfohlen wird, erneutem Kindesmißbrauch und Vergewaltigung vorzubeugen, befassen sich hauptsächlich mit Kandidaten, die sich *freiwillig* solch einer »Behandlung« unterzogen haben: In anderen Worten heißt das, es handelt sich bei diesen Menschen um Sexualverbrecher, die von sich aus um Hilfe gebeten haben. Und eben das ist die Grundvoraussetzung für jede tatsächliche Änderung. Ich sage deswegen schon seit Jahren: Wenn ein Vergewaltiger, wie das häufig der Fall ist, sein Verbrechen aus Wut begeht, dann nutzt es nichts, wenn man ihm gegen seinen Willen die Eier abschneidet. Dabei kommt überhaupt nichts heraus. Nach wie vor haben wir es mit einem wütenden Individuum zu tun hat.

Das gleiche sagt auch Samenow, nur mit etwas anderen Worten. »Unter all den überführten Vergewaltigern, mit denen ich während meiner Laufbahn sprechen konnte, gab es nicht einen einzigen, der nicht auch andere kriminelle Straftaten begangen hatte, seien es nun Eigentumsdelikte oder Überfälle gewesen. Es geht hier also nicht nur darum, daß der Mann ein Vergewaltiger ist, sondern der eigentliche Punkt ist die grundsätzliche Einstellung dieser Menschen. Diese Individuen wollen andere Menschen bezwingen. Vergewaltigung ist *ein* Weg, und es ist ein Sexualverbrechen, aber es gibt meiner Meinung nach absolut kein Anzeichen dafür, daß sich mit einer Kastration die gesamte kriminelle Persönlichkeit eines Menschen ändern würde.«

Durch unsere Arbeit wissen wir, daß es bestimmte Verhaltensauffälligkeiten bei Kriminellen gibt, in denen sich bereits ankündigt, daß ein Täter möglicherweise in späterer Zeit zum Vergewaltiger wird. Ronnie Sheltons Karriere ist dafür ein hervorragendes Beispiel. In seinem Leben hatte es schon lange vor seiner Verhaftung wegen Voyeurismus' in den späten 80er Jahren warnende Hinweise gegeben.

Schon 1978, mit gerade mal sechzehn Jahren, war Shelton eines Tages zu seiner neunundzwanzigjährigen Nachbarin gegangen, die er bewunderte und von der er träumte, klopfte an ihre Tür und bat sie rundheraus um Sex. Als sie dem dreisten Jugendlichen eine Abfuhr erteilte, zog er plötzlich eine Pistole (die seinem Vater gehörte) und schlug mit dem Handgriff auf sie ein, um sie gefügig zu machen. Die junge Frau versuchte sich zur Wehr zu setzen und griff nach einem Hammer, der in der Wohnung herumlag. Doch Shelton entriß ihr den Hammer und schlug ihr damit auf den Kopf. Glücklicherweise gelang es der Frau, Shelton mit einem Trick hereinzulegen, indem sie eine Herzattacke vortäuschte. Dann sprang sie auf und rannte davon, worauf Shelton zwei Schüsse nach ihr abfeuerte.

Ronnie Shelton wurde damals wegen versuchter Vergewaltigung verurteilt und in Columbus/Ohio in eine Jugendstrafanstalt für Minderjährige mit psychischen Problemen eingewiesen. In dieser Erziehungsanstalt blieb er acht Monate und ging dann wieder zurück auf die High School.

Shelton hat aus diesem Fall tatsächlich etwas gelernt – aber nicht, daß er so etwas nicht noch einmal tun sollte, sondern daß er es in Zukunft besser machen müsse. Zum einen wurde ihm dadurch klar, daß seine Chancen nicht gut stünden, wenn er sich seinem Opfer frontal näherte, was meiner Meinung nach zu seiner Entscheidung geführt hat (ob bewußt oder nicht), bei seinen Vergewaltigungen als Erwachsener lieber das Überraschungsmoment für sich zu nutzen. Dadurch hatte er das Opfer von Anfang an unter Kontrolle und konnte sich vor, während und nach den Überfällen mächtiger fühlen, was für ihn eine größere Befriedigung war. Wie die meisten »erfolgreichen« Wiederholungstäter lernte er aber aus diesem ersten Fall auch, daß er sich bei seinen Vergewaltigungen wohl besser an fremde Opfer halten sollte, weil er damit ein geringeres Risiko einging, im Fall, daß etwas schiefgehen sollte, erkannt und geschnappt zu werden.

Aber auch wir können eine Lehre aus Sheltons erstem Verbrechen ziehen. Ohne irgend jemandem zu nahe treten zu wollen, möchte ich behaupten, daß es jedem Menschen auffallen müßte, daß ein junger Mann, der seine Nachbarin niederschlägt und sie um ein Haar vergewaltigt hätte, auch in der Zukunft eine potentielle Gefahr für seine Mitmenschen ist. Er hat sich als außerordentlich gewalttätig erwiesen – wobei diese Straftat möglicherweise nicht einmal der einzige Vergewaltigungsversuch war, sondern nur der erste, der zur Anzeige kam. Im Hinblick auf statistische Erhebungen möchte ich sogar behaupten, daß er zur Zeit bestimmt schon mindestens einen weiteren Vergewaltigungsversuch vorgenommen hatte, bei dem er *nicht* erwischt wurde. Es sei dahingestellt, ob er während der acht Monate in der Jugendstrafanstalt eine Therapie genossen hatte oder nicht, aber an der Art, wie er sein Verbrechen beging, wird deutlich, was für ein zornerfüllter Mensch er war und zugleich, wie wenig Selbstkontrolle er seiner tiefen Wut entgegenzusetzen hatte – eine hochgefährliche Kombination. Man hätte also jedes weitere Verbrechen unbedingt im Zusammenhang mit diesem ersten Vergewaltigungsversuch sehen müssen – ob Shelton damals wegen seines jugendlichen Alters im juristischen Sinne voll straffähig war oder nicht. Selbst alltägliche Ereignisse wie Prügeleien in Kneipen hätten als Warnung verstanden werden müssen. Man hätte erkennen müssen, daß er nach wie vor gewalttätig war. Dafür sprachen nicht nur seine Selbstmordversuche, seine gewalttätigen Ausfälle gegen Familienmitglieder oder Freundinnen, sondern jedes einzelne Delikt, für das er verhaftet wurde. Alles hätte in einem großen Gesamtbild betrachtet werden müssen – sein ganzes chaotisches Leben und seine bewiesenermaßen chronische Gewaltbereitschaft –, und es hätte einfach nicht passieren dürfen, daß Sheltons Verbrechen wie »vereinzelte Vorkommnisse« behandelt wurden.

Das ist ein ewiges Dilemma in unserem Rechtssystem. Der Fall O. J. Simpson zum Beispiel hat mich schier verrückt gemacht. Da hatten zuerst die Verteidigung und anschließend auch noch die Geschworenen lauthals verkündet, daß man hier wegen Mordes verhandele und nicht wegen eines innerfamiliären Mißbrauchdeliktes. Aber wie die Verteidigung den Fall aufbaute und Simpsons Ehefrau ins Spiel brachte, hatte überhaupt nichts mit dem zu tun, worum es eigentlich ging. Liebe Leute! Glaubt denn wirklich jemand, daß irgendein Mensch auf dieser Welt eines schönen Morgens aufwacht und sich sagt: »So, ab heute werde ich Gewaltverbrecher?« Dem geht doch etwas voraus, es gibt eine Entwicklung im Leben dieses Menschen, sei es, daß er als Spanner begonnen hatte und schließlich zum Vergewaltiger wurde, oder sei es, daß er regelmäßig seine Frau mißhandelte und schließlich zum Mörder an ihr wurde. Man kann gewisse Verhaltensmuster nicht einfach ignorieren.

Genau wie Ronnie Shelton in Cleveland war auch Joseph Thompson in Neuseeland schon sehr früh mit dem Gesetz konfrontiert. Er war schon mit zehn Jahren verhaftet worden, weil er eine Uhr gestohlen hatte; das Jugendstrafgericht ließ ihn damals unter Beobachtung stellen. Thompson kam aus armen, völlig zerrütteten und verwahrlosten Verhältnissen. Er war während seiner Kindheit verschiedentlich von einem Verwandten an den nächsten weitergereicht worden, und nie hatten die Familien, in denen er unterkam, und die durchweg kinderreich waren, genügend zu Essen oder die entsprechenden Räumlichkeiten, um es Kindern zu ermöglichen, normal aufzuwachsen. Thompson war zwölf Jahre alt, als er gemeinsam mit seinem Bruder auf den Straßen herumlungerte und von der Fürsorge aufgegriffen wurde – sie waren zwei von zwölf Kindern, die seine Eltern miteinander hatten; neben einer Reihe weiterer Kinder, die sie mit anderen Partnern hatten. Nachdem die Sozialfürsorge über den örtlichen Rundfunk die Verwandten der Jungen darum gebeten hatte, die Kinder abzuholen, kam die Mutter schließlich, doch von diesem Punkt an entwickelte Thompson sich zielstrebig zu einem professionellen Dieb, schloß sich einer Gang an und wurde als junger Teenager bereits wegen zahlreicher Delikte verhaftet, die von Autodiebstahl bis Trunkenheit am Steuer reichten. Anfang zwanzig wurde er dann gewalttätig und prügelte sich in der Öffentlichkeit, nachdem er sich betrunken hatte. Seine zwölf Jahre andauernde Serie von Vergewaltigungen begann wie viele Sexualverbrechen damit, daß er sich als Einbrecher – der inzwischen eine Menge Erfahrung und große Fertigkeiten hatte, unerkannt in Häuser und Wohnungen einzusteigen – plötzlich einer verführerischen Gelegenheit gegenübersah, einmal etwas Neues auszuprobieren. Es gefiel ihm schließlich, was er tat, und niemand schnappte ihn deswegen.

Bei meinen Gesprächen, die ich mit inhaftierten Serienverbrechern geführt habe, lernte ich auch Monte Rissell kennen, einen weiteren Sexualtäter, der seine Karriere sehr früh begonnen hatte. Rissel, der zur Zeit unserer Unterhaltung im Staatsgefängnis von Richmond einsaß, hatte als Teenager damit begonnen, Frauen zu vergewaltigen und anschließend zu ermorden. Diesen Taten waren bereits zahlreiche andere Delikte vorausgegangen, angefangen damit, daß er Obszönitäten an die Wände seiner Schule schmierte bis hin zu Drogenkonsum; einmal schoß er sogar mit einem Kleinkalibergewehr auf einen seiner Cousins. Als er zwölf Jahre alt war, stahl er bereits Autos und brach in fremde Wohnungen ein. Wie ich es in *Die Seele des Mörders* bis ins Detail beschrieben habe, beging Rissell seine erste Vergewaltigung mit anschließendem Mord, als er noch an der High School war und ihm etwas widerfuhr, das man als den auslösenden Streßfaktor für die Tat bezeichnen kann. Verzweifelt darüber, daß seine Freundin ihn verlassen hatte, trank er Bier und rauchte etwas Marihuana und schlug zu, als sich ihm eine Gelegenheit bot – in diesem Fall traf es eine Prostituierte, die spät nachts nach Hause kam und ihren Wagen in der Tiefgarage des Wohnkomplexes abstellte, in dem Rissell und sie selbst zu Hause waren – er vergewaltigte und ermordete sie. Anschließend vergewaltigte er noch vier weitere Frauen in der Umgebung von Alexandria/Virginia, bevor er schließlich gefaßt werden konnte.

Jeder Vergewaltiger, mit dem ich sprechen konnte, kam aus

Verhältnissen, die für ein Kind alles andere als ideal waren, um normal heranzuwachsen. So wie Thompson in Armut und zutiefst zerrütteten und verwahrlosten Familienverhältnissen groß wurde, in denen er sexuell und körperlich mißbraucht wurde, erlebte auch Shelton jahrelang, wie er von seinen Eltern geschlagen wurde. Rissell sagte mir, er wäre Rechtsanwalt geworden und kein Vergewaltiger und Mörder, wenn man ihn nicht zu seiner Mutter gesteckt hätte, als es zur Scheidung seiner Eltern kam, sondern ihn bei seinem Vater gelassen hätte.

Das dürfte allerdings etwas übertrieben sein, wenn man bedenkt, wie viele andere Kinder, die unter ähnlich schwierigen Bedingungen aufgewachsen sind, nicht beschlossen haben, zu Gewaltverbrechern zu werden. Ich würde hingegen behaupten, daß die verschiedenen Punkte, wegen derer sie schon in sehr jungen Jahren Schwierigkeiten bekommen hatten – sowie die Eskalation ihrer Verhaltensauffälligkeiten von schlichten Straftaten zu immer aggressivieren, riskanteren und gewalttätigeren Aktionen – bereits erste Anzeichen dafür waren, wohin sich die Jugendlichen entwickeln würden, und daß eine Intervention, in welcher Form auch immer, bereits zu diesem Zeitpunkt notwendig gewesen wäre.

Alle Gewalttäter, die ich bis zu diesem Punkt beschrieben habe, sind der höchst gefährlichen Kategorie von Sexualverbrechern zuzuordnen, die aus ihren Taten jede wie auch immer geartete Befriedigung dadurch beziehen, daß sie Jagd auf ihr Opfer machen und es schließlich brutal unterwerfen, während das sexuelle Element zweitrangig bleibt. Das Typische an dieser Täterkategorie ist, daß sie immer und immer wieder aufs neue zur Tat schreiten. Welcher Art ihre spezifische Obsession auch sein mag, das Erlebnis der Vergewaltigung schlechthin entspricht niemals voll und ganz dem, was diese Verbrecher brauchen und was sie sich in ihren Träumen erhofft haben, deshalb gehen sie wieder und wieder auf die Jagd nach einem neuen Opfer, das anders ist als alle anderen und sie möglicherweise endlich befriedigt. Wenn sie jedoch tatsächlich einmal die »idealen« Bedingungen erleben sollten – daß die Jagd und die vollständige Beherrschung des Opfers sie also vollständig be-

friedigt –, so wären sie selbstverständlich auch dann nur vorübergehend saturiert und müßten nach einer gewissen Zeit erneut losziehen, um nach einem Erlebnis zu suchen, das genausogut ist wie das vorangegangene. Sich einfach an ihren großen
Auftritt zu erinnern und sich damit zufrieden zu geben, ist nicht
ihre Sache; das reicht nicht für ein ganzes Leben. Wenn man
sich vor Augen führt, welchen Erlebnisschub diese unbe-
deutenden, zu kurz gekommenen und selbstzweiflerischen
Verlierergestalten dadurch haben, daß sie das ganze Gesell-
schaftssystem aushebeln können, versteht man, warum diese
Verbrechen immer und immer wieder erneut auftreten.

Dr. Park Dietz aus Newport Beach in Kalifornien gehört zu
den führenden Gerichtspsychiatern der Vereinigten Staaten. Im
Zuge unserer Arbeit haben sich unsere Wege sehr häufig ge-
kreuzt. Er war zum Beispiel lange Zeit für unsere Spezialeinheit
in Quantico als Berater tätig, doch er gibt unumwunden zu,
auch eine Menge durch unsere Arbeit dazugelernt zu haben.
Dietz erklärt das folgendermaßen:

»Das, was der Verbrecher gleich aus seiner ersten Tat lernt, ist
vor allem die Tatsache, daß die ganze Aktion nicht so gut war,
wie er sich das ursprünglich vorgestellt hatte. Aber er macht
auch die Erfahrung, daß es gar nicht so schwer war, wieder davonzukommen, wie er befürchtet hat. Und aus diesen beiden
Erfahrungen zieht er dann den Schluß: ›Dies und jenes muß ich
also ändern, damit es besser wird, und dann versuche ich es
noch einmal. Warum sollte ich auch nicht? Schließlich bin ich ja
diesesmal auch nicht erwischt worden.‹ Folglich begeht er seine
zweite Tat, indem er das eine oder andere Detail in der Weise
abändert, daß sie ihm erfolgversprechender erscheint. Zu seinem eigen und unserem Unglück gelingt ihm die Aktion jedoch
nie so, wie er sich das vorstellt, weil sie nie ganz seinen Wünschen entspricht. Niemals hat er die Sache so sicher im Griff,
wie er sich das vorgestellt hat.«

Nach jeder Tat, die ein Verbrecher begeht, und bei der er nicht
geschnappt wurde, hat er den Eindruck, daß seine Vorstellungen nicht ganz erfüllt wurden. Aber anstatt sich einem anderen
Betätigungsfeld zuzuwenden – einem produktiven und legalen

– wächst seine Frustration und je nach Tätertypus auch sein Zorn. Aus eben diesem Grunde beobachten wir häufig, daß die Taten gewisser Serienverbrecher von Mal zu Mal gewalttätiger werden, und aus eben diesem Grund sage ich, daß er, solange er nicht eingesperrt wird, stirbt oder zu alt und schwach geworden ist, um seine Verbrechen zu begehen, auch immer so weiter machen wird.

An dieser Stelle muß ich jedoch einen Punkt klarstellen: nämlich daß nicht jeder Vergewaltiger unbedingt auch im eigentlichen Sinne ein Sexualtäter sein muß. Es gibt einige Verbrecher, die eine Vergewaltigung als Resultat mehrerer aufeinandertreffender, die Tat auslösender Faktoren begehen, also bestimmter emotionaler Momente, die noch zusätzlich durch Drogen- oder Alkoholkonsum sowie gewisse, die Tat begünstigende Umstände angeheizt werden. Damit soll nicht gesagt werden, der Kerl sei nicht Herr seiner Lage oder sollte für das Verbrechen, das er begeht, nicht bestraft werden – diesbezüglich, denke ich, habe ich mich unmißverständlich ausgedrückt –, aber dieser Typ Mensch ist nicht derjenige, der sich Vergewaltigung unbedingt zum Lebensziel gemacht hat. Aus dem Grunde glaube ich auch, daß dieser Vergewaltigertypus der einzige ist, dem ich eine gewisse Chance einräume, wieder zu einem normalen Leben zurückfinden zu können. Er hatte als Mitglied der Gesellschaft funktioniert, bevor er sein Verbrechen beging, und ist daher möglicherweise in der Lage, noch einmal von vorne anzufangen, und für alle Zeiten zu vermeiden, daß die auslösenden Faktoren, die zu dem Problem geführt haben, noch einmal zusammentreffen.

Wir dürfen jedoch nicht den großen Rahmen des Ganzen außer acht lassen, bevor wir dieses Urteil fällen. Zunächst einmal gehört dieser Tätertypus nicht zu denen, die sich bereits in ihrer Vergangenheit eine Reihe von Gewalttaten haben zuschulden kommen lassen. Bei ihm ist dieser einmalige Akt vielmehr das Resultat zahlloser Reinfälle und Enttäuschungen, die ihm im Laufe seines Lebens widerfahren sind, der Tiefpunkt einer immer weiter nach unten führenden Spirale unglücklicher Umstände: vielleicht hat er seinen Beruf verloren, während seine

Frau gerade schwanger ist, oder möglicherweise hat ihn auch seine Frau oder seine Freundin verlassen. Seine Tat ist ungeplant und spontan, und er vergreift sich für gewöhnlich völlig wahllos an einem Opfer, das ihm gerade über den Weg läuft, wie etwa seiner Nachbarin. Ein mögliches Tatszenario wäre, daß er sich, völlig mit den Nerven am Ende, wegen solch eines Problems am Arbeitsplatz oder eines Zerwürfnisses mit Frau oder Freundin zu betrinken beginnt und schließlich an der Nachbartür klopft, um sich Hilfe und Beistand bei einem seiner Freunde zu holen. Doch der Zufall will es, daß sein Freund nicht im Haus ist, und er nur die Freundin seines Kumpels antrifft, die immer nett zu ihm gewesen ist, und sich für seine Probleme interessiert zu haben schien. Der Mann fährt fort zu trinken und beginnt schließlich, sich etwas seltsam und unangemessen zu benehmen. Alles mögliche spielt sich in seiner Phantasie ab, und eins kommt zum anderen, bis er schließlich die Gelegenheit ausnutzt und über die Frau herfällt. Die Analyse seines Verhaltens kennzeichnet ihn in aller Regel als einen nach Selbstbestätigung suchenden Menschen, und er zeigt aufrichtige Reue für seine Tat. Wenn die Untersuchung jedoch ergeben sollte, daß es sich bei ihm um einen zornigen oder sadistischen Typus handelt, so muß unbedingt davon ausgegangen werden, daß er auch weiterhin zu Gewalttaten neigen kann.

Sein Verhalten nach der Tat ist besonders in einem Punkt entscheidend für die Beurteilung, ob er in der Lage sein wird, sein Leben wieder in den Griff zu bekommen. Wenn die Vergewaltigung tatsächlich rein spontan geschehen ist, wird er sich den Behörden stellen und bereitschaftlich seine Schuld gestehen. Er wird erschüttert sein, über das, was er getan hat und die Folgenschwere seines Verhaltens. Völlig anders würde sich demgegenüber ein überzeugter Vergewaltiger verhalten. Der würde vielmehr gleich nach der Tat daran gehen, sich ein Alibi zu beschaffen, würde die Polizei beim Verhör belügen, um nichts in der Welt seine Tat eingestehen und schon gar keine Reue zeigen. Für einen solchen Typen hätte ich keine große Hoffnung.

Linda Fairstein meint dazu: »Ich denke nicht, daß jeder Vergewaltiger aus rein sexuellen Motiven handelt. Ich glaube allerdings, daß Serienvergewaltiger, die fremde Opfer überfallen, sowie Kinderschänder in diese Kategorie gehören. Beide Tätertypen neigen dazu, nachdem sie ihre erste Tat erfolgreich begangen haben, sie immer wieder aufs neue zu wiederholen. Selbstverständlich ist mir auch schon ein Affektvergewaltiger begegnet, der eine Frau einmal in einer bestimmten Situation überfällt, das aber wahrscheinlich niemals wieder tun wird. Dieser Tätertyp erweist sich in der Strafvollzugsanstalt sowie bei einer eventuellen Therapie häufig als besonders kooperativ, weil er eben nie wieder in diese Situation kommen will und daraus seine Lehre gezogen hat. Aber für die sogenannten Triebtäter gibt es meines Wissens nach keine Form der Resozialisierung, die funktionierte. Zumindest habe ich nicht einen einzigen Therapieansatz kennengelernt, der auch nur im geringsten erfolgversprechend gewesen wäre, so lautstark diejenigen, die solche Therapieformen entwickeln, das auch immer wieder behaupten.«

Ich komme auf diese Kategorie von Vergewaltigern nicht erst jetzt zu sprechen, weil ich die Dinge verkomplizieren will, sondern um deutlich zu machen, warum es so außerordentlich schwierig ist, konkrete Empfehlungen darüber abzugeben, was man tun sollte, um in einer bestimmten Situation eine Vergewaltigung zu vermeiden bzw. wie man mit überführten Vergewaltigern am besten verfahren sollte. Jeder Fall muß ganz individuell betrachtet werden, und jede Person, die das Potential hat, eine Vergewaltigung zu begehen (oder erneut zu begehen), sollte vor dem Hintergrund seiner persönlichen Vergangenheit und seines Verhaltens beurteilt werden.

Hierzu meint Linda Fairstein: »Bei Triebtätern sind mir schon x-mal Fälle untergekommen, in denen beispielsweise ein Einbrecher zehn Jahre lang seinem Geschäft nachgegangen war, ohne jemals auch nur im entferntesten eine Tendenz gezeigt zu haben, auch zu einem Sexualdelikt imstande gewesen zu sein. Und dann gerät er auf einmal in die Situation, daß er bei einem seiner Einbrüche auf eine einzelne, wehrlose Frau stößt. Er vergewaltigt sie, stellt fest, daß er Spaß daran hat, und beginnt von dem Zeitpunkt an, die Vergewaltigung in sein kriminelles Repertoire aufzunehmen.«

Der Einbrecher, der einmal vergewaltigt, weil sich ihm die Gelegenheit dazu bietet, der sich aber über die Verabscheuenswürdigkeit seines Verbrechens im klaren ist, beunruhigt mich nicht halb so sehr, wie der Typ von Vergewaltiger, den Linda Fairstein hier beschreibt, der nämlich durch einen Zufall darauf kommt, aber die Vergewaltigung anschließend in sein Verbrechen einbaut und beibehält. Das Schlüsselwort ist *Verhaltensmuster.*

Es kommt also darauf an, diese unterschiedlichen Verhaltensmuster auf einer sehr breiten Ebene zu beobachten. Wenn Kinder damit beginnen, Unruhe zu stiften und Schwierigkeiten zu machen, dann muß das ernstgenommen werden und ihnen eine entsprechend pädagogische Hilfe zukommen. Jugendliche und junge Erwachsene, die bereits gewalttätige Verhaltensmuster entwickelt haben, müssen als die Gefahr erkannt werden, die sie für die Gesellschaft darstellen, ganz gleich, wie alt sie sind, und es müssen angemessene Maßnahmen ergriffen werden, um ihre potentiellen zukünftigen Opfer zu schützen. Und schließlich, wenn es zu einem Verbrechen gekommen ist, so muß jeder einzelne, der im Rechtswesen beschäftigt ist – vom Polizisten, der den Täter vernimmt, bis hin zur Staatsanwaltschaft, den Psychiatern, die für das Gericht die entsprechenden Gutachten erstellen, den Richtern und Geschworenen – sehr genau auf jedes einzelne Detail der Straftat und auf das Verhalten des Täters achten. Wie hoch ist die tatsächliche Wahrscheinlichkeit, daß der Täter rückfällig wird?

Ohne gleich paranoid zu werden, müßte jeder Bürger, dem am ordnungsgemäßen Funktionieren unserer Gesellschaft gelegen ist, sich auch selbst ein wenig darum bemühen, eigene Täterprofile zu erstellen. Man kann einen Triebverbrecher vielleicht nicht gerade dazu bringen, mit dem, was er tut aufzuhören, aber man kann die Möglichkeiten vermindern, selbst Opfer zu werden. Ich will damit natürlich nicht sagen, daß Frauen, die Opfer eines Sexualverbrechens geworden sind, irgend etwas falsch gemacht haben oder verdient hätten, was ihnen passiert ist. Aber ich behaupte, daß es von unschätzbarem Wert sein kann, einfach gewisse Vorsichtsmaßnahmen zu treffen, auch wenn das bisweilen etwas umständlich ist.

Es ist besser, man vergewissert sich einmal zu viel, daß man beispielsweise Türen und Fenster auch wirklich geschlossen hat, als einmal zu wenig. Jeder muß natürlich selbst entscheiden, was er für seine eigene Sicherheit tut, aber was mich betrifft und alle diejenigen, die mir etwas bedeuten, so möchte ich nicht, daß sie jemals in eine Situation geraten, in der sie einem Verbrecher hilflos ausgeliefert sind, solange ich das mit ein wenig Voraussicht und Planung verhindern kann.

Nur ein Mal wäre schon zuviel. Und über eines sollte sich jeder im klaren sein – die schweren Jungs dort draußen, die planen, was sie tun.

KAPITEL FÜNF

Was geschah wirklich im Central Park?

Vergewaltigungen sind nicht immer leicht aufzuspüren. Damit will ich nicht sagen, Sexualverbrecher seien besonders geschickt darin, ihre Taten zu vertuschen; ich meine vielmehr, daß es sich bei Verbrechen, die man auf den ersten Blick für eine Vergewaltigung halten könnte – oder sogar bei einer scheinbar »danebengegangenen Vergewaltigung« – in Wahrheit gar nicht um eine Vergewaltigung handelt. Ein klassisches Beispiel dafür war Linda Fairsteins sogenannter »Schulmädchenmord«, ein Fall, der sich in den späten 80er Jahren zutrug.

Meine Spezialeinheit in Quantico wurde auf eine etwas ungewöhnliche Weise zu diesem Fall hinzugezogen. Fairstein war einige Monate zuvor durch einen Artikel in der *New York Times* auf unsere Arbeit aufmerksam geworden und daß wir Persönlichkeitsprofile unbekannter Täter erstellen. Sie rief uns also an und sagte: »Wir haben hier einen Fall, in der die Situation genau umgekehrt ist: wir wissen zwar, wer der Mörder ist, bekommen aber sein Motiv nicht heraus. Könnten Sie vielleicht versuchen, die Sache für uns umzukrempeln? Wir müssen bei Gericht zwar kein Motiv nachweisen, aber jeder wird sich fragen, warum der Täter das Verbrechen begangen hat. Es wird sicherlich einfacher sein, zu einem Schuldspruch zu kommen, wenn wir den Geschworenen das Tatmotiv erklären können.«

Folgendes war geschehen:

Am Dienstag, dem 26. August 1986, fuhr Pat Reilly, eine Bankkauffrau, gegen 6 Uhr früh mit dem Fahrrad durch den Central Park, um sich etwas Bewegung zu verschaffen. Hinter dem Metropolitan Museum of Art hielt sie an, als sie dort eine scheinbar weibliche Person im Gras liegen sah. Zuerst glaubte sie, es sei jemand, der dort schliefe, vielleicht eine Obdachlose. Als sie näher herankam, erkannte sie, daß es sich tatsächlich um eine junge Frau handelte. Doch ihre Jeansjacke und das Hemd waren ihr über die Brust nach oben geschoben worden, und ihr Rock war bis zur Taille hochgezogen. Darunter war sie nackt. Sie bewegte sich nicht und schien auch nicht zu atmen. Reilly rief vom nächsten Telefon aus sofort die 911 an, und schon wenige Minuten später erschien ein Streifenwagen der New Yorker Polizei.

Die Beamten am Tatort stellten sogleich fest, daß die Frau tot war und riefen Ermittlung und Spurensicherung herbei. Inzwischen hatte sich bereits eine Menge von Schaulustigen an der Mauer entlang der Parkanlage versammelt.

»Als die Polizei keine Anhaltspunkte finden konnte, warum die Leiche ausgerechnet im Central Park lag, glaubte sie zunächst, daß die junge Frau irgendwo anders ermordet worden sein mußte und anschließend dort abgelegt wurde«, erklärt Fairstein. Parks, Wälder und Flüsse sind bei Mördern beliebte Gegenden, in denen sie sich ihrer Leichen entledigen. Der Tatzeit nach – die Frau dürfte in der späten Nacht umgebracht worden sein – handelte es sich bei der Toten möglicherweise um eine Prostituierte. Prostituierte sind immer besonders gefährdet. Irgendein Fremder hätte sie an der Straße aufgesammelt, sie getötet und sich ihrer dann dort im Park wieder entledigt haben können.

Doch in diesem Fall hatten die Beamten von der Spurensicherung einen Fehler gemacht. »Sie hatten nur den halben Tatort inspiziert«, sagt Fairstein. »Die Unterwäsche der Toten lag ein ganzes Stück weiter fort, unter einem Baum.« Als wir den Fall untersuchten, kamen wir zu dem Ergebnis, daß die Frau dort gestorben sein mußte.

Normalerweise ist es in so einer Situation einigermaßen

schwer, das Opfer zu identifizieren, doch in diesem Fall nicht, denn man fand bei der Toten ihren Personalausweis. Es handelte sich um die achzehnjährige Jennifer Dawn Levin. Sie war 1,77 m groß, wog 120 Pfund, war dunkelhaarig und ausgesprochen hübsch. Das medizinische Gutachten ergab, daß sie erwürgt worden war.

Als nächstes mußten ihre Eltern verständigt werden, was bei Mordfällen immer der emotional schwierigste Punkt ist. Sie hatten sich scheiden lassen, als Jennifer noch ein kleines Kind war. Das Mädchen war anschließend bei der Mutter in Kalifornien aufgewachsen, bevor sie später wieder zurück nach Long Island kamen. Mit vierzehn zog Jennifer bei der Mutter aus und hatte anschließend bei ihrem wohlhabenden Vater und seiner zweiten Ehefrau in Manhattan gewohnt, wo es ein wenig abenteuerlicher zuging.

Jennifers Vater berichtete der Polizei, daß seine Tochter in der Nacht mit Freunden ausgegangen war und konnte auch einige dieser Personen mit Namen nennen. Über diese Freunde erfuhren die Beamten wiederum von weiteren Freunden, so daß sie über kurz oder lang eine recht gute Vorstellung davon hatten, wo Jennifer in der betreffenden Nacht überall war, wann sie dort war und mit wem. Die ermittelnden Beamten sagten niemandem, daß Jennifer bereits tot war, sondern nur, daß sie vermißt würde. Als die letzte Person, die das Mädchen noch lebendig gesehen hatte, konnte man schließlich Robert Chambers ausfindig machen, einen gutaussehenden zwanzigjährigen Jungen, den Jennifer besonders gemocht hatte.

Zwei Kriminalbeamte machten sich auf den Weg, um Chambers in der Wohnung in der Upper East Side aufzusuchen, wo er zusammen mit seiner Mutter lebte. Sie wollten von ihm erfahren, wo er und Jennifer hingegangen waren, nachdem sie, wie andere Zeugen bestätigten, gemeinsam eine Bar namens Dorrian's Red Hand auf der Second Avenue an der 84. Straße verlassen hatten, wann er selbst sie zum letzten Mal gesehen hatte, und ob er wüßte, mit wem sie anschließend unterwegs gewesen sei. Chambers erklärte sich bereit, mit den Beamten in die Polizeidienststelle des Central Park Distrikts zu fahren, und dort seine Aussage zu Protokoll zu geben. Die Ermittlungsbeamten sagten auch Robert Chambers kein Wort darüber, daß Jennifer bereits tot war.

Den Kriminalbeamten fiel auf, daß Chambers an verschiedenen Stellen im Gesicht Kratzspuren hatte. Danach befragt, antwortete er, daß seine Katze ihm diese Kratzer versehentlich zugefügt habe, als er mit ihr spielte, indem er sie in die Luft warf und wieder auffing. Die Beamten waren mißtrauisch, doch zu der Zeit hatten sie noch keinen Grund, ihm nicht zu glauben.

Chambers erklärte Detective Mickey McEntee, dem Beamten, der die Vernehmung zunächst führte, daß er sich gleich nachdem sie Dorrian's Red Hand verlassen hatten, von Jennifer verabschiedet habe; das sei etwa um halb fünf morgens gewesen. Sie sei dann auf die andere Straßenseite gegangen, um sich Zigaretten zu besorgen, und er selbst habe sich auf dem Heimweg noch in einem Laden an der 86. Straße, Ecke Lexington Avenue, ein paar Doughnuts gekauft.

Neben den Kratzern in Chambers Gesicht fielen den Beamten auch einige Schnitte an seinen Händen auf. Aber auch das konnte Chambers sofort erklären. Er hätte für eine Frau, die ein Stockwerk höher im gleichen Haus wie er wohnte, den Boden abgeschliffen, und dabei sei er abgerutscht und habe sich an der Schleifmaschine geschnitten. Chambers war während der Vernehmung außerordentlich höflich und kooperativ gewesen und wirkte sehr selbstsicher.

Dann übernahmen zwei andere Beamte die Befragung – John Lafferty und Lieutenant Jack Doyle, der Chef der Mordkommission von Manhattan Nord –, doch Chambers blieb bei seiner Geschichte. Schließlich kam McEntee wieder, dieses Mal in Begleitung von Martin Gill, einem weiteren Beamten vom Bezirk Manhattan Nord. Es war Gills letzter Tag bei der Polizei; morgen wollte er seinen Abschied nehmen und in Rente gehen.

Gill ließ Chambers noch einmal wiederholen, wie er sich von Jennifer vor der Bar verabschiedet hatte, wie sie dann auf die andere Straßenseite ging, um Zigaretten zu kaufen, und er sich selbst auf dem Heimweg noch Doughnuts besorgt hatte. Gill hatte jedoch inzwischen von einigen Freunden der Toten ein paar weitere Details in Erfahrung bringen können, und eins davon war entscheidend. Als er mit Chambers sprach, wußte er, daß Jennifer Levin Nichtraucherin war. Das war der erste Durchbruch.

Na ja, vielleicht sei sie doch nicht um Zigaretten zu kaufen auf die andere Straßenseite gegangen, verbesserte sich Chambers daraufhin. Möglicherweise seien sie tatsächlich noch gemeinsam ein Stück weiter bis an die Ecke Second Avenue und Lexington gegangen, wo sie sich dann verabschiedeten und Jennifer in ein Taxi stieg. Anschließend stellte Gill auch noch einmal die Frage nach den Kratzern in Chambers Gesicht und versicherte ihm, daß der medizinische Gutachter sehr schnell herausbekäme, ob es sich dabei um Kratzer handele, die von einer Katze oder von einem Menschen verursacht worden seien. Zunächst würden sie als erstes die Katze untersuchen.

Okay, gab Chambers zu, der Katze seien in Wahrheit die Krallen entfernt worden, da sie eine Stadtkatze sei und den ganzen Tag in der Wohnung lebte. Es war eigentlich Jennifer, die ihn gekratzt habe, als sie vor dem Laden einen Streit hatten, in den er schließlich ging, um sich seine Doughnuts zu kaufen. (Damit gab Chambers zu, daß er und Jennifer tatsächlich länger zusammen gewesen waren, als er in seiner bereits revidierten Geschichte eingeräumt hatte). Gill gab vor, denjenigen gut zu kennen, der in dem Doughnut-Laden die Nachtschicht machte, und der könnte sich mit Sicherheit an jedes Pärchen erinnern, das sich vor seinem Laden so laut stritt, daß es dabei sogar zu Kratzereien kam.

Hatte er etwa gesagt, Ecke 86ste und Lexington? verbesserte Chambers sich erneut. Er habe eigentlich den Doughnut-Laden an der 86sten und Parkstreet gemeint. Das reichte aus. Jetzt kamen die anderen Ermittlungsbeamten wieder in den Vernehmungsraum, um das Verhör endlich abzuschließen. Als sie Chambers sich das Hemd ausziehen ließen, sahen sie, daß er auch am Oberkörper tiefe Kratzer hatte. Chambers gab schließlich zu, daß er mit Jennifer in den Central Park gegangen sei, und wenige Minuten später gestand er auch, daß er sie umgebracht hatte. Aber es sei ein Unfall gewesen, ein Unfall, den sie selbst verursacht hätte, als sie diese Art von wildem, brutalem Sex von ihm verlangt habe, den sie so gern mochte, wie er behauptete. Darauf habe er sich unglücklicherweise eingelassen.

Bei diesem Stand der Dinge können wir den Fall von verschiedenen Blickwinkeln her betrachten. Zum einen könnten wir annehmen, der Zeuge habe die Wahrheit gesagt, und es war tatsächlich ein Unfall. In dem Fall müßten wir alle nötigen Details zusammentragen, die diese Aussage belegen. Wir könnten aber auch unterstellen, der Zeuge habe gelogen, und das Mädchen in Wahrheit mit einer ganz anderen Absicht mit in den Park genommen, nämlich um sie zu vergewaltigen – und dann ist diese Vergewaltigung zu einem Mord ausgeartet. Aber eine dritte denkbare Möglichkeit wäre, daß es sich bei diesem Fall überhaupt nicht um ein Sexualdelikt handelte, sondern um einen ganz klaren Mord. Die Frage wäre dann, was hätte sich abgespielt haben müssen, wenn es tatsächlich ein reiner Mord gewesen wäre?

Ein besonders wichtiger Aspekt für die Profilerstellung eines Täters oder die kriminologische Ermittlung auf der Basis von bestimmten Verhaltensmustern ist die Viktimologie. Was war über das Opfer zu sagen? Bedeutete die betreffende Frau ein hohes oder ein weniger hohes Risiko für den Täter? Wie hätte das Opfer möglicherweise reagiert haben können, und welches Verhalten hätte seine Reaktion bei dem Täter aller Wahrscheinlichkeit nach ausgelöst?

Sämtlichen Aussagen zufolge war Jennifer Levin ein gescheites, beliebtes und etwas frühreifes Mädchen. Sie stand oft im Mittelpunkt der Aufmerksamkeit und genoß das abwechslungsreiche Stadtleben in Manhattan. Als sie siebzehn Jahre alt war, besuchte sie gemeinsam mit Freundinnen häufiger die verschiedenen Bars an der East Side. Nach ihrem High School-Abschluß wollte sie Kunst studieren. Sie kam sehr gut bei den Jungen ihres Alters an, doch den akribischen Ermittlungen Linda Fairsteins zufolge gab es nicht den geringste Anhaltspunkt für Chambers' Behauptung, sie habe eine Vorliebe für »harten Sex« gehabt.

Nach Fairsteins sehr ausführlichen Untersuchungen hatte

Jennifer absolut nichts »Wildes« an sich. »Sie war nie in irgendeiner Form unangenehm aufgefallen, sondern ein liebevolles, sehr häusliches Mädchen. Sie hatte viele Freundinnen und Freunde und liebte den Umgang mit Menschen.«

Sie hatte Robert Chambers im vorausgegangenen Herbst in Dorrian's Bar kennengelernt und sofort Feuer gefangen bei dem gutaussehenden, dunkelhaarigen Jungen mit seinem stattlichen Wuchs von 1,98 m. Auch seine geheimnisvolle Art und seine etwas zwielichtige Vergangenheit fand sie irgendwie reizvoll, obgleich Freunde sie immer davor gewarnt hatten. Er stand in dem Ruf, die Angewohnheit zu haben, aus den Häusern, in die er zu Partys eingeladen wurde, die verschiedensten Gegenstände mitgehen zu lassen. Doch als Jennifer eines Tages von einer Freundin erfuhr, daß Robert sie für ganz besonders hübsch hielt, war sie völlig verschossen. Kurze Zeit später hatte sie das erste Mal mit ihm geschlafen, und von da an hatten die beiden regelmäßig Verkehr, den ganzen Winter über, den Frühling und Sommer lang.

Wie stellte nun Chambers dar, was sich in den frühen Morgenstunden des 26. August zugetragen hatte?

Gemäß seiner Aussage hatte Jennifer ihm an dem besagten Abend zugesetzt, weil er mit einer anderen jungen Frau herumgezogen sei, die er ihr vorzöge. Er gab zu, daß der Vorwurf nicht ganz aus der Luft gegriffen war, und darum sei es auch gegangen, als sie ihn kratzte, behauptete er. Mehreren Zeugenaussagen zufolge schien Jennifer sehr aufgebracht darüber gewesen zu sein, daß sie offensichtlich mehr an ihm interessiert war als er an ihr. Der umtriebige Robert wurde immerzu mit einem Schwarm hübscher junger Frauen um sich her gesehen, und Jennifer wußte, daß er wenigstens mit einigen von ihnen schlief. Außerdem war er häufig sehr distanziert, wenn sie sich in irgendeiner öffentlichen Bar oder einem Lokal begegneten, und bisweilen ignorierte er sie sogar vollständig. Sie mochte es ganz und gar nicht, daß er mit ihr spielte, und beschloß, die Angelegenheit zu klären. Deswegen sei sie auch am Abend des 25. August in Dorrian's Bar gegangen und wollte sich mit ihm aussprechen. Anderen Leuten zufolge, die die beiden dort in der betreffenden Nacht gesehen hatten, unterhielten Jennifer und Chambers sich bei Dorrian's eine ganze Zeitlang sehr intensiv. Worum es in dem Gespräch gegangen sei, konnten die Zeugen allerdings nicht sagen, aber den Aussagen nach hatten sie das Lokal schließlich gemeinsam verlassen.

Nach Chambers' Aussage beschlossen sie daraufhin, zusammen in den Park zu gehen, um dort Sex miteinander zu haben. Dies ist ein entscheidender Punkt des Falles, den wir unbedingt zu bedenken haben, denn er bedeutet, daß es sich bei der Tat, wie auch immer sich das Verbrechen zunächst dargestellt hatte, nicht um eine Vergewaltigung handelte.

Chambers' Aussage zufolge hatten sie sich dann den Baum in der Nähe des Park Drive und des Obelisken ausgesucht, wo man sie nicht so leicht beobachten konnte. Jennifer sei anschließend noch einmal ein paar Schritte weit fortgegangen, weil sie pinkeln mußte, und dann wieder zu ihm zurück gekommen. In diesem Augenblick mußte sie Chambers zufolge bereits ihre Unterhose ausgezogen haben, denn sie überraschte ihn damit, daß sie plötzlich hinter ihm war und mit ihrem Höschen seine Handgelenke zusammenband, wodurch er wehrlos war. Das sei ihr gelungen, weil er sich rückwärts auf seine Hände aufgestützt hatte, während er auf dem Boden saß und auf sie wartete.

Das muß man sich einmal vor Augen führen: Ein 1,77 m großes Mädchen überwältigt einen Kerl von einem Meter achtundneunzig, indem es ihm blitzschnell seine Handgelenke mit ihrem Baumwollhöschen zusammenbindet, so daß er die Hände nicht mehr frei bekommen kann!

So hatte sie jedenfalls mit ihrem »harten Sex« loslegen können, den sie laut Chambers so sehr gerne mochte. Sie öffnete seine Hose und begann, seinen Penis zu bearbeiten. Doch dann griff sie plötzlich nach seinen Hoden und hielt sie fest. Sie drückte immer fester und fester zu, bis er es nicht mehr ertragen konnte und rasend vor Schmerz endlich die Kraft fand, seine Hände wieder loszureißen. Er wollte sich von Jennifer befreien, die rittlings auf ihm saß, und dabei hatte er sie wohl am Kopf oder am Hals gepackt und mit aller Macht auf den Boden geschleudert. Bei dieser Gelegenheit mußte er sich offensichtlich mit seiner Armbanduhr selbst am Hals verletzt haben, womit er einen seiner vielen Kratzer an Brust und Gesicht zu erklären versuchte. Dann sagte er zu ihr, sie solle aufstehen, er habe jetzt die Nase voll von Sex und sie sollten nach Hause gehen. Aber sie antwortete nicht. Erst jetzt erkannte er, daß er sie versehentlich getötet haben mußte.

Er taumelte wie benommen davon und hielt erst an der Parkmauer wieder an, wo er sich hinsetzte um zu warten, daß sie jemand fand und die Polizei rief. Auf einigen Videofilmen, die Schaulustige später am Tatort gedreht hatten, war Chambers tatsächlich zwischen den Leuten zu erkennen, die sich dort eingefunden hatten, nachdem die Polizei eingetroffen war.

Die Vorstellung, daß diese junge Frau einen großen, starken Kerl wie Chambers so ohne weiteres außer Gefecht gesetzt haben sollte, war nicht der einzige Punkt, an dem die ganze Geschichte krankte. Es gab noch eine Reihe anderer Ungereimtheiten an Chambers' Darstellung, vor allem die Tatsache, daß die Wunden an Jennifer Levins Körper auch nicht nur im entferntesten zum Tathergang paßten, wie Chambers ihn beschrieben hatte. Hinzu kam das medizinische Gutachten, demzufolge Jennifers Tod durch Erdrosseln herbeigeführt worden war, worauf auch ihre Verletzungen am Hals hinwiesen. Chambers hingegen stritt es ab, diese Würgemale am Hals des Mädchens verursacht zu haben, womit er wohl den Ermittlungsbeamten einreden wollte, Jennifer hätte sich diese Verletzungen möglicherweise selbst zugefügt, indem sie irgendwelche autoerotischen Strangulationsspielchen praktiziert habe.

Einmal mehr kam den Ermittlern ein Zufall zu Hilfe, der einen eindeutigen und unwiderlegbaren Beweis erbrachte. Nur wenige Stunden vor Jennifers Tod war sie mit zwei Freundinnen photographiert worden, wie sie einander umarmend vor der Kamera posieren. Es ist ein so wundervolles Bild, daß man den Anblick angesichts des Unfaßbaren, das sich nur wenige Stunden danach ereignen sollte, kaum ertragen kann. Die Mädchen wirken so glücklich miteinander, als schauten sie einer strahlenden Zukunft entgegen, die jedes einzelne noch vor sich hat. Jennifer trägt auf der Photographie die gleiche Jeansjacke, in der sie später tot aufgefunden wird, und durch ihre tieferausgeschnittene Bluse ist eindeutig zu erkennen, daß ihr Hals absolut makellos ist.

Von dem Zeitpunkt, in dem das Foto aufgenommen wurde, bis zu dem Moment, als sie mit Chambers verschwand, konnte lückenlos nachgeprüft werden, wo Jennifer sich aufgehalten hatte, so daß jede Möglichkeit ausgeschlossen war, daß sie sich ihre Verletzungen bereits zugezogen haben könnte, bevor sie mit Chambers zusammenkam.

Gewisse Widersprüche, die sich daraus ergeben, wie ein Täter einen bestimmten Tathergang beschreibt, lieferten den Ermittlern schließlich ganz besonders wertvolle Hinweise. Verbrechen werden im Eifer des Augenblicks begangen, und es ist selbst für den gerissensten und ausgebufftesten Kriminellen äußerst schwierig, die vorliegenden Beweise so in einen nachträglich konstruierten Tathergang einzubauen, daß wirklich jedes Detail stimmig und logisch wäre. Wenn man also nachträglich ein Verbrechen »konstruiert«, also versucht, die Tat so erscheinen zu lassen, als habe sich in Wirklichkeit ein ganz anderer Vorgang abgespielt – beispielsweise wenn ein Mann, der seine Frau umgebracht hat, den Tathergang so darstellt, als habe ein fremder Einbrecher den Mord begangen, als er bei seiner Arbeit überrascht wurde –, so gibt man dadurch eine Unmenge verhaltenstypischer Hinweise preis, mit denen die Ermittler arbeiten können. Je ausführlicher ein Verdächtiger also einen konstruierten Tathergang beschreibt, selbst wenn er uns damit in die Irre führen will, desto reichhaltiger sind die Anhaltspunkte, die Rückschlüsse auf den tatsächlichen Verlauf des Verbrechens zulassen, und anhand derer wir schließlich das Persönlichkeitsprofil des Verbrechers erstellen können.

Chambers wollte den Ermittlungsbeamten weismachen, daß Jennifer wohl keine Luft mehr bekommen habe, als er sie von sich runter und auf den Boden geschleudert hatte. Aber offensichtlich hatte er noch nicht so viele Strangulationsopfer gesehen, wie die Beamten, denn jeder, der schon einmal damit zu tun gehabt und mit einem medizinischen Gutachter darüber gesprochen hat, der weiß, daß ein Mensch nicht einfach so, von einem Augenblick zum anderen erstickt; dafür muß einem schon ziemlich lange die Luftröhre zugedrückt werden, und zwar mit einiger Kraft. Die Würgemale an Jennifers Hals bewiesen eindeutig, daß hier jemand mehrfach mit großer Kraft zugedrückt haben mußte, und es sich keineswegs um einen einmaligen kurzen Schlag oder ähnliches gehandelt haben konnte.

Während es also diese eindeutigen Spuren an Jennifers Hals gab, wiesen Chambers Handgelenke keinerlei Verletzungen auf, die man erwarten mußte, wenn er tatsächlich gefesselt gewesen wäre, wie er erklärt hatte. Das war um so unglaubhafter, als er behauptete, so stramm gefesselt gewesen zu sein, daß es ihn die größte Kraftanstrengung gekostet hätte, sich wieder zu befreien, so daß er dabei versehentlich gleich noch einen Menschen zu Tode brachte.

»Chambers hatte einen gebrochenen Fingerknochen«, erinnert sich Fairstein. »Unser orthopädischer Gutachter hatte das als eine Art Knochenbruch identifiziert, den Boxer sich zuziehen, wenn sie einen bestimmten Streifschlag ausführen, bei dem dann dieser Knochen brechen kann. Außerdem hatte er Bißwunden an der Hand, woraus wir den Schluß zogen, daß er ihr den Mund zugehalten haben muß. Ein weiteres typisches Merkmal für Strangulation waren auch Kratzspuren am Hals des Opfers, die das Mädchen sich selbst beigebracht haben mußte bei dem Versuch sich zu befreien.«

Der einzige mögliche Schluß, der daraus zu ziehen war, war der, daß Jennifer unter gar keinen Umständen auf die Weise zu Tode gekommen sein konnte, die Chambers uns weiszumachen versuchte. Nach der einhelligen Meinung aller ermittelnden Beamten, nach Linda Fairsteins und auch meiner Meinung, hatte Chambers das Mädchen vorsätzlich ermordet. Der Entschluß, jemanden zu töten, kann von einem Moment auf den anderen fallen. Ob Chambers nun irgendwann im Laufe des Abends die Entscheidung getroffen hatte, Jennifer umzubringen (was ich bezweifele), oder erst einen kurzen Augenblick vorher, ist unerheblich. Worauf es ankam war, daß er die Tat unzweifelhaft vorsätzlich begangen hatte.

Ungeachtet aller vorliegenden Beweise blieb Chambers bei

seiner Behauptung, selbst das Opfer gewesen zu sein – daß Jennifers Tod ein Unfall gewesen sei, den sie selbst herbeigeführt hätte durch ihr aggressives Verhalten ihm gegenüber. Wenn es also zutreffen sollte, daß er das Opfer war, wie er behauptet, dann wollen wir uns doch einmal die Viktimologie des Falles näher betrachten, so wie wir das bei den Ermittlungen zu jedem anderen Fall, der an uns herangetragen wird, auch tun würden. Linda Fairstein möchte wissen, warum Chambers den Mord begangen hat. Okay, um das zu klären wollen wir uns also die Vorgeschichte des Falles ansehen und das Milieu untersuchen, aus dem Chambers kommt.

Oberflächlich betrachtet hatte Robert Chambers alles, was man brauchte. Er war groß und gutaussehend, war redegewandt und hatte Erfolg bei Frauen. Offensichtlich stand er sogar finanziell recht gut da, um sich in den besseren, kultivierten Kreisen zu bewegen. Er besuchte auch einige Privatschulen, die High School-Schüler für das Studium am College vorbereiten, unter anderem das Choate, woraus ihm der Spitzname erwuchs, der Linda Fairstein während der späteren Gerichtsverhandlung und der monatelangen Vorbereitungen soviel Kopfzerbrechen bereiten sollte. Doch das war eben nur die Oberfläche. Darunter war es um Chambers ganz anders bestellt. Möglicherweise hatte er tatsächlich einmal eine dieser vorbereitenden Lehrinstitute besucht, doch am Choate hatte er niemals einen Abschluß gemacht. Genaugenommen war er sogar ein ziemlich miserabler Schüler gewesen, und war bereits kurz nachdem er sich dort eingeschrieben hatte, wieder ausgeschieden. Auch hatte sein Vater zwar eine feste Anstellung in einem seriösen Beruf, doch die Familie war nicht reich, so daß Chambers ganz zweifellos weniger wohlhabend war als die meisten seiner Bekannten, mit denen er sich gerne traf.

Robert war daher darauf angewiesen, sein Einkommen durch gelegentlichen Diebstahl aufzubessern, was er mit Vorliebe dann besorgte, wenn ihn die verschiedenen Freunde auf Partys einluden, die sie im Haus ihrer Eltern gaben. Jennifer Levin war nicht die einzige, die man vor Chambers üblen Angewohnheiten gewarnt hatte. Es ging sogar der Spruch um, daß man

Chambers auf einer Party nie aus den Augen lassen dürfe, weil sonst am Ende immer irgend etwas im Haushalt fehlte. Einmal war er auch von der Schule geflogen, weil er die Finger im Spiel gehabt hatte, als einem der Lehrer das Portemonnaie gestohlen wurde, und ein andermal hat er einen Ferienjob verloren, den seine Mutter ihm auf der Yacht eines betuchten Freundes besorgt hatte, wo er gleich kistenweise Spirituosen klaute. Nachdem er endlich die High School abgeschlossen hatte, belegte er einige Kurse an der Boston University, bekleckerte sich aber auch dort nicht gerade mit Ruhm und wurde schließlich von der Hochschule verwiesen, weil er eine Kreditkarte entwendete. Im September 1985 schrieb er sich schließlich im Hunter College in New York ein, besuchte die Vorlesungen allerdings nur sehr unregelmäßig und fuhr statt dessen fort zu stehlen. Doch inzwischen hatte er noch eine weitere Verhaltensauffälligkeit erworben – er konsumierte jetzt bereits regelmäßig illegale Rauschmittel.

Wie Fairstein es ausdrückte, »bewegte er sich unter Gleichaltrigen, deren Lebensstandard er sich nicht mehr leisten konnte, und begann Drogen zu nehmen. Er war für jeden wohlerzogenen Jungen aus gutem Hause sozusagen das, was man einen ›schlechten Umgang‹ nennt. Er besorgte mit seinen Diebereien das Geld, mit dem er sich dann den Koks beschaffte, den die anderen Jungs brauchten. Und deswegen verpfiffen sie ihn auch nicht.«

Was machte Chambers nun aber für Jennifer so begehrenswert? Sicherlich war es auch sein attraktives Aussehen, die faszinierende Tatsache, daß er so gut bei anderen Mädchen ankam. Aber Fairstein glaubt, daß es noch andere Gründe dafür gab. »Sie war ein ausgesprochen gutes Mädchen, und eins lag ihr ganz besonders am Herzen: sie wollte Robert von den Drogen losbekommen. Sie selbst trank gerne, sie liebte es, mit anderen zu feiern. Sie war ein lebensfrohes, munteres Ding. Aber mit Drogen wollte sie nichts zu schaffen haben. Und das war vielleicht auch der Schuß, der in der betreffenden Nacht schließlich nach hinten losging – ihr mächtiger Wunsch, Robert Chambers zu retten. Sie hatte möglicherweise geglaubt, daß sie ihm einen großen Gefallen damit erweisen könnte, wenn sie ihn von den Drogen runterkriegen würde. Aber offensichtlich hatte sie keine Ahnung gehabt, an welchem Punkt Chambers bereits angelangt war, und daß dies kein Job mehr war, den ein Amateur erledigen konnte.«

Außerdem schien Jennifer auch nicht begriffen zu haben, wie tief sein innerer Zorn und seine Feindseligkeit waren. Fairstein sagt dazu: »Chambers war an dem Abend eigentlich in das Lokal gekommen, weil er sich mit einer anderen Frau treffen wollte, mit der er aber letzten Endes Streit bekam, weil Jennifer ihn bedrängte, sich mit ihr auszusprechen. Die andere Frau schleuderte ihm schließlich ärgerlich das Päckchen Kondome ins Gesicht, und meinte ›Die kannst du ja mit der benutzen! Ich gehe.‹ Chambers war wütend auf Jennifer, weil sie ihm die Tour vermasselt hatte.«

Aufgrund ihrer Ermittlungen glaubt Fairstein auch, daß Chambers eine ausgeprägte antisemitische Haltung gehabt hatte. Er selbst war protestantischer Herkunft, während Jennifer aus einer jüdischen Familie kam. »Ich glaube, daß er sie nicht sehr mochte. Ja, ich glaube sogar, daß er überhaupt nichts an ihr gemocht hat, und zwar zum Teil deswegen, weil sie Jüdin war. Aber wie seine Freunde ihn beschrieben, war er der Typ, der lieber mit irgendeinem x-beliebigen Mädchen ins Bett ging, als zu Hause alleine zu onanieren. Er war also wohl bereit, kurz mit ihr seinen Sex zu haben, und sie dann wieder fortzuschicken. Aber sicherlich hatte er keine Lust, morgens bei sich zu Hause neben ihr aufzuwachen, und genausowenig wollte er am nächsten Morgen dort aufwachen, wo sie in dieser Nacht schlief, nämlich in der Wohnung einer ihrer Freundinnen. Aus dem Grunde gingen die beiden meiner Meinung nach schließlich in den Park.«

Immer wenn wir bei einem Verbrechen wie diesem versuchen, ein Persönlichkeitsprofil des möglichen Täters zu erstellen, halten wir auch Ausschau nach gewissen Faktoren, die die Tat mit ausgelöst haben könnten – ein bestimmter Umstand oder Ereignisse, die den Täter in Rage versetzt haben mochten. Sicherlich hatte der Streit mit der anderen Frau, die Chambers schließlich voller Zorn das Päckchen Kondome an den Kopf warf, bei einem aufbrausenden Typen wie ihm einiges in Gang gesetzt. Aber normalerweise liegt bei solchen Fällen meistens etwas noch Tiefergehendes, noch Fundamentaleres vor, etwas, wodurch das ganze Selbstwertgefühl und die Selbstsicherheit dieses Individuums grundlegend erschüttert wird, und das sich schließlich häufig als der Schlüssel zu dem Verbrechen insgesamt erweist. Letztendlich kamen wir auch dem auf die Spur.

Chambers lebte noch bei seiner Mutter. Arbeit hatte er nicht. Statt dessen konsumierte er Drogen und war wahrscheinlich bereits abhängig. Seine Mutter hatte ihm kurz zuvor ultimativ erklärt, endlich einen Job zu suchen, oder sie würde ihn auf die Straße setzen. In der Nacht des 25. August hatten in dem Lokal schließlich alle anderen jungen Leute, einschließlich Jennifer, das neue Schuljahr gefeiert, nur Robert Chambers hatte keinerlei Perspektiven, keinen Job und keine anderen Lebensvorstellungen, als zu stehlen, um seinen Drogenkonsum finanzieren zu können.

Der Zustand, in dem die tote Jennifer im Park gefunden wurde, ist ein weiterer aufschlußreicher Aspekt des Verbrechens. Die Art, wie ihre Bluse bis über ihre Brüste und ihr Rock bis hinauf zur Taille geschoben waren, ist typisch für einen Täter, der die Ermittler auf eine falsche Fährte setzen will, weil er meint, daß man dadurch annehmen müßte, der Mord habe sich im Zuge eines sexuellen Überfalls durch einen Fremden ereignet. Wir erleben das besonders häufig bei Mordfällen, die sich innerhalb einer Familie abspielen, wenn zum Beispiel ein Ehemann seine Frau umbringt, und den Tatort präpariert, damit man meint, ein Einbrecher hätte sich sexuell über die Frau hergemacht. In Wahrheit weist das jedoch nur auf einen unerfahrenen Verbrecher hin, der die Vorstellung hat, ein Vergewaltigungsopfer müsse wohl so aussehen. Häufig wissen wir in solchen Fällen bereits, daß es sich bei dem Täter um jemanden aus dem Bekanntenkreis des Opfers handeln muß.

Wenn wir nun alles zusammenrechnen, so können wir in Chambers beim besten Willen nicht gerade jemanden erkennen, der selbst das Opfer gewesen sein sollte. Was hatte ihn also möglicherweise zum Täter werden lassen? Warum hat er Jennifer Levin hinter dem Metropolitan Museum of Arts früh morgens am 26. August 1986 ermordet? Tatsache ist, daß es keine klare und einfache Antwort darauf gibt. Aber wir stehen nun nicht mehr mit leeren Händen da: Wir haben einen gewissen Persönlichkeitstypus, eine Vorstellung von den Hintergründen seines Privatlebens sowie eine ganze Reihe direkter und indirekter Faktoren, durch die die Tat ausgelöst worden sein könnte. Wir müssen uns also nun darauf konzentrieren, welcher Umstand oder welches Ereignis im Bewußtsein eines Individuums plötzlich alle negativen Elemente nach oben gespült und das Faß zum Überlaufen gebracht haben könnte.

Wir wissen beispielsweise, daß Chambers an dem Abend große Mengen von Tequila und Bier zu sich genommen hatte. Die ermittelnden Beamten hatten außerdem erfahren, auch wenn das nicht zu beweisen war, daß er an dem besagten Abend zusätzlich auch noch Marihuana und Kokain konsumiert haben soll. Den labortechnischen Untersuchungen zufolge konnte an Jennifers Körper, an ihrer Kleidung oder sonstwo im Bereich des Tatorts keine Samenflüssigkeit entdeckt werden, und es gab auch keinen Hinweis darauf, daß ein Kondom benutzt worden wäre. Aus alledem könnten wir den Schluß ziehen, daß Chambers in dieser Nacht wegen seines angegriffenen Zustandes möglicherweise gar nicht zu einem Koitus in der Lage war. Bei allem Zorn und der Frustration, die er ohnehin durch seine Lebensumstände und das, was ihm an diesem Abend widerfahren war, in sich trug, hätte diese Tatsache einen Kerl wie Robert Chambers, der so eitel mit seinem Image beschäftigt war, ohne weiteres in helle Wut geraten lassen können.

Wenn wir Geständnisse hören oder die Aussagen anderer Verdächtiger, dann suchen wir darin auch immer nach möglichen weiteren verborgenen Hinweisen, so wie etwa Schauspieler sich darum bemühen, die Bedeutung zwischen den Zeilen des Textes zu ergründen, den sie rezitieren. Man führe sich nur einmal die arrogante, dominante und generell höchst übergriffige Persönlichkeit Robert Chambers vor Augen, dann wird einem sogleich klar, was es bedeutet haben könnte, als er behauptete,

Jennifer Levin stünde auf »harten Sex.« Was sich hinter dieser Erklärung tatsächlich verborgen haben mochte, war wohl eher, daß sie seiner Meinung nach gerne die Situation unter Kontrolle hatte, und das wäre für einen Charakter wie Chambers ein untragbarer Affront gegen seinen maskulinen Stolz gewesen – besonders wenn jetzt tatsächlich noch hinzugekommen sein sollte, daß er keine Erektion bekommen hatte. In dem Falle wäre die Wahrscheinlichkeit sehr groß, daß er tatsächlich die Beherrschung verloren hatte und gewalttätig geworden ist.

Linda Fairstein sagt dazu: »Ich glaube, es hat sich wohl so abgespielt, daß Jennifer ihn wegen seiner Unpäßlichkeit verhöhnt hatte, und er sie deswegen schließlich schlug. Dafür sprechen nicht nur die Schlagwunden an ihrem Mund und ihrem Auge, sondern auch die Tatsache, daß sie versucht hatte, vor ihm zu flüchten.«

Die Ermittlungen hatten ergeben, daß es zwei bestimmte Punkte im Park gab, die für die Tat von Bedeutung waren: Das war zum einen die Stelle, an der Jennifers Unterwäsche gefunden wurde, und zum anderen der Platz, an dem ihre Leiche lag. Unserer Meinung nach fand der eigentliche Versuch miteinander Sex zu machen, an der ersten Stelle statt. Dann konnte sie sich freimachen und versuchte vor Chambers zu flüchten. Er rannte ihr nach und erwischte sie, bevor sie die Straße erreichen konnte. Und dort erwürgte er sie. Dem Autopsiebefund zufolge hatte Jennifer im ganzen Gesicht Prellungen und Platzwunden. Ihre Augen waren zugeschwollen, und um ihren Mund hatte sie Schnittwunden. Unter ihren Augen hatte sie petechiale Blutungen, die typischerweise bei Strangulation auftreten. Außerdem hatte sie Quetschungen an den Hüften, an Schenkeln, den Knien und sogar an ihren Fußknöcheln. Dort, wo auf der rechten Seite der Hüftknochen etwas herausragt, war sie wundgescheuert bis aufs rohe Fleisch. All das paßt auch nicht allein im Ansatz zu Chambers Version, daß sie rittlings auf ihm draufgesessen, und er sie von sich herunter geschleudert hätte. Überdies war Chambers Brust voller Kratzspuren, die sie ihm mit den Fingernägeln beigebracht haben mußte, als sie sich vergeblich gegen ihn zur Wehr setzte – ihre Fingernägel waren tatsächlich alle völlig unregelmäßig abgebrochen –, und auf dem Rücken hatte Chambers keine einzige Schürfwunde, die man erwarten könnte, wenn er tatsächlich rücklings auf dem Boden gelegen hätte und sich zu befreien versuchte, wie er das beschrieben hatte.

Er behauptete, eine Schürfwunde an seinem Hals hätte er sich versehentlich mit dem stählernen Band seiner schweren Armbanduhr selbst zugefügt, als er versucht habe, Jennifer von sich herunterzuzerren. Doch auch diese Aussage war offensichtlich falsch, denn der tatsächlichen Form der Schürfwunde nach konnte sie gar nicht von seinem Uhrband herstammen. Ich entdeckte aber auf den Autopsiefotos eine Druckstelle am Nacken der Toten, die eindeutig von Chambers Armbanduhr herrührte. Er mußte seine Uhr in ihren Nacken gepreßt haben, als er ihr mit dem rechten Handgelenk und seinem Unterarm den Hals zuquetschte. Das war eindeutig eine Druckwunde, und keine Verletzung, die man jemandem mit einem blindwütigen Schlag zufügt. Ferner ergab der Autopsiebefund, daß das empfindliche Zungenbein, ein Knöchelchen im Nacken, nicht gebrochen war. Auch das wies eindeutig auf diese besondere Art der Strangulation hin. Beim einfachen Würgen mit beiden Händen wäre dieses Knöchelchen zerbrochen. Allein beim Anblick dieses Fotos konnte ich mir lebhaft vorstellen, wie der Kampf vonstatten gegangen seien mußte.

Das Mädchen mußte gekämpft haben wie ein Löwe, bevor es endlich bezwungen wurde.

Die Angelegenheit machte Riesenschlagzeilen, und ganz New York fieberte, als Robert Chambers schließlich den Gerichtssaal betrat. Er war, wie gesagt, ein attraktiver Bengel, und die Medien hatten natürlich Interesse daran, den Fall zu vermarkten. Um die Angelegenheit also möglichst wirkungsvoll in Szene zu setzen, verfiel man auf die glorreiche Idee, Chambers den »Schulmädchenmörder« zu nennen.

»Damit hatte mir die Presse wirklich keinen Dienst erwiesen«, erinnerte sich Fairstein später. »Chambers war ein gemeiner, drogenabhängiger Einbrecher, der aus jeder Schule herausgeflogen war, aber das konnte man natürlich schlecht für einen

Aufmacher benutzen. Es mußte also etwas her, was ›sexy‹ war, also nannten sie ihn den ›Schulmädchenmörder‹. Und genau das war es, mit dem wir uns dann auseinanderzusetzen hatten: Wir mußten der Öffentlichkeit klarmachen, daß es tatsächlich dieser gewaschene und gutaussehende nette Junge war, der in der besagten Nacht im Central Park zugeschlagen hatte.«

Das ist eine Geschichte, mit der wir ständig zu tun haben, wenn vor Gericht über einen Sexualtäter verhandelt wird. Auf der Anklagebank sehen sie immer so unschuldig und artig aus, daß die Geschworenen ganz ungläubig fragen, »dieser nette Junge soll eine so abscheuliche Tat begangen haben?« Deswegen empfehlen wir seit Jahren, daß die Staatsanwaltschaft auch das Foto des Täters vorlegt, das die Polizei von ihm für die Verbrecherkartei angefertigt hat, damit die Geschworenen sehen, wie der Mörder tatsächlich zur Tatzeit ausgesehen hat.

Die Verhandlung dauerte dreizehn Wochen, und das Gericht ließ Robert Chambers nicht ein einziges Mal in den Zeugenstand treten. Dadurch hatte Fairstein keine Möglichkeit, den Geschworenen vorzuführen, was für ein Typ dieser Kerl wirklich war.

Chambers wurde von Jack Litman vertreten, ein mit allen Wassern gewaschener Verteidiger, der große Erfahrung hatte in seinem Fach. Fairstein ist immer noch ganz wütend, wenn sie daran denkt, wie dieser Mensch bei dem Versuch, um Sympathie für seinen Mandanten zu werben, das Ansehen des Opfers durch den Schmutz zog. Leider ist das sehr häufig der Fall, um nicht zu sagen gängige Praxis, wenn es um die Verteidigung von Vergewaltigern geht. Aber dank Leuten wie Fairstein beginnt sich daran allmählich etwas zu ändern; Richter und Geschworene nehmen das inzwischen nicht mehr einfach fraglos hin.

Jeder hat ein Recht auf bestmögliche Verteidigung, aber genauso wie Linda Fairstein kann auch ich es nur schwer verkraften, wenn jetzt über einem Mädchen, das wirklich das Allerschlimmste durchmachen mußte, das man sich vorstellen kann, der Stab gebrochen wird, und zwar um für den Mann, der dieses Mädchen ermordet hat, juristisch das Beste rauszuholen. »Das werde ich nie verstehen«, meinte Fairstein später. »Wie kann man das einem Menschen antun? Noch dazu jemandem, der ermordet wurde, dem sein Leben genommen wurde, und der sich selbst *nicht* mehr verteidigen kann. Das war einer der übelsten Punkte an dem gesamten Verfahren, und die Verteidigung hat ihn mit einer solchen Aggressivität durchgeboxt.«

Fairsteins Schlußplädoyer dauerte vier Stunden, und sie ließ nicht einen einzigen Aspekt des Falles aus. Sie wickelte noch einmal den gesamten Tathergang vor den Geschworenen auf und führte jeden einzelnen Beweis an, der deutlich machte, daß Chambers nicht instinktiv oder im Affekt gehandelt haben konnte, sondern die Tat absichtlich und im Vollbesitz aller seiner geistigen Kräfte begangen hatte. Das Gericht brauchte geschlagene neun Tage und konnte sich dann immer noch nicht über ein Urteil einig werden. Offensichtlich wußten die Geschworenen nicht, was sie mit diesem gutaussehenden Oberschüler Chambers anfangen sollten, und mit seinem Argument, aus Notwehr gehandelt zu haben – um es noch einmal zu sagen: die Verteidigung behauptete allen Ernstes, daß diese junge Frau, die einen Kopf kleiner war und nicht halb so kräftig wie Chambers, den Mann mit ihrem Höschen gefesselt und handlungsunfähig gemacht haben soll, um ihn anschließend so brutal zu quälen, daß er sie schließlich in einem Anflug von Panik unbeabsichtigt getötet hatte. Als Verteidigung und Anklage begriffen, daß sie auf diese Weise zu keinem Urteil kommen würden, und womöglich das ganze Gerichtsverfahren noch einmal aufrollen mußten, begannen sie zu verhandeln, und Fairstein ließ sich nach einem Gespräch mit Jennifers Eltern schließlich darauf ein, anstelle auf Mord nur auf Totschlag zu plädieren, was dem Täter eine weniger harte Strafe einbrächte, nämlich nur fünf bis fünfzehn Jahre. Es war natürlich nicht ganz das, was sie sich gewünscht hatte, aber immerhin hatte sie getan, was in ihrer Macht stand, um der Gesellschaft diesen Menschen vom Pelz zu halten.

»Die Anklage hat ihr Bestes gegeben, mehr war offensichtlich nicht drin«, kommentierte Fairstein schließlich den Prozeßverlauf.

Wie gesagt, ich halte Robert Chambers für einen Mörder,

nicht für einen Vergewaltiger und auch nicht für jemanden, der beim Töten eine sexuelle Lust verspürt. Es klingt wie Hohn, aber als »normaler« Mörder ist er vielleicht wirklich weniger gefährlich als ein Serienvergewaltiger, und die Wahrscheinlichkeit, daß er erneut jemanden umbringt, etwas geringer. Aber meiner Meinung nach ist die Gefahr, die von ihm ausgeht, nach wie vor groß. Er ist ein Gewalttäter, auch wenn alle anderen Delikte, die er beging, nichts mit Sex zu tun hatten. Seine kriminelle Laufbahn macht deutlich, daß er alle Spielregeln der Gesellschaft zutiefst verachtet. Wenn er schließlich wieder aus dem Gefängnis kommt und in eine ähnliche Situation geraten sollte wie in den frühen Morgenstunden des 26. August 1986, würde es mich nicht erstaunen, wenn er erneut ausrastet und einen weiteren Mord begeht. Aus eben diesem Grund halte ich eine Strafe von zehn oder fünfzehn Jahren Gefängnis nicht für ausreichend. Ein Mensch, der einer unschuldigen jungen Frau vorsätzlich das Leben genommen hat, hat meiner persönlichen Meinung nach sein Recht auf Freiheit verwirkt.

Glücklicherweise wird Chambers für die nächste Zeit hinter Schloß und Riegel bleiben. Er ist zu Gefängnis verurteilt und bleibt vorläufig in den verschiedenen Strafvollzugseinrichtungen New Yorks unter Bewachung. Er ist auch nicht gerade das, was man einen Musterhäftling nennt. Fairstein teilte uns mit, daß er sich bereits wieder verschiedentlich im Zusammenhang mit Drogen strafbar gemacht hat, und sich zur Zeit in der Jugendstrafanstalt Greenshaven in Dutchess County befinde, wo er mit einem geheimen Vorrat von Heroin erwischt wurde, das er in einer Shampooflasche versteckt hatte.

Wie Fairstein sagt, hat er mehrfach Antrag auf Hafturlaub gestellt, der ihm jedoch nicht genehmigt wurde. »Er tut mehr dafür, im Gefängnis zu bleiben, als ich je gekonnt hätte. Das ist ein gewisser Trost für mich.«

Solange man nicht allzu genau hinschaut, kann man leicht verstehen, warum Jennifer sich zu Robert Chambers hingezogen fühlte. Wenn man ihn von den Drogen wegbekommen und von seinen anderen üblen Angewohnheiten abbringen könnte (wie dem Stehlen), dann hätte man einen gutaussehenden Kerl,

der die besten Schulen New Yorks besucht hat (wenigstens solange, bis er wieder rausflog), und einen jungen Mann, der gute
gesellschaftliche Kontakte hat. Das Problem ist aber, daß er
nicht irgendein verwöhntes Kleinkind war, dem nur eine liebevolle Erziehung und eine etwas strengere Hand gefehlt hätte.
Robert Chambers war ein ausgewachsener Mann, der inzwischen ein konkretes kriminelles Verhalten entwickelt hatte und
bereits von Drogen abhängig gewesen zu sein schien. In man-
cherlei Hinsicht war er mit Ted Bundy zu vergleichen, der ebenfalls sehr gut aussah und dabei auf den ersten Blick sogar ein
noch »netterer Kerl« war als er. Aber auch Ted Bundy war, was
seinen Charakter und seine grundsätzliche Haltung anging,
hoffnungslos daneben. Was immer sonst einen Menschen auch
sympathisch erscheinen läßt, wenn einer aus purem Vergnügen
eine Frau vergewaltigt oder sie tötet und dabei Befriedigung
verspürt, dann ist das ein Ungeheuer und muß aus der Gesellschaft entfernt werden.

Wie im Fall Chambers ist der Widerspruch zwischen dem gefälligen Äußeren des Angeklagten, der frisiert und gut gekleidet
den Gerichtssaal betritt, und dem brutalen, skrupellosen Verbrecher, als der er sich am Tatort gezeigt hat, häufig ein ernst-
haftes Problem, wenn in Fällen von Vergewaltigung ein Urteil
gesprochen werden soll. Selbst wenn alle Anzeichen deutlich
dafür sprechen, daß ein Angeklagter derjenige ist, der die Gewalttat begangen hat, hört man von Geschworenen manchmal,
daß sie Schwierigkeiten hätten, den Betreffenden zu verurteilen, weil er so ganz und gar nicht aussähe, als hätte er es nötig,
eine Frau zu vergewaltigen. Es erscheint ihnen einfach unlogisch. Ob es sich bei dem Täter um einen erfolgreichen Akademiker, einen Zahnarzt oder Rechtsanwalt beispielsweise, oder
eben um einen gewöhnlichen Dieb wie Robert Chambers handelt, wenn der Täter auf den ersten Blick gefällig und sympathisch wirkt, tun sich die Geschworenen häufig außerordentlich
schwer, die Dynamik zu begreifen, aufgrund derer es schließlich
zu der Vergewaltigung kam. Noch irritierender scheint es für die
Geschworenen zu werden, wenn es sich bei dem Angeklagten
um einen Bekannten des Opfers handelt und nicht um einen

Wildfremden. Und noch komplizierter wird es, wenn die Ehefrau oder die Freundin des Angeklagten – mit der er ein normales sexuelles Verhältnis hat – während der ganzen Gerichtsverhandlung loyal unter den Zuschauern im Gerichtssaal sitzt.

Der Mann ist doch ausgesprochen attraktiv, der könnte doch jede Frau haben, die er will. Der sieht einfach nicht so aus, als hätte er es nötig, eine Frau zu vergewaltigen.

Was wir uns jedoch klar vor Augen halten müssen, ist die Tatsache, daß es bei einer Vergewaltigung nicht in erster Linie um Sex geht, sondern darum, eine Frau zu beherrschen und zu kontrollieren, ob das nun zu dem Zweck geschieht, daß sich der Täter beweisen will, was für ein toller Bursche er ist, ob er seine Wut abreagieren will oder zum Zweck, irgendeine seltsame Phantasie zu befriedigen. Der sexuelle Akt ist sekundär. In dem Maße, in dem wir das nicht den Geschworenen und der Öffentlichkeit rüberbringen können, werden wir unserer Verantwortung für das Opfer nicht gerecht.

Ein Fall, bei dem besonders viele Schwierigkeiten zusammenkamen, die sich vor allem dann ergeben, wenn über einen Vergewaltiger verhandelt wird, der aus dem Bekanntenkreis des Opfers stammt und noch dazu gut aussieht und von allen als ausgesprochen sympathisch empfunden wird, war der Fall Alex Kelly. Im Gegensatz zu Chambers war Kelly kein Mörder. Aber er wurde wegen Vergewaltigung angeklagt und nach acht Jahren schließlich auch verurteilt. Diese acht Jahre lang dauernde Flucht vor den Behörden kostete seine Eltern eine Kautionsstrafe von 140000 Dollar und führte ihn durch fünfzehn Staaten, darunter Japan, Griechenland und Schweden.

Kelly war zur Zeit der Tat achzehn Jahre alt und in der letzten Klasse an der Darien High School in einem wohlhabenden Randbezirk von Connecticut in New York. Er war ein allerseits beliebter Junge, gepflegt und gutaussehend und der zweite Kapitän der Ringermannschaft seiner Schule. Kurz, er sah aus wie einer, mit dem wohl jedes Mädchen von der High School gerne ausgegangen wäre. Am 10. Februar 1986 nahm er an einer Party teil, die einer seiner Freunde anläßlich des Basketball-Turniers der Schulmannschaft gab. Als es schließlich recht spät geworden war, suchte eines der geladenen Mädchen eine Mitfahrgelegenheit nach Hause. Sie gehörte zu einer Gruppe von Freundinnen, die Kurzferien hatten und Schülerinnen an der St. Mary's High School waren, einer katholischen Mädchenschule in der Nachbarschaft. Vor fünf Tagen erst war sie sechzehn geworden und wollte nicht zu spät nach Hause kommen. Alex Kelly bot ihr an, sie mit dem Jeep seiner Freundin heimzufahren.

Während der Fahrt begann es leicht zu schneien, und als sie an ein Stoppschild kamen, versuchte Kelly das Mädchen zu küssen, das sich jedoch gegen seine Annäherungsversuche wehrte. Als sie dann einige Zeit später das Haus erreicht hatten, in dem das Mädchen wohnte, hielt Kelly den Wagen nicht an, sondern steuerte ihn statt dessen weiter in eine abgelegene Sackgasse. Wie das Mädchen Jahre später mit ihrer Aussage zu Protokoll gab, packte Kelly die Kleine plötzlich mit der linken Hand bei der Kehle. »Er drückte so stark zu, wie er konnte. Er sagte zu mir, ich müsse mit ihm Liebe machen, sonst würde er mich umbringen.«

Kelly stellte die Lehne der Rückbank flach, zwang sie, nach hinten zu klettern und sich auszuziehen, und dann vergewaltigte er sie. Das Mädchen war noch Jungfrau und begann infolge der Vergewaltigung zu bluten, wodurch der Teppichboden des Fahrzeugs befleckt wurde. Nachdem er ihr eingeschärft hatte, er würde sie noch einmal vergewaltigen, und ihr drohte, sie zu töten, wenn sie den Fall melden sollte, brachte er das Mädchen schließlich nach Hause. Sie lief aber sofort zu ihrer Schwester und ihren Eltern und erzählte, was ihr passiert war. Am nächsten Tag brachten die Eltern ihre Tochter zum Arzt und verständigten die Polizei, die bei dem Mädchen außer dem Schock, den sie durch die Attacke erlitt, Quetschungen und blaue Flecke an Hals, Brust, Rücken und Gesäß feststellte.

Nur vier Tage später meldete sich ein siebzehnjähriges Mädchen aus der Nachbargemeinde von Stamford bei der Polizei und berichtete, vergewaltigt worden zu sein. Die Details der Tat wiesen bemerkenswerte Ähnlichkeit mit dem ersten Fall auf, und auch sie wurde vergewaltigt, als sie von einer Party heimgefahren wurde. Kelly wurden beide Taten zur Last gelegt. Er wurde aufgefordert, sich am 18. Februar 1987 vor Gericht einzufinden. Alex Kelly erschien jedoch nicht und begann statt dessen seine Flucht, die acht Jahre lang andauern sollte.

Wie die Behörden herausfanden, hatte Kelly, der immerhin international gesucht wurde, während dieser Zeit allerdings nicht gerade am Hungertuch genagt. Vielmehr genoß er offensichtlich alle Annehmlichkeiten des Lebens, lief Ski, ging Segeln und erfreute sich anderer Sportarten. In Schweden eröffnete er sogar seinen eigenen kleinen Hausstand mit einer hübschen, blonden Freundin.

Anfang 1995 jedoch, als die Behörden ihm allmählich auf die Spur kamen und den Verlautbarungen zufolge drohten, seine Eltern einzusperren, wenn er sich nicht stellte – zudem war sein Paß fast abgelaufen –, meldete er sich schließlich bei der Polizei in der Schweiz. Er wurde ausgewiesen und tauchte im Mai in Connecticut auf. Sein Erscheinen zu Hause wurde gefeiert wie die Heimkehr eines Helden. Das Haus seiner Eltern war über und über mit Luftballons geschmückt, und er begrüßte die Menge der wartenden Reporter mit Winken und Lächeln und meinte strahlend: »Ich bin glücklich, wieder daheim zu sein.« Während er auf seinen Gerichtstermin wartete, verbrachte er die Zeit, indem er mit seinem Mountain Bike durch die Stadt fuhr oder mit seiner schwedischen Freundin ausging (mit der er den Gerüchten zufolge verlobt war) und anschließend, nachdem die Schwedin wieder abgereist war, mit einer Frau aus dem Ort, namens Amy Molitor, seiner früheren Freundin aus High School-Zeiten. In ihrem Jeep hatte die erste Vergewaltigung stattgefunden. Alles in allem war sein Leben daheim wieder ziemlich normal, bis auf den elektronischen Überwachungssensor, den er am rechten Fußgelenk trug, und der sicherstellen sollte, daß er die ihm auferlegte Ausgangssperre zwischen 21 Uhr abends und 6 Uhr früh nicht verletzte.

Die Gerichtsverhandlung zum ersten Fall fand einige Zeit später im gleichen Jahr statt. Es war ein echtes Schmierenstück. Für seine Verteidigung konnten Kelly und seine Eltern Thomas P. Puccio gewinnen, einen hoch profilierten Anwalt, der zuerst ins Rampenlicht der Öffentlichkeit getreten war, als er in der

Funktion des Bundesstaatsanwalts den Prozeß gegen einige Kongreßabgeordnete im Abscam-Skandal gewann (viele werden sich sicherlich an die Videofilme erinnern, auf denen sich korrupte Politiker die Taschen mit fremdem Geld vollstopften). Puccio gelangte zu trauriger Berühmtheit, als er daraufhin die Seiten wechselte und erfolgreich Claus von Bülow verteidigte, und dieser des Vorwurfs freigesprochen wurde, seine Ehefrau, eine Dame der höchsten Gesellschaftskreise, ermordet zu haben. Mit dem Ruf, es zu hassen, wenn er einen Fall verlöre, wurde Puccio bei einem Interview, das er im Dezember 1996 der *New York Times* gab, mit den Worten zitiert: »Es gibt die reale Welt und die Welt des Gerichtssaals. Worauf es ankommt, ist nicht die Frage ›Was ist tatsächlich geschehen?‹, sondern die Frage, ›Was will man nachweisen?‹« Im Zusammenhang mit dem Kelly Fall kündigte er an: »Die Verteidigung wird als ein direkter Angriff auf die Glaubwürdigkeit des Mädchens geführt werden.« Ihr lieben Leute! Das ist genau das, wogegen wir auf die Barrikaden gehen müssen.

Einem Reporter gegenüber hatte Puccio geäußert, daß er sich in einer speziellen Weise mit den Eltern Kellys verbunden fühle, da sein eigener Sohn bei einem Verkehrsunfall ums Leben kam, während er dem jungen Mann gerade das Autofahren beibrachte. Daher könne er sehr gut mit Eltern mitfühlen, die befürchten müssen, ihren Sohn zu verlieren. Ich frage mich, ob er wohl auch mit Eltern mitfühlen kann, die sich um ihre Tochter sorgen, die von einem brutalen Vergewaltiger mißhandelt wurde.

Apropos »Glaubwürdigkeit«, als Alex Kelly nach seiner Rückkehr in die Vereinigten Staaten von einem Reporter der ABC News gefragt wurde, warum er sich vor acht Jahren eigentlich dem Zugriff der Behörden entzogen habe, antwortete Kelly: »Ich hatte einfach Angst. Deswegen bin ich davongerannt.«

Wie versprochen, zog Puccio bei Prozeßbeginn sogleich über das Opfer her und baute seine Verteidigung haargenau darauf auf, daß er die Glaubwürdigkeit in Frage stellte, die das junge Mädchen vor zehn Jahren gehabt haben mochte. Zudem bemängelte er, in welcher Art das inzwischen zu einer jungen Frau herangewachsene Opfer der Vergewaltigung vor Gericht auftrete. Er kritisierte ihre aggressiv herausfordernde Art sich zu frisieren und zu kleiden, und bezog in diese Verunglimpfungskampagne sogar die Angehörigen der jungen Frau mit ein. Um so interessanter fand ich diese Tatsache, als ich mir sicher war, daß Puccio seinem Mandanten eingeschärft hatte, nur ja bei jedem Verhandlungstag perfekt gekleidet, frisiert und gepflegt zu sein, und grundsätzlich in Begleitung seiner besorgten Eltern und mit der Dame im Schlepp, die inzwischen seine offizielle Verlobte war, im Gerichtssaal zu erscheinen. Man muß sich darüber im klaren sein, daß die junge Frau während der vergangenen Jahre, in denen Kelly sich in Europa ein schönes Leben gemacht hatte, das College absolvierte, heiratete und sich einen Beruf als Handelsvertreterin für eine pharmazeutische Firma aufgebaut hatte. Sich entsprechend gut zu kleiden und zu frisieren hatte also mit Sicherheit eher mit ihrer beruflichen Karriere zu tun sowie dem seriösen Leben, das sie führte, und war nicht, wie bei Alex Kelly zur Zeit der Verhandlung, darauf ausgelegt, das Gericht zu beeindrucken.

Ich möchte dieses spezielle Verfahren nicht weiter kommentieren, da ich bei der Verhandlung nicht selbst anwesend war. Aber ich habe genügend Gerichtsverhandlungen beigewohnt, in denen es um Vergewaltigung ging, um diese allgemein übliche Verteidigungstechnik zur Genüge zu kennen; und mit Verlaub gesagt, mir kommt dabei das Kotzen. Und zwar geht das nicht nur mir so.

»Während sich die Geschworenen zur Beratung zurückgezogen haben«, sagt Linda Fairstein, »sitzen Anklage und Verteidigung häufig recht ungezwungen miteinander herum, während man wartet. Man ist ganz unter sich und kommt ins Plaudern. Wie oft ist es mir nicht schon passiert, daß sich, wie in diesem Fall, dann plötzlich der Verteidiger der Gegenpartei an mich wendet und meint: ›Gott, das tut mir wirklich leid, daß ich dem Mädchen das antun mußte, aber …‹«

Das ist dann meistens der Moment, in dem ich die Geduld verliere. Wenn ich weiß, daß die Verteidigung unaufrichtig und auf konstruierte Argumente aufgebaut war, dann sag ich es ganz glatt heraus – manchmal unverblümt, ein andermal auch etwas höflicher –, nämlich daß ich diese Art einfach nicht akzeptieren kann, sie nicht verstehe und sie absolut unseriös finde. In dem Fall saß ich geschlagene zwei Stunden dort und habe gefragt: ›Wie können Sie das einem anderen menschlichen Wesen antun, das doch nun wirklich die Hölle durchgemacht hat?‹ Und bis zum heutigen Tag habe ich nicht ein einziges Mal eine auch nur halbwegs befriedigende Antwort zu hören bekommen, außer dem üblichen ›Jeder hat das Recht auf eine optimale Verteidigung.‹ Aber für mich ist das noch längst kein Grund, die Verteidigung auf *ehrenrührigen* und *unredlichen* Argumenten aufzubauen. Von einem humanen Standpunkt her betrachtet, kann ich einfach nicht begreifen, wie man so etwas einem anderen Menschen vor versammeltem Publikum antun kann.«

Alex Kellys Opfer war zur Zeit der Tat ein sechzehnjähriges Mädchen gewesen, das noch Jungfrau war, ihn zuvor nie gesehen hatte und lediglich eine Mitfahrgelegenheit gesucht hatte, um nach Hause zu kommen. Vor dem Basketballturnier und später auf der Party hatten die Jugendlichen sich mit dem sogenannten »Quarter Spiel« vergnügt, bei dem man ein Fünfundzwanzig-Cent-Stück in ein Bierglas schnippen muß, bevor man es austrinkt. Puccio versuchte diese Tatsache zugunsten seines Mandanten auszuschlachten, indem er geltend machen wollte, daß das Opfer zur Tatzeit möglicherweise betrunken war, doch Staatsanwalt Bruce Hudock konnte sieben Zeugen aufbringen, die alle bestätigten, daß das Mädchen nüchtern war. Die Verteidigung versuchte außerdem das Argument geltend zu machen, daß es in gegenseitigem Einverständnis zum Geschlechtsverkehr gekommen sei. Nach fünftägigen Beratungen war das Verfahren schließlich festgefahren, weil sich die sechs Geschworenen (drei Frauen und drei Männer) nicht einig werden konnten; vier waren bereit, Kelly für schuldig zu befinden, und zwei enthielten sich ihrer Stimme. Hudock wollte den Fall jedoch nicht aufgeben und rollte den Fall im kommenden Jahr noch einmal erneut auf, bevor er zur zweiten Anklage gegen Kelly kam. Diesesmal konnte Hudock nach achteinhalbstündigen Beratungen der Geschworenen eine Verurteilung durchsetzen. Kelly wurde zu der Höchststrafe von zwanzig Jahren verurteilt, die nach sechzehn Jahren zur Bewährung ausgesetzt werden kann, sowie zu 10000 Dollar Schmerzensgeld. Zu der Zeit, als ich dieses Buch schrieb, waren die Verhandlungen im zweiten Vergewaltigungsfall gegen Kelly noch nicht eröffnet.

Gleich nachdem Kelly sich den Behörden entzogen und seine acht Jahre andauernde Flucht angetreten hatte, setzten unter den Leuten, die den Fall verfolgt hatten, und der durch alle Medien gegangen war, die Spekulationen über seine Flucht ein. War das tatsächlich ein klares Zeichen für seine Schuld, oder war er vielleicht doch in Wahrheit nur ein eingeschüchterter Teenager gewesen – High School-Schüler und einer der besten Ringkämpfer seiner Schule –, der einfach eine Heidenangst davor hatte, wegen etwas Ärger zu bekommen, das er nicht begangen hatte? Genau wie im Fall Chambers schien auch Alex Kelly ein »braver Kerl« gewesen zu sein, der aus einer gutsituierten Familie kam. Wie – und warum – hätte ausgerechnet ein sympathischer Junge wie er etwas so Scheußliches wie eine Vergewaltigung begehen sollen?

Diese beiden Täter hatten tatsächlich einiges gemein. Wie bei Chambers, war auch bei Kelly nicht alles so makellos, wie es auf den ersten Blick schien. Er wuchs zwar in einer begüterten Gemeinde auf, doch so richtig paßte seine Familie dort nicht hin: Sein Vater war Installateur, und seine Mutter führte ein Reisebüro. Auch an verschiedenen Investitionen, die sie in der Immobilienbranche tätigten, verdienten sie recht gut, blieben aber doch letztlich hinter dem Lebensstandard der meisten anderen Familien in Darien zurück. Ihr Sohn Alex hatte es daher nicht immer ganz leicht, mit den wohlhabenden Kreisen, in denen er sich aufhielt, Schritt zu halten. Genau wie Chambers und wie viele andere Vergewaltiger, die ich beschrieben habe, hatte auch Kelly sich bereits vor und auch nach der Vergewaltigung eine ganze Reihe verschiedener, weniger schwerwiegender Verbrechen zuschulden kommen lassen. Bereits 1983 war er mit Freunden in verschiedene Häuser in seiner Nachbarschaft eingebrochen und wurde im Mai 1984 verhaftet. Beim Verhör gab er die Namen aller seiner Komplizen an, und man verurteilte ihn schließlich wegen neunfachen Einbruchs zu fünfunddreißig Monaten. Davon saß er allerdings nur achtundsechzig Tage in der Jugendstrafanstalt von Bridgeport ab und wurde dann wieder auf freien Fuß gesetzt, angeblich resozialisiert. Im darauf folgenden Jahr, nachdem er wieder sein gewohntes Leben an der High School aufgenommen hatte, und sich den Verlautbarungen nach auch recht gut machte, wurde er jedoch erneut festgenommen; diesesmal wegen einer Schlägerei, die er nach einem Hockeyspiel angezettelt hatte. Als nächstes dann folgten 1986 die Anzeigen wegen Vergewaltigung.

So wie sich bei Alex Kelly schon sehr früh eine gewisse kriminelle Neigung zeigte, legte er auch diese Verweigerungshaltung an den Tag und hatte offensichtlich überhaupt kein Verantwortungsbewußtsein. Was ich an diesem Fall aber besonders erschreckend finde, ist die Haltung der Eltern. Anstatt einzuschreiten, als sie erfuhren, in welchem Schlamassel ihr Sohn steckte, und ihm zuzureden, sich den Behörden zu stellen, versuchten sie, ihn mit einer enormen Kautionszahlung aus der Sache herauszuboxen. Selbst wenn sie allen Ernstes an seine Unschuld geglaubt haben sollten, wie konnten sie reinen Gewissens einfach nur dastehen und zusehen, wie er aus dem Land floh, anstatt sich den Anschuldigungen zu stellen, die gegen ihn erhoben wurden? Selbst wenn sie ihm zunächst auch nicht direkt bei der Flucht geholfen haben und möglicherweise auch nichts von seinen Absichten gewußt hatten, so belegen Fotos jedoch, daß Kellys Vater ihn und seine schwedische Freundin auf einer Urlaubsreise in Europa getroffen hatte, und daß er zusammen mit seiner Frau die Eltern von Kellys Freundin besuchte.

Einige Leute in Darien können das Verhalten der Kellys verzeihen. Sie empfinden Mitleid mit diesen hart arbeitenden Eltern, die – ihrer Meinung nach – nur das Beste für ihre Familie versucht haben. Außerdem hatten sie bereits einen Sohn verloren. 1991 war Alex' älterer Bruder Chris an einer Überdosis Drogen gestorben. Das ist natürlich ein schwer zu verkraftender Verlust, aber trotzdem finde ich Joe Kellys Erklärung geradezu unglaublich, sein Sohn sei »ein ausgesprochen mutiger Junge, das getan zu haben, was er getan hat – ob es nun richtig oder falsch war.« Als ihm jemand einmal vorwarf, daß Joe Kelly und seine Frau ihrem Sohn ja möglicherweise bei der Flucht geholfen hatten und Alex in Schweden davor gewarnt hatten, daß ihm die Behörden auf den Fersen seien, da brauste Joe Kelly auf und schrie die Person an, ob sie denn etwa ihren eigenen Sohn unter den gegebenen Umständen an die Polizei ausgeliefert hätte.

Im Sommer 1996 – Kelly trug seinen elektronischen Überwacher am Fußgelenk – sorgte er in einem Lokal des Ortes für Aufregung. Er war mit einigen Frauen in Streit geraten, denen gegenüber er immer wieder betonte, daß er vor zehn Jahren niemanden vergewaltigt hätte, bis er sie schließlich mit allen möglichen obszönen Schimpfworten und Gesten traktierte, und eine der Frauen endlich die Polizei verständigte. Wie die Polizisten später zu Protokoll gaben, war Kelly »ausgesprochen unkooperativ und stand offensichtlich unter dem Einfluß einer großen Menge Alkohols«.

Im September des gleichen Jahres – als Kellys Führung vermutlich noch am korrektesten war, so kurz vor der Gerichtsverhandlung – geriet er erneut in Schwierigkeiten mit dem Gesetz. Als er eines Abends mit seiner Freundin Amy Molitor nach Hause fuhr, um rechtzeitig vor Beginn der Ausgangssperre daheim zu sein, wurde er von der Radarüberwachung der Verkehrspolizei erfaßt. Er war in einer Zone, in der 25 Meilen pro Stunde die zulässige Höchstgeschwindigkeit war, 30 Meilen schnell gefahren. Als die Polizisten ihn darauf anhalten wollten, drückte er aufs Gas und raste davon. Bei der Flucht fuhr er Amy Molitors Sportwagen zu Schrott und verließ den Unfallort, ohne sich weiter um seine Freundin zu kümmern, die sich bei dem Unfall verletzt hatte und blutend im Auto liegenblieb. Als die Polizei ihn schließlich zu Hause fand, leugnete er, irgend etwas mit dem Unfall zu tun zu haben, stellte sich aber ein paar Tage später, nachdem Haftbefehl gegen ihn erlassen worden war. Es wurde ihm Fahrerflucht nach einem schweren Unfall, Widerstand gegen die Staatsgewalt sowie unzulässige Geschwindigkeitsüberschreitung vorgeworfen, doch er stritt jede gegen ihn erhobene Schuld ab. Dem Polizeibericht zufolge hatte Kellys Atem am Abend des Unfalls stark nach Alkohol gerochen. Wie der den Fall bearbeitende Polizeibeamte ferner zu Protokoll gab, schien Kelly außerdem völlig ungerührt zu sein, als er behauptete, nichts von dem Unfall zu wissen – bei dem seine Freundin blutend, mit mehreren gebrochenen Rippen kopfüber in dem umgestürzten Fahrzeug liegengelassen wurde.

Wie ich weiter oben bei der Beschreibung der unterschiedlichen Typen von Vergewaltigern bereits ausgeführt habe, ist für die Resozialisierungsfähigkeit eines Täters von erheblicher Bedeutung, ob er auch wirklich die Verantwortung für seine Taten übernimmt und aufrichtige Reue zeigt. Als Kelly nach der Verurteilung für den ersten Vergewaltigungsfall in Handschellen aus dem Gericht geführt wurde, schluchzte und heulte er und schrie: »Ich bin unschuldig! Ich bin unschuldig! Ich bin unschuldig!« Er sah zu den Geschworenen hinüber und bettelte: »Gott, ich habe das nicht getan. Warum tut ihr mir das an?« Das klingt ganz ähnlich wie im Fall von Robert Chambers, der versucht hatte, sich als Jennifer Levins Opfer hinzustellen, und es erinnert auch stark an Ronnie Shelton, der die Verantwortung für seine sexuellen Gewalttaten seinen Opfern oder deren Ehemännern in die Schuhe schieben wollte.

Bei Kellys Verurteilung bat sein Verteidiger Puccio um Nachsicht für seinen Mandanten und zeichnete ein Bild von Kelly, als habe dieser Mann »acht Jahre in Angst gelebt« und sei während der Zeit »aller Annehmlichkeiten eines normalen Lebens beraubt« gewesen. Man kann es tatsächlich kaum fassen. Dabei widerspricht diese Darstellung sogar den Briefen, die Kelly in Europa eigenhändig an seine Eltern verfaßt hatte, in denen er schrieb: »Am liebsten möchte ich so für immer weiter leben.« Erst nach seiner Verurteilung brachte Kelly es fertig, zu sagen, daß es ihm leid tat, was er getan hat, doch in der Art, wie er sich ausdrückte, versuchte er selbst jetzt noch, sich zu rechtfertigen. Es klang fast so, als wollte er sagen, seine Tat sei eher ein Mißverständnis gewesen als eine brutale Vergewaltigung: »Ich wollte ihr ja nicht wehtun … Ich verstehe jetzt, daß ich ihr wehgetan habe. Das tut mir leid. Ich wünsche, ich könnte etwas tun, um ihr diesen Schmerz wieder abzunehmen.«

Die Frau, die Kelly wegen der Vergewaltigung vor Gericht brachte, klang entschieden verantwortungsvoller und mutiger, als sie nach der Verurteilung ihres Peinigers zum erstenmal an die Öffentlichkeit trat. Adrienne Bak Ortolano sagte, daß all das, was sie in den vergangenen zehn Jahren und länger auf der Suche nach Gerechtigkeit durchgemacht hatte, der Mühe wert gewesen sei, wenn durch ihren Fall anderen Frauen geholfen werden könnte, die Ähnliches erleiden mußten: »Das Wichtigste für mich ist, daß die Menschen wissen, daß ich mich nicht meiner selbst schäme. Ich habe eine Vergewaltigung überlebt, und es gibt nichts, was ich verbergen müßte.« Frau Ortolano ist die eigentliche Heldin dieser unendlich tragischen Episode, und alle, die wir in der Strafverfolgung tätig sind, müssen ihr zutiefst dankbar sein für ihren entschlossenen und beherzten Einsatz.

Doch auch die Staatsanwaltschaft verdient unsere uneingeschränkte Hochachtung für ihren unermüdlichen Fleiß und die gute Arbeit, die sie geleistet hat, um einen Kerl wie Alex Kelly von der Straße zu bekommen. Eine solche Arbeit fordert natürlich auch ihren seelischen Tribut, und ich empfinde tiefste Bewunderung für Menschen wie Linda Fairstein, die jahrein, jahraus im Kampf gegen dieses heimtückische Verbrechen alle ihre Kräfte einsetzen. Seit Jennifer Levins gewaltsamem Tod hat Frau Fairstein bereits viele weitere Vergewaltigungsdelikte vor den Richter gebracht.

Bei all dieser Arbeit, ihrem unendlichen Einsatz und ihren mitfühlenden Gesprächen mit Jennifers Familie und ihren Freunden, was kann Linda Fairstein für sich persönlich aus einem tragischen Fall wie diesem beziehen?

»Das Bild, das sich mir ständig wieder aufdrängt, ist, wie Jennifer in jener Nacht hinter diesem Robert her war, wie sie mit ihm zusammen um vier Uhr oder vier Uhr dreißig morgens diese Bar verließ und mit ihm die Zweite Straße entlanglief, die Dritte … Lexington … Park … Madison … die Fünfte. Wenn ich daran denke, möchte ich sie immer am liebsten an der 86.

Straße, Ecke Fünfte, in Empfang nehmen und in ein Taxi setzen, damit sie sicher nach Hause käme. ›Geh mit diesem Mann nicht in den Park!‹ höre ich mich dann selbst immer sagen.

Es war so eine typische Situation. Ich will damit natürlich nicht im Entferntesten dem Opfer irgendeine Schuld geben, das hat die Verteidigung nun wahrhaftig zur Genüge getan, aber sie spielte einfach ein zu gefährliches Spiel. Chambers war so von Sinnen und wütend in dieser Nacht – ich weiß nicht, wie weit Jennifer das begriffen hatte –, daß ich mir beim besten Willen nicht vorstellen kann, daß es zwischen den beiden in der Nacht noch irgendein ehrliches, liebevolles Gefühl gegeben haben kann.«

In dieser Nacht mußte es so unendlich viele Hinweise gegeben haben, die auf die Gefährlichkeit der Situation hindeuteten.

»Für mich weist der Fall Chambers, auch wenn wir vor Gericht übereinkamen, daß es sich um einfachen Mord ohne sexuelle Gewaltanwendung gehandelt hatte, eine große Ähnlichkeit auf mit Vergewaltigungsfällen, bei denen der Täter aus dem näheren Bekanntenkreis des Opfers stammt. Die Tatsache, daß siebzig Prozent und mehr aller Vergewaltigungen von Tätern verübt werden, die aus dem nächsten Umfeld des Opfers kommen, erstaunt viele Menschen. Die Frage ist, wie kann man die Leute beurteilen, von denen man glaubt, man kenne sie gut. Eine Fehleinschätzung kann so schrecklich verhängnisvoll sein – tödlich, manchmal.«

Auch Adrienne Bak Ortolano wurde Opfer, weil sie Kelly falsch einschätzte und sich – aus Naivität oder einfach, weil sie nach Hause kommen wollte, um keinen Ärger mit ihren Eltern zu bekommen – zu dem falschen Mann ins Auto gesetzt hat. Sie nahm einfach an, wie das wohl viele von uns tun, daß ein Mensch, nur weil er von einem unserer Freunde oder sogar einem Freund unserer Freunde zu einer Party eingeladen wird, auch ein guter Mensch sein muß. Dieser Fehler kann auch jeder älteren, erfahreneren und mißtrauischeren Frau unterlaufen, sei es der Sechsundvierzigjährigen, deren Wagen streikt, und die sich von einem freundlichen Bekannten aus ihrer Nachbarschaft mitnehmen läßt, oder sei es die Achtundfünfzigjährige, die den Lieferanten in ihre Wohnung läßt, um ihr Telefon zu benutzen.

Wie Linda Fairstein traurig feststellt: »Es gibt so viele Menschen, denen wir unser Vertrauen schenken, und die uns dann verraten, weil es falsche Freunde waren. Jennifer ist ein unendlich tragisches Beispiel für diesen Irrtum.«

KAPITEL SECHS

Der schwere Weg der Opfer

Am 25. März 1931 brach zwischen einigen schwarzen und weißen Jugendlichen auf einem Güterzug, der mit achzig Waggons durch Alabama nach Memphis/Tennessee fuhr, ein Streit aus. Bis auf einen waren die jungen Leute noch nicht einmal zwanzig Jahre alt. Es waren Hoboes, die den Zug heimlich bestiegen hatten, um in einer der größeren Städte entlang der Strecke Arbeit zu suchen – eine gängige Praxis zur Zeit der Depression. Nicht zuletzt weil sie den Weißen zahlenmäßig überlegen waren, »gewannen« die Schwarzen den Streit schließlich und warfen ihre Widersacher einen nach dem anderen von den Waggons hinunter. Als der Zug in Paint Rock, Alabama, anhielt, erwartete sie bereits ein Aufgebot des Sheriffs und nahm neun schwarze Jugendliche fest; einige andere konnten offensichtlich entkommen. Die Weißen, die als Verlierer aus dem Streit hervorgegangen waren, hatten scheinbar befürchtet, daß sie auf ihrem Weg entlang der Bahngleise wegen Landstreicherei aufgegriffen werden könnten. Um von ihrer eigenen Situation abzulenken, meldeten sie also den Fall und behaupteten, von diesem »Negergesindel« angegriffen und vom Zug geworfen worden zu sein.

Doch danach wurden die Dinge erst richtig kompliziert. Die Hilfssheriffs fanden auf den Waggons nämlich auch zwei weiße Frauen, die beide Arbeitsanzüge trugen. Es handelte sich um die neunzehnjährige Victoria Price und ihre siebzehn Jahre alte Freundin Ruby Bates. Aus Furcht, wegen Landstreicherei oder noch Schlimmerem eingesperrt zu werden, behaupteten die beiden jungen Frauen nun, sie seien von zwölf schwarzen Männern vergewaltigt worden. Als Täter benannten sie die neun Jugendlichen, die gerade erst festgenommen worden waren. Die übrigen drei müßten wohl vom Zug abgesprungen seien, kurz bevor er in Paint Rock einfuhr.

Einige der Beschuldigten waren einander vor der Festnahme noch nie begegnet, und nur vier von ihnen waren tatsächlich gemeinsam unterwegs: der Achzehnjährige Haywood Patterson, sein neunzehnjähriger Freund Andrew Wright (beide aus Chattanooga), Wrights Bruder Leroy sowie Leroys Freund Eugene Williams, die beide erst dreizehn Jahre alt waren. Man brachte sie noch in der gleichen Nacht in das Gefängnis der nahe gelegenen Stadt Scottsboro, wo sie von einer wütenden Menge um ein Haar gelyncht worden wären. So begann die Geschichte des vielleicht berühmtesten Falls von Falschaussage in der Geschichte der Vereinigten Staaten von Amerika.

Die Gerichtsverhandlung gegen die neun »Scottsboro Boys«, wie sie bald landesweit hießen, begann schon weniger als zwei Wochen später. Victoria Price, die bereits zweimal verheiratet gewesen war, gab an, daß sie und Ruby Bates in dem Güterwaggon jeweils sechs Mal auf dem Boden vergewaltigt worden seien. Eine medizinische Untersuchung, der sich die Frauen unterziehen mußten, ergab tatsächlich, daß sie beide Geschlechtsverkehr gehabt hatten, doch in beiden Fällen lag der Zeitpunkt des Sexualkontakts zu lange zurück, als daß er während der Zugfahrt hätte stattgefunden haben können. Desgleichen wurden an den Körpern der Frauen keinerlei Wunden, Prellungen oder sonstige Anzeichen gefunden, die auf eine sexuelle Gewaltanwendung hätten schließen lassen, wie das die Frauen behaupteten. Nach dreitägigen Verhandlungen wurden bis auf einen alle neun Scottsboro Boys zum Tode verurteilt; der Jüngste erhielt eine lebenslängliche Freiheitsstrafe. Den Geschworenen gegenüber – die ausschließlich Weiße waren – erklärte der Staatsanwalt dem Gerichtsprotokoll zufolge knapp und bündig: »Ob schuldig oder nicht, laßt uns diese Nigger loswerden.«

Der Scottsboro-Fall wurde in kürzester Zeit weltweit zu einem Cause Célèbre, und es schalteten sich so unterschiedliche Organisationen ein wie die NAACP (National Association for the Advancement of Colored People; zu deutsch etwa: Nationale Gesellschaft zur Förderung Farbiger) und die Amerikanische Kommunistische Partei. Aber auch prominente Persönlichkeiten wie Albert Einstein und die Schriftsteller Theodore Dreiser und Thomas Mann. Ruby Bates widerrief schließlich ihre Aussage. Die Ungerechtigkeit des Prozesses und die Verfahrensfehler waren so ungeheuerlich, daß der Oberste Gerichtshof versprach, erneut über den Fall zu verhandeln. Im April 1933 wurde der Prozeß in einem Gerichtsgebäude in Decature, Alabama, erneut eröffnet. Die neun Angeklagten wurden jetzt von einem erfahrenen New Yorker Prozeßanwalt namens Samuel Leibowitz verteidigt, der Bates Freund, Lester Carter, in den Zeugenstand rief. Carter hatte Ruby Bates auf der Zugfahrt begleitet und dementierte ebenfalls, daß eine Vergewaltigung jemals stattgefunden hätte. Diesesmal ermahnte der Staatsanwalt in seinem Resümmee die Jury, die wiederum ausschließlich aus Weißen bestand, sogar mit den Worten: »Zeigt denen, daß sich die Justiz von Alabama nicht mit jüdischem Geld aus New York kaufen läßt!«

Erneut wurden alle Angeklagten schuldig gesprochen. Aber James E. Horton, der Richter bei diesem Verfahren, war ein unglaublich mutiger Mann. Er erklärte das Urteil kurzerhand für nichtig, indem er erklärte, während der Verhandlung nichts gehört zu haben, was auf eine Schuld der Angeklagten hinwiese. Bei der nächsten Wahl wurde Richter Horton mit überwältigender Mehrheit abgewählt und mußte von seinem Amt zurücktreten.

Bei einem dritten Verfahren unter einem neuen Richter und mit neuen Geschworenen wurden die Scottsboro Boys erneut für schuldig befunden, und wieder kam die Angelegenheit vor den Obersten Gerichtshof, der jetzt allerdings verfügte, daß eine systematische Ausschließung von Schwarzen aus der Jury automatisch die Urteilsaufhebung zur Folge haben sollte. Bei dem vierten Verfahren, um 1937, wurden vier der Angeklagten für nicht schuldig befunden, und die fünf anderen wurden mit einem außergerichtlichen Einigungsverfahren abgeurteilt, wonach die Nordstaatler sich bereit erklärten, ihren Protest aufzugeben und sich zurückzuhalten, wenn die Behörden der Südstaaten die fünf nach und nach und ohne Aufhebens zu machen aus dem Gefängnis entließen. Doch bis zu dem Zeitpunkt, da der letzte Beschuldigte, Andrew Wright, 1950 tatsächlich wieder auf freien Fuß kam, hatten die neun Scottsboro Boys insgesamt eine Haftzeit von über einhundert Jahren abgesessen, und zwar für ein Verbrechen, das sie nicht nur niemals begangen hatten, sondern für eines, das nicht einmal stattgefunden hatte!

Bei dem Scottsboro-Fall wurde die Anklage wegen Vergewaltigung nicht nur als eine Waffe mißbraucht, mit der ein Mensch anderen Menschen großes Unrecht zufügte, sondern die ganze Angelegenheit machte sichtbar, in welch unendlich trostlosem Zustand sich die Rassenfrage in den 30er und 40er Jahren im amerikanischen Süden noch befand. Der Fall wies aber auch auf eine Tatsache hin, die schon seit Jahrhunderten Anlaß zur Sorge gibt, daß nämlich jede Frau jeden Mann beschuldigen kann, ihr sexuelle Gewalt angetan zu haben, wobei schließlich ihr Wort gegen das seine steht. Daraus ergibt sich der Schluß, daß möglicherweise sehr viele Frauen zu Unrecht den Vorwurf erheben, sexuell genötigt oder mißbraucht worden zu sein, und man die Glaubwürdigkeit solcher Frauen grundsätzlich in Zweifel ziehen sollte; eine Einstellung, die noch heute manches Gerichtsverfahren überschattet, in dem es um Vergewaltigung geht.

Kürzlich brachte eine Frau zur Anzeige, am Nachmittag gewaltsam vom Parkplatz eines eleganten vorstädtischen Einkaufszentrums verschleppt worden zu sein, das nicht weit von meiner Wohnung entfernt liegt. Der Täter habe sich gewaltsam Zutritt zu ihrem Wagen verschafft, sie ein paar Meilen weiter fahren lassen, sie dann vergewaltigt und sich anschließend wieder zu dem Einkaufszentrum zurückbringen lassen. Über die Geschichte wurde noch am gleichen Abend in den örtlichen Rundfunk- und Fernsehstationen sehr ausführlich berichtet.

Da ich Frauen immer warne, und vor allem meine eigenen Familienmitglieder, auf Parkplätzen von Einkaufszentren besonders vorsichtig und wachsam zu sein, wurde ich bei dem Fall sofort hellhörig und begann ihn mir genauer anzusehen.

Ich muß betonen, daß ich an die Untersuchung jedes Falles – auch wenn es sich um eine Vergewaltigung handelt – absolut vorurteilsfrei herangehe. Um effektive Arbeit leisten zu können, muß ich von Anfang an so objektiv wie irgend möglich sein. Aber in diesem Fall stieß ich gleich zu Beginn, als ich darüber nachdachte, was inzwischen über die Faktenlage bekannt geworden war, auf eine Reihe von Ungereimtheiten, die mir einfach nicht einleuchteten. Wenn wir in unserer Spezialeinheit die Ermittlungen zu einem Fall aufnehmen, versuchen wir uns zunächst darüber klarzuwerden, ob die betreffende Frau oder das Mädchen in hohem Maß, in weniger hohem oder in geringem Maß gefährdet war, gerade diesem speziellen Verbrechen zum Opfer zu fallen. Obgleich die Frau allein war, schien sie mir jedoch nur in sehr geringem Maße gefährdet gewesen zu sein. Zudem ereignete sich das Verbrechen während des Nachmittags, also in einer Zeit, in der dieser Parkplatz sehr gut besucht war. Außerdem wußte ich, daß das ganze Gelände von ausgebildetem Sicherheitspersonal überwacht wurde. Die Frau hatte ferner zu Protokoll gegeben, daß sie den Angreifer nicht kannte; aber was machte dann ausgerechnet sie für den Täter interessant? Anschließend sollen die beiden mit dem Fahrzeug der Frau fortgefahren sein. Man kommt aber nur mit einem Privatwagen oder einem Bus auf das Gelände des Einkaufszentrums. Wie sollte also der Täter dorthin gekommen sein? Hat ihn vielleicht ein Komplize dort abgesetzt? Das Opfer hatte angegeben, daß es keinen Hinweis darauf gegeben habe, daß der Täter irgendeinen Helfer gehabt hätte. War der Täter etwa per Bus zu dem Einkaufszentrum gekommen und mit der festen Absicht, jemanden auszurauben oder zu vergewaltigen? Und sollte es tatsächlich möglich sein, daß er ihr dann ihren Wagen wieder überlassen hat, hinüber zu Bushaltestelle lief und sich unter die wartenden Menschen stellte, während doch die Polizei zweifellos die ganze Gegend nach einem Mann abkämmt, der auf seine

Beschreibung paßt? Und die Beamten hatten mit Sicherheit eine Beschreibung von ihm, denn die Frau sagte aus, daß sich der Täter nicht die geringste Mühe gemacht habe, sich in irgendeiner Form zu tarnen.

Alles in allem waren die Fakten irgendwie nicht recht stimmig und paßten einfach zu keinem der typischen Täterprofile, die ich und meine Kollegen im Laufe der Jahre entwickelt hatten. Das bedeutet natürlich nicht, daß das Verbrechen nicht stattgefunden hätte; es bedeutet nur, daß man die Ermittlungen peinlichst genau durchführen muß, um zu verstehen, warum ein bestimmtes Szenario oder ein bestimmtes Detail aus dem üblichen Rahmen fällt.

Wie sich später herausstellte, hatte es sich hierbei tatsächlich um eine Falschaussage gehandelt, um einen restlos erdachten Fall. Und warum? Häufig sind bei Fällen wie diesem Überlegungen im Spiel, den Betreiber eines solchen Einkaufszentrums wegen mangelnder Sicherheitsgewährleistung zu verklagen und eine Entschädigung zu erpressen. Aber diesesmal verhielt es sich ganz und gar anders, und es handelte sich um den mißglückten Hilfeschrei einer Frau, die sich vereinsamt und von der Gesellschaft im Stich gelassen fühlte.

Warum war dieser Fall so einfach zu lösen? Der Hauptgrund war der, daß das vermeintliche Opfer ihre Geschichte so konstruiert hatte, wie sie sich eben eine Vergewaltigung durch einen fremden Täter vorstellte. Sie tappte in die gleiche Falle, in die auch Täter geraten, die versuchen den Tatort zu präparieren, um eine ganz andere Tat vorzutäuschen, oder den Verdacht von ihrer Person abzulenken: sie hatte nicht genügend Erfahrung oder normalen Menschenverstand, um zu erkennen, daß die Polizei ausreichend echte Fälle gesehen hat, und es sehr wohl merkt, wenn sie auf diese laienhafte Weise mit einem fingierten Szenario hinters Licht geführt werden soll.

Wie dem auch sei, falsche Anschuldigungen sind im großen und ganzen relativ selten und machen kaum 5 Prozent der insgesamt gemeldeten Vergewaltigungsfälle aus, was statistisch in etwa den Falschmeldungen entspricht, die auch in anderen Bereichen der Kriminalität bei der Polizei eingehen. So selten es jedoch geschieht, daß jemand zu Unrecht und absichtlich einer Vergewaltigung bezichtigt wird, die in Wahrheit gar nicht stattgefunden hat, so entsteht dadurch ein vergleichsweise riesenhafter Schaden. Zum ersten, weil damit jedesmal das gesamte Rechtsempfinden und jedes Gefühl für Fairneß zutiefst verletzt wird, und zweitens weil durch die seltenen Fälle einer falschen Anschuldigung die überwältigende Vielzahl der tatsächlich passierten Vergewaltigungen, die gemeldet werden, in Zweifel gezogen werden. Und drittens muß auch in Rechnung gestellt werden, daß die genannte Größenordnung von 5 Prozent zu Unrecht gemeldeter Vergewaltigungen, in Anbetracht der hohen Dunkelziffer das Bild verzerrt, denn zahllose Vergewaltigungen tauchen in keiner Statistik auf, weil die betreffenden Opfer sich nicht mit dem Unglück, das ihnen zugestoßen ist, an die Öffentlichkeit wagen – ich weiß das aus meiner Begegnung mit vielen Opfern, die nach einer öffentlichen Veranstaltung das Gespräch mit mir gesucht habe sowie aus zahlreichen Briefen, die betroffene Frauen an mich schrieben.

Erfahrene Ermittler kennen Wege, eine Falschaussage nachzuweisen, und es ist unbedingt nötig, auch diese Fälle genau zu untersuchen. Zum einen, um deutlich zu machen, daß solche Lügen einer gründlichen Ermittlung nicht standhalten können, und jeder, der eine Falschaussage begeht und dabei erwischt wird, sich strafbar macht, und zum anderen, um zu betonen, daß die Ermittler und Staatsanwälte durchaus einen legitimen Grund haben, die entsprechenden Fälle vor Gericht zu bringen.

Welches sind nun die möglichen Gründe, eine Vergewaltigung zur Anklage zu bringen, die in Wahrheit niemals stattgefunden hat? Ein häufiger Grund kann Nötigung sein, wie wir das etwa in dem oben beschriebenen Fall sogleich vermutet hatten. Aber auch ein Erpressungsversuch gegen einen Politiker, einen Prominenten oder sonst eine reiche Person kann jemanden zu einer Falschaussage verleiten. Ein anderes Motiv kann Rache sein – wenn eine Frau beispielsweise für etwas Vergeltung sucht, das ihr widerfahren ist, und nun den Beschuldigten bestraft, indem es versucht seinen Ruf in der Öffentlichkeit zu zerstören. Eine Frau mag aber auch eine Vergewaltigung vortäuschen zu dem Zweck, ihre Gegenwart an einer bestimmten Örtlichkeit zu begründen, an der sie sich nicht hätte aufhalten dürfen, wie etwa bei einem fremden Mann, von dem ihr Ehemann nichts wissen darf. Eine Variante wäre beispielsweise, daß ein Mädchen eine falsche Beschuldigung erhebt, um auf diese Weise einer Bestrafung zu entgehen – sei es durch das Gesetz oder durch Eltern oder andere Autoritäten –, weil es eventuell gegen eine Ausgangssperre verstoßen hat, die ihm auferlegt worden ist, oder um zu verschleiern, daß es mit einem Jungen Sex hatte, mit dem Umgang zu haben ihm verboten worden war.

Derartige fälschliche Beschuldigungen sind alle recht ungewöhnlich, und wir erwähnen sie hier nur, um auf die schädlichen Auswirkungen hinzuweisen, die sie auf tatsächlich begründete Anklageerhebungen haben. In anderen Situationen hingegen, die wir sehr häufig erleben, wird eine durch und durch wahre Begebenheit aus ganz ähnlich gelagerten Gründen in allen möglichen Varianten übertrieben und ausgeschmückt. Solch ein Fall ist dann in seiner dichten Komplexität vergleichsweise schwierig zu bearbeiten.

Linda Fairstein berichtet zum Beispiel von dem Fall einer sechzehnjährigen High School-Schülerin, die tatsächlich vergewaltigt wurde, aber nicht unter den Umständen, wie sie es schließlich der Polizei geschildert hatte. Wie sie zu Protokoll gab, war sie mit der Bahn von ihrem Elternhaus am Rande der Stadt nach Manhattan in den Washington Square Park gekommen, um dort am Nachmittag an einer Kundgebung von Studenten der New York University teilzunehmen, bei der es um die Legalisierung von Marihuana ging. Dort wurde sie von einem Obdachlosen gewaltsam verschleppt, der sie mit gezücktem Messer zwang, mit ihm die Untergrundbahn zu besteigen und an die Upper West Side zu fahren, und sie anschließend zu sich »nach Hause« mitnahm, einem Versteck zwischen den zahllosen Findlingen dort im Riverside Park. Dort hatte er sie ihren Angaben nach dann vergewaltigt, wobei er sie ständig mit seinem Messer bedrohte. Ein Polizist wurde schließlich auf sie aufmerksam, weil ihre Kleidung völlig verschmutzt und zerrissen war, und sie ganz benommen im Park umherlief. Aufgrund ihrer

Beschreibungen konnte der Vergewaltiger auch gleich gefunden werden; er befand sich noch an der Stelle, wo das Verbrechen stattgefunden hatte. Der Mann versuchte jedoch gar nicht abzustreiten, daß er Sex mit der jungen Frau gehabt hätte, sondern behauptete, daß es keine Vergewaltigung war, sondern in gegenseitigem Einverständnis dazu kam. In Wahrheit seien sie vielmehr Freunde – ein Rechtfertigungsversuch, den man in solchen Fällen häufig zu hören bekommt.

Die ärztliche Untersuchung zeigte, daß die junge Frau tatsächlich Geschlechtsverkehr gehabt hatte, und daß der Akt brutal gewesen war. Die junge Frau hatte den Vorfall in echter Panik geschildert, und aus den Details ergaben sich genügend Beweise, aus denen Fairsteins Mitarbeiter entnehmen konnten, daß das Opfer in einer lebensbedrohlichen Situation vergewaltigt worden war.

Doch wie bei der Aussage der Frau auf dem Gelände des Einkaufszentrums gab es auch in diesem Fall einige Ungereimtheiten. Zum einen hätte die Entführung am hellichten Tag stattgefunden haben müssen, mitten in einem Stadtpark voller Menschen, in dem noch dazu jede Menge Polizisten auf Streife waren. Überdies, wenn es bei der Kundgebung um die Legalisierung von Marihuana ging, war dann nicht anzunehmen, daß außer den uniformierten Beamten auch Polizei in Zivil unterwegs war? Würde ein Vergewaltiger wohl das Risiko eingehen, eine Frau ausgerechnet in solch einer Situation mit gezogenem Messer zu verschleppen, wenn er es doch ein paar Meilen weiter entfernt viel leichter haben könnte? Und dann noch die Fahrt mit der U-Bahn, die immerhin eine ganze Strecke weit quer durch die Stadt führte. Aus Sicherheitsgründen wird die New Yorker U-Bahn ziemlich scharf bewacht. Wie groß sind wohl die Chancen für einen Verbrecher, bei diese Fahrt mit einem gekidnappten Opfer, das er mit dem Messer bedroht, nicht irgendeinem Passanten oder einem der Streifenpolizisten aufzufallen?

Fairstein beschloß schließlich, die junge Frau persönlich zu befragen. Sie versicherte ihr, daß niemand auch nur den geringsten Zweifel daran hatte, daß sie tatsächlich vergewaltigt wurde, aber wenn sich irgendein Detail ihrer Schilderung, und sei es für sie selbst auch noch so belanglos, als unwahr erwiese, dann würde das ihre Darstellung des Falles in den Augen der Geschworenen insgesamt unterminieren, und am Ende könnte der Kerl womöglich als Opfer dastehen, den man die Vergewaltigung zu Unrecht zur Last gelegt hat.

Dann kam die Wahrheit ans Licht. Ihre Eltern waren, was nicht verwunderlich ist, dagegen gewesen, daß sie an der Kundgebung im Washington Square Park teilnahm. Dort hatte sie dann den Beschuldigten kennengelernt. Sie verbrachten einige Stunden zusammen und lernten sich dabei ein wenig kennen. Der Mann sagte schließlich, daß er weiter stadtauswärts, im Riverside Park, etwas Marihuana versteckt hätte; wenn sie mitkäme, würde er ihr etwas davon abgeben, und sie könnten dann den Rest verkaufen und sich den Gewinn teilen. Er versprach ihr, sie pünktlich wieder zurück zur Grand Central-Station zu bringen, damit sie noch rechtzeitig die Bahn nach Hause bekäme. Sie verließ also freiwillig mit ihm den Washington Square Park und fuhr mit ihm ebenso freiwillig zum Riverside Park. Erst als sie sich fern von den Parkbesuchern zwischen den großen Felsblöcken befanden, zog er plötzlich das Messer, mit dem er sie nun eine Stunde lang bedrohte, während er ihr Gewalt antat.

Ganz ohne Frage war diese junge Frau das Opfer eines gewaltsamen Sexualverbrechens geworden. Das ganze Drumherum der eigentlichen Tat hatte sie nur erfunden, weil sie Angst hatte, von ihren Eltern bestraft zu werden oder ihr Vertrauen zu verlieren, weil sie gegen ihr ausdrückliches Verbot an der Kundgebung teilgenommen hatte, und zusätzlich so dumm gewesen war, auch noch mit dem Fremden mitgegangen zu sein, was dann die Vergewaltigung zur Folge hatte. Wenn sie ihre Eltern also überzeugen konnte, daß sie nicht wirklich etwas »falsch« gemacht hatte, sondern zu allem, was geschehen war, gezwungen wurde, dann könnten sie ihr eigentlich nur die Tatsache vorwerfen, daß sie trotz Verbots zu der Kundgebung gegangen war.

Fairstein versuchte ihr klarzumachen, wie erlöst ihre Mutter und ihr Vater doch wahrscheinlich seien, daß sie lebendig wieder aus der Sache herausgekommen und wieder in Sicherheit ist, und daß jede Strafe, die ihre Eltern möglicherweise gegen sie verhängen könnten gemessen an dem, was sie bereits durchgemacht hat, doch nur ein Klacks sei. Fairstein versprach der jungen Frau auch, persönlich den Eltern zu erklären, wie sich alles abgespielt hatte, und versicherte ihr, daß ihre Eltern ihr sicherlich nichts nachtragen und ihr keine Vorwürfe machen würden.

Man soll nicht glauben, daß sich nur naive Teenager in solch eine Situation bringen, weil sie hoffen, auf diese Weise Ärger mit ihren Eltern zu vermeiden. Uns ist wahrhaftig schon öfter als einmal ein solcher Fall untergekommen, bei dem ein reifer Erwachsener, ob Mann oder Frau, mit einem heimlichen Geliebten in einem Hotelzimmer von einem Fremden überrascht wurde, der dann den Mann gefesselt und die Frau vergewaltigt hat. Man kann sich unschwer vorstellen, welche phantastischen Geschichten sich die Betroffenen dann ausdenken, um vor ihren Ehepartnern – oder auch Kindern – zu beweisen, daß sie nichts Ehrenrühriges getan haben. Aber selbst ein solcher Fall kann, wie eine ganz und gar erlogene Beschuldigung gegen einen völlig Unbeteiligten, nach hinten losgehen, und denjenigen, der die falsche Aussage gemacht hat in riesige Schwierigkeiten bringen.

Fairstein meint dazu: »Wenn eine Frau uns belügt, dann können wir das nicht stillschweigend hinnehmen oder einfach übergehen. Die Verteidigung des Beschuldigten wird jedes undurchsichtige Detail aufgreifen. Am Ende müssen diese Frauen immer zugeben, daß sie gelogen haben. Meistens erklären sie ihr Verhalten dann mit Bemerkungen wie: ›Ich habe gelogen, weil ich fürchtete, meine Mutter würde mich bestrafen.‹ ›Ich dachte, die Polizei würde mir sonst nicht glauben.‹ ›Ich fürchtete, wenn ich zugäbe, daß ich eine Prostituierte sei, dann würde niemand den Fall weiter untersuchen und sich keiner weiter darum kümmern.‹«

Worauf es in solch einem Fall ankommt, ist, daß Ermittlung oder Staatsanwaltschaft die Situation im Griff behalten, das heißt, er oder sie muß geschickt genug sein, die Geschichte vollständig in Erfahrung zu bringen, ohne das Vertrauen des Opfers zu verlieren. Um das zu erreichen, können unterschiedliche Methoden angewendet werden.

»Je nachdem fordere ich sie freundlich und vorsichtig auf, mir die volle Wahrheit zu sagen, oder aber auch mit schärferen Worten«, erklärt Fairstein. »Manche reagieren sehr einsichtig, aber andere muß man förmlich wachrütteln, damit sie kapieren, daß es im Gerichtssaal noch eine Person gibt, die genau weiß, wie sich der Fall tatsächlich abgespielt hat. Sie müssen begreifen, daß sie unrettbar weg vom Fenster sind, wenn ich im Gerichtssaal plötzlich erleben muß, daß sie mir nicht die volle Wahrheit gesagt haben. In der Regel gibt es drei verschiedene Gründe, warum Vergewaltigungsopfer glauben, zu einer Lüge Zuflucht nehmen zu müssen. Entweder war Alkohol im Spiel, oder Drogen, oder aber sie hatten sich zunächst ganz freiwillig auf sexuellen Kontakt mit dem Täter eingelassen. Wenn ein Opfer über einen dieser Punkte die Unwahrheit sagt, oder auch nur versucht, die Tatsachen zu bagatellisieren, und ich höre anschließend eine glaubwürdigere Darstellung aus dem Mund des Täters, so wird die Geschworenenschaft unweigerlich entsprechend darauf reagieren. Ich kann meine Klientin nur optimal vertreten, wenn ich genau weiß, was sich zugetragen hat, und überzeugt sein kann, daß ein Verbrechen stattgefunden hat. Doch wenn sie mir auch nur das Geringste vorenthält, dann wird sie ihren Fall nicht so durchbekommen, wie sie sich das wünscht. Anschließend erläutere ich noch, was es bedeutet, einen Meineid abzugeben, wenn die betreffende Frau oder das Mädchen also unter Eid steht und die Unwahrheit sagt. Wenn sie nämlich nicht der vollen Wahrheit ins Auge blicken, dann kann das Verbrechen, dem sie zum Opfer gefallen sind, für sie noch viel verheerendere Folgen haben.«

Wie wir am Fall Chambers gesehen haben, kann ein Täter seine Darstellung der Dinge so oft ändern, wie er will. Wenn wir solche Charaktere aber hinter Schloß und Riegel bringen wollen, dann muß das Opfer ein höheres Rechtsempfinden entwickeln, ganz gleich, welche traumatischen Erfahrungen es durchgemacht hat. Das ist zwar eine traurige Tatsache, aber wir dürfen sie leider nicht ignorieren.

Als Gesellschaft müssen wir soweit kommen, daß Frauen, die Opfer einer Vergewaltigung geworden sind, keine Furcht mehr haben, mit ihrem Fall an die Öffentlichkeit zu gehen – selbst wenn gewisse Details sie nicht unbedingt als Ausbund von Tugendhaftigkeit erscheinen lassen. Unsere Aufgabe ist es, die Opfer davon zu überzeugen, daß unser Ziel nicht ist, *sie* zu verurteilen, weil sie vergewaltigt wurden, sondern daß wir die ganze Wahrheit kennen müssen, um ihnen Gerechtigkeit zu verschaffen und uns alle zu schützen. Denn solange wir nicht begreifen lernen, daß jeder, auch der nicht ganz perfekte Bürger (und wer würde schon von sich behaupten wollen, fehlerlos zu sein) das Recht hat »Nein!« zu sagen, solange können wir nicht sicher sein, wie viele gefährliche Vergewaltiger wir dort draußen noch frei herumlaufen und ihr Unwesen treiben lassen, die wir unter Umständen bereits längst hinter Gitter gebracht haben könnten.

Es gibt einen Grund dafür, daß siegreiche Armeen seit Menschengedenken Massenvergewaltigungen begingen, um ihre Feinde vollständig zu unterwerfen. Um es noch einmal mit Linda Fairsteins Definition zu sagen, aber in einer etwas abgewandelten Form: Massenvergewaltigung ist ein Verbrechen, in der Sex als Waffe benutzt wird, um sich ein besiegtes Volk von »Opfern« zu unterwerfen und es zu beherrschen. Trotz aller technologischen Fortschritte in der Entwicklung von chemischen, biologischen oder nuklearen Massenvernichtungswaffen ist die systematische Vergewaltigung von Frauen – Müttern, Töchtern, Großmüttern – ein weitaus effektiveres Mittel, den Feind zu zerstören, zu demoralisieren und zu erniedrigen, als irgendeine herkömmliche Waffe. Das haben wir vor vielen tausend Jahren erleben müssen, und wir erleben es auch heute noch. Diese Tatsache macht deutlich, daß ein Soldat die ganze Persönlichkeit seines Feindes brechen muß, um ihn vollständig zu zerstören. So wie einzelne individuelle Opfer eines Serienvergewaltigers stellvertretend für die eigentlichen Personen stehen, auf die der Täter einschlagen will, es aber nicht ohneweiteres vermag (sei es seine Mutter oder auch seine Ehefrau), so repräsentieren die Opfer von Kriegsgreueltaten die Nation oder Gesellschaft, gegen die ein Krieg geführt wird.

Immer wenn solche Kriegsverbrechen bekannt werden, sind die Menschen weltweit zutiefst entrüstet: Das Entsetzliche, die Schmach und Schande solcher Taten empört uns alle, ganz gleich, in welchem Kulturraum wir leben, welcher Religion wir zugehören oder unter welchem politischen System wir leben. Alle zivilisierten Völker verurteilen die Aggressoren und empfinden Mitleid mit den Opfern, ob sich das Verbrechen nun zwischen ethnischen Gruppen in Bosnien abspielt, zwischen kriegführenden Stämmen in Zaire oder zwischen x-beliebigen anderen Völkergemeinden dieser Erde. Aber was mich immer kolossal erstaunt, ist, wie schnell diese Empörung verstummt, wenn sich ein solches Verbrechen in unserer direkten Nachbarschaft ereignet und auf einer für uns viel persönlicheren Ebene. Wenn heutzutage in den Vereinigten Staaten eine Frau vergewaltigt wird – sei es die freundliche Dame gegenüber, oder das junge Mädchen, das bisweilen unsere Kinder hütet, oder auch eine Prostituierte, die nicht weit von unserer Arbeitsstelle anschaffen geht –, dann hat man immer den Eindruck, das Verbrechen habe sich in unendlicher Ferne abgespielt, und reagiert darauf höchst unterschiedlich. Obgleich die sexuelle Gewalttat auch hier aus einem ganz ähnlichen Grund begangen wird – wobei der Drang, das Opfer zu unterwerfen und zu beherrschen, über jedwedes sexuelle Lustempfinden, auf das der Täter aussein könnte, hinausgeht –, tun wir uns scheinbar viel schwerer, das Verbrechen als solches zu begreifen, und selbst das Opfer scheint viel größere Schwierigkeiten zu haben, den Tathergang in seiner Gesamtheit zu verarbeiten.

Aus dieser Tatsache heraus erklärt sich auch, warum Vergewaltigungsfälle häufig überhaupt nicht gemeldet werden, was im übrigen bei weitem häufiger vorkommt, als Falschmeldungen oder zu Unrecht erhobene Beschuldigungen. Für dieses erschreckende Phänomen gibt es viele Gründe, und gelegentlich kann es damit zu tun haben, daß sich das Opfer davor fürchtet, der Täter könne zurückkommen und es erneut vergewaltigen (eine Drohung, mit der Ronnie Shelton beispielsweise seine Opfer einzuschüchtern versuchte, und die ein Teil seines Modus Operandi war). Doch wir können jeder Frau, die Opfer einer sexuellen Gewalttat geworden ist, versichern, daß dies in Fällen, bei denen der Täter ein wildfremder Mann war, nur äußerst selten vorkommt.

Die Hauptursache, warum Vergewaltigungsopfer sich scheuen, das Verbrechen zur Anzeige zu bringen, ist jedoch darin zu suchen, wie die betreffende Frau oder das Mädchen die Reaktionen ihres gesellschaftlichen Umfeldes einschätzt. Und mit diesem gesellschaftlichen Umfeld meine ich uns alle – vom Ehemann oder Liebhaber des Opfers bis hin zum Freund und dem Polizisten an der Ecke, vom Hausarzt bis zu den Anwälten, Richtern und Geschworenen, den Medien und der gesamten Öffentlichkeit.

Vergegenwärtigen wir uns nur einmal folgende Situation, in die beispielsweise eine junge Frau geraten könnte, die, sagen wir, Anfang dreißig ist. Nehmen wir an, sie hat einen gehobenen Job in der Rechtsabteilung einer Firma, die sich auf Immobilientransaktionen spezialisiert hat. Einer der Kunden dieser Firma ist ein attraktiver Arzt. Er ist Anfang vierzig, war noch nie verheiratet und bittet die junge Frau eines Tages, doch einmal mit ihm auszugehen. Sie haben sich bereits dreimal getroffen, und die junge Frau ist ganz hingerissen bei dem Gedanken, daß dieser höfliche, gutaussehende, charmante und erfolgreiche Mann sich für sie interessiert. Nichtsahnend geht sie eines Abends mit zu ihm nach Hause, nachdem sie in einem Restaurant gespeist hatten und anschließend ein Tanzlokal besuchten, in dem sie sich noch einige Stunden amüsiert haben. Sie trinken gemeinsam eine Flasche Wein, und die junge Frau hat das Gefühl, es gäbe nichts auf der Welt, über das sie mit ihm nicht sprechen oder lachen könnte. Sie hat den Eindruck, daß sie sich bereits sehr in den Mann verliebt hat. Am liebsten würde sie die ganze Nacht über bei ihm bleiben, in seinen Armen liegen und über Gott und die Welt plaudern. Es ist noch zu früh für Sex, denn einerseits möchte sie ihn gerne erst noch etwas genauer kennenlernen, und zum anderen möchte sie nicht, daß er glaubt, sie sei eine von der schnellen Sorte. Alles, was er bisher zu ihr gesagt hat, gibt ihr das Gefühl, daß auch er sie wirklich mag, und ihre Gefühle durch nichts verletzen möchte.

Doch wie sich auf einmal herausstellt, ist es ihm völlig gleichgültig, wie sie sich fühlt, oder was sie möchte. Um etwa drei Uhr morgens werden seine Küsse plötzlich immer zudringlicher. Sie bittet ihn noch zu warten, doch er nimmt ihre Hände und hält sie über ihrem Kopf fest. Er will nicht aufhören, und sie kann nichts dagegen zun. Sie beginnt schließlich zu schreien, bittet ihn, von ihr herunterzugehen, ihr doch einen Augenblick zuzuhören, mit ihr über alles zu sprechen. Ist das nun plötzlich ein schlechter Traum? Doch es ist bereits zu spät.

Er hat nie gedroht, sie umzubringen, und er hat ihr auch kein Messer an den Hals gehalten. Er hat sie einfach körperlich überwältigt. Anschließend ist er möglicherweise auch wieder sehr freundlich zu ihr und sagt ihr, wie sehr es ihm mit ihr gefallen habe, was die junge Frau gleichermaßen irritiert und erschreckt. Doch er könnte auch gemein zu ihr sein und ihr einzuschärfen versuchen, mit niemandem darüber zu sprechen, denn es würde ihr ohnehin niemand glauben. »Es würde dein Wort gegen meins stehen. Sieh uns doch nur einmal an – was meinst du wohl, wem sie eher glauben würden?« Auf jeden Fall ist er mit ihr fertig, sobald er ihr sagt, sich anzuziehen und zu verschwinden.

Oberflächlich betrachtet mag dies – für uns – ein klarer Fall sein: Sie soll den Kerl doch ganz einfach anzeigen. Aber versetzen wir uns einmal in die Situation des Opfers. Zunächst einmal fühlt sie sich zutiefst betrogen und verletzt und schämt sich für das, was geschehen ist. Wie konnte sie sich nur so sehr in ihm getäuscht haben? Hat es vielleicht irgend etwas gegeben, das sie vor ihm hätte warnen müssen, und sie hat es einfach übersehen? Eine andere Überlegung, die sie möglicherweise erschreckt, ist die Vorstellung, daß sie den gleichen Fehler noch einmal begehen würde, weil ihr während der ganzen Zeit nichts aufgefallen war, das sie hätte beunruhigen müssen; er war doch so höflich und zuvorkommend, und er erschien ihr so vertrauenerweckend. Schließlich fragt sie sich, ob vielleicht mit ihr selbst irgend etwas nicht ganz in Ordnung sei.

Sie befürchtet vielleicht auch, daß die Polizei, wenn sie den Fall zur Anzeige brächte und erzählt, daß sie getrunken hatte – nicht übermäßig, aber sie hatte getrunken – ihr den Rest der Geschichte nicht mehr abnähme. Außerdem gäbe es außer seinem Sperma möglicherweise keinerlei Beweis dafür, daß er sie mit Gewalt genommen hatte. Schließlich hatte er sie ja nicht geschlagen. Und noch dazu ist dieser Kerl Akademiker und sehr erfolgreich in seinem Beruf. Er könnte jede Frau haben, wenn er wollte. Warum sollte er sie also vergewaltigt haben? Ihr ganzes Selbstvertrauen – das auch vorher nie besonders ausgeprägt gewesen war – ist durch diesen Vorfall völlig zerstört. Mit einem Mal hat sie das Gefühl, die Geschworenen würden möglicherweise denken, daß sie doch hätte froh sein können, solch einen Mann überhaupt abbekommen zu haben.

Außerdem ist der Kerl auch noch ein Kunde ihres Chefs. Sie würde also möglicherweise sogar ihren Job verlieren. Vielleicht würde sie sich ja ihren Ruf bis in alle Ewigkeit ruinieren, denn es könnte ja sein, daß sie nicht einmal Unterstützung durch ihre eigene Familie erhielt. Ihre Mutter versteht ohnehin nicht, daß sie noch immer unverheiratet ist – für sie wäre dieser Kerl der ideale Fang. Schließlich kann sie sich nach der Demütigung, die sie erlitten hat, überhaupt nicht mehr vorstellen, mit irgend jemandem über diesen Fall zu sprechen, ob es nun eines ihrer Familienmitglieder ist, eine ihrer Freundinnen, die Polizei, eine Arbeitskollegin oder sonst jemand. Wie sollte sie also eine Gerichtsverhandlung überstehen, bei der, wie der Mann ja selbst gesagt hat, ihr Wort gegen seines stehen würde. Er sieht gut aus und hat Erfolg; er ist ganz und gar nicht der Typ von Mann, dem man eine Vergewaltigung zutrauen würde. Außerdem weiß sie ja noch, wie man über die Frau gesprochen hat, die Mike Tyson angezeigt hatte, bevor er endlich verurteilt wurde, weil er sie vergewaltigt hatte: Was sie überhaupt mitten in der Nacht in seinem Zimmer zu suchen gehabt hätte? Ganz so, als sei sie selbst an allem schuld gewesen.

Ein Fall wird noch viel undurchsichtiger, wenn nicht einmal körperliche Gewalt im Spiel war. Aber mit Drohungen und Einschüchterungen kann ein Opfer auch gefügig gemacht werden.

Wenn ein Vergewaltiger zum Beispiel behauptet, er habe ein Gewehr oder ein Messer, und würde ohne mit der Wimper zu zucken Gebrauch davon machen, wobei das Opfer die Waffe tatsächlich jedoch nicht wirklich zu Gesicht bekommt, dann befürchtet die betreffende Frau möglicherweise, daß sie es anderen nur sehr schwer begreiflich machen kann, wie sehr sie sich vor dem Angreifer gefürchtet hat. Ich betone es noch einmal: Solange wir nicht selbst in solch einer Situation gesteckt haben, kann niemand von uns sagen, wie er sich verhalten würde. Auf Bedrohungen und Einschüchterungen reagiert nicht jeder Mensch gleich – der eine heftiger, der andere früher –, und angesichts einer lebensbedrohlichen Situation sagt man sich wahrscheinlich, daß eine Vergewaltigung das geringere Übel sei. Aber nur weil die Waffe nicht zu sehen ist, heißt das noch lange nicht, daß der Täter auch wirklich keine Waffe besitzt, und man kann genausowenig davon ausgehen, daß der Verbrecher im Bedarfsfall nicht tatsächlich Gewalt anwenden würde.

Bei so vielem, was nach einer erfolgten Vergewaltigung hinterfragt und im nachhinein kritisiert werden kann, ist es nicht verwunderlich, daß sich manche absolut ehrenwerte und aufrichtige Frau immer noch zweimal fragt, ob sie ein Sexualverbrechen tatsächlich zur Anzeige bringen soll oder nicht. Aber das darf nicht sein, denn sie hat das Unglück, das ihr widerfahren ist, einfach nicht verdient, genausowenig wie es der Verbrecher verdient, damit ungestraft davonzukommen. Leider kommt das immer noch viel zu häufig vor. Wenn man sich jedoch einmal das gesamte Spektrum betrachtet, in welchem Vergewaltigungen stattfinden und nicht nur an den »idealen« Vergewaltigungsfall denkt – bei dem meinetwegen eine tugendhafte Jungfrau auf dem Weg zur Kirche überfallen wird, und Tatzeugen sogleich die Polizei rufen, und der Verbrecher an Ort und Stelle überwältigt und in Gewahrsam genommen wird –, dann ist es sogar noch viel leichter zu verstehen, warum es bei Vergewaltigungen eine so hohe Dunkelziffer gibt. Es gibt noch immer eine Menge Leute, die es für unmöglich halten, daß man im Falle einer Prostituierten von Vergewaltigung sprechen könnte, oder daß eine Frau von einem Mann vergewaltigt werden könnte, mit dem sie zuvor Geschlechtsverkehr auf der Basis gegenseitigen Einvernehmens gehabt hatte – daß man also von Vergewaltigung sprechen kann, wenn es sich bei dem Täter etwa um den früheren Ehemann oder Freund handelt. Man sollte glauben, daß jeder intelligente Mensch über solch eine Einstellung nur mitleidig den Kopf schüttelt, aber die folgende erschreckende Statistik belehrt uns eines Besseren: Mehr als die Hälfte von sechstausend Jugendlichen zwischen elf und vierzehn Jahren haben laut einer Umfrage des amerikanischen Ärzteverbandes die Meinung vertreten, daß es gewisse Umstände gäbe, unter denen eine Vergewaltigung zu akzeptieren sei, wenn nämlich zum Beispiel eine Frau mehr als sechs Monate lang mit einem Mann ausgegangen sei, oder wenn der Mann bereits eine beträchtliche Summe Geldes zugunsten einer Frau aufgewendet hätte.

Woher kommt eine solche Einstellung? Haben wir allen Ernstes unsere Kinder zu dieser Haltung erzogen? Ist das tatsächlich, was wir wollen? Lag es je in unserer Absicht, daß unsere Kinder, Söhne wie auch Töchter, wirklich glauben, daß es unter bestimmten Umständen gesellschaftlich gerechtfertigt ist, daß jemand die Gefühle und den Willen eines anderen Menschen schlichtweg ignoriert und über dessen Körper, Sinne und Seele einfach verfügt?

Ich habe sehr viel mit Frau Dr. Ann Wolbert Burgess zusammengearbeitet, die Professorin für psychiatrische Krankenpflege an der Universität von Pennsylvania ist, und mit mir bereits während der späten 70er Jahren die Studie über Serientäter von Gewaltverbrechen erstellt hatte. Sie war immer eine überzeugte Befürworterin meiner Arbeit und unterstützte mich wo sie konnte bei der Publikation und Vertiefung unserer Forschungsarbeiten. Neben ihrer ausgesprochenen Fachkenntnis in vielerlei Bereichen ist sie die absolut führende Kraft und eine besonders einfühlsame Expertin auf den Gebiet der Viktimologie bei Sexualverbrechen und Vergewaltigungen. Mehr als irgend jemand sonst hat sie meinen Blick für dieses Thema geschärft und mich bei meinen Nachforschungen über die Bekämpfung des Sexualverbrechens richtungweisend beeinflußt. Um 1972 gründete Ann Burgess am Boston City Hospital eins der ersten Krisen-Interventions-Programme auf klinischer Basis, das es in den Vereinigten Staaten gibt, und das sich um Vergewaltigungsopfer kümmert. Sie war Vorsitzende der ersten beratenden Versammlung des Nationalen Zentrums zur Verhütung und Bekämpfung von Vergewaltigungsdelikten am Nationalen Institut für Psychiatrie. Seitdem war sie in zahlreichen offiziellen Positionen für die Generalstaasanwaltschaft, die Ärztekammer und den Kongreß tätig.

Ann Burgess hebt hervor, »daß die Einstellung der Gesellschaft gegenüber einem bestimmten Vergewaltigungsfall stark von einer verwirrenden Mischung aus Vorurteil, Leichtgläubigkeit und voyeuristischer Neugier geprägt ist.« Durch ihre Forschungsarbeit kam sie zu der Erkenntnis, daß unsere Art zu reagieren in hohem Maße davon beeinflußt wird, welche Erfahrungen wir in unserem Leben gemacht haben. Wenn beispielsweise ein unerfahrener Polizist, der zum ersten Mal mit einem Vergewaltigungsfall zu tun bekommt, seinen Kollegen zu teilnahmsvoll und empfindlich erscheint, und sie ihn deswegen verspotten, dann kann er versucht sein, sich bei seinem nächsten Fall härter zu geben, womit dem Opfer nicht die Aufmerksamkeit und Vorsicht entgegengebracht wird, die nötig wäre, und die das Opfer braucht. Wenn hingegen ein unerfahrener Beamte seinen ersten Vergewaltigungsfall bearbeitet und pötzlich feststellt, daß es sich dabei um eine Falschaussage oder eine zu Unrecht erhobene Beschuldigung handelt, dann kann dies andererseits dazu führen, daß der Beamte – bewußt oder unbewußt – dazu neigt, den nächsten Fall, mit dem er zu tun bekommt, nicht richtig ernst zu nehmen oder von vornherein anzuzweifeln.

Da einige Opfer in ihrer Phantasie den sexuellen Gewaltakt wieder und wieder erleben, was ein Symptom ihres Vergewaltigungstraumas ist, betont Ann Burgess immer, daß sowohl Polizeibeamten als auch die Anklagevertretung unbedingt darauf achten müssen, wie ihr Verhalten dem Opfer gegenüber »nicht nur die unmittelbare und langfristige Fähigkeit der betreffenden Frauen beeinflußt, mit dem Vorfall umzugehen, sondern auch deren Bereitschaft, bei der Strafverfolgung behilflich zu sein«. Genau wie Menschen, die andere zutiefst verstörende Erlebnisse durchleiden mußten, häufig eine posttraumatische Streßerkrankung davontragen, können ähnliche Symptome auch bei Vergewaltigungsopfern auftreten. Menschen, die nach der Tat mit diesen Frauen in Kontakt kommen, sollten also unbedingt in der Lage sein, solche Symptome zu erkennen. Als Folge dieser Streßerkrankung können kurzfristig aber auch über lange Zeit Schlafstörungen auftreten oder ein krankhaftes Eßverhalten. Es können sogar regelrechte Phobien entstehen, wie etwa eine plötzliche Angst davor, allein zu sein, oder ein krankhaft übersteigertes Bedürfnis nach Sicherheit. Die ersten, die unmittelbar nach der Tat mit Vergewaltigungsopfern zusammenkommen und diese Symptome richtig erkennen, können mit ihrem Verhalten und ihren Reaktionen entscheidend dazu beitragen, ob das Opfer sich schließlich leichter oder nur sehr schwer von seinem traumatischen Erlebnis erholen wird – und ob es seine Zeugenaussage bereitschaftlich oder nur zögerlich macht.

Während die Ermittler die künstlich konstruierten Elemente bei einer Fallschilderung in der Regel recht leicht herausbekommen, ist es weit schwieriger zu erkennen, in welchem Maße ein Opfer, das eine vermeintlich aufrichtige Aussage über den Tathergang macht, von dem Erlebnis traumatisiert ist, und wie sich dieses Trauma äußert. In welcher Form sich also ein bestimmtes Opfer zu der ihm widerfahrenen Vergewaltigung äußert, ist unterschiedlich, und es gibt keine einheitliche oder bestimmte Reaktion. Das ist es auch, was vielen Polizisten und Ermittlern den Umgang mit Vergewaltigungsfällen so schwer macht. Ann Burgess hebt zwei unterschiedliche Verhaltensformen hervor, in denen Frauen, die gerade Opfer einer Vergewaltigung geworden sind, im allgemeinen bei der Vernehmung reagieren: Entweder sind sie sehr expressiv, oder aber sie reagieren zurückhaltend. Manche Opfer können im Verlaufe der Vernehmung auch beide Verhaltensformen an den Tag legen, je nachdem wie lange die Vernehmung geführt wird, wer sie vornimmt, und ob sie in mehr als eine Sitzung aufgeteilt ist. Ein Opfer kann zum Beispiel gleich nach dem Vorfall einem Vernehmungsbeamten gegenüber sehr ausdrucksvoll über den Fall sprechen, reagiert am nächsten Tag, im Revier, jedoch nur sehr zurückhaltend auf die Fragen des Ermittlers.

Manche Vernehmungsbeamte sind durch die offenen Emotionen irritiert, mit denen ein expressiver Typ reagieren mag, doch der zurückhaltende Opfertypus stellt für die Ermittlungsarbeiten im Endeffekt ein viel größeres Problem dar. Häufig wird nämlich die zögerliche Art und das Schweigen des Opfers als Versuch interpretiert, Informationen und Details über den Fall zurückzuhalten, und nicht selten ist dies tatsächlich ein Zeichen dafür, daß sich die betreffende Frau darum bemüht, sich unter Kontrolle zu behalten, nachdem ihr durch die Gewalttat jede Selbstbestimmung so vollständig genommen worden war.

So wie eine Frau, die Opfer einer Vergewaltigung geworden ist, häufig das Gefühl hat, nicht mehr selbst die Kontrolle über ihr Leben zu haben, kann das Verbrechen an ihr auch die Beziehungen beeinträchtigen, die für sie wichtig sind, um dieses schwere Martyrium zu verarbeiten, und es ihr fast unmöglich machen, in Zukunft wieder zu einem »normalen Leben« zurückzufinden. Wie Burgess und mein FBI Kollege Roy Hazelwood in ihrem Buch schreiben, dem sie den Titel gaben *Praktische Aspekte bei der Ermittlung in Vergewaltigungsfällen: Ein multidisziplinärer Ansatz*, »kann eine Vergewaltigung nicht nur für das Opfer selbst, sondern unter Umständen auch für die Familienmitglieder, Freunde und andere Personen im Umfeld der betroffenen Frau eine plötzliche Krise heraufbeschwören. Polizei und Anklagevertretung müssen sich also gleichermaßen auch mit den Familienmitgliedern und Freunden des Opfers auseinandersetzen und sich klar darüber werden, welche Auswirkungen die Vergewaltigung auf ihr Leben hat. Sie können auf diese Weise entscheidend dazu beitragen, das Opfer und seine Lebenspartner für eine Kooperation zu gewinnen.«

Die Fragen, die unter diesem Aspekt aufgeworfen werden, können für das Opfer und die Menschen, die ihm emotional nahe stehen, sehr vielschichtig und problematisch werden. Es ist zum Beispiel von ausschlaggebender Bedeutung, welche

Haltung der Ehepartner oder Liebhaber der Tat gegenüber einnimmt: betrachtet er das Opfer als ein Individuum, das er liebt, das tief verletzt wurde und immer noch darunter zu leiden hat, oder sieht er in dem Opfer sozusagen eine Erweiterung seiner selbst, ein »Besitztum,« das jetzt einen Teil seines Wertes eingebüßt hat? Sieht er in der Tat einen Gewaltakt, dem seine Partnerin ohne eigenes Verschulden zum Opfer gefallen ist, oder hat er das Gefühl, daß sie in irgendeiner Form selbst dazu beigetragen oder die Tat sogar provoziert hat? Wirft er dem Täter vor, daß dieser seiner Frau oder ihm selbst das schreckliche Verbrechen angetan hat, weil er nicht in der Lage war, den Verbrecher an seiner Tat zu hindern oder seine Frau entsprechend zu schützen? Wie werden die Beteiligten mit den Belastungen der Ermittlungen und des Gerichtsverfahrens umgehen, besonders dann, wenn der Fall von den Medien verfolgt wird?

Viele Männer werden das Gefühl haben, durch die Tat ebenfalls zu Opfern geworden zu sein, und häufig sind sie das auch. Ich betone immer wieder, daß durch eine Vergewaltigung nicht nur die betreffende Frau selbst zu Schaden kommt, sondern daß dadurch auch viele Menschen in Mitleidenschaft gezogen werden, die mit ihr in Verbindung standen. Ein Mann kann möglicherweise auch das Gefühl haben, daß die Frau härter hätte kämpfen sollen, sich schärfer gegen den Vergewaltiger hätte wehren sollen. Auch dieser Irrtum muß möglichst früh erkannt und von Anfang an geklärt werden. Jede Frau, die eine sexuelle Gewalttat überlebt hat, verdient uneingeschränkte Anerkennung für ihren Mut und ihr taktisches Geschick, und niemand sollte je daran herumkritisieren, wie sie sich in ihrer speziellen Notlage verhalten hat. Was auch immer jemand denken oder meinen mag, der sich nicht selbst in der Hand eines bis zum letzten entschlossenen Gewalttäters befunden hat, ist völlig irrelevant und nur insofern von Interesse, als es uns helfen kann, mit einem zukünftigen Gewaltakt besser umzugehen. Worauf es ankommt ist allein, daß die betreffende Frau mit dem Leben davongekommen ist – und das ist etwas, das sie ganz allein fertiggebracht hat.

Wenn ein Mann die Art und Weise in Frage stellt, wie sich seine Frau oder Freundin während des Gewaltverbrechens verhalten hat, dann wird darin häufig auch seine eigene Scham und Hilflosigkeit oder auch sein Schuldgefühl sichtbar, als Beschützer oder Berater versagt zu haben. Doch dieses Schamgefühl und die emotionale Verwirrung des Mannes kann auch dazu führen, daß er seine Frau nicht mehr begehrt. Auch dieser Umstand macht eine umgehende fachmännische Betreuung der Betroffenen nötig.

Eine etwas positivere Reaktion ist es, wenn der Mann des Opfers in ehrlicher Entrüstung aufspringt, und den Täter am liebsten gleich selbst schnappen will. Dies hat möglicherweise insofern einen »gesünderen« Effekt, als sich das Opfer dadurch ermutigt fühlen könnte, den Fall zur Anzeige zu bringen und ihn vorbehaltlos zu schildern. Wenn die Frau allerdings eher zurückhaltend von der Vergewaltigung gesprochen hat und sich jetzt nur unter dem Druck ihres Mannes zu dem Vorfall äußert, ohne sich mit dem emotionalen Problem auseinanderzusetzen, das die Tat in ihr ausgelöst haben, dann kann das die Beziehung der beiden gefährden und das Opfer sogar traumatisieren.

Diese Probleme beschränken sich jedoch nicht ausschließlich auf die »traditionellen« Sexualverbrechen. Burgess und Hazelwood führen auch einen Fall an, bei dem ein Mann von einem Homosexuellen vergewaltigt wurde, und von seiner Frau anschließend Vorhaltungen gemacht bekommt, daß er doch imstande gewesen sein sollte, sich gegen den Gewalttäter zur Wehr zu setzen. Bei einem anderen Fall empörte sich die Sexualpartnerin einer Lesbierin, und war verletzt und wütend darüber, weil ihre Freundin Geschlechtsverkehr mit einem Mann gehabt hatte.

Für die psychische Genesungsfähigkeit eines Vergewaltigungsopfers ist es also von wesentlicher Bedeutung, wie die Umwelt auf das Unglück reagiert – ein Prozeß, der ohnehin bereits sehr schwierig sein kann durch die physischen Wunden, die eine Frau durch die Vergewaltigung davongetragen hat. Es gibt hier jedoch einen Punkt, über den sich alle Experten einig sind, nämlich daß sich das Opfer um so schneller und leichter von seinen traumatischen Erfahrungen erholt, je mehr Unterstützung und Zuwendung es durch die ihm nahestehenden Personen erhält. Schwerwiegende Probleme treten aber dann auf, wenn von außen unrealistische Erwartungen an das Opfer gestellt, oder aber eigene Wünsche auf die betroffene Frau oder das Mädchen projiziert werden, und dabei die Bedürfnisse des Opfers selbst außer acht bleiben.

Ein Ehemann kann beispielsweise seine Frustration darüber zum Ausdruck bringen, daß seine Frau noch immer nicht »darüber hinweg« ist. Das konnte ich auch vielfach bei Menschen beobachten, die eines ihrer Familienmitglieder durch einen Mord verloren haben. Enge Freunde der betroffenen Person, Verwandte, flüchtige Bekannte und selbst wildfremde Menschen geben bisweilen die gutgemeinte, aber grenzenlos ignorante Prognose ab, das Opfer würde sich nicht eher »wieder wohlfühlen« oder »den Fall besiegeln können« und dergleichen, bevor es diese schreckliche Geschichte nicht endlich abschüttelt und sich wieder dem Leben zuwendet. Man möge mir verzeihen, aber das ist schlichtweg Blödsinn. Im Laufe der Zeit mag die Heftigkeit des Schmerzes allmählich nachlassen, aber einem Vergewaltigungsopfer oder jemandem, der einen geliebten Menschen durch einen Mord verloren hat, zu empfehlen, doch bitte sein normales Leben wieder aufzunehmen, ist geradezu, als ob man in Zweifel ziehen wollte, ob der oder die Ermordete den Kummer des verzweifelten Hinterbliebenen überhaupt wert sei, oder – im Falle einer Vergewaltigung – ob das einschneidende Schockerlebnis für das Opfer tatsächlich so groß sei.

Der Ehemann oder Freund eines Vergewaltigungsopfers sollte vielmehr sein Bestes tun, dem Opfer alle Aufmerksamkeit und Zuneigung zukommen zu lassen, die es braucht. Er sollte seiner Frau nach Möglichkeit die Alltagssorgen ersparen, sie in bedrohlichen Situationen oder wenn sie Furcht vorm Alleinsein hat, trösten und zur Seite stehen, wie auch beim Geschlechtsverkehr entsprechend behutsam und liebevoll mit ihr sein. Die traurige Tatsache ist nämlich: je heftiger er sie bedrängt, desto schwerer wird es für sie, sich mit dem, was ihr widerfahren ist, arrangieren zu können. Genau wie Menschen, die ein anderes

Gewaltverbrechen überlebt haben, machen auch Vergewaltigungsopfer einen Trauerprozeß durch, weil sie das sorglosere Leben verloren haben, das sie vor der Tat führten. Und ebenso wie Menschen, die ein anderes Gewaltverbrechen überlebt haben, drückt sich auch die Trauer von Vergewaltigungsopfern in unterschiedlicher Weise aus, und jede dieser Frauen »erholt« sich unterschiedlich schnell von ihrem traumatisierenden Erlebnissen. Es verrät in höchstem Grade Unsensibilität, einem Opfer sagen zu wollen, in welcher Zeitspanne es zu genesen hätte. Wie bei Kriegsgeschädigten gibt es auch unter Opfern von sexuellen Gewalttaten das gesamte Spektrum von Rekonvaleszenten: Die eine mag sich verhälnismäßig schnell wieder in ein normaleres Leben eingliedern können, während andere sehr lange unter psychischen und physischen Symptomen zu leiden haben, die dem traumatischen Vergewaltigungssyndrom zuzuordnen sind.

Wir sollten bei allem jedoch nicht die erfreulichere Tatsache vergessen, daß viele Vergewaltigungsopfer nach ihren verheerenden Erlebnissen wieder vollständig gesunden. Das heißt jedoch nicht, daß ein Vergewaltigungsopfer jemals vergißt, was ihm angetan wurde, genausowenig wie der Hinterbliebene eines Mordopfers jemals den geliebten Menschen vergißt, den er verloren hat, doch sie verarbeiten das traumatische Erlebnis allmählich, um wieder ein normales Leben führen zu können, und sich dem zu widmen, was für sie das Leben lebenswert macht. Wie bei dem Kampf, ein Gewaltverbrechen lebend zu überstehen, muß das Opfer auch für den späteren Genesungsprozeß alle Kraftressourcen und allen Mut mobilisieren, der ihm zur Verfügung steht, und genau das sollten diejenigen begreifen, auf deren Unterstützung die betroffene Frau setzt.

Ermittler, Anklagevertretung, Geschworene und alle anderen müssen sich darüber im klaren sein, daß Vergewaltigungsopfer unmittelbar nach dem kritischen Ereignis möglicherweise derart unter Schock stehen, daß sie nicht im Vollbesitz aller ihrer geistigen Kräfte reagieren. Wer jemals ein lebensveränderndes Trauma erfahren hat – wie beispielsweise den Tod eines geliebten Menschen oder einen schweren Autounfall –, der weiß, daß es eine ganze Zeitlang dauern kann, bis man seine sieben Sinne wieder beisammen hat, und sich der Herzschlag wieder normalisiert. Noch Jahre später kann es passieren, daß man ohne ersichtlichen Grund plötzlich zusammenfährt und scheinbar gänzlich unmotivierte körperliche Reaktionen zeigt. Bei Vergewaltigungsopfern kann diese temporäre Verhaltensstörung dazu führen, daß die Tat erst sehr viel später gemeldet wird, was sich letztlich sehr negativ auf die Strafverfolgung auswirken kann.

Wenn eine Frau den Fall erst Tage später zur Anzeige bringt, empfehlen wir, dem Opfer keine Vorwürfe zu machen, sich erst so spät an die Polizei gewendet zu haben, und welche Schwierigkeiten sich daraus für die Strafverfolgung ergeben. Der ermittelnde Beamte sollte vielmehr versuchen in Erfahrung zu bringen, wodurch die Frau endlich die Kraft gefunden hat, diese schwere Entscheidung zu treffen, nämlich die Vergewaltigung zu melden. Dadurch ist eine Menge über das Opfer selbst zu erfahren, was dessen spätere Aussagen ergiebiger macht.

Ein Punkt, den wir gar nicht stark genug betonen können, ist die unbedingte Notwendigkeit, erfahrene, speziell auf die Ermittlung in solchen Verbrechensfällen trainierte Experten heranzuziehen, die sich in den bewährten Standardmethoden bei der Sicherstellung von Beweisen und dem Sammeln nützlicher Informationen auskennen. Immer wieder gehen wichtige Beweise verloren, weil unerfahrene Beamte und ihre Kollegen von der Spurensicherung bei dem eigentlich lobenswerten und verständlichen Versuch, dem Opfer Mitgefühl entgegenzubringen, der betreffenden Frau gestatten, sich umzuziehen oder sich zu waschen, bevor sie eine Aussage macht oder sich einer ärztlichen Untersuchung unterzieht – oder sie bieten einer Frau, an der gewaltsamer Oralsex verübt worden ist, sogar einen Drink an, damit sie sich wieder ein wenig beruhigt! Wenn es am Opfer oder sonstwo am Tatort kein Sperma gibt, so kann ein unerfahrener Ermittler meinen, daß folglich auch keine Sexualtat stattgefunden hat, und das Opfer nicht die Wahrheit sagt, besonders dann, wenn es behauptet, während des Angriffs gleich mehrmals vergewaltigt worden zu sein. Doch wie wir bereits bemerkt haben, ist es bei Vergewaltigern durchaus nicht selten, daß sie frühzeitig ejakulieren oder Schwierigkeiten haben überhaupt zu ejakulieren; und das zu wissen, kann für unsere weiteren Ermittlungsarbeiten von großer Bedeutung sein.

Ich weise Ermittlungsbeamte immer auf eines hin: Es geht nicht ausschließlich darum, sich ein möglichst klares Bild von dem Täter zu verschaffen, wie er aussah, was er zur Tatzeit trug, möglicherweise ja auch eine Gesichtsmaske, die Waffe, die er vielleicht bei sich hatte oder andere Utensilien, die er mitbrachte, das Auto, das er fuhr etc., sondern es ist ebenso wichtig, möglichst viele Informationen über sein *Verhalten* zu sammeln. Was hat er bei dem Überfall gesagt, und was hat er möglicherweise von seinem Opfer zu hören verlangt? Wie ist er vorgegangen, um die Frau in seine Gewalt zu bekommen? Was genau hat er ihr körperlich zugefügt? Was hat er ihr sexuell angetan, und zu welchen sexuellen Handlungen hat er sie gezwungen? Wie ist er dabei vorgegangen? Wie lange brauchte er um fertig zu werden? Wie hat er sich während des Aktes verhalten? Bei der Ermittlung folgt man inzwischen zum großen Teil der Vernehmungsmethode, die Roy Hazelwood ausgearbeitet hat, als wir beide in Quantico tätig waren. Mit Hilfe dieser spezifischen Fragestellungen sind präzise Informationen über das typische Verhaltensmuster eines unbekannten Täters zu gewinnen, die wir benötigen, um ein brauchbares Persönlichkeitsprofil des Gesuchten erstellen zu können. Für diese Aufgabe wird ein speziell geschultes Ermittlungspersonal eingesetzt, das überdies die nötige Feinfühligkeit besitzt, sich in die Situation der einzelnen Opfer hineinversetzen zu können. Die Spezialagenten wissen genau, in welcher Form diese besondere Art der Befragung durchzuführen ist. Ich vergleiche ihre Arbeit immer mit meiner eigenen Vorgehensweise bei der Erstellung von Täterprofilen, wenn ich die Kenntnisse auswerte, die wir von einem bestimmten Tatort haben, und mich dabei so gut wie möglich in das Opfer hineinzuversetzen versuche. Auch der Vernehmungsbeamte muß sozusagen »in die Haut des Opfers schlüpfen«, das Verhältnis von Opfer und Täter genau erspüren, um zu wissen, wie er sich der betreffenden Frau gegenüber zu verhalten hat.

Damit man eine Vorstellung davon bekommt, wie überaus wichtig diese Vorgehensweise ist, sei an dieser Stelle nur darauf hingewiesen, daß manche Opfer die verschiedenen Bezeichnungen für die unterschiedlichen sexuellen Gewalttaten unter Umständen gar nicht kennen und die Begriffe womöglich nicht verstehen und daher unweigerlich falsche Informationen geben. Man darf nicht davon ausgehen, daß jeder beispielsweise unter dem Begriff *Sodomie* das gleiche versteht, oder das Wort zuvor auch nur gehört hätte. Ein erfahrener Vernehmungsbeamte weiß, wie er sich in einem solchen Fall auszudrücken hat und kennt entsprechende Formulierungen aus der Umgangssprache, um mögliche Mißverständnisse gar nicht erst entstehen zu lassen, und Fehlinformationen zu vermeiden. Ältere Opfer wissen vielleicht nicht, wie sie beschreiben sollen, was ihnen widerfahren ist, oder es ist ihnen peinlich zuzugeben, zu welchen sexuellen Praktiken sie gezwungen worden sind, einfach weil es »zu ihrer Zeit« beispielsweise oralen Sex nicht gegeben hat, oder man diese Praxis für pervers oder erniedrigend hielt. Der Vernehmungsbeamte muß dabei überdies zu jeder Zeit klarstellen, daß das Opfer genau versteht, warum eine bestimmte Frage gestellt werden muß, und warum eine umfassende Antwort darauf, wie unangenehm es dem Opfer auch sein mag, von höchster Bedeutung ist.

Auch wenn es für das Opfer sehr schwer zu ertragen ist, sich den Tathergang noch einmal in allen Einzelheiten zu vergegenwärtigen, so kann eine ausführliche Vernehmung durchaus auch eine therapeutische Wirkung haben. Zunächst allein schlicht dadurch, daß man das Opfer fragt, ob es lieber als Frau Sowieso angesprochen werden möchte, anstatt sie gleich ganz undistanziert bei ihrem Vornamen zu nennen. Allein das kann die Selbstachtung des Opfers erhöhen. Ein erfahrener Beamte wird überdies bemüht sein, bei der Vernehmung den emotionalen Bedürfnissen des Opfers gerecht zu werden, und seine Fragen entsprechend vorsichtig formulieren, damit er möglichst zweckdienliche Informationen erhält, ohne daß sich das Opfer verunsichert fühlt. Indem wir die mißhandelte Frau durch den Vernehmungsprozeß zu unserer »Partnerin« machen, erhalten

wir nicht nur nützliche Informationen für unsere Ermittlungsarbeit, sondern wir helfen ihr damit, möglicherweise sogar
wieder zu mehr Selbstvertrauen zu kommen, das ihr durch den
Gewaltakt geraubt wurde – denn nun hat sie die Macht, uns entscheidend weiterzuhelfen, und den Kerl, der ihr das angetan
hat, festzunageln.

Besonders heikel, jedoch ungemein wichtig ist es, die betreffende Frau davon zu überzeugen, sich einer gründlichen medizinischen Untersuchung zu unterziehen. Das ist nicht nur für
ihre eigene Gesundheit von Vorteil, sondern auch von Vorteil für
den Fall selbst. Fairstein sagt dazu: »Ob die Frau sich nun zu
einem bestimmten Zeitpunkt entscheidet, nichts weiter zu der
Vergewaltigung auszusagen oder nicht, ist im Endeffekt nicht so
wichtig wie die augenblickliche medizinische Untersuchung
und die Sicherstellung aller möglicher Spuren, die sich in oder
an ihrem Körper befinden, denn die sind andernfalls für immer
verloren.«

Und Fairstein fährt fort: »Es muß ferner sichergestellt werden,
daß die Frau genauestens über jeden einzelnen Punkt des Prozesses in Kenntnis gesetzt wird: Wie oft wird sie den Tathergang
beschreiben müssen? Mit wem muß sie sprechen? Müssen ihre
Eltern, ihr Ehemann oder ihre Kinder in den Fall eingeweiht
werden? Wie groß ist die Wahrscheinlichkeit, daß der Vergewaltiger gefaßt wird? Hat es sich bei dem Täter um einen Bekannten
oder einen Fremden gehandelt? Inwieweit sind Einzelheiten ihres Privatlebens für den Fall relevant? Die meisten dieser Punkte
können gleich beim ersten Zusammentreffen des Opfers mit einem Polizeibeamten abgeklärt werden, was jedoch eine außerordentliche Belastung darstellt, die größer ist, als irgendein Vergewaltigungsopfer so kurz nach einem erfolgten Verbrechen
verkraften könnte. Es wurden daher bestimmte Befragungsme-
thoden entwickelt, an die sich der Vernehmungsbeamte halten
sollte. Auf diese Weise kann es dem Opfer in dieser schwierigen
Phase des Prozesses etwas leichter gemacht werden.«

Der ermittelnde Beamte muß also sehr behutsam mit dem
Opfer umgehen, um es nicht noch zusätzlichem physischen
oder psychischen Streß auszusetzen, und er muß sich ständig

der Tatsache bewußt sein, welchen entscheidenden Einfluß sein oder ihr Verhalten auf den Fall insgesamt hat sowie auf den seelischen Zustand des Opfers. Das gleiche gilt auch für das medizinische Fachpersonal. So seltsam es sich auch anhören mag, aber auf medizinischem Gebiet, wo es für alles und jedes besonders ausgebildete Fachkräfte zu geben scheint, wurden erst in jüngster Zeit spezifische Schulungen entwickelt für Personen, die sich speziell mit Opfern sexueller Gewalttaten beschäftigen – das heißt also, wie die physischen und psychischen Probleme eines Opfers behandelt werden müssen, während zu gleicher Zeit möglichst effektiv entscheidendes Beweismaterial gewonnen und sichergestellt werden kann. Es gibt inzwischen aber auch hier einige Fortschritte, beispielsweise in der Entwicklung spezieller medizinischer Instrumente, mit denen ein sexueller Gewaltakt nachgewiesen werden kann, und die inzwischen mehr oder weniger überall zur Anwendung kommen.

Aber auch auf diesem Gebiet ergeben sich viele komplizierte Fragen. Zum Beispiel welche juristische Definition von Vergewaltigung in den unterschiedlichen Zuständigkeitsbereichen des Landes gilt. Ist der Notarzt per Gesetz hinzuzuziehen, um der Polizei jede mögliche Verletzung zu melden, die dem Opfer während der Vergewaltigung zugefügt worden ist, oder bedarf es dafür einer schriftlichen Einwilligung des Patienten? Wie muß der medizinische Bericht den physischen Zustand des Opfers wiedergeben, ohne zu Schlußfolgerungen zu kommen, über die zu entscheiden den Geschworenen vorbehalten bleiben sollte?

Nachdem bereits der erste Ermittlungsbeamte den Fall zu Protokoll genommen hat, muß das Opfer seine Geschichte bei der notärztlichen Aufnahme möglicherweise noch mehrere Male erzählen, um die verschiedenen Fachleute ins Bild zu setzen. Auch das kann sehr belastend für die betreffende Frau sein, ja geradezu bedrohlich auf sie wirken. Ebenso wie der Vernehmungsbeamte dem Opfer seine entsprechende Arbeit auseinandersetzten sollte, muß auch das medizinische Personal, also Ärzte und Krankenschwestern, dem Opfer genau erklären, was an ihm während der Untersuchung vorgenommen wird, um möglichst zu vermeiden, daß es sich erneut verletzbar und fremdbestimmt fühlt. Dies ist besonders wichtig, weil die ärztlichen Untersuchungen den Intimbereich des Opfers betreffen, was ihm vielleicht ohnehin peinlich ist; überdies könnte die Frau oder das Mädchen an den entsprechenden Körperregionen durch den Vergewaltigungsakt auch große Schmerzen haben. Je nach Alter und sexueller Erfahrung des Opfers kann es sich dabei auch um die erste gynäkologische Untersuchung überhaupt handeln, der sich die betreffende Person unterziehen muß – eine Prozedur, die selbst dann bedrohlich genug wirken kann, wenn sie auf freiwilliger Basis stattfindet, und der körperliche und psychische Zustand der Patientin vergleichsweise stabil ist.

»Eine erhebliche Schwierigkeit«, meint Fairstein, »ergibt sich daraus, daß verschiedene Notärzte auf dem Standpunkt stehen, die Behandlung von Vergewaltigungsopfern sei kein medizinisches Problem, und die Sicherstellung von Beweismaterial müsse nicht bei der Notaufnahme vorgenommen werden, weil sie nicht in den Aufgabenbereich eines Notarztes fiele. Wir erleben das immer wieder, und ich lasse diesen Punkt bei keinem meiner Vorträge außer acht, in welche Klinik der Stadt ich auch immer geladen werde.

Die Untersuchung von Vergewaltigungsopfern ist insofern sehr wohl ein medizinisches Problem, als die betreffende Frau durch das an ihr begangene Verbrechen nicht nur psychisch traumatisiert ist, sondern möglicherweise auch mit einer Geschlechtskrankheit angesteckt wurde, vielleicht von dem Vergewaltiger schwanger wird oder – was in unserer Zeit eine besonders große Gefahr darstellt – mit Aids infiziert worden ist. An diese schreckliche Möglichkeit denken viele Frauen im ersten Augenblick nicht, wenn sie eine Vergewaltigung lebend überstanden haben, aber schon kurze Zeit später kann das zu einem ernsthaften Problem werden.«

Ärzte, die eine derartig erniedrigte und zutiefst in ihrer Selbstachtung verletzte Frau entsprechend behutsam und respektvoll behandeln, können allein durch ihr menschliches Verhalten erheblich zu einer seelischen Genesung des Vergewaltigungsopfers beitragen. Ich habe allerdings auch von Fällen gehört, in denen die behandelnden Ärzte mit ihrem Verhalten genau das Umgekehrte bewirkt haben, wodurch sie dem Opfer einen unglaublichen zusätzlichen Schaden zufügen und die gesamte medizinische Zunft in Mißkredit bringen. Ich sage meinen Leuten immer, daß wir alle, die wir an solchen Verbrechensfällen arbeiten, verdammt noch mal darauf zu achten haben, was wir sagen.

Eine Frau, die auf den gynäkologischen Untersuchungstisch liegt und gerade erst von einem wildfremden Mann sexuell vergewaltigt worden ist, will sicherlich nicht erleben, wie sich plötzlich zwischen ihr und dem Personal der Notaufnahme ein Vorhang schließt, oder wie mit einemmal ein Sanitäter oder eine Krankenschwester in der Tür ihres Zimmers erscheint, und draußen auf dem Gang dem behandelnden Arzt zuruft: »Das Vergewaltigungsopfer liegt hier!« Es geschieht bisweilen, daß die mit dem Fall betrauten Kräfte in dem Opfer zuerst sozusagen einen wandelnden Tatort sehen, den es zu inspizieren gilt, und erst danach behandeln, wie eine Frau, der ein Unrecht widerfahren ist. Aber wir müssen unbedingt beiden Umständen zugleich gerecht werden.

Gleich nachdem der Vernehmungsbeamte das Opfer zum erstenmal befragt hat, muß er damit beginnen, die einzelnen Details seiner Ermittlung zu ordnen, und sich darüber klar werden, auf welche Weise er den Täter zu fassen bekommen kann, um ihn vor Gericht zu bringen. Von Anbeginn geht man dabei im Fall einer Vergewaltigung durch einen Bekannten des Opfers anders vor, als wenn es sich bei dem Verbrecher um einen Fremden handelt. Im ersten Fall hat man natürlich den Vorteil, daß man die Identität des beschuldigten Täters kennt. Während der Vorbereitung für die Gerichtsverhandlung muß sich die Anklagevertretung nicht nur mit jeder einzelnen Frage beschäftigen, die sich während der Auseinandersetzung zwischen Kläger und Angeklagtem erheben mag, sondern sie muß auch unbedingt darüber im Bilde sein, wie sich der Fall aus der Sicht des vermeintlichen Vergewaltigers selbst abgespielt hat. Ich meine damit nicht nur, daß man sich auch an das halten muß, was meinetwegen ein Typ wie Robert Chambers als letztes zum Tatablauf von sich gegeben hat. Ich will vielmehr sagen, daß man sich fragen muß – wenn er behauptet, es sei aufgrund gegenseitigen Einverständnisses zu sexuellen Handlungen gekommen –, was sich tatsächlich zwischen den beiden abgespielt hat, das ihn entweder dazu gebracht hat, zu glauben, was er sagt, oder seine Version der Geschichte in den Augen der Geschworenen glaubhaft machen könnte? Wenn die Frau beispielsweise seine Küsse erwidert und sich eifrig an den sexuellen Handlungen beteiligt hat, dann hat er unter Umständen nicht recht begriffen, aus welchem Grunde sie sich so verhielt. Ein etwas deutlicherer Fall wäre, wenn etwa das Opfer sich auf oralen Sex eingelassen hat, Vaginalverkehr indessen ablehnte, aus dem einfachen Grunde, weil es sich vor einer Schwangerschaft fürchtete. Die einzelnen Geschworenen müssen aber möglicherweise darüber aufgeklärt werden, und auch die Anklagevertretung muß darauf vorbereitet werden, daß selbst Sex, der im tatsächlichen oder auch nur scheinbaren Einverständnis beider Beteiligten stattgefunden hat, zu einer sexuellen Gewalttat führen kann. Auch Linda Fairstein betont, daß diesbezüglich jede noch so unbedeutend erscheinende Kleinigkeit an einer bestimmten Situation von vornherein beachtet und aufgegriffen werden muß – und sogar bei der Wahl der Geschworenen zu bedenken ist –, weil die Juroren häufig nicht in der Lage sind, bei der Beurteilung eines Falles über ihren eigenen Erfahrenshorizont hinauszugehen.

Fairstein meint: »Man wird zum Beispiel mit Opfern zu tun haben, die ihren Vergewaltiger als jemanden beschreiben, der, wie wir in unserer Branche sagen, ein ›dysfunktioneller Typus‹ ist, nämlich ein Mann, der in ein Haus eingebrochen ist, die Frau fesselt und dann drei, vier, fünf Stunden lang in das Opfer eindringt, sein Glied wieder herauszieht und erneut in sie eindringt und dabei ständig eine Erektion hat. Man wird unweigerlich Leute hören, die sofort sagen: ›Nein, das ist nicht möglich. Diese Frau lügt. Solange kann das kein einziger Mann‹, wobei sie eben nur von ihren eigenen persönlichen Erfahrungen ausgehen, ohne eine Ahnung zu haben, welche pathologischen Defekte einige dieser Vergewaltiger haben können.«

Dies sind Menschen, die auf die Geschworenenbank geraten, obgleich sie in Klischeevorstellungen denken, die befangen sind und voller Vorurteile stecken. Aber man kann das eben bei der Auswahl der Geschworenen nicht unbedingt verhindern. Das sind Leute, denen man ein Tangahöschen mit Tigerstreifen vor die Nase hält, und die dann plötzlich erklären: ›Ich trage weiße Baumwollunterwäsche, und eine Frau, die so etwas trägt, die kann ja nur …‹ Das ist das Problem.«

Fairstein berichtet auch von einem Fall, in dem eine Geschworene erst davon überzeugt werden mußte, daß ein Mann und eine Frau den Geschlechtsverkehr auch im Stehen vollziehen können, andernfalls hätte sie die Darstellung des Opfers nicht geglaubt.

In Fällen, bei denen der Vergewaltiger nicht aus dem Bekanntenkreis des Opfers stammte, ist es von großer Wichtigkeit herauszufinden, ob die Vergewaltigung nach irgendeinem bestimmten bereits bekannten Muster vorgenommen wird – das heißt, ob wir es bei dem Gesuchten mit einem Wiederholungstäter zu tun haben oder mit einem Serienvergewaltiger. Für Menschen, die wie wir beruflich mit der Strafverfolgung und der Kriminalitätsbekämpfung zu tun haben, ist es immer zutiefst frustrierend, wenn wir sehen, daß ein Verbrecher – der häufig sogar wegen eines Sexualdeliktes verurteilt worden war – aus der Haft entlassen wird, und kurze Zeit darauf erneut ein noch gewaltsameres Verbrechen als das vorherige verübt. Ehemalige Strafgefangene, die gerade erst aus einer Haftanstalt entlassen wurden, erweisen sich bei Fällen von Vergewaltigungen durch einen Mann, den das Opfer zunächst nicht kannte, tatsächlich sehr häufig als Täter. Man erinnere sich nur an den Fall von Timothy Spencer in Virginia, von dem ich in *Jäger in der Finsternis* berichtet habe.

Ob ein bestimmter Vergewaltigungsfall, bei dem der Täter nicht aus dem Bekanntenkreis des Opfers gehörte, tatsächlich zu Lasten eines Serientäters geht oder nicht, ist ein Punkt, zu dem ich mich während meiner Tätigkeit bei der Spezialeinheit ISU sehr häufig vor Gericht geäußert habe.

Inwiefern bestimmte Fälle von Vergewaltigung aller Wahrscheinlichkeit nach von ein und demselben Täter verübt worden sein müssen, wird den Ermittlern bisweilen aus den unterschiedlichsten Gründen nicht deutlich. Diese scheinbare Blindheit gegenüber verschiedenen Verbrechen, die ganz offensichtlich miteinander in Zusammenhang stehen, kann beispielsweise daran liegen, daß man davon ausgeht, ein Serienvergewaltiger hätte nur ein bestimmtes Revier, in dem er seine Taten verübt. Tatsächlich kann ein solcher Gewalttäter aber mehrere Gebiete haben, in denen er sich sicher fühlt, wie etwa die Gegend, in der er lebt, und das Viertel, in dem sein Arbeitsplatz liegt. Möglicherweise wählt er aber auch eine andere Gegend als sein bevorzugtes Jagdrevier, weil er sich dort aus verschiedenen Gründen in Sicherheit glaubt, zum Beispiel die Wohngegend, in der seine Freundin lebt oder ein Mitglied seiner Familie. Einen möglichen Zusammenhang zwischen verschiedenen Vergewaltigungsfällen zu erkennen, wird besonders schwer, wenn sich die Taten in unterschiedlichen verwaltungstechnischen Zuständigkeitsbereichen ereignet haben, der unbekannte Täter also beispielsweise in eine ganz andere Stadt gezogen ist.

Ein anderer Grund, warum man den Zusammenhang zwischen einzelnen Vergewaltigungsfällen nicht erkennt, kann aber auch darin liegen, daß man zu einseitig nur auf den Modus Operandi achtet, und dabei andere Faktoren außer acht läßt. Wenn bei dem einen Verbrechen ein Messer benutzt wurde und bei dem anderen eine Pistole, oder wenn bei dem einen Fall ein Fenster eingedrückt wurde und der Täter beim anderen Fall geradewegs durch die Eingangstür in die Wohnung des Opfers gelangte, dann können wir natürlich eindeutig unterschiedliche MO feststellen. Das schließt aber nicht notwendigerweise aus, daß die Verbrechen von ein und derselben Person begangen wurden. Erinnern wir uns, der MO ist ein erlerntes Verhalten, das anhand von Erfahrungen modifiziert wird. Es kann also ohne weiteres möglich sein, daß sich der Täter mit einem Messer weniger wohl gefühlt hat, weil er mit dieser Waffe sehr nahe an das potentielle Opfer heran muß, um es zu unterwerfen. Folglich versuchte er beim nächsten Fall, sich das Opfer mit eine Pistole gefügig zu machen. Ebenso könnte er die Erfahrung gemacht haben, daß es zu riskant ist, ein Fenster einzuschlagen, und man damit zu viele Spuren hinterläßt, also begann er damit, die Gegend nach Wohnungen oder Häusern abzusuchen, bei denen die Eingangstür offenstehen gelassen wurde, oder er verschaffte sich bei weniger argwöhnischen Frauen Zutritt, die ihre Wohnungstür beim ersten Klopfen öffneten, ohne sich erst zu vergewissern, wer der Besucher sein könnte.

Wir müssen ferner im Gedächtnis behalten, daß der MO, der ohnehin kein Indiz ist, auf das wir allzu großes Vertrauen setzen sollten, sich auch zu der sogenannten »persönlichen Handschrift« eines Täters entwickeln kann. In dem Fall stellt diese bestimmte Verhaltensweise ein einigermaßen gleichbleibendes Detail eines Verbrechens dar, das weitreichendere Rückschlüsse auf den möglichen Täter zuläßt und den Ermittlungsarbeiten sehr dienlich sein kann. Ein gutes Beispiel dafür wäre etwa, wenn ein Sexualverbrecher immer seine eigene Schnur oder ein Seil mit an den Tatort bringt, mit dem er sein Opfer gefügig macht. Er sieht in diesem Instrument ein effektives Hilfsmittel, also benutzt er es auch bei seinen nächsten Vergewaltigungen. Doch dann entdeckt er plötzlich, daß es ihn sexuell stimuliert, wenn er die Frau keuchen hört oder sie in Todesangst sieht, wie sie versucht sich von der Schlinge um ihren Hals zu befreien, und es wird zu seiner »persönlichen Handschrift«, seine Opfer zu würgen. Unter solchen Umständen können wir davon ausgehen, dieser Verhaltensauffälligkeit in gewissen Abwandlungen auch bei nachfolgenden Vergewaltigungsfällen wieder zu begegnen.

Es passiert natürlich auch, daß die Ermittler bei verschiedenen Verbrechensfällen nach ähnlichen Verhaltensmustern fahnden, obwohl die einzelnen Vergewaltigungen tatsächlich in keinem Zusammenhang miteinander stehen. Das kann besonders dann geschehen, wenn in einer bestimmten Gegend plötzlich eine zunehmende Zahl von sexuellen Überfällen gemeldet wird. Aus allem, was wir über die unterschiedlichen Vergewaltigertypen wissen, sollte aber tatsächlich bei jeder Vergewaltigung, bei der der Täter nicht aus dem Umfeld des Opfers stammt, in Erwägung gezogen werden, daß es sich hierbei mög-

licherweise um eine Serientat handelt, es sei denn, es gibt ernsthafte Anhaltspunkte, die das Gegenteil nahelegen. Wie ich in
den vorangegangenen Kapiteln klargemacht habe, muß allerdings eine bestimmte Verhaltensauffälligkeit nicht unbedingt
bedeuten, daß wir es bei dem Gesuchten mit einem Täter zu tun
haben, der auch vorher schon Vergewaltigungen begangen hat.
Wir sollten uns die Voyeure und Einbrecher, die dingfest gemacht werden konnten, noch einmal genauer ansehen und uns
fragen, ob einer von denen möglicherweise auf die eine oder
andere Täterbeschreibung paßt.

Was bei Vergewaltigungsfällen immer ganz besonders ärgerlich ist, wenn es schließlich zur Verhandlung kommt, ist die
Tatsache, wie den Geschworenen (und oft auch der Presse) gegenüber der Täter dargestellt wird, und wie im Gegensatz dazu
Leben und Vergangenheit des Opfers auseinandergepflückt
werden. Wir würden uns wahrscheinlich zu Tode erschrecken,
wenn wir erführen, wie viele Vergewaltigungen tatsächlich
stattfinden und nur nicht gemeldet werden. Diese hohe Dunkelziffer kommt maßgeblich dadurch zustande, weil die betreffenden Frauen (ihre Ehepartner, Eltern oder sonst eine einfluß-
reiche Instanz in ihrem Leben) die Vergewaltigung nicht zur
Anzeige bringen, um nicht erleben zu müssen, wie sie und ihr
ganzes Umfeld anschließend durch den Schmutz gezogen werden. Man muß sich nur einmal vergegenwärtigen, wie der ermordeten Jennifer Levin mitgespielt wurde durch Robert
Chambers' Behauptung, sie habe auf »harten Sex« bestanden,
wofür es nicht den geringsten Beweis gegeben hatte, während
der Jury andererseits über die kriminelle Vergangenheit des
Angeklagten kein Sterbenswörtchen gesagt werden durfte.

Glücklicherweise hat es, was Sexualverbrecher betrifft, in der
Strafverfolgung inzwischen wesentliche Fortschritte gegeben,
und zwar dank engagierter Menschen wie Linda Fairstein und
vieler anderer, die beschlossen haben, ihre ganze Kraft diesem
so lange vernachlässigten Bereich des Rechtswesens zu widmen.

»Für die meisten Leute ist es erstaunlich, daß unser Rechtswesen im Bereich des Sexualverbrechens überhaupt funktio-

niert, aber es funktioniert tatsächlich«, meint Fairstein. »In dem Punkt bin ich eine echte Optimistin, denn ich habe mit meiner Arbeit begonnen, als auf diesem Gebiet rein gar nichts klappte, als man noch erhärtende Beweise anführen mußte, um klarzustellen, daß eine Vergewaltigung stattgefunden hatte [es mußte tatsächlich ein Augenzeuge für die Tat gefunden werden, oder zumindest jemand, der die Tat eidesstattlich bestätigen konnte]. Wie viele Frauen, die eine Vergewaltigung durchlitten hatten, mußte ich damals unverrichteter Dinge wieder nach Hause schicken! Es ist kaum zu fassen, aber genauso war es.«

Heutzutage sind Vergewaltigungsopfer durch gewisse Gesetze wenigstens vor einigen der übelsten Angriffe seitens der Verteidigung geschützt, indem sie beispielsweise zu ihrer persönlichen Vergangenheit keine Aussagen mehr machen müssen und nicht mehr zu erklären brauchen, wie sie zur Tatzeit bekleidet waren, was ja nun auch wirklich nicht das geringste mit dem Verbrechen zu tun hat, das an ihnen begangen wurde. Zudem kommen wir offensichtlich endlich dahin, daß die meisten Geschworenen diese müden Verteidigungsstrategien einfach nicht mehr hinnehmen, wonach das Ansehen des Opfers schamlos besudelt wird, um den Täter wie ein Unschuldslamm auf der Schlachtbank erscheinen zu lassen.

»Die Verteidigung im Falle einer Vergewaltigung, bei der es sich um einen Täter handelt, der nicht aus dem Freundes- oder Bekanntenkreis des Opfers stammt, ist heutzutage vergleichsweise milde für die betreffende Frau oder das Mädchen«, bemerkt Fairstein. »Es geht jetzt nicht mehr darum, die Glaubwürdigkeit oder die Persönlichkeit des Opfers anzuzweifeln. Heute stellt die Verteidigung möglicherweise einfach fest: ›Jawohl, Frau Sowieso, Sie haben vollkommen Recht. Das ist wirklich eine ganz schreckliche Geschichte, die Ihnen da passiert ist. Aber dieser Bursche ist einfach der Falsche. Mein Mandant hat die Tat nicht begangen.‹ So etwas kann ich als Verteidigungsstrategie akzeptieren. Ich mag mich möglicherweise immer noch schrecklich aufregen über die Aggressivität, mit der die Verteidigung vorgeht, aber als Strategie kann ich damit leben.«

Die Gesetze zum Schutz von Vergewaltigungsopfern sind nur

ein Bereich, in dem es durch Aufklärung der Öffentlichkeit über unfaire, diskriminierende, ungerechtfertigte und zerstörerische Praktiken bei Gericht zu gewissen Veränderungen kam. Aber wir sollten darin ein ermutigendes Zeichen sehen, daß es möglicherweise in nicht allzuferner Zukunft auch in anderen problematischen Bereichen der Anklage und Verurteilung sowie hinsichtlich des Strafmaßes für Vergewaltiger zu positiven Veränderungen kommt. Manchmal bedarf es eben gewisser Denkanstöße durch die Öffentlichkeit, bevor wir kapieren, daß bestimmte Praktiken einfach niederträchtig und falsch sind.

In manchen Fällen reagiert ein Gericht dermaßen unangemessen, daß man es kaum für möglich hält. Ich denke da an einen Fall, der sich 1989 in Fort Lauderdale, Florida, zugetragen hatte, als eine junge Frau behauptete, mit vorgehaltenem Messer aus ihrem parkenden Auto vor einem Restaurant gezerrt und anschließend mehrfach vergewaltigt worden zu sein. Das vermeintliche Opfer, eine zweiundzwanzigjährige Frau, war Zeugenaussagen zufolge mit einem hauchdünnen Trägerhemdchen und einem Minirock bekleidet und trug keine Unterwäsche. Die Geschworenen erklärten den Angeklagten für nicht schuldig, weil die junge Frau ihrer Meinung nach den sexuellen Übergriff selbst herausgefordert hätte.

»Wir hatten alle den Eindruck, daß sie durch die Art, wie sie sich kleidete, es praktisch darauf anlegte, daß so etwas passierte«, erklärte ein Sprecher der Geschworenen später dem Reporter des *Time Magazine.*

Ob es nun sonderlich weise war oder nicht, sich unter den gegebenen Umständen so zu kleiden, wie es das Opfer getan hat, sei dahingestellt, aber was soll man tun, damit endlich auch der Letzte begreift, daß Frauen sich eine Vergewaltigung niemals wünschen, keine einzige und unter gar keinen Umständen? Das ist per definitionem einfach ausgeschlossen. »Ja« ist »ja« und »nein« ist »nein,« daran gibt es nichts, was man mißverstehen könnte.

Einen ähnlich unglaublichen Fall schildert auch Fairstein. »Ich hatte einmal ein haarsträubendes Erlebnis mit einem Richter, der bereits lange im Dienst gewesen war und einen recht guten Ruf in seinem Fach hatte. Man hielt ihn gemeinhin für einen netten Kerl. Es ging damals um einen Vergewaltigungsfall, bei dem das Opfer eine fünfundzwanzigjährige Frau war. Sie war im psychologischen Sinne zurückgeblieben und hatte die geistige Reife einer Sechs- bis Siebenjährigen. Als es schließlich zur Urteilsverkündung kam, erklärte dieser Richter, daß er den Täter nur zu einer Mindeststrafe verurteile, weil die Vergewaltigung die Frau nicht so schwer getroffen haben konnte, wie einen ›normalen‹ Menschen, denn das Opfer sei ja retardiert. Im übrigen sei sie ja bereits als Kind vernachlässigt und mißbraucht worden, so daß dieser Vorfall für sie nichts Neues gewesen sein dürfte.«

Ich regte mich schrecklich über diesen Richter auf und machte daraus auch außerhalb des Gerichtes vor der Presse keinen Hehl. Ich erklärte, daß meiner Meinung nach die Ansichten dieses Richters absolut mittelalterlich seien. Daraufhin leitete er ein Disziplinarverfahren gegen mich ein, weil meine Bemerkung eine Mißachtung des Gerichtes darstelle, doch er hatte damit keinen Erfolg.

Es ist allerdings absurd, einem Gewalttäter ein milderes Strafmaß zuzubilligen, weil er sich die psychische Behinderung einer Frau zunutze macht, um sie zu vergewaltigen. Wahrscheinlich sähe dieser Richter auch einen strafmildernden Umstand darin, wenn das Opfer auf einen Rollstuhl angewiesen wäre. Oder glaubt Euer Ehren vielleicht auch noch, daß eine blinde Frau weniger große Angst empfände, weil sie das Messer oder die Pistole des Vergewaltigers nicht sehen kann? Als ich dem Obersten Gerichtshof das letzte Mal einen Besuch abstattete, stand dort noch groß und deutlich über der Eingangstür »Gleiches Recht für jedermann.«

So entmutigend derartige Beispiele auch sind, so gibt es doch auch gute Gründe, das Ganze etwas optimistischer zu sehen, denn die Anzeichen, daß sich das Blatt allmählich wendet, häufen sich. Man denke nur an die vielen lokalen Gemeindezentren, die überall gegründet werden, und die sich mit der Problematik des Vergewaltigungsverbrechens auseinandersetzen; man denke an die zahlreichen Kundgebungen unter dem Motto

»Erobert euch die Nacht zurück!« und an die Rock-Konzerte, die zugunsten von Organisationen abgehalten werden, die sich die Unterstützung von Frauen zur Aufgabe gemacht haben, die Opfer einer Vergewaltigung geworden sind. Man denke an die Gesetzesänderungen, durch die Vergewaltigungsopfer bei Gericht inzwischen vor gewissen Rechtsanwälten geschützt sind, die bedenkenlos das Privatleben der betreffenden Frauen in ihre Verteidigungsstrategie einbauen. Alles in allem mehren sich die Anzeichen, daß den Opfern allmählich zumindest die gleichen Chancen auf Gerechtigkeit zugebilligt werden sollen wie dem Täter, und das dürfte ja auch das wenigste sein, das man erwarten kann.

Es wird jedoch niemals ganz unproblematisch sein. Wie inzwischen deutlich geworden sein dürfte, wird die Diskussion über den Strafvollzug in Sachen Vergewaltigung und jeder Form von Sexualdelikten vermutlich immer sehr ambivalent geführt werden. Das Eine aber sollte klar sein, nämlich daß sich keine Frau auf dieser Welt, in welcher Form auch immer, nach einer Vergewaltigung »drängt«, oder etwa eine Vergewaltigung »verdient« hat, und daß keine einzige sexuelle Gewalttat ungestraft bleiben darf.

Um dieses Kapitel abzuschließen, möchte ich mich noch einmal direkt an die Frauen wenden, die eine sexuelle Gewalttat lebend überstanden haben. Ob Sie nun über ihr Schicksal bereits mit unseren Fachleuten gesprochen haben, oder eines der vielen »schweigenden Opfer« sind, die mir schon in so großer Zahl begegnet sind, eines möchte ich Ihnen an dieser Stelle mit allem Nachdruck sagen: Sie fühlen sich möglicherweise nicht sonderlich heroisch oder tapfer, aber glauben Sie mir, wenn ich Ihnen aus tiefster Überzeugung erkläre, *daß Sie mehr sind als heroisch und tapfer*, bei allem was Sie durchgemacht haben und möglicherweise noch immer tagtäglich durchleiden müssen. Ich bin nicht erstaunt darüber, daß Sie in der Lage waren, dieses schreckliche Erlebnis zu überwinden (selbst wenn Sie noch immer damit zu kämpfen haben), aber ich bewundere Sie dafür und sage, daß wir alle Ihnen unseren höchsten Respekt bekunden sollten. Das Eine, das ich von Menschen gelernt habe, die

Opfer eines Gewaltverbrechens geworden sind – und speziell von Frauen, die eine Vergewaltigung duchleiden mußten – ist, daß sie alle auf ihre ganz eigene Weise und nach ihrem eigenen Rhythmus wieder genesen. In keinem einzigen Fall ist es leicht, aber Sie sollen wissen, daß diese Belastung, die Sie aufgebürdet bekommen haben, Sie nicht zerbrechen darf.

Um es mit Linda Fairsteins Worten zu sagen: »Wieder Herr über sein eigenes Leben zu werden, ist der erste Schritt, und ich glaube fest daran, daß die meisten Vergewaltigungsopfer wieder vollständig von dem an ihnen begangenen Verbrechen genesen. Sie werden es nie im Leben vergessen, aber sie erholen sich davon. Und wie gründlich und wie schnell sie sich davon erholen, hängt in hohem Maße davon ab, wie diejenigen, die ihnen nahestehen, sich ihnen gegenüber verhalten, sowie diejenigen, die sich der Justiz anvertrauen, entsprechende Hilfe erfahren, je nachdem, wie unser Rechtssystem sich für sie einsetzt.«

Wenn Sie ihre eigene Vergewaltigungserfahrung nicht für sich behalten haben, aber das Gefühl haben, daß Ihre Freunde und Verwandte nicht zu Ihnen stehen, wie Sie es bräuchten, dann denken Sie bitte nicht, Ihr Schicksal ließe sie unberührt. Möglicherweise brauchen sie nur selbst Hilfe, um ihre eigenen Gefühle und Ängste zu überwinden, und damit umgehen zu können. Lassen Sie sich bei Ihrem Genesungsprozeß nur bitte nicht davon beeindrucken, wie diejenigen, die Ihnen nahestehen, auf Ihr Schicksal reagieren – sei es, daß sie der Ansicht sind, Sie träfe eine Mitschuld, sei es, daß sie sich für den Vorfall schämen, sei es, daß sie kein Verständnis für Sie haben oder sich Ihnen gegenüber einfach nur seltsam verhalten. Und wenn Sie bis zum heutigen Tag über die Tatsache geschwiegen haben, daß Sie Opfer einer Vergewaltigung geworden sind, dann denken Sie bitte daran, daß es allein an Ihnen liegt, dieses Geheimnis zu lüften.

Manche dieser Frauen werden ganz alleine mit ihrem schweren Schicksal fertig, doch für alle, die Hilfe brauchen, gibt es eigens für Vergewaltigungsfälle eingerichtete Beratungsstellen. Hier können Sie Kontakt zu anderen Frauen aufnehmen, die ebenfalls Opfer eines Sexualverbrechens geworden sind, die ihre Krise überwunden haben und verstehen, was Sie durchleiden. Dort kann Ihnen weitergeholfen werden. Doch wenn Sie Schwierigkeiten damit haben, per Telefon oder unter vier Augen mit einem anderen Menschen über Ihren Fall zu sprechen, dann können Sie sich auch zunächst an die entsprechenden Hilfseinrichtungen wenden, die in großer Zahl über das Internet angeboten werden. Dort haben Organisationen, die sich um die Unterstützung von Vergewaltigungsopfern kümmern, eigene Web-Seiten eingerichtet, über die Sie generelle Informationen zu dem Thema und Hinweise auf andere Einrichtungen in Ihrer Nähe finden können. Ansonsten versuchen Sie es einfach über das Telefonbuch. Im nächsten Kapitel wird noch ausführlicher über Opferbetreuung und die Unterstützung vergewaltigter Frauen zu sprechen sein.

So, wie es keine Frau auf dieser Welt verdient hat vergewaltigt zu werden, sowenig muß irgendeine dieser Frauen den Prozeß der Genesung allein durchstehen, wenn sie Hilfe braucht. Gott schütze Sie und diejenigen, die Ihnen auf Ihrem schweren Weg zur Seite stehen.

KAPITEL SIEBEN

Katies Geschichte

Der Umstand, der uns hier zusammenführt, ist äußerst beklagenswert, und es tut mir von Herzen leid, daß nun auch Sie zu dieser Gruppe von Menschen gezählt werden müssen. Aber es freut mich sehr, daß sie mit Anteilnahme und Verständnis einander helfen wollen. Ich selbst habe alles, was ich über Mord weiß, von Menschen gelernt, die einen Mord ›überlebt‹ haben.«

Dies sind die Worte, mit denen Carroll Ann Ellis in Fairfax County/Virginia immer ihre halbmonatlichen Sitzungen der Arbeitsgemeinschaft zur Unterstützung von »Überlebenden von Mordfällen« eröffnet hat. Der Terminus *Überlebender eines Mordes* mag auf den ersten Blick erscheinen wie ein Oxymoron, da man per definitionem einen Mord nicht überleben kann. Dieser scheinbare Widerspruch verdeutlich jedoch eines der simpelsten und zugleich tiefgreifendsten Konzeptionen auf dem ganzen Gebiet der Kriminalistik und der Strafverfolgung: Jedes Verbrechen, so eindeutig es sich auch gegen eine ganz bestimmte Person richten mag, hinterläßt zugleich eine Vielzahl von Opfern und zahlreiche tiefe Narben. Mord sowie jede Form von Tötung – wenn ein Mensch einem anderen Menschen das Leben nimmt – hat jedoch die größte Anzahl von Opfern und die tiefsten Verwundungen zur Folge.

Carroll Ellis ist die Leiterin der Victim-Witness Unit, einer Spezialeinheit des kriminologischen Ermittlungsbüros des Police Departemens von Fairfax County, die sich mit den Hinterbliebenen von Verbrechensopfern befaßt. Sie ist eine hochgewachsenen, imposante Erscheinung von resolutem Auftreten. Wenn man ihr zum ersten Mal begegnet, ist man ein wenig ratlos, weil man sich unwillkürlich fragt, wie eine solche Frau ausgerechnet in den Polizeidienst, in diese Männerwelt geraten konnte, und wie sie als Schwarze in diese provinzielle Welt von Weißen paßt. Doch viele sind ihr in tiefster Dankbarkeit verbunden für die große Hilfe, die sie diesen Menschen geleistet hat, wieder ein Leben in Frieden führen zu können. Paradoxerweise hört man sie sehr häufig mit ihrer tiefen, etwas derben Stimme lachen, ganz so als habe sie durch die zahllosen tragischen Fälle, die im Laufe ihres Berufslebens an sie herangetragen wurden, gelernt, die heiteren und fröhlichen Momente des Lebens besonders zu schätzen.

Dabei kann sie auch einen recht bissigen Ton entwickeln, beispielsweise wenn sie über gewisse Leute spricht, die beim besten Willen nichts kapieren wollen: »Was soll man schon mit jemandem anfangen, der einfach nichts auf die Reihe kriegt, und unentwegt Blödsinn von sich gibt? Den kann man doch irgendwann nur noch auf den Topf setzen: ›Weißt du was, jetzt erzähle *ich* dir mal, was ich davon halte. Du kannst dir überhaupt nicht vorstellen, was ich heute gemacht habe.‹ Wir müssen solche Typen einfach ein bißchen um die Ecken scheuchen. Und das macht sogar Spaß, weil man ja weiß, wie diese Zeitgenossen reagieren.«

Aber Carrolls wirkliches Interesse gilt den Menschen, die *wissen*, worum es geht, die einfach nicht anders können, als verstehen, und zwar aufgrund dessen, was sie erleiden mußten.

Im Juli 1985 verloren Jack und Trudy Collins ihre wunderschöne Tochter Suzanne durch die Hand eines skrupellosen Sexualverbrechers. Sie war blond und gerade neunzehn Jahre alt. Wir haben den Fall ausführlich in *Jäger in der Dunkelheit* beschrieben: wie diese lebenslustige, temperamentvolle junge Frau sich bei den Marines meldete, mit Bravour die harte Grundausbildung auf Parris Island in South Carolina absolvierte und sich dann bei Millington in der Fliegerstaffel von Memphis/Tennessee zur Pilotin ausbilden ließ; sie hatte beste Aussichten, eine der ersten Marinefliegerinnen zu werden. Als sie am 11. Juli 1985 noch spät am Abend allein auf dem Gelände der Flugbasis joggte, wurde Suzanne Collins überfallen, zusammengeschlagen, verschleppt, auf grauenvolle Weise sexuell gequält und dann in einem öffentlichen Park in Millington ermordet. Der Täter war Sedley Alley, ein neunundzwanzigjähriger, 1,95 m großer und 110 kg schwerer Arbeiter einer Firma für Luftkühlanlagen, dessen Frau auf dem Marinestützpunkt beschäftigt war. Alley wurde zum Tode verurteilt. Er befindet sich zur Zeit in einem Hochsicherheitstrakt in Tennessee. Seine scheinbar endlosen Revisionsanträge gehen jetzt bereits seit zehn Jahren durch die Mühlen der Justiz.

Während meiner Mitarbeit zur Vorbereitung der gerichtlichen Verhandlung des Falles kam ich des öfteren mit Jack und Trudy Collins zusammen. Wir sprachen viel miteinander und freundeten uns schließlich an. Sie wurden beide außerordentlich engagierte Mitarbeiter beim Kampf für die Rechte von Verbrechensopfern und reisten durchs ganze Land, um vor verschiedensten Ausschüssen und auch an der FBI-Akademie zu sprechen. Zur Zeit des Mordes war Jack bereits von seinem Dienst als Offizier im Auslandsdienst pensioniert worden und lebte mit Trudy in Fairfax County, wo auch ihre Kinder Suzanne und Stephen die High School besucht hatten. Auf diese Weise kamen sie während der Jahre 1990 und 1991 auch mit dem Programm zur Unterstützung von Verbrechensopfern in Kontakt. Was sie zu Carroll Ellis und ihrem Team zu sagen haben, ist sehr typisch für die vielen Kommentare, die ich zu Carrolls Arbeit gehört habe.

Jack meint: »Es mag sich heutzutage etwas platt anhören, aber Carroll legt wirklich eine echte Leidenschaft an den Tag und empfindet aufrichtiges Mitgefühl. Sie war uns allen eine exzellente Hilfe, als wir uns so hoffnungslos verloren vorkamen in diesem Dschungel von Emotionen. Es ist seltsam, aber nach einer gewissen Zeit war sie für uns ein äußerst wichtiger Bestandteil unseres Lebens geworden, den wir liebten und nicht mehr missen wollten. Da waren wir und luden uns den ganzen unendlichen Jammer von der Seele, und nach jeder Sitzung ging Carroll heim, vollgepackt mit unserem Unglück. Ein solcher Mensch ist nicht mit Geld zu bezahlen. Was sie während dieser Zeit auf sich genommen hat, tat sie aus einer ehrlich empfunden Liebe zu uns allen.«

»Sie hat uns die Möglichkeit gegeben, uns nicht mehr schuldig zu fühlen über die große Wut, die manche von uns empfanden«, berichtet Trudy Collins. »Wir hatten nicht nur das Gefühl, daß es am anderen Ende des Tunnels kein Licht gab, sondern glaubten gar nicht, daß der Tunnel überhaupt ein Ende hätte. Sie drängte uns, alles auszuformulieren, was an Trauer und Verzweiflung in uns steckte, all unsere Not hinauszulassen, um nicht zu ersticken unter der Last der Gefühle.«

Und Jack fügt hinzu: »In Gegenwart von Carroll gab es nicht einen einzigen Augenblick der Peinlichkeit. Es gab nichts, das wir verbergen wollten. Sie wurde ein regelrechtes Mitglied unserer Familie.«

Carroll selbst äußert ganz ähnliche Empfindungen. »Von diesen Menschen habe ich mehr gelernt als durch irgendeine andere Erfahrung, die ich in meinem Leben gemacht habe. Ich habe erst dank dieser Menschen zu leben gelernt. Erst jetzt weiß ich, was es bedeutet, wahrhaft couragiert zu sein. Ich habe begriffen, was es heißt, wirklich Kraft zu besitzen und wahrhaft lebensmutig zu sein, denn diese Leute haben mir vorgemacht, wie man um sein Leben kämpft. Manche sagen zu diesen Menschen: ›Hört doch auf zu quengeln und zu jammern, Ihr müßt eben damit fertigwerden.‹ Aber solche Zeitgenossen wissen einfach nicht, was sie da reden. Menschen, die eine solche Katastrophe durchleben mußten, stehen jeden Morgen wieder auf, nehmen ihr Bad, kleiden sich an und machen ihren Job – sie stellen sich ihrem Schicksal jeden Tag aufs Neue. Doch sie ertragen es nur schweren Herzens. Sie führen ihr Leben unter einer riesenhaften seelischen Belastung, die man als Außenstehender, der nicht die gleichen Erfahrungen gemacht hat wie sie, gar nicht nachvollziehen kann. Man kann nämlich nicht einfach unter die Dusche gehen, und das Geschehene fortspülen. Man wird es nie wieder los.«

Wer sich die Akten der Victim-Witness Unit anschaut und sich ein wenig mit den Veröffentlichungen dieser Spezialeinheit beschäftigt oder den Sitzungen solcher Selbsthilfegruppen beiwohnt, in denen Betroffene von Mordfällen zusammenkommen, der sieht sich plötzlich mit dieser unglaublichen Bosheit und Verachtung konfrontiert, mit der manche Individuen das Leben anderer Menschen vergiften und auslöschen können. Gleichzeitig erfahren wir aber auch, worauf es ankommt, bei dem Versuch, diesen Mitmenschen zu helfen, die solch einen Schicksalsschlag erleben mußten. Es heißt dort zum Beispiel folgendermaßen: »Wir empfinden tiefes Mitgefühl für die Qual, die Sie ertragen müssen, und wir wissen, daß wir Ihnen Ihr Leid nicht abnehmen können. Wir möchten aber auch nicht tatenlos zusehen, sondern alles für Sie tun, was in unserer Macht liegt, denn jeder hat das Recht auf ein Leben in Frieden, so schwer dies juristisch auch zu definieren und so überaus kompliziert es durchzusetzen ist. Diesem Grundgedanken ist jeder einzelne von uns verpflichtet, denn er ist die Basis unserer menschlichen Gesellschaft. Aber wenn wir unser Recht auf ein Leben in Frieden und Freiheit und unser Trachten nach Glück als etwas verstehen, das die Verfassung jedem einzelnen von uns zugesteht, so müssen wir auch begreifen, daß wir diese konstitutionellen Rechte verwirken, wenn wir nicht gleichzeitig auch jedem einzelnen die Gerechtigkeit verschaffen, die ihm zusteht.«

Das, womit die einzelnen Mitarbeiter der Victim-Witness Unit beschäftigt sind, ist so unterschiedlich wie die Bedürfnisse der verschiedenen Personen, die sie betreuen. Im Zentrum ihrer Arbeit steht jedoch für die meisten das Streben nach eben jener vagen individuellen Gerechtigkeit, wie immer sie diesen Gedanken auch definieren.

»Wenn Menschen als Unschuldige mit unserem Strafrechtssystem in Berührung kommen – zum allerersten Mal in ihrem Leben, weil sie das Opfer von Mord und Totschlag geworden sind –, dann haben sie meiner Meinung nach die sehr verständliche Erwartung, durch die Rechtsprechung Genugtuung zu erfahren. Doch dann werden sie Stück für Stück in dieses zähe und vielschichtige Prozeßverfahren verwickelt, und erkennen allmählich, wie viele Fallstricke und Fußangeln ihnen dort in den Weg gelegt werden, wie viele Bedenken und ungeklärte Fragen auftauchen, daß sie nach und nach immer skeptischer werden. Schließlich beginnen sie sich zu fürchten und fühlen sich von unserem Rechtssystem betrogen, weil alles so unendlich kompliziert wird. Und oft genug widerfährt ihnen schließlich tatsächlich keine Gerechtigkeit.«

Die Victim-Witness Unit wurde aufgebaut, um sich mit allen verfügbaren Mitteln in praktischer wie juristischer Hinsicht für die Opfer und ihre Hinterbliebenen einzusetzen. Eine ebenso wichtige Aufgabe, die sich diese Spezialeinheit gestellt hat, ist ferner, die Hinterbliebenen darauf vorzubereiten, bei dem Gerichtsverfahren als Zeugen aufzutreten. Diese durchweg positive Entwicklung hat inzwischen landesweit Schule gemacht, und wir sollten uns nicht zufriedengeben, bevor nicht jeder einzelne Verwaltungsbezirk über eine solche Spezialeinheit verfügt. Ein weiterer bedeutender Aspekt des Programms von Fairfax County/Virginia ist der, daß Carroll Ellis' Einheit im Gegensatz zu vielen anderen sonstwo im Lande, nicht an das Büro der Staatsanwaltschaft gekoppelt ist, sondern eine Initiative des Police Departments ist. Diese Tatsache ist insofern von großer Bedeutung, als sie den entsprechenden Koordinatoren gestattet, augenblicklich für die Betroffenen tätig zu werden, sobald der erste Polizeibeamte vom Tatort aus durchruft und die Ermittler vor Ort ihre Arbeit aufnehmen und potentielle Zeugen vernehmen. Im Falle einer Vergewaltigung oder eines Mordes kann auf diese Weise häufig gleich von Anfang an Schlimmeres verhindert oder zumindest eine Eskalation eingedämmt werden, und zwar sowohl hinsichtlich des psychischen Befindens der Überlebenden sowie bereitwilliger, gut präparierter Zeugen, denen die Furcht vor dem Ermittlungsverfahren genommen werden kann und die vorbereitet sind auf das, was ihnen bevorsteht.

Carroll Ellis' engste Mitarbeiterin, die zugleich auch zu ihren besten Freundinnen zählt, ist Sandra S. Witt, die alle nur Sandy nennen, und deren Aufgabe es ist, zwischen den Opfern und den Strafverfolgungsbehörden zu vermitteln. Wenn man ihr zum ersten Mal begegnet, hat man den Eindruck, sie sei das blanke Gegenstück von Carroll. Doch beide Frauen sind Mütter – Carrolls Sohn ist bereits am College, und Sandy hat zwei kleine Töchter und einen Sohn. Sie ist die Jüngere von beiden, kleiner als Carroll und von weißer Hautfarbe. Sie spricht schneller, eindringlicher und zugegebenermaßen bisweilen auch recht eigenwillig. Sandy ist eine hübsche Frau, die als Tochter eines Soldaten der Luftwaffe aufwuchs, bis die Familie schließlich zerbrach, als sie noch auf der High School war. Doch sie absolvierte das College und machte ihr juristisches Examen an der George Mason University in Fairfax. Anstatt eine juristische Laufbahn einzuschlagen, wie sie das ursprünglich geplant hatte, wurde sie zunächst für die Drogenfahndung tätig und wechselte später, nachdem sie von der Victim-Witness Unit von Fairfax gehört hatte, zu dieser Spezialeinheit, deren Arbeit ihr von Anfang an besonders interessant erschien.

Carroll kommt hingegen aus einem eher traditionellen Umfeld. Als Tochter eines Kunsttischlers und einer Lehrerin wurde sie in New Orleans geboren und lebte eine Zeitlang in New York City, als ihre Mutter sich um Carrolls Großmutter kümmern mußte, die an Krebs erkrankt war und im Sterben lag. Auf der Suche nach Arbeit verschlug es sie mit ihrer Familie schließlich nach Gary in Indiana, eine Stadt, in der heute ziemlich rauhe Sitten herrschen. Doch damals war es, wie Carroll Ellis sich erinnert, ein stinknormales Kaff mitten in den Vereinigten Staaten, »in dem sich Fuchs und Hase Gute Nacht sagten.«

Sie immatrikulierte sich später an der Central State University von Ohio im Fach Psychologie. »Ich habe zwar ein Diplom in Psychologie und an der Marymount University ein Jurastudium absolviert, aber eigentlich wollte ich immer nur irgendwie anderen Menschen helfen und etwas an den bestehenden Verhältnissen ändern. Diese Idee hatte ich schon mein Leben lang. In der Zeit, in der ich aufwuchs, war es noch sehr wichtig, irgend etwas an die Gesellschaft zurückzugeben. Das war in meiner ganzen Familie ein besonders ausgeprägter Wunsch. Und es gab auch immer eine Möglichkeit, sich für die Öffentlichkeit nützlich zu machen, sei es bei den Freiwilligeneinsätzen der Pfadfinder, sei es in der Sonntagsschule oder durch Kirchenarbeit, oder sei es durch die Mitarbeit in irgendwelchen Bürgerinitiativen. Meine Eltern waren in diesem Punkt sehr engagiert, weswegen es auch für mich das Normalste der Welt war, mich für Gemeindearbeit, Familie und die Menschen schlechthin zu interessieren.«

Bevor Carroll nach Virginia kam, war sie in Chicago als Sozialarbeiterin tätig gewesen und in San Francisco als Bewährungshelferin. Später dann war sie gleich auf der anderen Seite der Golden Gate Brücke, in Marin County, als Lehrerin tätig und engagierte sich als freiwillige Helferin in einem Frauenhaus. Ihr Ehemann Claude ist ein pensionierter Armee-Oberst, der jetzt seine eigene Firma gegründet hat. Außerdem hat sie noch zwei Brüder, von denen der ältere Rektor einer High School war und jetzt College Professor ist, während ihr jüngerer Bruder als Nachrichtenmoderator an einer Fernsehstation in Detroit arbeitet.

Das soziale Umfeld, in dem Sandy und Carroll aufwuchsen und studierten, bereitete sie jedoch in keiner Weise auf das vor, womit sie nun bei ihrer täglichen Arbeit konfrontiert waren.

Beide begannen ihre Arbeit 1990. Sie wurden damals vom Leiter der Einheit, Joyce Williams, in zwei aufeinanderfolgenden Monaten angeworben. Damals war die Spezialeinheit noch als das Victim-Witness-Assistance-Programm oder V-WAP bekannt, das immer noch in der Aufbauphase begriffen war, obgleich es bereits 1986 ins Leben gerufen worden war. Generell wurde das Vorhaben von Verwaltung und Polizei begrüßt, obgleich niemand so recht wußte, was damit anzufangen war. Eine der Grundideen des Programms war damals, eine Anzahl bestimmter Mitarbeiter der Einheit abzustellen, um beispielsweise Zeugen zum Gericht zu eskortieren, oder sich um die Kinder von Müttern zu kümmern, die ihre Kleinen während der Gerichtsverhandlung nicht alleinlassen konnten.

»Wir kümmerten uns nach bestem Vermögen um die Menschen, ohne lange auf die umständlichen Bemühungen irgendwelcher Beratungsstellen zu warten, und suchten ununterbrochen nach Möglichkeiten, unsere Dienste zu verbessern und auszubauen«, erinnert sich Carroll. »Wie sollten wir dieser unglaublichen Not dort draußen begegnen, der wir begegneten? In erster Linie widmeten wir uns den Müttern und ihren Kindern, derer wir uns mit besonderer Hingabe annahmen – wir waren für diese Arbeit natürlich nicht qualifiziert und hatten auch keinerlei Genehmigung dafür. Doch wir taten es dennoch. – Eine von uns begleitete dann immer die jeweilige Mutter zum Gericht und stand ihr bei, wenn sie ihre Aussage zu machen hatte. Wir hielten diesen armen Frauen die Hand und unterrichteten sie über die verschiedenen Tagesordnungspunkte des Verfahrens, über die Vernehmungen, die ihnen bevorstanden, und begleiteten sie während der gesamten Prozeßdauer so gut wir konnten. Das war natürlich keine Lebensaufgabe für mich. Es hätte mir auf lange Sicht nicht ausgereicht. Mir war also klar, daß ich irgend etwas verändern mußte. Ich mußte die Lage der Dinge genau abwägen und dann die nötigen Entscheidungen fällen, was zu tun war, um der entsprechenden Situation gerecht zu werden. Dafür mußte ich mich zunächst mit den Betroffenen selbst auseinandersetzen, und dann die nötigen Konsequenzen ziehen. Ganz allmählich gelang es mir schließlich, auf diese Weise unsere Einheit zu dem zu machen, was sie heute ist.«

Das Erste, das sie klarstellen mußten, war die Tatsache, daß das, was sie taten, nicht in Arbeitsstunden gemessen werden konnte. Sandy sagt: »Man fragte uns beispielsweise: ›Wieso hast du denn solange gebraucht, um der Familie zu erklären, was wir machen?‹ Die Antwort war dann: ›Weil das einfach nötig war! Manchmal kann es auch zwanzig Stunden in Anspruch nehmen, je nachdem.‹ In dem Punkt konnte ich viel von Carroll lernen, nämlich wie wichtig es war, sich für die Menschen Zeit zu nehmen, mit denen wir arbeiteten. Um wirklich in Erfahrung bringen zu können, was die Frauen erlebt und durchgemacht haben, mußten wir ihr Vertrauen gewinnen, und das brauchte Zeit. Ich kann mir beim besten Willen nicht vorstellen, wie irgendein Hilfsprogramm für Gewaltopfer funktionieren sollte, solange man nicht begriffen hat, was die einzelne Person durchgemacht hat und welcher Hilfe sie jetzt am dringendsten bedarf, ohne nicht ihr Vertrauen gewonnen zu haben.«

Ganz wie unsere Untersuchungen zeigen, daß nämlich die pervers phantastischen Obsessionen von Triebtätern sich durch ein bestimmtes auslösendes Erlebnis plötzlich ganz konkret in der Realität entladen können, so sehen wir auch, daß für viele gute und normal veranlagte Menschen durch ein bestimmtes auslösendes Moment eine Vorstellung, die zuvor nur sehr vage war, plötzlich ganz und gar konkrete Züge annimmt. Für Sandy war dieses auslösende Erlebnis der Moment, in dem sie mit der Mutter der jungen College-Studentin Meredith Mergler in Kontakt kam.

»Es ist so schwer, mir das alles noch einmal vor Augen zu führen, denn heute sehe ich die Dinge so ganz anders als damals«, sagt Sandy. »Aber wenn ich so dasitze und meine Augen schließe, dann erinnere ich mich noch ganz genau an einige der Verbrechensopfer und an die Gespräche, die wir miteinander geführt haben, und dann empfinde ich wieder diese ohnmächtige Hilflosigkeit, die mich damals quälte, weil ich nicht wußte, wie ich diesen Menschen helfen könnte. Jemand, an den ich mich noch sehr gut erinnere, war diese Dame, Mary Alice Mergler. Mary Alices Tochter Meredith war am Technical College von Virginia als Studentin eingeschrieben, als sie ermordet wurde. Sie blieb sechzehn Monate lang vermißt, bevor man schließlich ihre Leiche auf dem Grund eines Brunnens fand, etwa zwanzig Meilen vom Gelände der Hochschule entfernt. Der Täter war ein Kerl namens John David Lafon. Er wurde inzwischen verurteilt.

Mary Alice rief jeden Dienstag bei den Ermittlungsbeamten an, und danach bei mir. Wir sprachen Stunde um Stunde miteinander am Telefon, aber kaum hatten wir das Gespräch beendet, rief schon die nächste Person an, und auch sie hatte jemanden durch einen Mord verloren. Es war immer eine ziemlich ähnliche Unterhaltung wie die, die ich gerade erst geführt hatte. Es wurde fast zur Routine, wie ich jeden Tag in mein Büro kam, mich an das Telefon setzte und dann diese Gespräche führte – ich hatte vielleicht drei Kunden pro Tag. Sie sprachen mit mir, weil sie ein so unendlich großes Bedürfnis danach hatten. Damals merkte ich allmählich, daß ich gar nicht ganz begriff, wie enorm diese Menschen ihr Schicksal belastete. Jedes einzelne dieser Verbrechensopfer hatte eine eigene, ganz spezielle Bedürftigkeit, und jeder dieser Menschen reagierte auf seine ganz eigene Art und Weise auf den Schicksalsschlag, den er erlitten hatte. Das alles mußte man erst einmal genau verstehen, bevor man auch nur einem dieser Menschen tatsächlich helfen konnte.«

Im Spätherbst 1990 drohten Carroll und Sandy die Dinge schließlich endgültig über den Kopf zu wachsen, und diese Krise führte schließlich zu einem der ersten Modellversuche in den Vereinigten Staaten, ein Programm zu erstellen, mit dem Verbrechensopfern gezielt geholfen werden sollte.

»Ich sollte mich um die Hinterbliebenen von Mordopfern kümmern, und Carroll wollte die Fälle von Vergewaltigungen und Kindesmißbrauch bearbeiten«, erklärt Sandy. »Doch genau in der Zeit kam uns eine regelrechte Welle von Mordfällen ins Haus; so etwa fünf Morde in drei Wochen. Das war auch die Zeit, in der die kleine Destiny ermordet wurde.«

Der Mord an Destiny Souza.

Noch heute klingt ein eigentümlicher gequälter Ton mit, wenn man bei der Victim-Witness Union auf diesen Fall zu sprechen kommt – ganz als ob die bloße Erwähnung dieses grauenhaften Mordfalls wieder die abgrundtiefe, teuflische Grausamkeit heraufbeschwört, zu der manche Individuen fähig sind. Doch zugleich erwachen auch die Erinnerungen daran, zu welchen im wahrsten Sinne heldenhaften Anstrengungen sich andere Menschen aufschwingen können, die zuvor ein ganz normales Leben geführt haben.

»Dieser Fall hat mich endgültig aufgeschreckt«, sagt Carroll.

Im September 1990 waren sie und Sandy bereits drei Monate bei der Spezialeinheit tätig gewesen, als plötzlich dieser Mord gemeldet wurde. Es war das Schlimmste, von dem sie je gehört hatten. Destiny Ann Souza, oder Dee, wie man sie nannte, war ein acht Jahre altes, dunkelblondes ausgenommen niedliches kleines Mädchen. Ihre einunddreißigjährige Mutter Kathleen, allen in der Nachbarschaft als Katie bekannt, war mit einem zweiten Kind schwanger, als sie Dee eines Tages tot im Keller des

Einfamilienhauses fand, das sie mit ihrer Mutter in Newington Forest, einer Region des Bezirks Fairfax, bewohnte. Das Mädchen war erschlagen worden.

Sieben Jahre später – Katie hatte inzwischen ihren zweiten Mann geheiratet, einen gewissen Steven Hanley, der achtundzwanzig Jahre im Marineinfanteriekorps gedient hatte und nun als Hauptfeldwebel aus dem Beruf ausgeschieden war – sitzen die beiden in der Wohnstube ihres Hauses beieinander, das sie inzwischen in dem angrenzenden Bezirk Loudoun County bezogen hatten. Mit einer Klarheit und Unerschrockenheit erinnert sich Katie an jedes Detail dieser schrecklichen Geschichte, daß einem fast unheimlich zumute ist. Viele Gegenstände im Wohnzimmer erinnern an die glücklichen Tage, als Destiny noch lebte: eine bunte Glasplatte, die Shakespears »Seven Ages of Man« zeigt, eine Statuette, die eine Kopie von Degas' kleiner Ballerina darstellt, verschiedene Spielzeugtierchen wie Winnie the Pooh und Barney oder ein Dreirädchen. Die Stofftiere gehören jetzt dem zweijährigen Casey, und das Kinderfahrrad dem sechs Jahre alten Tylor, der nur wenige Monate nach dem Tod seiner Schwester geboren wurde. Und an der Wand über der Treppe hängen Photographien von Dee und Katie – diesem entzückenden Kind mit seiner bildhübschen Mutter.

Destiny war Katie Souzas erstes Kind. Damals war Katie noch nicht lange von ihrem Mann geschieden worden. Sie arbeitete als Werbekauffrau bei TRW, wo sie noch heute beschäftigt ist. Für ihr Alter war Destiny bereits ein sehr selbständiges Kind. Sie war gerade in die dritte Klasse gekommen. Zu ihrer Mutter hatte sie ein besonders inniges Verhältnis und half ihr, wo sie nur konnte. Wenn sie von der Schule heimkam, schloß sie sich selbst die Haustür auf, ging ins Badezimmer und rief dann sogleich die Mutter an deren Arbeitsplatz an. Doch am Nachmittag des 17. September wartete Katie vergeblich auf den gewohnten Anruf. Als sie daraufhin selbst zu Hause anrief, antwortete niemand. Sie wartete eine Weile und versuchte es dann erneut, aber auch dieses Mal ging niemand ans Telefon.

»Ich sagte zu meinem Chef, daß ich unbedingt nach Hause müsse, irgend etwas sei nicht in Ordnung dort.«

»Na, wenn das unbedingt nötig ist, dann mach dich mal auf den Weg«, meinte er.

»Ich fuhr also heim, und ich glaube, ich habe die Tür aufgeschlossen, aber vielleicht war auch gar nicht zugeschlossen – ich bin mir da nicht ganz sicher. Dann lief ich die Treppe hinauf, weil ich hörte, daß der Fernsehapparat lief. Dort fand ich ihren Schulranzen, an dem sonst der Hausschlüssel festgebunden war. Doch er befand sich nicht am Ranzen. Das war ungewöhnlich. Sie hatte ihre Schulbücher bereits herausgenommen, um mit ihren Hausaufgaben zu beginnen, hatte ihre Schulkleidung ausgezogen und sie säuberlich außen an der Schranktür aufgehängt. Dann ging ich in mein Schlafzimmer und sah, daß die Schublade meines Nachttischchens offenstand. Auch eine Schublade meiner Kommode war herausgezogen, aus der allerlei Sachen hervorhingen, und auch auf dem Boden lagen verschiedene Gegenstände verstreut.«

Katie lief wieder die Treppe hinunter und rief die Schulsekretärin, Cynda Roberts, an. Ob Destiny vielleicht den Schulbus verpaßt hätte und heute gar nicht in der Schule gewesen sei, fragte sie.

»Ich spreche noch mit Cynda, als ich mich plötzlich unwillkürlich umsah und das Licht bemerkte, das aus der geöfneten Kellertür drang. Ich sagte nur: ›Cynda, ich werde sofort zurückrufen‹, und lief zur Kellertreppe und hinunter. Dort, um die Ecke, lag sie, genau vor mir auf dem Fußboden.«

Das Kellergeschoß war mit einem Sofa möbliert und einem Paar großer Sessel. Es gab auch ein Fernsehgerät dort und zwei Schränke, denn bis vor kurzem hatte Katies Schwester Rebecca Hall, die alle nur Becky nannten, und ihr Freund Rob Miller dort gewohnt. Katie war wie in Trance. Sie nahm gar nicht wahr, daß einige der Bodenfliesen zerbrochen waren, daß die Beleuchtung des Kellerraumes zertrümmert war, und daß überall auf den Möbelstücken und dem Boden Blut war. Sie hatte den Eindruck, als bewegte sie sich in Zeitlupe.

Destiny trug ein T-Shirt, Shorts und Tennisschuhe. Sie lag auf der Seite, mit dem Gesicht zu den Schränken.

»Ich drehte sie um. Ihr Haar war in einem heillosen Durcheinander. Ihr linkes Auge war blauschwarz und dick geschwollen. Aus ihrem Mund sickerte Blut. Ich gab ihr einen Klaps auf jede Wange und schrie: ›Destiny, komm doch, komm zu dir!‹«

Aber nichts geschah. Katie stürmte die Treppe wieder hinauf, sprang zum Telefon und wählte die 911. Der Beamte am anderen Ende gab ihr Anweisungen, wie sie Erste Hilfe leisten könnte, während der Notdienst bereits auf dem Weg zu ihr war.

»Ich rannte wieder die Treppe hinunter und öffnete Destinys Mund. Ihre Zähne waren in einem kreisrunden Loch herausgebrochen. Ich begann mit der Mund-zu-Mund-Beatmung, aber ich weiß nicht, ob ich das richtig gemacht habe; ich hörte nur ein gurgelndes Geräusch in Destinys kleinem Körper. Dann schob ich ihr Hemdchen zurück, um zu sehen, ob sich ihr Brustkorb hob, wenn ich ihr in den Mund blies. Ihr ganzer Leib war unter der Haut über und über braun gefleckt, da wußte ich, daß sie innere Blutungen hatte.«

Schließlich war der Rettungswagen da, und die Sanitäter kamen die Kellertreppe heruntergerannt. Sie brachten Destiny hinauf, um sie notärztlich zu versorgen. Sie legten die Kanülen und schlossen das Mädchen an das Beatmungsgerät an, dann brachten sie Destiny hinaus auf den Rasen vor dem Haus und hinüber zum Hubschrauber, der sie ins Fairfax Hospital flog. Während all der Zeit hatte Katie gar nicht bemerkt, daß ihr Gesicht durch den Versuch, ihrem Töchterchen wieder Leben einzuhauchen, über und über mit Destinys Blut verschmiert war.

»Ich stand nur da und sagte immer wieder: ›Ich hoffe, daß sie wieder zu sich kommen wird. Wenn sie wieder aufwacht, werden wir erfahren, wer ihr das angetan hat, und dann gnade ihm Gott.‹«

Aber Destiny kam nie wieder zu sich.

»Es tut mir leid, Ihnen das mitteilen zu müssen«, sagte der Arzt nur kühl.

»Sie führten mich in diesen Raum; es war wie ein Untersuchungszimmer – mit einem kleinen Tisch, einer Lampe und einem Bett an der Wand. Ein Polizeibeamte paßte auf. Sie hatten ihr ein Laken bis hoch zum Kinn gezogen, und ihre Hände waren mit Plasikfolie umwickelt und lagen auf ihrem Körper. Ich durfte nicht zu nahe an Destiny herantreten. Ich hatte den Eindruck, als sei ich bereits beim Bestatter. Man wollte mich einfach nicht mit ihr allein lassen.«

Katie stand völlig unter Schock und nahm kaum noch etwas wahr als ihren tiefen Schmerz und eine endlose Verwirrtheit.

»Einige meiner Arbeitskollegen nahmen mich zu sich, weil sie meinten, ich dürfe jetzt nicht allein sein. Sie regelten alles für mich und ließen mich bei ihnen wohnen. Sie halfen mir, das Begräbnis zu organisieren, bei der Wahl der Totenkleidung usw.«

Aber bevor sie auch nur das Krankenhaus hatte verlassen können, erfuhr Katie einen fast noch größeren Schock.

Die Ermittler nahmen sie zur Seite und bombardierten sie mit Fragen. Aus Gründen, die Katie zunächst gar nicht begriff, schienen sie sich brennend für den Kellerraum zu interessieren, den Ort, an dem der Mord geschah.

»Was mochte Destiny dort unten in der Kellerwohnung gewollt haben?« fragte einer der Ermittlungsbeamten.

»Um den Kellerraum hatte sie sich nie geschert«, antwortete Katie. »Sie haßte ihn.«

Aber nicht nur das. Die Kellertür wurde zudem immer verschlossen gehalten, und Destiny hätte allein dort gar nicht hineingekonnt, weil die Türklinke blockiert war. Aber immer wieder kamen die Ermittlungsbeamte darauf zu sprechen, wie wichtig für sie dieser Kellerraum sei.

»Ich sagte schließlich: ›Also gut, vor ein paar Wochen hat dort unten meine Schwester mit ihrem Freund gewohnt. Aber eine andere Bedeutung hatte dieser Keller nie. Was können Sie denn mit der Information anfangen?‹«

Später, noch am gleichen Abend, wurde Katie im Haus ihrer Freunde von der Polizei angerufen. Die Beamten erklärten ihr, daß sie Beckys Freund, Rob Miller, in einem nahe gelegenen MacDonald's Restaurant festgenommen hätten, in dem er gerade eine Arbeit gefunden hatte. Er werde beschuldigt, Destiny ermordet zu haben.

Katie konnte das nicht glauben. Becky sei in ihrer Beziehung zu Rob Miller immer diejenige gewesen, die das Sagen gehabt hatte. Rob sei ein ziemlich zarter Kerl, und sie könne sich beim besten Willen nicht vorstellen, daß er irgend jemandem etwas zuleide täte. Katie habe sogar häufig in Unstimmigkeiten eingreifen müssen, die sich zwischen ihrer Schwester und Rob Miller ergaben, weil er offensichtlich nicht in der Lage gewesen sei, sich gegen Personen seines Alters durchzusetzen.

Detective William »Bill« Whildin vom Morddezernat wußte von vornherein, daß für dieses spezielle Verbrechen nur extrem wenige Personen als Täter infrage kamen. »In solchen Mordfällen kann die Ermittlung nahezu unverzüglich beginnen«, erklärt Whildin. »Wir versuchen uns dann immer ganz genau an die Indizien zu halten. In diesem Fall sah es nicht so aus, als ob der Täter aus einem fremden Umfeld stammte; es mußte jemand gewesen sein, den die kleine Destiny gekannt hat. Aber wer? Katie konnte die Tat nicht begangen haben. War es also vielleicht ihre Schwester? Auszuschließen wäre das nicht, aber es erschien uns sehr unwahrscheinlich – der Täter war zu brutal vorgegangen, der physische Aspekt der Tat war zu dominierend. Also blieb noch Rob.

Ein Mord kann auf unterschiedliche Weise verübt werden, und genau da setzen wir mit unseren Ermittlungen an«, erklärt Whildin. »Es war auf den ersten Blick offensichtlich, wie unverhältnismäßig und exzessiv der Mörder gewütet hatte. Die Tat war beispiellos brutal. Das Mädchen wurde ermordet, indem ihr der Täter im wahrsten Sinne des Wortes jeden Knochen einzeln zertrümmerte. Die Frage war nun, hat er sich in Rage gesteigert, wegen irgend etwas, das die kleine Destiny zu ihm gesagt hat, oder gab es etwas anderes, daß ihn dermaßen ausrasten ließ?

Als wir ihn fanden, war er völlig durch den Wind. Er wirkte verwirrt, so als hätte er unglaublich viel um die Ohren. Dabei war er nicht etwa betrunken, und er schien auch keine Drogen genommen zu haben. Aber man merkte gleich, daß er irgend etwas zu verbergen versuchte. Zuerst erzählte er uns, daß er keine Ahnung hätte, was dort vorgefallen sei. Doch als wir dann ein wenig nachhakten, sagte er schließlich fast erleichtert, daß es ein Unfall gewesen sei. Er dachte wohl, wenn wir ihm das abnähmen, würde das Ganze vielleicht weniger schlimm für ihn ausgehen; daß er großen Ärger bekäme, war ihm klar.«

Über kurz oder lang hatten Whildin und sein Kollege Thomas J. Lyons das Geständnis. Rob war in das Haus zurückgekehrt, und offensichtlich hatte er dann irgendeinen Streit mit Destiny bekommen. Er erklärte, sie hätte ihm »zu klug dahergeredet« und »den Mund zu voll genommen«. Er habe darauf eine hölzerne Schmuckschachtel genommen und ihr damit eins übergezogen. Gleich darauf bekam er Angst, daß sie den Vorfall womöglich ihrer Mutter erzählen würde; er mußte sie also irgendwie zum Schweigen bringen.

»Deswegen habe ich sie gleich nochmal geschlagen«, erzählte Miller den Beamten. »Irgend etwas mußte ich ja tun.«

Aber hatte er sie wirklich mit der Schmuckschachtel derart ernsthaft verletzen können? Irgend etwas fehlte noch an der Geschichte. »Und das war es, was ich herausbekommen« wollte«, sagt Whildin. »Warum sollte er sie zusammengeschlagen haben? Nun schön, sie hat möglicherweise den Mund ein bißchen voll genommen und ihn beleidigt. Dafür hat er ihr dann eine runtergehauen, möglicherweise auch zweimal. Aber dabei ist es ja offensichtlich nicht geblieben. Was war also vorgefallen?«

Sandy Witt rief gleich nach Destinys Bestattung bei Katie Souza an, um ihr nach besten Möglichkeiten zu helfen, doch sie bekam Katie nie ans Telefon; vielleicht weil sie immer noch bei ihren Freunden wohnte. Später versuchte es dann Carroll Ellis einmal und hatte Glück. Katie war zu Hause.

Carroll stellte sich vor und sagte dann: »Ich habe von dem schrecklichen Ereignis gehört, und es tut mir wirklich aufrichtig leid, was mit ihrem Töchterchen geschehen ist. Ich gehöre der Victim-Witness Unit an. Wir sind eine Spezialeinheit der hiesigen Polizei, und unser Wunsch ist es, Sie nach besten Kräften zu unterstützen, und Ihnen in ihrer schwierigen Situation zu helfen. Ich würde Sie also sehr gerne einmal aufsuchen, um mit Ihnen zu sprechen, wenn es Ihnen paßt.«

Katie war einverstanden, und Carroll vereinbarte mit ihr einen Zeitpunkt, wann sie sich einmal zu einem Gespräch bei Katies Freunden in Vienna treffen könnten. Vienna lag auf der entgegengesetzten Seite des Landkreises, also genau in der anderen Richtung von Katies Wohnort, aber nicht weit entfernt vom Polizeihauptquartier in Fairfax City.

»Als ich sie sah, dachte ich fast, ich stünde der jungen Candice Bergen gegenüber«, erinnert sich Carroll. »Eine wunderschöne blonde Frau, mit tiefgrünen Augen und sehr sportlicher Figur. Sie war allein in dem Haus. Katie war zu der Zeit im vierten Monat schwanger von einem Mann, von dem sie sich inzwischen wieder getrennt hatte. Ich war kaum eingetreten, da nahm Katie mich in die Arme, und ich glaube, daß ich erst in diesem Moment wirklich begriff, was meine Arbeit überhaupt bedeutete, denn von diesem Augenblick an gab es für mich kein Zurück mehr. Katie ließ mich ihren unendlichen Kummer spüren, und ihre Trauer ging mir durch Mark und Bein. Ihr Schmerz war allgegenwärtig, er hing sozusagen in der Luft. Man konnte ihn sehen … fühlen … schmecken … riechen. Hier war eine Frau des Allerliebsten beraubt worden, was sie auf dieser Welt gehabt hatte. Sie weinte, und weinte. Als sie sich endlich wieder beruhigen konnte, setzten wir uns hin. Ihr Leid war so überwältigend, daß man sich ihm durch nichts entziehen konnte. Worte waren gänzlich überflüssig. Es war fast als bedeutete Katie mir: ›Sei willkommen in meiner Welt‹, und ich hatte tatsächlich überhaupt keine andere Wahl, als ein Teil dieser Welt zu werden.«

Während Carroll über diese erste Begegnung mit Katie Souza spricht, steigen ihr unwillkürlich Tränen in die Augen. »All meine professionelle Reserviertheit und Distanziertheit waren dahin, einfach dahin. Und dabei war es doch meine Aufgabe, fachmännische Hilfe zu leisten. Aber was kann man schon sagen, was soll man tun, und wie soll man sich verhalten gegenüber einer Frau, deren einziges Kind auf so brutale Weise zu Tode geprügelt wurde? Destiny war doch noch ein so kleines Mädchen. Ein achtjähriges Kind, das man einfach totgeschlagen hat. Wie kann man das irgendeinem Menschen auf der Welt erklären, wie sollte irgendeiner das verstehen?«

Katie wollte die Tatortfotos sehen und die Photographien der Autopsie, die an Destiny vorgenommen wurde. Sie wollte den

Bericht des Gerichtsmediziners sehen und genau wissen, was letzten Endes mit ihrer Tochter geschah. Carroll war entschlossen, auf jede ihrer Bitten einzugehen, doch sie fragte Katie vorsichtshalber, ob sie sich auch wirklich darüber im klaren sei, was sie da vorhabe, denn dieses Material könnte sie möglicherweise noch viel stärker aufregen.

»Doch sie antwortete: ›Ich möchte das alles sehen. Sie ist doch meine Tochter. Es gibt für mich nichts, was mich noch aus der Fassung bringen könnte, denn das Schlimmste was mir je widerfahren konnte, ist bereits eingetreten.‹

Katie erzählte mir dann, wie sie ein paar Tage vor dem Begräbnis in die Leichenhalle gegangen sei, und darauf bestanden habe, ihr Töchterchen noch einmal sehen zu dürfen. Sie wollte sich jeden Zentimeter ihres kleinen Körpers noch einmal genau ansehen, denn sie war doch das Liebste, was sie auf dieser Welt gehabt hatte. Sie wollte genau wissen, wo und wie ihr Kind verletzt worden war. Ich muß bei diesem Gedanken immer unwillkürlich an die Pietà denken, an diese Darstellung von Christus und Maria in der Gruft ihres toten Sohnes, wie sie seine Wunden betrachtet und den Speerstich an der Seite seines Körpers. In Gedanken sehe ich dann die gramgebeugte Frau, wie sie in diesem stillen Augenblick mit eigenen Augen noch einen Blick werfen will auf die Wunden, die ihrem einzigen Kind den Tod gebracht haben.«

Die Leichenhalle trug den Namen »Money and King« und war ein seriöses und sehr gepflegtes Gebäude gleich an der Hauptstraße von Vienna. Man hatte sich dort zunächst sehr bemüht, Katie von ihrem Vorhaben abzubringen, und vorgegeben, die Leiche sei gerade erst eingetroffen, und man habe noch keine Zeit gehabt, sie herzurichten. Auch Richard – der Ehemann ihrer Freundin, bei der sie vorübergehend wohnte – versuchte ihr auszureden, sich dieses Martyrium anzutun.

»Erzählt mir nicht, was ich mir antun sollte und was nicht«, hatte Katie sie nur angeblafft. »Bringt sie her. Ich will sie sehen.«

Sie brachten ihr also den kleinen Leichnam des Kindes, der nur in ein Laken gehüllt in dem Kühlraum aufgebahrt war. In einem Zimmer konnte Katie anschließend einen letzten Blick auf ihre Tochter werfen.

»Ich wollte einfach sehen, was man ihr angetan hatte«, sagte Katie.

Während der Direktor des Bestattungsinstituts neben ihr stand und Richard in gebührlichem Abstand hinter ihr, nur für den Fall, daß sie seine Hilfe brauchte, untersuchte Katie Dees kleinen Körper Zentimeter für Zentimeter.

»Wir sahen uns alles genau an, vom Kopf bis zu den Füßen. Der Direktor erklärte mir, daß der Kamm, den sie trug, und der ihr Haar zusammenhielt, ihr in die Schädeldecke eingedrungen sei. Er zeigte mir ihr Ohr, ihre Zähne und ihren Mund. Ihr ganzer Kopf war über und über mit Schlagverletzungen übersät. Ich sah mir sogar ihre Fingernägel an. Der Direktor wollte nicht, daß ich das Laken von Dees Körper nähme, weil er fürchtete, ich könne den Anblick womöglich nicht ertragen, aber ich antwortete ihm nur, daß es mir nichts ausmache, denn ich *müsse* mir Dees Leichnam einfach genau betrachten.

Also schlug ich das Laken zurück. Das was mich am meisten erstaunte, als ich mir schließlich Dees Füße anschaute, waren ihre Fußsohlen. Sie waren geschwollen und zerquetscht, und ich konnte mir nicht erklären, was der Kerl mit ihr angestellt haben mußte, um ihr diese Verletzungen beizubringen. Immerhin trug sie zur Tatzeit doch ihre Tennisschuhe. Das fand ich sehr erstaunlich.«

Auch Bil Whildins Aussage bestätigt, was Katie an diesem Tag beobachtete und fühlte. »Bei der gerichtsmedizinischen Untersuchung konnten wir uns zunächst nicht erklären, was das für kleine Punkte waren, die wir auf Destinys Schädeldecke fanden. Doch später wurde uns klar, daß dieses Muster von dem Haarkamm herstammte, den das Mädchen getragen hatte. Er mußte ihr durch einen Schlag oder Stoß mit solcher Wucht in den Schädel gerammt worden sein, daß er auf dem Knochen diese Einkerbungen hinterließ.

Am Tatort hatten wir an der Wand, wo der Lichtschalter war, einen Abdruck im Wandputz entdeckt, auf dem sich ein merkwürdiger gelber Fleck befand. Wir konnten uns erst nicht erklären, woher der gelbe Fleck stammen mochte, doch dann fanden wir auch das heraus: Destiny hatte, wie gesagt, damit begonnen, ihre Hausaufgaben zu machen, und hatte gerade mit einem gelben Buntstift gearbeitet, den sie sich anschließend hinters Ohr steckte. Der Mörder muß sie hochgehoben und mit solcher Gewalt gegen die Wand geschleudert haben, daß sie mit dem Schädel den Putz zerschlug, wobei der Buntstift diesen gelben Fleck zurückließ.

Wie soll man den Geschworenen oder dem Richter deutlich machen, welche Brutalität der Täter an den Tag legte?« fragt Whildin. »Und wie soll man erst in Worte fassen, was in Katie vorging, als sie ihre Tochter dort auf dem Boden fand? Ich sehe alles noch so genau vor mir.«

Katie blieb dort in der Leichenhalle etwa eine Dreiviertelstunde und versuchte das alles zu begreifen, versuchte nachzuvollziehen, wie sehr ihre kleine Tochter gelitten haben mußte.

Tage später saß Carroll wieder mit Katie zusammen, ertrug tapfer, wie sie eine Zigarette nach der anderen rauchte, sich scheinbar von nichts anderem mehr ernährte als von Coca-Cola, und hörte ihr aufmerksam zu.

»Sie war wirklich sehr ausdauernd«, sagt Katie. »Ich glaube, wenn Carroll es nicht so hartnäckig mit mir ausgehalten hätte, wäre ich nicht lebend wieder aus dem Loch herausgekommen.«

Zunächst hörte Carroll nur zu. Dann fragte sie Katie, was sie für sie tun könne, und Katie erzählte schließlich, wie sie das Bestattungsinstitut aufgesucht hatte, daß sie den Autopsiebericht lesen und mit dem Notarzt sprechen wolle, und wie wichtig es für sie sei, Schritt für Schritt die Todesqualen ihres Töchterchens nachvollziehen zu können. Ob Dee nach ihrer Mutter gerufen habe? Ob sie je das Bewußtsein wiedererlangte? Wo sie letztlich gestorben sei – in der Kellerwohnung, in der Notaufnahmestation oder während des Transports dorthin? Sie müsse einfach jede Einzelheit in Erfahrung bringen, die über den Mord an ihrer Tochter bekannt sei, ganz gleich, wer ihr die Information liefern könne.

»Sind Sie sich da wirklich ganz sicher?« fragte Carroll ruhig.

Katie war sich sicher. Also machte Carroll sich an die Arbeit und rief den Gerichtsmediziner an, der, wie nicht anders zu erwarten war, natürlich seine Bedenken hatte, als er die Anfrage hörte. Aber Carroll ließ nicht locker: »Diese Frau weiß ganz genau, was sie will«, erklärte sie. »Dies ist einfach ihre Art, mit dem fertigzuwerden, was sie erleben mußte. Nur so kann ihr geholfen werden.«

Katie erinnert sich, daß die anschließende Unterredung mit dem Gerichtsmediziner wahrscheinlich für den Arzt emotional schwerer zu verkraften gewesen war, als für sie selbst. »Ich befand mich in einem Schockzustand. Ich war während der ganzen Zeit eigentlich sehr gefaßt, so als ob ich mich nach einer mir gänzlich fremden Person erkundigte. Aber nur so konnte ich dort hindurchkommen.«

Es gab vieles, was sie noch hinter sich bringen mußte, und es gab kein Rezept, wie sie es am besten hätte anstellen sollen. »Ich ging zu Carroll und erklärte ihr: ›Ich weiß nicht mehr, wo ich mich hinwenden soll. Offensichtlich gibt es keinen Experten, der mit einem Charakter wie mir umgehen kann.‹ Es gab tatsächlich keinen einzigen Fachmann, der Verbrechensopfern wie mir in irgendeiner Weise durch sein Trauma hindurchhelfen konnte. Es gab auch keine Experten, die den Geschwistern oder den Kindern der Ermordeten oder Verletzten hätten helfen können.«

Auf diese Weise wurde Carroll Ellis zur Expertin.

In den folgenden Wochen und Monaten kamen Katie und Carroll sehr häufig zusammen. »Ich konnte sie Tag und Nacht anrufen«, sagt Katie. »Wir standen das gesamte Verfahren gemeinsam durch. Auf diese Weise hat Carroll meinen Standpunkt kennengelernt und meine Möglichkeiten, mit der Geschichte umzugehen; inzwischen hat sie auch erfahren, welche Bedürfnisse andere Verbrechensopfer haben und weiß nun, daß jeder Mensch ganz unterschiedlich auf sein Schicksal reagiert. Wenn ich heute fremden Menschen begegne, die so etwas durchleben, dann sage ich ihnen immer, daß alles, was sie empfinden unbedingt seine Berechtigung hat, und daß sie es ernst nehmen müssen.«

Katie war zutiefst entsetzt – wie so viele, die in ihre Situation geraten –, als sie sich bewußt wurde, wie gering die offizielle Unterstützung von Verbrechensopfern ist, wenn sie überhaupt Hilfe durch das Rechtssystem erfahren. »Ich rief den Staatsanwalt an, und fragte, wann er mich sprechen wolle. Doch der antwortete nur: ›Warum sollten wir mit einander sprechen? In diesem Fall steht Robert Miller gegen den Staat.‹ Ich glaube, wenn ich noch einmal von vorn anfangen könnte, dann würde ich mir meinen eigenen Anwalt nehmen, der sich auch tatsächlich für die Belange von Destiny einsetzt – schon allein, damit die Integrität des Verfahrens gewährleistet ist.«

Auch Carroll gesteht, wie empört sie war: »Ich kam abends immer völlig außer mir nach Hause und habe meine ganze Familie mit diesem Fall genervt. Mein Sohn war zu der Zeit auf der High School. Ich schlief kaum noch, und mein Mann, Claude, merkte genau, wie mir zumute war. Ich dachte, wenn *ich* nicht in der Lage bin, in diesem Fall Hilfe und Unterstützung zu bieten, wer tut es dann? Katie hatte meine private Telefonnummer und auch die Nummer meines Piepers; ich stand rund um die Uhr für sie zur Verfügung. Sie war Raucherin – das ist sie immer noch –, und es gab bei uns auf dem Revier sehr strenge Vorschriften, was das Rauchen in den Polizeidienstwagen betrifft. Aber ich ließ sie im Auto rauchen, denn für mich zählte nur, wie sie halbwegs friedlich die nächste Nacht überstand. Wenn ihr die Zigarette auch nur einen Funken Stabilität gab, dann sollte sie in Gottes Namen rauchen.«

Carroll trug vor allem Sorge darum, daß Katie auch die entsprechende ärztliche Versorgung bekam, die sie brauchte. Sie war im vierten Monat schwanger, und Carroll fürchtete, daß Katie durch all die Zigaretten und das Koffein, das sie bei der Unmenge von Coca-Cola zu sich nahm, nicht genug Schlaf bekäme; sie aß nicht und wurde immer dünner. Während sie einander immer besser kennenlernten, und Carroll Katie zu den verschiedenen Ärzten begleitete, zu Beratungsgesprächen und Vernehmungen, faßte Carroll schließlich den Mut, Katie Ratschläge zu erteilen, was sie tun sollte, um sich nicht ihre Gesundheit zu ruinieren. Katie sagt selbst, daß in jenem Jahr zwei Dinge ihr das Leben gerettet hatten, und ihr impulsives, selbstzerstörerisches Verhalten etwas dämpften. Zum einen war es ihr Bewußtsein dessen, wie sehr sie auch das Leben des ungeborenen Kindes aufs Spiel setzte, das sie in sich trug, wenn sie nicht mehr auf sich achtete, und zum anderen war es Carrolls beherztes Eingreifen in alle Bereiche ihres Lebens. Sie verstand sehr genau, wie sehr diese beiden Momente miteinander zusammenhingen.

»Ich bin mir völlig darüber im klaren, daß ich höchstwahrscheinlich jede Nacht in irgendwelchen Bars herumgehangen hätte, wenn ich nicht schwanger gewesen wäre, als meine Tochter starb. Ich wäre garantiert in der Gosse gelandet oder hätte mich umgebracht. Genauso wäre es gekommen, dessen bin ich mir sicher.«

»Wir hatten über den einen oder anderen Punkt ganz schön miteinander zu kämpfen«, gesteht Carroll. »Aber Katie hatte bei all den Fällen, die sich auf meinem Schreibtisch stapelten, absoluten Vorrang. Was auch immer gerade anstand, sobald Katie mich anrief, ließ ich alles andere stehen und liegen, denn ich war überzeugt davon, daß sie mich am nötigsten brauchte.«

Carroll verbrachte Stunden damit, Katie zuzuhören, wie sie von Destiny erzählte, von ihren Freuden, Mutter sein zu dürfen, und über die Sorge, die sie hatte, weil ihre kleine Tochter trotz ihrer Intelligenz eine gewisse Schreib- und Leseschwäche hatte, was es ihr in der Schule manchmal schwer machte. Den Namen *Destiny*, der übersetzt soviel bedeutet wie ›Schicksal‹ oder ›Vorsehung‹, hatte sie ihrer Tochter nicht zufällig oder aus einer Laune heraus gegeben. Sie hatte neun Fehlgeburten gehabt, und als dieses kleine Baby dann endlich lebendig das Licht der Welt erblickte, war es für sie wie ein Gnadengeschenk des Himmels, und der eigentliche Grund, warum sie selbst auf der Welt war, wie sie glaubte. Auch jetzt noch ist sie glücklich und dankbar, wenigstens diese acht Jahre mit ihrer Tochter gemeinsam verlebt haben zu können.

Besonders in dem Punkt, ob Katie irgendeine Schuld traf, weil sie in dem Moment nicht bei ihrem Kind war, als es seine Mutter am meisten gebraucht hatte, konnte Carroll wertvolle Hilfe leisten. Dieses Schuldgefühl ist eine normale Reaktion bei Eltern von Opfern einer Gewalttat. »Ich hätte einfach dort sein *müssen*«, sagte Katie immer wieder. »Mir war ganz schlecht bei dem Gedanken, daß sie alle diese Qualen so mutterseelenallein durchstehen mußte, und daß ich in dem Moment nicht bei ihr war, um ihr beizustehen. Wäre ich dazugekommen, während dieser Kerl auf meine Tochter einschlug, dann wäre nicht sie, sondern er im Leichenschauhaus gelandet, denn nichts auf der Welt hätte mich noch stoppen können!«

Während des gesamten Prozesses mußte Carroll auch ihre eigenen Reaktionen unter Kontrolle halten, bei all dem Entsetzlichen, was sie zu sehen und zu hören bekam. »Es war für Sandy und mich sehr wichtig, daß ich nicht auf alles gleich ›ich weiß schon‹ oder ›das verstehe ich‹ antwortete. Denn wenn man etwas nicht tatsächlich selbst miterlebt hat, dann *weiß* und *versteht* man auch nicht wirklich, sondern kann allenfalls ein gewisses Mitgefühl entwickeln. Aber ich begriff, daß eine Gewalttat ganz und gar andere Reaktionen auslöst, als jede andere Todesform. Ein Mord ist etwas, das einen zutiefst schockiert. Destinys Tod kam so plötzlich und unvorbereitet, und er war so gänzlich sinnlos und ungerecht. Man wußte gar nicht recht, wo man sich hinwenden, sich verstecken sollte. Für Katie war es das Ende eines überaus wichtigen Bestandteils ihres Lebens – ob wir es nun als Normalität oder Stabilität oder sonstwie bezeichnen wollen. Ihr Leben würde niemals wieder so sein, wie es vorher war. Und das wurde mir dort so erschreckend bewußt.«

Man kann sich ein traurigeres und traumatischeres Szenario gar nicht vorstellen. Wie die Mutter einer ihrer Klassenkameradinnen sagte, war Destiny »ein besonders folgsames Kind, das genau das tat, was man sich von seinen Kindern wünschte. Sie ließ keine Fremden ins Haus und ging nach der Schule immer auf dem kürzesten Weg wieder heim. Seinen Kindern diese Situation erklären zu wollen, ist kaum möglich. Sie können einfach nicht begreifen, wie dies alles ausgerechnet einem Kind aus ihren eigenen Reihen hatte widerfahren können.«

Katie zeigte Carroll die Photographien, auf denen Destiny in ihrem Sarg lag, Fotos, die schließlich vor Gericht verwendet wurden, um deutlich zu machen, welcher psychischen Anspannung die Mutter der Toten durch das Verbrechen ausgeliefert war. Katie hatte entgegen aller Ratschläge darauf bestanden, daß Destinys Sarg während der Begräbnisfeiern geöffnet bleiben sollte, und das der Leichnam so aufgebahrt werden sollte, daß die zahllosen Verwundungen möglichst nicht zu sehen waren. Sie berichtete Carroll von den Auseinandersetzungen, die sie mit dem Rektor von Destinys Schule hatte, ob es ihren Mitschülern und -schülerinnen erlaubt sein sollte, oder man sie sogar ermutigen sollte, an dem Begräbnis teilzunehmen. Katie beharrte auf ihrem Standpunkt, daß Kinder, ebenso wie Erwachsene, auf ganz unterschiedliche Weise trauern und ganz unterschiedlich mit Trauer umgehen. Deswegen plädierte sie dafür, daß die Kinder, die das wollten, ruhig zu dem Begräbnis kommen sollten, und diejenigen, die sich dabei nicht wohl fühlten, sollten auf ihre eigene Weise Abschied von Destiny nehmen dürfen. Sie bat die Eltern derjenigen, die an der Trauerfeier teilnehmen wollten, ihren Kindern zu erlauben, an den Sarg zu treten, doch sie sollten ihnen zuvor erklären, daß Destiny nicht mehr ganz so aussieht, wie sie sie in Erinnerung haben mochten; ihr Gesichtchen wirke ein wenig runder, und daß sie ein paar blauschwarze Flecken um das eine Auge und an ihrem Arm habe. Wenn sie es wollten, dürften sie Destiny auch berühren, aber es sei wohl besser, den Kindern zu sagen, sie nur an den Wangen zu streicheln, weil diese Körperregion sich für sie wahrscheinlich noch am ehesten anfühlt wie bei einer lebendigen Person. Und wenn irgendeins der Kinder Destiny ein Abschiedsgeschenk machen wolle, dann hätte sich die kleine Tote sicherlich auch darüber sehr gefreut. Als der Sarg dann endlich für immer geschlossen wurde, war er voll von Geschenken und Erinnerungsstücken. »Sie lag förmlich in einem Bett von Abschiedsgeschenken«, erinnerte sich Katie. »Nur ihr Gesichtchen war noch zu sehen.«

Katie mußte auch immer wieder daran denken, wie Destiny des öfteren zu ihr kam und sich beschwerte, daß sie der eine oder andere ihrer Schulkameraden immer hänselte, ihr am Hemd oder am Haar zog und dergleichen mehr. »Ich sagte dann zu ihr: ›Dee, das machen sie, weil du so hübsch bist, und sie dich mögen. Das ist nur die Art, wie dir ein Erst- oder Zweitklässler zeigt, daß er dich mag. Sie wissen nicht einmal, daß sie dich mögen; sie tun es einfach.‹ Und als ich dann all die kleinen Jungen bei der Beerdigung sah, wie sie sich die Augen aus dem Kopf weinten, da sagte ich im stillen zu Dee: ›Siehst du, hab ich es dir nicht gesagt? Und wie sie dich alle gemocht haben. Glaubst du es mir jetzt?‹«

Schulrektor Robert Holderbaum und die Lehrerschaft reagierten vorbildlich und ausgesprochen sensibel auf die Geschichte. Sie arrangierten sowohl für die Eltern als auch für die Schulkinder spezielle Beratungsstunden. In dieser Gegend war es ohnehin eine besonders schwere Zeit für junge Eltern. Die Gemeinde stand noch unter dem Schock, den der Mord an der zehnjährigen Rosie Gordon und das Verschwinden der fünf Jahre alten Melissa Brannen ausgelöst hatte (beides Fälle, in denen auch meine eigene Einheit ermittelte). Destinys Klassenkameraden bestanden darauf, das Pult, an dem sie gesessen hatte, zu ihrem Gedenken während des restlichen Schuljahres unbesetzt zu lassen.

Carroll und Sandy waren der festen Überzeugung, daß es für jedes einzelne Verbrechensopfer eine entsprechende Anlaufstelle geben mußte, einen eigens dafür zuständigen Gesprächspartner, an den es sich zu jeder Tages- und Nachtzeit wenden könnte, und der auf jedes wie auch immer geartete Bedürfnis der entsprechenden Person einzugehen imstande sein müßte. Dafür wollten sie sorgen. »Um das eine Opfer müssen wir uns vielleicht nur fünf Minuten lang am Telefon kümmern, um ihm zu helfen«, erklärt Sandy. »Anderen hingegen müssen wir hundert und aberhundert Stunden zur Verfügung stehen. Das macht das ganze Projekt insofern sehr schwierig, als es nicht gerade leicht zu finanzieren ist, besonders unter dem Aspekt, als man gewissen uneinsichtigen Leuten immer und immer wieder erklären muß, was für ein zeitaufwendiger und komplizierter Prozeß es sein kann, einem Verbrechensopfer die entsprechende Aufmerksamkeit und Hilfe zukommen zu lassen. Man kann bei unserer Arbeit auch nicht im herkömmlichen

Sinne auf eine bestimmte Erfolgsquote hinweisen oder den Erfolg unserer Bemühungen an einem bestimmten Grad gesundheitlicher oder psychischer Stabilität des betreffenden Opfers festmachen.

Worauf es ankommt, ist, die Betroffenen wieder zu stabilisieren und ihnen zu helfen, zu einer *neuen* Normalität zu finden. Wir müssen ihnen den gesamten »Genesungsprozeß« erklären und ihnen klarzumachen versuchen, daß sie nie wieder diejenigen sein würden, die sie zuvor waren. Das ist zum Teil dadurch zu erreichen, daß wir sie dazu bringen, mit den Tatsachen wirklich umzugehen, die ihnen widerfahren sind. Es geht darum, auf keinen Fall aufzugeben. Man muß solange bei ihnen bleiben und zu ihrer Verfügung stehen, bis sie es geschafft haben.«

Das ist natürlich niemals ein einfacher Prozeß, und auch nicht in Katies Fall. »Der Umgang mit Katie war alles andere als leicht, und zwar vom ersten bis zum heutigen Tag«, erklärt Carroll. »Sie ist immer noch eine Person, die unter zahllosen Zwängen steht und all deine Aufmerksamkeit braucht. Das hat mit der großen Komplexität ihres gesamten Lebens zu tun bis hin zu ihren ersten Kindheitserlebnissen. Es kam sehr viel zum Vorschein, was sie an seelischer Last noch aus jener Zeit mit sich herumtrug.«

Nachdem Katie über diesen anfänglichen starken Drang, alles ganz genau wissen zu müssen, hinweggekommen war, und sich auch nicht mehr so sehr mit der Frage nach ihrer eigenen Schuld quälte, blieb jedoch noch die äußerst schwierige Aufgabe, die Tragödie selbst zu verarbeiten, was nicht weniger bedeutete, als daß sie sich mit der ganzen Bürde ihrer eigenen beklemmenden Vergangenheit und ihrem Verhältnis zu ihrer Familie auseinandersetzen mußte. Eine weniger starke oder entschlossene Persönlichkeit als sie hätte an dieser Aufgabe leicht zerbrechen können.

Katie war in Lancaster/Pennsylvania aufgewachsen. »Wir zogen eigentlich ständig nur um«, berichtet sie. »Meine Mutter war Alkoholikerin und wurde alle nasenlang in eine psychiatrische Klinik eingeliefert, weil sie ständig versuchte sich umzubringen. Auf diese Weise lebten wir permanent aus den Koffern, mal bei der einen Großmutter, mal bei der anderen, mal bei der Tante oder sonstwo. Ich hatte niemals das Gefühl, irgendwo zu Hause zu sein. Sexueller, physischer und psychischer Mißbrauch war in unserer Familie an der Tagesordnung.«

Sie war etwa sechs Jahre alt, als ihr Vater die Familie zum erstenmal verließ. Von Zeit zu Zeit kam er allerdings zurück, zum Beispiel dann, wenn die Mutter wieder einmal in eine Klinik eingeliefert wurde. Wie Katie erzählt, hatten sie und ihr Bruder Ted kein sehr enges Verhältnis zu ihrem Vater. Ihre jüngere Schwester Becky hingegen schien sein Lieblingskind gewesen zu sein. Als Katie im neunten Schuljahr war, eröffnete sie ihrem Vater, daß sie fortgehen wolle. Er fand das völlig in Ordnung. Obgleich ihre Mutter ihren Einsatz nie sonderlich gewürdigt hatte, versuchte Katie, das zweite der drei Kinder, so gut sie konnte, den Haushalt zu führen, sorgte dafür, daß ihr Bruder und ihre Schwester ordentlich gekleidet waren und anständig zu Essen bekamen, schleppte schwere Einkaufstaschen aus einem Geschäft herbei, das acht Häuserzeilen entfernt lag, kochte, putzte und machte die Wäsche. Als sie sechzehn Jahre alt war, hielt sie es nicht mehr aus und ging von zu Hause fort. Zu der Zeit war Ted, der zwei Jahre älter war als sie, bereits in einem Pflegeheim.

Katie zog schließlich bei ihrer Tante ein, der Schwester ihrer Mutter. Hier hatte sie zum erstenmal ein Gefühl von Geborgenheit und Normalität, und hier wurde zum erstenmal in ihrem Leben ihr Geburtstag gefeiert.

Nach der High School verpflichtete sie sich bei der Air Force, wo sie beim Nachschub die technische Buchführung besorgte, und spezialisierte sich später auf die verschiedenen Dienstvertragsbestimmungen. Insgesamt blieb sie zehn Jahre lang bei der Air Force. Während einer Auslandstationierung heiratete sie, fiel jedoch schon sehr bald wieder zurück in ihr altes Gefühl, daß sie nicht recht gemocht wurde und keiner sich um sie kümmerte, eine depressive Grundstimmung, die bereits seit ihrer Kinderzeit an ihrem labilen Selbstvertrauen nagte und ihr Selbstwertgefühl untergrub.

Wir fragen uns in einem solchen Fall immer und immer wieder, wie es nur möglich sein kann, daß sich eine Frau, die doch bereits ihr ganzes Leben ausgebeutet und lieblos behandelt wurde, freiwillig wieder genau der gleichen Situation ausliefert. Das scheint um so erstaunlicher, als Katie eine intelligente und höchst attraktive Frau war, die eine solide Ausbildung besaß und eine vielversprechende Zukunft vor sich hatte. Katies Antwort auf diese Frage ist durchaus realistisch und sehr aufschlußreich:

»Das passiert einfach mit dir. Du merkst es nicht einmal. Das ist, als ob du ein Magnet wärest und die Situation magisch anzögest; plötzlich steckst du einfach wieder mitten drin. Es ist so als ob du in eine Kneipe gehst, und auf deinem Rücken steht mit großen Buchstaben ›Ich bin ein Opfertyp. Ich bin ausbeutbar.‹ Und zwar generell ausbeutbar durch jeden Mann, der es darauf anlegt. Genau das ist es, was mich für Männer attraktiv macht. Und mein Mann war ein sehr gutaussehender Bursche, der jedem eifersüchtig klarmachte, daß ich *seine* Frau war. Wer hatte sich schon je zuvor in meinem Leben in der Weise für mich eingesetzt oder um mich gekämpft? Diese Gesten habe ich eben einfach falsch interpretiert.«

Letzten Endes beschloß Katie, wieder aus der Ehe auszusteigen. Sie hatten in Kalifornien gelebt. Jetzt packte sie ihre Siebensachen, nahm ihr Töchterchen und floh ans andere Ende der Vereinigten Staaten, nach New York, um möglichst weit fort von ihrem Mann zu sein. Danach zog sie nach Virginia.

Unglücklicherweise ist nicht jede Frau so couragiert wie Katie Souza.

Sie war ganz und gar erfüllt von ihrer Rolle als Mutter. Diese Aufgabe gab ihr einen echten Lebenssinn und machte sie glücklich. Destiny war schon als Baby ein besonders reizendes Kind, und bereits wenige Monate nach ihrer Geburt hatte Katie ihren Mann fast vergessen. Mutter und Tochter waren jetzt ganz unter sich. Sie machten bald alles gemeinsam. Als Destiny etwas größer geworden war, gingen sie gemeinsam auf die Schlittschuhbahn und zum Rollschuhlaufen, oder sie fuhren Zelten. Einmal kampierten sie sogar eine ganze Nacht auf einem Parkplatz des Capital Center Stadions, um bei einem Janet Jackson-Konzert am nächsten Tag gute Plätze zu erwischen. Aber auch als Destiny noch ein Baby war, nahm Katie sie nach der Arbeit überallhin mit. Ihr gefiel der Gedanke nicht, sie irgendeinem Babysitter zu überlassen, statt dessen verzichtete sie lieber, an Veranstaltungen teilzunehmen, zu denen sie ihr Töchterchen nicht mitnehmen konnte. Es war das erstemal in ihrem Leben, daß Katie eine bedingungslose Liebe erfuhr.

Destiny war zwei Jahre alt, als Katie Bescheid erhielt, daß ihre Scheidung nun rechtskräftig sei. Ganz mitleidig kam das kleine Kind daraufhin zu seiner Mutter, streichelte sie und sagte: »Sei nicht traurig, Mommy. Es wird alles wieder gut. Ich werde auf euch aufpassen.« Es zerriß ihr fast das Herz, als Katie das hörte. Es war als hätte das kleine Mädchen ihre eigene Rolle übernommen und versuchte nun verzweifelt, die Familie zusammenzuhalten und sich um jeden zu kümmern.

Destiny vergötterte Katies Bruder Ted. Jedesmal, wenn sie ihn besuchten, rannte Destiny mit ihm hinauf in sein Computerzimmer. Katie versuchte nicht, diese Freundschaft zu verhindern, aber sie war dann immer äußerst nervös, weil sie selbst als kleines Mädchen von ihrem Bruder mißbraucht worden war. Immer wenn sie nun Onkel Ted besuchten, war Katie daher sehr wachsam und sperrte Augen und Ohren auf, um nur ja bei dem geringsten Anzeichen dazwischengehen zu können. Wenn sie dann schließlich wieder fortfuhren, stellte sie ihrem Kind endlose Fragen, um auch ganz sicher zu sein, daß nichts dergleichen vorgefallen ist. Destiny war immer sehr erstaunt über diese Befragungen, bis Katie ihr endlich die Wahrheit sagte. Soweit sie wußte, war nie irgend etwas zwischen Ted und Dee geschehen, doch wegen ihrer eigenen Erfahrung war Katie immer mißtrauisch und auf der Hut, wenn Destiny oder auch andere kleine Kinder in der Gesellschaft irgendwelcher Männern waren.

»Ich war sehr streng mit ihr und ließ sie nicht einfach allein in der Nachbarschaft herumtoben. Ich fürchtete immer, daß ihr etwas zustoßen könnte, wie es mir ja auch passiert ist, als ich noch ein Kind war. Um ehrlich zu sein, war ich eine ziemlich dominante Mutter, aber später, als Destiny größer war, habe ich versucht, ihr zu erklären warum.«

Früh an einem Freitagmorgen, im Mai 1990, telefonierte Ted mit seiner Frau. Ted hatte bereits eine gewisse Alkohol- und Drogenkarriere hinter sich, und auch mit seiner Ehe klappte es nicht so recht. Da hörte seine Frau am anderen Ende der Leitung plötzlich einen Gewehrschuß. Aber offensichtlich hatte er nicht getroffen. Dann versuchte er es noch einmal, und dieses Mal hatte er Erfolg. Er hatte bereits eine Woche zuvor versucht, sich mit Schlaftabletten umzubringen. Als er schließlich wieder zu sich kam, war er äußerst ärgerlich über den mißglückten Versuch.

An dem Tag, als er sich das Leben nahm, war er eigentlich mit Katie verabredet gewesen. Er wollte sich mit seiner Schwester einmal gründlich aussprechen. Katie hatte selbst alle möglichen Drogen genommen, diesen Unfug aber wieder drangegeben. Jetzt wollte sie versuchen, ihrem Bruder dabei zu helfen, ebenfalls von den Drogen loszukommen. Sie brachte es nicht übers Herz, Destiny zu erzählen, daß sich ihr geliebter Onkel das Leben genommen hat. Deswegen erklärte sie ihr nur, daß Onkel Ted gestorben sei. Dee wollte unbedingt zum Begräbnis ihres Onkels gehen, und dort stand sie dann, hielt sich die Hände vors Gesicht und weinte untröstlich.

Inzwischen war Katies Schwester, Becky Hall, nach Pennsylvania gezogen. Sie war von der Navy entlassen worden, hatte ein Kind und lebte von Sozialfürsorge. Die meiste Zeit ihres Lebens hatte Katie damit zugebracht, ihre jüngere Schwester Becky zu beschützen, und konnte auch jetzt den Gedanken nicht ertragen, sie einfach im Stich zu lassen. Genaugenommen hatte immer einer der Geschwister, entweder sie selbst oder Ted, versucht Becky in Sicherheit zu bringen, wenn es zu Hause allzu schlimm wurde, damit sie nicht merkte, was dort ablief. Jetzt hatte Becky selbst ein kleines Töchterchen, und Katie wollte ihrer Schwester helfen, von der Sozialfürsorge unabhängig zu werden. Deshalb lud sie Becky ein, mit ihrem Kind zu ihr nach Virginia zu ziehen, bis sie wieder auf eigenen Füßen stünde.

Aus Erfahrung wußte Katie auch, wie leicht Becky, genau wie sie selbst, immer an die falschen Männer geriet. Sie war bereits zweimal geschieden und hatte schon ein paarmal einen Partner, der bereits eine Haftstrafe hinter sich hatte, weil er wegen irgendeines Deliktes verurteilt worden war. Katie erzählt: »Einmal hab ich sie gefragt, wie sie das eigentlich anstelle? ›Stehst du da am Gefängnistor herum und wartest, bis ein Knacki auf Bewährung rauskommt?‹ Aber sie hat nur gelacht, denn das war wirklich nicht übertrieben. Becky hatte sich bereits auf die unmöglichsten Typen eingelassen; vom Einbrecher bis zum Bombenbastler war tatsächlich alles dabei. Sie hing immer mit diesen Motorrad-Mackern herum, ein wirklich übler Haufen, in dem sie da war.«

Das war bereits das zweite Mal, daß Katie zu Becky gereist kam, um sie mitzunehmen. Und als sie jetzt mit ihrer Mutter gesprochen hatte, machte sie sich allmählich Sorgen um Beckys psychischen Zustand.

Nachdem Becky mit ihrem Baby bereits zweieinhalb Monate bei Katie und Destiny wohnte, bekam sie plötzlich einen Anruf von ihrem Freund aus Pennsylvania, Robert Miller. Er erzählte ihr, daß er dort Ärger habe, und es einfach nicht mehr aushielte; er müsse unbedingt für eine Weile aus der Stadt herauskommen; er bräuchte eine Pause. Während er noch am Telefon war, wiederholte Becky die Litanei von Beschwerden, damit auch ihre ältere Schwester sich ein Bild machen könnte.

Katie meinte noch: »Du erwartest doch wohl keine Entscheidung von *mir*?«

Und Becky antwortete nur: »Doch, genau, er ist noch am Telefon.«

Katie war dem hochgewachsenen Miller mit seinem gewellten blonden Haar bereits ein paarmal begegnet. Er war immer ausgesprochen höflich und zuvorkommend gewesen und hatte sie sogar mit »Ma'am« angesprochen. Ihrem Eindruck nach war Rob ein bißchen besser als die meisten anderen Kerle, mit denen Becky sich eingelassen hatte. Also willigte Katie ein, er könne zu ihnen kommen. »Ehrlich gesagt habe ich Becky nie eine Bitte abschlagen können.«

Becky und Rob wohnten also jetzt in der Kellerwohnung des Hauses, das Katie in Newington gemietet hatte. Inzwischen war es Sommer. Becky hatte einen Job, Rob aber nicht. Katie bat ihn deswegen, sich doch vielleicht tagsüber um Destiny kümmern zu wollen, bis im Herbst wieder die Schule anfinge, und der höfliche, stille Rob hatte dagegen absolut nichts einzuwenden. Auch für Stephanie hatte Katie inzwischen eine Tageskrippe gefunden.

Alles schien letzten Endes ganz gut zu funktionieren, so wie Katie es arrangiert hatte. Rob nahm Dee zum Beispiel mit ins Schwimmbad, und allmählich wurden sie so etwas wie gute Kumpels. Genaugenommen tat Rob Katie sogar ein bißchen leid, weil Becky ihn so garstig behandelte. Sie hatte den Eindruck, daß Rob deswegen in der letzten Zeit immer häufiger zur Flasche griff.

Eines Tages, als Rob wiedermal auf Destiny aufpassen sollte, kam Katie nach Hause, und Rob kehrte gerade die Scherben einer Whiskeyflasche zusammen, die er oder Destiny versehentlich umgestoßen hatte, wie er erklärte. Erst als sich dieses Mißgeschick zu häufen begann, wurde Katie klar, daß dies nur ein Trick von Rob war, mit dem er die Tatsache verschleiern wollte, daß er die Flaschen in Wahrheit Schluck für Schluck austrank. Danach gab er es auf, seine Trinkgewohnheiten zu verbergen. Mehrfach kam Katie heim und fand Rob völlig betrunken auf dem Sofa, während Destiny ganz allein für sich sorgen mußte. Katie führte die Tatsache, daß Rob so stark trank, zunächst darauf zurück, daß Becky ihren Freund so ausgesprochen lieblos behandelte, und versuchte mehrmals mit ihr darüber zu sprechen. Doch Becky wollte nichts davon hören.

Wie wir in *Jäger in der Finsternis* besprochen haben, müssen wir unseren Kindern unbedingt beibringen – welchen Alters auch immer sie sein mögen –, sich selbst anhand des Verhaltens von Erwachsenen ein Persönlichkeitsprofil zu erstellen, damit sie in der Lage sind zu unterscheiden, wem sie glauben können und wem nicht, auf wen sie hören und wem sie sich anvertrauen können, wenn sie nicht weiter wissen oder in irgendeiner Hinsicht Hilfe oder Unterstützung brauchen. Wenn ein Kind diese Entscheidungen alleine treffen kann und sich dabei auch der Unterstützung seiner Eltern oder anderer wichtiger Erwachsener sicher sein kann, dann ist dieses Kind weit weniger gefährdet, jemals Opfer eines Verbrechens zu werden.

Katie hatte damals den Eindruck, daß es hauptsächlich an Beckys Verhalten lag, daß es immer wieder zu Konfilkten kam. Wenn sie bei Tisch auf irgendein Thema stießen, über das sie sich nicht einig werden konnten, dann sprang Becky auf, nahm Stephanie und stürmte davon. Becky borgte sich auch häufig Katies Wagen, den Katie ihr dann gerne überließ. Sie bat ihre jüngere Schwester bei solchen Gelegenheiten häufiger, Dee beispielsweise zu ihren Balletstunden oder zum Gymnastikunterricht zu bringen. Später fand Katie allerdings heraus, daß Becky ihren Bitten bisweilen nicht nachkam, sondern Destiny zu Hause ließ.

Schließlich gewann Katie den Eindruck, daß Becky möglicherweise auf Destiny eifersüchtig war, weil sie glaubte, Destiny hätte ihren Platz im Herzen der älteren Schwester eingenommen. Becky schien zu glauben, durch Destiny um ihre alten Rechte gebracht worden zu sein und nun von Katie im Stich gelassen zu werden, genauso wie damals, als Katie als Teenager der Familie den Rücken kehrte, um sich bei der Air Force zu bewerben und damit – Beckys Meinung nach – die jüngere Schwester ihrem Schicksal überlassen hatte.

»Einmal kam meine Schwester sehr verärgert die Treppe heruntergelaufen. Wir wohnten damals zusammen in dem Stadthaus. Ich fragte sie, was los sei, und sie antwortete: ›Du mußt unbedingt etwas unternehmen. Ich habe langsam die Nase gestrichen voll davon, wie deine Tochter sich mir gegenüber verhält.‹

›Wovon sprichst du überhaupt?‹ fragte ich sie.

›Na, komm mal mit und sieh dir das an‹, sagte sie und führte mich hoch ins Badezimmer. Sie hatte gerade geduscht und zeigt zum Spiegel, auf dem geschrieben stand: ›Ich hasse dich, Bekky‹. Meine Schwester wußte offensichtlich nicht, daß Dee kaum schreiben konnte, sondern daß sie alle Buchstaben verkehrtherum malte und sie ziemlich durcheinander brachte. Als ich also den Spiegel sah und diese klare Handschrift erblickte, mußte ich unwillkürlich lachen.

›Was ist daran so komisch?‹ fragte Becky.

Destiny war die ganze Zeit über bei mir gewesen, sie hätte diesen Satz also auch aus dem Grunde gar nicht auf den Spiegel schreiben können. Deswegen sagte ich zu Becky: ›Ich glaube, du willst Destiny bei mir anschwärzen und hättest dein helles Vergnügen daran, wenn ich ihr vor deinen Augen den Hintern versohlte.‹

›Na ja, nachdem, was sie mir angetan hat‹, antwortete Becky.

Ich erwiderte: ›Becky, du scheinst wohl nicht zu wissen, daß Destiny kaum schreiben kann.‹

›Willst du etwa behaupten, ich lüge?‹ meinte Becky daraufhin.

›Ja‹, gab ich kurz und bündig zur Antwort, und dann wurde alles noch schlimmer.«

Die Stimmung zwischen den beiden Schwestern war sehr angespannt, und es bedurfte nur noch eines winzigen Streits, da erklärte Becky, daß sie nun endgültig genug habe und mit Stephanie und Rob ausziehen würde.

Rob allerdings wäre gerne noch geblieben, aber wie Katie es empfand, hatte Becky in der Beziehung das Sagen. Also ging Becky zu den Nachbarn und erzählte dort, sie seien von Katie auf die Straße gesetzt worden. Diese Nachbarn, mit denen Katie nach wie vor befreundet ist, obwohl sie inzwischen fortgezogen sind, waren so freundlich, Becky und Rob bei sich aufzunehmen. Während der folgenden paar Tage kam Rob noch regelmäßig zu Katie herüber, um diverse Sachen abzuholen. Katie sagte, er könne sich holen, was sie brauchten. Dann zogen sie in ein anderes Haus, dieses Mal zu Beckys Chef, der etwa zwei Meilen weiter fort wohnte.

Am Morgen des 17. September 1990 wachte Katie mit starken Bauchschmerzen auf, die sie auf ihre Schwangerschaft zurückführte. Sie war gerade im Bad, als das Telefon klingelte. Destiny nahm das Gespräch entgegen und sagte ihrer Mutter, es sei Rob.

»Sag ihm, daß ich gerade im Bad bin«, antwortete sie. »Frag ihn, ob er nicht in zehn Minuten noch mal anrufen kann.« Er willigte ein.

Es verging eine ganze Stunde. Sie mußte jetzt unter die Dusche, wenn sie nicht zu spät zur Arbeit kommen wollte. Genau in dem Augenblick rief Rob endlich an. Destiny kam ins Bad gerannt und sagte durch den Duschvorhang zu Katie: »Mommy, Rob ist wieder am Telefon. Er sagt, du sollst dich nicht mehr vor ihm verstecken, sonst läßt er es dich büßen. Du sollst ihm nicht mehr aus dem Weg gehen, sonst läßt er dich dafür bezahlen.«

Was soll das heißen? wunderte sich Katie. So hatte er doch noch nie mit ihr geredet. Er kann sich doch gegen Erwachsene überhaupt nicht zur Wehr setzen; und sie hatten doch noch nie Ärger miteinander. Eigentlich waren sie und er immer Verbündete, wenn Becky wieder einmal Streit anfing. Katie konnte nicht verstehen, was ihm über die Leber gelaufen war.

An diesem Morgen hatte Katie ihre Tochter zum letzten Mal lebendig gesehen.

»Während ich mich frisierte, kämmte auch sie sich. Ich sagte ihr noch, wie großartig sie aussah und wie eifersüchtig all die kleinen Jungs an ihrer Schule sein würden. Sie kicherte vergnügt. Ich gab ihr einen Kuß, und sie lief die Treppe hinunter. ›Vergiß nicht deinen Schulranzen!‹ rief ich ihr nach. ›Nein, nein‹, antwortete sie. ›Ich liebe dich‹, sagte ich noch. ›Ich dich auch, Mommy‹, rief sie, und dann ging sie zum Haus hinaus.

Ich glaube an dieses Kichern … als wir unser Haar gekämmt hatten, habe ich mich besonders geklammert. Und daß es eigentlich ein schöner Morgen gewesen war. Wir hatten uns Zeit genommen.«

Als die Polizei ihr nur wenige Stunden nachdem Destiny gestorben war sagte, daß Rob der Mörder sei, war Katie noch unter Schock. Zuerst konnte sie es nicht glauben. Detective Bill Whildin, der inzwischen als Sozialarbeiter beim Kinderschutzbund des Landkreises seine Ermittlungen anstellt, hatte sie aufgesucht. Er vernahm sie sehr einfühlsam, aber auch nicht ohne einen gewissen Druck auf sie auszuüben. Er wollte alles hören, was sie über das Verhältnis wußte, das Rob zu ihrer Schwester Becky hatte.

»Worauf wollen sie hinaus?« fragte Katie.

Whildin erklärte: »Da kam eins zum anderen. Irgend etwas

stimmte nicht mit Rob. Auch seine Beziehung zu Becky war irgendwie seltsam; es war auch nicht gerade die beste. Aber daraus konnten wir nur wenig Rückschlüsse auf seine Persönlichkeit ziehen.«

Bei seinem Geständnis, erklärte Rob der Polizei, daß Destiny ihn im Haus überrascht habe, und damit gedroht hatte, es ihrer Mutter zu sagen. Das konnte er nicht zulassen. Er gestand, daß er eine schwere Schmuckkassette genommen habe, und Destiny damit gegen den Kopf schlug, als sie fortging. Whildin fragte Rob, ob er sich Destiny vielleicht in sexueller Hinsicht genähert habe, und daß sie möglicherweise gedroht hatte, ihrer Mutter davon zu erzählen – und wenn ja, ob er sie deswegen auf so außerordentliche brutale Weise ermordet hat.

»Als wir Rob Miller mit dieser Variante konfrontierten, daß er das Mädchen möglicherweise sexuell belästigt hatte, reagierte er ganz verstört und wütend, daß wir diese Vermutung auch nur aussprachen«, erinnert Whildin sich. »Als ich sagte: ›Rob, ich glaube, du hast sie sexuell belästigt, und sie wollte es an dem Tag ihrer Mutter erzählen‹, da fuhr er wie von der Tarantel gebissen vom Stuhl hoch.« Er stritt die Behauptung natürlich ab.

Als Katie später die Kellerwohnung reinigte, fand sie pornographisches Bildmaterial unter den Sessel- und Sofakissen versteckt. Sie rief Detective Whildin an, der sofort bei ihr vorbeikam, um das Material an sich zu nehmen.

Von dem Tag, an dem der Mord geschah, bis zu Destinys Bestattung, sprach Becky kein Wort mit Katie.

Auch wenn zwischen ihr und Becky eine gewisse Spannung herrschte, konnte Katie es nicht fassen, wie wenig Unterstützung sie von ihrer eigenen Schwester erfuhr. »Für mich war das zuviel. Ich hätte das niemals für möglich gehalten, nicht von meiner eigenen Schwester.«

Becky zog wieder zurück nach Pennsylvania, wo sich ihr Vater um sie kümmerte. Als Katie ihn einmal fragte, warum er sich nicht in gleicher Weise auch um sie gekümmert habe, antwortete er: »Du hast mich nie gebraucht. Du warst immer die Starke. Sie braucht mich, weil sie schon immer die Schwächere von euch beiden war.«

»Ich sagte meinem Vater: ›Aber auch die, die wissen, was sie wollen, brauchen ihren Vater und etwas Zuneigung und Aufmerksamkeit.‹«

Katies Mutter lebte noch zwei Jahre nach Destinys Tod. Sie begab sich eines Abends ins Krankenhaus, und man fand eine Lungenentzündung. Am nächsten Morgen starb sie, allein. »Meine Mutter und ich standen uns nicht sehr nahe«, sagt Katie dazu. »Ich habe mich oft gefragt, ob ich mich wohl mit ihr angefreundet hätte, wenn sie nicht meine Mutter gewesen wäre, und ich sie zufällig irgendwo kennengelernt hätte. Aber ich hatte mir geschworen, daß ich sie nicht im Stich lassen würde, wenn sie eines Tages krank oder gebrechlich werden sollte, sondern sie zu mir nehmen würde, um mich um sie zu kümmern. Ich habe sie also nicht gehaßt; ich hatte nur nichts für sie empfunden. Ich fühlte mich deswegen meistens sehr schuldig, weil ich meine Tante hingegen ganz selbstverständlich in den Arm nehmen und küssen konnte. Meine arme Mutter stand dann immer ganz hilflos da. Aber was sollte ich tun? Hätte ich gewußt, daß sie krank war, wäre ich vielleicht zu ihr gereist, doch das hat mir niemand gesagt.«

Vor dem Tod ihrer Mutter hatte Katie noch einen vagen Kontakt zu ihr gehalten, zu ihrem Vater hingegen nicht mehr. »Er hatte Mitleid mit Becky, die jetzt Stephanie alleine aufziehen mußte. Das hat er ausgerechnet zu mir gesagt. Ich antwortete nur: ›Na wenigstens hat sie ja eine Tochter, die sie großziehen darf.‹

Man stelle sich nur mal vor, Destiny war gerade erst drei oder vier Tage zuvor begraben worden, da hat er doch tatsächlich zu mir gesagt, ich müsse das jetzt einfach hinter mich bringen und mein Leben fortsetzen. Bis zum heutigen Tag hat er noch nicht begriffen, warum es mir manchmal seelisch weniger gut geht.

Ich habe mich mit meinem Vater danach noch ein paarmal getroffen, aber ich wußte einfach, daß ich nicht mehr in diese Familie gehörte. Außer zu meiner Tante, bei der ich lebte, als ich fünfzehn war, habe ich allen Kontakt abgebrochen. Das versteht mein Vater bis zum heutigen Tag nicht – und wahrscheinlich wird er es nie kapieren.«

Weniger als einen Monat nach Destinys Begräbnis ging Becky wegen irgendwelcher Sachen, die Rob gehörten, mit einem Rechtsanwalt auf Katie los. Es handelte sich um Gegenstände, die einen Gesamtwert von 7000 Dollar gehabt haben sollten. Zu diesen Gegenständen, »die sich wiederrechtlich im Haushalt der Kathleen S. Souza« befanden, gehörte auch »eine handgemachte Schmuckkassette«, die mit 20 Dollar veranschlagt wurde.

Katie war sprachlos und zugleich wütend und leitete daraufhin eine Gegenklage ein, wonach Becky und Rob sich ihrer Schecks und ihrer Kreditkarte bemächtigt hatten, um sie mit einem Debit von 17000 Dollar sitzen zu lassen, wodurch sie schließlich zahlungsunfähig geworden war.

»Mein Vater meinte: ›Wie konntest du deiner Schwester das nur antun?‹«

Das Rechtsverfahren gegen Katie wurde eingestellt.

Als Katie danach umzog, weigerte sie sich, ihrem Vater oder Becky ihre neue Anschrift zu geben.

Sie sah Becky zum letzten Mal bei der Beerdigung der Mutter. »Sie tat so, als hätten wir uns gerade erst vor einer Woche getroffen. In ihrer Begleitung hatte sie wieder einen ehemaligen Strafgefangenen. Sie lebte mit diesem Kerl.«

Nach dem Begräbnis mußten Katie und Becky sich um die Hinterlassenschaft der Mutter kümmern. »Das einzige, worum ich bat«, erinnert Katie sich, »waren Mutters Bücher. An dem, was Leute lesen, kann man auch einiges über die Menschen selbst erfahren, und ich wollte gerne wissen, wer sie eigentlich gewesen war.«

Ansonsten interessierte sich Katie nur noch für wenige Gegenstände aus dem Nachlaß. Beispielsweise für eine »religiöse Medaille«, die ihre Mutter erhalten hatte, als sie zum katholischen Glauben konvertiert war, nachdem sie mit dem Trinken aufgehört und ihr Leben geändert hatte. Sie wußte, daß diese Medaille ihrer Mutter viel bedeutet hatte. Von den Küchengeräten wollte sie nur das Holzbrett, auf dem sie Zwiebeln, Brot und dergleichen geschnitten hat, sowie die alte Bratpfanne, mit der sie als Kinder immer verprügelt worden waren.

Wir fragten Katie, ob sie sich diese Bratpfanne ausgesucht hatte, weil sie einen gewissen Symbolcharakter trug und für sie bedeutete, daß sie niemandem mehr gestatten wollte, in ihr Leben einzugreifen, sie zu schlagen oder zu mißbrauchen.

Sie dachte einen Moment lang darüber nach, lächelte dann jedoch und schüttelte den Kopf. »Nein, ich wollte die Bratpfanne nur, weil ich im Laufe der Jahre ziemlich viel damit gearbeitet hatte.«

Carroll Ellis und das gesamte Team der Victim-Witness Unit standen Katie zur Seite, als es schließlich zur Gerichtsverhandlung gegen Rob Miller kam. Der Fall ging durch alle Medien, weil das Opfer so unschuldig und jung, und die Tat so ungewöhnlich brutal war. Das war einfach nichts, was man in diesem friedlichen Fairfax, mitten in Virginia, je für möglich gehalten hätte. Staatsanwalt Robert Horan sagte, das dies der brutalste Kindermord gewesen sei, von dem er in seiner gesamten fünfundzwanzigjährigen Laufbahn je gehört habe.

Bevor die Verhandlung jedoch begann, gab Rob Miller im Februar 1991 seine Schuld zu. Carroll, Sandy und Katie waren sich einig, daß Rob auf diese Weise sicherlich verhindern wollte, zum Tode verurteilt zu werden.

Katie und Carroll waren in einer gewissen Weise froh darüber, doch auf der anderen Seite hatten sie das Gefühl, daß Destiny damit nicht Genüge getragen würde, wenn ihr Mörder nicht den höchsten Preis für seine Tat bezahlen müßte. Außerdem würde Katie, im Fall daß es keine Gerichtsverhandlung gäbe, auf all die brennenden Fragen keine Antwort bekommen, was so überaus wichtig für sie war, um ihr schweres Unglück tragen zu können.

Virginia ist einer der Staaten der USA, in denen Verbrechensopfer bzw. deren Angehörige und Mitbetroffene vor der Urteilsverkündung dem Gericht ein sogenanntes *impact statement* vorlegen dürfen, das heißt, sie können die Geschworen über die Art und Weise aufklären, wie sie selbst durch das jeweilige Verbrechen mitbetroffen sind. Meiner Meinung nach ist das ein sehr bedeutender Schritt vorwärts, was das Recht von Verbrechensopfern betrifft. Die Verteidigung wirft jedes strafmildernde Argument in die Verhandlung ein, das sich ihr bietet, von gewissen Defiziten während der Kindheit des Täters bis dahin, was der überführte Mörder doch letztlich für eine wundervolle Person sei (natürlich bis auf diesen einen einzigen Ausrutscher). Da ist es doch wohl selbstverständlich, daß die betroffene Partei, die keinerlei Mitschuld an dem Verbrechen trägt, das Recht eingeräumt bekommen sollte, dem Gericht zu erklären, was die Taten dieses Individuums für sie bedeuten.

Carroll Ellis arbeitete sehr hart, um mit Katie ein angemessenes *victim-impact statement*, also eine entsprechende Betroffenenaussage zu erstellen. Sie fuhr hinaus zu Katie, und die zwei verbrachten dann Stunden damit, die einzelnen Punkte zu sammeln und zu formulieren. Eine von Carrolls intensivsten Erinnerungen an diese Zet war, wie Katie ihr die Photographien von Destiny zeigte, als sie vor der Bestattung in ihrem kleinen Sarg aufgebahrt war.

Sie sprachen über Katies Beziehung zu ihrem einzigen Kind, das sie nach der Qual und Enttäuschung so vieler Fehlgeburten endlich hatte zur Welt bringen können. Katie hatte inzwischen die Wohnung ihrer Freunde verlassen und war wieder in ihr eigenes Haus gezogen, und Carroll sah ihr Zuhause jetzt zum ersten Mal.

»Das Haus war makellos«, erinnert sie sich. »Ein heller, freundlicher Ort, wie geschaffen für eine alleinstehende Mutter und ihre kleine, acht Jahre alte Tochter. Katie war schon damals eine von diesen Müttern, die für ihre Kinder die wundervollsten Dinge kaufen: beispielsweise haargenau die richtigen Kleidungsstücke und jede Menge wirklich guter Spielsachen. Und sie legt immer viel Wert darauf, daß alles adrett und ordentlich war. Jetzt wohnte sie also wieder in diesem entzückenden Heim, während unten, im Keller des Hauses, ihr Töchterchen ermordet worden war. Sie führte mich hinunter und hob ein wenig den Teppich, um mir die Blutflecken zu zeigen. Das war für mich eine neue Erfahrung. Ich wollte Katie unter allen Umständen stabilisieren und sie auf keinen Fall verletzen – was immer sie mir zu zeigen müssen glaubte, wollte ich mir aufmerksam ansehen. Und das tat ich auch.«

Erst kurze Zeit später erkannte Carroll, in welch einem ernsthaften seelischen Zustand sich Katie zu der Zeit bereits befand.

»Eines Tages rief sie mich an und sagte zu mir, daß sie einfach nicht mehr wisse, was sie tun solle. Dabei war Katie ein Mensch, der immer ganz genau wußte, was und wann er etwas tun mußte. Ich glaube, daß sie mir diese Selbstunsicherheit anvertrauen konnte, war ein äußerordentlich wichtiger Punkt – daß sie imstande war, einmal tatsächlich jemandem gegenüber zuzugeben, daß sie nicht mehr weiter wußte, ohne dafür von dieser Person verurteilt oder ausgenutzt zu werden, war ein Schlüsselerlebnis für Katie.«

Destinys Vater, der in Kalifornien lebte, schickte sein eigenes *victim-impact statement*. Besonders zu Herzen ging einem die Tatsache, daß selbst Destinys Klassenkameraden von der Newington Forest Elementary School ihre Betroffenenaussage vorlegten. Katie und Carroll arbeiteten mit dem Rektor zusammen, der die Auffassung vertrat, daß die Schule in dieser außergewöhnlichen Situation etwas unternehmen sollte. Auch die Kinder trauerten um Destiny, und es war nur fair, daß sie sich, wie jeder andere Betroffene auch, zu ihrer Trauer äußern, daß sie ihre Emotionen benennen und verarbeiten konnten.

In Virginia werden solche Betroffenenaussagen in schriftlicher Form vorgelegt. Für die meisten Menschen ist das in der Regel in Ordnung, aber meiner Meinung nach wäre es angebrachter, wenn der oder die Betroffene ihre Aussage öffentlich vor dem versammelten Gericht vortragen könnte, so daß die gesamte emotionale Wut zum Ausdruck kommt, unter der das entsprechende Opfer durch den Fall zu leiden hat. Wie dem auch sei, Katies Statement war sehr eindrucksvoll. Es war mehrere Seiten lang und beschrieb den Verlust, den sie durch den Tod ihrer Tochter erleiden mußte sowie die gewaltige Umstellung, die der Mordfall für sie und ihr ganzes Leben hatte. Sie legte auch zwei Photographien bei: eine, die Destiny zeigte, wie sie zu Lebzeiten war, voller Daseinsfreude, Liebe und Lachen, und eine andere, wie sie tot in ihrem Sarg lag. Der Effekt von Katies Aussage war, für Carroll zumindest, überwältigend. Was hinter dieser Botschaft stand, war die eine einzige Frage »Warum?« Warum wurde ihr Töchterchen ermordet? Was hatte sie möglicherweise getan haben können, um den Mörder derart zu provozieren? Carroll hatte den Eindruck, daß Katie mit ihrem Statement das Gericht vor eine Aufgabe stellte, dem es sich nicht würde entziehen können.

Die Richterin des Bezirksgerichts von Fairfax County, Johanna Fitzpatrick, verurteilte Robert A. Miller wegen schweren Mordes zu lebenslänglicher Haft, was in Virginia damals bedeutete, daß er nach dreizehn Jahren bereits wieder das Recht hatte, einen Antrag auf bedingte Haftentlassung zu stellen – also am 7. Juli 2003, um es genau zu sagen. Mit dem Urteil ging die Richterin noch über das empfohlene Strafmaß von sechzig Jahren Haft hinaus (was im natürlichen Leben selbstverständlich eine weit geringere Haftzeit bedeutet hätte). Sie lehnte damit eine Einlage der Verteidigung ab, Miller wegen seines starken Alkoholkonsums zur Tatzeit und seiner dadurch bedingten reduzierten Hemmschwelle mildernde Umstände einzuräumen. Wollte man wirklich annehmen, wozu ich für meinen Teil nicht in der Lage bin, daß der Auslöser für die Tat tatsächlich die Art und Weise war, in der Destiny, wie Miller vorgab, »ihren Mund zu voll nahm«, dann muß man sich fragen, wie das dazu hatte führen können, daß ein 170 Pfund schwerer Mann so sehr die Selbstkontrolle verlieren konnte, um einem achtjährigen kleinen Mädchen den Schädel zu zerschlagen, ihm mit brutalen Schlägen Lunge und Leber zertrümmerte, und anschließend auf seinem Körper herumtrampelte, um ihm die Wirbelsäule zu brechen? Und dann soll man mir doch bitte noch die Frage beantworten, wer einen solchen Menschen, ganz gleich, welche Gründe er für sein Verbrechen gehabt haben mochte, und wie vorbildlich er sich während der nachfolgenden Haftzeit auch führen mag, jemals auch nur in der Nähe seiner Kinder haben möchte? Ich jedenfalls möchte nicht, daß meine Kinder je im Leben mit einem solchen Charakter zu tun haben müssen.

Carroll und Katie waren beide im Gerichtssaal anwesend, als Richterin Fitzpatrick Katies bewegendes und kräftiges Statement verlas und sich dann direkt an den Angeklagten wandte und ihm sagte, daß diese Mutter von ihm erfahren wolle, *warum* er die Tat begangen haben. Ob er ihr darauf eine konkrete Antwort geben könne. Doch das konnte er nicht.

Es gehört zu den Aufgaben der Victim-Witness Unit, sich über das weitere Schicksal des Verurteilten bis zu seiner möglichen Haftentlassung auf dem laufenden zu halten und das betreffende Opfer davon zu unterrichten (Rob Miller wurde von einem Gefängnis in Virginia zu einer anderen Haftanstalt in Pennsylvania verlegt, worüber man Katie unterrichtete). Katie und Carroll haben beide den festen Vorsatz, zu tun, was in ihrer Macht steht, um diesen Menschen für immer daran zu hindern, daß er noch einmal über ein unschuldiges Kind herfällt.

Ich wünschte, es gäbe mehr Richter, psychologisch geschultes Fachpersonal und Verantwortliche, die in den Gremien sitzen, in denen über eine bedingte Haftentlassung von Gewalttätern entschieden wird, die so verständig sind wie Katie. Ich wünschte, daß sich die maßgeblichen Leute weniger stark von der sogenannten »guten Führung« Inhaftierter beeindrucken ließen, denn dieses scheinbare Wohlverhalten während ihres Gefängnisaufenthalts ist relativ bedeutungslos als Indikator für die zukünftige Gewaltbereitschaft solcher Menschen und sollte niemanden über deren kriminelle Vergangenheit hinwegtäuschen. Wie wir bereits in diesem sowie in vorangegangenen Büchern deutlich zu machen versuchten, können solche Individuen sich in der organisierten und begrenzten Umgebung einer Haftanstalt mitunter recht gut einordnen, fallen aber sofort zurück in ihre alten Gewohnheitsmuster, sobald sie wieder auf freiem Fuß sind. Ich für meinen Teil sähe es viel lieber, wenn Mörder wie Robert Miller bis in alle Ewigkeit in sicherem Gewahrsam blieben, am besten sechs Fuß tief in der Erde. Kurz gesagt, es ist unverantwortlich, Individuen wie ihn jemals wieder auf die Straße zu lassen, bevor sie nicht so alt und hinfällig geworden sind, daß sie nicht mehr in der Lage sind, einem anderen Menschen ein Leid anzutun.

Dr. Stanton Samenow, der diese Angelegenheit ebenso realistisch sieht, wie jeder andere, den ich kenne, macht ganz unmißverständlich klar, daß es für einen Kriminellen keine Hoffnung gibt, solange er sich nicht von Grund auf gewandelt hat und aufrichtig bekennt und einsieht, daß an seiner Art zu denken etwas grundsätzlich falsch ist.

Ich habe oft betont, daß jedes Gewaltverbrechen viele, viele Opfer nach sich zieht. Um diese Verkettung anschaulich zu machen, bemüht Carroll Ellis immer das Bild von dem Stein, der ins Wasser geworfen wird, wodurch sich ein Ring unendlich vieler Wellen immer weiter und weiter ausbreitet, so daß schließlich die Gesellschaft als Ganzes in Mitleidenschaft gezogen wird. Im Fall von Destiny Souza war eines der betroffenen Opfer zum Zeitpunkt ihres Todes noch nicht einmal geboren worden, und dennoch war es von den Auswirkungen dieser Mordtat auf ganz besonders heftige Weise in Mitleidenschaft gezogen worden. Wenige Tage nachdem Rob Miller wegen Mordes an der kleinen Destiny verurteilt worden war, kam Katies zweites Kind, Tyler, zur Welt. Es erwies sich, daß dieses Ereignis Katie in eine außerordentlich bedrohliche Streßsituation brachte, denn sie verzweifelte fast daran, daß es ihr nicht gelang, zu dem kleinen Jungen eine angemessen starke emotionale Beziehung zu entwickeln.

»Mir war, als sei ich ein kleines Mädchen, das acht Jahre lang eine Lieblingspuppe gehabt hatte, die verlorengegangen war, und jetzt wollte man sie einfach durch irgendeine andere Puppe ersetzen. Genauso fühlte ich mich im Augenblick von Tylers Geburt. Als man ihn mir zum ersten Mal brachte und ihn mir auf den Bauch setzte, kam er mir vor wie ein außerirdisches Wesen. Ich sagte nur: ›Nehmt ihn wieder runter von mir.‹

Irgendwie konnte ich nichts mit ihm anfangen. Ich glaubte ich brauchte anderthalb bis zwei Jahre, bevor ich ihn voll akzeptierte. Natürlich habe ich mich um sein leibliches Wohl gekümmert und ihm alle nötige medizinische Fürsorge zukommen lassen, aber emotional blieb ich sehr distanziert.«

Katie war jedoch selbstkritisch genug, um zu wissen, daß es für sie noch schlimmer gewesen wäre, wenn sie anstelle von Tyler ein kleines Mädchen zur Welt gebracht hätte. Es wäre für sie wie ein übler Scherz des Himmels gewesen, so als hätte sie ein Mädchen gegen ein anderes eintauschen sollen. Katie arbeitete hart daran, mit den Problemen fertigzuwerden, denen sie sich angesichts der Ankunft des neuen Babys ausgeliefert sah, und sie erkannte sehr genau, daß sie sich bei allen Anforderungen, die das kleine Kind an sie stellte, nicht einfach ihrem Schmerz überlassen durfte, sondern weitermachen und funktionieren mußte.

Nach all diesen qualvollen Monaten wurde Katie jedoch deutlich, daß Tyler ihr etwas geben konnte, das sie seit jenem entsetzlichen Nachmittag nicht mehr empfunden hatte: Freude.

Ein Jahr nach dem Mord, am 17. September 1991, fuhr Katie noch einmal zur Newington Forest Elementay School, um an einem Gedenkgottesdienst teizunehmen, der Destiny zu Ehren dort abgehalten wurde. Sie trug den lächelnden Tyler auf ihrem Arm, als eine Gedenktafel enthüllt wurde, und Hunderte von gasgefüllten Luftballons in den Himmel stiegen, die alle eine Botschaft trugen, die eins der Schulkinder oder einer der Lehrer darauf geschrieben hatte.

Katie selbst hatte ein Gedicht verfaßt, das im Herbst 1992 in der regelmäßig erscheinenden Zeitung der Victim-Witness Unit, *Sharing and Caring*, veröffentlicht wurde, und in dem die Liebe und der Schmerz einer Mutter, die ihres Kindes beraubt wurde, so ergreifend dargestellt wird, wie man es sich überhaupt nur denken kann. Es trägt den schlichten Titel »Destiny«.

> *Abends vermiß ich dich so sehr,*
> *Und sehne mich in deine Arme.*
> *Ich denk an deine zarten Fingerspitzen,*
> *Und wie dein Kuß mich in der Seele rührt.*
>
> *Doch wenn ich jetzt zubettgeh,*
> *dann, um dir nachzuweinen.*
> *Dir und dem letzten Lebewohl.*
> *Du fehlst mir so unendlich,*
> *In jeder Sekunde meines Lebens.*

Seit dem du fort bist, liebstes Kind,
Denk ich an dich bei Tag und Nacht.
Du wirst stets ein Teil sein von mir,
und immer in meinem Herzen wohnen.
Ich liebe dich auf ewig . . . Mom

Kein Mordfall hat jemals ein Happy-End. Katie weiß, daß sie niemals wieder sein wird wie früher. Aber diese Geschichte hat wenigstens einen etwas weniger dramatischen Verlauf genommen, als man noch vor wenigen Jahren fürchten mußte. Katie ist wieder verheiratet und hat einen einfühlsamen, hingebungsvollen und fürsorglichen Mann. Sie hat einen reizenden kleinen Sohn und ein entzückendes Mädchen, das noch ein Baby ist und Casey heißt.

Sie hatte endlich eine funktionierende, ernst zu nehmende Beziehung zu einem Mann. »Das hat sehr viel mit Selbstachtung zu tun«, stellt sie fest. »Ich hatte nie gewagt, eine Beziehung wirklich ernst zu nehmen, weil ich immer fürchtete, geradewegs wieder in das alte Verhaltensmuster zu geraten. Erst als ich allein lebte und mit mir selbst zufrieden geworden war und unabhängig, erst da begriff ich, daß ich nichts und niemanden brauchte außer meinem Kind. Erst da konnte ich mich stark genug fühlen, nicht wieder in die alten Muster zurückzufallen. Man muß wohl zuerst einmal herausfinden, wer man eigentlich selbst ist.«

Katie Hanley weiß jetzt wer sie ist. Und auch Steven Hanley weiß das. Ja, er versteht seine Frau wahrscheinlich besser als irgend jemand sonst – ihre Bedürfnisse, ihre Stärken und Ängste. Auch wenn sie noch nicht lange verheiratet sind, kennen sie einander schon seit vielen Jahren. Sie hatten einander kennengelernt, als Steven auf dem gleichen Militärstützpunkt stationiert war wie Katies Onkel. Er hatte damals öfter auf Destiny achtgegeben, wenn Katie aus irgendeinem Grunde keine Zeit hatte. Seine beiden eigenen Söhne – einer war zwei Jahre älter als Destiny, und der andere zwei Jahre jünger – hatten damals mit ihr gespielt. Zum Zeitpunkt ihres Todes war er in Übersee. Er hatte erst durch einen Anruf ihres Onkels von ihrem schrecklichen Schicksal erfahren.

»Als ich Katie zum erstenmal begegnete«, sagt Steven, »war ich überrascht, wie selbständig sie in allem zu sein schien. Ich hatte den Eindruck, sie brauchte nichts und niemanden. Und immer wußte sie haargenau, was sie wollte. Aber als wir einander dann etwas besser kennenlernten, da begriff ich, daß sie eigentlich nur eine riesige Schutzmauer um sich herum aufgebaut hatte, und daß sich dahinter ein zutiefst verletztes Mädchen verbarg, das einfach nicht begreifen konnte, warum alles so war, wie es war.«

Steven hat zwei Söhne aus erster Ehe, die jetzt im Teenageralter sind. Wenn die beiden heute miteinander streiten oder den sechsjährigen Tyler piesacken, dann kann Katie damit nur sehr schwer umgehen, weil sie unwillkürlich an ihre eigenen Jugenderinnerungen denken muß. Trotz aller Bemühungen Stevens, der sie in solchen Augenblicken immer zu beruhigen versucht, kann sie nicht von ihren schwierigen Erfahrungen absehen, daß jeder Streit notwendigerweise zu Gewalt und auf lange Sicht zu psychischer Qual führen muß.

Der kleine Tyler ist sehr stolz auf die Fortschritte, die er bei seinem Karateunterricht macht. Er hat gerade den Blauen Gürtel bekommen und ist nun kein Anfänger mehr. Sein Ziel ist, sich irgendwann auch den Schwarzen Gürtel zu erkämpfen. In einem Kurs gewann er sogar den Titel »Schüler des Monats«. Als Katie und er mit dem Wagen nach Hause fuhren, lobte ihn seine Mutter über den grünen Klee, was für einen großartigen Erfolg er damit verbucht hätte. Doch als sie zu Hause ankamen, hatte sie den Eindruck, daß irgend etwas nicht mit Tyler stimmte.

Sie fragte ihn: »Was hast du, Liebling?« – und da brach er in heilloses Schluchzen aus.

»Mommy«, sagte er, »Ich wünschte, Dee Dee wäre bei uns. Ich bin so wütend auf Rob, daß er mir meine Schwester genommen hat.«

Obgleich Katie in Tylers Gegenwart niemals direkt über Destiny sprach, hatte sie schon immer den Eindruck gehabt, daß Tyler das Unglück, das seiner Schwester widerfahren war, atmosphärisch sehr wohl mitbekommen hatte, und sie ständig in seinen Gedanken war, auch wenn er Destiny nie begegnet ist. Schon gleich als er zu sprechen begann, zeigte er auf Destinys Bilder an der Wand und sagte »Dee Dee.«

»Mein Sohn ist sehr, sehr sensibel und bringt immer wieder die Sprache auf seine tote Schwester.«

»Liebling, sie ist ständig hier bei uns«, erklärte Katie ihm. »In jedem wichtigen Augenblick deines Lebens und in jedem traurigen Moment. Selbst in Zeiten, in denen wir es uns gar nicht vorstellen können.« Katie fürchtet jedoch, daß Dee im Laufe der Zeit nicht Tylers seelische Gefährtin bleiben wird, sondern daß er mit ihrer Person nach und nach eher das Gefühl eines tiefen Verlusterlebnisses verbinden wird. »Neulich hat er zu mir gesagt: ›Ich wünschte, sie könnte das jetzt auch miterleben.‹«

Katie berichtet, daß Tyler zu seiner kleinen Schwester Casey, die noch ein Baby ist, genauso liebevoll umgeht, wie sie sich Destiny im Umgang mit Tyler vorgestellt hatte.

In den Monaten nach Destinys Bestattung hatte Katie das Grab ihrer Tochter regelmäßig besucht. Sie haßte die Vorstellung, daß ihre kleine Tochter dort in der winterlich kalten Erde ruhte, und wollte immerzu in ihrer Nähe sein. Sie machte sich Sorgen, ob der Rasen rechtzeitig geschnitten, und man das Grab auch pflegen würde. Sie war immer ganz gerührt, wenn Destinys Schulkameraden auf dem Friedhof erschienen, um ihrer Freundin einen Besuch abzustatten. Manchmal ließen sie Blumen auf dem Grab zurück und hin und wieder auch eine Handvoll ihrer Lieblingsbonbons. Ein kleiner Junge, der sich an Dees Steinsammlung erinnerte, ließ einen bunten Stein am Grab zurück, auf den er geschrieben hatte: »Du fehlst mir.«

Doch während der letzten vier Jahre war Katie nicht mehr am Grab gewesen, obgleich sie es immer vorhatte und schon eine ganze Menge von Gegenständen gesammelt hatte, die sie dorthin mitnehmen wollte. Sie hat sogar die Parzelle gleich neben Destinys Grab gekauft, um so für immer bei ihrer Tochter sein zu können.

So genau weiß sie selbst nicht, warum sie in der letzten Zeit nicht mehr in der Lage war, dorthin zurückzukehren. Sie glaubt jedoch, daß es das Anzeichen eines heraufziehenden Bewußtwerdungsprozesses ist, daß Destiny sich in Wahrheit irgendwo ganz anders befindet. »Außerdem war es auch immer so, daß ich ihr alles, was ich am Grab sagen wollte, bereits gesagt hatte, wenn ich dort schließlich ankam.«

Jeder Mensch geht mit so etwas auf seine eigene Weise um.

Katie stellt sich ihren emotionalen Herausforderungen ebenso heroisch, wie sie sich jedem Unglück gegenüber verhalten hat, die ihr das Leben in den Weg warf. »Ich habe gute und ich habe schlechte Tage. Ich bin immer ganz erstaunt, wenn mir ein Mißgeschick widerfährt, und manchmal merke ich kaum, daß sich irgendein Übel anbahnt, bis es plötzlich zu spät ist, und dann denke ich mir immer, daß es mir doch rechtzeitig hätte bewußt werden müssen.«

Vielleicht hat Katie sich deswegen einige ganz spezielle Erinnerungen an Destiny bewahrt, um auf diese Weise ihr eigenes emotionales System vor einer Überbelastung zu bewahren. »Es gibt vieles, was ich von ihr einfach nicht weiß, und doch so gerne wüßte«, sagt sie. »Doch auf der anderen Seite bin ich zugleich auch dankbar dafür, diese Antworten nicht zu kennen, denn möglicherweise würde ich auf diese Weise noch viel stärker leiden.«

Sie macht eine kurze Pause und fügt dann hinzu. »Ich wünsche mir nur, ich hätte noch einmal einen einzigen kurzen Moment, um mit ihr zusammen zu sein.«

Carroll war immer erstaunt darüber, daß Katie trotz ihrer sehr aufbrausenden Persönlichkeit und ihrer recht dominaten Art fast niemals wirklich in Wut geriet, nicht einmal Gott gegenüber.

Katie sagte dazu: »Manche Leute geraten in einen riesigen Zorn und beginnen regelrecht zu hassen, wenn ihnen irgendein Unglück geschieht. Sie machen dann für alles mögliche Gott verantwortlich. Aber wie sollte ich auf Gott wütend werden oder ihn hassen? Das war ja nicht Gott, der das angestellt hat, sondern niemand anderes als Rob Miller.«

Rob Miller setzte im Gefängnis Katie tatsächlich auf die Liste derer, die er für einen Besuch empfangen würde. Er dachte allen

Ernstes, daß Katie ein Interesse daran haben könnte, ihn wieder zu sehen. Dem war aber nicht so.

»Wenn ich Rob jemals wieder sehen sollte«, sagt sie, »und ich habe mir schon oft darüber Gedanken gemacht, ihn noch einmal zu treffen, dann hätte ich ihm nur eine einzige Frage zu stellen: ›Warum?‹«

KAPITEL ACHT

Für die Opfer

Immer wieder stellen die Angehörigen von Verbrechensopfern auf den Versammlungen ihrer Selbsthilfegruppen ganz verzweifelt die Frage nach dem »Warum?«

Nur leider gibt es nach menschlichem Ermessen keine Antwort auf diese Frage, die noch dazu so viele weitere quälende Fragen nach sich zieht, von denen vielleicht die schmerzhafteste die ist, wo Gott war, als Meredith Mergler ermordet wurde … oder Dana Ireland … oder Robin Anderson … oder Tommy Neu … oder Rosie Gordon … oder Laurene Johnson … oder Suzanne Collins … oder Destiny Souza … oder irgendeine andere dieser vielen, vielen Menschen, die alle aufzuzählen viele Seiten dieses Buches füllen würde.

Viele Mitglieder der Initiative zur Unterstützung von Verbrechensopfern denken über diesen Punkt sehr unterschiedlich. Jack Collins etwa, der seine tapfere, bildhübsche neunzehn Jahre alte Tochter durch die Hand eines der widerwärtigsten und sadistischsten Mörder verloren hat, mit dem ich je zu tun hatte, ist ein hochreligiöser Mensch. Er steht zum Beispiel auf dem Standpunkt, daß Gottes größtes Geschenk, das er den Menschen gemacht hat, der freie Wille sei, und daß Gott dieses Geschenk den Menschen nicht mehr fortnimmt, wenn er es erst einmal vergeben hat. Das bedeutet aber nicht, daß Gott gleichgültig wäre, glaubt Jack; vielmehr ist Gott allgegenwärtig, selbst in Momenten, wenn ein solches Individuum einem unschuldigen Menschen das Schrecklichste zufügt, das man sich vorstellen kann. Jack ist der Überzeugung, daß Gott selbst in dem Moment, als Suzanne zu Tode gequält wurde, zugegen war, aber die Tat nicht verhindern wollte, auch wenn er selbst unter dieser unglaublichen Ungerechtigkeit litt. Wenn man das glauben könne, dann erwiese sich Gott anschließend als eine unendliche Quelle, aus der man Stärke und Verständnis schöpfen kann. Jack, der unermüdlich für die Rechte von Verbrechensopfern kämpft und sich mit großem Engagement für eine Justizreform einsetzt, berichtet aber zugleich, daß er und seine Frau Trudy trotz ihrer tiefen Gläubigkeit jeden einzelnen Tag seit dem Mord an Suzanne im Juli 1985 unendlich um den Verlust ihrer Tochter getrauert haben.

Carroll Ellis hingegen sieht die Dinge etwas anders und sagt in sehr bestimmtem Ton: »Ich bin manchmal stinksauer auf Gott und würde dann gerne einmal mit ihm darüber sprechen. Denn wenn ich mit einer Mutter rede, die ihre achtjährige Tochter verlieren mußte, weil es derart mißratene menschliche Charaktere gibt, die ein kleines Kind einfach totschlagen *wollen*, dann brauche ich bessere Antworten, als die, mit denen ich dann immer argumentiern muß.«

Für mich ist an beiden Standpunkten, sowohl an Jacks Gottgläubigkeit als auch an Carrolls Kritik, vor allem eines von Bedeutung, nämlich der Wille des Täters, sein Verbrechen zu begehen. Wir können uns darüber streiten, wo das Motiv für die Tat liegen mag, aber durch meine vielen Nachforschungen weiß ich, daß auch Wiederholungstäter ganz und gar selbst entscheiden, ob sie ein Gewaltverbrechen ausführen oder es bleiben lassen.

Die Arbeitsgemeinschaft zur Unterstützung Betroffener von Gewaltverbrechen wurde ein Jahr nach dem Mord an Destiny Souza in Fairfax ins Leben gerufen. Die Grundidee war dabei, »Verbrechensopfern einen sicheren Ort zur Verfügung zu stellen, wo ihnen Verständnis entgegengebracht wird, und sie, ohne sich fürchten zu müssen, ihren Kummer von der Seele reden können.«

Katie Souza, die nach dem Mord an ihrer Tochter der Victim-

Witness Unit als Beraterin bei der Frage zur Verfügung stand, welche Punkte die Spezialeinheit auf lange Sicht in ihr Programm aufnehmen müßte, um den Betroffenen von Gewaltverbrechen die nötige Hilfe und Unterstützung geben zu können, war eines der ersten Mitglieder dieser Arbeitsgemeinschaft. Wie Carroll sich erinnert, hatte Katie »eine spezielle Liste erstellt, über all das, was sie von der Gruppe erwartete, also über all das, was ihrer Meinung nach helfen könnte, über die traumatische Erfahrung und das übermächtige Schuldgefühl hinwegzukommen, daß sie im entscheidenden Moment nichts für ihr Töchterchen hatte tun können.«

Die Arbeitsgemeinschaft wurde zu einer regelrechten Schicksalsbrüderschaft, in der jedes Mitglied seine eigenen Ziele zu verfechten suchte, wobei ihm andere engagierte und mitfühlende Menschen zur Hilfe kamen, die genau wußten, was jeder einzelne zu durchleiden hatte. Es gab keinerlei Versuch, die Gruppe in irgendeiner Form hierarchisch zu gliedern, sondern jeder hatte hier seinen eigenen gleichberechtigten Platz, und seine Probleme wurden von allen ernstgenommen. Wie Carroll sich ausdrückte, »steht jeder einzelne auf einer Eisscholle, die genauso kalt ist wie die Eisscholle des anderen. Die Frage erhob sich gar nicht, ob es nun schwerer sei, den Verlust eines Kindes, eines Elternteils, eines Ehepartners oder irgendeines anderen geliebten Menschen zu verkraften. Es ging um den Tod; und ein Mord ist und bleibt ein Mord. Dabei ist jedes Opfer gleichermaßen ein Opfer zuviel, ein Opfer, das ohne jeden Grund ermordet wurde. Und das hätte nicht geschehen dürfen.«

Die beiden anderen Beraterinnnen, die gleich von Anfang an bei der Arbeitsgemeinschaft tätig waren, waren Mary Alice Mergler sowie Lucy Bhatia, deren achzehn Jahre alter Sohn am 9. September 1989 ermordet wurde, als er während seiner Arbeit freiwillig noch eine zusätzliche Spätschicht einlegte. Sein Mörder, ein gewisser George Wiggins, der jetzt unter dem Namen Raheed Muhammed bekannt ist, wurde im März 1990 wegen schweren Mordes zu einer lebenslangen Haftstrafe verurteilt, und hat im Juli 2002 das Recht, seine bedingte Haftentlassung zu beantragen.

Carroll erinnert sich: »Was wir diesen drei Frauen im eigentlichen Sinne gleich zu Anfang sagten, ist folgendes: ›Sie müssen wissen, daß Sandy und ich uns hier auf absolutem Neuland befinden. Wir wissen nur sehr unvollständig, womit wir es zu tun haben. Deshalb erklären Sie es uns bitte. Sagen Sie uns, was wir wissen müssen, um Ihnen helfen zu können. Und wenn es besser für Sie ist, daß wir den Raum verlassen, und die Tür hinter uns schließen, dann werden wir auch das tun, wenn es Ihnen hilft. Aber seien Sie so gut, und erzählen Sie uns, was wir begreifen müssen, damit wir Ihnen von Nutzen sein können.‹ Und genau das haben die drei Frauen dann getan. Deswegen sage ich auch immer, daß ich alles, was ich über Mord weiß, von tatsächlich Betroffenen gelernt habe.«

Was Sandy und ihr ganz besonders deutlich wurde, war die Tatsache, daß es für Betroffene von Gewaltverbrechen keinen einzigen Ort gab, an dem sie sich treffen konnten, wo sie offen ihre Erfahrungen austauschen und über das sprechen konnten, was sie quälte. Und es wurde ihnen klar, daß die Angehörigen der psychosozialen Berufe endlich begreifen mußten, wie sträflich vernachlässigt dieser Bereich der Kriminalitätsopfer war, und wie unterentwickelt das Hilfsangebot für diesen Teil der Bevölkerung ist.

Die einzigen Menschen, die irgend etwas für die Betroffenen von Gewaltverbrechen unternahmen, waren eigentlich nur die Familienmitglieder der Ermordeten selbst. In Maryland war dies Roberta Roper – deren Tochter auf ganz furchbare Weise abgeschlachtet worden war –, sie gründete die Stephanie Roper Foundation dort. In Florida war es Lula Redmond, die eine ähnliche Stiftung ins Leben rief, und es wurde allgemein deutlich, wie bedeutend solche Selbsthilfegruppen waren, wie etwa die Vereinigung von Eltern ermordeter Kinder. Doch die Reaktion des Staates war und blieb sehr zögerlich und desinteressiert.

Carrolls persönliches Hauptziel ist es, diesen Menschen Trost zu geben und neuen Lebensmut, was auch häufig dazu führt, daß sie sich mit den Betroffenen anfreundet. Sie verschweigt also durchaus nicht, daß es ihr nur sehr selten geling, professionelle Distanziertheit zu den einzelnen Personen zu halten, die in irgendeiner Form Opfer eines Gewaltverbrechens geworden sind. Und sie versteht sehr gut, daß sie selbst durch dieses Engagement ernsthaften seelischen Schaden nehmen kann, auch wenn es sie körperlich nicht betrifft. Ihr Zorn und ihre Wut können manchmal ganz unverhohlen aus ihr herausplatzen, wenn sie beispielsweise über einen Fall spricht, wie den folgenden, der gerade erst geschehen ist:

»Eine typische Situation war etwa die«, erzählt sie uns. »Am letzten Wochenende kam bei uns wieder mal ein Vergewaltigungsfall herein. Es betraf eine sechsundvierzigjährige Vietnamesin, die zwei Kinder großzuziehen hatte. Sie war berufstätig und hatte ein Haus in der Stadt. Sie war eine ganz normale, rechtschaffene Bürgerin dieses Landes, die ihr Leben lebte. Da stieg eines Nachts plötzlich jemand bei ihr ein, hielt ihr ein Messer an die Kehle und vergewaltigte sie brutal. So etwas macht mich rasend vor Wut. Dieser Kerl hatte einfach nicht das Recht dazu! Wie konnte er das wagen! Sie hat ihn nicht dazu aufgefordert, sie hat ihn nicht in ihr Haus eingeladen und ihn nicht darum gebeten. Wie konnte er es wagen, ihr das anzutun? Ich ärgere mich darüber als Bürgerin der Vereinigten Staaten. Und ich bin wütend als Frau. Es macht mich zornig, weil wir gegen diese Sorte Mensch so hilflos sind, weil es so schwierig ist, diese Hunde zu schnappen, und weil uns, wenn wir sie schließlich gefaßt haben, die Hände gebunden sind. Sie können sich gar nicht vorstellen, wie oft wir in unserer Einheit schon zusammensaßen und darüber gebrütet haben, wie wir mit diesen Kerlen verfahren können, die schlichtweg eine Herausforderung und Beleidigung darstellen für jeden rechtschaffenen Menschen. Zum Teil reagiert man dann mit blanker Wut, aber zum Teil ist man auch einfach nur verletzt. Man ist so tief verletzt, weil man weiß, was mit der Frau geschehen ist, die der Kerl erwischt hat, weil man weiß, was er ihr angetan hat und wie ängstlich sie jetzt ist, und weil man weiß, daß man selbst nur einmal mehr durch Gottes Gnade davongekommen ist.«

Doch geradezu unbändigen Zorn empfindet Carroll gegen Mörder, gegen diese Monster, die sich das Recht anmaßen, das

Leben eines anderen Menschen auszulöschen, einfach nur weil sie gerade Lust dazu haben.

»Wir hatten zum Beispiel einen Fall, da wurde ein Mann dort unten an der Virginia Universität ermordet. Er war Mediziner und arbeitete an irgendeiner neuen Methode zur Heilung einer bestimmten Krankheit. Er kam sehr gut voran bei seinen Forschungsarbeiten. Er war dort unten, um sich mit irgendwelchen Bekannten auf ein Kartenspiel zu treffen oder ähnliches, und war gerade dabei, in einem der kleinen Restaurants am Rande des Universitätsgeländes etwas zu sich zu nehmen. Da kam plötzlich dieser Kerl herein – der hatte einen schlechten Tag gehabt hat, weil er sich mit seinem Kumpel gestritten hatte, oder mit sonst wem – und nahm dem Mann mir nichts, dir nichts das Leben, brachte ihn einfach um. Ich komme über diese Beleidigung und Unverschämtheit nicht hinweg, daß da ein durch und durch unnützes Individuum einfach so daherkommt und einen anderen Menschen umbringt, nur weil er gerade schlecht drauf ist! Der Kerl hatte keine Arbeit. Er hatte überhaupt nichts. Und trotzdem tötete er einen Menschen, der sein Bestes gab, vielen Menschen auf dieser Welt zu helfen. Es ist so absolut sinnlos, unnötig und brutal … daß dort ein Mensch sterben mußte, der sein ganzes Arbeitsleben in den Dienst anderer Menschen gestellt hatte, und noch dazu ausgerechnet durch die Hand irgendeines durchgeknallten Scheißkerls. Es ist einfach beleidigend und unverschämt gegenüber diesem Menschen, zu beschließen ›den bringe ich jetzt um‹. Was dieser Kerl angerichtet hat, ist geradezu unvorstellbar. Es ist grauenvoll, dieses Leben durch die Hand eines solchen Taugenichts verlassen zu müssen.«

Die Mitglieder der Arbeitsgemeinschaft begannen sich ab 1991 regelmäßig zu treffen, um ihre Arbeit aufzunehmen, oder wie Carroll sich ausdrückt, »um Menschen bei der komplizierten Trauerarbeit zu helfen, die ein Mord bei den Angehörigen des Opfers auslöst.« Dabei konnte es bei den Betroffenen im Beisein anderer, die ein ähnliches Schicksal erlitten haben, gleichzeitig zu Wutausbrüchen kommen wie zu Weinkrämpfen oder auch zu lautem Lachen. Genaugenommen war die einzige

Richtschnur, die es einzuhalten galt, nicht grob zu sein, und niemanden absichtlich zu verletzen.

Als Gäste lud die Arbeitsgemeinschaft auch Personen ein, die während des Verfahrens der verschiedenen Mitglieder beteiligt gewesen waren, wie Polizeibeamte, Staatsanwälte, Richter und selbst den einen oder anderen Verteidiger. Auf Bitte einiger Mitglieder wurde einmal sogar ein Parapsychologe hinzugezogen.

Gäste einzuladen hatte den doppelten Zweck, daß die Gruppenmitglieder zum einen erfuhren, was die geladenen Personen im einzelnen zu tun hatten, und andererseits, daß die Gäste einen Einblick und eine Vorstellung dessen bekamen, was Verbrechensopfer und andere von dem jeweiligen Fall Betroffene durchmachen müssen. Dabei wurde von Anfang an darauf geachtet, daß alles, was während der Versammlungen gesagt wurde, streng vertraulich blieb, und dadurch jeder offen und unvoreingenommen sein konnte.

Carroll und Sandy waren von Anbeginn an sehr darum bemüht, sowohl den augenblicklichen Erfordernissen gerecht zu werden als auch den langfristigen Bedürfnissen der Gruppenmitglieder – welcher Art waren ihre Gefühle, was mußten sie durchleiden, wie wurden sie mit ihrem tagtäglichen Lebensalltag fertig? Was ihnen dabei jedoch gleich auffiel – und jetzt im Nachhinein erscheint es ihnen beiden so selbstverständlich –, war die Tatsache, daß es den Betroffenen selbst gar nicht so sehr um diese genannten Punkte ging. Genau wie Sandy und Carroll völlig fixiert waren auf die Bedürfnisse der betroffenen Angehörigen der Ermordeten, so hatten diese vielmehr ihre Lieben im Sinne, die bei den unterschiedlichen Verbrechen ihr Leben verloren hatten: was er oder sie durchlitten haben mochte, wie groß ihre Angst war, und was sie möglicherweise gedacht und gefühlt haben; all das, worauf auch Katie Souza die beiden Initiatorinnen hingewiesen hat.

»Was wir nach und nach schließlich begriffen«, erklärt Sandy, »war, daß wir beide mit den Nachwirkungen der Mordfälle beschäftigt waren, während die Betroffenen selbst sich zunächst intensiv mit der Tat selbst auseinandersetzen mußten, bevor sie weitergehen und das Geschehnis in ihr Leben einordnen konnten.« Demzufolge mußten sie sich zuerst den brutalen und schmerzhaften Fakten stellen, wie das auch Katie für sich selbst verlangt hatte. In gewissem Sinne handelt es sich dabei um die gleiche Viktimologie, um die gleiche Arbeit, die auch meine Kollegen und ich erledigen müssen, wenn wir uns über das Verhältnis von Täter und Opfer klar werden wollen, um das Persönlichkeitsprofil eines bestimmten Verbrechers erstellen oder einen bestimmten Fall analysieren zu können: Was hat sich tatsächlich zwischen dem Verbrecher und seinem Opfer am Tatort abgespielt? Weder wir als Kriminologen noch die Betroffenen selbst können diesen Gesichtspunkt außer acht lassen, bevor sie sich dem nächsten Schritt zuwenden.

Die Gruppe kam von Anfang an jede zweite Woche am Mittwoch zusammen. Das hatte zur Folge, daß es Sandy und Carroll jeden zweiten Donnerstag mitunter ziemlich schlecht ging. »Wir waren manchmal schrecklich fertig und ausgelaugt von den Gesprächen, die wir in der Arbeitsgemeinschaft führten«, erklärt Sandy, »und oft passierte es auch, daß diejenigen, die am Mittwoch nicht den rechten Mut fanden, über das zu sprechen, was sie bedrückte, gleich am Donnerstag früh bei uns anriefen.«

Natürlich fordert die seelische und physische Belastung ihren Tribut. »Ich glaube, man kann diese Tätigkeit nicht ausüben und dabei ganz kühl und gefaßt bleiben. Irgendwie wird man durch den großen Schmerz der Verbrechensopfer selbst in Mitleidenschaft gezogen, dem kann man sich gar nicht widersetzen«, sagt Sandy. »Zum Teil versuchen wir den Streß abzubauen – denn schließlich wollen wir ja nicht nach Hause kommen und mit unserem Gerede unsere Familien in den Wahnsinn treiben –, indem Carroll und ich anschließend ausführlich über alles sprechen und uns auf diese Weise psychisch etwas entlasten.«

Sandys Ehemann, Paul, hatte immer ganz besonderes Verständnis für ihre Arbeit gezeigt und kam ihr entgegen, wie er nur konnte, indem er sich beispielsweise verstärkt um die Kinder kümmerte. Als die Arbeitsgemeinschaft zur Unterstützung Angehöriger von Mordopfern ihre Tätigkeit aufnahm, war gerade ihre Tochter Emily geboren worden. Zu der Zeit dauerten die Sitzungen oft bis tief in die Nacht. Sandy sagt dazu: »Wenn die

Versammlung schließlich zu Ende war, und sich auch der Letzte oder die Letzte wieder aus dem Stuhl erhoben hatte und nach Hause gegangen war, dann fühlten Carroll und ich uns manchmal wie betäubt und mußten unbedingt noch miteinander sprechen. Wir gingen dann jeden Fall noch einmal durch, überlegten, was wir tun könnten, machten uns diese unglaublichen Schicksalschläge noch einmal bewußt und weinten gemeinsam … wir brauchten diese Besinnungsphasen unbedingt, bevor wir nach Hause zu unseren Familien zurückkonnten.«

Sandy fügt noch hinzu: »Es hat gar keinen Sinn zu versuchen, seine Gefühle zu verbergen, denn die Menschen dort in der Gruppe wittern sofort, wenn einer ihnen etwas vormacht.«

Wie Carroll sagt »muß das Gefühl aus dem Bauch kommen, so wie für mich das Gespür für Leben überhaupt und auch die Arbeit in der Gruppe aus dem Bauch kommen muß. Wenn du mit deinen ganzen Eingeweiden bei der Sache bist und dort eine starke Regung empfindest, dann mußt du ehrlich damit umgehen und deine Gefühle herauslassen.«

Carroll und Sandy prägten unter sich einen ganz privaten Slogan für ihre Arbeit in der Victim-Witness Unit, der aber ohne weiteres auch auf andere Bereiche der psychosozialen Arbeitswelt zutrifft: »Es ist kein leichtes Feld, und die Arbeit ist alles andere als witzig, aber vor allem ist sie nicht jedermanns Sache.«

Auf der anderen Seite kann ich aus meiner eigenen Erfahrung als Vater von drei Kindern sagen, daß jeder, der auf diesem Gebiet tätig ist, durch eine solche Arbeit unweigerlich darin beeinträchtigt wird, wie er selbst die Sicherheit und das Wohlbefinden seiner eigenen Kinder sieht. Sandy und Paul haben zwei Töchterchen von fünf und elf Jahren sowie einen neunjährigen Sohn. »Einerseits«, sagt Sandy, »möchte ich natürlich gerne, daß die Kinder möglichst frei aufwachsen und selbständig werden können, doch auf der anderen Seite mache ich mir permanent schreckliche Sorgen um ihre Sicherheit, nach all dem, was ich gehört und gesehen habe. Ich glaube, daß meine eigenen Ängste um das Wohlergehen meiner Kinder nie aufhören werden, sondern sich nur ständig wandeln, je nachdem in welches Stadium ihres Lebens und ihrer Lebensreife die Kinder gerade eintreten.«

»Das ist sicher nicht gerade schön für die Kinder«, muß Sandy einräumen, »denn ich bin ziemlich streng mit ihnen, insofern als ich immer genau wissen muß, wo sie gerade sind und was sie treiben; viel strenger jedenfalls als die meisten Mütter ihrer Freunde. Immer wenn ich heimkomme, muß ich mich erst einmal einen kurzen Augenblick lang besinnen und mir klar machen, daß ich jetzt nicht mehr bei meiner Polizeieinheit bin, sondern zu Hause bei meiner Familie, wo meine Aufgabe die ist, Mutter zu sein.«

Ein besonders schwerer Fall war für Sandy der Mord an dem kleinen Christopher Moyer, mit dessen Mutter, Kimberley Moyer, sie sich schließlich anfreundete; ein weiteres Beispiel dafür, daß sie die professionelle Distanz nicht immer wahren kann, und sich anstatt um *Klienten* letztendlich um *Freunde* kümmert. Kim Moyers Sohn war noch ein Säugling, als er im Juni 1992 von einem Angestellten der Tageskrippe, der sie ihren Sohn anvertraut hatte, ermordet wurde; im Oktober wäre er ein Jahr alt geworden. Sandy war gerade erst vor einer Woche von ihrem Mutterschaftsurlaub wieder zur Arbeit erschienen – sie hatte ihr drittes Kind zur Welt gebracht –, als die Tat geschah.

Sie erinnert sich: »Carroll und ich fuhren hinaus, um die Moyers in ihrem Haus in den Bergen zu besuchen. Das junge Paar war etwa so alt wie mein Mann und ich, und das einzige, woran ich denken konnte war: ›Diese Leute haben einfach alles richtig gemacht. Sie haben sich absolut professionell verhalten, haben ihre Familie sehr planvoll gegründet und erst Kinder bekommen, als sie in der Lage waren, ihnen nur das Allerbeste zu bieten. Sie sind sogar dort hinaus gezogen, um die Lebensqualität für ihre aufwachsenden Kinder noch zu steigern. Und dann plötzlich … erhalten sie die schrecklichste Nachricht, die man überhaupt bekommen kann.‹

Mir war gerade so, als müßte ich vor Kim auf die Knie gehen. Sie hatte ihren kleinen Jungen bis zum Tag des Mordes noch gesäugt; und auch ich stillte ja mein Baby zu der Zeit. Ich mußte daran denken, wie jetzt ihre Milch einfach forttrocknete, weil man ihr ihren Säugling geraubt hatte. Dabei hatten sie es ohnehin so schwer gehabt, überhaupt Kinder zu bekommen. Sie brachte schließlich ein kleines Mädchen zur Welt und hätte sich nie träumen lassen, daß sie auch noch einen Jungen haben würde. Und jetzt bin ich hier bei dieser Frau, deren Baby in der Tageskrippe ermordet wurde. Ich fragte mich plötzlich, was ausgerechnet ich hier draußen zu suchen hatte. Vielleicht hatte ich hier ja absolut nichts verloren. Vielleicht sollte ich statt dessen lieber bei meinem Baby sein. Solche Fragen schossen mir plötzlich durch den Kopf, und für meinen Beruf wurde der Besuch bei diesem hartgeprüften jungen Paar in gewisser Weise zu einen Wendepunkt: Mir wurde plötzlich ganz deutlich bewußt, daß ich diese Arbeit emotional nur durchstehen könnte, wenn ich mir wirklich klarmachte – so sehr ich mich auch zu meiner Tätigkeit berufen fühlte –, daß meine Aufgabe in unserer Spezialeinheit ein Job ist, und daß ich lernen mußte, die Maschinen abzustellen, wenn ich abends nach Hause kam.»

Nachdem Sandy derart mit sich ins Gericht gegangen war, gelang es ihr schließlich, wie sie sich ausdrückt, ›den seelischen Kraftakt‹ zu meistern. Kim Moyer setzte sich nach diesem schrecklichen Schicksalsschlag sehr engagiert für Verbrechensopfer und für die Rechte von Kindern ein. Doch ebenso wie andere betroffenen Mütter und Väter sitzt ihr Schmerz sehr tief und kann niemals gestillt werden. Sie verfaßte in Christophers Namen einen ergreifenden und bitteren Brief an die Redaktion der regelmäßig erscheinenden Zeitung der Victim-Witness Unit, *Sharing and Caring*, der im Herbst 1992 veröffentlicht wurde. Darin schreibt sie – aus der Sicht ihres ermordeten Kindes –, wie alles hätte werden können doch nun niemals sein wird, und sie spricht damit allen Eltern aus dem Herzen, die ihres Kindes beraubt worden sind.

Ich möchte noch einmal betonen, daß die Victim-Witness Unit eine Spezialeinheit der Polizei ist, die insbesondere dem Criminal Investigations Bureau oder CIB angeschlossen, und nicht der Staatsanwaltschaft untergeordnet ist, wie in den meisten anderen Provinzen des Landes, sofern es dort überhaupt eine

Einrichtung wie die V-WU gibt. Carroll sagt immer, daß sich die Arbeitsgruppe »direkt im Bauch des Walfischs« einquartiert habe. In Verwaltungskreisen, in denen solche Einrichtungen der Staatsanwaltschaft zugeordnet sind, kann es manchmal Wochen und Monate dauern – ja sogar bis zum tatsächlichen Verhandlungsbeginn des Falles vor Gericht –, bevor die entsprechenden Betroffenen oder die Zeugen irgendeinen Kontakt bekommen zu einem Koordinator oder einem Berater. Bis dahin können die seelischen Verletzungen der Menschen unter Umständen noch traumatischer geworden sein, allein weil niemand den Versuch unternommen hat, die emotionalen Wunden der Opfer zu heilen.

Das Hilfsprogramm von Fairfax County ist ausgesprochen wirkungsvoll und sollte meiner Meinung nach überall im Land als Vorbild dienen. Der springende Punkt für die Effektivität der Arbeitsgruppe ist die ausgesprochen gute zwischenmenschliche Beziehung aller an dem Projekt beteiligten Personen – das Verhältnis der einzelnen Polizisten zu der Arbeitsgruppe, das Verhältnis zwischen den Programminitiatorinnen und ihren Klienten sowie das Verhältnis der Betroffenen untereinander.

Carroll bemerkt dazu: »Aller Erfolg unseres Hilfsprogramms und alles, was darin im Vergleich zu ähnlichen Projekten neu entstanden sein könnte, rührt aus Sandys und meinem Verhältnis zueinander her und aus unserem gemeinsamen Engagement, mit dem wir uns seit sieben Jahren für die Sache einsetzen. Wir sind beide mehr oder weniger zufällig zu dieser speziellen Arbeit mit Menschen gekommen, deren Leben durch einen Mord zerrissen wurde, und haben uns im Zuge unserer schwierigen Aufgabe miteinander weiterentwickelt. Wir haben uns aneinander geklammert, wie zwei, die sich plötzlich in einem finsteren Wald wiederfinden, und haben uns gemeinsam wieder daraus hervorgetastet.«

Die Stärke der Arbeitsgemeinschaft war und ist die, daß sie jedem betroffenen Menschen in der Gruppe die individuelle Aufmerksamkeit und Hilfe bieten konnte, derer er bedurfte. Doch schon kurz nachdem sie ihre gemeinsame Arbeit mit den Opfern aufgenommen hatten, erkannten Sandy und Carroll, daß es etwas gab, das auf alle Mitglieder der Gruppe gleichermaßen zutraf, und in diesem Punkt erwiesen sich die Erfahrungen und Beobachtungen von Katie Souza als absolut richtungweisend.

Die Hauptfragen waren zunächst immer »Wie?« »Wann?« und »Warum?« Vor allem wollte jeder Betroffene immer ganz genau den allerletzten quälenden Augenblick des geliebten Menschen nachvollziehen können, dessen er beraubt worden war. Mitunter konnte auf diese Fragen eine Antwort gefunden werden, doch manchmal war das einfach nicht möglich, und dann mußte die Gruppe auch mit dieser Tatsache umzugehen lernen.

Sandy und Carroll brachten durch ihre Arbeit in der Gruppe aber auch noch etwas anderes in Erfahrung, nämlich, wie Carroll sich ausdrückt, »daß Personen, die in ihrem allernächsten Umfeld einen Mord erleben mußten, viel stärker sind als ich und die meisten anderen Menschen – sie brauchen nicht diese Art von Beweihräucherung und Affenliebe, sondern sie brauchen handfeste Informationen, mit denen sie arbeiten und auf ihrem Weg fortfahren können, um das zu tun, was sie tun müssen.«

Es ist wohl richtig, daß niemandes Eisscholle kälter ist als die jedes anderen, aber trotzdem gibt es eine Menge feiner Unterschiede, die bei diesen Gruppentreffen zur Sprache kommen. Zum Beispiel die Frage, ob es schwieriger ist, den Verlust eines Kindes zu verkraften oder den Mord an einer fünfundachtzigjährigen Frau oder einem fünfundachtzigjährigen Mann. Auch mit solchen Fragen mußte die Arbeitsgruppe umzugehen lernen, und das gelang ihr auch.

»Sie mußten einfach«, sagt Sandy. »Das ist eben auch ein Teil des Prozesses. Jedes Gruppenmitglied hatte seinen Platz in dieser Runde gefunden, weil ihm ein solcher schrecklicher Schicksalsschlag widerfahren war, aber darüber hinaus ist jeder einzelne in erster Linie ein zutiefst betroffener, trauernder Mensch, ob der eine nun seinen Vater und der andere seine Tochter oder ein Dritter seinen Bruder verloren hat.«

Als Carroll und Sandy ihre Arbeit in der Gruppe aufnahmen, waren die meisten Morde, um die es dort ging, von Tätern verübt worden, die aus dem nähreren Umfeld der Opfer kamen, Familienmitgliedern etwa oder guten Bekannten. Manchmal fanden die Morde statt, weil ein innerfamiliärer Streit außer Kontrolle geriet, aber manchmal kam es auch aus anderen Gründen zu der tragischen Tat. Sandy hatte zum Beispiel mit dem Fall einer Kambodschanerin zu tun, die aus ihrem Heimatland geflüchtet war und anschließend einen Vietnamesen heiratete. Sie hatte eines dieser berüchtigten kambodschanischen Internierungslager überlebt, in die man dort politisch Andersdenkende einsperrte. Ihr psychischer Zustand war sehr instabil: Sie hatte Wahnvorstellungen und hörte ständig irgendwelche Stimmen. Sie erwürgte schließlich ihre beiden Kinder – das eine war gerade zwei und das andere vier Jahre alt – und schloß sie in einen Schrank. Später erhängte sie sich in der psychiatrischen Klinik, in die man sie eingewiesen hatte.

Eine andere Frau wurde im Eingang ihrer Wohnung mit dreizehn Messerstichen von ihrem Mann ermordet, von dem sie sich getrennt hatte. Sie hatte ein Unterlassungsurteil gegen ihn verfügen lassen. Wir werden im nächsten Kapitel noch auf solche Unterlassungsurteile zu sprechen kommen.

Im Laufe der Zeit wurde die Mordrate durch Täter, die aus der Familie oder dem Bekanntenkreis der Opfer stammten, nicht geringer, und es gab die unterschiedlichsten Szenarien. Es gab auch Personen in der Gruppe, die von einem Mord betroffen waren, bei dem der Täter ein völlig fremder Mensch war. Diese Art von Mord löst ganz besondere Ängste aus. In dem Maße, in dem die kulturelle Vielschichtigkeit in den Vorstädten Washingtons wuchs, wurden auch die Morde, die dort geschahen, immer verschiedenartiger.

Gleichgültig, ob der Mord von einem Bekannten des Opfers, einem Familienmitglied oder einem Wildfremden begangen wurde, für Carroll und Sandy – und für alle »Veteranen« in der Gruppe – war es immer besonders schmerzhaft, das große Unglück miterleben zu müssen, das sie jedesmal vor sich sahen, wenn ein neuer Betroffener mit seinem Fall zu der Gruppe stieß.

Wie andere Experten, die sich mit der Betreuung von Verbre-

chensopfern und der Erforschung der psychischen Folgeer-
scheinungen eines solchen Erlebnisses beschäftigen, kamen
auch Carroll und Sandy zu der Erkenntnis, daß es ganz spezifische Stadien gibt, in die der Betroffene nach einem Verbrechen,
dessen Opfer er geworden ist, eintritt.

Als erstes ist da der *Schockzustand* des Opfers als unmittelbare Folge des Erlebnisses. Dieser Zustand kann Stunden, Tage
oder aber auch Wochen lang andauern, während derer sich vor
den Augen des Betreffenden das gesamte Horrorszenario wieder und immer wieder abspielt, und er sich ganz taub und an-
triebslos fühlt und zu keinerlei Entscheidungen imstande ist. Er
oder sie ist in diesem Zustand extrem verletzbar und sehr leicht
aus der Fassung zu bringen. Möglicherweise leidet der Betreffende auch unter großen Verlassenheitsgefühlen, Hilflosigkeit
und Verzweiflung. Seine Belastbarkeit ist dann gleich Null.
Manche möchten sich in dem Zustand von allem und jedem
zurückziehen und mit nichts mehr etwas zu tun haben. Andere
weigern sich dann möglicherweise zu glauben, daß der Mord
überhaupt stattgefunden hat. Wieder andere reagieren im Zustand des Schocks mit einem verständlichen Gefühl höchster
Panik.

Als nächstes gibt es den Zustand, in dem das Opfer Zorn und
Groll, schwere Depressivität und sogar völlige Verweigerung an
den Tag legt. In dem Fall sprechen wir von einem Zustand des
Rückpralls, in dem sich das Opfer befindet. Es können dann
große Stimmungsschwankungen auftreten, die mitunter durch
scheinbar völlig belanglose Ereignisse ausgelöst werden. Das
Opfer verfällt dabei möglicherweise in regelrechte Weinkrämp-
fe, fühlt sich zurückgewiesen oder verliert jede Selbstachtung
und jegliches Selbstbewußtsein. Es können Schlaflosigkeit und
Alpträume oder eine Mischung aus beidem auftreten. Der betreffende Mensch erhebt dann unter Umständen abwechselnd
gegen andere und sich selbst die schwersten Vorwürfe, für das
schwere Unglück verantwortlich zu sein, das dem geliebten
Menschen widerfahren ist; das heißt, das Opfer neigt in diesem
Zustand dazu, sich selbst die Schuld an dem Mord aufzubür-
den. In solchen Momenten taucht dann bei allem, was das Op-

fer tut, denkt und sagt die übergroße Frage nach dem quälenden »Warum?« auf.

Als sehr bezeichnendes Beispiel berichtet Sandy von folgender Begebenheit:

»Kim Moyer rief eines Tages bei mir an, etwa vier Monate nachdem ihr kleiner Sohn ermordet worden war. Sie hatte ihren Wagen an den Straßenrand gefahren und weinte – dieses unendlich trostlose Weinen, das wir alle nur zu gut kennen. Ich glaube, dies war einer der Augenblicke, in denen Menschen wirklich nicht mehr weiter wissen und kurz davor sind, sich etwas anzutun. Sie sagte nur zu mir: ›Ich ertrage es einfach nicht mehr. Die Tatsache, daß er nicht mehr lebt, macht mich fertig.‹ Mit wem hätte sie über ihre ohnmächtige Hilflosigkeit schon reden können? Ich mußte jetzt unbedingt am Telefon bleiben und Verständnis für ihre Situation aufbringen. Ich mußte es irgendwie schaffen, ihr wieder Mut zu machen, und ihr klarmachen, daß sie nicht im Begriff war, verrückt zu werden.«

Dank Personen wie Sandy Witt, finden solche Menschen noch einmal den Mut, ihren individuellen Kampf und ihren schwierigen Trauerprozeß fortzuführen.

Als nächstes tritt dann das Opfer in einen Zustand ein, den man als das Stadium der allmählichen *Problemlösung* bezeichnen könnte. Jetzt beginnt der Betroffene nach und nach wieder gewisse Lebensperspektiven zu erkennen und kann das Erlebte Stück für Stück in sein alltägliches Leben integrieren. Er merkt, daß nichts mehr je so sein wird wie zuvor – nicht er selbst und nicht sein Leben –, aber er begreift, daß er seinen Schmerz überwinden und weiterleben kann. Der Zorn, die Wut und die Angst sind möglicherweise noch nicht verschwunden, aber das Opfer wird sich dessen bewußt, daß diese Gefühle an Intensität nachlassen, und daß es seine emotionalen Energien jetzt wieder auf andere Tätigkeiten und andere Menschen richten kann. Bei einigen Menschen, die wirklich ganz heldenhaft mit ihrem schweren Schicksal gekämpft hatten – zu denen ganz zweifellos Jack und Trudy Collins sowie Katie Hanley gehören –, habe ich erlebt, daß der ermordete Mensch, an dem sie so liebevoll hingen, ein tatsächlicher Bestandteil ihres täglichen Lebens wurde;

sie können schließlich über denjenigen, den sie verloren haben, sprechen und können an ihn denken und an das, was er war und was er ihnen immer noch bedeutet, ohne in ihm nur das unglückliche Opfer eines Mordes sehen zu müssen. Katie spricht beispielsweise mit ihrem Sohn Tyler über Destiny, und darüber, wie glücklich sie gewesen wäre, an allen Ereignissen seines Lebens teilnehmen zu können. Jack und Trudy hingegen haben sich zur Gewohnheit gemacht, jedes Jahr auszugehen, um Suzannes Geburtstag zu feiern. Es kann Jahre dauern, bis die Betroffenen dieses letzte Stadium erreichten, und es dauert dann möglicherweise noch einige weitere Jahre, um sich zu entwickeln. Der Punkt, auf den es dabei ankommt, ist jedoch, daß die Betroffenen weiterhin in Gedanken mit dem geliebten Mensch umgehen, aber auf eine lebhaftere und positivere Weise.

Der Psychologe William Worden skizziert den Prozeß, den das betreffende Traueropfer durchläuft, in einer etwas abgewandelten Form. Er führt folgende vier Stadien auf: zunächst muß die betroffene Person den Schock überwinden; dann muß sie die Realität des Verlustes akzeptieren lernen; anschließend muß der Betroffene lernen, sich seinem Schmerz überlassen zu können, ihn zu verarbeiten, indem er sich auf eine Welt einstellt, in der der geliebte Mensch nicht mehr existiert; und schließlich muß er lernen, die Kluft wieder zu schließen, die ihn vom Rest der Welt getrennt hat, um sich erneut in die Gesellschaft einordnen zu können.

Dieser Auftrag ist nicht leicht für den Trauernden, aber er ist zukunftweisend: Die betroffene Person muß akzeptieren lernen, daß sie für immer eine andere sein wird, aber mit Liebe, Vertrauen und Mut wird sie dazu in der Lage sein und den geliebten Menschen für immer als einen unauslöschbaren Teil ihrer selbst begreifen lernen.

Es ist natürlich niemals auszuschließen, daß es im Verlauf des Prozesses auch zu Rückschlägen kommen kann und zu erneuten Gefühlsaufwallungen, die einen wieder ganz an den Anfang zurückkatapultieren können; das ist sogar wahrscheinlich. Aus meiner eigenen Erfahrung kenne ich solche blitzartigen Erinnerungen, die plötzlich über einen kommen und einen vollständig aus dem Konzept bringen können. Wie oft habe ich mit meinen Kindern einen Ausflug gemacht, beispielsweise an einen Fluß oder in einen Park, und plötzlich kam dann in mir die Erinnerung an eine Tatortszene auf – in der alles ganz erschreckend ähnlich aussah –, als ich mit ansehen mußte, wie man eine Leiche aus dem Wasser zog oder unter einem Baum entdeckte. Wieviel intensiver müssen solche plötzlichen Erinnerungsschübe erst für die Angehörigen dieser Mordopfer selbst sein. Es geht hierbei um nichts weniger als um eine posttraumatische Streßerkrankung, ein psychiatrisches Syndrom, das besonders zu Kriegszeiten sehr häufig auftritt und von der Fachwelt ausgiebig untersucht worden ist. Und wie ich bereits sagte, *haben* wir es auch hier mit einer Form von Krieg zu tun. Wir sollten uns also nicht wundern, daß wir bei den Opfern dieses Krieges auf ähnliche Symptome stoßen.

Sandy sagt dazu: »Es geht einem immer besonders nahe, wenn wieder eine neue Person zu der Gruppe stößt, und man von vornherein weiß, was man zu hören bekommt, wie sich dieses Unglück entwickeln wird, und was die Person durchmachen muß. Es ist nur schwer zu ertragen, wenn man diesen bemitleidenswerten Menschen dann sagen hört: ›Es schmerzt so sehr!‹ oder ›Warum tut es nur so weh?‹ Es ist fast wie ein Aufnahmeritual, was der Arme dann durchmacht, aber die Gruppe nimmt ihn mit offenen Armen an und hilft ihm, mit seinem schweren Schicksal umgehen zu lernen.«

Alle Mitglieder begleiten einander in ihrer jeweiligen Trauer.

John und Louise Ireland gehörten zu den ersten, die regelmäßig an den Treffen der Gruppe teilnahmen, und sie kommen immer noch. Sie waren schon damals mittleren Alters; John hatte seinen Abschied von der Army genommen, bezog Rente und lebte jetzt mit seiner Frau in Springfield/Virginia, als Louise plötzlich einigermaßen unerwartet noch einmal schwanger wurde und am 12. Dezember 1968 mit ihrem Töchterchen Dana Marie niederkam. Ihre andere Tochter Sandy war praktisch schon erwachsen.

Dana war von Anfang an ein besonders hübsches, liebenswertes und freundliches Kind, das in mancher Hinsicht ganz anders war als die übrigen Kinder ihres Alters. Sie hatte schon sehr früh einen starken Drang nach Selbstbestimmung und konnte, wenn es die Situation erforderte, sehr gut für sich selbst sprechen. Zu beiden Elternteilen, sowohl zu ihrem Vater als auch zu ihrer Mutter, hatte sie ein äußerst herzliches Verhältnis, und auch John und Louise genossen diese zweite Elternschaft in vollen Zügen und widmeten sich ihrer Tochter mit größter Hingabe und Anteilnahme. Dana hatte viele Freunde und war ganz verrückt nach Tieren; wie oft brachte sie irgendwelche streunenden Hunde oder Katzen heim. Ihren Hamster entließ sie in die Freiheit, weil sie es nicht mehr ertrug, ihn in seinem Käfig eingesperrt zu sehen. Als sie älter geworden war, wurde es eine Angewohnheit von ihr, auf dem Highway anzuhalten, wenn sie mit dem Wagen unterwegs war und irgendwo am Straßenrand ein verletztes Tier sah.

Dana war eine gute Studentin, sowohl an der West Springfield High School sowie später an der George Mason University, und eine hervorragende Sportlerin. Sie spielte Fußball, liebte die Bergsteigerei und war eine begeisterte Surferin und Sporttaucherin. Als sie das College beendet hatte und sich fragte, welchen Beruf sie ergreifen solle, wußte sie, daß diese Entscheidung für sie ein wahres Abenteuer sein würde. Sie reiste anschließend mit ihrer Schwester Sandy, die sie vergötterte, den gesamten Südpazifischen Raum ab und überlegte allen Ernstes, später in irgendeiner Form bei den Friedenstruppen tätig werden zu wollen. Jeder, der Dana gekannt hatte, beschrieb sie als eine ausgesprochen lebensfrohe junge Frau.

Als sie zusammen mit ihren Eltern in den Semesterferien Sandy und ihren Mann Jim in ihrem Haus in Kapoho, auf Hawaii, besuchte, kam Dana Ireland ums Leben. Es war am Weihnachtsabend 1991. Sie fuhr mit dem Fahrrad auf einer der Landstraßen bei Hilo spazieren, als ein paar Männer, die mit ihrem Wagen unterwegs waren, auf sie aufmerksam wurden. Sie rammten sie, schlugen sie zusammen, verschleppten sie und vergewaltigten sie. Als sie mit ihr fertig waren, ließen sie sie im Straßengraben sterben. Ein zufällig daherkommender Autofahrer entdeckte sie schließlich und rief sofort den Notarzt. Doch die Ambulance brauchte so lange, daß Dana an Ort und Stelle ihren schweren Verletzungen erlag und verblutete. Sie war gerademal dreiundzwanzig Jahre alt.

»John und Louise führten das Leben, das man den ›American Dream‹ nennt, und dann kamen diese Teufel daher und brachten ihre ganze Welt zum Einsturz«, sagt Sandy. John und Louise waren tatsächlich Vorzeigeamerikaner, wie sie im Buche stehen: Sie hatten jetzt ein finanziell abgesichertes, glückliches Leben geführt, nachdem sie viele Jahre lang hart dafür gearbeitet hatten. Doch dann ging alles plötzlich ganz schrecklich schief. Ihre geliebte Dana mußte auf so unfaßbare Weise sterben, und dafür gab es keine Erklärung, nicht einmal eine Verhaftung – ja, ihrer Meinung nach wurden nicht im Entferntesten auch nur die nötigsten Schritte eingeleitet, um den Fall wenigstens aufzuklären.

John, der inzwischen Ende sechzig war, begann nun, sich mit aller seiner Kraft für die Opfer von Gewaltverbrechen einzusetzen, die ein Schicksal wie seine Tochter erleiden mußten. Er wurde zu einem Aktivisten, einem Ermittler in eigener Sache und einem Lobbyist. In einem alttestamentarischen Sinne wurde er so etwas wie ein moderner Prophet, ein Mann, der nach Wahrheit verlangte, nach Gerechtigkeit und Ehre. Er ging mit einem geradezu ansteckenden, glühenden missionarischen Eifer an die Sache. Auf eigene Kosten flog er wieder und wieder zurück nach Hawaii, um den Medien und der örtlichen Polizei einzuheizen, endlich entsprechende Schritte zu unternehmen. Er kümmerte sich um den nötigen Rechtsbeistand und verklagte den Distrikt, in dem das Verbrechen stattgefunden hatte, wegen unterlassener Hilfeleistung, weil niemand Dana zu Hilfe kam, obgleich der Notarzt gerufen worden war. Er verlangte, zum Gouverneur vorgelassen zu werden, der ihn schließlich auch empfing, um sich seine Beschwerde anzuhören. Wie Sandy sagt, wollte John, »daß der Fall lebendig gehalten würde«.

Johns Engagemant ging jedoch weit über den Fall seiner eigenen Tochter Dana hinaus. Er sprach bei der gesetzgebenden

Körperschaft für die Rechte von Verbrechensopfern vor und machte den gesamten Staat auf die Problematik aufmerksam. Zu seinen Verdiensten gehört unter anderem, daß inzwischen das sogenannte *victim-impact statement*, also die Aussage der betroffenen Angehörigen von Verbrechensopfern, vor Gericht angehört werden müssen, bevor es zur Urteilsverkündigung kommen darf, sowie die Installation von Notrufsäulen in entfernt liegenden Gebieten, wie dem Tatort, an dem Dana überfallen worden war. In Washington beschritt er ähnliche Wege wie sein Leidensgefährte Jack Collins, der wie er ein Mitglied der Victim-Witness-Support-Gruppe war, und ging bis zum Capitol Hill, verschaffte sich bei allen möglichen zuständigen Politikern Gehör und sprach sogar vor dem Kongreß über die Rechtslage von Verbrechensopfern. Seine Botschaft war immer die gleiche, nämlich daß in diesem Punkt eine Änderung der Gesetzgebung mehr als überfällig sei. John Ireland wurde zu einem der Hauptberater des vom Justizministerium finanzierten und unterstützten Projekts für die Legalisierung des *victim-impact statement*, dem »Arbeitsgremium für das gerichtliche Aussagerecht von Verbrechensopfern«.

Zur gleichen Zeit riefen John und Louise auch die *Dana-Ireland-Gedächtnis-Stiftung* an Danas Hochschule, der George Mason University, ins Leben, ein Stipendium für Bürger von Virginia oder Hawaii, deren Kinder, Geschwister oder Eltern Opfer eines Gewaltverbrechens geworden sind. Ursprünglich waren die Geldmittel im Zuge der Finanzierung ihrer Zivilklage zusammengekommen, die sie gegen den entsprechenden Verwaltungsbezirk von Hawaii angestrengt hatten. John, der ein leidenschaftlicher Golfspieler war, veranstaltete zudem jedes Jahr verschiedene Golfturniere, deren Erlös er dieser Stiftung zukommen ließ. Ebenso wie Jack und Trudy Collins' Stiftung des Stipendiums für Kinder im Ausland stationierter Armeeangehöriger, die sie nach ihrer Tochter – die selbst das Kind eines ehemaligen Soldaten im Auslandsdienst gewesen war – *Suzanne-Marie-Collins-Perpetual-Scholarship* benannten, ist John und Louise Irelands Stiftung ein wundervolles, lebendes Denkmal für eine außerordentliche junge Frau, und die Leistungen der Stipendienempfänger werden das Gedenken an Dana noch bis in weite Zukunft ehren.

Doch es war die Arbeitsgruppe zur Unterstützung Angehöriger von Verbrechensopfern, wo sie wirklichen Trost fanden und ihren Gefühlen freien Lauf lassen können – all ihrem Schmerz, ihrem Ärger und ihrer Enttäuschung darüber, daß sie nur so schwer mit ihrem Schicksal fertig werden konnten. Erst während der letzten Monate, in denen auch dieses Buch entstand, kam es schließlich im Fall Dana Ireland zu einer offiziellen Anklage, und ich glaube, selbst die wäre niemals in die Wege geleitet worden, hätte John nicht so unermüdlich dafür gekämpft. Die Verantwortung für die juristische Aufarbeitung solcher Fälle kann nicht den Mordopfern überlassen werden, aber der Einsatz und die große Hingabe, die John und Louise sowie eine wachsende Zahl Betroffener im ganzen Land an den Tag legen, weisen auf einen neuen und meiner Meinung nach positiven Trend hin, der sich hier abzeichnet. Die Opfer haben einen Anspruch auf Gerechtigkeit, und sie sagen zu uns allen: »Wir sind keine Bürgerschutztruppe, und wir werden nicht das Recht in unsere Hand nehmen, aber wir werden euch beobachten und euch helfen, und wenn ihr euch nicht unsere Ansprüche auf Gerechtigkeit zu Herzen nehmt, dann werden wir eure Füße ins Feuer halten und keinen Schritt weichen.«

Das Beeindruckendste an diesem Fall überhaupt, ist vielleicht die Verbindung, die die Irelands mit anderen Betroffenen pflegen, die in eine ähnliche Situation geraten sind. Wie Sandy berichtet, kümmern sie sich immer ganz besonders um neu zu der Gruppe hinzugekommene Verbrechensopfer, die gerade erst mit ihrem unglaublich schweren Schicksal in Berührung gekommen sind. Sie versuchen zu helfen, wo sie können, gehen mit zu den Gerichtsverhandlungen und begleiten die Betroffenen zu den Vernehmungen. Sie spenden Trost und teilen die ohnmächtige Wut dieser Menschen.

Genau dieser Punkt hat uns, ebenso wie Carroll und Sandy, am meisten an der Gruppe beeindruckt. Die Mitglieder helfen, indem sie einander Trost zusprechen, sich gegenseitig stützen in geistiger, theoretischer wie praktischer Hinsicht. Aber bei all dem haben sie nicht ihren Zorn und ihre tiefe Empörung verloren. Sie sind sich über die Zerbrechlichkeit des Menschen im klaren, und sie wissen, zu welchen Leistungen sich ein Mensch aufschwingen kann, der leidet, aber gleichgültig, was ihnen selbst widerfahren ist, beharren sie auf ihrem Standpunkt, und der lautet: Wenn wir eine zivilisierte Gesellschaft wollen, dann müssen wir auch gewisse Grundregeln einhalten, und von denen dürfen wir um nichts in der Welt abrücken.

Die Menschen, um die die Mitglieder der Gruppe trauern, umfassen sämtliche Altersgruppen von dem kleinen Säugling der Moyers' bis zu Katie Souzas acht Jahre alter Tochter, von der neunzehnjährigen Tochter der Collins' und der gerade erwachsen gewordenen Dana der Irelands bis hin zu Audrey Webbs Mutter.

Laurene Dekle Johnson war fünfundachtzig Jahre alt, als sie am 27. Mai 1991 in ihrem Haus, in Buckhead, einem Stadtbezirk von Atlanta, mit einem Messer niedergestochen wurde. Nachdem Audrey ihre Mutter mehrere Stunden lang nicht am Telefon erreichen konnte, begann sie sich Sorgen zu machen und rief Jeanette Cox an, eine gutbefreundete Nachbarin von Laurene, die ihrerseits eine weitere Nachbarin namens Nadine Shank anrief. Sowohl Nadine als auch Jeanette kannten Laurene bereits seit den 30er Jahren. Ein dritter Nachbar, Mike Wheeler, und Mrs. Shank fanden Laurene Johnson schließlich tot in ihrem Badezimmer. Laurene starb auf den Tag genau ein Jahr nach ihrem Mann, John Wesley Johnson, der an einem Herzinfarkt gestorben war. Sie waren am Tag seines Todes einundsechzig Jahre lang verheiratet gewesen.

Der Tat dringend verdächtig war der zweiundzwanzigjährige Terry Dale Redd, den Laurene damit beauftragt hatte, für sie die Gartenarbeiten am Haus zu erledigen. Die Polizei nahm Redd schließlich wegen des Verdachts auf Raub und Mord fest, und als er Anfang Juni mit einem Fingerabdruck konfrontiert wurde, den die Ermittler im Haushalt auf einer Vase gefunden hatten, sowie mit anderen belastenden Beweisen, legte er ein Geständnis ab. Gleich darauf nahm er allerdings sein Geständnis wieder zurück, weil die Aussage unter Zwang stattgefunden habe, und behauptete unschuldig zu sein. Anschließend tauchte jedoch ein Zeuge auf, der zu Protokoll gab, daß Redd ihm noch am Abend des Mordes erzählt hatte, wie er die Tat begangen hatte.

Audrey Webb und ihr Ehemann Dick hatten ein ausgesprochen inniges Verhältnis zu Laurene. Sie waren beide völlig niedergeschmettert durch die Nachricht von dem Mord an der alten Dame. Welches Ungeheuer konnte zwanzigmal mit einem Messer auf eine fünfundachtzigjährige Frau einstechen?

Nachdem die Gerichtsverhandlung mehrere Male verschoben worden war, wurde der Termin endlich für den März 1993 festgesetzt. Der stellvertretende Staatsanwalt versicherte den Webbs, daß der Fall dermaßen eindeutig sei, daß es an einer Verurteilung von Terry Dale Redd eigentlich überhaupt keinen Zweifel geben könne. Die Webbs folgerten aus dieser kühnen Behauptung, daß der Anwalt sich offensichtlich nur sehr mangelhaft auf die Verhandlung vorbereitet hatte.

»Dieser Mann erwies sich als geradezu lächerlich inkompetent«, schrieben sie nach der Verhandlung in einem offenen Brief an einen ihrer Freude. »Er wußte offensichtlich kaum, worum es ging und war dabei so eingebildet und anmaßend sicher, daß er, komme, was da wolle, den Schuldspruch bereits in der Tasche hatte.«

Doch am Dienstag, dem 30. März 1993, befanden die Geschworenen des Gerichts von Fulton County Redd für nicht schuldig. Für die Webbs, für Mrs. Cox und Mrs. Shanks, für die Klägerschaft, die Fairfax Victim-Witness Unit und für alle Mitglieder der Gruppe, die die Ermittlungen, die Beweisführung und die Verhandlung des Falles sehr engagiert verfolgt hatten, war das Urteil ein unbeschreiblicher Schock – fast als wären diese freundliche alte Dame, ihre bewundernswerte Tochter und ihr Schwiegersohn auf dem Altar einer unzulänglichen Rechtsprechung hingerichtet worden. Dieser Geschworenenspruch schien tatsächlich jedes gerechte Urteil in diesem Fall unmöglich zu machen.

Als später einer der Geschworenen in einem Interview erklärte, daß die Frage, ob das Geständnis möglicherweise tatsächlich unter Druck zustande gekommen sei, für die Entscheidung auf

Freispruch eine Rolle gespielt habe, geriet der Polizeichef von Atlanta, Eldrin Bell, fast außer sich. »Ich bin absolut fassungslos«, erklärte er. »Soweit ich weiß, ist die Glaubwürdigkeit der Mordkommission unserer hiesigen Polizei noch niemals in Zweifel gezogen worden.«

Selbst Redds Anwalt, Robert Maxwell, sagte gegenüber dem *Atlanta Journal and Constitution*, daß er »wirklich überrascht« über das Urteil sei, denn die Beweislage habe »erstaunlich eindeutig gegen seinen Mandanten« gesprochen.

Dick Webb verfaßte einen acht Seiten langen Brief an den Staatsanwalt, in dem er seinen und Audreys Schmerz und ihren großen Ärger über dieses Urteil zum Ausdruck brachte. Er führte alles auf, was er und seine Frau getan hatten, um den Fall zu einem gerechten Abschluß zu bringen, einschließlich des Hinweises auf die eindeutigen Fingerabdrücke Redds, die auf der Karaffe gefunden wurden und ein schwerwiegender Beweis gegen ihn waren. Voller Empörung prangerte Dick Webb alle Verfahrensfehler und Unzulänglichkeiten an, derer sich die Staatsanwaltschaft seiner Meinung nach schuldig gemacht und das Fehlurteil herbeigeführt habe.

Ich selbst war bei dem Prozeß nicht zugegen und kann daher nichts darüber aussagen, ob das Verfahren fehlerhaft geführt worden ist oder nicht, aber ich habe mir nachträglich noch einmal die tatsächliche Beweislage vorgenommen, und muß gestehen, daß hier allem Anschein nach ein krasses Fehlurteil gesprochen wurde – ganz gleich, ob die Geschworenen nun verunsichert waren oder schlicht und einfach nicht bereit waren, den Angeklagten schuldig zu sprechen. Über die Möglichkeit eines Fehlurteils hatte die Fairfax Victim-Witness Unit bis zum Fall Johnson noch nie besonders nachgedacht.

Sandy sagt dazu: »Dieser Fall hat uns ganz einfach umgehauen. Wir fühlten uns unendlich schuldig, weil wir Audrey mit keiner Silbe auf diese Möglichkeit vorbereitet hatten. Wir haben uns nicht ein einziges Mal mit ihr zusammengesetzt und ihr zu bedenken gegeben: ›Wie würde Sie damit umgehen, wenn es zu einem Fehlurteil käme?‹ Man muß die Tatsache einfach akzeptieren, daß wir kein perfektes Rechtssystem haben.«

So niederschmetternd dieses Urteil für die Webs auch war, und wie sehr sie auch darunter litten, sie ließen sich davon nicht den Lebenswillen brechen, im Gegenteil. Sie kamen weiterhin zu den Treffen der Gruppe, vor allem, um anderen in ihrem schweren Schicksal beizustehen und ihnen mit ihrer eigenen Erfahrung helfen und sie stützen zu können. Audreys Mutter war nicht nur eine gebildete Frau gewesen, zu einer Zeit, als für viele Frauen der Besuch einer höheren Schule noch nicht unbedingt möglich gewesen war, sondern sie war überdies eine großzügige, hilfsbereite und liebevolle Person, und Audrey und Dick haben ihrem Gedenken zweifellos alle Ehre gemacht, indem sie sich ebenso großzügig und hilfsbereit verhielten.

»Wovon wir entschieden mehr brauchen in diesem Land«, schrieb Dick, »ist eine klarere Vorstellung davon, was Wahrheit und was Realität ist. Je leidenschaftlicher wir uns als Volk für die Wahrheit einsetzen, desto eher ist es uns auch möglich, Angeklagten und Opfern Gerechtigkeit widerfahren zu lassen, und unserer Gesellschaft insgesamt größere Sicherheit zu gewähren.«

Wenn Verbrecher ihre Schuld eingestehen, oder wenn ihre Schuld anhand einer überwältigenden Beweislage und einer einsichtigen Jury unbestreitbar ist, dann kann es jedoch noch zu einer weiteren rechtlich relevanten Entscheidung kommen, nämlich der Vergebung. Dies ist eine Frage, die verständlicherweise immer und immer wieder auftaucht, wenn Betroffene von Gewaltverbrechen zusammenkommen. Es mag unter den gegebenen Umständen manchmal tatsächlich möglich sein, selbst einem Gewaltverbrecher zu vergeben, aber ich persönlich finde es sehr schwer, einem Mörder zu vergeben. Wie ich bereits in *Jäger in der Finsternis* klarzumachen versuchte, ist der einzige Mensch, der einem Mörder wirklich vergeben kann, ausschließlich das Mordopfer selbst, und genau das ist angesichts der Natur des Verbrechens einfach unmöglich und wird in dieser Welt auch niemals möglich sein. Über eine Vergebung muß von Fall zu Fall individuell verhandelt werden, wenn die Betroffenen sich dafür entscheiden sollten. Manche Angehörige von Verbrechensopfern haben vielleicht eine bessere Chance, mit ihrem Schicksal umgehen zu lernen, wenn sie dem Mörder Vergebung anbieten, doch andere können nicht einmal den Gedanken daran ertragen, sondern brauchen es geradezu, daß der Täter, für das, was er getan hat, auch seiner gerechten Strafe zugeführt wird. Ich respektiere beide Standpunkte gleichermaßen.

Carroll sagt dazu: »In der Gruppe sitzen Menschen beieinander, die sich in den unterschiedlichsten Stadien des Verarbeitungsprozesses ihres traurigen Schicksals befinden. Dabei mag tatsächlich für manche der Gedanke an Vergebung eine wichtige Rolle spielen, doch für andere ist das ausgeschlossen.«

Carroll hat den Sinn und Zweck der Selbsthilfegruppe zur Unterstützung von Verbrechensopfern in folgenden vier Initiativen, wie sie es nennt, zusammengefaßt.

»Durch die Gruppe haben die von einem Mord betroffenen Menschen eine bessere Möglichkeit, sich in Sicherheit fühlen zu können. Wir sind natürlich nicht in der Lage, absolute Sicherheit zu bieten, das ist unmöglich, aber wir können zumindest zu mehr Sicherheit beitragen.

Wir betonen immer wieder die Notwendigkeit, den Vergewaltiger oder Mörder für seine Tat zur Rechenschaft zu ziehen, und wir geben dem Betroffenen innerhalb der Gruppe die Gelegenheit, daran mitzuarbeiten, daß dies auch geschieht.

Wir arbeiten dafür, daß die Menschen in unserem Verwaltungsbereich effektiv geschützt werden und setzen uns dafür ein, jedem möglichen Strafakt gegen sie zuvorzukommen.« Die Spezialeinheit macht den Betroffenen von Gewaltverbrechen immer wieder deutlich, daß sie vom Gesetz her einen Anspruch darauf haben, darüber unterrichtet zu werden, wenn ein Täter, der ihnen Schaden zugefügt hat, wieder auf freien Fuß kommen soll, oder wenn sich etwas an der Rechtslage des Falles oder irgend etwas anderes hinsichtlich seiner Inhaftverbleibung ändern sollte.

»Aber das Wichtigste von allem ist vielleicht, daß wir in unseren Gruppen den Betroffenen die Möglichkeit geben, zusammenkommen und darüber sprechen zu können, wie wichtig es ist, das Andenken an den geliebten Menschen, der ihnen geraubt worden ist, zu ehren und seiner in einer positiven und dezidierten Art und Weise zu gedenken. Wir möchten sicherstellen, daß der Tod der Opfer nicht umsonst war, und wir arbeiten gemeinsam daran, daß der geliebte Mensch uns immer in Erinnerung bleibt, und wir niemals vergessen, was geschehen ist und wie es geschah, sondern die Toten bis ans Ende unserer Tage in Ehren halten.«

Eine Maßnahme, das Gedächtnis an die Opfer in einer besonderen Weise zu pflegen, geschieht unter Zuhilfenahme gewisser Erinnerungsstücke. Bei manchen Sitzungen werden die Anwesenden gebeten, beim nächsten Mal etwas mitzubringen, das dem jeweiligen Opfer gehört hatte, um dann den anderen zu erzählen, was es mit dem entsprechenden Gegenstand auf sich hat. John und Louise Ireland beispielsweise brachten einmal eine Tonplatte mit, in die sie Danas Handabdruck einbrennen ließen, als sie noch ein kleines Mädchen gewesen war.

»Als sie mit dieser gebrannten Tonplatte den Raum betraten, hätte ich um ein Haar losgeheult«, erinnert Carroll sich.

Kathleen Spencer, deren kleiner Sohn zu Tode geprügelt worden war, brachte hingegen eine Holzschachtel mit zu der Sitzung, in der sich all die Sachen befanden, die für ihn von besonderer Bedeutung waren. »Sie zog dann jede Kleinigkeit feierlich aus der Schachtel«, berichtet Carroll. »Es waren die letzten Dinge, die ihr Sohn besessen hatte.«

Ich erinnere mich noch, wie ich einmal Jack und Trudy Collins in ihrem Haus in North Carolina besuchte, und wie Trudy die ganzen Erinnerungsstücke der Familie zusammentrug – Alben aus Suzannes Babyzeit, Photographien, Zeugnisse, Handarbeiten. Dann zeigte sie uns einen Umschlag, in dem sie eine Locke von Suzannes zartem Goldhaar aufbewahrte, die sie ihrer Tochter abgeschnitten hatte, als sie noch ein Baby gewesen war. Und Jack brachte die schwarz-weiße Militärkappe, die Suzanne so stolz zu ihrer Marineuniform getragen hatte … Ich werde niemals vergessen können, wie mir zumute war, als sie mich diese beiden Erinnerungsstücke betrachten ließen.

Die Gruppensitzungen enden in der Regel damit, daß Sandy die Anwesenden bittet, in einem Wort das Gefühl zu beschreiben, das sie gerade haben. Die häufigsten Umschreibungen sind dann *traurig, glücklich, verletzt, gefaßt, wütend, ungeduldig, verwirrt, bestürzt.* »Ich selbst empfinde mich meistens in einer gewissen Weise *beseelt*«, sagt Carroll, »weil ich es ungemein beflügelnd finde, diese Menschen bei ihrer Trauerarbeit begleiten zu dürfen, und miterleben zu können, mit welchem Mut sie diese Aufgabe angehen. Wir haben beide den Eindruck, daß diese Art, die Sitzungen abzuschließen, den Leuten hilft, nach diesen meistens außerordentlich dichten und emotional belastenden Treffen wieder hinaus in die Nacht zu treten.«

Wie Sandy immer sagt, wurde das Strafrechtssystem nicht gemacht, »um Emotionen zu glätten, sondern um auf der Basis von Gesetzen eine gesellschaftliche Ordnung zu ermöglichen«. Es mag daher schwierig erscheinen, eine emotionsbetonte Gruppe wie die Victim-Witness Unit mit einem Haufen knallharter Detektive in Einklang zu bringen; und das war es auch.

Carroll sagt: »Der Polizeidienst ist eine von Männern dominierte Welt, und um ein Bulle zu werden, wird von einem erwartet, daß man rigoros, beinhart und aggressiv sein kann; das ist schon allein durch die Natur dieses Jobs Voraussetzung. Und genau wie beim Militärdienst, muß man sich auch hier in einer ganz bestimmten Art und Weise unterordnen und sein Verhalten dem Gesamtapparat anpassen.«

Mit anderen Worten heißt das, daß sich jeder dort seinen Platz auch verdienen muß.

»1990 haben wir mit ganz bestimmten Ermittlungsbeamten zusammengearbeitet«, erinnert Carroll sich, »und es ging damals um eine Reihe ganz spezifischer Fälle. Unsere Truppe war ein ziemlich bunter Haufen. Wir hatten einige Leute dabei, die genau wußten, wie sie von der Arbeit unserer Spezialeinheit effektiven Gebrauch machen konnten, aber wir hatten auch andere, die es einfach ablehnten, mit uns zusammenzuarbeiten.

Sandy und ich sind diese Herausforderung damals auf recht unterschiedliche Weise angegangen. Ich selbst verließ mich dabei zunächst ganz auf meine Erfahrung und auf mein Talent, mit Leuten zusammenzuarbeiten. In aller Regel war ich möglichst höflich und entgegenkommend und habe mich meistens ziemlich unaufdringlich verhalten. Wenn ich zum Beispiel eine bestimmte Unterstützung brauchte, dann habe ich mich mit Namen vorgestellt und um die entsprechenden Informationen zu dem jeweiligen Fall gebeten, oder habe eben selbst Hilfe angeboten. Auf diese Weise kam ich mit manchen Leuten sehr gut klar, die auf diese Form des Verhaltens anspringen. Doch inzwischen habe ich mein Verhalten etwas geändert und kehre jetzt im Umgang mit den Leuten mehr die Polizistin heraus; das liegt einfach an den Erfahrungen, die ich im Polizeidienst gemacht habe.

Sandy hingegen war von Anfang an eher der fordernde Typ; sie ist von ihrer ganzen Persönlichkeit her einfach so. Sie ist hartnäckig und läßt nicht locker. Manche Polizeibeamten konnten damit auch recht gut umgehen, weil sie diese Art respektieren konnten. Andere allerdings fanden Sandys Art ziemlich beleidigend und hielten sie für anmaßend. Aber Sandy ist nicht gerade zimperlich, und auch wenn sie keinen festen Platz in der Runde hat, boxt sie sich durch.»

Als dann nach und nach die alte Generation den Dienst quittierte, und die Jüngeren aufrückten und begriffen, wozu die Spezialeinheit in der Lage war, da änderten sich die Dinge.

»Wenn diese harten Jungs von der Mordkommission eine Zivilistin an den Tatort zitieren, und du dann entsprechend zwischen der Frau und den Cops vermitteln kannst, ohne den Ermittlern im Weg zu stehen oder sonst einen Mist zu bauen, dann bist du akzeptiert«, sagt Carroll.

M. Douglas Scott, der Polizeichef von Fairfax County, drückt es so aus: »Sie müssen einfach die Fähigkeit besitzen, mit Opfern und Betroffenen richtig umzugehen und sie zu beruhigen. Darauf kommt es an, denn davon hängt es häufig ab, ob ein Verbrechen endgültig aufgeklärt werden kann oder nicht.«

Und er erklärt: »Ich glaube, im Laufe der Zeit hat man bei der Polizei einfach begriffen, daß wir uns darüber im klaren sein müssen, was das Verbrechen bei den Hinterbliebenen der Opfer auslöst. Und dabei geht es nicht nur darum, wie ihnen in psychischer Hinsicht durch den Mord selbst mitgespielt wurde, sondern auch darum, wie sich ihnen gegenüber jeder einzelne Polizist oder sonstige Beamte der Strafverfolgung im Laufe der Ermittlungen, der Vernehmungen und des ganzen Verfahrens verhält. Denn das kann sich ganz entscheidend auf ihre Kooperationswilligkeit und damit auf die Klärung des Falles insgesamt auswirken. Wenn man sich diesen Menschen gegenüber also irgendwie zynisch oder zu gefühlskalt verhält, dann reagieren sie darauf sofort und schotten sich innerlich ab; dann kann man jede Kooperationsbereitschaft in den Wind schreiben.

Meiner Meinung nach hatte damals, als die Spezialeinheit hier bei uns im Departement gegründet wurde, einfach etwas gefehlt, worüber sich auch die Beamten im klaren waren. Die Jungs hatten die Schreibtische voller Arbeit und wußten kaum noch, wo sie zuerst anfangen sollten. Da kam es gerade recht, daß jetzt andere einsprangen, die all die zusätzliche Arbeit übernahmen, die ja auch getan werden mußte, aber die traditionell nicht in den Zuständigkeitsbereich der Polizei fiel, oder Aufgaben waren, die die Beamten nicht erledigen wollten; ich meine damit Aufgaben wie etwa die Begleitung der Opfer zum Gericht und wieder nach Hause, die Vorbereitung der Zeugen, die alternative Unterbringung der Betroffenen usw. Nachdem die Einheit schließlich etabliert war, und wir erkannten, was für eine großartige Hilfe sie für uns alle war, da haben wir ganz wunderbar zusammengearbeitet, bis zum heutigen Tag.«

Wenn ein solches Projekt jedoch funktionieren soll, dann müssen alle daran Beteiligten begreifen, daß sie zu einem festgefügten Team gehören und alle an ein und demselbem Strick ziehen. Ich habe schon zu häufig miterlebt, wie die Ermittlungen schließlich im Sande verliefen, weil genau das nicht stattfand und diese Einsicht einfach nicht vorhanden war. »Wir in unserer Spezialeinheit sehen uns als Teil des Polizeiapparates«, erklärt Carroll. »Ein besonders wichtiges Kriterium dafür, in diesem Team mitarbeiten zu können, ist die Fähigkeit, die Arbeit der Polizei zu verstehen und zu respektieren. Dieses Verständnis für das, was Polizeiarbeit bedeutet, kann aber nicht einfach vorausgesetzt werden, das heißt, man hat es nicht per se, außer man ist in diesem Umfeld groß geworden. Deswegen legen wir unserem Personal auch immer wieder besonders ans Herz, sich intensiv damit auseinanderzusetzen, um wirklich zu verstehen, was es heißt, Polizist zu sein. Für mich ist die Polizei eine Arbeitsgemeinschaft engagierter Menschen, die sich zur Aufgabe gesetzt haben, mit ihrem Leben etwas ganz Besonderes anzufangen, und mit vereinten Kräften den Bürger zu schützen und die öffentliche Ordnung zu wahren. Bevor ein Neuling in unserer Einheit das nicht wirklich begriffen hat, wird er keinen Fuß auf den Boden bekommen. Man muß ganz einfach kapieren, wie unbedingt notwendig alle diese Regeln sind, all diese Vereinbarungen und Vorschriften, an die wir uns zu halten haben. Wir müssen uns an ganz klare Richtlinien halten, und zwar bei allem, was wir tun.«

Detective Robert Murphy, oder »Bob«, wie wir ihn nennen – der bei der Mordkommission beschäftigt ist –, hatte die Zusammenarbeit mit Carroll und der Spezialeinheit in einer Zeit begonnen, als er mit Sexualverbrechen zu tun hatte. Für ihn sind Carroll und ihre Mannschaft die Fürsprecher der Opfer und Zeugen; er sieht in ihnen diejenigen, die während des Prozesses und innerhalb des ganzen Apparates die Interessen der Betroffenen vertreten. »Sie widmen sich ganz und gar der jeweiligen Person. Seitdem sie ihre Tätigkeit aufnahmen, hatten wir plötzlich jemanden, der sich des Opfers annahm und sich darum kümmerte, wodurch wir in die Lage versetzt wurden, weiter an dem betreffenden Fall zu arbeiten.«

Detective Dick Cline, der ebenfalls bei der Mordkommission beschäftigt ist und wie Bob in der Abteilung für Sexualverbrechen gearbeitet hatte, fügt hinzu: »Bevor Carroll und ihre Spezialeinheit mit ihrer Arbeit anfingen, waren wir hier das Mädchen für alles, und mußten uns sogar als Sozialarbeiter betätigen, wovon wir natürlich nur sehr wenig Ahnung hatten. Wir versuchten, so gut wir konnten, die Opfer zu beruhigen, ihnen die ganze Prozedur zu erklären und sie auf all das vorzubereiten, was ihnen bevorstand. Aber für viele der Betroffenen war das fast genauso schlimm, als hätte man versucht, das gleiche Verbrechen noch einmal an ihnen zu verüben. Sie sind wirklich eine enorme Hilfe für uns.«

Wenn Cline einen größeren Fall hat, bei dem es viele verschiedene Zeugen zu befragen gilt, dann wendet er sich an Carrolls Einheit um Hilfe, und überläßt es ihnen, die einzelnen Zeugen darauf vorzubereiten, ihre Aussagen zu machen, während er selbst sich weiter um die direkten Ermittlungen kümmern kann. Für Kriminalbeamte wie Dick sind Carroll und ihr Team bei den Ermittlungsarbeiten gleichberechtigte Partner.

Eine der wichtigsten Aufgaben ist es, die potentiellen Zeugen auf die Gerichtsverhandlung vorzubereiten. Wie Bob Murphy sagt, hat die Victim-Witness Unit die Ermittlungsbeamten in diesem Punkt unglaublich entlastet, was ihnen die Möglichkeit gab, mit der Staatsanwaltschaft die Anklage auszuarbeiten und sich auf den eigentlichen Prozeß zu konzentrieren.

Detective Dennis Harris vom Morddezernat sagt: »Der Schlüssel zu dem Ganzen ist, daß man miteinander spricht. Grundsätzlich wollen die Betroffenen helfen, und wenn man ihnen deutlich machen kann, daß man in gewissen Punkten ohne ihre Hilfe einfach nicht weiterkommt, dann erklären sie sich in den allermeisten Fällen auch zur Mitarbeit bereit. Wenn sie erst einmal verstanden haben, warum das eine oder andere genauso gemacht werden muß, wie wir das tun, dann *wollen* sie geradezu helfen und arbeiten dann noch viel engagierter mit.« Das ist ein Punkt, den auch Carroll immer und immer wieder betont: Die Opfer brauchen es, daß sie in die Ermittlungsarbeiten einbezogen werden, sie haben einen Anspruch darauf, und vor allem sind sie in der Lage, alle notwendigen Informationen zu dem betreffenden Fall zu liefern.

Ein Mitarbeiter der Spezialeinheit ist immer dabei, wenn ein Betroffener oder ein Angehöriger des Opfers bei Gericht erscheinen muß. Selbst in Fällen, in denen das Mordopfer keine Angehörigen oder engen Freunde hatte, nimmt ein Mitarbeiter der Einheit an der Verhandlung teil, um sicherzustellen, daß der Tote bei Gericht vertreten ist. »Vor einigen Jahren noch«, erinnert sich Carroll, »sind Sandy und ich immer zu den Verhandlungen gegangen, wenn es um ein Mordopfer ging, das keinerlei Verwandtschaft und keine Freunde zurückgelassen hatte. Wir stellten uns dann vor und erklärten, daß wir erschienen seien, um das Mordopfer zu vertreten. Das rief immer einige Verwunderung hervor, denn niemand sonst kümmerte sich darum. Wir haben diese Aufgabe immer sehr ernst genommen und waren bei jeder Anhörung und der Urteilsverkündung grundsätzlich dabei.«

Wenn beispielsweise ein Vergewaltigungsopfer selbst oder ein Angehöriger des Mordopfers im Gerichtssaal ist, dann übernimmt der entsprechende Mitarbeiter der Spezialeinheit die Aufgabe, den oder die Betroffene emotional abzuschirmen. Er macht sich sozusagen zum Leibwächter des betreffenden Menschen, wobei es in diesem Fall tatsächlich fast auch um den Schutz der physischen Unversehrtheit derjenigen Person geht. Ich weiß gar nicht, wie oft ich schon in einem Gerichtssaal war, als sie den Angeklagten hereinführten, der dann mit einem wilden Blick das Opfer fixierte oder seine Familie und dabei voller Verachtung, Wut, Scheinheiligkeit oder manchmal sogar – was für das Opfer ganz besonders schwer zu ertragen ist – völlig gleichgültig dreinschaute. Wenn der Betroffene in einem solchen Augenblick jemanden hat, der ihm zur Seite steht und zu ihm hält, dann ist das eine unschätzbare Hilfe für ihn.

Es gibt aber noch einen anderen Punkt, der für jemanden, der unmittelbar von einem Gewaltverbrechen betroffen ist, möglicherweise noch wichtiger ist. Ein Familienmitglied durch einen Mord verloren zu haben, kann nämlich unter Umständen gewaltige Kosten nach sich ziehen – sowohl direkte als auch indirekte –, man denke nur einmal daran, wie teuer eine Bestattungszeremonie ist, oder das Begräbnis selbst, was die medizinische Versorgung oder die psychologische Betreuung kostet. Außerdem sind da noch so selbstverständliche Ausgaben wie Bus- oder Taxifahrten, um beispielsweise zum Gericht zu kommen, oder die Bezahlung des Babysitters, den man möglicherweise engagieren muß, wenn es bei Gericht zu Anhörungen kommt, oder die Verhandlung schließlich beginnt. Die Victim-Witness Unit kann in solchen Fällen nicht nur selbst finanzielle Hilfe leisten, sondern sich bei größeren Ausgaben oder Verlusten auch bei einem Geldinstitut für die betreffende Person als Bürge einsetzen.

Neben der Hilfsgruppe für Personen, die durch einen Mordfall in ihrer Familie betroffen sind, gibt es noch eine weitere Einrichtung, die von Sandy geleitet wird, und die sich um Menschen kümmert, die in ganz unterschiedliche Verbrechen verwickelt wurden. Außerdem unterstützt die V-WU ferner das Sonderdezernat des Polizeidepartements, das sich mit Sexualverbrechen an Kindern befaßt. Diese Abteilung ist mit der schwierigen Aufgabe betraut, jugendliche Sexualopfer auf die Prozedur vor Gericht vorzubereiten und darauf, daß die betroffenen Kinder vor Gericht über ihren jeweiligen Fall aussagen müssen. Dabei arbeiten Ermittler und Klägerschaft sehr eng miteinander zusammen, damit Eltern und Kinder sich durch den Prozeß und alles, was sie in diesem Zusammenhang erwartet, nicht überfordert fühlen. Zu den besonders wichtigen Aufgaben dieser Abteilung gehört, den Kindern verständlich zu machen, daß nicht sie die Angeklagten sind, sondern der Täter, über den vor Gericht verhandelt wird. Derjenige Koordinator, der zwischen dem betreffenden Opfer und dem Gericht vermittelt, wird dabei natürlich bemüht sein, dem jeweiligen Mädchen nach besten Möglichkeiten Mut zuzusprechen, es zu loben und ihm immer wieder zu verstehen zu geben, daß es nun in Sicherheit ist, und daß es frei und ohne Angst über alles sprechen kann.

Die Einheit hat eine Checkliste erstellt, auf der alles vermerkt ist, was laut Aussage der betroffenen Kinder für sie furchteinflößend ist. Gemeinsam mit dem jeweiligen Kind füllt der Koordinator dann das Formblatt aus und kreuzt die verschiedenen Kästchen an, ob es sich also um etwas handelt, das *sehr große Angst* macht, *weniger große Angst* oder *überhaupt keine Angst*. Dabei geht es beispielsweise um die Situation im Gerichtssaal: daß der Richter ganz in Schwarz gekleidet ist; daß man versprechen muß, auch wirklich die Wahrheit zu sagen; daß es den Täter plötzlich wiedersehen muß (denjenigen, der ihm das alles angetan hat, und über dessen Strafe hier vor Gericht verhandelt wird); daß es in den Zeugenstand muß; in ein Mikrophon sprechen muß; über bestimmte intime Stellen seines Körpers sprechen muß; daß es sich jetzt verhalten muß wie ein Erwachsener, obwohl es doch noch ein Kind ist. Wenn der Koordinator sich dann ein Bild davon gemacht hat, was dem betreffenden Mädchen angst macht, und was es verunsichert, kann er daran gehen, mit dem Kind zu arbeiten. Jetzt kann er ihm gezielt diese Ängste zu nehmen versuchen, so daß es für seinen Auftritt vor Gericht gewappnet ist und ohne Furcht über sein abscheuliches Erlebnis sprechen kann, und ohne das Gefühl haben zu müssen, sich erneut in einer Situation zu befinden, in der ihm Gewalt angetan wird.

Zur Vorbereitung des Kindes auf die Prozedur vor Gericht hat die Einheit noch einen weiteren Fragebogen erstellt zu dem Thema »Was würdest du tun, wenn?« Demnach soll das Kind versuchen sich vorzustellen, was es tun würde, wenn ihm beispielsweise eine Frage gestellt wird, die es nicht versteht; wenn es ärgerlich oder traurig wird und weinen muß; wenn die Anwälte beginnen, miteinander zu streiten; wenn jemand im Gerichtssaal gemein guckt; und selbst, wenn das Kind etwa austreten muß oder das Gefühl hat, daß ihm schlecht wird. In dieser Weise werden elf Möglichkeiten aufgeführt, was sich vor Gericht ereignen und das Mädchen unter Umständen verunsichern könnte. Zu jeder einzelnen Szene gibt es nun drei verschiedene Reaktionen, wie sich das Kind verhalten könnte. Der Koordinator geht jetzt mit dem Kind jede dieser Möglichkeiten durch und versucht gemeinsam mit dem betreffenden Mädchen herauszufinden, welches unter den gegebenen Umständen die beste Reaktion wäre.

Durch dieses Verfahren werden die betreffenden Mädchen nicht nur zu brauchbareren Zeuginnen, was automatisch zur Folge hat, daß auch das spätere Urteil auf einer gerechteren Basis beruht, es trägt auch entscheidend dazu bei, daß diese unschuldigen Kinder nicht noch zusätzlichen Schaden erleiden, sondern vielmehr erleben können, daß sie selbst maßgeblich dazu beitragen konnten, daß es zu einer gerechten Entscheidung des Gerichts kam.

In der heutigen Zeit, in der wir dem Gewaltverbrechen gegenüber sehr abgestumpft sind, ist fast zu befürchten, daß sich der

einzelne allmählich mit der Kriminalität abzufinden droht, solange es nicht gerade um Mord oder Vergewaltigung geht. Aber
das geht nur bis zu dem Augenblick gut, bis man sich selbst in
der Gewalt eines Verbrechers befindet. Dann wacht man ziemlich schnell wieder auf, und wird sich dessen bewußt, welchen
unschätzbaren Wert die Arbeit der Support Unit hat.

»Wenn Ihnen irgendein Verbrecher eine Pistole an den Kopf
gehalten hat, könnte ich Sie anrufen und mit Ihnen über unsere
Arbeit sprechen«, sagt Sandy. »Ich könnte Ihnen die Hilfe unsere
Einheit anbieten. Wahrscheinlich würden Sie gleich dankend
ablehnen: ›Nein, nein, mir geht es ausgezeichnet, machen Sie
sich keine Sorgen und haben Sie recht schönen Dank für den
Anruf.‹ Aber wenn ich lange genug insistiere, nicht den Hörer
einhänge und weiter auf Sie einrede, dann würden Sie mir nach
einer gewissen Zeit unter Garantie erklären, daß Sie sich in dem
Augenblick fast in die Hose gemacht hatten vor Angst. Am Ende
würden Sie wahrscheinlich ganz bereitwillig mit mir über Ihre
Angst sprechen können, und daß Sie in dem Augenblick schon
geglaubt hatten, Sie würden Frau und Kinder niemals im Leben
wiedersehen. Es hilft ungemein, wenn Sie nur mit jemandem
darüber sprechen können. Und genau das möchte ich Ihnen
klarmachen. Ich möchte, daß Sie begreifen, daß wir uns genau
das zur Aufgabe gemacht haben. Ich weiß, daß ich das nicht
einfach mit einem Brief vermitteln kann, den ich einem Betroffenen in den Kasten werfe, und in dem steht: ›Wir sind hier,
wenn Sie meinen, uns zu brauchen.‹«

Tatsache ist, daß jede Begegnung mit Gewalt oder potentieller Gewalttätigkeit uns das Gefühl vermittelt, vergewaltigt worden und verwundbar zu sein. Ein solches Erlebnis pervertiert
unseren Sinn für die natürliche und logische Ordnung der Dinge, für grundlegende Fairneß und ein generelles Wohlwollen.
Wenn wir dieses Urvertrauen erst einmal verloren haben, ist es
sehr schwer, wieder ein Gefühl von Sicherheit und Stabilität in
unser Leben zu bringen.

Wohlmeinende Freunde sagen uns möglicherweise, was für
ein Glück wir gehabt hätten, und »daß es alles viel schlimmer
hätte kommen können«; wir hätten ja auch ermordet oder

ernsthaft verletzt werden können. Und das ist der Punkt. Wenn wir erst einmal am eigenen Leib erfahren haben, wie launisch das Leben einem in dieser Hinsicht mitspielen kann, dann begreifen wir möglicherweise erst, wie zart die Bande zu all dem ist, das wir lieben und schätzen, und wie zerbrechlich unsere Fähigkeit ist, alles im Lot zu halten. Genau diese Fähigkeit des Menschen wird durch ein Gewaltverbrechen zerstört.

Wenn Sandy die Umschreibung benutzt, sie müsse sich mit dem Opfer »kurzschließen«, dann will sie damit sagen, daß sie in der Lage sein muß, genau zu verstehen, was das Verbrechen für sie oder ihn bedeutet. Möglicherweise war die Vergewaltigung ja das Allerschlimmste, das sich die betreffende Frau oder das Mädchen überhaupt nur vorstellen konnte, das Schlimmste, das ihr widerfahren konnte, eine Art Sterben oder noch etwas Bedrohlicheres. Aber vielleicht ist sie ja auch froh, überhaupt nur mit dem Leben davongekommen zu sein. Beide Reaktionen wären absolut verständlich und durchaus zulässig. Andererseits jedoch müssen Sandy und ihre Kollegen auf die jeweilige Reaktion des Opfers ihrerseits ganz unterschiedlich reagieren. Und das gelingt eben nur, wenn sie sich ganz und gar in die Situation des Opfer hineinversetzen, sich also mit ihm »kurzschließen« können.

Natürlich hat die Spezialeinheit in allererster Linie mit den Folgen von Gewaltverbrechen zu tun, denn dafür ist sie ja überhaupt erst ins Leben gerufen worden. Aber in einem Bereich haben Carroll, Sandy und die übrigen Mitarbeiter des Teams bereits ganz enorme Schritte unternommen, damit ein solches Verbrechen gar nicht erst stattfindet, nämlich im Hinblick auf die Gewaltbereitschaft innerhalb der Familien, die häufig zu schwerwiegenden Verbrechen führen kann.

Wie Carroll sagt, »ist es ein Glück, daß wir hier in Fairfax County eine aggressive Politik betreiben, derzufolge die Polizei energisch zur Tat schreitet, sobald irgendein Kerl seine Frau, seine Tochter oder sonst ein Familienmitglied mißbraucht oder vergewaltigt. Die Beamten fahren los und buchten den Typen ein – hier ist es nicht mehr nur dem Gutdünken der Polizei überlassen, ob sie den Aggressor festnimmt oder nicht, hier sind die

Ordnungskräfte per Gesetz dazu verpflichtet, bei innerfamiliärer Gewaltanwendung einzuschreiten und einer Frau im Notfall sogar eine Schutzeskorte zuzustellen, wenn das angebracht erscheint.«

Das Herzstück des Programms, das durch eine Bezuschussung finanziert wird, die der Einheit aufgrund ihres großen Erfolges zugute kommt, ist der sogenannte »Sichere Hafen«, eine Einrichtung, an die sich Opfer innerfamiliärer Gewaltanwendung im Bedarfsfall rund um die Uhr wenden können. Carroll sagt: »Wenn wir einen solchen tragischen Fall haben, in dem eine Frau einfach niemanden hat, an den sie sich wenden oder bei dem sie vorübergehend wohnen könnte, dann bringen wir sie in unseren ›Sicheren Hafen.‹«

Aber es werden auch solche Personen mit in das Hilfsprogramm aufgenommen, die nicht in unmittelbarer Gefahr schweben oder vorübergehend in eine andere Wohnung umquartiert werden müssen. Die Mitarbeiter des Teams sind Tag und Nacht über Telefon erreichbar. Frauen, die besonders gefährdet sind, einem innerfamiliären Gewaltakt zum Opfer zu fallen, werden mit drahtlosen Funkgeräten ausgestattet, über die sie mit der Polizei augenblicklich in Kontakt treten können, wenn es nötig wird. Virginia Struyk, oder »Genny«, wie sie allerseits genannt wird, ist eine der Frauen, die von den allerersten Anfängen an bei der Spezialeinheit mitgearbeitet hatte; sie koordiniert das Programm.

Ein weiteres Gebiet, auf dem die Spezialeinheit hofft, mit bestimmten Maßnahmen kriminellen Aktionen zuvorkommen zu können, statt immer nur mit den Folgen zu tun zu haben, ist das Auflauern und Belästigen von Frauen durch Spanner. »In der Vergangenheit war dieser Bereich eine der Grauzonen, in denen wir nie recht wußten, wie wir am besten vorgehen sollten«, erklärt Carroll. »Aber unsere Spezialeinheit ermutigt die Frauen immer, jedes noch so kleine Anzeichen sofort zu melden, wenn sie jemand belästigt oder sie heimlich beobachtet. Wir haben uns große Mühe gegeben, diesen Frauen entsprechende Verhaltensmaßnahmen zu empfehlen, um ihre Sicherheit nicht zu gefährden und bedrohliche Situationen zu vermeiden. Außerdem haben wir diesbezüglich energisch bei den verschiedenen lokalen Polizeieinheiten um Hilfe nachgesucht. Grundsätzlich kann jede Frau, die sich bedroht fühlt, bei uns anrufen, wenn sie Hilfe braucht. Wir tun dann alles, was in unserer Macht steht.«

Diese präventiven Maßnahmen versetzen Carroll und Sandy sowie die übrigen Mitglieder des Teams in gewisser Weise zumindest in die Lage, die emotionale Abscheu ein wenig auszugleichen, die solche Spanner bei ihren Opfern auslösen, auch wenn sie die Tat selbst nicht verhindern können.

»Es gibt so vieles, wozu wir einfach nicht imstande sind«, sagt Sandy. »Die Punkte, in denen wir nicht weiterwissen, sind leichter aufzuzählen als die, in denen wir effektive Maßnahmen ergreifen können. Eine Tote kann man nicht wieder zum Leben erwecken. Und wir können auch keine gebrochenen Gliedmaßen wieder reparieren oder Wunden heilen, und genausowenig können wir einem kleinen Mädchen seine Unschuld wiedergeben, wenn es mißbraucht worden ist. Wir können einer armen Witwe, die ausgeraubt worden ist, auch nicht ihr letztes bißchen Sicherheitsgefühl zurückgeben, das sie möglicherweise noch gehabt hatte, und das jetzt für alle Zeit zerstört ist. Davon gibt es soviel. Mir persönlich bleibt nur wieder das eine übrig: ich muß mich mit dem Opfer kurzschließen, mich ganz und gar in seine Situation hineinversetzen, und mich wieder und wieder fragen: ›Was kann ich tun?‹ Ich kann mich für das Opfer immer nur entsprechend meiner begrenzten Möglichkeiten einsetzen, inwieweit ich wirklich begreife, was die betreffende Frau oder das Mädchen durchleidet. Und Sie können mir glauben, es gibt nicht viele Menschen, die Ihnen sagen: ›Ich stehe Ihnen ganz und gar zur Verfügung. Sie können mich Tag und Nacht anrufen, wenn Sie mich brauchen‹, und das dann auch noch wirklich ernst meinen.«

Das Programm findet so große Beachtung, daß Carroll und ihre Mitarbeiter ständig gebeten werden, vor Einrichtungen wie den verschiedenen Polizeiakademien zu sprechen oder vor den staatlichen Ausschüssen, die sich mit der Verbrechensbekämpfung beschäftigen. Sie werden hinzugezogen, wenn irgendwo in den Vereinigten Staaten ähnliche Programme zur Unterstützung von Verbrechensopfern aufgebaut werden sollen, oder wenn es darum geht, die Möglichkeiten der Zusammenarbeit solcher Einrichtungen mit den jeweiligen Polizeieinheiten effektiver zu gestalten.

Man mag den Eindruck haben, daß ein Großteil der Arbeit, die die Spezialeinheit leistet, sehr naheliegend ist und eine reine Routineangelegenheit darstellt. Aber es genügt schon, wenn wir einmal einen Blick auf unseren juristischen Verwaltungsapparat werfen. Dort gibt es weit und breit absolut nichts, was sich auch nur mit diesen Hilfsprogrammen vergleichen ließe. Allein daran läßt sich ersehen, wie ganz und gar unüblich und hoch brisant diese Arbeit tatsächlich ist. Vor kurzem habe ich in einer Zeitung ein Interview gelesen, das mit der Mutter eines Mordopfers geführt wurde. Diese Frau hatte selbst Monate, nachdem ihr Sohn ermordet worden war, nichts von dem ermittelnden Beamten gehört, und war nicht einmal in der Lage gewesen, wenigstens die Armbanduhr zurückzubekommen, die ihrem Sohn gehört hatte. Alle ihre Anrufe bleiben einfach unbeantwortet. Die Frau fühlte sich von den Ermittlungen und von dem ganzen rechtlichen Prozeß, den dieser Fall nach sich zog, einfach abgeschnitten und hinausgedrängt, wodurch sich ihr Schmerz über den Verlust ihres Sohnes und die Furcht, die ein Mordfall bei den Hinterbliebenen auslöst, nur noch verstärkte. Sie war völlig außerstande, den Schock und die Trauer zu bewältigen, und auch nur im entferntesten wieder ein halbwegs erträgliches Leben zu führen.

Ich habe beruflich zufälligerweise mehrfach mit dem fraglichen Polizeidepartment zu tun gehabt, als ich noch in Quantico tätig war. Dort wird gut und sehr gewissenhaft gearbeitet. Das Department liegt mitten in der Stadt, und es gibt dort eine relativ hohe Kriminalitätsdichte und eine große Anzahl von Gewaltverbrechen. Das bedeutet, daß die Beamten dort hoffnungslos überfordert sind und dem Department die nötigen Finanzmittel fehlen. Ich weiß aus eigener Erfahrung, daß die Arbeitsmoral dort nicht mehr ganz so gut ist, wie sie sein sollte oder früher einmal war. Aber kann ich deswegen gutheißen, wie diese Mutter behandelt worden ist, oder es auch nur entschuldigen? Natürlich nicht, aber ich kann nachvollziehen, daß ein derart überforderter Beamter einfach nicht die Möglichkeit hat, sich in angemessener Weise um die einzelnen Schicksale der Betroffenen zu kümmern. Wenn diese Frau also einen professionellen Fürsprecher hätte, der ihre Interessen vertritt und sich bei Bedarf mit den zuständigen Leuten trifft, um in ihrem Sinne einzuschreiten, dann könnten ihr wenigstens die nötigen Informationen gegeben und ein Mindestmaß an menschlicher Wärme entgegengebracht werden, derer sie so sehr bedarf. Das wäre für den gesamten Bearbeitungsprozeß des Falles besser, besonders auch im Hinblick auf die Gerichtsverhandlung.

Worum es bei der Arbeit der Spezialeinheit im Endeffekt geht, ist, wie Sandy sagt, »daß die Menschen, die von einem Gewaltverbrechen betroffen sind, in die Lage versetzt werden, ihr Schicksal ertragen zu können und wieder ein lebenswertes Leben zu führen.«

Wie Carroll immer wieder betont, ist eine Möglichkeit, den Betroffenen die nötige Kraft zu geben, mit ihrem schweren Schicksal fertig zu werden, die Erinnerungsarbeit. Das jeweilige Mordopfer muß sozusagen am Leben gehalten werden, indem man seiner gedenkt und es in Ehren hält. Aus eben diesem Grund veranstaltet die V-WU jährlich im April, während der einwöchigen nationalen Zusammenkunft für die Rechte von Verbrechensopfern, ihre Mahnwache »Kerzen für Hoffnung, Mut und Erinnerung«. Bei dieser Gedenkfeier werden die Namen der Verbrechensopfer einer nach dem anderen verlesen, Ansprachen gehalten und die gesamte Öffentlichkeit zur Teilnahme an dem Zeremoniell eingeladen.

Während der Feierlichkeiten am 13. April 1997 meldete sich Jack Collins zu Wort und sprach darüber, was das Verbrechen für die Hinterbliebenen bedeutet, und wie schwer es für sie ist, mit diesem Schicksal zu leben. Zwei äußerst begabte junge Frauen, Christy Brzonkala und Aisha Barber, lasen ein ergreifendes Gedicht, das sie gemeinsam geschrieben hatten, und das den Titel trug »Nie wieder Schweigen«. Martha Bazan, die Mutter eines Mordopfers, wandte sich an alle Mütter und Väter weltweit, die einen solchen schrecklichen Verlust erleiden mußten, indem sie die englische Version eines Gedichtes verlas, das sie ursprünglich auf Spanisch geschrieben hatte. Es trug den Titel »In Erinnerung an Tony«.

Wie Carroll sagt, »findet eine wirkliche Heilung der Betroffenen statt, wenn es ihnen gelingt, diese Erinnerungen an einen ganz anderen Ort zu transportieren, sie von dem Schmutz, dem Abscheu und dem Schmerz zu befreien, welche die geliebten Menschen durchleiden mußten, und mit der reinen Erinnerung an ihre Toten umzugehen lernen. Dann lebt das Opfer für immer fort.«

KAPITEL NEUN

»Stalking«

Als ich meine Arbeit 1970 beim FBI aufnahm, galt *Stalking* – was vielleicht am ehesten mit dem Begriff der gefährlichen Nötigung zu übersetzen ist – noch nicht als eine Kategorie krimineller Straftaten, und war nicht einmal in kriminologischen Handbüchern zu finden. Zu jener Zeit gab es nicht einen einzigen konkreten Terminus, mit dem man diese Verhaltensweisen umreißt, die man jetzt als eher *bedrohlich* erachtet und nicht schlichtweg als *ärgerlich*, und die überdies entschieden *gefährlicher* sind als das, was man gemeinhin unter *belästigend* abheftet. Das erste Gesetz, das in den USA gegen das sogenannte *Stalking* erlassen wurde, kam erst zwanzig Jahre später zustande, nämlich 1990, als der US-Staat Kalifornien den Verlauf seiner Landesgrenze rechtlich verankerte. Und erst in der allerjüngsten Vergangenheit haben auch andere US-Staaten sich diese neue Rechtsprechung zu eigen gemacht und ähnliche Gesetze erlassen, mit denen gegen diese Form kriminellen Verhaltens vorgegangen wird.

Die juristische Definition ist von Staat zu Staat unterschiedlich, aber um es in den Worten eines Modellstatuts auszudrücken, das von der Nationalversammlung für Strafrechtspflege (National Criminal Justice Association) in Zusammenarbeit mit der Nationalen Vereinigung von Verbrechensopfern (National Victim Center) und anderen Gruppierungen erarbeitet worden ist, so wird mit dem Begriff *Stalking* im großen und ganzen folgender strafrechtlicher Tatbestand beschrieben: Jemand der *Stalking* begeht, »versetzt eine vernunftbegabte Person, sei sie männlichen oder weiblichen Geschlechts, durch gewisse Verhaltensweisen gezielt und absichtlich in einen Gemütszustand, in dem sie Angst um ihre Sicherheit haben muß.«

Dieses kriminelle Verhalten kann, je nachdem mit welcher Art von Täter man es zu tun hat, in offenkundig aggressiven Handlungen zutage treten – indem der Kriminelle beispielsweise das Haustier seines Opfers verschleppt und tötet – oder aber durch Drohbriefe, die er an sein Opfer verschickt, bis hin zu stündlich wiederholten Anrufen, in denen der Täter das Opfer auffordert, sich mit ihm zu treffen. Der kriminelle Tatbestand ist dann gegeben, wenn diese Aktionen über einen längeren Zeitraum wiederholt werden und bei dem Opfer Angst auslösen. Auf diese Weise ergibt sich ein bestimmtes typisches Verhaltensmuster, das Stanton Samenow so treffend beschrieben hat.

Wir hören heutzutage von zahlreichen derartig bedrohlichen Fällen: Zum Beispiel wurde im Haus des Talkshowmasters der *Late Show*, David Letterman, eine Frau festgenommen, die sich mit der Behauptung, Lettermans Ehefrau zu sein, zusammen mit ihrem Sohn dort einquartiert hatte und mit seinem Porsche herumfuhr, während der Entertainer auf Reisen war. Bei einer anderen Gelegenheit griffen die Leibwächter des Popstars Madonna zur Waffe und schossen einen Mann nieder, der auf das Anwesen der Künstlerin vorgedrungen war und gebrüllt hatte, »entweder ich heirate diese Schlampe, oder ich schneide ihr den Hals durch!« Auch der Ausdruck *Stalking* selbst ist inzwischen so selbstverständlich in unseren Sprachgebrauch übernommen worden, daß er beispielsweise benutzt wurde, um das Verhalten der Papparazzi zu beschreiben, das diese gegenüber Lady Di an den Tag gelegt hatten, indem sie ihr auf Schritt und Tritt folgten, was sie ganz eindeutig zutiefst verunsichert hatte und unter psychischen Streß brachte. Besonders in diesem Zusammenhang ist man sehr an die ursprügliche Bedeutung des Wortes erinnert, nämlich wie sich ein Jäger heimlich an das Wild heranpirscht, es aufschreckt, verfolgt und schließlich zu Tode hetzt.

Einer Verlautbarung des Justizministeriums zufolge, sind während der zwanzig Jahre zwischen 1969 und 1989 ebenso viele Persönlichkeiten des öffentlichen Lebens Opfer von Angriffen durch geistig verwirrte Personen geworden wie in den gesamten 175 Jahren davor. Liegt das vielleicht an den modernen Medien, die Prominente heutzutage dem breiten Publikum in eine andere Nähe zu rücken scheinen? Oder liegt es daran, daß die Gesellschaft durch schnellere und billigere Transportmöglichkeiten generell mobiler geworden ist, und obsessive Fans dadurch leichter ans Ziel kommen können? Oder sind möglicherweise ganz einfach mehr Verrückte auf den Straßen, weil die psychiatrischen Kliniken überfordert sind und gewisse Individuen, die unter fachmännischer Aufsicht zu sein hätten, deshalb durch unverantwortliche Sparmaßnahmen der Politiker vorzeitig wieder unter die Leute kommen? Meiner Meinung nach spielt jede der genannten Erklärungen für das vermehrte Auftreten dieses Phänomens eine gewisse Rolle. Doch ich bin überzeugt, daß diese Form des Fehlverhaltens bereits existiert, seitem es Menschen gibt, nur daß man es in der Vergangenheit nicht als eigenständigen kriminellen Akt in die Strafgesetzgebung eingebunden hatte. In der gleichen Weise, wie die neue Gesetzgebung es dem Opfer eines in dem Sinne bedrohlichen Übergriffs erlaubt, gegen den entsprechenden Täter zu klagen, so erleichtert es dem gesamten Strafverfolgungsapparat, diese kriminelle Tat effektiver zu bekämpfen.

Die Nationale Vereinigung von Verbrechensopfern, die ihren Sitz in Arlington/Virginia hat, wurde vor mehr als einem Jahrzehnt gegründet. Es handelt sich dabei um eine gemeinnützige Organisation, die sich zur Aufgabe gemacht hat, die Interessen und Rechte von Verbrechensopfern jeder Art wahrzunehmen. Inzwischen widmet sich die Organisation verstärkt Personen, die Opfer dieser speziellen Straftat geworden sind. Sie bietet Beratung und rechtlichen Beistand, setzt sich für die Schaffung entsprechender Gesetzesänderungen und neuer Rechtsvorschriften ein und ist den Betroffenen bei der Anklage sowie dem

Rechtsprozeß selbst behilflich. Die Organisation schätzt, daß es in den USA zur Zeit um die zweihunderttausend Personen gibt, die gegenwärtig von *Stalking* betroffen sind, und daß jede zwanzigste Frau im Laufe ihres Lebens ein Opfer dieses Verbrechens wird. Mit dieser furchterregenden Prognose steht die Nationale Vereinigung von Verbrechensopfern nicht allein da. Dr. Park Dietz, wahrscheinlich gegenwärtig einer der bedeutendsten Gerichtspsychiater der Vereinigten Staaten, der auch meiner Einheit in Quantico als Berater zur Verfügung stand und an dem Fall des zwanghaften Starverehrers und potentiellen Attentäters John Hinckley jr. gearbeitet hatte, schätzt sogar, daß etwa 5 Prozent aller Frauen in den Vereinigten Staaten im Verlauf ihres Lebens Opfer von Männern werden, die ihnen in hartnäckiger, unerwünschter und zudringlicher Weise nachstellen. Linda Fairstein, für die *Stalking* an sich nichts Besonderes ist, bekommt bislang nur etwa zehn Fälle pro Jahr auf den Schreibtisch, vermutet aber, daß es sich hierbei um eine künstlich kleingehaltene Zahl handelt, weil viele Opfer entweder zu ängstlich sind, das Verbrechen zu melden, oder nicht wissen, daß es Gesetze gibt, die ihnen in diesem besonderen Fall helfen können.

Die meisten von uns denken, wenn von *Stalking* die Rede ist, unwillkürlich an die vielen Fälle, die durch die Presse gingen, und in denen prominente Persönlichkeiten Opfer dieser gefährlichen Nötigung geworden sind. Und es scheinen täglich neue Fälle hinzuzukommen. Doch die Statistik zeigt, daß das Problem, das sich aus diesem Verbrechen ergibt, noch viel größer ist. In vielen Fällen sind ganz gewöhnliche Personen davon betroffen und meistens Frauen, die in aller Regel bereits in irgendeiner Form mit dem Tatbestand der innerfamiliären Gewaltanwendung konfrontiert wurden. Häufig hatte das Opfer bereits zu seinem Schutz ein Unterlassungsurteil gegen den betreffenden Mann erwirkt, bevor es schließlich zu dem Verbrechen an der jeweiligen Frau kam.

Es gibt auch Fälle, in denen eine Frau das Opfer aggressiver und gefährlicher Nötigung wird, wobei der Täter ein völlig fremder Mensch ist, dem sie möglicherweise noch nie zuvor in ihrem

Leben begegnet ist. Auch zur Zeit, während dieses Buch entsteht, geht ein solcher Fall durch die Medien, der sich ganz in der Nähe meines Wohnsitzes zugetragen hat.

Es hatte alles ganz harmlos angefangen. Eine einundzwanzigjährige College-Studentin, die im Hauptfach Sozalarbeit studierte und nebenbei in einem großen Kaufhaus einen Teilzeitjob angenommen hatte, um sich etwas dazuzuverdienen, ging eines Tages aus bloßer Höflichkeit einem Mitangestellten zur Hand, der wie sie in dem Warenhaus arbeitete. Wie sie später berichtete, war dieser junge Mann ein Einzelgänger, der einigermaßen befremdend wirkte und dem alle seine Kollegen möglichst aus dem Weg gingen. Offensichtlich hatte dieses Individuum die Freundlichkeit der jungen Frau gründlich mißverstanden und etwas in die Geste hineingelesen, das sie überhaupt nicht beabsichtigte. Jedenfalls begann er daraufhin, ihr E-Mails zukommen zu lassen und machte ihr Geschenke und Aufwartungen, die sie nicht erwiderte. Die junge Frau sah ihn plötzlich bei den unmöglichsten Gelegenheiten auftauchen, wo sie ihn nie erwartet hätte. Einmal erschien er zum Beispiel vor dem Haus, in dem sie wohnte, und hinterließ für sie Süßigkeiten und eine Nachricht hinter den Scheibenwischern ihres Autos. Die Nachricht war weder romantisch noch bedrohlich, aber sie war absolut unangemessen. Er dankte der jungen Frau darin, daß sie bei der Arbeit »so freundlich zu ihm gehalten hatte«, was den Eindruck erweckte, als habe sie mehr für ihn getan – oder wenigstens gesagt – als tatsächlich der Fall war. Sie hatte ihm die gleiche Freundlichkeit entgegengebracht, die sie jedem anderen Bekannten oder Fremden bei der Gelegenheit auch entgegengebracht hätte.

Als sie im Juli 1997 ihren Job wieder aufgab, tauchte der Mann eines Tages plötzlich sogar an ihrem College auf. Jetzt war der Zeitpunkt gekommen, an dem sich die junge Frau an die Polizei wandte und sich über diese Art der Belästigung beklagte. Etwa zwei Wochen später erschien er erneut vor ihrem Haus, doch dieses Mal zog er eine Pistole und entführte die junge Frau Zeugenaussagen zufolge, indem er ihr Handschellen anlegte, sie in seinen Wagen zerrte und davonfuhr. In der Notrufzentrale liefen die Telefondrähte heiß, weil sich entsetzte Nachbarn in heller Aufregung an die 911 wandten und es gar nicht fassen konnten, daß in einer ruhigen gehobenen Wohngegend wie der ihren so etwas passieren konnte.

Auch am Wohnort des jungen Mannes waren die Leute schockiert darüber, daß der freundliche junge Mann, der im Winter vor ihren Türen den Schnee fortschaufelte, eine solche Tat begangen haben sollte. Eine der aufgebrachten Nachbarinnen meinte ganz ungläubig: »Ich habe ihn doch gestern erst gesehen. Da wirkte er noch so fröhlich und begrüßte mich so nett.« Er mochte natürlich außerordentlich fröhlich gewirkt haben, denn schließlich plante er die Entführung, die ihn endlich mit seiner einzigen wahren Liebe zusammenbringen würde. Erst später brachte man in Erfahrung, daß er sich bereits zwei Monate, bevor die junge Frau die Belästigung zur Anzeige brachte, die Handschellen und die Pistole besorgt hatte.

Wie es das Gesetz verlangt, hatten die Polizisten den Beschuldigten daraufhin gewarnt, daß er sich strafbar mache, wenn er es nicht unterließe, die junge Frau weiterhin zu belästigen. Er hatte damals auch zugesagt, daß er ihr von nun an aus dem Wege gehen würde – eine Antwort, an die sich offensichtlich zumindest einige der Polizeibeamten des Departments erinnern konnten, denn sie fertigten gleich nach der offenkundigen Entführung eine Beschreibung des Verdächtigen sowie seines Fahrzeugs an. Auch die örtlichen FBI-Agenten nahmen die Fahndung auf. Indem man ein Telefongespräch zurückverfolgte, das das Opfer acht Stunden nach seinem Verschwinden mit seiner Familie geführt hatte, und mit Hilfe der elektronisch gespeicherten Daten der Telefongesellschaft konnten die Fahnder das für diesen Anruf benutzte Kartentelefon ausfindig machen und das Paar in einem angrenzenden Bundesstaat lokalisieren, wo sofort an alle örtlichen Polizeistreifen Order erging, nach dem betreffenden Fahrzeug Ausschau zu halten. Früh am nächsten Morgen entdeckte die Polizei den Wagen auf einem Parkplatz, den der Verdächtige offensichtlich angesteuert hatte, um eine Rast einzulegen. Sie fanden ihn auf dem Rücksitz schlafend, während die junge

Frau auf dem vorderen Beifahrersitz saß, mit den Handschellen an der Aufhängevorrichtung des Sitzgurtes angekettet. Die Türen waren unverschlossen, und die Polizisten konnten den Wagen mühelos stürmen, die Frau befreien und den Verdächtigen ohne Gegenwehr festnehmen. Fast neunzehn Stunden nachdem die Tortur begonnen hatte, konnte das Opfer wieder befreit werden, womit die Angelegenheit entschieden harmloser endete, als die meisten erwartet hatten. Zusätzlich zu einer 9-mm-Handfeuerwaffe der Marke Glock fand die Polizei noch ein Messer im Besitz des Verdächtigen.

Auch wenn die Frau physisch unbeschadet davongekommen ist, und der Entführer sie dem Vernehmen nach zu beruhigen versuchte und ihr versicherte, daß er ihr nichts antun würde, während er scheinbar ziellos umherfuhr, bin ich der Überzeugung, daß die junge Frau unter den gegebenen Umständen außerordentlich großes Glück gehabt hatte. Zu irgendeinem Zeitpunkt hätte der Täter unweigerlich begreifen müssen, daß – welches Glück er sich auch immer mit der Frau zusammenphantasiert hatte – seine Rechnung nicht aufgehen würde. Anstatt sich »schon irgendwie mit ihm zu arrangieren« und seine Liebe schließlich zu erwidern, würde das Opfer stets nur seine verängstigte Gefangene bleiben. Und wie wir immer und immer wieder erleben mußten, ist der Augenblick, in dem ein Verbrecher begreift, daß seine Träume nicht in Erfüllung gehen können, für das Opfer in aller Regel der allergefährlichste Moment.

Glücklicherweise konnte die junge Frau befreit werden, bevor ihr irgendeine körperliche Gewalt angetan wurde. Doch es ist auch ein glücklicher Umstand, daß ihr Entführer die Staatsgrenze überquert hatte, denn dadurch ist der Tatbestand noch manifester, da er auf diese Weise nicht nur gegen Bundesrecht, sondern auch gegen Staatsrecht verstieß, was ihm eine Anklage wegen Entführung, Freiheitsberaubung und schweren tätlichen Angriffs einbringt. Allein nach geltendem Bundesrecht könnte er so mit einer lebenslangen Haftstrafe rechnen. Leuten, die mit dem verwirrten jungen Mann Mitleid empfinden, mag dieses Strafmaß sehr hart erscheinen; auch seine eigene Mutter sagte der *Washington Post*: »Er ist ein Opfer der Gesellschaft. Er ist doch nur ein kranker, junger Mann, der fachmännischer Hilfe bedarf, die er nicht erhielt. Und jetzt muß er möglicherweise für den Rest seines Lebens hinter Gitter.« Doch es gibt etwas, das wir gelernt haben, und das ist, daß viele kriminelle Zwangscharaktere ihre Triebhaftigkeit einfach nicht verlieren; diese Typen bleiben unweigerlich eine ständig wachsende Gefahr für die Personen ihrer Begierde. Manche dieser Täter suchen ihre Opfer über Jahrzehnte heim. Möglicherweise wechseln sie irgendwann einmal die Person, gegen die sie ihre aggressiven Nötigungsversuche richten, was die Probleme des ursprünglichen Opfers lösen mag, aber unter Umständen eine lebenslange Tortur für das nächste Opfer bedeutet. Er mag schließlich auch irgendwann sterben, aber sicherlich gibt der Täter sein obsessives Verhalten nur in den seltensten Fällen vollständig auf – besonders unwahrscheinlich ist dies in den Fällen, in denen ein Täter bereits soweit gegangen ist, sein Opfer gewaltsam zu verschleppen. Bei einem kriminellem Verhalten, das sich auf Zwangsvorstellungen gründet – ganz gleich, als welches Delikt sich die Aktion schließlich darstellt –, besteht die außerordentliche Gefahr, daß der Täter zu immer drastischeren Mitteln greift, und seine Maßnahmen nur in den allerseltensten Fällen irgendwann wieder weniger bedrohlich werden.

Selbst bei unserer modernisierten Gesetzeslage heute und der geschärften Wachsamkeit der Bürger fällt es uns immer noch sehr schwer, mit dieser Form des Verbrechens umzugehen. Das liegt zum großen Teil daran, daß wir es hier mit häufig kaum sichtbaren Aktionen zu tun haben, für die nicht selten nur das Opfer selbst Zeuge ist. Bisweilen gibt es offensichtliche Alarmzeichen, wie zum Beispiel eine Reihe immer wiederkehrender Drohbriefe oder bestimmter Nachrichten, die der Täter seinem Opfer auf den Anrufbeantworter spricht. Doch häufig gibt es solche Indizien nicht. Und anders als bei herkömmlichen Verbrechen, geht es hier nicht um Geld, gestohlene Autos oder Fingerabdrücke am Tatort, und in den glimpflichen Fällen auch nicht um eine Leiche. Der *Stalker* benutzt Waffen, die in der Regel zunächst nichts Bedrohliches an sich haben, er ruft eben an, aber viel zu oft, oder er hinterläßt Geschenke vor der Haustür oder auf dem Schreibtisch seines Opfers. Aber genau das kann der Auftakt zu einer sehr qualvollen Tortur werden, sobald erst einmal andere Waffen wie Messer und Pistolen ins Spiel kommen.

Besonders furchterregend und verwirrend für das Opfer ist die Tatsache, daß es selbst sehr genau merkt, wenn etwas nicht in Ordnung ist, und zwar häufig lange, bevor es irgend jemandem sonst auffällt, und nicht einmal die Rechtsprechung in Kraft tritt. David Beatty, ein sehr erfahrener Rechtsanwalt und der leitende Direktor des National Victim Centers, betont, daß »obgleich die rechtliche Definition des Verbrechens von Bundesstaat zu Bundesstaat schwankt, alle *Stalking*-Opfer landesweit die gleiche Erfahrung machen, nämlich daß die eigentliche Nötigung, um die es hier geht, bereits einsetzt und vom Opfer als bedrohlich empfunden wird, bevor das Gesetz tatsächlich greift … Das heißt, ein Täter kann seinem Opfer bereits bedrohlich zusetzen, bevor man von Gesetzes wegen von einem verbrecherischen Akt sprechen kann.« Was ist schließlich schlecht daran, einen Bewunderer zu haben, der einen heimlich umschwärmt oder einem Geschenke macht? Und wie sollte man von der Polizei erwarten, daß sie einen Rosenstrauß mit einem Liebesbrief daran bedrohlich findet?

Selbsthilfegruppen, die häufig von ehemals betroffenen Frauen gegründet werden, oder von solchen Opfern, die immer noch einem *Stalker* ausgesetzt sind, heben wieder und wieder hervor, wie unbedingt furchterregend und in starkem Maße beunruhigend diese Form der Bedrohung für die Betroffenen ist, weil das Opfer spürt, daß diese unerwünschten und ungerechtfertigten Aktionen weder als normal zu bezeichnen noch im sozialen Sinne akzeptabel sind, und weil es deutlich spürt, daß sich daraus irgendwann rohe Gewalt entwickeln kann. Was heute noch wie ein ganz harmloses Verhalten erscheinen mag und wie ein paar in aller Unschuld geäußerte Worte, kann irgendwann zu einer tödlichen Gefahr werden. Das ist die Botschaft, die heute ganz allmählich ernster genommen und begriffen wird.

Wie bei der Vergewaltigung durch einen Täter aus dem engeren Umfeld des Opfers ist es auch beim *Stalking* so verwirrend, weil man dazu neigt zu glauben, man könnte den gefährlichen Typus in einer Menge erkennen, bräuchte ihm nur aus dem Wege zu gehen, und alles wäre in Ordnung. Aber leider ist das nicht der Fall. Sexualtäter sehen häufig aus wie du und ich und führen ein scheinbar völlig normales Leben; man sieht ihnen einfach nicht an, was für Ungeheuer sie sind. Unglücklicherweise ist es in macher Hinsicht entschieden schwieriger, ein allgemeines Persönlichkeitsprofil von einem *Stalker* zu erstellen als beispielsweise von einem Vergewaltiger oder Mörder. Sie können aus jeder nur denkbaren Gesellschaftsschicht kommen, ein x-beliebiges Leben führen, und die Art, wie sie sich verhalten, kann zunächst ganz unauffällig erscheinen, aber eben auch tödlich wie ein Schlangenbiß. Die meisten Täter sind Männer – vom Teenageralter bis hin zu Vierzigjährigen und darüber –, und nach einer Erhebung des National Victim Centers handelt es sich bei den Opfern zu 75 bis 80 Prozent um Frauen. Normalerweise haben *Stalker* eine überdurchschnittlich hohe Intelligenz, sind häufig Einzelgänger und leben sozial zurückgezogen. Möglicherweise haben sie ein besseres Verhältnis zu ihrem Fernsehgerät als zu irgendeinem Menschen, weil sie hier die nötige Anregung für ihre Phantasie finden. Viele dieser Charaktere hatten niemals eine engere Beziehung, geschweige den Sex, und sie haben für gewöhnlich auch weder das eine noch das andere in Aussicht.

Und damit wären die generellen Elemente bereits alle aufgezählt, aus denen man das Persönlichkeitsprofil eines *Stalkers* anfertigen könnte. Wie man sieht, ergibt sich aus dem Ganzen keine allzu detailgenaue Beschreibung und kein sehr brauchbares Bild des Tätertypus'. Daß es so schwierig ist, diesem Verbrechertyp eindeutige Charakteristika zuzuordnen, liegt zum Teil auch daran, daß die Kategorie der bedrohlichen Nötigung als krimineller Akt immer noch recht neu und nur mangelhaft erforscht ist. Aber es liegt auch an der Tatsache, daß man beim *Stalking* den Täter tatsächlich auf der gesamten Bandbreite menschlicher Individuen suchen muß, angefangen vom klinischen Psychoten bis hin zu einem vollfunktionstüchtigen, erfolgreichen und anerkannten Mitglied der Gesellschaft. Doch ebenso wie bei anderen kriminellen Handlungen, kann man auch beim *Stalking* gewisse Schlüsse daraus ziehen, wo der Täter sein Opfer sucht – ob das Opfer beispielsweise eine gefeierte Persönlichkeit des öffentlichen Lebens ist, die nicht einmal von der Existenz des Täters weiß, oder eine frühere Geliebte des Täters – sowie aus bestimmten Verhaltensmustern, in denen die Tat ausgeführt wird. Anhand all dessen kann man in einem gegebenen Fall den möglichen Täterkreis etwas eingrenzen. So unterschiedlich die charakteristischen Merkmale und die entsprechenden Verhaltensmuster von Täter zu Täter auch sein können, unterscheiden wir zunächst zwei generelle Kategorien, nämlich den sogenannten *wahnhaft liebenden* Tätertypus, der sein Opfer persönlich kaum wirklich kennt, sowie den *einfach zwanghaften* Typus, der sich nicht auf eine ihm völlig fremde Person konzentriert, sondern sein Opfer eher in seinem persönlichen Umfeld sucht und möglicherweise sogar tatsächlich einmal zu ihm in einer Beziehung gestanden hat. Da *Stalking* durch einen *zwanghaften* Täterypus als krimineller Akt sehr eng verbunden ist mit innerfamiliärer Gewaltanwendung, werden wir auf diese Form kriminellen Verhaltens im nächsten Kapitel gesondert eingehen.

Die Variante der gefährlichen und aggressiven Nötigung durch den sogenannten *wahnhaft liebenden* Tätertypus ist das bekanntere Phänomen, das uns allen hinlänglich bekannt ist durch die Sensationspresse. Dieser Typ ist auf prominente Persönlichkeiten fixiert, obgleich er bereits vorher auffällig geworden sein kann, weil er in besagter Art möglicherweise auch gewöhnliche und unbekannte Menschen heimgesucht hat wie beispielsweise die Kassiererin an seiner Bank, eine bestimmte Kellnerin, auf die er es abgesehen hat, eine Kollegin oder einfach jemanden, der ihn im Vorübergehen einmal angelächelt hat, als er im Supermarkt einkaufen war. Der ausschlaggebende Punkt ist, daß das Opfer keine tatsächliche Beziehung zum Täter hat; möglicherweise sind sie flüchtige Bekannte, aber unter Umständen sind sie einander aber auch noch nie zuvor begegnet. Genau wie eine gefeierte Filmschauspielerin oder ein berühmter Popstar den Täter mit keiner einzigen Geste dazu aufgefordert hat, in sein oder ihr persönliches Leben einzudringen, können sie schon allein durch die Tatsache zum Opfer eines *wahnhaft liebenden* Täters werden, weil sie sich zur falschen Zeit am falschen Ort befanden.

Bei aller Besessenheit, mit der ich meinen Job betreibe, muß ich darauf achten, nicht übers Ziel hinauszuschießen, wenn es um die Sicherheit derer geht, die ich liebe. Aber ich muß allen Ernstes gestehen, daß mich dieses gefährliche kriminelle Verhalten des zwanghaften und aggressiven *Stalkings* zutiefst beunruhigt. Wir alle versuchen unsere Kinder so gut wir können vor Perversen und allen möglichen Fremden zu warnen, aber es ist äußerst schwierig, sie vor dieser Form des Verbrechens zu bewahren, oder es ihnen auch nur verständlich zu erklären – selbst für uns Erwachsene. Beide meine Töchter sind inzwischen junge Frauen und erwachsen und vernünftig genug, sich nicht in Gefahr zu bringen, und sicherlich muß ich mir keine Sorgen mehr machen, daß sie zu irgendwelchen wildfremden Männern ins Auto steigen oder sich sonstwie irgendeiner riskanten Situation aussetzen. Aber ich würde ihnen trotzdem am liebsten dringend raten, ihr freundliches und gutherziges Naturell möglichst zu verbergen: »Sprecht nur nicht mit dem Mann, der hinter euch in der Schlange steht, wenn ihr im Supermarkt an der Kasse wartet. Und entschuldigt euch bloß nicht mit einem freundlichen Lächeln bei irgendeinem Typen, den ihr versehentlich im Kino auf dem Weg zu den Toiletten anrempelt; ihr seid vielleicht die einzige Frau, die jemals im Leben Notiz von dem Kerl genommen hat.« Ein einziges Lächeln zum falschen Moment, und so ein Charakter konstruiert sich womöglich eine ganze Welt von aberwitzigen Phantasien zusammen, denn dieser Typus von Verbrecher braucht nicht mehr, um aktiv zu werden, vielleicht sogar noch weniger. Park Dietz hat einmal den ersten *Stalker*, mit dem er zu tun bekam, als jemanden beschrieben, »in dem durch die bloße Tatsache, daß ihm eine Kellnerin einen Kaffee serviert hat, eine regelrechte Lawine losgetreten wurde. Fortan befand er sich sozusagen im Kampfeinsatz … Dagegen kann man sich tatsächlich durch nichts schützen.«

Was einen vielleicht noch mehr frösteln läßt ist die Tatsache, daß einige dieser Individuen dermaßen gestört sind, daß sie nicht einmal davor zurückschrecken, selbst Kinder in ihre wahnsinnigen Phantasien einzubinden. Ich erinnere mich an einen Fall, als ein junger Mann um die Zwanzig auf ein kleines Mädchen fixiert war, das im gleichen Straßenzug wie er selbst wohnte. Er beobachtete es von seinem geparkten Wagen aus, wenn es auf den Schulbus wartete, lauerte ihm auf, wenn es mit dem Fahrrad fuhr, um es anzusprechen, und steckte ihm Zettelchen mit irgendwelchen Nachrichten zu. Er ging sogar so weit, das Mädchen zu beschimpfen und zu beleidigen, als er sah, daß es mit einem kleinen Jungen gesprochen hatte. Es ist schon für eine erwachsene Frau schwer genug, mit den Belastungen und der Furcht umzugehen, die ein *Stalker* bei dem Opfer durch sein Verhalten auslöst, aber wie muß dabei erst einmal einem kleinen Mädchen zumute sein, das nicht nur nicht verstehen kann, warum ihm dies alles passiert, sondern möglicherweise schließlich sogar zu dem Punkt kommt, daß es sich gar nicht mehr erinnert, wie es ist, ohne diese Furcht zu leben, »daß es gleich der böse Mann holt«?

Wie bei anderen Formen kriminellen Handelns, gibt es meiner Meinung nach auch bei den *Stalkern* spezielle Verhaltensweisen, wodurch sich jeder einzelne entsprechend seiner Motivation einer bestimmten Täterkategorie zuordnen läßt; oder wie David Beatty sich ausdrückt: *Stalker* lassen sich – »je nachdem, wie schief sie gewickelt sind« – in unterschiedliche Tätertypen aufteilen. Die Experten mögen dabei nicht immer die gleichen Bezeichnungen verwenden, doch genau wie bei den verschiedenen Vergewaltigertypen kann man auch in diesem Fall gewisse generelle Unterteilungen machen, die sich alle an Verhalten und Motivation der Täter orientieren.

Verhalten reflektiert die Persönlichkeit.

Gavin de Becker, der in der Umgebung von Los Angeles sein eigenes Sicherheitsunternehmen aufgebaut hat, zählt zu den führenden Experten auf dem Gebiet von *Stalking* sowie in der

Einschätzung anderer sicherheitsrelevanter Situationen; er hat häufig mit uns in der Investigative Support Unit zusammengearbeitet. De Becker hat nicht nur enorme Erfahrungen mit seiner eigenen Klientel sammeln können, sondern er kann das, was er sagt, auch anhand eingehender Forschungsleistungen untermauern. Er hat sehr eindrucksvolle Computerprogramme erstellt, mit deren Hilfe er den Gefährlichkeitsgrad gewisser bedrohlicher Situationen ermitteln kann. Anhand spezifischer Motivationen der jeweiligen *Stalker* unterscheidet Gavin beispielsweise verschiedene Tätertypen, die ihre Aktionen mit Vorliebe gegen prominente Persönlichkeiten richten.

Die Motivation des *von einem Zugehörigkeitsbedürfnis getriebenen Tätertypus'* ist der starke Wunsch, zu der Person, die er mit seiner Form des *Stalkings* heimsucht, eine bestimmte Beziehung haben zu können. Dem *nach Identität suchenden Typus* geht es bei seinen Aktionen darum, selbst berühmt und durch das, was er tut, anerkannt zu werden. Bei dem Tätertypus, *der Ablehnung erfahren hat,* und dessen Verhalten auf diesem speziellen Erlebnis der Zurückweisung gründet, handelt es sich möglicherweise um einen von *Zugehörigkeitsbedürfnissen getriebenen Täter,* der einfach wütend geworden ist, weil er abgelehnt wurde und nun entweder Rache sucht oder die betreffende Berühmtheit davon überzeugen will, daß sie sich in ihm geirrt hat. Dieser Tätertypus ist als der gefährlichste zu betrachten; durch ihn kommt es eher als bei den übrigen Täterkategorien dazu, daß ein Opfer verletzt oder ermordet wird. Schließlich unterscheidet Gavin de Becker noch den sogenannten *verblendeten Tätertypus,* der an irgendeine höhere Macht glaubt – manchmal auch Gott –, die ihm bei der Erfüllung seiner Mission leitet. Mit diesem Tätertypen ist es besonders schwierig umzugehen, und seine Aktionen sind am wenigsten vorhersagbar.

In ähnlicher Weise beschreibt auch Park Dietz verschiedene Typen sogenannter *romantischer Stalker.* Täter, die von ihrem Opfer geradezu besessen sind, obgleich sie es gar nicht kennen – wozu auch diejenigen gehören, die es auf gefeierte Persönlichkeiten der Öffentlichkeit abgesehen haben –, reichen nach Park

Dietz' Auffassung von absolut wahnhaften Individuen bis hin zu Menschen, die im pathologischen Sinne süchtig nach einem Objekt ihrer Liebe sind, das sich für sie nicht im geringsten interessiert und das für sie vollkommen unerreichbar ist.

Obgleich die *verblendeten Stalker* die Mehrheit der Täter ausmachen, die mit ihren Aktionen die Reichen und Berühmten heimsuchen (Schätzungen zufolge sind bis zu 90 Prozent der *Stalker* diesem wahnhaften Tätertypus zuzurechnen), gehen auf ihr Konto nur etwa ein Viertel bis ein Fünftel aller Fälle von *Stalking*. Für den Normalbürger, der eines Tages möglicherweise selbst Opfer eines *Stalkers* wird, ist dies eine gute Nachricht, für Prominente allerdings nicht, denn dieser Tätertypus muß als äußerst unberechenbar und höchst gefährlich eingestuft werden. Häufig leiden diese Individuen unter irgendeiner psychischen Störung wie Schizophrenie, Paranoia oder Erotomanie, ein krankhaft übersteigertes sexuelles Verlangen, bei dem der Betroffene noch dazu glaubt, daß diejenige Person, der seine Obsession gilt, seine Leidenschaft erwidert und ihrerseits ein Verhältnis mit ihm haben will. Überdies sind Täter dieser Typengruppe wegen ihrer psychischen Krankheit nur schwer zu behandeln und zu resozialisieren; man denke nur an die Frau, die sich allen Ernstes für David Lettermans Ehefrau hielt und daraus ihr Recht herleitete, in seinem Haus zu wohnen und sein Auto fahren zu dürfen.

Gesellschaftlich unangepaßt und häufig außerstande, zu einem anderen Menschen eine tatsächliche Beziehung aufzunehmen, basteln sich viele *Stalker* eine Phantasiewelt, die sie dann auf die eine oder andere Weise der Person ihrer Sehnsüchte offenbaren, in der Erwartung, daß sich die oder der Betreffende nun entsprechend verhält, um an dem gemeinsamen Leben teilzunehmen. Dabei wissen die Opfer häufig nicht einmal von der Existenz des Täters, bis es zum ersten Mal zu dieser Form des Kontaktes kommt.

Auch der sogenannte *wahnhaft liebende* Tätertypus operiert mit einer übersteigerten Phantasie, obgleich er nicht im eigentlichen Sinne wahnhaft handelt. Ein Mann beispielsweise, der fest daran glaubt, daß eine bestimmte Frau einfach für ihn geschaffen ist, und der sich und diese Frau als die zwei untrennbaren Hälften eines Ganzen betrachtet, die ohne einander gar nicht lebensfähig sind, ist in seiner Phantasiewelt bereits an einem sehr kritischen Punkt angelangt. Er hat möglicherweise schon kein eigentliches Selbstverständnis mehr, besonders dann nicht, wenn er sonst im Leben keine weiteren Beziehungen zu anderen Menschen pflegt. Wenn dieser Mann von seinen Nachbarn als Einzelgänger oder Verlierertyp geschildert wird, der noch dazu keinerlei Freunde hat, dann kann man davon ausgehen, daß er viel in die Beziehung zu der betreffenden Frau – seinem Opfer – investieren wird. Möglicherweise dauert es sogar Jahre, bis er seiner Meinung nach seine große Liebe vollständig unter Beweis stellen kann (oder die Frau völlig fertig gemacht hat), aber eines Tages, davon ist er überzeugt, wird sie ihm für seine Hartnäckigkeit dankbar sein. Eine Zurückweisung sieht dieser Tätertyp nicht als Aufforderung, die Frau in Ruhe zu lassen, sondern im Gegenteil als Indiz dafür, daß er seine Anstrengungen verdoppeln muß.

In einem gewissen Maß wird dieser Irrglaube auch durch bestimmte Filme genährt, die der Täter im Fernsehen oder im Kino sieht. Man denke nur an all die Streifen, in denen ein Junge einem Mädchen begegnet, das er liebt, das ihn jedoch zunächst zurückweist, was ihn aber wiederum nicht zur Aufgabe bewegen kann, bis er schließlich den Sieg davonträgt, indem das Mädchen seine Liebe endlich doch erwidert und die beiden vermutlich bis ans Ende ihrer Tage ein glückliches Paar bleiben. In gewisser Weise ist selbst diese Form von *Stalking* ein kriminelles Symptom unserer Gesellschaft, in der immer noch nicht begriffen wird, daß eine Frau auch »Nein« meint, wenn sie »Nein« sagt.

Häufig wird die Sache dann gefährlich, wenn der *Stalker* vom Opfer nicht das bekommt, was er will. Ganz verrückt nach der »Liebe seines Lebens« kann es passieren, daß der Täter zu anderen Mitteln greift, wenn seine Angebetete nicht entsprechend auf seine Avancen reagiert. Er versucht dann möglicherweise, sein Opfer einzuschüchtern und zu bedrohen, um ihm die entsprechende Reaktion abzuzwingen, die er braucht. Wenn er auch damit keinen Erfolg hat, kann es schließlich sogar zur Gewalttätigkeit kommen.

Manche *Stalker* wollen mit ihrem Gewaltakt nur ihren Frust abreagieren, wenn sie die Beziehung nicht haben können, die sie haben wollen, aber andere treffen ganz bewußt die Entscheidung, dann lieber von ihrem Opfer eine negative Beachtung zu erhalten als überhaupt keine. David Beatty beschreibt, wie sich ein Fall entwickeln kann, wenn ein Täter die Reaktionen des Opfers als zu frustrierend empfindet. Er nennt als Beispiel einen *Stalker*, der sein Opfer Stunde um Stunde anruft, um sich mit der betreffenden Frau endlich treffen zu können. Beattys Meinung nach ist allein dieses Verhalten »so eindeutig regelwidrig und unangemessen, daß jeder vernunftbegabte Mensch darin eine Gefahr erkennen muß. Wenn jemand bereit ist, so weit zu gehen, und eine klare Absage einfach nicht kapieren will, dann ist er bereits auf dem Sprung zur Gewaltanwendung«. Beatty zufolge will der *Stalker* einfach nicht einsehen, daß die betreffende Person absolut nichts mit ihm zu schaffen haben möchte: »Solange sie noch etwas für mich empfindest ... auch wenn sie Angst vor mir hat – schließlich bedeutet das ja, daß sie noch Empfindungen für mich hat –, solange habe ich noch Einfluß auf den Menschen, der für mich einfach überlebenswichtig ist.«

Daß der Täter sein Opfer als für ihn so »überlebenswichtig« begreift, resultiert möglicherweise daraus, daß er sich selbst als in höchstem Maße unfähig empfindet, wie beispielsweise in Fällen, in denen sich Täter ihre Opfer unter ihren Arbeitskolleginnen aussuchen. Aber es kann auch die Berühmtheit des Opfers sein, die den *Stalker* zur Tat schreiten läßt. In solchen Fällen mag der Täter das unbedingte Bedürfnis haben, mit seinem Opfer in eine regelrechte Beziehung zu treten, aber stärker noch geht es ihm dabei unter Umständen um die Prominenz der bestimmten Person. Er möchte sich etwas von ihrem Ruhm und ihrer Bedeutung abschneiden, weil genau dies ihm in seinem eigenen Leben so sehr fehlt. Wie Gavin de Becker sagt, »haben wir es häufig mit Tätern zu tun, die ihre Liebe durch öffentliche Gewaltakte beweisen wollen. Wenn alles andere schiefgegangen ist, sich das Ansehen zu verschaffen, das sie mit Hilfe der erträumten Beziehung zu bekommen hofften, dann glauben sie, daß sie sich mit der Pistole in der Hand bestimmt die nötige Aufmerksamkeit sichern könnten«. Diese Motivation steckte hinter fast allen früheren Fällen, die die Aufmerksamkeit der Öffentlichkeit erregten, bei denen es um *Stalking* gegen Personen des öffentlichen Lebens ging, seien die Täter Fans irgendwelcher berühmter Persönlichkeiten gewesen oder Attentäter von politischen Prominenten.

So wie man gemeinhin davon ausgeht, daß Jack the Ripper der erste Serienmörder der Neuzeit war (obgleich ich wie viele meiner Kollegen glaube, daß es schon weit früher Serienmörder gegeben hat), hält man Ruth Steinhagen für den ersten Fall in der Geschichte, in dem ein Prominenter das Opfer von *Stalking* geworden ist, bei dem es schließlich zu Gewaltanwendung kam. Ruth Steinhagen war eine fanatische Anhängerin von Eddie Waitkus, einem berühmten Baseballspieler der Chicago Cubs. 1949 drang sie in das Zimmer des Edgewater Beach Hotel ein, in dem sich Waitkus befand, und schoß ihn nieder (eine Szene, die in Ansätzen an den Film *The Natural* erinnert). Wie auch andere Verehrer von prominenten Persönlichkeiten, gab sich Steinhagen mit größter Begeisterung ihrer Leidenschaft für den verehrten Waitkus hin, sammelte Erinnerungsstücke, ließ keines seiner Spiele aus, lernte aus Ehrfurcht vor seiner Herkunft Litauisch, und wenn sie speiste, legte sie mitunter sogar ein zweites Gedeck für ihn mit auf den Tisch. Doch nachdem sie ihn niedergeschossen hatte (er überlebte das Attentat und genas wieder), war sie zutiefst frustriert über die mangelnde Aufmerksamkeit, die man ihr entgegenbrachte. Sie erwartete, daß die Leute über sie herfallen würden. Wie sie sich später beklagte, schien sich niemand recht um sie zu kümmern. »Ich hätte einfach davonspazieren können«, sagte sie, »und niemand wäre mir nachgelaufen.« Anstatt daß der Anschlag sie in den Augen der Öffentlichkeit wichtig werden ließ, wie sie gehofft hatte nach allen Anstrengungen und dem aufregenden Moment, ihrem Angebeteten endlich persönlich gegenüberzutreten, wurde durch das Attentat ihre eigene Bedeutungslosigkeit erst richtig sichtbar.

In den Jahren nach dem Mordanschlag auf Eddie Waitkus

kam es häufiger zu politischen Attentaten als zu Mordanschlägen gegen Prominente aus der Unterhaltungsszene, doch wahrscheinlich war auch während dieser Zeit *Stalking* ein sehr verbreitetes Verbrechen.

Ich habe viel Zeit darauf verwendet, mit Attentätern zu sprechen und Typen näher unter die Lupe zu nehmen, die einen Anschlag geplant hatten. Unter anderem sprach ich mit Sirhan Sirhan, James Earl Ray sowie Arthur Bremer, der während einer politischen Kundgebung auf einem Parkplatz in Maryland zuerst auf den Gouverneur von Alabama und anschließend auf George Wallace, den Präsidentschaftskandidaten, geschossen hatte. Zuerst machte ich den Fehler, Attentäter von politischen Persönlichkeiten mit Serienkillern gleichzusetzen, ein Vergleich, von dem sogar die Täter selbst nichts wissen wollten. Doch dann fand ich heraus, daß die Persönlichkeitsstrukturen von Attentätern und der von *Stalkern* prominenter Persönlichkeiten einander sehr ähnlich sind. Beide Charaktere neigen zu einem paranoiden Verhalten sowie zu einer grundsätzlichen Unfähigkeit, anderen Personen Vertrauen zu schenken. Wegen ihrer enorm mißtrauischen Natur kann es mitunter sehr schwierig sein, eine Befragung mit ihnen durchzuführen. Als ich mit Bremer sprach, versuchte ich beispielsweise, ihn möglichst nicht direkt anzuschauen, weil ich herausfand, daß es ihn irritierte, wenn er von mir fixiert wurde. Für gewöhnlich sind Einzelgänger nicht sehr entspannt in der Gegenwart anderer und haben keinerlei Übung oder Erfahrung darin, mit anderen Menschen Kontakt aufzunehmen. Ähnlich wie viele *Stalker* von Prominenten, führen sie jedoch – im Gegensatz zu ihrer Unfähigkeit oder ihrem Widerwillen, sich auf herkömmliche Weise mit anderen zu unterhalten – endlose Selbstgespräche und verzeichnen bisweilen geradezu akribisch genau all ihre phantastischen Gedankengänge in einem Tagebuch. Nach einem Fall von *Stalking* gegen eine prominente Persönlichkeit oder einem Attentat an einem Politiker finden wir nicht selten, daß der Täter dicke Notizbücher besitzt (wobei er manchmal sogar eins mit sich führt), in denen er jedes Detail der Vorbereitung für den Angriff eingetragen hat – er macht sich darin Gedanken über das Attentat, schmiedet Pläne, wie er es ausführen will und ergeht sich in lebhaften Phantasien. Es ist, als ob er sich selbst für das Verbrechen fitmacht und in einer Weise Mut für die Tat sammelt, wie noch nie zuvor in seinem Leben.

Auch Arthur Bremer besaß ein solches Tagebuch, in dem er mit jeder einzelnen Eintragung überdeutlich sein ungeheures Minderwertigkeitsgefühl dokumentierte, und wie wenig er sich zutraute – die maßgebliche Motivation für fast alle *Stalker* und Attentäter. Indem der Täter einen politischen Mord plant, überläßt er sich ganz und gar der Phantasie, wie er mit dieser speziellen Meisterleistung ein für allemal unter Beweis stellen wird, was er wert ist, wozu er imstande ist und was für ein Kerl er in Wahrheit ist. Er glaubt, daraus ein nie erlebtes Selbstwertgefühl und eine einmalige Entschlußkraft zu beziehen. Man kann diese geradezu jämmerliche Verzweiflung auch daran erkennen, daß politische Mörder bisweilen so starr darauf fixiert sind, wie sie die Öffentlichkeit aufnehmen wird, wenn sie ihren phantastischen Akt erst einmal in die Tat umgesetzt haben, daß sie häufig ganz vergessen sich zu überlegen, wie sie nach der Tat zu flüchten gedenken. Viele dieser Täter wollen wie Ruth Steinhagen gleich am Ort des Verbrechens erkannt und festgenommen werden. Auch Bremer ist ein solches Beispiel. Nachdem er sich genauestens überlegt hatte, wen er sich als Opfer nehme und wie er seine Tat durchführen werde, hat er sich keinerlei Gedanken über seine Flucht gemacht. Er mußte nur unbedingt unter Beweis stellen, daß ein minderwertiger Nobody wie er in der Lage ist, dicht genug an eine prominete Persönlichkeit wie George Wallace heranzukommen, um ihm den Garaus machen zu können. Wie aus seinen Tagebuchaufzeichnungen hervorgeht, hatte Bremer noch einen weiteren phantastischen Plan für den Fall, daß es ihm nicht gelingen sollte, sich über das geplante Attentat die Beachtung zu verschaffen, die er brauchte. Er wollte eine Bank ausrauben und dann über eine Brücke flüchten, während die Polizei ihm nachjagt. Aber bevor die Polizisten ihn schnappen könnten, wollte er von der Brücke springen und sich während des Sturzes in den Kopf schießen. Es ist sehr bezeichnend für die spezielle Störung dieses Charakters, daß er sich nicht einfach eine Überdosis irgendeines Schlafmittels verpaßte oder sich draußen im Wald eine Kugel durch den Kopf jagte, um dann seelenruhig darauf zu warten, bis ihn irgend jemand dort fände. Er wollte unbedingt ein spektakuläres Ende finden, so wie er es sich durch den Mordanschlag auf George Wallace versprach. Dabei hing Bremer noch nicht einmal einer speziellen politischen Ideologie an. Bevor er seine aggressiven Nötigungsversuche gegen Wallace in Angriff nahm, hatte er es schon mit Richard Nixon und anderen führenden politischen Figuren versucht, jedoch schließlich begriffen, daß es zu schwierig für ihn sein würde, an diese Persönlichkeiten heranzukommen. Es klingt fast wie Hohn, daß einige von Bremers schwarzen Mitgefangenen ihn wie einen Helden feierten wegen seines versuchten Attentats gegen Wallace, der sich zu der Zeit noch für Rassentrennung einsetzte, während Bremer doch in Wahrheit einfach nur nicht in der Lage war, sich an bedeutendere Persönlichkeiten der Politszene heranzumachen.

Ein weiteres Wesensmerkmal, das *Stalker* prominenter Persönlichkeiten und politische Attentäter gemeinsam haben, ist ihr seltsames plötzliches Desinteresse, das sie ihrem Opfer gegenüber nach der Tat bisweilen an den Tag legen. Ich weiß, das klingt unlogisch in Anbetracht der Tatsache, daß manche dieser Individuen Jahre damit zubringen, alle möglichen Informationen und Memorabilien über das Opfer ihrer Wahl zusammenzutragen. Aber wie wir am Beispiel Bremer gesehen haben, ist ihr zwanghaftes Verhalten und die endgültige Ausführung ihres Plans für sie häufig viel wichtiger als ihre Verbindung zu der betreffenden Person oder ihr Engagement für eine politische Ideologie. David Lettermans *Stalkerin* beispielsweise scheint ihr krankhaftes Interesse gerade erst einer ganz anderen Persönlichkeit zugewendet zu haben, nämlich dem früheren Astronauten Story Musgrave. Nachdem sie vor Musgraves Haus festgenommen wurde, erklärte sie, daß sie sich bis über beide Ohren in den Astronauten verliebt habe.

Wie gefährlich diese Art von verdrehten Fans für Prominente werden kann, wurde der Öffentlichkeit erst 1980 wieder in aller Schärfe ins Gedächtnis gerufen, als Mark David Chapman sein

Idol, den Ex-Beatle John Lennon, auf der Straße vor dessen Wohnhaus in New York City erschoß. Genau wie Steinhagen und Bremer machte Chapman nach der Tat keine Anstalten zu flüchten, weil auch er die Aufmerksamkeit der Öffentlichkeit brauchte, die ihm der Mord an seinem Opfer einbrachte. Doch im Fall von Chapman lagen die Dinge insofern etwas anders, als er zwar ebenso wie die beiden anderen seine Tat beging, um sich die allgemeine Aufmerksamkeit zu sichern, aber darüber hinaus seinen Gewaltakt als einen finalen Schritt seiner illusorischen Verehrung für John Lennon verstand. Chapman hatte die Vorstellung, daß der Mord an seinem Idol der ultimative Ausdruck seiner Liebe für John Lennon sei, denn erst damit konnte er seine jämmerlich pathetische Gestalt für immer an die Person des berühmten Künstlers schmieden. Chapman besaß eine umfassende Sammlung von Lennons Musik und ging in seinem Eifer sogar soweit, verschiedentlich Beziehungen zu Frauen asiatischer Herkunft aufzunehmen, um auf diese Weise Lennons Ehe mit Yoko Ono zu kopieren. Ein weiteres Tatmotiv, das vielleicht noch einfacher zu verstehen ist, war seine geradezu irrwitzige Eifersucht, mit der er jeden Schritt seines angebeteten Idols verfolgte. Da Chapman selbst außerstande war, das Leben dieses berühmten, erfolgreichen, hochtalentierten und von seinen Fans vergötterten Menschen zu leben, ging es ihm grundsätzlich nur noch darum, irgendwie dafür zu sorgen, daß auch Lennon dieses Leben nicht mehr führen konnte. Das Leben des Superstars auszulöschen war für Chapman die einzige und endgültige Möglichkeit, seine Existenz für immer an die Person dieses abgöttisch verehrten Mannes zu ketten.

Nur drei Monate nach dem Mord an John Lennon versuchte John Hinckley jr. sein Attentatsversuch gegen Ronald Reagan, als der Präsident mittags, nach einem Vortrag, das Hilton Hotel in Washington, D.C., verließ. Hinckleys Fall ist insofern interessant, als er sowohl deutlich macht, wie unberechenbar ein wahnhaft liebender, erotomanischer *Stalker* sein kann, und zugleich veranschaulicht, wie wenig man zu der damaligen Zeit mit diesem Verbrechertyp umzugehen wußte.

Zuvor war Hinckley auf die Filmschauspielerin Jodie Foster

fixiert gewesen. Ich habe Jodie kennengelernt, als ich zu einigen Fragen während der Dreharbeiten von *Das Schweigen der Lämmer* hinzugezogen wurde. Sie ist eine begabte und intelligente Frau, vor der ich den allergrößten Respekt habe, sowohl als Schauspielerin als auch als Mensch, und ich empfinde tiefstes Mitleid mit ihr, daß gerade sie das unschuldige Opfer eines der schrecklichsten und um ein Haar auch eines der katastrophalsten Fälle von *Stalking* wurde, die je bekannt geworden sind.

Jodie Foster oder ihre Agentur reagierten zunächst sehr höflich auf Hinckleys Verehrerbriefe, so wie auf alle Post, die sie von ihren Fans erhielt. Sie erkannte natürlich nicht, daß es sich bei diesem Verehrer um ein Individuum handelte, das auf dem besten Wege war, zu roher Gewalt zu greifen. Als sie sich am College von Yale einschrieb, verschaffte er sich irgendwie die Telefonnummer ihres Studentenwohnheims, und sie reagierte auch auf seine Anrufe sehr freundlich, so wie sie sich eben jedem ihrer Fans gegenüber verhalten hätte, der ihr Komplimente für ihre Schauspielkunst macht. Dabei dachte sie selbstverständlich nicht im Traum daran, ihm irgendwelche Hoffnungen zu machen, daß sie jemals in irgendeiner Form eine Beziehung zu ihm eingehen würde.

Heutzutage haben die Dinge leider bereits dermaßen alarmierende Formen angenommen, daß viele Experten wie Gavin de Becker, die sich mit dem Phänomen des *Stalking* und anderen bedrohlichen Formen kriminellen Verhaltens befassen, prominente Personen davor warnen, mit ihren Fans Kontakt aufzunehmen. Sie raten sogar davon ab, auch nur diese bei den Fans so beliebten persönlich unterschriebenen Fotos zu verschicken. Sicherlich ist das für die große Fangemeinde normaler Verehrer eine gewisse Enttäuschung angesichts der geringen Zahl potentiell gewalttätiger *Stalker*, die dem Star gefährlich werden könnten. Aber es ist inzwischen einfach zu riskant geworden, den betreffenden Prominenten dieser Gefahr auszusetzen. In manchen Fällen mußten berühmte Menschen des öffentlichen Lebens sogar ihren Wohnsitz unter fremdem Namen anmelden, damit sie von solchen Individuen nicht so leicht aufgespürt werden konnten.

John Hinckley jr. schrieb Jodie Foster: »Du wirst sehr stolz auf mich sein, Jodie. Millionen von Amerikanern werden mich – werden uns lieben.« Um es ganz deutlich zu sagen, dieser Hinckley war ganz eiskalt entschlossen, den Präsidenten der Vereinigten Staaten sowie jeden, der sich zufälligerweise in dessen Nähe befand, zu ermorden und damit möglicherweise die historischen Geschicke des Landes zu ändern, nur um ein Mädchen zu beeindrucken, das nicht nur kein Interesse an ihm hatte, sondern kaum wußte, daß er überhaupt existierte.

Auch wenn das politische Attentat selbst mißlang, so hatte Hinckley doch das eine Ziel erreicht, seinen Namen mit dem Namen Jodie Foster zu verquicken. Auch wenn er sie nicht selbst bekam, so konnte dieser Nobody sich doch wenigstens im Ruhm ihres Namen sonnen.

Dem Vernehmen nach begann Hinckleys Obsession für Jodie Foster, nachdem er sie in dem Film *Taxi Driver* gesehen hatte. Ähnlich erging es noch einer weiteren Schauspielerin, die das Pech hatte, in einem Film mitzuspielen, der bei einem anderen verwirrten Individuum ebenfalls dererlei heftige Emotionen auslöste. Der Name der siebenundzwanzigjährigen Theresa Saldana war zwar noch kein fester Begriff beim Publikum, doch war sie bereits in mehreren Filmen zu sehen gewesen, unter anderem 1982 in dem Film *Raging Bull* mit Robert De Niro.

Am Morgen des 15. März dieses Jahres wurde Theresa Saldana von einem Mann mittleren Alters angesprochen, als sie gerade vor ihrem Appartement-Wohnhaus in West Hollywood ihre Autotür aufschloß. Ob sie Theresa Saldana sei, fragte der Mann, und als sie bejahte, zog er ein Jagdmesser hervor, das er bei sich trug, und hieb damit auf sie ein. Er fügte ihr zahlreiche schwere Schnitt- und Stichwunden zu. Dabei stach er so heftig zu, daß sich die Klinge des Messers verbog. Jeff Fenn, ein Verkaufsfahrer, der sich zufällig in der Nähe befand, hörte Saldanas Hilfeschreie und kam ihr augenblicklich zu Hilfe. Es gelang ihm, dem Angreifer das Messer zu entwenden. Ein Notarztwagen brachte sie anschließend in das Cedars-Sinai Medical Center, wo sich die junge Schauspielerin einer Herz-Lungen-Operation unterziehen mußte, während derer ihr zwölf Liter Blut zugeführt werden mußten, und ihr Herz sogar für einen kurzen Augenblick zu schlagen aufhörte. Um ein Haar hätte der Kerl auf diese Weise tatsächlich seine »göttliche Mission« erfüllt, als was er, wie er später sagte, seine Tat betrachtete.

Die Polizei nahm Arthur Jackson fest und erfuhr, daß er Schotte war und keinen festen Wohnsitz besaß. Besonders aufschlußreich war ein Tagebuch, das Jackson in seinem Rucksack mit sich führte. Wie bei Arthur Bremer gewannen die Ermittler auch in diesem Fall durch die Notizen des Täters einen tiefen Einblick in die Psyche dieses zwanghaften *Stalkers*, der in seiner Tat schlechterdings den eigentlichen Sinn seiner gesamten Existenz sah.

Während des Verhörs sowie durch seine persönlichen Notizen lernte man auch seine familiäre Herkunft kennen, demnach war sein Vater ein Alkoholiker und seine Mutter schizophren. Als Siebzehnjähriger wurde Jackson bereits in seiner schottischen Heimat in ein Krankenhaus eingewiesen, weil er einen Nervenzusammenbruch erlitten hatte, der möglicherweise von verschiedenen enttäuschten Lieben herrührte, über die er in seinem Tagebuch schrieb. Nachdem er ein Jahr lang in der psychiatrischen Klinik behandelt worden war, reiste er durch verschiedene Länder und Kontinente und nahm in London, Toronto und New York niedrige Arbeiten an, bevor er sich Mitte der 50er Jahre bei der U.S. Army verpflichtete. Dort verliebte er sich in einen anderen Soldaten, doch auch dieses Mal wurden seine Gefühle nicht erwidert. Die Folge war ein erneuter Zusammenbruch, so daß man ihn zur Behandlung in das Walter Reed Hospital in Washington, D.C., einwies. Zu seinem einundzwanzigsten Geburtstag wurde ihm gestattet, übers Wochenende die Klinik zu verlassen. Er fuhr nach New York und versuchte sich dort mit Schlaftabletten umzubringen.

1961 wurde Jackson aus dem Militärdienst entlassen und machte in der Folge erneut verschiedene unglückliche Lieben durch, die seine Bekannten nie erwiderten, bis er schließlich begann, sich in ein Phantasieleben hineinzusteigern, das er sich mit allen möglichen berühmten Personen erträumte, denen er nie in seinem Leben begegnet war. Noch im gleichen Jahr wurde er vom U.S. Secret Service festgenommen, weil er Präsident John F. Kennedy bedrohte, und man wies ihn schließlich nach Schottland aus, wo er zeitweilig bei seiner Mutter lebte und bettelnd umherzog. Das Geld, das er auf diese Weise zusammenbekam, trug er in die Kinos, wo er die meiste Zeit verbrachte. Auf diese Weise sah er auch die Filme *I Wanna Hold Your Hand* und *Defiance*, in denen Theresa Saldana mitspielte, und offensichtlich war es der Film *Defiance*, der Jackson schließlich dazu inspirierte, sich in seiner zwanghaften Art auf diese Schauspielerin zu konzentrieren. Wie aus Jacksons Tagebüchern hervorgeht, hatte er, während er eine besonders gewalttätige Szene dieses Filmes sah, gewisse Flashbacks, durch die er sich an eine ähnlich grausame Begebenheit erinnert fühlte, die er während seines Aufenthaltes 1956 in der Notaufnahme nach seinem Selbstmordversuch erlebt hatte. Die Erregung, die er beim Anblick dieser Gewaltszene empfand, übertrug er auf Saldana und schrieb in sein Tagebuch, daß er, wenn er sie »in die Ewigkeit schicken würde«, ihre Liebe zu gewinnen hoffte. Diese Wahnidee bedeutete für ihn eine größere emotionale Befriedigung als alle vorhergegangen »Beziehungen«, die er gehabt hatte. Von diesem Augenblick an begann er, als *Stalker* erst richtig aufzublühen.

Für die meisten *Stalker* wird die Jagd nach der Beute eine Hauptbeschäftigung, durch die ihr Leben endlich einen Sinn und einen Inhalt bekommt. In dem Punkt war auch Arthur Jackson keine Ausnahme. Der Mann, der außerstande gewesen war, über einen längeren Zeitraum auch nur die einfachsten Jobs zu halten, und der die meiste Zeit seines Lebens völlig ziellos umhergewandert war, hatte plötzlich eine Mission und ein Ziel, auf die er alle seine Aufmerksam richtete und für die er Tausende von Kilometer reiste – nämlich einer Frau nachzuspüren, der er noch nicht einmal begegnet war. 1982 reiste er illegal erneut in die Vereinigten Staaten ein und versuchte zum ersten Mal Kontakt mit seinem potentiellen Opfer aufzunehmen. Er begann in New York, wo er sich als Filmagent ausgab, der ein großartiges Drehbuch in Händen hielt, als Produzent, Kameramann, Regieassistent und Publizist, er versuchte die Schauspielerin über ihre Verwandten und Arbeitskollegen zu kontaktieren, und reiste schließlich nach Los Angeles, als alle seine Bemühungen in New York zunächst fehlschlugen. Nichts konnte ihn von seinem Ziel abbringen. Als er dann wieder nach New York kam, erfuhr er, daß Saldana in Hollywood lebte, also bestieg er einen Überlandbus und fuhr die ganze Strecke quer durch die Vereinigten Staaten zurück nach Westen.

Als er schließlich erkannte, daß er auf eigene Faust nicht weiter kam, wurde Jackson etwas einfallsreicher und heuerte in Hollywood einen Privatdetektiv an, der ihm Theresa Saldanas Adresse besorgte. Glücklicherweise hatte er weniger Glück bei der Beschaffung einer Waffe. Ursprünglich hatte er geplant, Saldana zu erschießen, weil dies, wie er fand, »ein humanerer« Tod war, als sie mit dem Messer niederzustechen. Während seiner Reise quer durchs Land hatte er verschiedentlich versucht, eine Pistole zu kaufen, die man ihm jedoch nicht aushändigte, weil er keine entsprechenden Papiere wie einen gültigen Ausweis oder einen amerikanischen Führerschein besaß. So grauenvoll Saldana schließlich durch die Messerstiche zugerichtet war, hätte Jackson, wie geplant, aus nächster Entfernung zehn Mal mit der Waffe auf sie gefeuert, dann wäre die Angelegenheit ganz anders ausgegangen.

Mit einem unglaublichen Mut erschien Saldana nur zwei Wochen nach dem heimtückischen Anschlag bereits wegen einer ersten Anhörung vor Gericht. Man schob sie über und über bandagiert in einem Rollstuhl in den Saal – die Infusionsschläuche steckten noch in ihrem Leib –, um gegen Jackson auszusagen. Er wurde wegen versuchten Mordes und schwerer Körperverletzung verurteilt und bekam zwölf Jahre dafür, die Höchststrafe, die in dieser Zeit für ein solches Verbrechen verhängt werden konnte. Nachdem er die Zeit in Kaliforniern abgesessen hatte, wurde er nach Großbritannien ausgeliefert, wo man ihn seit 1966 wegen Mordes in Verbindung mit einem Banküberfall suchte. Dieser Fall war, während dieses Buch entstand, noch anhängig.

Als der Anschlag auf Theresa Saldana verübt wurde, wurde ihr Talent gerade erst von einer breiteren Öffentlichkeit entdeckt, und ihre Karriere kam allmählich in Schwung, aber sicherlich war sie noch keine allzu bekannte Künstlerin in der Film- und Fernsehbranche. Bevor Arthur Jackson ihr vor ihrem Wohnhaus begegnet war, hatte sie ihn noch nie im Leben gesehen. Das, was ausgerechnet sie zum Ziel seiner gefährlichen Obsessionen gemacht hatte, schien einzig die Tatsache gewesen zu sein, daß in dem Augenblick, in dem er soweit war, seine ganze Kraft und all seinen Daseinswillen einem anderen, erfolgreicheren Menschen als er selbst, in den Weg zu werfen, ihr Bild verfügbar war. Weil Fimstars und Größen aus der Unterhaltungskultur, der Musik und sogar der Sportwelt ihr persönliches Erscheinungsbild der Öffentlichkeit zur Verfügung stellen, scheinen sie eine besonders geeignete Zielgruppe für den zwanghaften Verfügungswillen solcher gestörter Menschen zu sein.

Viele solcher Fälle von *Stalking*, bei denen ein krankhafter Liebeswahn im Spiel ist, richten sich jedoch auch gegen ganz normale Bürger, wie in einem berühmten Fall, der sich in Kalifornien zutrug und einen der größten Massenmorde des Staates zur Folge hatte. Dadurch wurde damals diese Form des Verbrechens sowie die Belästigung am Arbeitsplatz und Gewaltanwendung gegen Frauen landesweit in das Bewußtsein der Öffentlichkeit gerückt.

1984 war Laura Black zweiundzwanzig Jahre alt und arbeitete erst seit kurzer Zeit als Ingenieurin bei der Rüstungsfirma ESL. Eines Tages wurde sie dort Richard Wade Farley vorgestellt, der in dem gleichen Unternehmen, aber in einer anderen Abteilung als Computertechiker tätig war. Die zierliche, dunkelhaarige junge Frau war nicht nur hübsch, sondern überdies ausgesprochen gescheit, so daß sie während ihrer Zeit bei ESL bereits auf einen höheren Posten befördert wurde. Darüber hinaus war Laura Black sehr sportlich, hatte früher als Turnerin Preise gewonnen und spielte jetzt im Softball-Team der Firma. Die beiden hatten sich kennengelernt, als Farley einen Kollegen in Laura Blacks Abteilung besucht hatte. Die drei Arbeitskollegen gingen anschließend gemeinsam zum Mittagessen, was für Laura nicht mehr bedeutete, daß sie nun eben ein Gesicht mehr kannte unter den vielen Mitarbeitern, die in der Firma beschäftigt waren. Für Farley schien dieses Treffen jedoch von weit größerer Bedeutung gewesen zu sein. Außerdem konnte man das gemeinsame Mittagessen nicht gerade als eine in irgendeiner Form romantische Verabredung verstehen, schon gar nicht, da jeder sein Essen selbst bezahlte, und entsprechend hatte Laura Black nicht die leiseste Ahnung, daß Farley Jahre später einmal zum besten geben würde, daß er sich damals auf der Stelle in sie verliebt hatte.

Von da an begann er jedoch regelmäßig an ihrem Schreibtisch aufzukreuzen und lud sie zu allen möglichen Veranstaltungen ein wie zu Konzerten, Kabarettveranstaltungen und einmal sogar zu einem Karambolagerennen. Laura war allerdings überhaupt nicht interessiert an ihm, im Gegenteil, wie sie sagte, fühlte sie sich unwohl dabei, wenn Farley ihr den Hof machte, und wollte solche Gespräche am Arbeitsplatz einfach nicht führen müssen. In aller Höflichkeit versuchte sie ihm daher beizubringen, daß sie ihn einzig als Arbeitkollegen betrachtete, was ihn jedoch nicht davon abhielt, ihr weiterhin Geschenke zu machen, die nicht nur angesichts der Tatsache, daß sie nur eine flüchtige Bekannte war, ausgesprochen unpassende, sondern bisweilen auch sehr sonderbare Geschenke waren; unter anderem verehrte er ihr einen Spiegel, der die Form eines Herzens hatte, sowie einen Spielzeug-Schaufelbagger.

Etwa einen Monat nachdem sie einander vorgestellt worden waren, verlangte Farley Laura Blacks Adresse und Telefonnummer zu erfahren, die sie ihm jedoch verweigerte. Er wurde daraufhin immer hartnäckiger, während Laura allmählich begann, sich über Farleys unangenehme Zudringlichkeit zu beunruhigen. Der Frustrationspegel stieg auf beiden Seiten.

Um deutlich zu machen, wie kompliziert solche Fälle mitunter werden können – selbst Experten, die sich eingehend mit dem Phänomen des *Stalkings* beschäftigt haben, geben ganz unterschiedliche Empfehlungen ab, wie mit Menschen wie Farley zu verfahren ist –, werden wir im nächsten Kapitel noch einmal auf dieses Thema zurückkommen. Laura Black hoffte jedenfalls, daß sie die unangenehme Situation entschärfen könnte, wenn sie Farleys romantische Aufwartungen in aller

Höflichkeit, Aufrichtigkeit und Festigkeit zurückwiese. Doch leider war Farley auf einer rationalen Ebene nicht zu erreichen.

Das Team des National Victim Centers hat das Verhaltensmuster herausgearbeitet, dem die meisten dieser *Stalker* folgen, und es ist geradezu unheimlich, wie genau ihre Beschreibung auf Fairley paßt. Ihrem Modell entsprechend versuchen die meisten dieser Charaktere, diejenige Person, auf die sie ihren Liebeswahn fixieren, mit Briefen, Geschenken, Blumen und dergleichen für sich einnehmen zu können. Während dieser Phase hofft der Täter noch ganz verzweifelt, daß er der betreffenden Person, auf die er es abgesehen hat, nur begreiflich zu machen braucht, wie sehr er sie liebe, und das würde dann reichen, um sie endgültig für sich zu gewinnen. Diese Motivation ist besonders häufig bei Tätern der Antrieb, die mit ihrem Opfer früher einmal tatsächlich ein Verhältnis gehabt hatten, sowie für Täter, die aus dem familiären Umfeld des Opfers stammen – wobei es möglicherweise bereits zu Gewaltanwendung gekommen ist –, und die nun hoffen, ihre zerrüttete Beziehung wieder aufbauen zu können. Doch in beiden Fällen neigt der *Stalker* dazu, sich bedrohlicherer und einschüchternder Mittel zu bedienen, sobald ihm klar wird, daß alle seine Geschenke und Einladungen das Opfer nicht überzeugen können, und er versucht dann mit Gewalt in das Leben derjenigen Person einzudringen. Diese Individuen können unter solchen Umständen sehr besitzergreifend und eifersüchtig oder auch romatisch versponnen auf andere Freundschafts- oder Liebesbeziehungen reagieren, die das Opfer möglicherweise pflegt. Der *Stalker* belästigt dann sein Opfer nicht mehr nur, sondern beginnt es in Worten oder Taten direkt oder indirekt zu bedrohen. Und wenn dann selbst seine Drohungen nichts ändern – nachdem überhaupt noch keine seiner Maßnahmen funktioniert hatte –, greift er möglicherweise zu blanker Gewalt. Dabei kann es zu Mord (oder auch Selbstmord) kommen, entweder aus Verzweiflung, weil er seinem Opfer seine große Liebe um jeden Preis begreiflich machen will, oder aus Wut oder Eifersucht, und dahinter steht der eine Gedanke: »Wenn ich sie nicht haben kann, dann soll sie niemand bekommen.«

Während es auf der einen Seite durchaus vorhersehbar ist, daß eine bestimmte Anzahl von *Stalkern* genau diesem Verhaltensmuster bis zu seinem gewaltsamen Ende folgt, kann andererseits niemand abschätzen, was der jeweilige Angreifer genau tun wird oder wann. Manche verzichten möglicherweise plötzlich doch darauf Gewalt anzuwenden und beginnen wieder ganz von vorn mit Blümchen und Liebesbriefchen, doch andere können auch innerhalb weniger Tage die ganze Bandbreite von Verhaltensmustern durchlaufen, bis hin zu dem gewaltsamen oder sogar tödlichen Ende. Bei wiederum anderen Tätertypen kann es hingegen jahrelang dauern, bis sie gewalttätig werden, oder sie bedrohen ihr Opfer, suchen es sogar persönlich auf, und ziehen sich dann mit einem Mal wieder zurück und stellen ihr irritierendes Verhalten für viele Jahre ein, um dann in einem Augenblick wieder auf die Bühne zu treten, in dem das Opfer am wenigsten vermutet hätte, seinem Peiniger erneut begegnen zu müssen. Die Meinungen der Experten, wie man sich im Umgang mit einem *Stalker* richtigerweise verhalten sollte, mögen sehr unterschiedlich ausfallen, doch in einem Punkt sind sie sich alle einig, nämlich daß dieser im höchsten Grad unberechenbare und ganz und gar eigenwillige Verbrechertypus in jedem Fall sehr ernst genommen werden muß.

Laura Black hatte nicht ahnen können, wie gefährlich die Angelegenheit für sie noch werden würde, und selbst ein Außenstehender hätte Farleys Aktionen, solange er nicht gewalttätig wurde, als durchaus charmant, wenngleich auch ein wenig seltsam empfinden mögen. Ein besonders tückischer Aspekt dieser Form des Verbrechens ist, daß während der Anfangsphase nur das Opfer spürt, wie unangemessen das Verhalten des *Stalkers* ist, während andere (und ich fürchte sogar, daß dies selbst auf Angehörige des Polizeiapparates zutrifft) auf die Bedenken, die das Opfer äußern mag, ganz hilflos und irritiert reagieren.

»Freu dich doch, daß dich jemand mag«, sagen die Leute und glauben, daß der Mann nur bis über beide Ohren verliebt ist und sich schon zurückziehen wird, wenn er merkt, daß die betreffende Frau kein Interesse an ihm hat, oder eben doch ihre Zuneigung gewinnt. So ist die Geschichte vielleicht auch in Laura Blacks Umfeld wahrgenommen worden, als Richard Farley ihr sieben Wochen lang jeden Montagmorgen selbstgebackenes Blaubeerbrot auf den Schreibtisch stellte, das er schön mit Butter bestrichen hatte, so daß sie nur noch reinzubeißen brauchte. Für Laura Black bedeutete dieses Blaubeerbrot jedoch, daß mit Farley irgend etwas nicht in Ordnung sein konnte. Sein Verhalten war in Wirklichkeit höchst narzißtisch und genau das Gegenteil von großzügig und fürsorglich. Er machte damit ganz deutlich, daß es ihm völlig gleichgültig war, was sie wollte oder was nicht. Ihm ging es einzig und allein um das, was er selbst im Sinn hatte. Seine »Aufmerksamkeiten« gegenüber Laura Black waren nichts anderes als der Ausdruck eines Machtkampfes, den er auf keinen Fall verlieren durfte, schon gar nicht, weil er bereits soviel emotionale Energie darauf verwendet hatte.

Zunächst hatten viele Leute – möglicherweise ja sogar das Opfer selbst – sein Verhalten vielleicht für etwas bemitleidenswert gehalten. In diesem Punkt entspricht dieser Typus von *Stalker* dem klassischen Persönlichkeitsprofil anderer Verbrecher wie dem von Vergewaltigern und Mördern, die eine Befriedigung daraus beziehen, daß sie einen Menschen manipulieren, dominieren und beherrschen. Ebenso bezeichnend ist es, daß Farley sich ein Opfer ausgesucht hatte, daß vierzehn Jahre jünger war als er selbst, was bei Tätern sehr üblich ist, die sich sicherer fühlen und die Sache besser unter Kontrolle zu haben glauben, wenn ihr Opfer erheblich jünger ist als sie. Viele Serienmörder beginnen ihre Verbrecherlaufbahn mit jüngeren Opfern, weil sie sich durch Gleichaltrige eingeschüchtert fühlen.

Nachdem Black es ganz deutlich gemacht hatte, daß sie Farleys Gefühle nicht erwidere, indem sie es ablehnte, sich mit ihm zu verabreden und ihm ihre Telefonnummer und ihre Adresse verweigerte und ihm vor lauter Verzweiflung sogar gesagt hatte, sie würde sich unter keinen Umständen jemals mit ihm verabreden, nicht einmal, »wenn er der letzte Mann auf Erden« wäre, wurde er immer zudringlicher. Wie er wahrscheinlich sagen würde, glaubte er, das Recht zu haben, sie einladen zu dürfen. Und als sie auf seine höflichen Bitten nicht einging, glaubte er offensichtlich auch das Recht zu haben, ihr deswegen lästig werden zu dürfen. Und genau das tat er, indem er bei ihr im Büro erschien, sobald sie allein war, besonders wenn sie nachts oder an den Wochenenden Überstunden machte. Wie Arthur Jackson hatte er eine Mission zu erfüllen und ging dabei mit erstaunlicher Findigkeit vor. Nur wenige Wochen nachdem er Laura Black begegnet war, belog er einen Kollegen im Personalbüro des Unternehmens und gab vor, Laura zu ihrem Geburtstag überraschen zu wollen, weshalb er gerne wissen wolle, wann sie geboren worden sei. Als der Mitarbeiter daraufhin die persönlichen Daten von Laura Black im Computer aufrief, prägte Farley sich sofort ihre Adresse ein. Dann brach er ihren Schreibtisch auf und fertigte eine Kopie ihrer Hausschlüssel an. Als er später erfuhr, daß sie über Weihnachten zu ihren Eltern reisen würde, verschaffte er sich erneut Zugang zu ihrem Schreibtisch, indem er den Sicherheitsbediensteten der Firma vormachte, er habe seinen Schreibtischschlüssel verloren, ihnen statt dessen aber die Nummer von Laura Blacks Schreibtisch nannte. Anschließend durchstöberte er dann ihre Privatsachen, bis er die Adresse der Eltern gefunden hatte, wohin er einen seiner fast zweihundert Briefe schickte, die er an sie abfaßte – allein dieser Brief war acht engbeschriebene Seiten lang.

Alle seine Bemühungen dienten einem doppelten Zweck. Zum einen konnte er sich auf diese Weise in die Vorstellung versteigen, er »besäße« Laura Black – ganz wie ein Vergewaltiger, der in die Wohnung seines Opfers einbricht, um sich, wenn die betreffende Frau nicht daheim ist, beispielsweise in den Besitz ihrer Höschen zu bringen, damit er wenigstens einen Gegenstand hat, um seine sexuelle Phantasie anzuregen, bevor er endgültig über sie herfällt. Natürlich hätte Laura Black am liebsten nichts mit ihm zu schaffen, aber er sammelte unaufhörlich Informationen über sie und trug Stück für Stück Gegenstände zusammen, die mit ihrem tatsächlichen persönlichen Leben zu tun hatten. So wie der *Stalker* eines Leinwandstars akribisch die Videobänder sammelt, auf denen er jeden einzelnen Film aufzeichnet, in dem die Person seiner Verehrung jemals mitgespielt hat, und Zeitungsausschnitte und Abbildungen aus Illustrierten zu einem Einklebealbum zusammenstellt, so legte Farley sich einen Fundus von Gegenständen und Informationen über Laura Black an, weil er sich auf diese Weise einbilden konnte, er sei ihr nahe. Indem er sich beispielsweise die Zulassungsschilder der Autos aufschrieb, welche die Männer fuhren, mit denen Laura Black ausging, und sich alle möglichen Details über sie einprägte, hatte er die Illusion, daß er einen intimen Umgang mit ihr habe. Diese verkehrte Wahrnehmung der Realität verleitete ihn später, nachdem er der jungen Frau bereits jahrelang mit seinen Aktionen zugesetzt hatte, zu der Idee, sie sollten sich gemeinsam an einen Eheberater wenden.

Indem er erklärt: »Wir streiten wie ein altes Ehepaar«, macht er das ganze Ausmaß deutlich, in dem er sich bereits in eine Beziehung zu Laura Black hineinphantasiert hatte. Auch wenn er nicht wirklich wahnsinnig war wie Hinckley, der in allem, was Jodie Foster tat, eine verborgene Botschaft zu sehen glaubte, so daß er ihr 1980 schrieb: »Du hast heute nicht deinen buntkarierten Rock getragen … Du hast nicht das Recht, unsere Beziehung auf diese Weise zu zerstören«, so agierte Farley jedoch in einer für *Stalker* typischen Weise, wobei er bei allem, was er tat, nie aus dem Auge verlor, daß er um jeden Preis Laura Blacks Aufmerksamkeit gewinnen mußte. Er wollte nicht unbedingt, daß sie seine Freundin oder seine Frau würde, aber er brauchte die Gewißheit, daß er sie haben könnte und nicht der ewige Verlierer war, für den er sich selbst und so viele andere hielten.

Indem er Informationen über sie sammelte sowie mit seinem gesamten nötigenden und aufdringlichen Verhalten, das so charakteristisch für einen *Stalker* ist, konnte er auch ihr Privatleben kontrollieren und ihre grundlegendste Entscheidungsfreiheit manipulieren. Und genau darin liegt das zweite treibende Moment für sein Verhalten. Mit jeder noch so kleinen Information, die er sich über Laura Black verschaffen konnte, und mit jeder Aktion, mit der er sich gegen ihren Willen in ihr Leben einmischte, gelang es ihm, für sich selbst wieder klarzumachen, daß einzig er derjenige war, der die Situation beherrschte. Zwar wollte sie keine Beziehung zu ihm haben, aber es gelang ihm durch sein Verhalten sicherzustellen, daß sie Tag und Nacht an ihn denken mußte. Es gab für sie keinen Platz, an den sie sich hätte zurückziehen können; er fand sie überall.

1985 sprach Farley sein zwanghaftes Bedürfnis, Laura Black zu kontrollieren, ganz deutlich aus, als er ihr aus lauter Frustration darüber, daß sie ihn ganz unverblümt abblitzen ließ und schließlich sogar vollständig zu ignorieren begann, folgenderweise schrieb: »Ich sehe dich genau sechs Mal pro Woche, was dir keine allzu großen Freiheiten mehr läßt. Deshalb dachte ich, es sei freundlicher, dich anzurufen, wenn ich dich treffen möchte, und du hättest die übrige Zeit für dich. Aber die Vorstellung scheint dir ganz offensichtlich nicht zu gefallen. Ich nehme also an, daß es für mich an der Zeit ist, die Spielregeln zu ändern.«

Ganz ähnlich wie andere kriminelle Charaktere Mittel und Wege finden, die Verantwortung für ihre Taten ihrem jeweiligen Opfer selbst zuzuschreiben, versuchte auch Farley, sein Verhalten zu rechtfertigen, während er sich gleichzeitig mit dem Gedanken immer vertrauter machte, seine mißbräuchlichen und nötigenden Aktionen noch zu verschärfen. Er bemühte sich, Laura den Eindruck zu vermitteln, daß er ja bereit gewesen sei nachzugeben, doch nun habe sie durch ihr Verhalten alles noch schlimmer gemacht und sei demnach für die Folgen selbst verantwortlich – als ob er davon ausging, ein Erwachsener in einer normalen und gesunden Beziehung hätte grundsätzlich ein Recht dazu, für seinen Partner Strafmaßnahmen und Verhaltensregeln aufzustellen.

Es reichte ihm nicht, sie nur zu beobachten oder Details über ihr Privatleben in Erfahrung zu bringen, er mußte sich auch immer der Tatsache sicher sein können, daß sie wußte, daß er derjenige war, der die Dinge im Griff hatte. Er schloß sich ihrer Gymnastikgruppe an, photographierte sie bei ihren Aerobic-Übungen (und schickte ihr mit einem seiner Briefe sogar selbstgefertigte Zeichnungen, die sie im Turntrikot darstellten). Er sah zu, wenn sie mit ihrem Team Softball spielte und mischte sich, ohne daß er eingeladen worden wäre, dazwischen, wenn sie mit den anderen das Spiel anschließend bei einer Pizza feierte. Er rief sie zu Hause an, häufig noch spät am Abend, und kam mit dem Wagen vorgefahren, wenn er sie am Telefon nicht erreichen konnte.

Bisweilen zog er sich auch für eine Weile zurück – wie es schien immer dann, wenn seine Einschüchterungsversuche aus irgendeinem Grund nicht den gewünschten Effekt hatten –, aber über kurz oder lang erschien er erneut auf der Bildfläche und nahm seine Verfolgung wieder auf. Völlig verzweifelt suchte Laura Black schließlich bei der Unternehmensleitung um Hilfe, und Farley wurde unmißverständlich mitgeteilt, daß er sie in Ruhe zu lassen habe, wenn er seinen Job behalten wolle, und daß er sich an eine psychiatrische Beratungsstelle wenden solle.

Wir erleben sehr oft, wenn Opfer andere Instanzen um Hilfe bitten, von außen in den Fall einzugreifen, daß ihre Situation dann entweder besser wird oder sich aber noch entschieden verschlechtert. Ich weiß, das klingt ziemlich hohl, aber traurigerweise ist es genauso. Genau wie in jeder anderen Hinsicht, kann das Verhalten von *Stalkern* auch höchst unberechenbar werden, wenn sich das jeweilige Opfer um Hilfe an die Autoritäten bemüht. Sowohl Linda Fairstein als auch David Beatty haben die Beobachtung gemacht, daß ein *Stalker* manchmal dazu bewegt werden kann, sein übergriffiges Verhalten einzustellen – aber beide betonen, daß dies gleich zu Anfang seiner nötigenden und bedrängenden Aktionen versucht werden muß.

Fairstein bemerkt: »Ich habe solche Typen erlebt, die wenigstens noch einen gewissen Halt in der Realität hatten wie eine Familie, einen Job oder ähnliches, und die sich auch noch keine kriminelle Straftat haben zuschulden kommen lassen. Bei denen kann es passieren, daß sie nach ihrem ersten Zusammenstoß mit dem Gesetz tatsächlich zur Besinnung kommen und ihr Verhalten aufgeben, weil sie erkennen, daß sie sonst alles verlieren.« Aber wir müssen bei solchen zwanghaften Charakteren immer damit rechnen, daß sie sich möglicherweise einfach einem neuen Opfer zuwenden. Doch allem Anschein nach gibt es wirklich einen gewissen Prozentsatz von *Stalkern*, die in der Lage sind, sich zu ändern – was wiederum davon abhängt, wie sie leben und wie genau sie erkennen können, welche Konsequenzen es für sie haben würde, wenn sie mit dem Gesetz in

Konflikt geraten, und was sie überhaupt zu ihren Aktionen veranlaßt hat. Wenn sie psychisch krank sind oder einfach aus lauter Spaß an der Sache andere Menschen bedrängen und bedrohen – etwa so wie ein Serienvergewaltiger, der regelrecht Freude daran hat, seine Opfer zu überwältigen und zu beherrschen –, dann stehen die Chancen ziemlich schlecht, daß sie durch irgend etwas von ihrem Weg abgebracht werden können.

Manchmal, wenn ein Opfer Hilfe von außen sucht und sich darum bemüht, daß sein Peiniger bestraft wird (oder ihm auch einfach jede Form der Kontaktaufnahme untersagen läßt, indem es eine Unterlassungsklage gegen ihn anstrengt), dann kann das üble Folgen nach sich ziehen. Beatty bemerkt dazu, daß viele *Stalker* sich einfach nicht der Tatsache bewußt sind, daß sie etwas falsch machen.

»Was besonders erstaunt«, sagt Beatty, »ist, was man zu hören bekommt, wenn ein Täter schließlich verurteilt und ins Gefängnis gesteckt wird: ›Ich hab ihr doch gar nichts getan. Hab sie doch nur geliebt.‹« Wenn ein solcher Angreifer auf dem Standpunkt steht, daß er nichts verbrochen hat, dann nimmt er das Engagement der Behörden als einen Akt der Ungerechtigkeit wahr, der gegen seine Person verübt wird. Rechtliche Schritte, die gegen ihn eingeleitet werden, versteht er dann nur als eine weitere Schikane, mit der ihn Opfer und Gesellschaft quälen.

Im Fall von Laura Black hat die Tatsache, daß sie sich an die Unternehmensleitung um Hilfe wandte, zumindest dazu geführt, daß Farleys belästigende Aktionen endlich zur Anzeige kamen, aber insgesamt schien sein Verhalten dadurch nur noch zu eskalieren. Zur Anzeige kam es, kurz nachdem Farley Laura Black vor ihrer Wohnung in den Weg getreten war, und ihr gegenüber zum erstenmal seine Waffensammlung erwähnte. Er sagte ihr, wie geschickt er im Umgang mit seinen Pistolen und Gewehren sei. Als sie ihn fragte, ob er vorhabe, sie zu töten, antwortete er – was er später auch noch einmal in einem seiner Briefe wiederholte –, daß dies nicht seine Absicht sei, doch zugleich warnte er sie auch, daß sie, indem sie durch ihre Anzeige seinen Job gefährdet habe, die Karten neu gemischt habe und es jetzt an der Zeit sei, die »Glacéhandschuhe abzustreifen«.

Er schrieb ihr auch: »Wenn ich dich töten würde, dann könntest du ja nicht mehr bereuen, was du mir angetan hast. Zwischen den beiden extremen Optionen, entweder gar nichts zu tun oder zuzusehen, wie die Polizei oder sonstwer mich tötet, liegen unendlich viele andere Möglichkeiten, die alle viel schlimmer für dich wären.«

Ganz offensichtlich war er durch eine Anzeige nicht mehr zur Vernunft zu bringen. »Wenn ich erst einmal gefeuert worden bin«, schrieb Farley an Laura Black, »dann wirst du nie wieder in der Lage sein, mich irgendwie zu kontrollieren ... Ich werde unter dem Druck ganz einfach zusammenbrechen und Amok laufen. Ich werde dann alles zerstören, was mir im Weg steht ... Selbst wenn du dabei davonkommen solltest, würdest du nie wieder so leicht einen Mann an der Nase herumführen können, wie du das mit mir tust, und ich würde gewinnen.«

Auch wenn Farley behauptete, er handele nur aus unerwiderter Liebe, so waren in seinen manipulativen Briefen an Laura Black die Anzeichen für seinen starken Drang, sie zu dominieren und zu beherrschen, unverkennbar. Desgleichen war er außerstande, seine gefährlichen Obsessionen vor dem Firmenpersonal zu verbergen, als er auf die Drohung entlassen zu werden damit konterte, er habe genügend Waffen, »um einige von ihnen mit sich mitzunehmen«.

Zwei Jahre, nachdem Farley von einem Arbeitskollegen, der nicht den leisesten Hintergedanken dabei hatte, mit Laura Black bekannt gemacht wurde, feuerte ihn die Firmenleitung wegen Belästigung und Vernachlässigung des Dienstes fristlos. Zur gleichen Zeit gab die Unternehmensführung Laura Black den Rat, für eine Weile in Urlaub zu gehen.

Der mögliche Verlust des Jobs oder der Verlust von Frau oder Freundin können auslösende Streßfaktoren sein, nach denen wir zuerst suchen müssen, wenn wir es mit einem Gewalttäter zu tun haben. Wenn der betreffende Täter bereits ernsthafte Persönlichkeitsstörungen hat, dann kann der Verlust der wenigen Anker, die er noch im wirklichen Leben hat, bedeuten, daß er endgültig das Gleichgewicht verliert, wie wir immer und immer wieder feststellen mußten. Als Farley untersagt wurde, am

Arbeitsplatz Kontakt zu Laura Black aufzunehmen (ihm wurde sogar verboten, noch länger den Parkplatz des Unternehmens zu benutzen), wurde sein Verhalten zunehmend besorgniserregender, und zwar in dem Maße, in dem er spürte, daß sie seiner Kontrolle zu entgleiten drohte. Obgleich er niemals wirklich ein Verhältnis mit Laura Black gehabt hatte, fürchtete er, neben seinem Job nun auch seine Freundin zu verlieren. Er fuhr also fort, ihr zu folgen, wo immer sie sich hinwandte, und stellte, bevor er einen neuen Arbeitsplatz gefunden hatte, seine ganze Zeit in den Dienst seiner zwanghaften Aktionen, wobei er zum Beispiel Stunden damit zubrachte herauszubekommen, welches der Zahlencode war, mit dem sie ihre Garagentür öffnen konnte. Er versuchte sogar, den Hausverwalter ihres Appartementblocks dazu zu bewegen, ihm die benachbarte Garage neben ihrem Stellplatz zu vermieten. Als Laura Black davon erfuhr, zog sie aus ihrer Wohnung aus, was sie während dieser Tortur schon einmal auf sich genommen hatte. Aber genau wie zuvor, gelang es ihm auch dieses Mal, sie wieder ausfindig zu machen.

Er fuhr fort, sie mit Briefen zu traktieren, in denen er ihr seine Gefühle beschrieb, von verliebten Stimmungen bis hin zu bedrohlichen Absichten, die er gegen sie hegte, und er fuhr fort, sich in ihre Gedankenwelt hineinzumanipulieren, wenn nicht gar in ihr alltägliches Leben. In einem dieser Briefe legte er einen Zeitpunkt fest, an dem er sich mit ihr treffen wolle, und schob ihr angebliches Verantwortungsgefühl vor, um zu begründen, wann er vor ihrer Tür erscheinen würde, um sie auszuführen. Wenn sie sich in solchen Situationen weigerte, mit ihm auszugehen, so sah er darin einen Beweis dafür, wie sie mit seinen Gefühlen spiele. Laura Black befand sich in einer ganz unmöglichen Situation. Wenn sie ihn anrief, um ihm klarzumachen, daß sie nicht mit ihm ausgehen würde, dann hatte er sie bereits soweit, daß sie zumindest mit ihm sprach, und das wiederum – darüber war sie sich selbst im klaren – mißinterpretierte er als Ermutigung. Wenn sie ihn allerdings nicht anrief, dann stand er im nächsten Augenblick gestiefelt und gespornt vor ihrer Tür und wartete.

Doch er entwickelte noch ein ganz anderes unglaubliches

Szenario. Nachdem er nämlich aus seinem Job gefeuert worden war, erklärte er ihr, daß er nun bald keinen Pfennig mehr in der Tasche haben würde. »Entweder ich finde eine neue Arbeit, oder ich wohne bei dir. Eine andere Möglichkeit gibt es nicht«, ließ er sie wissen. Doch bevor dieser Ernstfall tatsächlich erreicht war, fand er glücklicherweise einen neuen Job auf seinem Arbeitsgebiet.

Im Winter 1987/1988, drei Jahre, nachdem die Tortur für Laura Black begonnen hatte, wurde sie zunehmend besorgter und bekam immer mehr bedrohliche Signale von Farley. Inzwischen hatte er erneut seinen Job verloren und mußte nach einer Räumungsklage seine Wohnung verlassen. Zudem war die Steuerfahndung hinter ihm her, weil er bei seinen Zahlungen mit 40000 Dollar im Rückstand war und selbst den diversen Mahnungen nicht mehr nachkam. »Die Sache wird über kurz oder lang explodieren, und dann …«, schrieb Farley ihr, »dann ist die Kacke am dampfen. Und alles nur, weil du mich für einen Spinner hältst und nicht begreifen willst, wie toternst ich es meine.« Er gab nicht auf, alle Verantwortung auf sein Opfer zu schieben: Es sei ihre Schuld, daß sie sich einander entfremdet hätten, und sie allein zwänge ihn dazu, das zu tun, was er tun würde.

Ironischerweise machte Laura Black sich genau während der Zeit, als Farley sie für sein Verhalten verantwortlich machte, die angestrengtesten Gedanken, wie sie verhindern könnte, daß die Dinge völlig außer Kontrolle gerieten. Sie war bereits gewarnt worden, daß die Angelegenheit mit Farley sie um ihren Status der sicherheitsrelevanten Unbedenklichkeit bringen könnte, den sie auf keinen Fall verlieren durfte, wenn sie bei dem Unternehmen bleiben wollte. Es war also nicht damit getan, daß sie seit Jahren unter dem Streß von Farleys permanenten direkten Bedrohungen gegen sie leben mußte – und damit, daß dieser Kerl sich in ihr Leben hineingeschlichen hatte, bis sie sogar ihre Wohnung aufgeben mußte, weil er alle Beziehungen, die sie zu anderen Menschen hatte, torpedierte und in jeder Hinsicht ihr Recht auf eine Intimsphäre ignorierte –, jetzt setzte er mit seinem Verhalten sogar indirekt ihren Arbeitsplatz aufs Spiel. Sie überlegte sich, eine Unterlassungsklage gegen ihn anzustrengen, fürchtete aber, wie sie sagte, »daß eine Unterlassungsklage ihn möglicherweise erst recht ausrasten lassen würde«. Doch Anfang 1988 steckte Farley ihr einen Briefumschlag hinter den Scheibenwischer ihres Wagens, in dem er eine Nachricht für sie hinterlassen hatte sowie eine Kopie, die er von ihrem Hausschlüssel angefertigt hatte.

Indem er ihr diesen Nachschlüssel gab, machte er erneut auf bedrohliche Weise deutlich, wie sehr er sie dominierte; ganz als wollte er ihr damit klarmachen, »siehst du, ich habe den Schlüssel nicht benutzt, aber ich hätte, wenn ich gewollt hätte, und ich könnte immer noch«. Ich habe oft genug mit diesen Kontrolltypen zu tun gehabt, um zu wissen, wie großartig Farley sich bei dem Gedanken gefühlt haben muß, in welche Angst er Laura Black versetzte, als sie entdeckte, daß er jederzeit in ihre Wohnung hätte eindringen können, während sie selbst in all der Zeit keine Ahnung gehabt hatte, daß er einen Nachschlüssel besaß. Er konnte ihr Gesicht wahrscheinlich bildhaft vor sich sehen, als sie den Briefumschlag öffnete und darin den Schlüssel fand, und möglicherweise hat er ihr dabei sogar aus sicherer Entfernung zugesehen. So wie der eigentliche sexuelle Akt für einen Vergewaltiger nur halb so erregend und befriedigend ist wie die Planung des Verbrechens, wie die Phantasien, die er dabei haben kann und wie die Genugtuung, daß er sein Opfer physisch und psychisch beherrschen kann, so wäre es auch für Farley längst nicht so befriedigend gewesen, wenn er einfach in Laura Blacks Wohnung eingedrungen wäre und sie ermordet hätte. Was ihn faszinierte war die Tatsache, daß er sie in Angst und Schrecken versetzen konnte, und er genoß es, sich darüber seinen Phantasien hinzugeben. Typen wie er leben für die Jagd, für den Machtkampf.

Aber indem er diese Karte ausspielte, brachte er Laura Black dazu, endlich doch rechtliche Schritte gegen ihn einzuleiten. Am 2. Februar 1988 war für sie, wie sie sich ausdrückte, »das Ende der Fahnenstange erreicht«. Jetzt brauchte sie Hilfe durch das Rechtssystem und die Unterstützung der Polizei, um diesen Mann ein für allemal aus ihrem Leben zu verbannen.

Man verhängte eine vorübergehende Unterlassungsverfügung gegen Farley, wonach ihm verboten wurde, sie weiterhin zu bedrohen, zu behelligen, ihr nachzuspionieren oder sie auch nur anzurufen. Außerdem wurde er angewiesen, mindestens einhundert Meter Abstand zu ihrem Wohnhaus zu wahren sowie zu dem Sportplatz, auf dem sie Softball spielte, den Räumlichkeiten, in denen sie ihre Aerobic-Übungen machte und zu ihrem Büro. Am 17. Februar war die Gerichtsverhandlung anberaumt, diese vorübergehende Verfügung in ein permanentes Unterlassungsurteil umzuwandeln.

Laura Black hatte inzwischen viel Zeit ihres Erwachsenenlebens damit zugebracht, sich von Richard Wade Farley zu befreien, aber in seinen Augen war dieser letzte Schritt von ihr der Tropfen, der das Faß zum Überlaufen brachte. Am 9. Februar erwarb er für 600 Dollar ein halbautomatisches Gewehr mit einem Kaliber von 12 mm sowie einen Haufen Munition für diese und die übrigen Waffen, die er bei sich zu Hause hatte. Die Sicherheitüberprüfung überstand er problemlos, da er von seinem früheren Job noch die Unbedenklichkeitserklärung des FBI besaß, und weil die Unterlassungsverfügung, die gegen ihn erlassen worden war, nirgendwo in seinen Daten auftauchte – in Kalifornien wurden Unterlassungsverfügungen zu der Zeit noch nicht in die persönlichen Daten aufgenommen, solange man nicht dagegen verstieß.

Am darauffolgenden Freitag schickte er einen Brief an Laura Blacks Anwalt, in dem er versicherte, daß er Beweise für ihr gemeinsames Verhältnis besäße, wie zum Beispiel Quittungen aus Restaurants, in denen sie gemeinsam gegessen hätten, einen elektronischen Garagenöffner, den sie ihm überlassen habe sowie Mitschnitte verschiedener Telefongespräche, die sie miteinander geführt hätten. Als weiteren Beweis führte er an, er wisse angeblich, wo Laura Black eine bestimmte Menge Kokain versteckt hielt, und fabulierte über verschiedene Gelegenheiten, als sie gemeinsam ausgegangen seien. Blacks Anwalt fand nichts von alledem überzeugend.

Offensichtlich hatte Farley sich jeden einzelnen Punkt des Briefes, den er ihrem Anwalt zukommen ließ, aus den Fingern gesogen. Aber auf eine Überlegung hierbei möchte ich doch hinweisen. Nehmen wir nur einmal an, Farleys Behauptungen seien nicht restlos aus der Luft gegriffen, und er war möglicherweise tatsächlich einmal mit ihr ausgegangen, und hatte tatsächlich Beweise für eine nähere Beziehung zwischen den beiden. Als ehemaliger Spezialagent des FBI kenne ich nicht ein einziges Gesetz, kein Statut und keinen Paragraphen der Verfassung, wodurch es irgend jemandem gestattet wäre, einen anderen Menschen systematisch fertigzumachen, ihn zu bedrängen, zu nötigen, ihm nachzuspionieren oder sonstwie zu belästigen, nur weil er irgendwann einmal zu dieser Person in einer näheren Beziehung gestanden hätte. (Wir werden im nächsten Kapitel noch ausführlicher auf die Dynamik dieser Form des *Stalkings* eingehen.) Aber was hinter Farleys Behauptungen steckt, ist genau die gleiche kaputte Logik, derer sich auch Vergewaltiger bedienen, die glauben, ein Recht auf eine bestimmte Person zu haben, vor allem, wenn der Täter aus dem näheren Umfeld des Opfers stammt. Aber die Verletzung der Gesetze, jemanden systematisch zu demontieren oder einem anderen Menschen – durch welche Aktionen auch immer – physische Gewalt anzutun, ist unter gar keinen Umständen zu tolerieren – niemals. Auch wenn nicht jede Vergewaltigung wie die andere verläuft, und es unterschiedliche Formen von *Stalking* gibt, so handelt es sich hierbei doch um verbrecherische Aktionen gegen Opfer, die mit keiner Geste jemals darum gebeten, geschweige denn es verdient hätten, auf diese widerwärtige Weise mißhandelt und gequält zu werden.

Als der Tag der Gerichtsverhandlung näherrückte, machte Farley sich für den nächsten Akt seiner Mission fertig: Entweder es gelang ihm, Laura Black zu überreden, die Klage gegen ihn fallenzulassen, oder er würde sich vor ihren Augen umbringen. »Ich hatte einfach das Gefühl, sie müsse selbst mit ansehen, was ihr Verhalten mir gegenüber nach sich zöge … anstatt nur darüber in der Zeitung zu lesen«, sagte Farley später. Er mietete sich ein Wohnmobil, das er mit all seinen Waffen und aller Munition vollstopfte, die er besaß, sowie mit seiner Fotoausrüstung – vermutlich um die Aktion festzuhalten, wenn es ihm gelänge, sie irgendwie doch zu überzeugen, mit ihm mitzukommen.

An diesem Morgen begann er seinen Tag in der gewohnten Routine, duschte und rasierte sich, zog sich an und fuhr dann zu einem in der Nähe gelegenen Frühstückscafé. Danach jedoch machte er sich fertig für den Kampf. Er fuhr nach Hause zurück, wo er seinen letzten Willen und sein Testament gut sichtbar auf den Tisch legte, damit man die Dokumente dort fände, wenn es ihm nicht gelingen sollte, Laura Black davon abzubringen, gerichtlich gegen ihn vorzugehen, um ein Unterlassungsurteil gegen ihn zu erwirken. Am frühen Nachmittag dann bestieg er, ausstaffiert wie ein beknallter Rambo, sein Wohnmobil, in dem er jetzt gut und gerne fünfzig Kilogramm an Waffen und Munition gelagert hatte, und fuhr zu ESL, wo er auf Laura Black warten wollte, bis sie Feierabend machen würde. Als es schließlich 15 Uhr wurde, hatte Farley keine Lust mehr zu warten. Er hatte sich jetzt eine Weste mit Extrataschen für Munition übergezogen sowie ein Stirnband – alles farblich mit seiner Militärklamotte abgestimmt –, steckte sich die gefüllten Magazine ein, am Gürtel ein Messer und in den Revolverhalftern, die er sich umgeschnallt hatte, seine Pistolen, und war schließlich mit sieben Waffen, einschließlich dem Gewehr sowie den Handfeuerwaffen, seinen halbautomatischen Pistolen und einer Jagdflinte, ausgestattet. Als Tüpfelchen auf dem »I« steckte er sich noch schnell ein Paar Ohrenstöpsel ein sowie seine Lederhandschuhe und stieg dann aus dem Wohnmobil.

Als er so über den Parkplatz des Unternehmens schritt und das Gebäude betrat, begegnete ihm als erster der sechsundvierzigjährige Larry Kane, ein Fachmann für Datenverarbeitung, den Farley kannte. Farley griff zu seinem Jagdgewehr und erschoß den Mann. Dann richtete er seine Waffe auf Randell Hemingway, einen anderen Angestellten der Fima, schoß jedoch daneben. Anschließend feuerte er in ein Büro hinein und traf die dreiundzwanzigjährige Wayne »Buddy« Williams tödlich – sie hatte gerade erst geheiratet. Farley schoß weiter um sich, während er sich allmählich Laura Blacks Büro näherte. Sein drittes Opfer tötete er auf der Treppe zum zweiten Stockwerk, wo er auf weitere fünf Menschen feuerte (drei davon starben an ihren schweren Verletzungen), bis er schließich Laura Blacks

Büro erreichte. Obgleich er behauptete, seine Absicht sei eigentlich gewesen, Laura zur Zeugin seines Selbstmords zu machen, begann er sofort zu schießen, als er sie sah. Der erste Schuß ging daneben, aber mit dem zweiten traf er sie in die Schulter, woraufhin sie ohnmächtig wurde. Als sie Sekunden später wieder zu sich kam, sah sie, daß sie stark blutete. Laut um Hilfe schreiend gelang es ihr irgendwie, mit den Füßen die Tür zu ihrem Büro zuzustoßen. Als Farley daraufhin nicht versuchte, gewaltsam in das Bürozimmer einzudringen, rief Black die Notzentrale an, bekam jedoch keinen Anschluß, weil die Leitung besetzt war. Dann schienen sich die Schüsse treppab zu entfernen, und Laura Black verließ ihr Büro, um zu flüchten.

Inzwischen war das ganze Stockwerk ein einziges Chaos, alles war blutverschmiert, und in der Luft hing der Rauch aus Farleys Waffen. Während er durch das Gebäude ging, feuerte er wild um sich, schoß auf frühere Arbeitskollegen und Computer. Laura Black fand ihre Freundin, die siebenundzwanzigjährige Glenda Moritz. Er hatte sie angeschossen und ließ sie dort auf dem Boden sterben. Auch die neunundvierzigjährige Programmiererin, Helen Lamparter, lag mit dem Gesicht nach unten auf dem Boden. Völlig in Schock versuchte Laura Black, das Blut zu stoppen, das ihr aus der Schulter floß – die Wunde war so groß wie ihre Faust, und aus ihren Lungen drangen gurgelnde Laute, die von ihren inneren Blutungen herrührten. Sie versteckte sich zusammen mit anderen Mitarbeitern etwa eine halbe Stunde lang, und die Polizei versuchte unterdessen, Farley zur Aufgabe zu überreden. Er solle sich doch einmal Gedanken darüber machen, was er seiner Mutter damit antäte, rief ihm der verhandlungsführende Beamte zu.

»Ja, für sie wird das ganz schrecklich sein«, antwortete Farley, denn sie sei die einzige Person, die ihn je geliebt habe.

Während Laura Black ums Überleben kämpfte und sich zusammen mit einigen Arbeitskollegen versteckt hielt, die ihr Papierhandtücher gegen die Schulter drückten, um den Blutverlust etwas einzudämmen, beteuerte Farley der Polizei, daß er ihr niemals etwas zuleide tun wollte. »Alles, was sie hätte tun müssen, war, mit mir auszugehen«, rief er. Er lief von einem Büroraum zum nächsten, so daß das Sondereinsatzkommando seinen genauen Standort nicht orten konnte. Dann hörte Laura Black ihn plötzlich in dem Büroraum gleich nebenan am Telefon sprechen und entschloß sich zur Flucht. Es gelang ihr, sich durch die Vorhalle bis zur Treppe zu schleppen und hinunter und raus auf die Straße zu kommen. Ein Sanitätswagen, der dort bereitstand, brachte sie ins Krankenhaus, wo sie wegen eines Lungenkollapses behandelt werden mußte, eines gebrochenen Armes und einer schweren Verletzung der Schulter.

Mehr als fünf Stunden, nachdem die Schießerei begonnen hatte, Stunden, in denen Farley sich umzubringen drohte und schließlich ein Sandwich und eine Pepsi zum Abendessen verlangte, gab Laura Blacks Peiniger endlich auf. Bis zu dem Zeitpunkt waren sieben Menschen tot und weitere vier verwundet. Als Farley sich ergab, erklärte er: »Ich bin derjenige, der die Leute erschießt.« Aber selbst jetzt noch versuchte er einen Teil der Verantwortung von sich abzuwälzen, indem er sagte: »Sagt Laura Black, daß alles nur ihretwegen geschehen ist.« Am nächsten Tag – dem Tag, an dem der Termin für die Umwandlung der vorübergehenden in eine permanente Unterlassungsverfügung gegen Farley anberaumt war – wurde Laura Blacks Antrag durch einen Gerichtsbediensteten in San Jose stattgegeben.

Aber der Alptraum war noch nicht zu Ende für Laura Black. Nach der Attacke mußte sie neunzehn Tage lang stationär versorgt werden und hatte vier Operationen vor sich, mit der die Ärzte ihre zertrümmerte Schulter wieder herzustellen hofften. Seitdem hat sie bereits drei weitere operative Eingriffe über sich ergehen lassen müssen und wird wahrscheinlich nie wieder völlig hergestellt, so daß sie Schulter und Arm bewegen könnte wie früher. Selbst wenn sie die vierjährige Tortur jemals vergessen könnte, so würden sie die permanenten Schmerzen und die vielen Narben auf ihrem Körper (einschließlich der Narben an ihrem Bein, an ihrer Hüfte und ihrem Bauch, die von Hauttransplantationen herrühren) sie sicherlich bis in alle Ewigkeit daran erinnern.

Farley hingegen schrieb selbst im Gefängnis weiterhin Briefe an sie. In einem dieser Briefe räumte er Laura Black ein, daß sie diejenige sei, die im Endeffekt gewonnen habe, obschon ich mir vorstellen könnte, daß ihr diese Feststellung seitens Farley ziemlich gleichgültig gewesen sein mußte, denn sie hatte sich schließlich nie auf seinen Krieg einlassen wollen.

Als der Fall schließlich vor Gericht kam, mußten beide wiederholt in den Zeugenstand treten. Während Laura Black es vermied, ihren Peiniger auch nur genauer anzuschauen – selbst als sie aufgefordert wurde, ihn als Richard Wade Farley zu identifizieren, warf sie nur einen kurzen Blick in seine Richtung –, sprach er von ihrer sogenannten »Beziehung« sogar im Präsens. Die Anwesenden beschrieben Farley als einen Menschen, der allein durch Laura Blacks bloßen Anblick völlig versteinert gewesen zu sein schien, und sich während ihrer Aussage sogar Notizen machte. Seine Verteidiger argumentierten, daß er nicht wegen vorsätzlichen Mordes verurteilt werden könnte, da er ja nicht planvoll gemordet habe. Und auch Farley versuchte wieder, seine vollständige Verantwortung für die Tat irgendwie in Zweifel zu ziehen, indem er sagte: »Ich erinnere mich, daß das Gewehr ein-, zweimal losging … Offensichtlich habe ich es abgeschossen, denn da war ja sonst niemand, der das Gewehr gehalten hätte.« Er beschrieb auch die Szene in Laura Blacks Büro, als er anstatt sich selbst zu erschießen, wie er es geplant hatte, sofort auf sie feuerte. Demnach hatte sie zunächst gelächelt, als sie aufsah, um zu sehen, wer gekommen sei. »Aber ihr Lächeln ist sehr flüchtig«, meinte Farley. »Sobald sie mich erkannte, lächelte sie nicht mehr.«

Anstatt zu erklären, warum er auf sie schoß, redete Farley wieder nur davon, inwiefern Laura Black auf *ihn* einwirkte. »Irgendwie«, so meinte Farley in seiner Aussage, »hat mich ihr Lächeln völlig verwirrt, und da ging das Gewehr schon los.« Genau wie in seinen Briefen an sie, verdrehte er ganz gezielt die Tatsachen, um sich aus der Verantwortung zu stehlen: Das Gewehr ging nicht wegen ihres ersterbenden Lächelns los, sondern weil er bewußt und vorsätzlich den Abzug betätigt hatte, und zwar nachdem er Hunderte von Dollar für die neue Waffe, die Munition, das Mietfahrzeug und sein Rambo-Outfit gezahlt hatte, nachdem er an ihre Arbeitsstelle gefahren war und sich genauestens auf seinen Auftritt vorbereitet hatte.

Die Anklage wollte einen Schuldspruch und die Todesstrafe. Lieutenant Ruben Grijalva, der die Verhandlungen mit Farley geführt hatte, wurde in den Zeugenstand gerufen und schilderte der Jury, wie Farley gesagt hatte, daß er jetzt aufhören wolle zu schießen, »weil es keinen Spaß mehr macht«. Der Polizeibeamte berichtete, daß Farley selbst nachdem er aufhörte, auf seine früheren Arbeitskollegen zu feuern, sich nicht gleich ergab, weil er, wie er selbst sagte, sich »noch eine Weile an dem Anblick weiden« wollte. Aus dem, was die Geschworenen von Lieutenant Grijalva und aus dem Munde Farleys selbst zu hören bekamen, konnten sie sich ein Bild machen, was für ein seelenlos kalt berechnender Charakter dieser Mann war. Bei einer anderen Gelegenheit, als er in den Zeugenstand gerufen wurde, erklärte Farley, was er selbst von seiner fast vierjährigen Terrorherrschaft über Laura Black hielt: »Hätte ich sie zu meiner Freundin oder sogar Ehefrau machen können, dann wäre ich der Sieger gewesen ... Wenn sie mich ein für alle Male losgeworden wäre, hätte sie gewonnen.«

Am 21. Oktober 1991 wurden sich die Geschworenen über ihr Urteil einig, und Richard Farley wurde des siebenfachen vorsätzlichen Mordes schuldig gesprochen. Auch wenn Farley zuvor in einem Brief angekündigt hatte: »Auf dem Weg in die Gaskammer werde ich in die Kameras lächeln«, lächelte er am 1. November keineswegs, als man ihn zum Tode in jener besagten Gaskammer verurteilte. Doch da in Kalifornien jedes Todesurteil automatisch eine Revisionsverhandlung nach sich zieht, warten Laura Black und all die übrigen Opfer und Überlebenden von Farleys Amoklauf noch immer auf die Sühnung der Tat.

Ich weiß, daß es Leute gibt, die jetzt sagen: »Dieser arme Mensch! Er war ja offensichtlich psychisch ganz schrecklich verwirrt. Wir sollten ihm helfen, anstatt ihn zu bestrafen.« All diesen guten Leuten möchte ich ins Gedächtnis rufen, daß dieser arme Gestörte trotz seiner bemitleidenswerten Verwirrtheit in der Lage war, bei ESL einen Vollzeit-Job zu bekleiden und – selbst nachdem er dort gefeuert worden war – eine neue Arbeitsstelle in seinem Fach fand. Als er anschließend als Programmierer für seine neuen Arbeitgeber tätig war und Laura Black weiterhin mit seinen aggressiven Machenschaften heimsuchte, gelang es diesem armen Menschen, der so verzweifelt unseres Mitgefühls und unserer Hilfe bedurfte, sogar irgendwie an Fortbildungskursen in San Jose teilzunehmen. Überdies hatte er währenddessen auch noch eine andere Frau kennengelernt, mit der er sich sogar verlobte und vor der er seine Terroraktionen gegen Laura Black verbergen konnte. Wie er selbst in einem seiner Briefe an Laura Black schrieb, war er »wirklich nicht wahnsinnig, sondern nur berechnend. Möglicherweise mache ich uns beiden angst, mit dem, was ich tue, wenn man mich da hineinstößt.« Einige *Stalker* – unter denen sich viele Erotomanen befinden – sind tatsächlich psychisch krank, aber das ist eine ganz andere Geschichte. Die meisten sind einfach ganz ausgefuchste Manipulatoren. Sie sind imstande, unsere Sinne dermaßen zu benebeln, daß wir Mitleid für sie empfinden, anstatt uns darüber klarzuwerden, daß ihre scheinbare Sensibilität und ihre große Enttäuschung über eine unerwiderte Liebe in Wahrheit ein höchst gefährliches Verhalten bei ihnen freisetzt. Sie manipulieren unsere Gefühle selbst dann noch, wenn sie später versuchen, sich der Bestrafung für ihre kalt berechneten und genauestens geplanten Verbrechen zu entziehen.

Die Fälle von Richard Wade Farley und Arthur Jackson machen deutlich, wie wichtig es ist, daß wir eingreifen, sobald sich die Gefährlichkeit solcher Täter abzuzeichnen beginnt und nicht erst, wenn bereits Gewalt angewendet wird. Im Vergleich zu Farley litt Jackson ganz eindeutig unter ernsthafteren Persönlichkeitsstörungen (und möglicherweise sogar unter krankhaften psychischen Symptomen), denn Farley war zumindest oberflächlich betrachtet in der Lage, ein selbständiges Leben zu führen und hatte einen gewissen beruflichen, wenn nicht gar sozialen Erfolg. Jackson hingegen war dermaßen gestört und instabil, daß das einzige, was er überhaupt je mit einigem Erfolg bewerkstelligen konnte, seine Aktionen gegen Theresa Saldana waren, wobei seine Mission, die Schauspielerin umzubringen, glücklicherweise im Endeffekt scheiterte. Doch beide Tätertypen waren in der gleichen Weise einseitig fixiert auf das Opfer ihrer Wahl, und beide gaben, lange bevor sie ihre verbrecherischen Taten begingen, eindeutige Signale für ihre Gefährlichkeit ab.

Verhalten spiegelt Persönlichkeit, und in Übereinstimmung mit ihren unterschiedlichen Charakterstrukturen machten beide Männer auf ihre jeweilige Art und Weise ihre Gewaltbereitschaft klar. Die Alarmzeichen, die von Jacksons Verhalten ausgingen, waren allgemeinerer Natur und eher mit seiner instabilen Persönlichkeit gekoppelt. Meiner Meinung nach werden die potentielle Gefährlichkeit und Unberechenbarkeit eines Menschen schon darin deutlich, daß er wie Jackson in seiner gesamten Identität völlig in das Leben anderer Menschen verwickelt ist und einfach nichts zu verlieren hat; man erinnere sich nur daran, mit welcher Zwanghaftigkeit Jackson sich bereits seit seiner Schulzeit an ganz und gar hoffnungslosen Beziehungen festgebissen hatte, bevor er schließlich versuchte Theresa Saldana zu ermorden. Überdies hatte Jackson mehrfach einen Nervenzusammenbruch erlitten, versuchte sich umzubringen und bedrohte den Präsidenten der Vereinigten Staaten. Ich glaube, es war eine richtige Maßnahme, ihn des Landes verwiesen zu haben, nur war es ein Unglück, daß in seiner Heimat keine entsprechende Instanz existierte, in deren Obhut der amerikanische Geheimdienst ihn hätte geben können, damit sein Verhalten unter Beobachtung blieb.

Auch wenn Richard Farley kein derart offensichtlich problematisches Leben führte wie Jackson, gab jedoch auch er durch seine Aktionen, seine Briefe und die Art und Weise, wie er seinen bis dahin funktionierenden Alltag einfach aufs Spiel setzte, genügend Zeichen für die potentielle Gefahr, die von ihm ausging. Bevor er seinen Job verlor, wurde er gewarnt, doch er bestand darauf, sein nötigendes und einschüchterndes Verhalten gegenüber Laura Black fortzusetzen, obgleich er wußte, daß er damit seinen Arbeitsplatz, seine Wohnung, seine finanzielle Situation und seinen Ruf verlieren würde. Wenn man mit einem Menschen zu tun hat, dessen Verhalten ohnehin bereits auffällig sprunghaft und unberechenbar ist, und man dann noch all die Elemente streicht, die man noch als halbwegs normal bezeichnen könnte, das heißt ihn zusätzlich wütend macht und ihm noch mehr Grund gibt, sich in Phantasien zu ergehen, so erhält man unter dem Strich eine Person, die garantiert ein Unheil anrichten wird. Unglücklicherweise bedarf ein solcher Charakter keines kilometerlangen Vorstrafenregisters, um irgendwann schließlich zu roher Gewalt zu greifen. Bevor ein Mensch zum Mörder wird, hat er ein spezielles Motiv für die Tat und gibt sich Phantasien hin, wie er vorgehen will, und wenn man versteht, die Zeichen zwischen den Zeilen zu lesen, dann entdeckt man häufig beides.

Zu der Zeit, als Farley seine nötigenden Aktionen gegen Laura Black unternahm, galt *Stalking* nach kalifornischem Bundesrecht noch nicht als Straftat, aber der Fall ist ein gutes Beispiel dafür, warum David Beatty immer wieder betont, daß solches Verhalten unbedingt als krimineller Akt gebrandmarkt werden muß. Wie Beatty sich ausdrückt, und wie es sich im Fall von Laura Black ja auch auf so erschreckende Weise bewahrheitet hat, ist *Stalking* »eine der seltenen Formen kriminellen Verhaltens, bei dem der potentielle Mörder den Zeigefinger hebt und sagt: ›Achtung, ich werde jemanden töten. Wartet nur ab, ich bin bereits unterwegs.‹«

Beatty gibt zu bedenken, wie schwierig, ja fast unmöglich es ist, einen Mord zu verhindern. »Aber«, so versichert er, »in einem Fall von *Stalking* haben wir wenigstens die Möglichkeit einzugreifen, wenn wir sehen, daß sich das Verhalten des Täters unausweichlich dahin entwickelt, daß es irgendwann zu Gewaltanwendung und Mord kommen wird.«

Es gab keine entsprechenden Gesetze, die griffig genug gewesen wären, Farley als einen speziellen Tätertypen zu identifizieren und auf seinem Weg zu stoppen. Man hatte ebensowenig voraussehen können, welche sieben Menschen durch Farleys Hand zu Tode kommen würden, wie man ahnen konnte, daß James Brady für den Rest seines Lebens für John Hinckleys zwanghafter Fixiertheit auf Jodie Foster bezahlen werden müßte, aber es gab in beiden Fällen eindeutige Hinweise darauf, daß *irgend jemand* sehr teuer dafür bezahlen würde, wenn niemand eingreift. Es bleibt nur zu hoffen, daß wir jetzt, da so viele Menschen sterben mußten, endlich aktiv werden und diese Charaktere dingfest machen, sobald sie zum ersten Mal ihren Zeigefinger heben, um bei Beattys Bild zu bleiben.

Farley und Jackson können uns auch eine gewisse Vorstellung davon vermitteln, wie grundverschieden jeder Fall von *Stalking* sein kann, je nachdem, mit welchem Tätertypus man es zu tun hat. Jackson war von seinen gesamten Fähigkeiten her dermaßen unbeholfen, daß es in seinem Fall von Stalking gegen Theresa Saldana beispielsweise überhaupt kein Zwischenstadium gab, sondern er, sobald er herausbekommen hatte, wo sie sich aufhielt, dazu überging, sie ermorden zu wollen. Er ähnelte in gewisser Hinsicht David Carpenter, dem sozial völlig isolierten und stotternden Trailside-Killer, dessen Persönlichkeitsprofil ich erstellt und den ich mit meinem Team gejagt hatte, bevor er gefaßt wurde, und der mindestens acht Menschen in den Parks nördlich von San Francisco ermordete. Carpenter verriet seine unglaubliche Unfähigkeit zu irgendeiner Form differenzierteren Verhaltens durch sein blitzartiges Vorgehen, mit dem er über seine Opfer herfiel, was ihnen keine Möglichkeit ließ zu reagieren, wenn die Attacke erst einmal losgegangen war. In diesem Punkt ähnelte er Jackson, der ebenso plötzlich und ausschließlich nichts anderes mehr im Sinn hatte, als nur noch mit dem Messer auf Theresa Saldana einzustechen.

Farley hingegen war in manchen Punkten eher wie Ronnie Shelton. Auch hier war eine ähnliche Kombination aus Unsicherheit und Arroganz zu beobachten. Ein früherer Klassenkamerad beschrieb Shelton als jemanden, »der einfach völlig gesichtslos war«, ein »Versager«, durch und durch. Diese Einschätzung dürfte für einen Mann recht frustrierend gewesen sein, den ein anderer seiner näheren Bekannten auch als »höchst egoistisch« beschrieb und als jemanden, »der davon besessen war, immer recht haben zu müssen«, und der »ein absoluter Macho« gewesen sei. So wie Shelton seine Minderwertigkeitsgefühle dadurch wettzumachen versuchte, daß er wie unter Zwang jede Frau für sich gewinnen mußte, einen Riesenaufwand um sein Äußeres betrieb, sich wie ein Macho gab, ständig Schlägereien anzettelte und Polizeiutensilien sammelte, so schloß Farley sich der Navy an. Dort fand er eine gewisse Anerkennung wegen seiner Treffsicherheit mit der Waffe und seiner guten Führung und bezog offensichtlich viel aus dieser Erfahrung. Noch Jahre später spielte er des öfteren darauf an, wie sehr die Ausbildung bei der Navy ihn über den Durchschnittsmenschen hinaushob, und deutete an, daß er zu geheimen Überwachungsaktionen hinzugezogen worden war, was ihn erst in die Lage versetzte, Laura Black so fachmännisch zu beschatten und alle möglichen Informationen über sie zu sammeln. Farleys Mitgliedschaft bei seiner Einheit bei der Navy gab ihm das Gefühl, jemand besonderes zu sein und das Recht zu haben, Dinge zu tun, die anderen verboten sind. Diesen eigentümlichen Mix aus Größenwahn und tiefsten Minderwertigkeitsgefühlen konnte ich bei vielen Serientätern beobachten, mit denen ich gesprochen habe.

In der Vergangenheit (und in einem bestimmten Grad gilt das auch noch heute) haben wir es *Stalkern* sehr leicht gemacht, sich diesen gelegentlichen Gefühlen von Unbezwingbarkeit hinzugeben. Bevor sie ihrem Opfer nicht irgend etwas ganz offensichtlich Gefährliches antun, gibt es in vielen Staaten keinerlei rechtliche Handhabe gegen sie. Es gab zwar Paragraphen gegen gewisse Delikte, wie etwa die Strafandrohung bei Belästigung, aber selbst wenn jemand einem anderen Menschen einen Brief schrieb, in dem er schwor, daß er ihn umbringen würde, so gab es nicht ein Gesetz, mit dem man denjenigen von der Straße entfernen und die Bedrohung unter Kontrolle bringen konnte. Und es bedurfte noch eines weiteren tragischen Falls, bevor sich in dieser Hinsicht endlich etwas änderte.

Wie es so oft der Fall ist, wenn einer prominenten Persönlichkeit etwas zustößt, so führt die Publizität des Opfers häufig zu einer gesteigerten Aufmerksamkeit der Öffentlichkeit. Der Mord an Rebecca Schaeffer von 1989 war so ein Fall. Danach war man gezwungen, *Stalking* von einer ganz neuen Seite zu betrachten, und selbst die Unterhaltungsindustrie mußte begreifen, daß sprichwörtlich jeder ein Opfer dieses Verbrechens werden kann. Auch den Strafverfolgungsbehörden wurde endlich deutlich, wie gefährlich diese Verbrechertypen werden können.

Rebecca Schaeffer wuchs in Portland/Oregon als einziges Kind eines Schriftstellers und einer Psychologin auf. Sie war eine gute Schülerin der Lincoln High School gewesen und überdies außerordentlich hübsch, besaß große braune Augen, ein warmes, freundliches Lächeln, hatte Grübchen und einen unwiderstehlichen natürlichen Charme. Schaeffer versuchte sich bereits als Model, als sie noch eine Teenagerin war, bekam kleinere Rollen in Werbespots sowie eine Nebenrolle in einem Fernsehfilm. Später zog sie nach New York City, wo man sie in der Branche als ein »nettes Mädchen« in Erinnerung hatte, das seinen Job trotz seiner Jugend bereits sehr professionell und ernsthaft anging und ganz und gar dem klaren Bild entsprach, das von ihr auf der Titelseite der Illustrierten *Seventeen* erschien.

Ihr eigentliches Berufsziel war jedoch Schauspielerin zu werden. Sie nahm Schauspielunterricht und ließ sich auf das mühsame Leben einer Künstlerin ein – sie mußte aus Geldmangel sogar eine Zeitlang ohne Telefon auskommen. Nachdem sie für einige Zeit eine feste Rolle in einer populären Seifenoper gehabt hatte, erhielt sie die Chance, probehalber in der Fernsehkomödie *Meine Schwester Sam* mitzuspielen. Sie machte ihre Sache sehr gut. Ihre Schauspielerkollegin bei der TV-Serie war Pam Dawber, deren jüngere Schwester sie anschließend zwei Jahre lang von 1986 bis 1988 spielte. Im Sommer 1989 erschien sie außerdem in der Filmkomödie *Szenen des Klassenkampfes in Beverly Hills* und hatte gerade eine andere Rolle abgeschlossen, in einem Film, bei dem Dylan Cannon die Regie hatte. Im Juli des gleichen Jahres sollte sie überdies bei Francis Ford Coppola vorsprechen wegen einer möglichen Rolle in dem Film *The Godfather, Teil III*. Sie war zu dem Zeitpunkt gerade mal einundzwanzig Jahre alt, und vor ihr schien ein Leben unbegrenzter Möglichkeiten zu liegen.

Am Morgen des 18. Juli 1989, einen Tag nachdem sie zu Ehren des einundsiebzigjährigen Geburtstages ihres Großvaters eine

Feier gegeben hatte, hatte Rebecca Schaeffer allen Grund bester Laune zu sein, denn nur eine Stunde später war sie zu ihrem Gespräch mit dem berühmten Regisseur verabredet, bei dem es um ihre mögliche nächste Rolle gehen würde. Um 10.15 Uhr klingelte es an ihrer Appartementtür. Da die Sprechanlage nicht funktionierte, öffnete Rebecca Schaeffer, um zu sehen, wer es sei – sie trug noch ihren Morgenmantel. Ein junger Weißer mit schwarzem, buschigen Haar stand dort. In seiner Tasche hatte er eine 357er Magnum. Offensichtlich noch ehe sie sich darüber klar werden konnte, was er tat, zog der Kerl plötzlich die Waffe und feuerte ihr einmal aus nächster Nähe in die Brust. Sie brach schreiend zusammen, während der Mann hinunterstürmte und verschwand. Einer der Nachbarn eilte ihr zu Hilfe, konnte jedoch bereits keinen Pulsschlag mehr fühlen. Sie wurde ins Cedars-Sinai-Medical-Center gebracht – die gleiche Klinik, in der sieben Jahre zuvor auch Theresa Saldana nach dem Attentat auf sie behandelt wurde –, doch nur eine halbe Stunde später mußte man ihren Tod feststellen. Ihr Mörder war noch nicht gefaßt, und ihre ganze Familie, ihre Nachbarn, Kollegen, Freunde und Fans waren entsetzt.

Einigen der Nachbarn war den Verlautbarungen nach ein paar Stunden vor dem Mord ein fremder Mann in der Nähe des Appartementhauses aufgefallen, der ein Paket oder ähnliches mit sich herumtrug. Manche wurden von dem jungen Mann auch angesprochen. Er trug ein gelbes Hemd und hatte ein Poster der jungen Schauspielerin dabei, das er den Leuten zeigte und sie fragte, ob sie Rebecca Schaeffer kennen und möglicherweise wüßten, wo sie wohne. Eine Frau konnte sich noch sehr genau an ihn erinnern, weil sie ihm an diesem Morgen gleich zweimal begegnet war und sich fragte, was er dort suche. Ein weiterer Nachbar erinnerte sich, wie der junge Mann sich bei einem Taxifahrer erkundigte, der vor Schaeffers Haus angehalten hatte, ob es sich bei dem Gebäude um ein Appartement-Haus handele oder um ein Einfamilienwohnhaus. Allen Beschreibungen sowie den Einschätzungen der Ermittler zufolge, die es für unwahrscheinlich hielten, daß Schaeffer von irgend jemandem aus ihrem Bekanntenkreis erschossen worden war, mußte man davon ausgehen, daß es sich bei dem Flüchtigen höchstwahrscheinlich um einen geistig verwirrten Fan handelte.

Diese Vermutungen bestätigten sich schon einen Tag später, als es der Polizei der umliegenden Distrikte gelang, einen Verdächtigen zu identifizieren und festzunehmen. Es handelte sich um den neunzehnjährigen Robert John Bardo, einen ehemaligen Helfer in einem Fast-Food-Restaurant in Tucson/Arizona, der zur Zeit ohne Arbeit war. Ein Freund Bardos, der in Tennessee wohnte, hatte der Polizei von Los Angeles berichtet, daß Bardo ihm gegenüber von Schaeffer gesprochen habe. Demzufolge hatte Bardo der jungen Schauspielerin Liebesbriefe geschrieben, sie aber auch bedroht. Am Morgen nach dem tödlichen Schuß auf Rebecca Schaeffer wurde die Polizei auf einen Mann aufmerksam gemacht, der sich mitten auf der Kreuzung einer belebten Straße auffällig seltsam benahm. Die Polizei fuhr zu der besagten Kreuzung und nahm Bardo in Gewahrsam. Dann schickte man ein Fax seines Konterfeis an das Police Departement von L.A., wo einige von Schaeffers Nachbarn ihn eindeutig als denjenigen jungen Mann identifizierten, den sie tags zuvor vor dem Appartementhaus der Schauspielerin gesehen hatten. Bardo wurde des Mordes an Rebecca Schaeffer angeklagt.

Obwohl die Polizei nun eine Antwort darauf zu haben schien, wer Rebecca Schaeffer ermordet hat, blieb immer noch die Frage nach dem ›Warum‹. Bardo hatte eine ziemlich problematische Vergangenheit, aber keine Vorstrafen, und er war offensichtlich auch nie gewalttätig geworden, so daß nichts darauf hingewiesen zu haben schien, daß er jemals zum Mörder werden würde. Erst wenn solche Indizien auf der Hand liegen, weiß man, wonach man suchen soll. Rückblickend kann man jedoch sagen, daß es gewisse Alarmzeichen im Leben Bardos gegeben hatte. Doch so wie *Stalking* zu der Zeit eine Art von Verbrechen war, der man nur wenig Bedeutung zumaß und von der man noch weniger wußte als heutzutage, übersahen diejenigen, die Rebecca Schaeffer hätten helfen können, bevor es zu spät sein würde, auch die Hinweise auf die potentielle Gefahr, die von Bardo ausging. Man hätte nicht nur Vorsorge treffen müssen,

Schaeffer vor verwirrten Fans abzuschirmen, sondern hätte auch auf gewisse Verhaltensmuster bei Bardo aufmerksam werden können.

Robert John Bardo war das jüngste von sieben Kindern. Sein Vater, ein Unteroffizier bei der Air Force, hatte während seiner Stationierung auf der Yokata Air Base in Japan eine Koreanerin geheiratet. Wie so viele Familien, in denen der Mann beim Militär ist, zogen die Bardos häufig um, bevor sie sich schließlich in Tucson niederließen. Robert war zu dem Zeitpunkt dreizehn Jahre alt. Schon nach wenigen Monaten geriet Bardo in Schwierigkeiten. Noch im selben Jahr bestieg er, nachdem er seiner Mutter 140 Dollar gestohlen hatte, einen Bus und fuhr nach Maine, um Samantha Smith aufzusuchen – das junge Mädchen, das durch ihren Brief an Michail Gorbatschew internationales Aufsehen erregt hatte. Bardo hatte Smith geschrieben, und sie hatte ihm geantwortet, was ihm offensichtlich ausreichte, quer durchs ganze Land zu reisen. Glücklicherweise konnten ihn die Jugendbehörden jedoch aufgreifen, bevor er Smith fand. Bevor man ihn dann wieder zurück nach Tucson schickte, versuchte er sich mit einem Kugelschreiber zu erstechen.

Obwohl er in der Schule nur die besten Noten erhielt, wurde sein Verhalten zunehmend beunruhigender. Schon damals ein Einzelgänger, begann er einem Lehrer Briefe zu schreiben – manchmal mehr als einen Brief pro Tag. Damit wurde bereits deutlich, daß Bardo eher in der Welt der Phantasie zu Hause war als in der Realität, und entsprechend unterzeichnete er seine Episteln mit ›James Bond‹, ›Dirty Harry Callahan‹ und dergleichen. Er schrieb vom Tod – seinem eigenen Suizid und dem Mord an seinem Lehrer und anderer Menschen. Mindestens einem Polizeibericht zufolge hatten Bardos Lehrer die Eltern des Jungen verschiedentlich darauf hingewiesen, daß ihr Sohn psychiatrische Hilfe bräuchte, doch abgesehen von einem Beratungsgespräch im Paolo-Verde-Hospital blieben die Empfehlungen der Lehrer ungehört.

Sowohl Park Dietz als auch der Psychiater Dr. John Stalberg haben, nachdem sie Bardos Fall studiert hatten, darauf hingewiesen, daß sein familiärer Hintergrund höchstwahrscheinlich entscheidend zu seinem sprunghaften und unangepaßten Verhalten beitrug. Auch wenn ich nicht behaupten will, daß ein Kind bei einem alkoholkranken Vater und einer paranoiden Mutter unweigerlich zu einem *Stalker* und Mörder werden muß, ist doch auffällig, wie häufig Kriminelle aus zutiefst gestörten familiären Verhältnissen kommen. Einem Polizeibericht zufolge hatte Bardo einen Fragebogen, der seinen Eltern von der Schulbehörde zugeschickt worden war, selbst ausgefüllt und dazu genutzt, um Hilfe zu bitten: »Dieses Haus ist die reine Hölle ... Ich halte es hier nicht mehr aus. Bitte helfen Sie. Schnell.« Bardo erklärte den Psychiatern, die ihn nach dem Verbrechen befragten, daß ihn einer seiner älteren Brüder physisch mißbraucht habe, ihn angeblich dazu zwang, Urin zu trinken und Ladendiebstähle zu begehen. Worin auch immer Bardos Probleme gelegen haben mochten, seine Eltern schienen sich dafür nur herzlich wenig interessiert zu haben.

Auf der High School war Bardos Verhalten bereits derart alarmierend, daß einer seiner früheren Lehrer ihn damals als »eine Zeitbombe« charakterisierte, »die nur darauf wartete hochzugehen«. Obgleich er immer noch die besten Noten schrieb, verfaßte er damals auch einen zehn Seiten langen Brief an einen seiner Lehrer, in dem er drohte sich umzubringen. Nach einem kurzen Aufenthalt in einem Fürsorgeheim kam er anschließend wieder zurück zu seinen Eltern. Im Sommer 1985 wurde er in eine Klinik eingewiesen, und man attestierte ihm »ernst zu nehmende psychische Störungen«. Seine Familie hingegen wurde als »pathologisch zerrüttet« beschrieben. Generell galt er in dieser Klinik jedoch als ein guter Patient, der seine Behandlung und Therapie mit großem Eifer verfolgte und überdies eine Art Musterrolle für die übrigen jungen Patienten hatte, die er beispielsweise ermutigte, sich des illegalen Drogenkonsums zu enthalten. Obgleich er allem Anschein nach auf dem besten Wege der Besserung war, nahmen seine Eltern ihn schon nach einem Monat wieder zu sich. Nur wenige Wochen danach verließ er die High School für immer.

Zu diesem Zeitpunkt wurde sein Phantasieleben für ihn von immer größerer Wichtigkeit, und seine Karriere als *Stalker* (und letztendlich als Mörder) gewann immer deutlichere Konturen. Auf der Schule war er bereits sozial im Abseits, aber dort hatte er zumindest noch seine guten Noten, wodurch er sich einen Rest von Selbstwertgefühl bewahren konnte. Ohne diesen letzten Anker versank er in Minderwertigkeitsgefühlen und Hilflosigkeit. Dieser junge Mann, der intelligent genug war, nur die besten Noten zu schreiben, wurde schließlich Helfer in einem Fast-Food-Restaurant und verließ sein Elternhaus morgens früh noch vor fünf Uhr, um zu Fuß fast drei Kilometer weit bis zu seinem Arbeitsplatz zu laufen. Wenn er gerade einmal nicht Tische und Boden im Fast-Food-Restaurant putzte, schlief er, spielte Gitarre oder versenkte sich in die Scheinwelt von Radio und TV.

1986 wurde er zum erstenmal auf Rebecca Schaeffer aufmerksam. Zu dem Zeitpunkt war er sechzehn Jahre alt, hatte keinerlei Kontakte, geschweige denn eine Freundin und hatte noch nie eine Liebesbeziehung gehabt. Jemand wie Bardo mußte in Schaeffer geradezu die ideale Verkörperung einer Frau sehen: Sie war bildhübsch, jung, sah unschuldig aus und hatte absolut nichts Bedrohliches an sich. Bardo sah sie zum erstenmal in der Show *Meine Schwester Sam* und sagte später dazu: »Sie trat einfach genau zum richtigen Zeitpunkt in mein Leben.« Er begann ihr Briefe zu schreiben. Auf einen dieser Briefe, in dem er seine Gedanken über Freundschaft und Geistesbrüderschaft niedergeschrieben hatte, antwortete sie ihm und machte ihm ein Kompliment, wie nett und treffend er sich in seinem Brief in Worte gefaßt habe. Sie unterschrieb mit »Alles Liebe, Rebecca«. Das war genau das, was für Richard Farley das erste gemeinsame Mittagessen mit Laura Black und ihrem Mitarbeiter gewesen war. In Bardos Phantasie war die Verbundenheit, die er zu Rebecca Schaeffer empfand, wenn er sie im Fernsehen sah, durch diesen brieflichen Kontakt besiegelt – zum ersten Mal hatte er ein solches Erlebnis mit einer Frau.

Bardo war von diesem Augenblick an von Rebecca Schaeffer gefangen, wandte sich jedoch 1988 auch anderen gefeierten Jungstars zu, wie beispielsweise den Sängerinnen Tiffany und Debbie Gibson – die beide die gleiche jugendliche Unschuld ausstrahlten und dieselbe aufknospende Weiblichkeit verkörperten wie Schaeffer. 1989 sah er Rebecca Schaeffer jedoch, wie sie in einem Film in einer Bettszene mitspielte – es handelte sich um den Streifen *Szenen des Klassenkampfes in Beverly Hills* –, und damit richtete sich, obwohl er seine zwanghafte Fixiertheit bereits von ihr abgewandt hatte, all seine Aufmerksamkeit – und Wut – wieder auf Schaeffer. Was für die junge Schauspielerin nur eine weitere Rolle innerhalb ihrer allmählich Form annehmenden Karriere war, bedeutete für Bardo, daß sie, wie er sich ausdrückte, auf dem besten Wege war, »eine weitere dieser Hollywood-Nutten zu werden«.

Wie Theresa Saldana und Laura Black war auch Rebecca Schaeffer keine Frau, die besonders gefährdet schien. Auch wenn sie allmählich immer bekannter wurde, lebte sie ein sehr bescheidenes Leben in einer ganz normalen, relativ sicheren Gegend. Ihren Freunden und Arbeitskollegen zufolge war sie sehr beliebt, und alle hatten großen Respekt vor ihrem schauspielerischen Talent. Ihre Schauspielkollegin aus der Show *Sam*, Pam Dawber, verehrte sie regelrecht und war am Boden zerstört, als sie von ihrem Tod erfuhr. Sie hatte keine Feinde, oder zumindest keine Feinde, von denen sie wußte, bevor Bardo sie ermordete. Schaeffer hatte nur anfänglich Fanbriefe von Bardo zu Gesicht bekommen. Später haben dann ihre Agentur und die Leute vom Filmstudio ihre Verehrerpost vorher überprüft und furchterregende Briefe fortgeworfen, um die junge Schauspielerin nicht unnütz zu irritieren, die auf diese Weise nichts von Bardos wachsender Obsession erfuhr. Bevor Bardo Rebecca Schaeffer vor ihrem Appartement niederschoß, hatte er versucht, sie auf dem Gelände von Warner Brothers zu treffen, wo ihre Show aufgenommen wurde. Beim ersten Mal hatte er einen riesigen Teddybär dabei und einen Brief an die Schauspielerin, wurde jedoch von den Sicherheitsbediensteten nicht vorgelassen. Das zweite Mal erschien er dort und war ganz wütend, weil er seine Abfuhr als ein Zeichen für Rebecca Schaeffers zunehmende Arroganz wertete. Diesesmal hatte er statt eines Geschenkes ein Messer in der Tasche. Einem Bericht zufolge wurde er damals vom Leiter der Sicherungseinheit in sein Hotel gebracht, der ihm nahelegte, wieder nach Arizona zurückzufahren.

Mit all seinen Briefen und Besuchen signalisierte Bardo Schaeffers Leuten ganz deutlich, wie verzweifelt er darum bemüht war, in Kontakt mit ihr zu kommen. Ich würde gerne glauben, daß heutzutage jemand, der auf dem Feld von *Stalking* fachmännische Erfahrung hat, die Situation besser einschätzen könnte, und ich bin sicher, daß Gavin de Becker ein solcher Fachmann ist, der die Lage richtig analysiert hätte, wenn Rebecca Schaeffer seine Klientin gewesen wäre. Solch ein Experte wäre vielleicht in der Lage gewesen, vorauszusehen, daß ihr Name regelmäßig in Richard Bardos Tagebuch auftauchte, in dem er unter anderem schrieb: »Ich fühle, daß ich berühmt werden und sie beeindrucken will.« Ein Experte hätte vermutlich gewußt, daß Bardo eine umfangreiche Sammlung von Memorabilien zum Thema Rebecca Schaeffer angelegt hatte, einschließlich Videobändern und weiteren Briefen an die Schauspielerin. Und möglicherweise hätte dieser Experte auch Bardos Briefe gelesen und davor gewarnt, daß dieser junge Mann – so verstört er auch gewesen sein mochte und so wenig er auch im täglichen Leben zurecht kam – unbedingt genügend Intelligenz und Findigkeit besaß, um sich als außerordentlich gefährlich zu erweisen.

Tatsächlich haben eine Reihe seiner Fähigkeiten, die Bardo sich schon zu Schulzeiten zunutze machen konnte, ihm auch jetzt geholfen, schließlich an Rebecca Schaeffer heranzukommen. Er hatte sich damit beschäftigt, wie Arthur Jackson die Adresse seines Opfers herausbekam, und sich dementsprechend einen Monat vor dem Mord einen eigenen Privatdetektiv geleistet. Den Privatdetektiv hatte es gerademal 4 Dollar gekostet, über das kalifornische Straßenverkehrsamt Schaeffers Adresse in Erfahrung zu bringen, aber die Information war eine Menge mehr wert, denn Bardo bezahlte genau 250 Dollar dafür. Genausoviel hatte es schließlich gekostet, Rebecca Schaeffers junges Leben auszulöschen.

Wie Jackson war auch Bardo ganz und gar in Anspruch genommen von seiner Mission, Rebecca Schaeffer zu ermorden.

In Arizona mußte man damals einundzwanzig Jahre alt sein, um eine Schußwaffe erwerben zu können. Deshalb ließ Bardo das einen seiner älteren Brüder für sich erledigen. Er wollte ganz sicher gehen, daß sein Mordanschlag nicht daneben gehen würde, deshalb besorgte er sich Munition, bei der das Geschoß mit einer Vertiefung versehen ist, und die beim Eindringen in den Körper ganz besonders große Wunden reißt.

Um 1991 war Maria Clark, die jetzt wegen ihrer Rolle als Chefanklägerin im Fall O. J. Simpson bekannt ist, die stellvertretende Staatsanwältin des Distrikts von Los Angeles, in dem der Fall Bardo verhandelt wurde. Dem Verteidiger, Stephen Galindo, gelang es, die Möglichkeit eines Todesurteils gegen Bardo auszuschließen, indem er auf ein Geschworenengericht verzichtete. Während die Verteidigung den Vorwurf der Anklage gar nicht erst in Frage stellte, daß Bardo den Abzug der Waffe betätigt habe, plädierte sie wegen vorgeblicher Geisteskrankheit des Angeklagten auf die verminderte Schuldfähigkeit ihres Mandanten. So weit ich weiß, war der Fall Bardo der einzige Mordfall, bei dem Park Dietz dem Argument stattgab, daß der Täter geistig krank und damit vermindert schuldfähig ist, und Park, den ich sehr schätze, wußte, daß ich mit ihm in dem Punkt nicht einer Meinung war. Gavin Becker war für die Anklage tätig und damit beschäftigt aufzuhellen, wie Bardo durch Planung, Organisation und seine phantastische Verstiegenheit zu der Obsession gegen Schaeffer gekommen war, durch die es schließlich zu dem Verbrechen kam.

Wie Gavin in seinem scharfsinnigen Buch *Die Gabe der Furcht* deutlich machte, ist das, was man zunächst für ein geistig krankes, irrationales und »verrücktes« Verhalten erachten mag, bei genauerem Hinsehen in Wahrheit recht logisch, solange man es im Kontext der Gesamtpersönlichkeit des betreffenden *Stalkers* betrachtet. »Attentäter«, schreibt Gavin, »fürchten nicht, ins Gefängnis zu kommen, sondern *sie fürchten zu versagen*«. Und in dem Punkt war Bardo nicht anders. Bei ihm kamen alle Komponenten zusammen: Er hat sich ausführlich mit anderen Attentätern beschäftigt, sein Opfer genau ausgekundschaftet, seinen Plan gemacht, sich das Gewehr beschafft und die Briefe geschrieben, die man nach dem Anschlag finden sollte. Aber er war eben nur der kleine Mann, der bei dem Fast-Food-Restaurant um die Ecke die Fußböden wischte, bevor er diesen Sprung wagte, bevor er abhob und eine bekannte Persönlichkeit ermordete. Alles, was er mit der Vorstellung von Ruhm verband, wartete auf ihn auf der anderen Seite der Schlucht, wo er, wie er sich ausdrückte »unter den Berühmtheiten dieser Welt einer unter Gleichen« wäre.

Richter Dino Fulgoni befand Robert John Bardo des vorsätzlichen Mordes schuldig und verurteilte ihn zu lebenslanger Haft ohne die Möglichkeit auf bedingte Entlassung. Ich hoffe, daß dieser Urteilsspruch auch tatsächlich bedeutet, was er aussagt, denn immerhin hat Bardo Rebecca Schaeffer nach reiflicher Überlegung *zum Tode* verurteilt. Er sitzt seine Strafe in Vacaville, dem Staatsgefängnis von Kalifornien ab, der gleichen Haftanstalt in der auch Edmund Kemper untergebracht war.

Robert John Bardo war sicherlich ein verwirrter, gestörter und depressiver Charakter, und man kann wohl auch sagen, daß seine Psyche durch ungünstige familiäre Verhältnisse und entsprechend traumatisierende Kindheitserlebnisse Schaden genommen hat, aber alle diese Faktoren sind absolut kein Grund, Rebecca Schaeffers Leben auszulöschen, und keine Entschuldigung für sein abscheuliches Verbrechen. Er tat dies aus eigenen Stücken, weil er es wollte. Er hat es genossen, diesen niederträchtigen Mord von langer Hand vorzubereiten, und er hat ihn im Vollbesitz seiner geistigen Kräfte ausgeführt. An dem Tag, als er sie ermordete, hat er sogar zweimal bei ihr geklingelt. Als die junge Frau ihm das erste Mal die Tür öffnete, haben sie ein paar Worte miteinander gewechselt, und Bardo steckte ihr einen kurzen Brief zu. Sie hatte sich bei ihm mit den Worten verabschiedet: »Paß auf dich auf«, und dann die Tür geschlossen.

Damit hatte er seine Audienz gehabt und sie persönlich treffen dürfen. Dabei hätte er es belassen können, aber statt dessen ging er frühstücken und kam zurück, um sie zu töten. Bardo selbst beschrieb seine Persönlichkeitsstörung später folgendermaßen: »Ich bin nicht geisteskrank, sondern lediglich sensibel.« Einem Polizeibericht zufolge war er imstande, sich in seiner Gefängniszelle objektiv mit seinem Leben zu beschäftigen. Demnach erkannte er, daß es ein großer Fehler gewesen war, von der Schule abgegangen zu sein. Von dem Punkt an war er tatsächlich isoliert und vom wirklichen Leben abgeschnitten. Von nun an lebte er nur noch in der Phantasiewelt von Fernsehen und Film. Wirklich wahnhafte Charaktere erkennen nicht, wie sehr sie sich der Realität entfremden. Marcia Clark hält Bardo eher für einen Betrüger als für einen Menschen, der Mitgefühl verdient hätte. Ich muß ihr in diesem Punkt absolut recht geben und stimme auch mit Gavins Einschätzung überein, daß Bardo in erster Linie von dem großen Bedürfnis getrieben war, seine Person ins Rampenlicht zu stellen. Er wollte um jeden Preis Aufmerksamkeit, und das ist es, was ihn als Attentäter entlarvt.

Mitte der 80er Jahre stellte Park Dietz im Zuge seiner Forschungsarbeiten eine Liste charakteristischer Wesensmerkmale zusammen, die mit großer Regelmäßigkeit bei dem Verbrechertypus des Attentäters festzustellen sind. Dazu gehört unter anderem eine gewisse psychische Störung, die den Täter dazu veranlaßt, sein Opfer auszukundschaften, ein Tagebuch zu führen, sicherzustellen, daß er über die entsprechende Tatwaffe verfügt, eine unangemessene Art, mit einer prominenten Persönlichkeit Kontakt zu suchen, Narzißmus und Selbstüberschätzung, zielloses Umherreisen, die Identifikation mit einem bereits bekanntgewordenen Attentäter sowie die Umgehung gegebener Sicherheitsvorkehrungen, um ein- oder mehrmals in die Nähe einer Person des öffentlichen Lebens zu kommen. Wie wir sehen, treffen diese Wesensmerkmale, die Park Dietz als Charakteristika des Attentäters herausgefiltert hat, in gleicher Weise auch auf den Verbrechertypus des *Stalkers* zu.

Gavin de Becker fand durch seine Nachforschungen heraus, daß der bedeutendste Einzelindikator für eine mögliche Lebensgefährdung einer prominenten Persönlichkeit durch die Hand eines bestimmten *Stalkers* oder Attentäters der »Fähigkeitsglaube« des betreffenden Individuums ist, wie Gavin es nennt – mit anderen Worten die Überzeugtheit des potentiellen Verbrechers, daß er seine Mission auch wirklich durchführen kann. Dies scheint auch der Grund für Bremer gewesen zu sein, als er seine Aufmerksamkeit von Richard Nixon ab- und George Wallace zugewandt hatte. Er glaubte nicht, daß er es fertigbringen würde, Nixon ermorden zu können, aber er glaubte, daß er es schaffen würde, Wallace zu töten.

Bevor Robert Bardo Rebecca Schaeffer ermordete, hatte er seiner Schwester geschrieben, daß er »eine Obsession für das Unerreichbare« habe. »Ich muß das, was ich nicht erreichen kann, eliminieren.« So wie sich diese Aussage ohne weiteres auf den Fall von Mark David Chapmans Obsession für John Lennon anwenden läßt, können wir sie auch auf Rebecca Schaeffer beziehen, deren Ruhm und Erfolg für Bardo ebenso unerreichbar waren wie die Möglichkeit, die Schauspielerin jemals als seine Freundin gewinnen zu können. Auch hier haben wir es wieder mit einem absolut bedeutungslosen Nobody zu tun – noch dazu mit jemandem, der eindeutig unter seinen intellektuellen Fähigkeiten lebte, und dadurch zutiefst frustriert war –, dessen einzige Möglichkeit, die Aufmerksamkeit auf sich zu lenken die war, eine berühmte Person zu ermorden.

Der Mord an Rebecca Schaeffer hatte weitreichende Auswirkungen auf die Gesellschaft von Hollywood und noch größere Folgen für das Strafrechtssystem der Vereinigten Staaten insgesamt. Dieser Fall, in dem eine allseits beliebte und vielversprechende junge Künstlerin das sinnlose Oper eines durchgeknallten Versagers wurde, brachte die Gemüter dermaßen in Rage, so daß es endgültig zu strafrechtlichen Veränderungen kam. Kalifornien wurde 1990 der erste Staat der USA, in dem man eine spezifische Rechtsprechung gegen das Verbrechen des *Stalkings* einführte, was der Auftakt war, landesweit ähnliche Strafrechtsreformen in Kraft zu setzen. Nur wenige Monate nach dem Mord an Rebecca Schaeffer setzten sich in Los Angeles hohe Beamte der örtlichen Polizei mit der Konferenz der Persönlichen Manager, einer Gruppe reräsentativer Agenten promineter Persönlichkeiten, an einen Tisch, um über das Problem der Sicherheit von Leuten zu sprechen, die im Rampenlicht der Öffentlichkeit stehen, und was für sie getan werden könnte. Zum ersten Mal wurde im Polizeidepartement von L.A. eine Spezialeinheit zusammengestellt, die sich ausschließlich mit dieser

Form von Kriminalität befaßte. Die *Los Angeles Threat Management Unit* nahm als erste Spezialeinheit dieser Art in den Vereinigten Staaten im Juli 1990 ihre Arbeit auf.

Doch der Mord an Rebecca Schaeffer zog auch noch andere Konsequenzen nach sich. Die Tatsache, daß Robert Bardo in der Lage war, sich die Adresse von Schaeffer durch einen Mittelsmann einfach zu »kaufen«, veranlaßte das kalifornische Straßenverkehrsamt zu verschärftem Schutz seiner Daten, und ließ die Industrie insgesamt hellhöriger werden gegenüber Empfehlungen führender Experten wie Park Dietz und Gavin de Becker.

Doch trotz der neuen *Antistalking*-Gesetzgebung und der generell größeren Wachsamkeit, was die Gefahr betrifft, die von dieser Form des Verbrechens ausgeht, bleibt noch sehr viel zu tun. De Becker schätzt, daß international berühmte Stars wie Madonna weltweit möglicherweise einer Milliarde Menschen ein Begriff sind. Daraus ergibt sich, daß bei den detaillierten Berichten über das Privatleben dieser Berühmtheiten selbst diejenigen von uns, die keine Obsessionen für Prominente entwickeln, das Gefühl aufkommt, daß wir die betreffende Person zu »kennen« glauben.

Die Medien und Werbeagenturen, die mit Prominenten arbeiten, bewegen sich auf einem sehr schmalen Grat, da sie immer zugleich bemüht sein müssen, die jeweilige Persönlichkeit zu schützen, sowie sie andererseits ihren Bewunderern und Fans in einem gewissen Maß verfügbar zu halten. Heute, nach dem Anschlag auf Theresa Saldana, dem Mord an Rebecca Schaeffer sowie einer großen Anzahl weiterer Attentatsversuche, die vereitelt werden konnten, scheinen viele Menschen in der Unterhaltungsindustrie davor zu warnen, die Dinge nicht zu übertreiben.

Bei einer derart großen Vielzahl prominenter Persönlichkeiten, wie beispielweise in New York, hat Linda Fairstein natürlich sehr häufig mit Fällen von *Stalking* zu tun, die von dem sogenannten *wahnhaft liebenden* Tätertypus begangen werden. »Ein Problem, das wir mit vielen dieser Prominenten haben«, sagt sie, »ist, daß sie vor dem Gedanken zurückschrecken, daß diese Täter inhaftiert werden. Es schade ihrem Image, meinen sie. Es würde von der Sensationspresse ausgeschlachtet, und im Endeffekt würden sie als diejenigen hingestellt, die keine Rücksicht nähmen auf Leute mit psychischen Problemen.« Aber man kann niemanden durch Gesetze schützen, solange man diese Gesetze nicht auch anwendet.

Selbst die neuere Gesetzgebung bietet keinen Schutz in Fällen wie dem von Theresa Saldana. Sie hatte Gott sei Dank das Glück, mit dem Leben davongekommen zu sein. Aber selbst Arthur Jackson, der den Anschlag auf sie verübte, hatte in gewisser Weise Glück, denn zu der Zeit, als vor Gericht über ihn verhandelt wurde, war die neue Gesetzgebung noch nicht in Kraft. Damals war das höchste Strafmaß zwölf Jahre Haft, während ein Täter heute zu Lebenslänglich verurteilt werden kann. Nur ist die Gesetzesänderung nicht rückwirkend anwendbar.

Jackson wurde während seiner zwölfjährigen Haftzeit für gefährlich genug eingestuft, daß man seinem Antrag auf bedingte Haftentlassung nie entsprochen hatte. Aber während seiner Zeit im Staatsgefängnis von Vacaville, als er einerseits noch erklärte, daß er die Straßenseite wechsen würde, wenn er jemals wieder Theresa Saldana begegnen sollte, gab er auch zu, daß er sich »durch einen seltenen Zufall« in einen transsexuellen Puertoricaner verliebt habe, »der eine gewisse Ähnlichkeit« mit Saldana hatte. Jackson ließ Gefängnisbediensteten sowie einigen Mithäftlingen gegenüber auch durchblicken, daß seine Obsession für Theresa Saldana noch längst kein Relikt der Vergangenheit sei, sondern daß er sich im Gegenteil darauf freue, eines Tages seine »Mission zu vollenden«.

Jackson berichtete auch noch weiteren Leuten davon, unter anderem einem frühreren Produzenten von Geraldo Riveras TV-Show, dem Jackson 1988 einen Brief schickte, in dem er ihm ganz genau seinen Plan für den Anschlag gegen Theresa Saldana auseinandersetzte. »Das Sicherheitskommando des FBI wird meine Mission nicht durchkreuzen«, schrieb er darin. Auch ein Jahr später bestätigte er wieder seine Absicht, Saldana umbringen zu wollen, als er am Telefon mit einem Reporter des *Scottish Daily Record* sprach, der in L.A. akkreditiert war.

Leider ist es durchaus nicht überraschend, daß Jackson nicht einmal, nachdem er verurteilt und inhaftiert worden war, seine Obsession für Theresa Saldana aufgab. Lieutenant John Lane, der Leiter und Gründer der *Threat Management Unit* im Polizeidepartement von Los Angeles, konnte seit Bestehen der Einheit beobachten, daß »diese Fälle von Obsession sehr lange anhalten können ... Manche Leute bleiben ein oder auch mehrere Jahre auf ihre Opfer fixiert«. Und dabei spielt es keine Rolle, ob das Opfer eine gefeierte Persönlichkeit ist oder die Frau von nebenan.

David Beatty berichtet von einem herzerweichenden Fall, in dem eine Frau länger als zwanzig Jahre lang von ein und demselben *Stalker* heimgesucht wurde. Er entschied sich schließlich nicht einfach, sie endlich in Ruhe zu lassen, und er wurde auch nicht festgenommen und weggesperrt, sondern er starb eines natürlichen Todes. Diese Frau konnte ihrem Peiniger nur entkommen, indem sie länger lebte als er. Aber darauf kann nicht jedes Opfer eines *Stalkers* hoffen.

Ich bin häufig ziemlich entsetzt, wenn ich höre, daß Gefängnispsychiater einen verurteilten Gewaltverbrecher eine neue Chance geben wollen, und sich für seine Entlassung einsetzen, weil er in der Haftanstalt eine »gute Führung« an den Tag gelegt hat. Diese Psychiater scheinen nicht zu bedenken, daß der Kriminelle möglicherweise nur deswegen resozialisiert erscheint, weil er sich in der Haft in einer straff organisierten Situation befindet, wo ihm die entsprechende Therapie und die angemessene medikamentöse Behandlung zuteil wird. In Jacksons Fall kann ich glücklicherweise berichten, daß die entsprechenden Fachleute, die über seinen Geisteszustand zu befinden hatten, erkannten, wie brandgefährlich dieser Mann immer noch war. 1988 bezeichnete Dr. Gordon W. Gritter, der klinische und medizinische Leiter des Atascadero State Hospitals, nach einer eingehenden psychiatrischen Untersuchung Jackson als einen »sehr gefährlichen Mann«. Und Dr. V. Meenakshi, der leitende Psychiater an der Haftanstalt von Vacaville berichtete: »Er hat akzeptable Umgangsformen, aber er ist verrückt ... Ich kann ihn reinen Gewissens nicht entlassen, da er nach wie vor psychotisch und paranoid ist.«

Es liegt also auf der Hand, daß Jackson, der nach wie vor als eine Gefahr für Theresa Saldana und möglicherweise auch andere Menschen zu gelten hatte – wie sein eigenes Verhalten und die Befunde der psychiatrischen Experten deutlich machten –, im Staatsgefängnis von Kalifornien in Gewahrsam bleiben mußte. Doch obgleich man annehmen sollte, daß dieser Tatbestand entsprechende juristische Konsequenzen zur Folge hätte, wonach Jackson jedes Recht auf eine bedingte Haftentlassung abgesprochen würde, wurde ihm genau das bereits bei seiner Verurteilung in Aussicht gestellt, und nachdem er seine zwölf Jahre abgesessen haben würde, sei er definitiv wieder zu entlassen. Im März 1990 wurde ihm auch tatsächlich ein Termin für einen Antrag auf vorzeitige Haftentlassung eingeräumt, nachdem er erst die Hälfte seiner Strafe abgesessen hatte, weil seine Führung in der Haftanstalt als »gut« befunden wurde. Theresa Saldana sagte damals 1989 entsetzt in einem Interview, als sie die bevorstehende Entlassung ihres Attentäters befürchten mußte: »Wenn der Kerl sein Essen gegen die Wand schleudert oder flucht, dann wird das als schlechtes Betragen bewertet, aber wenn er mich oder die Königin von England bedroht, dann scheint das offensichtlich nicht weiter schlimm zu sein.« Man sollte tatsächlich meinen, die Aussicht auf vorzeitige Haftentlassung sei wieder zurückgezogen worden, weil Jackson erneut Drohungen gegen Saldana von sich gegeben hatte, aber in Wahrheit ist er wirklich wegen unadäquaten Benehmens in Haft geblieben, weil er beispielsweise Fenster zerbrach und sich den Anweisungen des Gefängnispersonals widersetzte. Diese Verstöße sowie sechzehn Drohbriefe, die er aus der Haft verschickt hatte, brachten ihm zusätzliche 270 Tage Gefängnis ein.

Wie wir noch besprechen werden, beschäftigt sich die neue Gesetzgebung mit diesem Punkt ausführlicher. Das ist zum großen Teil dem beherzten Engagement einer Familie aus Kansas zu verdanken, deren Tochter auf brutale Weise von einem vorzeitig entlassenen Triebtäter ermordet worden war.

Zur Zeit sitzt Jackson nicht mehr wegen besagter Drohbriefe ein, sondern weil er während seiner Haft in Kalifornien der Polizei in London geschrieben hatte und gestand, daß er 1966 an einem Banküberfall beteiligt gewesen war, bei dem ein Mann ermordet und zwei weitere Personen verletzt wurden. Nach weiterreichenden Ermittlungen in diesem Fall, und nachdem man die Fingerabdrücke, die man damals am Tatort sicherstellen konnte, mit denen von Jackson verglich, hatte Scotland Yard genügend Beweismittel, um Haftbefehl gegen Jackson zu erlassen. Gemäß britisch-amerikanischer Auslieferungsabkommen wurde er 1996 der englischen Polizei übergeben. Er war zu dem Zeitpunkt einundsechzig Jahre alt und mußte sich auf eine erneute vieljährige Haftstrafe gefaßt machen.

Jeder einzelne von uns kann im Laufe seines Lebens an einen *Stalker* geraten, und wie wir am Beispiel von Arthur Jackson sehen, ist dieser Typus von Verbrecher nicht so leicht von seinem Vorhaben abzubringen, wenn er erst einmal die Fährte seines Opfers aufgenommen hat. Wenn wir verhindern wollen, daß noch mehr Menschen zu Opfern dieser Besessenen werden, dann dürfen wir vor dem Ausmaß dieser Problematik nicht länger die Augen verschließen. Um dieses Verbrechen zu bekämpfen, bedarf es größter Aufmerksamkeit der zuständigen Behörden sowie der Haftanstalten, in denen manche dieser Täter möglicherweise gerade untergebracht sind; es bedarf der gemeinsamen Anstrengung aller, der Polizei und des Strafrechtsvollzug, der Freunde, Familienmitglieder, Nachbarn, Arbeitskollegen und der Arbeitgeber der Opfer.

Nur wenn wir alle uns zur Aufgabe machen, dieses Verbrechen ernst zu nehmen und es mit vereinten Kräfte zu bekämpfen, nur dann können wir vielleicht auf Dauer auch etwas dagegen ausrichten.

KAPITEL ZEHN

Wenn ich dich nicht haben kann, dann soll dich niemand bekommen

Kalifornien ist nicht nur der Staat, in dem die gegenwärtig gültige Rechtsprechung gegen das Verbrechen des *Stalkings* zum ersten Mal in der Geschichte der USA eingeführt wurde, sondern hier kam es 1991 auch zum allerersten Mal zu der Verurteilung eines Mannes, der sich dieser neudefinierten Straftat schuldig gemacht hatte. In dem Fall war nicht eine prominente Persönlichkeit das Opfer, sondern es gehörte in das nähere Umfeld des *Stalkers* selbst, wobei es bereits zu Gewaltanwendung gekommen war. Diese Konstellation ist im übrigen besonders häufig, wenn es um Fälle von *Stalking* geht.

Im Mai 1991 beschuldigte die Polizei von Sherman Oaks, einem Stadtteil von Los Angeles, einen Mann, seine ehemalige Freundin fortgesetzt in aggressiver Art und Weise genötigt zu haben. Einige Jahre zuvor waren die beiden liiert gewesen, doch als die Frau die Beziehung schließlich beendete, wollte er diese Entscheidung nicht akzeptieren und begann sie am Telefon zu belästigen, verwüstete ihr Auto und verschleppte sogar ihren Hund. Auf Betreiben der Frau verfügte das Gericht ein Unterlassungsurteil gegen ihn, während ihn das Opfer dreizehn weitere Male bei der Polizei anzeigte, bevor er sie schließlich an ihrer Arbeitsstelle anrief und direkt bedrohte: Er sei bereit für einen Schlagabtausch, doch das nächste, das in Scherben gehen würde, sei sie selbst.

Nachdem er in Gewahrsam genommen worden war, fand die Polizei unter seinem Bett in seinem Appartement eine 357er Magnum – eine Waffe vom gleichen Kaliber wie die, die Robert John Bardo benutzte, als er Rebecca Schaeffer ins Herz schoß. Gemäß der neuen Gesetzgebung gegen *Stalking* wurde der Mann zu einem Jahr Haft verurteilt und mußte sich sechs Monate lang einer entsprechenden Therapie unterziehen. Ich frage mich, ob diese Maßnahme angebracht ist für einen Mann, der einer Frau über Jahre auf aggressive Weise nachstellt und überdies ganz deutlich gemacht hat, daß er ihr etwas anzutun gedenkt. Meiner Meinung nach ist sie das nicht, aber es war die erste Festnahme und Verurteilung, die durch die neue Gesetzgebung möglich wurde, und es war eindeutig ein Schritt in die richtige Richtung.

Während man bei dem neuen Begriff *Stalking* zunächst unweigerlich an den sogenannten *wahnhaft liebenden Tätertypus* denkt, dessen Psyche sich offensichtlich nicht im Gleichgewicht befindet, und der sich mit seinen Aktionen vornehmlich gegen prominente Persönlichkeiten wendet, machen nach Einschätzungen des National Victim Centers die Fälle von *Stalking*, bei denen Frauen von einem Mann heimgesucht werden, der aus ihrem nächsten Umfeld stammt, nahezu 80 Prozent aus. Bei dieser Form des *Stalkings* spricht man von dem *einfach zwanghaften Tätertypus*, und hier geht der eigentlich kriminellen Handlung eine tatsächliche Liebesbeziehung voraus, die zuvor zwischen Opfer und Täter bestanden hat. Ebenso furchterregend und unberechenbar wie ein Typ des Kalibers von Arthur Jackson sind auch diese Zeitgenossen, die sich auf heimtückische Weise in das Leben ihrer Opfer schleichen – beispielsweise ein eifersüchtiger Ex-Ehemann, der die Frau, die ihn verlassen hat, terrorisiert, während er zugleich an seinem Arbeitsplatz, durch regelmäßige Kirchgänge und im Umgang mit Freunden und Bekannten den Schein eines ganz normal lebenden Menschen wahrt. Ebenso bedrohlich wie der Gedanke, daß eine meiner Töchter an einen Kerl wie Richard Farley geraten könnte, so furchterregend finde ich auch die Vorstellung, daß sich eine der beiden ein paarmal von dem falschen Mann ausführen lassen könnte, und den Typen dann einfach nicht wieder los wird.

Der *einfach zwanghafte Tätertypus* stellt nicht nur den Tätertypus dar, mit dem wir es bei den allermeisten Fällen von *Stalking* zu tun haben, sondern er ist zugleich auch als der gefährlichste Tätertypus zu betrachten, der eben mitunter sein Opfer sogar tötet. Während eine gewisse Anzahl sogenannter *wahnhaft liebender Täter* ihr Opfer tatsächlich jagen, bis sie ihm körperlichen Schaden zufügen können, sind die meisten dieser Täter dazu gar nicht imstande, weil sie zu unorganisiert sind, um einen solchen Plan auszuführen. Die meisten dieser Täter sind keine Kriminellen, die über eine längere Zeit ihre Erfahrungen als Verbrecher gesammelt haben, doch der *einfach zwanghafte Tätertypus* kann bereits eine lange Karriere hinter sich haben als gewalttätiger Mensch, der auch nicht vor sexuellem Mißbrauch zurückschreckt, doch in der Regel schlägt sich dieses Verhalten nicht in einem von den Behörden erfaßten Strafregister nieder.

Es sei hier nur an Ronnie Shelton erinnert, der jahrelang unerkannt als Voyeur sein Unwesen getrieben hatte. Wir haben gesehen, daß jeder Fall von Serienvergewaltigung, der zur Anklage kommt, eine erschreckend hohe Anzahl weniger dramatischer oder sogar ebenso schlimmer Fälle ans Tageslicht bringt, die nicht gemeldet wurden. In ähnlicher Weise gehen auch viele dieser sogenannten *einfach zwanghaften Täter* ihrem heimtückischen Geschäft nach, das zu dem krassen Mißbrauch des Opfers führt – sowohl in psychischer als manchmal auch in physischer Hinsicht –, wofür sie niemals zur Rechenschaft gezogen werden. Bisweilen liegt das daran, daß die Übergriffe des betreffenden *Stalkers* als verkraftbar empfunden werden, und das Opfer eher darum bemüht ist, endlich aus der verfahrenen Beziehung mit dem Täter herauszukommen, anstatt rechtliche Schritte gegen ihn einzuleiten. Aber manchmal ist die geschlagene und mißhandelte Ehefrau auch zu verängstigt, um die wiederholte Gewaltanwendung ihres Ehemanns zur Anzeige zu bringen, und der Mißbrauch kommt erst ans Tageslicht, wenn schließlich einer ihrer Nachbarn oder ihre Kinder die Notzentrale anrufen.

Das sogenannte *einfach zwanghafte Stalking* ist aufs engste mit häuslicher Gewalt verbunden und eigentlich gar nicht davon zu trennen – es handelt sich hierbei lediglich um eine andere Form des gleichen aggressiv dominierenden und beherrschenden Verhaltensmusters. Wie bei den *wahnhaft liebenden Tätern* kann sich jedoch der Schritt, der den *Stalker* schließlich zu einem im eigentlichen Sinne wahnhaften und psychisch abhängigen Zwangstäter verwandelt, über Jahre vollziehen oder aber auch innerhalb weniger Wochen – oder sogar nur Tagen. Wie gefährlich der Täter also letztlich ist, kann sich damit ganz unerwartet plötzlich zeigen.

In Fällen, in denen es zwischen Opfer und Täter ein längerfristiges partnerschaftliches Verhältnis gegeben hatte, kann das aggressive Verhalten des *Stalkers* besonders leicht bedrohlich für die betreffende Frau werden. Im Gegensatz zum *wahnhaft liebenden Stalker* kennt dieser Tätertypus sein Opfer, das heißt, er weiß sozusagen, welchen Knopf er drücken muß, um es aus der Fassung zu bringen; kennt die verwundbaren Stellen seines Opfers. Aber noch bedrohlicher und gefährlicher ist die Tatsache, daß er durch die gemeinsame Zeit ihrer Beziehung die einzelnen Daten und Informationen nicht mehr mühsam zusammentragen muß, sondern sie bereits in der Tasche hat. Er kennt die Gewohnheiten des Opfers, den Zeitplan der Frau, wo sie ihr Geld aufbewahrt, welchen Arzt sie konsultiert, und an wen sie sich im Ernstfall wenden würde.

In der Regel gibt es eine Reihe warnender Hinweise, bevor ein solches Individuum in Aktion tritt, nur werden diese Zeichen leider erst von der betreffenden Frau erkannt, wenn sie bereits einigermaßen verwickelt ist in die Machenschaften ihres *Stalkers*. Aus dem Grunde können auch unbedingt intelligente und ansonsten sehr vorsichtige Frauen in eine solche Situation geraten. Außerdem sind diese Zeitgenossen auf den ersten Blick auch häufig nicht als »böse Buben« erkennbar. Im Gegenteil, manche können zunächst recht charmant sein und einen durchaus positiven ersten Eindruck hinterlassen. Genau wie gewisse andere sexuelle Gewalttäter können sie zunächst ganz harmlos und sympathisch erscheinen.

Während seiner Beziehung zu dem Mädchen, das letztlich vor Gericht gegen ihn aussagte, legte Ronnie Shelton viele Verhaltensmerkmale an den Tag, die typisch sind für sogenannte *innerfamiliäre Gewalttäter* und *einfach zwanghafte Stalker*. Anders als seine übrigen Vergewaltigungsopfer, die nur die furchterregende Seite an ihm wahrnahmen, hatte dieses Mädchen auch den Charme erlebt, den Shelton versprühen konnte, bevor es zu einer neuen Attacke kam. Zunächst erschien er höflich und zuvorkommend. In dieser Hinsicht war er der klassische Fall desjenigen, der *innerfamiliär* Gewalt anwendet und mißbraucht. Erst später während seiner Beziehung zu dem Mädchen brach auch seine eifersüchtige, herrschsüchtige und unsichere Seite durch. Wie so viele Gewalttäter – einschließlich *innerfamiliärer Vergewaltiger*, die schließlich dazu übergehen, ihr Opfer mit *Stalking*-Aktionen heimzusuchen – schien Shelton nicht zu glauben, daß normale soziale Verhaltensregeln auch für ihn gälten. Er hatte daher keinerlei Probleme damit, zu lügen und zu betrügen und jedes geltende Gesetz zu übertreten, um zu bekommen, was er wollte. Weitere typische Merkmale für die Täterkategorie, die Shelton verkörperte, war ein absoluter Bewußtseinsmangel und jegliches Fehlen irgendeiner Form von Mitgefühl oder Sympathie für andere (sowohl für die Partnerin, die er mißbrauchte, als auch für die Frau, die er vergewaltigte) und außerdem sein manipulatives Verhalten, mit dem er seine Freundin gefügig hielt und zugleich alle anderen über sein tatsächliches Wesen hinwegtäuschte.

Es ist ein weitverbreiteter Irrtum zu glauben, daß dieser Typus innerfamiliärer Gewalttäter, die ihre Frauen mißbrauchen, generell ungebildet seien, keine Arbeit besäßen oder höchstens niedrige Handlangerdienste verrichteten, oder daß sie hart am Existenzminimum dahinvegetierten. In Wahrheit handelt es sich hierbei um eine Form des Verbrechens, bei dem sowohl Täter als auch Opfer sprichwörtlich aus jeder Schicht der Gesellschaft stammen können, jeder Hautfarbe und Rasse zugehören, jedem x-beliebigen sozialen Umfeld und selbst jedem Geschlecht angehören können. Schätzungen zufolge kommen gut ein Drittel aller wegen physischen Mißbrauchs ihrer Ehefrau oder Freundin vor Gericht erscheinenden Männer aus respektablen Berufen und haben häufig sogar eine leitende Position inne, sind Ärzte oder sogar Geistliche.

Und auch aus der Welt der Reichen und Berühmten gibt es zahllose Beispiele. Im Fall von O. J. Simpson etwa gibt es schlüssige Beweise dafür, daß er seine Ex-Ehefrau Nicole nicht nur physisch mißhandelte, sondern sie später auch nach Art des *einfach zwanghaften Stalkers* gequält hat: Er ist dazwischengeplatzt, wenn sie sich mit anderen Männern traf und beobachtete sie heimlich, wenn sie in ihrem Zuhause, in dem sie später ermordet aufgefunden wurde, mit ihrem neuen Freund Sex hatte.

Ein anderer Aufsehen erregender Fall, der die Gemüter in Wallung brachte, betraf eine in Juristenkreisen höchst angesehene Persönlichkeit – ganz und gar nicht jemanden, den man mit dieser Art kriminellen Verhaltens in Verbindung gebracht hätte –, nämlich den früheren Obersten Richter des Appellationsgerichtshofs des Staates New York, Sol Wachtler. Er wurde schließlich für schuldig befunden und in Haft genommen, weil er eine Frau – die Cousine seiner Ehefrau, mit der er eine außereheliche Affäre gehabt hatte – fortgesetzt in aggressiver und bedrohlicher Weise genötigt hatte.

Ob nun ein erfolgreicher Geschäftsmann oder, was in jüngster Zeit immer häufiger zu beobachten ist, ein Teenager von der High School zum *einfach obsessiven Stalker* wird – weil er das Mädchen, in das er sich zum erstenmal ernsthaft verliebt hat, nicht gehen lassen kann –, immer erwächst das kriminelle Verhalten aus einem übersteigerten Bedürfnis des Täters, das Opfer zu kontrollieren und zu dominieren, um sein eigenes mangelhaftes Selbstwertgefühl aufzupolieren. So wie der *wahnhaft liebende Stalker*, der zudem unter extremen Versagensängsten leidet, ist dieser Tätertypus außerstande, wie andere Menschen eine freundschaftliche oder intime Liebesbeziehung aufzubauen und zu erhalten. Einige dieser Individuen mögen psychologische Schwierigkeiten haben, aber bei den meisten liegt das Problem in einer gestörten Persönlichkeit, die sich dadurch ausdrückt, daß die Betreffenden ein unangemessenes Verhalten an den Tag legen und keinen normalen sozialen Umgang pflegen. Oft fühlen sie sich den alltäglichsten Situationen nicht gewachsen, und in Verbindung mit ihren enormen Versagensängsten führt das dann dazu, daß sie einen Großteil ihrer Emotionen und ihres Selbstbewußtseins auf die Beziehung richten, die sie zu ihrem Opfer haben. *Stalking* ist einfach Ausdruck für das übergroße Bedürfnis eines eifersüchtigen und paranoiden Ehemanns oder Liebhabers, seine Partnerin zu dominieren.

In gewisser Weise operieren beide Typen von *Stalkern*, also sowohl der *einfach obsessive* als auch der *wahnhaft liebende*, aus einer Phantasiewelt heraus, in der sie ihre jeweilige Beziehung zu dem entsprechenden Opfer angesiedelt haben. Obgleich der *einfach obsessive* Tätertypus tatsächlich eine Beziehung zu seinem Opfer gehabt hatte, ist er nicht wirklich »liebesbesessen« von der Frau, sondern einzig von seinem Machtgefühl, das er aus dem Verhältnis zu dieser Frau hatte schöpfen können.

Bei der Erstellung eines Persönlichkeitsprofils dieses Typs von Kriminellen ist es nicht unerheblich, auf ein besonders hervorstechendes Verhaltensmerkmal hinzuweisen, nämlich in welcher Form er seine Minderwertigkeitsgefühle und Versagensängste kompensiert. Einige Leser von *Die Seele des Mörders* und *Jäger in der Finsternis* werden beobachtet haben, daß jeder einzelne der Täter, die wir dort beschrieben haben, in der einen oder anderen Weise mit solchen Ersatzhandlungen operiert. Manchmal läßt sein übergroßes Minderwertigkeitsgefühl einen Täter großspurig und anmaßend auftreten, wie beispielsweise Ronnie Shelton, und ein andermal sind sie derart überfordert durch ihre Versagensangst, daß sie sich nur noch mit einer tödlichen Blitzattacke zu helfen wissen, wie zum Beispiel Arthur Jackson. Die universell gültige Charakteristik dieses Verhaltensmerkmals bei so vielen unterschiedlichen Tätern macht es ganz besonders wichtig, auf die Art und Weise der Kompensation ihrer Unzulänglichkeiten zu achten. Offensichtlich machen Minderwertigkeitskomplexe einen Mann nicht unbedingt zu einem Serienmörder, einem Vergewaltiger oder *Stalker*, aber als Aspekt des Gesamteindrucks, den ein bestimmter Täter von sich vermittelt, kann diese Form von persönlicher Unzulänglichkeit besonders aufschlußreich sein, und hierin bereits häufig ein erstes Indiz liegen, das auf eine potentielle Gefahr hinweist. Und in einem Land wie unserem, in dem bekanntlich 12 Prozent aller Paare im Laufe ihrer Beziehung zumindest mit einer »leichteren« Form von Gewaltanwendung zu tun bekommen, wie Ohrfeigen oder Stoßen, und in dem ungefähr 1500 Frauen jährlich von ihren Ehemännern oder Liebhabern umgebracht werden, ist jeder noch so kleine Anhaltspunkt von Bedeutung.

Das trifft besonders auf diese Kategorie Verbrechen zu, denn Männer, die ihre Partnerinnen mißbrauchen – einschließlich derjenigen, die schließlich zu *Stalkern* werden –, offenbaren ihre Persönlichkeitsdefekte häufig auf derart subtile Weise, daß einem zunächst gar nicht bewußt wird, welche Gefahren möglicherweise eines Tages von diesen Menschen ausgehen können. Vielleicht werden Frauen sich in Zukunft überhaupt nicht mehr darüber im klaren sein, wenn ein solcher Charakter sie bereits zu seinem Opfer auserkoren hat. Derjenige, der sie mißbraucht, wird sie möglicherweise dermaßen raffiniert und heimtückisch manipulieren, daß sie gar nicht merkt, was los ist, und dabei bereits bis zum Hals im Netz einer solchen potentiell gefährlichen Beziehung steckt.

Bevor es zu irgendeiner Form von physischem und/oder psychischem Mißbrauch kommt, mag der Täter einen sehr höflichen Eindruck machen, doch schon nach kurzer Zeit stellt sich unter Umständen bereits heraus, daß er nicht wirklich aufrichtige Zuwendung für die betreffende Frau empfindet, sondern vielmehr ein höchst eifersüchtiger und possessiver Charakter ist. Er versucht möglicherweise, gewisse Aspekte des Lebens seiner Partnerin zu kontrollieren – angefangen damit, daß er ihr vorschreiben will, welche Kleidung sie zu tragen hätte, bis dahin, wie lange sie sich irgendwo aufhält, ohne daß auch er anwesend wäre. Ein solcher Partner, ob Ehemann oder Freund, wird versuchen, sein Opfer zu demütigen, wo er nur kann – sei es, daß er ihr Äußeres bekrittelt oder ihre Leistungen als Hausfrau, Mutter, Studentin oder erfolgreiche Geschäftsfrau heruntermacht. Welche Rolle sie auch immer innerhalb oder außerhalb der Beziehung spielen mag, an nichts, das ihr in irgendeiner Weise Selbstvertrauen gibt, wird er ein gutes Haar lassen. Er selbst fühlt sich am stärksten, wenn es ihm gelingt, seine Partnerin zu verunsichern, und eine Möglichkeit, mit der er dies versucht, ist seine permanente Stichelei.

Eines seiner liebsten Spielchen ist das ständige Wechselbad der Gefühle, dem er seine Partnerin aussetzt: im einen Moment mag er sich zärtlich und liebevoll geben, und im nächsten Moment dann plötzlich zornig und gewalttätig. Nie weiß seine Frau so recht, woran sie mit ihm eigentlich ist. So sehr sie die eine Seite seines Wesens fürchtet und verabscheut, so sehr genießt sie es andererseits, wenn er charmant und liebevoll zu ihr ist.

Um sie besser unter seine Kontrolle zu bekommen, wird der Mißbrauch treibende Mann versuchen, sein Opfer in eine Situation zu bringen, in der es wirtschaftlich von ihm abhängig ist. Wenn sie ein Kind haben, ist es für ihn noch leichter, sie unter Kontrolle zu halten, weil sie sich möglicherweise nicht in der Lage fühlt, sich und das Kind auf eigene Faust zu ernähren. Sie mag auch befürchten, daß er, wenn sie ihn verlassen sollte, für die Kinder das Sorgerecht bekommen könnte – oder sie einfach entführt – und sie selbst keinen Zugang mehr zu den Kindern hätte oder sie nicht mehr vor ihm in Schutz nehmen könnte. Es gab sogar Fälle, in denen eine verängstigte Mutter in sogenannten »Frauenhäusern« der Gemeindeverwaltung vor den Heimsuchungen durch ihren Mann Zuflucht gesucht hatte, bis sie von Gerichts wegen dazu gezwungen wurde, dem Kerl wieder Zutritt zu den Kindern zu gewähren, weil er sich per Gericht ein Besuchsrecht erstritten hatte. Auf diese Weise kann ein und dasselbe Rechtssystem, dem sich eine Frau in Not anvertraut, um sie vor ihrem Mann zu schützen, von ihrem Peiniger dazu benutzt werden, sie weiterhin unter Kontrolle zu halten und sich in ihr Leben einzumischen, obwohl sie bereits aus der gemeinsamen Wohnung geflohen ist. Es ist traurig mit ansehen zu müssen, wie manche Frauen – weil sie nicht die nötigen Finanzmittel besitzen, den für sie endlos scheinenden Rechtsstreit zu führen – schließlich entweder aufgeben und zurückkehren, um sich erneuten Demütigungen und Mißhandlungen auszusetzen, oder aber aus lauter Verzweiflung in den Untergrund abtauchen, wobei sie alles aufgeben, Arbeit, Familie und Freunde.

In einer Beziehung, in der Mißbrauch durch den Ehemann stattfindet, wird das Ausmaß, in dem er seiner Frau gegenüber versucht, ihre Freunde und Familienmitglieder schlecht zu machen, mit der Zeit immer kritischer, und er kontrolliert immer eifersüchtiger, wieviel Zeit sie ohne ihn zubringt. Irgendwann mag sie dann den Punkt erreichen, an dem sie sich denkt, daß es der Sache nicht wert ist, sich mit ihm zu streiten, nur um sich mit ihren Freunden oder Familienangehörigen zu treffen, und wenn er sie überdies auch noch schlägt, so daß man die blauen Flecken an ihrem Körper entdecken könnte, wagt sie sich vor Scham möglicherweise kaum noch aus dem Haus. In manchen Fällen zwingt solch ein Individuum seine Frau sogar, über jede Minute des Tages genau Buch zu führen, überprüft den Kilometerstand ihres Wagens und zählt das Kleingeld in ihrem Portemonnaie – er dringt mit seinem Kontrollwahn in jeden noch so intimen Bereich ihres Lebens ein, bis sie schließlich kaum noch ein eigenes Leben führt.

In diesen Fällen gehören die *Stalking-* und Überwachungsmaßnahmen bereits zu der alltäglichen Routine, mit der ein solcher Charakter seine Partnerin heimsucht. Die Art, wie Richard Farley Laura Black zusetzte, ist ein anschauliches Beispiel für diese Form aggressiven *Stalker-*Verhaltens. Für ihn waren seine Aktionen Ausdruck eines Machtkampfes zwischen ihm und Black, den er um jeden Preis gewinnen mußte. So wie Farley in seinen Briefen an Laura Black von seinem Ärger über sie sprach (und von seiner »Liebe« zu ihr), so nehmen diese Charaktere ihren Zorn genau wahr, aber sie kommen nicht auf den Gedanken, sich ihre enormen Unzulänglichkeiten einzugestehen. Wie Farley sind solche Männer nicht in der Lage, die wahren Gründe anzuerkennen, warum sie so abhängig von der Beziehung sind – oder sich überhaupt einzugestehen, daß sie im höchsten Maße abhängig sind –, sondern machen ihr Opfer verantwortlich dafür, daß sie sich so aggressiv verhalten. Ihren maßlosen Drang, das Opfer zu kontrollieren, betrachten sie entweder als eine moralische Pflicht, die sie als »guter« Ehemann haben, oder als etwas, worauf sie ein Recht hätten. Ihrer Meinung nach kommt es nicht zu Gewaltanwendung, weil sie nicht in der Lage wären, mit ihren Emotionen richtig umzugehen, oder weil es ihnen an Selbstkontrolle fehlte, sondern einzig weil das Opfer etwas falsch gemacht hat, das sie schließlich zu ihrer Tat zwingt.

In einem grauenvollen Fall, der sich in Fort Worth zutrug, hatte beispielsweise ein Mann seine Frau erstochen – vor den Augen ihrer beiden zwölf und sechzehn Jahre alten Kinder – mit der Bemerkung: »Das hast du dir selbst zuzuschreiben.« Der Grund für seine Tat war der, daß sie und die Kinder zu essen begonnen hatten, bevor auch er am Tisch war.

Bevor man nun laut aufschreit: »Der Kerl ist doch verrückt!« sollte man wissen, daß dieser Mann eine hohe Position bei der Bundesluftfahrtbehörde innehatte. Wahrscheinlich war dies nicht das erste Mal, daß er auf seine Frau losging, und ich bin überzeugt, daß es auch nicht das einzige Mal war, daß er *sie* für seine Gewalttätigkeit verantwortlich machte.

Gavin de Becker gibt Folgendes zu bedenken: »Warum sind wir alle nur immer ganz in Bann gezogen, wenn eine berühmte Persönlichkeit von einem *Stalker* angegriffen wird, was doch nur einmal alle zwei oder drei Jahre geschieht? Wenn dagegen eine Frau von ihrem aggressiven Mann oder Freund, der sie mit seinen *Stalking*-Aktionen heimgesucht hat, schließlich ermordet wird, dann scheint uns das nicht halb soviel anzugehen, und dabei geschieht das in den Vereinigten Staaten alle zwei Stunden. Und warum gibt es in Amerika Tausende von Zentren zur Suizid-Prophylaxe und nicht ein einziges zur Vorbeugung gegen Mord?«

Wenn eine Frau aus einer Beziehung zu einem gewalttätigen Mann flüchtet, dann begründet dieser seine Aktionen, mit der er seiner Frau anschließend zusetzt, entweder damit, daß er sie auf diese Weise wiedergewinnen wolle – wobei er wie Richard Farley häufig auf die altbewährte Praxis zurückfällt, sie mit Blümchen und Nettigkeit zu überhäufen, weil er sie damit möglicherweise schon einmal für sich gewinnen konnte –, oder aber er betrachtet seine aggressiven Maßnahmen als gerechte Strafe dafür, daß sie ihn verlassen und so unfair behandelt hat. Er bildet sich ein, daß sie seine Frau sei und sich gefälligst auch als solche zu gebärden habe.

Der sadistische Sexualmörder Paul Bernardo aus Ontario/Kanada, von dessen Fall wir in *Jäger in der Finsternis* berichteten, behandelte seine Frau Karla Homolka in genau dieser Art. Es war ihr überlassen, alle anfallende Arbeit zu tun, sie hatte sich ihm in jeder Hinsicht, auch sexuell, zu unterwerfen, und sich seiner Prügel zu fügen, wenn er der Auffassung war, daß sie eine Züchtigung verdient habe. Aber noch schlimmer war, daß er erwartete, sie müsse sich an seinen Vergewaltigungen und Morden beteiligen, selbst an dem Verbrechen, das schließlich zum Tode ihrer Schwester Tammy führte. Karla wurde zu seinem physischen Besitz. Wenn man bedenkt, daß der Mißbrauch treibende Mann, um sein eigenes Selbstwertgefühl zu heben, sein Opfer menschlich noch niedriger ansiedeln muß, als er selbst bereits ist, dann muß sein Opfer quasi die Rolle eines Untermenschen einnehmen. Auf diese Weise wird die Ehefrau schließlich zum Privatbesitz des Mannes.

Die unterschiedlichsten Persönlichkeitsstörungen, gepaart mit der krankhaften Selbstwahrnehmung des Mißbrauch treibenden Mannes, können die Situation für eine Frau höchst gefährlich werden lassen, wenn sie beschließt, sich von einem solchen Individuum zu trennen. Die Furcht davor, verlassen zu werden und plötzlich zurückgeworfen zu sein auf seine eigene Unzulänglichkeit und Unfähigkeit, kann solch einen Menschen in rasenden Zorn versetzen. Alles in ihm schreit dann nach Rache, weil die Frau es wagt, ihn zu verstoßen, und sich anmaßt, ihm etwas zu diktieren. Die Gefahr, nun selbst das Letzte zu verlieren, das ihm noch ein Gefühl von Macht verliehen hatte, treibt ihn zur Verzweiflung – und dies ist der Moment, in dem man immer wieder und in allen möglichen Variationen Sätze hören kann wie »Wenn ich sie nicht haben kann, dann soll sie auch niemand anders bekommen.«

Statistiken machen deutlich, daß es für die mißbrauchte Frau ganz besonders gefährlich wird, sobald sie versucht, sich aus einer derartigen Beziehung zu lösen – und dabei spielt es keine Rolle, ob das Verhältnis zwanzig Jahre lang gedauert hat oder nur zwei Monate. Dem entsprechenden Jahresbericht des FBI zufolge wurden im Jahr 1990 schätzungsweise 30 Prozent aller ermordeten Frauen das Opfer ihres Intimpartners. Wenn man in Anbetracht dieser Zahl bedenkt, welch hohes Risiko, von ihrem Freund oder Ehemann ermordet zu werden, für diejenigen Frauen besteht, die sich von ihren gewalttätigen Partnern trennen wollen, dann wird deutlich, wie überaus wichtig es ist, diese Individuuen möglichst früh zu erkennen.

Das bringt uns wieder an den gleichen zwiespältigen Punkt, an den wir auch im Hinblick auf die *wahnhaft liebenden Stalker* geraten sind. Es läßt sich hier nämlich zum einen als positiv vermerken, daß auch dieser Tätertypus einem generellen Grundmuster folgt. Das heißt, der Entwicklungsprozeß seiner Aktionen läuft normalerweise ebenfalls nach einem ganz bestimmten Schema ab, so daß wir, solange wir wissen, wonach wir suchen, in der Lage sind, das Maß der Bedrohung vorauszusehen, das durch das betreffende Individuum für ein potentielles Opfer besteht. Doch ebensowenig wie irgend jemand voraussagen kann, wann ein *wahnhaft liebender Stalker* ein bestimmtes Stadium jenes Entwicklungsprozesses durchläuft, und welches Verhalten er dann an den Tag legen wird, so ist es nahezu unmöglich vorauszusehen, was ein *einfach obsessiver Stalker* in einem bestimmten Augenblick tatsächlich tun wird. Nachdem der Mord schließlich stattgefunden hat, hören die Ermittler in vielen solcher tragischen Fälle von Freunden, Familienmitgliedern, Nachbarn oder Arbeitskollegen des Opfers, daß sie das Unglück haben kommen sehen: »Ich wußte genau, daß der sie irgendwann einmal umbringen wird.« Auch Nicole Brown Simpson hatte vorausgesagt, daß sie eines Tages durch die Hand ihres nach wie vor possessiven Ex-Mannes O.J. sterben würde.

Da die Öffentlichkeit inzwischen im Hinblick auf innerfamiliäre Gewalt und *Stalking* immer wachsamer wird – und sich auch in unserer Rechtsprechung eine positive Entwicklung abzeichnet, und wir realistischere Richtlinien bei der Berurteilung solcher Verbrechen haben –, hoffe ich, daß wir in Zukunft öfter eingreifen, *bevor* das Opfer ermordet wird.

Wir können davon ausgehen, daß der *einfach obsessive Stalker* im Verlauf seiner Aktionen das gleiche grundlegende Verhaltensmuster an den Tag legt wie der *wahnhaft liebende Stalker*. Er wird also sein Opfer zunächst mit Blümchen und Artigkeiten wiederzugewinnen versuchen und es schließlich im Zuge seiner Eifersucht und seines possessiven Anspruchs immer mehr einschüchtern und sich immer unverhältnismäßiger gebärden, was auch der Grund war, warum das Opfer aus der Beziehung ausbrechen wollte.

Wie der *wahnhaft liebende Stalker* wird auch der *einfach obsessive Stalker* – durch das, was er als die Verweigerung des Opfers empfindet, ihm das zu geben, was er braucht – zunehmend frustrierter, so daß er schließlich in seiner gewohnten nötigenden und übergreifenden Art zu immer aggressiveren und bedrohlicheren Mitteln greift.

In David Beattys Worten ist das einzige, was sich für den Aggressor ändert, wenn es seiner Frau beispielsweise gelingt, die gemeinsame Wohnung zu verlassen, die Tatsache, »daß sein Opfer unbequemerweise den Schauplatz gewechselt hat, und er sich nun nicht mehr durch Schläge an ihm abreagieren kann. Er genießt jetzt nicht mehr den Luxus, einfach durchs Zimmer gehen zu brauchen, um sich an seinen Gewaltakten delektieren zu können. Deshalb ist er gezwungen, neue Taktiken zu entwikkeln, die es ihm wieder ermöglichen, sein Opfer malträtieren zu können.« Das, was den Aggressor zu seinen Taten veranlaßt, ist das gleiche wie zuvor, lediglich seine jeweiligen Strategien haben sich geändert.

Wenn ein Opfer versucht, sich seines Peinigers auf Dauer zu entledigen, kann sich ein so veranlagtes Individuum möglicherweise veranlaßt sehen, zu einem letzten verzweifelten Gewaltmittel zu greifen, um seine Beziehung zu dem Opfer wieder unter Kontrolle zu bekommen. Laura Blacks Versuch, ein permanentes Unterlassungsurteil gegen Richard Farley zu erwirken, war ein solcher auslösender Akt. Man denke nur an die vielen Fälle, von denen man immer wieder hört, in denen eine unglückliche durch Mißbrauch und Übergriffe zerstörte Ehe schließlich mit Mord und Selbstmord endet, weil die Frau versucht hat, aus der Wohnung auszuziehen, oder einen Prozeß angestrengt hat, um sich und ihren Kindern einen solchen Mann vom Leibe zu halten.

Überdies widerfährt *einfach obsessives Stalking* nicht nur Leuten, die bereits Jahre lang eine psychisch und/oder physisch gewalttätige Beziehung durchlitten haben. Zu einem solch tragischen Fall kann es auch kommen, wenn ein Opfer die ersten Warnzeichen rechtzeitig wahrgenommen und entsprechende Vorkehrungen gegen die drohende Gefahr getroffen hat, aber dennoch außerstande war, sich zu retten.

Dominique Dunne schien vom Schicksal verwöhnt. 1982 war sie gerade zweiundzwanzig Jahre alt und die Tochter des Autors und Produzenten Dominick Dunne sowie Ellen Griffin Dunne, bekannt als Lenny. Ihre Tante war die Schriftstellerin Joan Didion, und ihr Onkel, ebenfalls Schriftsteller, war Gregory Dunne. Dominique kam aus einer sehr liebevollen, wohlhabenden und glücklichen Familie. Sie war jung und hübsch – gerade an der Schwelle von Mädchenhaftigkeit zu bezaubernder Weiblichkeit –, und sie war bereits in verschiedenen Filmrollen im Fernsehen zu sehen gewesen. In diesem Jahr hatte sie gerade eine Hauptrolle in dem Film *Poltergeist* gespielt. Dominique hatte allen Grund zu glauben, daß eine steile Karriere vor ihr lag.

In ihrem Privatleben spielte sich jedoch Dramatisches ab. Etwa ein Jahr zuvor war sie John Thomas Sweeney begegnet, dem fünf Jahre älteren Küchenchef des »Ma Maison«, einem dieser »In«-Restaurants in L.A. Sweeney war gut dreißig Zentimeter größer als Dominique Dunne, gut gebaut und ein hübscher Kerl. Äußerlich betrachtet hatte man den Eindruck, daß sie ein ausgesprochen schönes Paar abgaben. Beide waren talentiert und ehrgeizig und hatten zahlreiche gemeinsame Interessen. Schon nach kürzester Zeit bezogen sie eine gemeinsame Wohnung.

Zu Anfang schien Sweeney ganz der hingebungsvolle Freund zu sein, begleitete Dominique zu ihren Schauspielstunden und sah bei den Dreharbeiten zu. Sie gingen sogar zu demselben

Therapeuten. Doch nach und nach zeigte sich, daß er in hohem Maß eifersüchtig war und sich im Umgang mit ihr ausgeprägt possessiv verhielt. Immer öfter begannen sie zu streiten, und Dominique fühlte sich von Sweeney mehr und mehr gegängelt, während er selbst zusehens fürchtete, sie wieder zu verlieren. Einerseits fühlte er sich permanent bedroht durch ihre intellektuellen Freunde und war andererseits eifersüchtig auf jeden, der ihr schöne Augen machte – obgleich sie ihm niemals Anlaß dazu gab – und warf ihr schließlich sogar vor abgetrieben zu haben, was völlig aus der Luft gegriffen war.

Es ist absolut sinnlos, einen von krankhafter Eifersucht und Selbstzweifeln getriebenen Menschen zur Vernunft bringen zu wollen, obgleich das Dominique Donne, wie die meisten normalen, intelligenten Menschen, versucht haben dürfte. Doch die Streitereien hörten nicht auf, und je mehr sie versuchte, sich aus der Umklammerung durch Sweeney zu befreien, desto aggressiver und bedrohlicher wurden seine Maßnahmen, sie unter Kontrolle zu behalten.

Ihr Bruder Alex berichtete von einer Begebenheit, die sich in einem Restaurant zugetragen hatte, das Dominique einmal mit Sweeney besuchte. Als Sweeney sich gerade zur Herrentoilette begeben hatte, war ein leicht angetrunkener Fan zu ihr an den Tisch getreten, der sie gerade erst in dem Film *Poltergeist* gesehen hatte. Als Sweeney zurückkam und den fremden Mann mit Dominique sprechen sah, rastete er fast aus und packte den armen Kerl, hielt ihn in die Höhe und schüttelte ihn wie wild.

Wie genau sie bereits die Ausweglosigkeit der Situation erkannt hatte, geht aus einem Brief hervor, den sie Sweeney geschrieben hatte, aber offensichtlich nie abschickte. Darin heißt es folgendermaßen: »In Wirklichkeit liebst du mich nicht, sondern du bist von mir besessen. Die Person, die du zu lieben glaubst, bin absolut nicht ich. Diese Person hast du dir in deiner Phantasie zusammengelegt … Immer wenn die Fassade bröckelt, und du erkennen mußt, wer ich wirklich bin, bekommen wir Streit.« Sie schrieb auch, daß sie Angst vor ihm habe.

Im August 1982 wurde er einmal bereits derart gewalttätig,

daß er ihr Haar ergriff und es gleich büschelweise ausriß. Sie konnte sich tränenüberströmt ins Haus ihrer Mutter flüchten, die, als Sweeney dort auftauchte, damit drohte, die Polizei zu rufen.

Wie es jedoch häufig der Fall ist in Beziehungen, in denen der Mann seine Partnerin mißhandelt, gelang es Sweeney ein paar Tage später, Dominique wieder zu beruhigen und für sich zu gewinnen. Zweifellos zog er dafür alle Register seiner Verführungskunst. Die kluge und friedfertige junge Frau hatte einfach nicht die nötige Erfahrung, um zu wissen, daß man bei einem solchen Individuum nicht darauf hoffen darf, jemals wieder »die guten alten Zeiten« erleben zu können. Früher oder später kehren diese Charaktere unter Garantie wieder zu ihren altgewohnten eifersüchtigen, possessiven, zornigen und gewalttätigen Praktiken zurück. Und John Sweeney war hierin keine Ausnahme.

Schon nach wenigen Wochen bekamen sie erneut Streit, und diesesmal packte er sie beim Hals und begann sie zu würgen. Glücklicherweise hatten sie an dem Tag Besuch von einem gemeinsamen Freund, der sofort dazwischentrat, als er hörte, was dort vor sich ging. Dominique konnte auf diese Weise durch ein Badezimmer ins Freie fliehen, aber Sweeney folgte ihr und sprang auf die Motorhaube ihres Wagens, als sie damit fortfahren wollte. Ihr gelang die Flucht jedoch, und diesesmal schwor sie sich, daß dies das Ende der Beziehung sei. Nachdem sie sich tagelang versteckt gehalten hatte, konnte sie ihn schließlich dazu veranlassen, aus der gemeinsamen Wohnung auszuziehen und wechselte die Türschlösser. Er hatte seine letzte Chance gehabt, noch einmal mit ihr ins Reine zu kommen, doch die hatte er nun verpatzt.

Es ist ergreifend und fast zynisch, daß Dominiques Vater nur wenige Tage nach ihrem Begräbnis einen Ausschnitt des TV-Dramas *Hill Street Blues* ansah, in dem Dominique eine Nebenrolle gespielt hatte. Die Filmproduzenten hatten diese Episode Dominiques Andenken geweiht. Sie spielte in dem Filmausschnitt einen mißbrauchten Teenager. Doch was die Zuschauer nicht wissen konnten, war, daß die Würgemale an ihrem Hals nicht etwa Make-up waren, sondern echt. Sie waren ihr von John Sweeney zugefügt worden.

Doch noch war Sweeney nicht bereit aufzugeben. Am Abend des 30. Oktober 1982, um etwa halb neun, veranlaßte er die Vermittlungsstelle, ein Telefongespräch zu unterbrechen, das Dominique gerade mit einem Freund führte. Kurze Zeit später erschien er vor ihrer Tür. Zunächst öffnete sie nur einen Spalt weit und sprach mit ihm, ohne die Sicherheitskette zu lösen, aber da sie an diesem Abend nicht allein war – ein junger Schauspielkollege namens David Packer war bei ihr, um einige Szenen mit ihr zu proben –, fühlte sie sich wohl sicher genug, die Kette schließlich doch zu lösen und vor die Tür zu gehen, um mit Sweeney zu reden.

Als Packer den Streit der beiden hörte und Dominique zu schreien begann, bekam er es mit der Angst zu tun und wollte die Polizei rufen. Dort wurde ihm jedoch mitgeteilt, daß er die Nummer des falschen Departments angerufen habe, und die betreffende Wohngegend im Zuständigkeitsbereich einer anderen Polizeistation läge. Also rief er einen Freund an und erklärte ihm, daß er der Polizei sagen solle, nach John Sweeney zu fahnden, wenn ihm irgend etwas geschähe. Als Packer aus der Wohnung flüchten wollte, lief er geradewegs Sweeney in die Arme, der ihm nun seinerseits sagte, die Polizei anzurufen.

Als die Beamten eintrafen, erklärte Sweeney, er habe Dominique getötet und selbst eine Überdosis Schlaftabletten genommen, um sich umzubringen. Es gab jedoch kein Anzeichen dafür, daß er irgendwelche Pillen geschluckt hätte.

Dominique Dunne wurde ins Krankenhaus gebracht, und es gelang den Ärzten, ihren Herzschlag zu reanimieren. Sie konnte jedoch nur künstlich am Leben gehalten werden, und als sie fünf Tage danach für klinisch tot erklärt werden mußte, weil keine Hirntätigkeit mehr vorhanden war, gaben die leidgeprüften Eltern Dominiques Körper zur Organspende frei, und die Ärzte entfernten ihre Nieren und ihr Herz.

Als die Polizei Sweeney festnahm, machte er einen reumütigen Eindruck – allerdings nicht, weil er seine Freundin umgebracht hatte. Ich habe beobachtet, daß viele Verbrecher nach ihrer Festnahme zerknirscht wirken, einfach wegen der Tatsache, daß sie nun ins Gefängnis müßten. Sie bemitleiden sich selbst, anstatt um ihr Opfer zu trauern, und Sweeney äußerte sich diesbezüglich einem Polizeibeamten gegenüber sogar ganz unverblümt: »Jetzt hab' ich mich voll in die Scheiße geritten. Ich kann einfach nicht fassen, daß ich etwas getan habe, das mich möglicherweise für den Rest meines Lebens hinter Gitter bringt … Ich hätte nicht gedacht, daß ich sie so fest gewürgt habe.«

Wenn es schon wenig Grund für die Annahme gab, daß Sweeney seine Tat bereute, so gab es noch viel weniger Grund zu glauben, was er den Beamten und dem Gericht anschließend beim Verhör auftischte. Demnach hatte er sich mit Dominique Dunne, einige Tage bevor er sie tötete, wieder vertragen, wie er vorgab. Sie hätten sogar darüber gesprochen heiraten zu wollen. Es gab allerdings nicht den geringsten Beweis für diese Behauptung. Und auch seine Version von dem, was sich vor ihrer Haustür zugetragen haben sollte, war alles andere als logisch und erinnert in ihrer Unstimmigkeit an die Geschichte, die Robert Chambers von sich gab, nachdem er Jennifer Levin umgebracht hatte. Um alle Schuld auf das Opfer zu wälzen, behauptete Sweeney, daß Dominique ihm an besagtem Abend erklärt habe, sie hätte ihn belogen, als sie ihm gesagt hatte, sie wolle ihn heiraten und eine Familie mit ihm gründen. Sie hatte angeblich zugegeben, daß sie ihn nur hochnehmen wollte.

Sweeneys Reaktion auf Dominique Dunnes angebliche Lüge und ihr hinterhältiges Verhalten: »Ich bin einfach explodiert und auf sie losgegangen.« Und was danach passiert sei, wisse er selbst nicht genau. Er habe nur plötzlich gemerkt, daß sie auf dem Boden gelegen hätte, und er sie mit beiden Händen am Hals gepackt hielt. Als er bemerkte, daß sie nicht mehr atmete, hätte er versucht, sie wieder aufzurichten und sie zu bewegen, ein paar Schritte zu gehen. Sie sei jedoch immer wieder hingefallen. Danach habe er Wiederbelebungsversuche unternommen, bis sie sich beide erbrachen. Schließlich sei er in die Wohnung gegangen, um zwei Röhrchen Schlaftabletten zu holen, mit denen er sich selbst umbringen wollte. Dann habe er ihre

Zunge aus ihrem Schlund gezogen (angeblich um so ihre Luftröhre freizumachen) und sich neben sie gelegt.

Mir scheint, daß Sweeney hier blanken Unsinn redete. Wie Linda Fairstein im Fall Chambers-Levin bemerkt hat, bedarf es einer ganzen Weile, um jemanden so zu würgen, bis er tatsächlich stirbt. Strangulationsopfer hören an irgendeinem Punkt auf sich zu wehren und sind dann noch längst nicht tot, das heißt, Sweeney hatte genügend Zeit gehabt, um zu kapieren, was er da tat und hätte von ihr ablassen können. Drei Experten, die zu dem Fall hinzugezogen worden waren, bestätigten, daß er Zeit genug hatte, Dominique Dunne in Ruhe zu lassen, damit sie sich wieder erholen könnte. Gerichtsmedizinische Untersuchungen ergaben, daß Dominique Dunne zwischen vier bis sechs Minuten lang gewürgt worden war, bevor sie tatsächlich starb. Steve Barshop, der die Anklage vertretende Anwalt, hielt seine Uhr vier ganze Minuten lang in die Höhe, um den Geschworenen deutlich zu machen, was vier Minuten tatsächlich bedeuteten, und wieviel Zeit Sweeney gehabt hätte, von der jungen Frau abzulassen, wenn er denn gewollt hätte.

Wie so oft, wenn Gewalttäter darum schachern, die Eigenverantwortlichkeit für ihre Tat zu verschleiern, war auch seine Behauptung, er könne sich nicht erinnern, wie alles passiert sei, nicht gerade glaubwürdig. Denn er selbst erklärte einem der Polizeibeamten: »Ich habe nicht gemerkt, daß ich so fest zugedrückt habe. Ich hab sie nur immer weiter gewürgt.« Aus dieser Aussage läßt sich entnehmen, daß er zumindest zeitweise sehr genau wußte, was er tat.

Bei den Vorbereitungen für die Gerichtsverhandlung fanden die ermittelnden Beamten heraus, daß Sweeney bereits zwischen 1977 und 1980 eine derartige Beziehung zu einer Frau gehabt hatte – auch wenn diese Frau etwas glücklicher war als Dominique Dunne, denn sie kam mit dem Leben davon. John Sweeney war der klassische Fall eines Mannes, der seine Frau mißhandelt. Genau wie der *wahnhaft liebende Stalker* sein obsessives Verhalten beibehält, auch wenn er möglicherweise das Opfer wechselt, auf das er seine Aufmerksamkeit fixiert, so legen häufig gewaltbereite und Mißbrauch treibende Männer sowie der *einfach obsessive Stalker* auch in anderen Beziehungen ebenfalls die gleichen Verhaltensmuster an den Tag. Sweeneys erstes Opfer, eine Sekretärin, erklärte der Anwaltschaft, daß sie nicht weniger als zehn Mal von ihm verprügelt worden sei, davon zwei Mal krankenhausreif. Einmal endete ein solcher Ausbruch für sie mit einem Lungenkollaps und einem Riß im Trommelfell. Barshop versuchte, die Aussage der Frau als Beweis geltend zu machen, doch Sweeneys Pflichtverteidiger, Michael Adelson, gelang es, die Aussage aus dem Protokoll streichen zu lassen, indem er Richter Burton Katz davon überzeugte, daß sie nicht sachdienlich sei und dazu führen könnte, die Geschworenen gegen den Angeklagten einzunehmen. Der Richter verfügte ebenfalls, daß die Aussage von Dominiques Mutter über den Vorfall, als Dominique zu ihr nach Hause kam, nachdem sie von Sweeney geschlagen worden war, aus dem gleichen Grunde unzulässig sei. Und er erklärte überdies alle Aussagen darüber, was Dominique Dunne während der letzten fünf Wochen ihres Lebens bezüglich ihrer Angst vor Sweeney zu Freunden und Schauspielkollegen gesagt hatte, gleichfalls als für die Gerichtsverhandlung untauglich, da es sich hierbei nur um Hörensagen handele.

Mit anderen Worten, es wurde höchstrichterlich beschlossen, daß alles, was John Sweeney als gefährlichen und gewohnheitsmäßig Mißbrauch treibenden Mann überführen könnte, der seinem Opfer allen Grund gab, Todesangst vor ihm zu haben, als mögliche Beeinflussung der Jury für die Gerichtsverhandlung nicht tauglich sei. Doch für mich am erstaunlichsten und absolut unnachvollziehbar war die Entscheidung von Richter Burton Katz, die Erklärung der Verteidigung zuzulassen, daß nur eine Verurteilung wegen Totschlags in Frage käme. Im Klartext hieß das, daß John Sweeney in den vier bis sechs Minuten, während derer er alles Leben aus Dominique Dunne herausquetschte, von Rechts wegen nicht tatsächlich die Absicht gehabt habe, die junge Frau umzubringen!

Dominick Dunne, der Vater der Getöteten, schrieb nach dem Urteil in dem Magazin *Cosmopolitan:* »Bei einer Gerichtsverhandlung wird immer das Mordopfer selbst vorgeführt. John

Sweeney, der vorgab, Dominique geliebt zu haben, und der sein Verbrechen mit dem Argument rechtfertigte, er habe aus Leidenschaft gehandelt und seine Tat sei im Affekt geschehen, hat sie vor Gericht genauso hinterhältig und brutal verleumdet, wie er sie erwürgt hat. Es war unerträglich für uns, ihm unter Anleitung seines Verteidigers zuhören zu müssen, wie er Dominiques Namen durch den Schmutz zog. Seine gewalttätige Vergangenheit blieb sakrosankt und durfte nicht erwähnt werden, doch auf ihrem Namen durfte in aller Öffentlichkeit herumgetrampelt und unserer Tochter absolut unhaltbare Vorwürfe zur Last gelegt werden – und zwar von dem gleichen Mann, der sie umgebracht hat.«

Die Geschworenen bekamen von der Verteidigung zu hören, daß der Totschlag »in der Hitze der Leidenschaft« geschehen sei, nachdem Dominique gestanden hatte, Sweeney belogen zu haben. In anderen Worten hieß das, das Opfer habe sich selbst zuzuschreiben, was ihm widerfuhr. In seinem Schlußplädoyer bezeichnete Michael Adelson seinen Mandanten als einen »ganz normalen, vernünftigen Menschen«. Aber was, um alles in der Welt, konnte er damit möglicherweise gemeint haben? Vielleicht daß John Sweeney völlig in Ordnung und ein netter Kerl sei, bis auf die paar Mal, als er eine Frau verprügelt und in rasendem Zorn gewürgt hatte?

Die Geschworenen – die niemals etwas über Sweeneys hochgewalttätiges Verhalten erfuhren, das er auch in seiner anderen Beziehung an den Tag gelegt hatte – brauchten acht Tage, bevor sie sich auf ein Urteil einigen konnten und entschieden schließlich, ihn der fahrlässigen Tötung für schuldig zu befinden.

In der Öffentlichkeit entfachte die Entscheidung einen Sturm der Entrüstung, wodurch Richter Katz – der während des gesamten Gerichtsverfahrens, sehr zur Verwunderung der Anklage, häufig für die Verteidigung entschieden hatte – es offenbar für angeraten hielt, sich nun auf die Seite der Gegenpartei zu schlagen, so daß Richter Katz, als es schließlich zur Urteilsverkündigung kam und die Verteidigung auf mildernde Umstände plädierte, was im Endeffekt nicht mehr als eine Bewährungsstrafe nach sich gezogen hätte, plötzlich auf Gegenkurs ging.

Obgleich er die Entscheidung der Geschworenen zuvor noch als ein Urteil kommentiert hatte, mit dem »der Gerechtigkeit vollends Genüge« getan würde, kritisierte er die Geschworenen nun aufs schärfste und meinte: »Diese Entscheidung kann ich beim besten Willen nicht verstehen.« Dominiques Eltern verstanden sie vermutlich noch viel weniger.

»Es handelt sich hierbei schlicht und ergreifend um Mord«, psalmodierte der Richter schließlich mit frömmelnder Stimme und verhängte die Höchststrafe von sechseinhalb Jahren, die nach dieser Prozeßführung noch möglich war. Man mache sich nur einmal klar, daß die Mindeststrafe für vorsätzlichen Mord fünfzehn Jahre betragen hätte, und Sweeney sogar Lebenslänglich bekommen hätte, wenn er wegen schweren Mordes verurteilt worden wäre. Aber das ist, was unter den gegebenen Umständen ein unschuldiges Leben laut Gesetz wert ist.

Sweeney wurde in eine einfache Besserungsanstalt in Chico/Kalifornien gesteckt und saß dort gerademal zweieinhalb Jahre ab, weil man ihm die Untersuchungshaft anrechnete, und die Strafe überdies wegen guter Führung vorzeitig zur Bewährung ausgesetzt wurde.

Steve Barshop kommentierte den Fall nach der Urteilsverkündung mit den Worten: »Der Mann kommt auf freien Fuß, um irgend jemandem ein nettes Essen zu kochen und einen neuen Mord zu begehen.«

Und auch die Geschworenen waren völlig sprachlos. Ihr Sprecher bezeichnete die Kritik des Richters an ihrer Urteilsfindung als einen billigen Trick. Wenn sie die gesamte Beweislage gegen Sweeney gekannt hätten, dann hätten sie sicherlich auf Mord entschieden. Seiner Meinung nach war der Gerechtigkeit mit diesem Urteil ganz und gar nicht Genüge getan. (Was in solchen Fällen leider allzuoft zu beklagen ist, möchte ich noch hinzufügen.)

Dominique Dunne war argwöhnisch genug geworden, als sie Sweeneys gewalttätige Seite erkannt hatte, und sich darüber klargeworden war, daß er sich nicht mehr ändern würde. Folglich bemühte sie sich, die Beziehung zu ihm aufzulösen. Sie begegnete ihm, nachdem er sich ein Jahr zuvor von seinem vorherigen Opfer getrennt hatte. In einer perfekten Welt wäre er zu dem Zeitpunkt noch hinter Gittern gewesen für das, was er dieser Frau angetan hatte, und wäre gar nicht in der Lage gewesen, Dominique kennenzulernen, geschweige denn, sie zu ermorden.

Nachdem er das obligatorische Minimum der von Richter Katz verhängten Haftzeit abgesessen hatte, wurde er entlassen und ließ sich irgendwo unter anderem Namen nieder – hatte sozusagen die Chance auf ein neues Leben. Dominique Dunne hingegen ist und bleibt tot.

Als Sweeney sie an jenem tödlichen Abend aufsuchte, hatte Dominique offensichtlich nicht um ihr Leben gefürchtet, denn sonst hätte sie ihm wohl kaum die Tür geöffnet, um mit ihm vor dem Haus zu sprechen. Sie hat absolut nichts falsch gemacht. Aber als es darum ging, sich vor ihm zu schützen, wußte sie einfach nicht, daß es mehr erforderte, sich von einem solchen Charakter zu trennen, als ihn nur aus der Wohnung zu werfen und die Türschlösser auszutauschen.

In ihrer unschuldigen Naivität war sie der ungeheuerlichen Gerissenheit Sweeneys einfach nicht gewachsen gewesen. Offensichtlich wollte sie nichts mehr mit ihm zu schaffen haben, aber sie war eben zuvor auch verliebt gewesen in diesen Mann. Er war geschickt genug, sie zu manipulieren, ihre Gefühle für ihn auszunutzen, ihre Verletzbarkeit und ihre Unerfahrenheit mit Menschen, wie er einer war, so daß er sie dazu bringen konnte, ihm schließlich die Tür zu öffnen. Als sie die Wohnung verließ, um mit ihm zu sprechen, wollte sie wahrscheinlich, was die allermeisten in solch einer Situation versucht hätten, nämlich ihn mit Worten beruhigen. Wahrscheinlich hatte sie die Hoffnung, er würde sie dann in Ruhe lassen, ohne weiteren Ärger zu machen. Sie erkannte nicht, daß man mit einem solchen Individuum nicht mehr vernünftig sprechen *kann* – schon gar nicht, wenn es bereits so weit gekommen war.

Im vorigen Kapitel sprachen wir über den *wahnhaft liebenden Stalker*, mit dem ein logisches Gespräch unter Umständen noch möglich ist. Wenn er noch genügend Bezug hat zur Realität und erkennt, welche Folgen es für ihn haben würde, wenn er mit dem Gesetz in Konflikt gerät oder gar ins Gefängnis kommt und überdies alles zu verlieren droht, einschließlich Arbeitsplatz, Wohnung und Freunde, dann kann er sein Verhalten möglicherweise noch ändern. Die meisten *einfach obsessiven Stalker* hingegen sind zu solchen Einsichten nicht mehr in der Lage, oder solche Überlegungen haben für sie zumindest keine Bedeutung mehr. Sie kommen häufig mit ihrem aggressiv nötigenden Verhalten lange Zeit ungeschoren davon, bevor sie tatsächlich Ärger bekommen, daß ein mögliches Einschreiten der Polizei für sie keinerlei Beunruhigung darstellt. Und wenn sie dann tatsächlich zur Rechenschaft gezogen werden, ist die Strafe in aller Regel so unangemessen milde, daß sie nicht einmal auf die Idee kommen, ihr Verhalten in Zukunft zu ändern. Innerfamiliärer Mißbrauch und Gewaltanwendung gegenüber dem Partner wird bezeichnenderweise immer noch als minder schweres Delikt gehandelt, so daß der Täter, selbst wenn er nicht mehr davon lassen kann, weiß, daß ihm keine allzu schwere Strafe dafür blüht. Und wenn eine Frau die Polizei einschaltet oder den Rechtsweg beschreitet, was in den Augen des Aggressors einzig das Problem des Opfers selbst ist (ganz bestimmt macht er es niemals zu seinem eigenen Problem), dann bewirkt das nur, daß er noch zorniger wird. In seinen Augen ist sie nicht nur ungehorsam und illoyal ihm gegenüber, sondern schikaniert ihn nun überdies noch mit Rechtsverordnungen und bringt ihn in noch größere Schwierigkeiten.

Bis eine Frau beschließt, sich von einem gewalttätigen Partner zu trennen, haben die beiden häufig bereits mehr als einmal den Kreislauf aus versöhnlicher Werbung, Einschüchterungen und erneuter Gewaltanwendung durchgemacht. Es ist fast, als ob beide auf ihre Rollen in diesem Drama programmiert wären, und deswegen ist es für den Mißbrauch treibenden Teil auch so bedrohlich, wenn plötzlich das Opfer dieses Verhaltensmuster aufbricht. Er mag es ganz und gar nicht, wenn sie die Spielregeln ändert – dazu ist einzig er befugt –, und er mag auch nicht ihr neues Spiel. Für ihn ist das eine doppelte Bedrohung. John Sweeney war wütend darüber, daß Dominique seiner Kontrolle entglitten war, und er sie innerhalb ihrer Beziehung zueinander nicht mehr beherrschen konnte. Aber noch bedrohlicher für sein instabiles Ego war, daß sie es war, die nun möglicherweise ihr gemeinsames Verhältnis beenden könnte. Nichts von all dem, was sie hätte sagen oder unternehmen können, um die Beziehung zu ihm aufzulösen, wäre für ihn akzeptabel gewesen.

Gavin de Becker hält es für ganz und gar zwecklos, einen *wahnhaft liebesbesessenen Stalker* mit logischen Argumenten erreichen zu wollen. Er sagt: »Meiner tiefsten Überzeugung nach lohnt es nicht der Mühe, mit einem solchen Charakter noch vernünftig reden zu wollen. Ein Kerl, der gerade seine Frau verlassen hat und nun dreitausend Meilen weit mit einem gestohlenen Wagen fährt, weil er eine Botschaft von Jesus Christus hat, wonach er am anderen Ende des Landes ein Verhältnis mit einer berühmten Sängerin haben sollte, der hat einfach nicht mehr alle Tassen im Schrank. Oder glaubt tatsächlich jemand, daß sich so ein Kerl davon beeindrucken läßt, wenn ihm jemand sagt: ›Weißt du, du solltest diese Frau wirklich in Ruhe lassen?‹«

Meiner Meinung nach trifft diese Einschätzung auch auf Männer zu, die ihre Frauen fortwährend mißhandeln und mißbrauchen. Bei diesen Typen ist genau das Verhaltensmuster gegeben, von dem Stanton Samenow spricht, und hier liegen bezüglich des Verhaltens und der Persönlichkeit der betreffenden Individuen genau die gleiche Instabilität und Unberechenbarkeit vor, wie bei all den Gewalttätern, die ich in den verschiedenen Gefängnissen interviewen konnte. Ob man es nun mit einem sadistischen Serienmörder zu tun hat, der aus lauter Vergnügen Kinder quält und vergewaltigt, oder mit einem Mann, der fortgesetzt seine Frau mißhandelt und mißbraucht und alle seine Probleme an den Frauen ausläßt, die sich auf eine Beziehung mit ihm einlassen, diese Individuen begehen ihre Taten, weil sie eben sind wie sie sind; die sind einfach nicht mit vernünftigen Argumenten davon abzubringen. Im Gegenteil, wenn eine Frau sich auf eine Diskussion mit solch einem Charakter einläßt, dann verschafft sie ihm einen neuen Sieg, bloß weil sie sich ihm auf diese Weise wieder zur Verfügung stellt. Für ihn bedeutet das, daß er wieder eine gewisse Kontrolle über sein Opfer gewonnen hat.

Als Dominique Dunne zu ihrer Wohnungstür hinausging, um sich erneut von Sweeney in ein Gespräch verwickeln zu lassen, hat sie – ganz sicherlich ohne es auch nur zu ahnen – ihre eigene Position geschwächt und die Sweeneys gestärkt. Indem sie ihm auch nur einen Fußbreit nachgab, hat sie bei ihm unwillkürlich wieder das Bewußtsein dafür geschärft, wie sehr er sie für seine Zwecke brauchte, und indem sie sich auf ein Gespräch mit ihm einließ, hat sie genau das Gegenteil von dem bewirkt, was sie eigentlich wollte.

Um die komplexe Dynamik dieser Situation verstehen zu können, muß man sich einmal in die Lage von Dominique Dunne versetzen. Wenn also jemand an der Tür klingelt und man geht hinaus, um ihm ein letztes Mal zu sagen, daß man ihn nie wiedersehen möchte, dann hat man gewiß nicht im Sinn, denjenigen indirekt zu ermutigen, möglichst doch wiederzukommen. Man geht lediglich aus Höflichkeit vor die Tür, um mit ihm zu sprechen, und um ihn nicht zu verletzen. Diese Geste ist vergleichbar mit Laura Blacks anfänglichem Versuch, Richard Farley höflich, aber bestimmt begreiflich zu machen, daß sie höchstens Freunde seien, aber nicht mehr.

Um jedoch den Gewohnheits*stalker* oder den gewohnheitsmäßig Mißbrauch treibenden Mann zu verstehen, muß man sich nun andererseits auch einmal in dessen Lage versetzen. Aus seiner Perspektive betrachtet, hat er wohl verstanden, daß sie nichts mehr mit ihm zu tun haben möchte. Aber trotzdem ist sie aus der Wohnung herausgekommen; er konnte sie also dazu bringen, genau das zu tun, was er wollte. Man hat ihn zur Kenntnis nehmen müssen. Das bedeutet, daß er mit logischen Argumenten und freundlichen Worten nicht abzuschütteln ist. Wie sowohl Gavin als auch David Beatty hervorgehoben haben, sieht dieser Tätertypus in solchem Verhalten kein rotes Licht, sondern eine gelbe Ampel. Doch wenn er dann endlich begreift, daß man tatsächlich auch »rot« meint, dann muß er notgedrungen zu seinem allerletzten Ausweg greifen – und das war im Falle Dominique Dunne der Tod.

Man muß vor Augen behalten, daß die »einfache Obsession« und das einzige Ziel dieses Tätertyps darin besteht, sein Opfer wieder in sein Leben zu integrieren. Wenn er aber merkt, daß dies nicht mehr geht, beschließt er, die Sache mit dem einzigen für ihn noch möglichen Sieg ein für allemal zu beenden. Sein Opfer zu töten, ist für ihn die ultimative Form von Kontrolle und Unterdrückung. Wie politische Attentäter führen auch viele Mißbrauch treibende und gegen ihre Frauen gewalttätige Männer ein Tagebuch, in dem sie genauestens verzeichnen, auf welche Weise sie vorzugehen gedenken sowie welche Schritte ihr Opfer unternimmt.

Beatty führt einen besonders häufig anzutreffenden Eintrag an: »Ich kann kaum erwarten, den Ausdruck auf ihrem Gesicht zu sehen, wenn sie die Waffe sieht. Wenn sie glaubt, sie hätte bereits gewonnen, dann werde ich ihr das Gegenteil beweisen.« In dem Maße, in dem diesen Individuen die Situation entgleitet, auf die sie es eigentlich abgesehen haben, klammern sie sich an die Vorstellung, sich zum Herr über Leben und Tod ihres Opfers aufzuschwingen.

Ein solcher Mensch ist tatsächlich derart auf sein Opfer fixiert, daß er schließlich keine andere Möglichkeit mehr sieht, es an sich zu binden, als indem er es umbringt. Nach der Tat gibt es für ihn dann häufig nichts mehr, dem er sich gefühlsmäßig zuwenden könnte, was auch die hohe Selbstmordrate bei Mördern erklärt. Dies ist ein Grund, warum ich völlig mit denjenigen übereinstimme, die sich für die Interessenvertretung von *Stalking*-Opfern einsetzen und immer wieder fordern, daß es gegen diese Form des Verbrechens die Möglichkeit geben muß, langfristige Haftstrafen zu verhängen. Wenn jemand nämlich bereit ist, sein Opfer und sich selbst zu töten, dann ist er durch die bloße Androhung, dafür ins Gefängnis zu kommen, nicht mehr davon abzuschrecken. Das heißt, wir müssen dafür Sorge tragen, daß wir diese Zeitgenossen möglichst rechtzeitig erwischen und sie anschließend langfristig hinter Gittern halten. Jeder einzelne, der mit solch einem Fall zu tun bekommt – vom Opfer selbst bis hin zu denen, die im Strafvollzug beschäftigt sind, einschließlich Klägern und Richtern –, muß genauestens nach solchen Tätertypen Ausschau halten und die Gefahr erkennen, die von ihnen ausgeht, um auf ihr Verhalten so früh wie möglich zu reagieren.

Für ein potentielles Opfer ist die einzig richtige Reaktion, wenn es an einen möglichen *Stalker* geraten sollte, die, den Kontakt abzubrechen, sobald es erkennt, daß es mit der betreffenden Person ein solches Problem geben könnte. Und das bedeutet, den Kontakt auch wirklich vollständig abzubrechen. Gavin Becker, der mit dieser Form des Verbrechens soviel Erfahrung hat wie kaum ein zweiter, empfiehlt den betroffenen Opfern, der jeweiligen Frau oder dem jeweiligen Mann unmißverständlich klarzumachen, daß sie mit dieser Person absolut kein Kontakt mehr wünschen, und sich daran auch für alle Zukunft nichts mehr ändern wird; daß man felsenfest entschlossen sei, andere Wege einzuschlagen und darauf vertraue, daß auch die jeweilige Person sich anderweitig orientiert.

Daran muß man sich unbedingt halten. Wenn jemand vierzigmal anruft, und man beim einundvierzigsten Mal schließlich nachgibt, und sei es auch nur, »um endlich Klarheit zu schaffen« oder »ihn freundlich in die Schranken zu weisen«, dann gibt man einem solchen Charakter damit nur zu verstehen, daß er eben einundvierzigmal anrufen mußte, um sein Gespräch endlich doch zu bekommen. Diesen Preis zahlt ein *Stalker* mit Vergnügen.

Sich in die Person eines solchen Aggressors zu versetzen, ist nicht einfach, aber es ist um so schwieriger, wenn es sich dabei um denjenigen Menschen handelt, der einem selbst mit seinen Machenschaften zusetzt. Wenn ich damit beschäftigt bin, einen solchen Fall zu analysieren, dann bewahre ich mir, ganz gleich, wie sehr mich das Geschehen emotional mitnimmt, zumindest einen Rest an Objektivität. Wenn sich der Fall dagegen in meinem eigenen näheren Umfeld ereignen würde – beispielsweise als eine permanente Terror-Kampagne gegen eines meiner Familienmitglieder –, dann wäre es mit Sicherheit entschieden schwieriger und aufreibender, nicht auf die Aktivitäten dieses Individuums zu reagieren.

Für das Opfer eines *Stalkers* ist es ganz besonders schwierig, mit dieser Form des Verbrechens umzugehen, da es einerseits sehr lange währen kann und zum anderen völlig unberechenbar ist. Man stelle sich nur einmal vor, zwanzig Jahre lang – oder auch nur über einen Zeitraum von zwanzig Tagen – jeden Morgen aufzuwachen und sich als erstes fragen zu müssen: »Wird er mich wohl heute erwischen?« oder »Wird er heute meine Kinder umbringen?« Wo auch immer man man sich hinwendet, sieht man sich ängstlich um, weil man fürchtet, er könne im nächsten Augenblick irgendwo auftauchen. Selbst wenn er nicht gerade am Fenster steht und einem zusieht, wie man das Essen für die Kinder kocht, so weiß man doch, daß er irgendwo dort draußen lauert. Jedesmal wenn das Telefon klingelt, befürchtet man, daß er es ist, der anruft. Mit der Post mögen Rechnungen und Werbebriefe ins Haus kommen, aber es kann auch eine Photographie darunter sein, die er von einem aufgenommen hatte, als man wirklich glaubte, vor ihm sicher zu sein. Möglicherweise hat man auch bereits ein Unterlassungsurteil gegen ihn verfügen lassen, und die Polizei hat ihm angedroht, daß er eingesperrt würde, wenn er sein Verhalten nicht aufgäbe, und als Folge scheint er sich wirklich zurückgezogen zu haben. Aber das ist immer noch keine Garantie, daß er einen nicht doch beobachtet und nur auf seine Chance wartet. Statistisch gesehen wird er mit allergrößter Wahrscheinlichkeit irgendwann plötzlich wieder vor einem stehen.

Stalking-Opfer erleiden alle möglichen Probleme als Folge ihrer Erfahrungen, von Depressionen und Angstattacken sowie körperlichen Beschwerden aufgrund des Ärgers und der permanenten Aufregung, der Furcht und Hilflosigkeit, bis hin zu Alpträumen und sogar posttraumatischen Streßschäden. Genau wie manche Vergewaltigungsopfer an den Symptomen des Vergewaltigungstraumas leiden, können *Stalking*-Opfer, die fortgesetzt einem solchen unberechenbaren Terror gegen ihre Person ausgesetzt sind, lebenslang unter den Folgen des Verbrechens leiden.

Aber was für die ohnehin bereits verängstigten und verwirrten *Stalking*-Opfer alles noch schwieriger macht, ist die Tatsache, daß sie bei den verschiedenen Fachleuten, die sie möglicherweise um Rat fragen, die unterschiedlichsten Antworten erhalten, wie sie nun am besten mit der jeweiligen Person umzugehen hätten, die sie belästigt. Was der eine als die einzig richtige Methode anpreist, in der mit dem entsprechenden *Stalker* umzugehen sei, bezeichnet ein anderer unter Umständen als absolut falsch und folgenschwer. Jemand, der nichts von Sweeneys gewalttätiger Vergangenheit wußte, hat Dominique Dunne vielleicht sogar dazu geraten, ihn noch einmal in einem vernünftigen Gespräch darum zu bitten, sie in Ruhe zu lassen, und ihn nicht in Schwierigkeiten mit der Polizei zu bringen, was ihn womöglich seinen Job kosten könne und ihn nur noch wütender mache.

Und das ist nicht nur in bezug auf *Stalker* der Fall, die einfach nicht von der Person ihrer vermeintlichen »Liebe« ablassen wollen. Es gibt auch *Stalker*, die eine andere Person drangsalieren, weil sie irgendeinen Groll gegen sie hegen, wie beispielsweise einen Ladenbesitzer, von dem sich der Betreffende betrogen fühlt. Oder ein Arzt oder Anwalt, der nach Meinung des *Stalkers* nicht die gewünschte Leistung erbracht hat. Es kann praktisch jeden treffen, denn wie leicht wird man nicht in irgend etwas hineingezogen, ohne auch nur zu wissen, wie einem geschieht.

Das einzige, worüber sich alle einig sind, ist, daß jeder Fall von *Stalking* sehr unterschiedlich ist, und daß die Strategien beim Umgang mit diesem betreffenden Individuum den jeweiligen speziellen Verhältnissen angepaßt sein sollten. Doch wie selbst die Mitarbeiter des National Victim Centers immer wieder betonen – die selbst einen vorbildlichen allgemeinen Ratgeber ausgearbeitet haben, an den man sich im Umgang mit einem *Stalker* halten kann –, so sollte ein Opfer so schnell wie möglich einen Experten hinzuziehen, der in der Lage ist, speziell auf die bestimmte Situation zugeschnittene Hilfe zu leisten.

Der erste Schritt eines jeden *Stalking*-Opfers sollte also sein, sich umgehend an einen entsprechenden Fachmann der Umgebung zu wenden, da die Gesetzgebung bezüglich dieses Delikts noch von Bundesstaat zu Bundesstaat sehr unterschiedlich sein kann, so daß in einem Verwaltungsbezirk eine bestimmte Tat beispielsweise ausreicht, jemanden festzunehmen, während man in einem anderen Bezirk gegen die gleiche Aktion rechtlich überhaupt nichts unternehmen kann. In manchen

Fällen – insbesondere wenn die Aktionen eines *Stalkers* in die Zuständigkeit unterschiedlicher Verwaltungsbezirke fällt wie beispielsweise bei bedrohlichen Telefonanrufen, die von einem anderen Bundesstaat aus getätigt werden – kann für die rechtliche Handhabe von *Stalking* auch die Antiterror-Gesetzgebung in Kraft treten. Opfer, die auf eigene Faust vorgehen, können leicht übersehen, auf welche Punkte es im einzelnen ankommt, um ein Individuum wegen *Stalkings* oder einer ähnlich gelagerten Straftat auch tatsächlich dingfest zu machen.

Wie ich schon mindestens einen *Stalker* habe sagen hören, empfinden diese Menschen ihre Aktionen geradezu als ihren Job. Die meisten Opfer indessen können es sich nicht leisten, oder haben auch gar keine Lust dazu, aus dem Umgang mit einem solchen Charakter – ihn anzuzeigen und vor Gericht zu schleppen – eine Vollzeitbeschäftigung werden zu lassen. Aber genau dafür gibt es Fachleute, die in solchen Fällen Hilfe leisten, sowie zusätzliche Einrichtungen wie Beratungsgruppen und Zufluchtstätten.

Zusätzlich zu seiner Arbeit als Interessensvertreter von Verbrechensopfern bietet das National Victim Center neben Stalking-Opfern auch jedem anderen Betroffenen Hilfe und Beratung, ganz gleich mit welcher Form von Verbrechen er konfrontiert ist. Man ist dort dankbar für jeden Anruf, wenn ein Mensch in Not wissen möchte, an wen er sich wenden kann. Auch wenn man sich lediglich erkundigen will, ob ein gewisses beunruhigendes Verhalten, das man bei einer anderen Person erlebt, als *Stalking* zu beurteilen wäre, beantworten die Mitarbeiter dort gerne. Die gebührenfreie Telefonnummer des National Victim Centers ist 1–800-FYI-CALL.

An dieser Stelle sei noch einmal auf die Warnung verwiesen, auf die David Beatty und Gavin de Becker wie so viele andere immer wieder aufmerksam machen: Wenn jemand glaubt, daß er bereits ein Problem mit einem *Stalker* hat, dann ist es wahrscheinlich tatsächlich so.

Das bedeutet nicht, daß man nun gleich in Panik geraten müßte, weil irgendein seltsamer Vogel einem beispielsweise am Arbeitsplatz schöne Augen macht, aber man sollte unbedingt auf der Hut zu sein und, wie Beatty sich ausdrückt, »auf Draht sein, um zu merken, wann der Stalker seinen ersten Pfeil aus dem Köcher holt«; er meint damit das ungute Gefühl, das zum Beispiel Laura Black hatte, als sie Farleys selbstgebackenes Blaubeerbrot auf ihrem Schreibtisch fand. Beatty mahnt nachdrücklich jeden, der glaubt, durch einen anderen Menschen unwillkommene Aufmerksamkeit zu erfahren, die ihm das Gefühl vermittelt, sich möglicherweise in irgendeiner Gefahr zu befinden, unbedingt etwas zu unternehmen.

Schließlich möchte man sich später nicht vorwerfen müssen, seine dunklen Ahnungen nicht ernstgenommen zu haben, als man den Eindruck hatte, daß sich irgend etwas Unheimliches zusammenbraute, und daß tatsächlich bereits ein zukünftiger *Stalker* in Aktion war, der sich durch merkwürdige Telefongespräche und seltsame Fragereien bei Arbeitskollegen und Freunden bereits erste Informationen verschafft hatte.

In vielen Fällen ist ein möglichst frühes Einschreiten die einzig richtige Lösung. Wie Beatty anmerkt, »stehen die Chancen, aus einer Begegnung mit einem *Stalker* glimpflich wieder herauszukommen, am Anfang entschieden größer, als wenn die Geschichte bereits weit fortgeschritten ist. Wenn man erst einmal unverhohlen bedroht wird, dann hat man in seinen Mitteln keine große Wahl mehr.« In einem solchen Stadium, fügt Beatty hinzu, kann man eigentlich nur noch gerichtlich Druck machen und möglichst viel belastendes Material gegen den Betreffenden zusammentragen, um ihn hinter Schloß und Riegel zu bringen. Aber es besteht die große Gefahr, daß er, wenn er wieder aus der Haft entlassen wird, noch wütender und gefährlicher ist, weil er im Knast sitzen mußte oder auf eine andere Art rechtlich belangt wurde.

Anti-Stalking-Beratungsstellen empfehlen eine Reihe von praktischen Verhaltensmaßnahmen, die man in einem solchen Fall zu Herzen nehmen sollte. Es wird beispielsweise darauf hingewiesen, sich ein Postfach einrichten zu lassen und seine Adresse und Telefonnummer nur besonders vertrauenswürdige Personen wissen zu lassen. Ferner sollte man Bekannte, Behörden und andere mögliche Einrichtungen darauf hinweisen, von einem keine persönlichen Daten welcher Art auch immer an Dritte weiterzugeben. Es wird empfohlen, Hinweisschilder auf seinem Privatgrundstück aufzustellen, die das Betreten des Geländes verbieten, und man sollte der zuständigen Telefongesellschaft Drohanrufe unverzüglich melden und darum bitten, solche Anrufe, wenn möglich, zurückzuverfolgen, oder Telefone benutzen, die registrieren, von welcher Nummer aus der Anruf erfolgte. Und schließlich sollte man dem FBI melden, wenn man Drohbriefe erhält. Solche Beratungsstellen empfehlen überdies auch, sich eine neue Sozialversicherungsnummer geben zu lassen, wenn es Hinweise darauf gibt, daß ein *Stalker* diese Nummer benutzt, um herauszufinden, wo man wohnt, oder einen mit Hilfe dieser persönlichen Nummer belästigen könnte. Wenn man umzieht, sollte man vermeiden, eine weithin sichtbare Spur zu hinterlassen, der ein *Stalker* nur zu folgen bräuchte, das heißt, man sollte Kopien seiner eigenen ärztlichen Untersuchungsergebnisse (sowie Krankheitsberichte seiner Kinder) an sich nehmen, sollte keinen Nachsendeantrag bei der Post beantragen und eventuelle Kautionszahlungen für die neue Wohnung oder Rückzahlungen von Ablösegeldern für die Wohnung, die man aufgibt, mit dem jeweiligen Vermieter persönlich vornehmen.

Wenn man Opfer eines *Stalkers* ist, so empfehlen Experten fernerhin, sich jeden möglichen Vorfall zu notieren. Das bedeutet auch, alle Briefe aufzubewahren, die einem der *Stalker* hat zukommen lassen, sowie alle Mitteilungen zu sammeln, die er auf den Anrufbeantworter gesprochen hat, und eventuelle »Geschenke« und dergleichen aufzuheben, die er einem gemacht hat. Ebenso sollte man über Datum und Uhrzeit der einzelnen Vorfälle Buch führen, und darüber, wo einem das betreffende Individuum begegnet ist, was es im einzelnen tat oder sagte, was es trug, welches Auto es fuhr, die Nummernschilder seines Wagens sowie die Namen all derer, die bezeugen können, daß die betreffende Person auch tatsächlich an besagtem Ort war. Es kann ferner von großer Hilfe sein, wenn es einem gelingt, ein Foto von der betreffenden Person zu machen, ohne sich dabei in Gefahr zu bringen. Das ist nicht nur hilfreich, um zu zeigen, wo der Kerl zu einer bestimmten Zeit war, sondern man kann damit auch Nachbarn, Arbeitskollegen und anderen etwas in die Hand geben, das ihnen hilft, auf die Person zu achten, um die es geht. In dieser Form über jedes Vorkommnis Buch zu führen, ist deswegen besonders wichtig, weil es im Zuge langandauernder Sreßbelastung auch zu einer Beeinträchtigung des Erinnerungsvermögens kommen kann, wobei es ohnehin schwierig sein dürfte, sich an jede Einzelheit erinnern zu können, wenn ein *Stalker* seine Aktionen über einen langen Zeitraum durchführt. Ebenso wie Vergewaltigungsopfer, die sich nach der Tat häufig nicht mehr genau an den eigentlichen Tathergang erinnern können, und denen erst allmählich wieder alle Einzelheiten einfallen, so können auch *Stalking*-Opfer leicht mißverstanden und sogar der Lüge bezichtigt werden, wenn sich plötzlich irgend etwas an ihrer Geschichte ändert. Mit genauen Eintragungen über jeden Vorfall kann man sich dagegen schützen.

Zu all dem kommt, daß die Gesetzgebung in punkto *Stalking* relativ neu ist, und ein Opfer – wie dies auch in der entsprechenden Literatur des National Victim Centers hervorgehoben wird – der Polizei unter Umständen zunächst ausreichenden Tatverdacht gegen die betreffende Person vorlegen muß, ehe es ein Gerichtsverfahren gegen seinen Peiniger anstrengen kann. Wenn man das Opfer eines *Stalkers* ist, sollte man sich auf keinen Fall davon abhalten lassen, sich an die unterschiedlichen Behörden zu wenden, nur weil einem kein eindeutiges Beweismittel zur Verfügung steht, aber ebensowenig sollte man solche Beweisstücke wegwerfen, wenn man sie erst einmal besitzt.

Die Frage, wann und wie man Hilfe durch den Rechtsvollzug anfordern sollte, ist immer wieder Anlaß für heftige Auseinandersetzungen unter *Stalking*-Experten, und die Debatte darüber, wie sinnvoll oder riskant es für ein Opfer ist, eine einstweilige Verfügung gegen seinen *Stalker* zu erwirken, ist bezeichnend dafür, wie schwierig es ist, in solchen Fällen generell anwendbare Verhaltensregeln zu empfehlen. Fachleute sowie Opfer beklagen beiderseits voller Bitterkeit, daß ein Stück Papier nun einmal im Ernstfall nicht als kugelsichere Weste zu gebrauchen ist, und verweisen dabei auf den Fall Laura Black (sowie auf andere Fälle von häuslicher Gewalt, bei denen man schließlich die Leiche des Opfers fand, während in der Handtasche der betroffenen Frau eine Kopie des Unterlassungsurteils gegen ihren *Stalker* steckte, die genau darauf vertraut hatte).

Doch andererseits glaubt zum Beispiel David Beatty, daß solche Maßnahmen durchaus ihre Berechtigung haben. »Ein Unterlassungsurteil ist möglicherweise kein Schutz vor Gewalt, da es den Aggressor nicht von seiner Tat abzuhalten vermag, sondern mitunter geradezu zum Auslöser für einen Gewaltakt werden kann, aber es bringt andererseits die Justiz in Gang, was ein entscheidender Punkt ist, und richtet die Aufmerksamkeit der Behörden darauf, *daß* ein solcher Fall stattfindet. Auf diese Weise ist zumindest die Chance gegeben, daß ein Richter irgendwo auf das Problem aufmerksam wird und sagt: ›Ja, diese Klage ist berechtigt.‹«

Mein Kollege Jim Wright von der Investigative Support Unit, der selbst einer der führenden Experten in Sachen *Stalking* ist, meint: »Eine einstweilige Verfügung ist sicherlich nicht die Lösung für einen solchen Fall, aber erst damit wird das Räderweg des Rechtssystems in Gang gesetzt.«

Und Beatty fügt hinzu: »Ein Unterlassungsurteil ist für ein Opfer unter Umständen das Allerwichtigste, denn das größte Problem ist es, die Justiz überhaupt auf seinen Fall aufmerksam machen zu können und zu einer Reaktion zu veranlassen.«

Im Gegensatz dazu rät Gavin de Becker – vor allem im Hinblick auf *Stalker* von prominenten Persönlichkeiten – eher zu einer Strategie des aufmerksamen Abwartens als dazu, den Aggressor durch rechtliche Schritte noch zusätzlich zu reizen und zu verärgern. Seiner Meinung nach »kann eine zu frühe Konfrontation des Täters mit den Behörden dazu führen, daß sich die Situation nur noch verschärft und die gewalttätigen Neigungen des *Stalkers* womöglich erst auslöst.«

Andere wiederum – und zwar selbst bei der Polizei und den Vollstreckungsbehörden selbst – sehen das genau anders herum. Sie glauben, daß es den einen oder anderen *Stalker* eher abschreckt, wenn man gerichtlich gegen ihn vorgeht, bevor die ganze Sache außer Kontrolle gerät.

Meiner Meinung nach ist an all diesen Strategien etwas dran, solange man sie speziell auf den jeweiligen Tätertypus ausrichtet. Ebenso wie man gezielte Maßnahmen ergreift, um einen unbekannten Mörder ausfindig zu machen, und dabei genau in Rechnung stellt, um welchen speziellen Typ von Täter es sich handelt, so muß man meiner Ansicht nach auch die speziellen Motivationen des jeweiligen *Stalkers* bedenken und alle Anzeichen psychischer Abnormität, die er oder sie an den Tag legt, in die Überlegungen mit einbeziehen. Dabei ist es, genau wie bei anderen polizeitechnischen Eingriffen auch, ganz besonders wichtig, den rechten Schritt zur rechten Zeit zu tun. Was in einem Augenblick genau die richtige Maßnahme sein kann, ist zu einem anderen Zeitpunkt möglicherweise genau das, was die Gewalttat schließlich auslöst.

Ich bin mit David Beatty auch vollkommen einer Meinung, daß »deutlich zwischen einer polizeilichen bzw. gerichtlichen Maßnahme gegen einen *Stalker* unterschieden werden muß und einem auf das jeweilige Opfer selbst zugeschnittenen Schritt zur Hilfeleistung«. Wie bei der Erstellung von Täterprofilen müssen wir uns auch bei dieser Form des Verbrechens in beide Persönlichkeitstypen hineinversetzen, sowohl in die des Täters wie in die des Opfers, und strittige Punkte in beiderlei Hinsicht bedenken, wenn wir auf die eine oder andere Weise dem kriminellen Verhalten ein Ende bereiten wollen.

Leider ist diesbezüglich auch noch eine Menge öffentlicher Aufklärungsarbeit zu leisten. Opfer von *Stalkern* bedürfen unserer Hilfe (sowohl gegen *wahnhaft liebende* sowie gegen *einfach obsessive Stalker*), und in vielen Fällen bedeutet das zunächst einmal, kriminelles Verhalten erkennen zu lernen. Wenn nicht gerade ein Dritter bestimmte alarmierende Verhaltensformen beobachtet, die befürchten lassen, daß die Aktionen des *Stalkers* auch ohne weiteres in blanke Gewalt ausarten können, haben insbesondere in dem Stadium, in dem der *Stalker* versucht, sein Opfer wieder mit Blumen und Geschenken unter seine Kontrolle zu bekommen, Außenstehende vielfach den Eindruck, die betreffende Frau beurteile den Mann zu grob. Ebenso wie man beispielsweise Farleys Geschenke an Laura Black als Großzügigkeit mißverstand, so mögen auch Liebesbriefe und Süßigkeiten, die ein Ex-Freund übermittelt, den Eindruck erwecken, der arme Kerl sei immer noch völlig verschossen. Nur die Frau selbst erkennt möglicherweise, wie unheimlich diese Gesten sind und wie sehr es dabei nur um die Kontrolle ihrer Person geht, denn sie allein kennt den Gesamtzusammenhang und hat bereits Erfahrung mit den anderen Versuchen, die der *Stalker* unternommen hat, um sie zu beherrschen.

Es gibt nichts, das eine Frau – oder auch ein Mann – tun kann, wofür er oder sie Schläge durch den jeweiligen Partner oder Liebhaber verdient hätte. Ebensowenig verdient irgend jemand psychisch mißhandelt zu werden. Ich bin immer zutiefst entsetzt, und es bringt mich völlig durcheinander, wenn ich von Menschen höre, die von ihrem Partner geschlagen werden, und dann von Familienmitgliedern oder Freunden anstatt Hilfe zu erhalten, so etwas zu hören bekommen wie: »Du mußt ihn schrecklich wütend gemacht haben.« Ich weiß, daß Leute, die so reagieren, absolut keine Ahnung haben, was sie da von sich geben, aber ich kann diese Zeitgenossen nicht entschuldigen, nur weil sie Ignoranten sind, und das sollte auch kein einziges Gewaltopfer tun. Es ist gar nicht genug zu betonen, daß nicht ein Mensch verdient hätte, mißhandelt zu werden, und daß niemand sich mit diesem Schicksal abzufinden hat. Wenn jemand in seinem örtlichen Telefonbuch auf den ersten Seiten keine entsprechenden Hilfseinrichtungen finden kann (man sollte unter den Stichworten »Notruf-Zentralen« oder »Gemeindedienste« nach Beratungsstellen für Fälle innerfamiliärer Gewaltanwendung oder Vergewaltigungen suchen), so empfehle ich, das National Victim Center anzurufen. In Gemeinden, in denen es polizeiliche Spezialeinheiten zum Schutz von Verbrechensopfern gibt wie die in Fairfax County/Virginia, die wir hier betrachtet haben, so sollte man sich dorthin wenden. Dort wird man erfahren, an wen man sich wenden könnte und wie man sich verhalten sollte.

Ich möchte auch ein Wörtchen zu denjenigen sagen, die mißbrauchte Frauen dafür tadeln, daß sie sich überhaupt je mit einem solchen Mann eingelassen haben, denn das ist schrecklich unfair. Nicht selten haben sich nämlich genau diese Leute selbst von der zunächst noch charmanten Art des zukünftigen Aggressors einnebeln lassen, ohne zu merken, mit welchem Charakter sie es dabei zu tun hatten. Und überdies werden Mißbrauchsopfer häufig gerade deswegen malträtiert und geschlagen, weil sie nicht länger hinnehmen wollen, daß sie mißhandelt, bedroht und gequält werden.

Was ein Opfer solcher Form von Gewalttätigkeit braucht, ist die Unterstützung seiner Freunde und Bekannten. Indem man die Urteilsfähigkeit einer solchen Frau anzweifelt, stärkt man nur die Position des Aggressors, während das Opfer selbst an sich zu zweifeln beginnt. Schließlich machen wir jemandem, der Opfer eines Einbruchs geworden ist, ja auch keinen Vorwurf, zu Hause nicht rund um die Uhr Wache geschoben zu haben, damit sich niemand an seinen Sachen vergreift. Warum sollten wir also das Verhalten von *Stalking*- oder Vergewaltigungsopfern in Zweifel ziehen?

In irgendeiner Form Opfer eines *Stalkers* zu werden, ist ein Erlebnis, das einen überfordert. Aber selbst wenn sich jemand zutraut, damit allein fertig werden zu können, möchte ich doch empfehlen, Hilfe bei einer entsprechenden Beratungsstelle zu suchen, die es inzwischen überall gibt. Ich bewundere den Mut der Frauen, die ein Verbrechen durchmachen mußten und in ihrer Gemeinde keine entsprechende Hilfe und kein Verständnis fanden, nicht einmal die Unterstützung der Polizei oder des Gesetzes, aber dann nicht aufgaben, sondern mit anderen Frauen, die sich in einer ähnlichen Situation befanden, ihre eigenen Hilfsgruppen gründeten. Theresa Saldana ist ein solches Beispiel, sie gründete die Organisation »Opfer helfen Opfern«, oder Jane McAllister, die »Die Bürgervereinigung gegen *Stalking*« ins Leben rief. Wenn man heute im Internet unter dem Stichwort *Stalking* sucht, staunt man über den Umfang von Informationen und Hilfsquellen, die dort angeboten werden.

Ich bin mir allerdings darüber im klaren, daß wir noch eine weite Strecke vor uns haben. Der sogenannte »Hilfreiche Wegbegleiter für *Stalking*-Opfer«, den das National Victim Center herausgibt, enthält eine Fülle praktischer Ratschläge, wie man sich vor diesen Verbrechern schützen kann, aber wie ähnliche Ratgeber anderer Hilfsgemeinschaften für Gewaltopfer auch ist es ein sehr bedrückendes Dokument. Wenn man diese Broschüren liest, dann erkennt man, daß alle darin enthaltenen Ratschläge Maßnahmen sind, die das Opfer auf sich nehmen muß, und die es in seinen Lebensgewohnheiten zutiefst einschränken – es sind restlos reaktive Maßnahmen.

Der *Stalker* ist ein Fachmann, wenn es darum geht, sich am Rande der Legalität zu bewegen, und er terrorisiert sein Opfer mitunter jahrelang, bevor er irgend etwas tut, was ihn tatsächlich straffällig werden läßt (selbst nach der neuen Gesetzgebung). Daher ist es Sache der betroffenen Frau selbst, ihr Verhalten zu ändern, um etwas an ihrer Situation zu ändern. Er ist es zwar, der etwas falsch macht, aber sie muß dafür büßen. Sie ist diejenige, die ihr Zuhause zu einem Gefängnis umfunktionieren muß, mit schweren Stahlriegeln vor den Türen, einer zusätzlichen Außenbeleuchtung, einem Minimum an Buschwerk unter den Fenstern und möglicherweise sogar einem scharfen Wachhund als Haustier. Sie ist es, die die Türschlösser austauschen muß und bei der Telefongesellschaft Geheimnummern beantragen muß, wenn es den Verdacht gibt, daß ihre persönliche Sicherheit nicht mehr gewährleistet ist. Für sie wird jedes Privatleben unmöglich, und sie darf nicht mehr allein reisen, wenn sie überhaupt noch verreisen kann. Und sie ist schließlich diejenige, die den demütigenden Schritt tun muß und mit seinem Foto in der Hand oder einer Beschreibung des *Stalkers* und seines Wagens an die Türen der Nachbarn klopft und ihre Familienmitglieder, Arbeitskollegen und Freunde bittet, sie vor ihm zu warnen. Sie darf nicht mehr spazierengehen und nicht mehr fahrradfahren und muß Zeit und Kraft opfern, um ständig neue Wege zu finden, an ihren Arbeitsplatz, zum Einkaufen oder gar in die Kirche zu gelangen.

Sie ist diejenige, die sich unter Umständen in Schulden stürzen muß, um sich einen Rest von Sicherheit zu bewahren, obgleich sie weiß, daß sie sich wahrscheinlich nie wieder ganz sicher fühlen wird. Selbst wenn der *Stalker* sterben sollte, hat er ihr Zeit gestohlen und ihre Möglichkeit auf ein friedliches Leben für immer getrübt. Vielleicht gelingt es ihr, eines Tages wieder »normal« zu empfinden, aber wie bei anderen Menschen, die ein Verbrechen durchmachen mußten, sind die Chancen, daß sie jemals zu einem wirklichen inneren Frieden zurückfindet, äußerst gering. Manchmal schaffen sich Verbrechensopfer sogar Waffen an und lernen, wie man damit umgeht.

All das erregt doch einfach nur noch Übelkeit. Es macht mich wütend, wenn ich daran denke, daß ein ehrbares, anständiges und verantwortungsbewußtes Mitglied der Gesellschaft viel Geld und einen solch hohen psychischen und physischen Preis zahlen muß – möglicherweise gar Tag für Tag über viele Jahre hinweg –, nur damit irgendein degenerierter Versager seinen Phantasien nachsteigen und sein hoffnungslos überflüssiges und verkorkstes Ego stabilisieren kann. Ich muß an Trudy Collins denken, die Mutter dieser hochgescheiten und bildschönen Suzanne Marie Collins, die im Alter von neunzehn Jahren ermordet wurde. Trudy Collins stellte damals die Frage, ob wir als Gesellschaft überhaupt begreifen, was wir verlieren, wenn wir zulassen, daß so viele gute Menschen die Opfer von Verbrechern werden.

David Beatty hält seinen »Hilfreichen Wegbegleiter« vom National Victim Center in die Höhe und sagt es ganz deutlich: »Alles, was hier drin steht, ist irgendwie auch eine Einschränkung der Freiheit jedes einzelnen Bürgers. Im Grunde müssen wir uns von allen unseren Rechten verabschieden, weil unser Rechtssystem nicht in der Lage ist, unsere Sicherheit auch wirklich zu garantieren.«

Und der Fairneß halber fügt er noch hinzu, daß wir nicht einmal imstande sind, die Sicherheit des Präsidenten der Vereinigten Staaten zu garantieren, wofür wir jährlich Millionen von Dollar aufbringen. Aber wenn erst einmal eine Bedrohung stattfindet, und eine Person eindeutige Verhaltensmuster an den Tag legt, die als potentiell gefährlich einzustufen sind, dann sollten wir in der Lage sein, mehr zu tun als bisher, und sicherstellen können, daß der *Stalker* in Gewahrsam kommt und seine bürgerlichen Rechte verliert, und nicht das Opfer.

Diese Fälle sollten uns alle hellhörig werden lassen. Wenn wir die Mitarbeiter in den sozialen Dienstbereichen und im Strafrechtssystem dafür verantwortlich machen wollen, daß sie auf die Gefährlichkeit von Individuen wie Ronnie Shelton und Joseph Thompson in der Vergangenheit nicht rechtzeitig aufmerksam wurde, dann müssen wir auch selbst Verantwortung übernehmen und damit beginnen, diejenigen unter uns, die eine Gefahr sind, bei dem ersten Alarmzeichen zu erkennen. Und ich hoffe, daß eine gesteigerte Aufmerksamkeit und Aufklärung dabei helfen. Ich habe großes Verständnis für die Frustration eines Polizisten, der vielleicht zum zehnten Mal in der gleichen Familie wegen eines gewalttätigen Ehedisputs ermittelt, und die Frau sich einfach weigert, ihren Mann anzuzeigen, aber ich bin der Überzeugung, daß wir uns mit der Frage beschäftigen müssen, warum das so ist, und nicht uns einfach über das Opfer ärgern. Wenn das Opfer von häuslicher Gewalt oder das Opfer eines *einfach obsessiven Stalkers* zu seinem gewalttätigen Partner zurückkehrt, dann geschieht das vielfach, weil die betreffende Frau fürchtet, daß er sie ohnehin finden wird, ganz gleich wo sie sich versteckt hält. Das heißt, wir konnten diese Frau nicht davon überzeugen, daß wir imstande sind, auch wirklich für ihre Sicherheit zu sorgen.

An dieser Stelle muß ich noch einmal auf David Beattys scharfsinnige Bemerkung erinnern, nämlich daß *Stalking* der einzige Fall ist, in dem ein zukünftiger Mörder sich der Polizei bereits vor der Tat zu erkennen gibt.

Das ist nicht nur eine Chance für uns, eine Gewalttat zu verhindern, sondern wir haben die unbedingte Pflicht, diese Gelegenheit auch wahrzunehmen.

KAPITEL ELF

Buffalo Bill und darüber hinaus

Wenn ein Mensch Anerkennung dafür verdient – manche würden vielleicht lieber formulieren: *zu verantworten hat –*, daß einer breiten Öffentlichkeit vor Augen geführt wurde, was angewandte Verhaltensforschung in der Kriminologie bedeutet, so ist dies zweifellos Thomas Harris, Autor der Bestseller *Schwarzer Sonntag, Der Rote Drachen* und *Das Schweigen der Lämmer*, die alle verfilmt wurden. Durch Harris' Romane ist die kriminalpsychologische Arbeit, wie sie von der »Investigative Support Unit« des FBI in Quantico praktiziert wird, so tief ins öffentliche Bewußtsein eingedrungen, daß ich kürzlich in einer Talk Show im Fernsehen sogar gehört habe, wie sich einer der Sprecher auf mich bezog als »der Typ von *Das Schweigen der Lämmer*«. Und es vergeht selten eine Woche, daß ich nicht von irgend jemandem in den USA einen Brief erhalte, in dem ich gefragt werde, wie man es anstellt, professionell Persönlichkeitsprofile von Verbrechern zu erstellen und für die »Investigative Support Unit« tätig zu werden, deren Leiter ich bis zu meiner Pensionierung gewesen war.

Harris hat in seinem Roman die düstere und beklemmende Atmosphäre, in der unsere Arbeit stattfindet, sehr gut getroffen – obschon es zu meiner Zeit in Wahrheit sogar noch bedrückender zuging, weil die Einheit noch länger als ein Jahr nach meinem Ausscheiden aus dem FBI in einem engen Labyrinth von

Büroräumen zwanzig Meter tief unter der Erde ihre Arbeit versah. Mit literarischen Schurken wie Dr. Hannibal Lecter, »der Kannibale«, Francis Dolarhyde, »dem schwulen Beißer«, und James Gumb, alias »Buffalo Bill«, konnte Harris dem Leser auch eine gewisse Vorstellung vermitteln von dem unendlich Bösen, das sich einfach nicht erklären läßt, und das wir in unserer Arbeit aufspüren und jagen.

Zum Glück für uns alle sind Gestalten wie dieser abgrundböse, gerissene und ziemlich verschrobene Psychiater Dr. Lecter im wirklichen Leben nicht gerade häufig anzutreffen. Wie sich die Leser unserer früheren Bücher zweifellos erinnern werden, bin ich während meiner Laufbahn einer ganzen Reihe von Psychiatern begegnet, die man als einigermaßen schräge Charaktere bezeichnen könnte. Aber deren seltsame Einschätzung der Dinge hatte vielleicht eher mit ihrer generellen beruflichen Abneigung zu tun, sich einmal mit dem Verbrechen selbst zu beschäftigen, wenn sie die Gefährlichkeit und mutmaßliche »Rehabilitationsfähigkeit« eines Kriminellen bewerten sollten. Glücklicherweise hat meines Wissens nach nie einer von denen versucht, die Tat eines ihrer kriminellen Patienten nachzuahmen. Um ehrlich zu sein, kann ich mich nicht an einen einzigen Fall erinnern, in dem der Serienkiller ein Psychiater oder Arzt gewesen wäre – wenngleich wir einige Zahnärzte und Mediziner hatten, die ihre Frau oder ihre Geliebte getötet haben (und in der Regel waren diese Männer alle relativ leicht zu erwischen gewesen, weil sie kriminologisch gesehen nicht halb so gerissen waren wie sie sich einbildeten). Sexuelle Triebverbrecher können natürlich aus jedem Spektrum der Gesellschaft kommen, aber unseren Forschungsarbeiten zufolge sind Serienmörder, so intelligent sie mitunter auch sein mögen, in der Regel Versager, die kein großes Selbstvertrauen haben. Wer es bis zum Arzt gebracht hat, muß vermutlich nicht auf ganz so schreckliche Ersatzhandlungen zurückgreifen.

Während es also im realen Leben Charaktere wie Hannibal Lecter nicht zu geben scheint, kommen Typen wie Buffalo Bill schon eher vor. Bevor Thomas Harris sein Buch *Red Dragon* zu schreiben begann, kam er nach Quantico, um unsere Arbeit genauer kennenzulernen. Er nahm an Seminaren teil, sprach mit einer ganzen Reihe unserer Agenten und hörte sehr aufmerksam zu, was sie ihm zu sagen hatten. Diese furchterregende und widerwärtige Erscheinung, die schließlich als Buffalo Bill in seinem Roman auftaucht – der auf heimtückische Weise Frauen in seine Gewalt bringt, indem er mit einem Gipsverband am Arm eine Verletzung vortäuscht, sie dann zu sich nach Hause in ein Kellerloch schleppt, wo er ihnen anschließend die Haut abzieht, um sich daraus ein »weibliches Kostüm« zu basteln –, ist eine Komposition aus den unterschiedlichen Charakterzügen, den Verhaltensmerkmalen und individuellen Vorgehensweisen zweier Sexualmörder, die es tatsächlich gegeben hatte, und mit denen wir uns in Quantico damals beschäftigten. Wir machten Harris mit diesen Charakteren vertraut, als er bei uns in Quantico war. Einen dritten Serienmörder, der erst Jahre nach der Veröffentlichung von *Red Dragon* in Erscheinung trat, verarbeitete Harris in *Das Schweigen der Lämmer*. Da jeder dieser drei Männer in gewisser Hinsicht einen unterschiedlichen Typus von Gewaltverbrecher repräsentiert, und sich auch im Hinblick auf seine kriminelle Raffinesse von den beiden anderen unterscheidet sowie darüber hinaus neue Gesichtspunkte aufwirft zu der endlosen Diskussion darüber, ob Lustmörder nun »krank« oder »böse« seien, erscheint es uns der Mühe wert, diese drei Individuen an dieser Stelle einmal genauer zu betrachten.

Edward Gein wurde am 8. August 1906 in La Crosse, im Staat Wisconsin geboren. Diesen Bundesstaat hatte er sein ganzes Leben über nicht ein einziges Mal verlassen. Sein Vater George war das, was man einen Quartalssäufer nennen würde, und arbeitete in den alkoholfreien Perioden abwechselnd mal als Tischler, mal als Gerber und mal als Landwirt. Als Ed noch ein Kind war, bezog sein Vater mit der Familie ein Farmhaus in der Nähe der ländlichen Gemeinde von Plainfield und versuchte, sich mit einer eigenen Parzelle Ackerlandes unabhängig zu machen. Der dominante Elternteil war eindeutig Eds Mutter, Augusta, gewesen. Sie schien recht konkrete Vorstellungen von Religion und Moral gehabt zu haben und vertrat wohl auch ähnlich ausgeprägte Ansichten über den Menschen überhaupt sowie über die diversen Schwierigkeiten, in die ein Mensch geraten kann. Ed und seinem fünf Jahre älteren Bruder Henry machte sie schon sehr früh mit Inbrunst deutlich, welche Sünden sie zu vermeiden hätten, und ganz oben auf der Liste stand das Verbot, sich irgendwelchen außerehelichen sexuellen Vorstellungen hinzugeben, auch wenn Ed sich später erinnerte, daß sie bezüglich des Onanierens nicht ganz so streng gewesen zu sein schien. Kurzum, es gelang ihr, diese Botschaft herüberzubringen, so daß weder Ed noch Henry je in ihrem Leben heirateten, Sex hatten, oder sich auch nur weit von ihrem Elternhaus entfernten. Wie Ed später einem Gefängnispsychiater sagte, hatte seine Mutter ihn gelehrt, »wenn eine Frau gut genug für den Geschlechtsverkehr ist, dann ist sie auch gut genug für die Ehe«.

Ed verließ die Schule nach der achten Klasse, blieb jedoch ein begeisterter Leser. Er hatte nie einen dauerhaften Job, verdiente sich jedoch neben seiner Arbeit auf der Farm der Familie hier und da als Babysitter in der Gemeinde Plainfield etwas hinzu und nahm dann und wann verschiedene kleinere Arbeiten an. Da er ein sehr ruhiger, einigermaßen weltfremder und naiver Mensch war, geschah es, daß man ihn häufig ausnutzte und um seinen Lohn prellte.

Als er Mitte Dreißig war, verlor Ed innerhalb von fünf Jahren seine gesamte Familie. 1940 starb sein Vater George mit fünfundsechzig Jahren an einem Herzinfarkt, und vier Jahre später kam sein Bruder Henry bei einem Buschfeuer ums Leben, als er ein Stück Land roden wollte, und ein Jahr darauf erlag seine Mutter Augusta ihrem zweiten Schlaganfall. Obgleich Augusta äußerst streng und dominant war, hatte Ed sehr an ihr gehangen, und schien jetzt, nach ihrem Tod völlig hilflos gewesen zu sein. Das Schlafzimmer seiner Mutter und ihr Wohnzimmer betrachtete er fast als ein Museum, in dem alles genau so bleiben mußte, wie es zu ihren Lebzeiten gewesen war. Aber wie sich herausstellen sollte, war dies nicht das einzige, das Ed Gein sich als Andenken bewahrte.

Niemand machte sich großartig Gedanken über diesen stillen und bescheidenen Mann, der zurückgezogen in dem weißen, mit Holzschindeln verkleideten Haus mitten auf der nun stillgelegten Farm lebte. Bis zum 16. November 1957. Es war ein Samstag, draußen war es klirrend kalt, und der Himmel war blitzblau. An diesem Tag wurde die Jagdsaison für Rotwild eröffnet, und die meisten, wenn nicht alle jugendlichen wie erwachsenen männlichen Bewohner der 642 Personen zählenden Gemeinde nahmen an diesem Ereignis teil. Auch Frank Worden, dessen Familie den Metallwarenladen an der Hauptstraße des Ortes besaß, war da keine Ausnahme. Wie so oft, wenn Frank aus wichtigen Gründen fort mußte, hatte seine Mutter, die achtundfünfzigjährige Witwe Bernice Worden das Geschäft übernommen.

Als Frank gegen 17 Uhr nachmittags von der Jagd zurückkam, war das Geschäft verschlossen und das Licht gelöscht. Er war erstaunt darüber und fragte in der Nachbarschaft, was geschehen sei. An der Tankstelle sagte man ihm, daß der Laden fast den ganzen Tag über geschlossen gewesen sei. Als er daraufhin die Tür des Geschäftes öffnete, um nach dem Rechten zu sehen, war niemand darin zu finden. Doch auf dem Boden entdeckte er eine Blutlache und eine Blutspur, die zum Hinterausgang führte. Dann merkte Frank, daß auch der Geschäftswagen nicht mehr an seinem Platz stand, und alarmierte augenblicklich Sheriff Art Schley, dem er seine Befürchtung mitteilte, daß seine Mutter möglicherweise ermordet wurde.

Schley und sein Stellvertreter Arnie Fritz eilten unverzüglich herbei und nahmen die Ermittlungen auf. Sie riefen weitere Polizisten und Ermittlungsbeamte hinzu und baten Fachleute vom kriminalistischen Labor in Madison um Hilfe. Als man Frank schließlich fragte, ob er irgendeinen Verdacht hätte, wer der Mörder sein könnte, antwortete er: »Ed Gein.«

Als die Ermittler wissen wollten, wie er darauf käme, sagte Frank, daß Ed Gein seine Mutter gefragt habe, ob sie mit ihm zusammen Rollschuhlaufen wolle, und daß er am Tag zuvor im Laden gewesen sei, und sich nach dem Preis von Antifrostschutzmitteln erkundigt habe, und von Frank außerdem wissen wollte, ob er bei der Jagderöffnung mitmachen werde. Frank hatte ihm daraufhin geantwortet, daß er auch auf die Jagd gehen wolle, und daß er den ganzen nächsten Tag nicht im Geschäft sein werde. Als die Ermittlungsbeamten Bernice Wordens Kasseneinträge überprüften, war tatsächlich ein Coupon dabei, der für ein Antifrostschutzmittel ausgestellt worden war. Diese hauchdünne Spur war das einzige Beweisstück, das eventuell gegen Edward Gein sprach, aber es stellte sich heraus, daß es ausreichte, um ihn als den Täter zu identifizieren.

Gein war nicht daheim, als die Ermittler kamen und an seine Tür klopften. Aber in einem Holzschober, der sich an das Wohnhaus anschloß, und in dem es keine Elektrizität gab, stießen die Beamten im Schein ihrer Taschenlampen auf eine der wohl schauderhaftesten und bemerkenswertesten Szenerien der amerikanischen Kriminalgeschichte – einen Schauplatz, der die kleine Gemeinde von Plainfield damals in den 50er Jahren bis in ihre Grundfesten erbeben ließ. Dort in der Hütte fanden die Beamten nämlich den Leichnam von Bernice Worden, von dem der Kopf abgetrennt war, und der an den zusammengeschnürten Fußknöcheln an einem hölzernen Querbalken aufgehängt, und von der Vagina bis zum Brustbein aufgeschlitzt war, zurechtgemacht wie ein frischerlegtes Stück Wild, das gehäutet werden soll.

Fast krank von diesem gräßlichen Anblick verschafften sich die Ermittler gewaltsam Zugang in das angrenzende Wohnhaus, und was sie dort zu sehen bekamen, entsetzte sie vielleicht noch mehr – wenn das überhaupt möglich ist. Das Innere des Hauses war ein unfaßbares Durcheinander von Müll und Abfall. An Eds Bettgestell waren menschliche Schädel befestigt. Bernice Wordens Herz lag in einem Kochtopf auf dem Herd. Ihr Kopf, dessen Augen friedlich geschlossen waren, als ob sie schliefe, war bereits mit Haken in den Ohrmuscheln versehen und fertig, um wie eine Trophäe aufgehängt zu werden; er wurde in einem Leinensack in einer Ecke gefunden. Ihre übrigen inneren Organe lagen in einer Büchse.

Captain Lloyd Schoephoerster vom Green Lake County Sheriff's Departement gab seine Eindrücke damals folgendermaßen zu Protokoll:

Ich hatte ein Gefühl wie nie zuvor in meinem Leben. So etwas hatte ich noch nicht gesehen. Es war entsetzlich. Wir fanden mehrere menschliche Schädel und Masken, das heißt die Gesichtshaut, die vom Schädel gelöst wurde und so präpariert war, daß sie nicht verweste. Sie steckten in Plastiktüten. Wir fanden außerdem eine Büchse, in der die Organe von Frauen lagen. Ich erinnere mich noch, daß eins etwas kleiner war als die anderen und eine goldene Färbung hatte. Es war ein Band daran festgebunden; ich glaube ein rotes. Wir fanden Beinknochen und entdeckten, daß die Sitzkissen auf den Stühlen aus Menschenhaut gefertigt waren. Sie waren ziemlich primitiv gefertigt. Von außen waren sie weich und glatt, aber wenn man genauer hinschaute, sah man darunter noch die Fettstreifen. Die Arbeit war sehr plump ausgeführt worden.

An einem Messer war ein Griff aus Menschenknochen, und die Lampenschirme bestanden aus menschlicher Haut. Außerdem fanden wir noch den Torso eines weiblichen Oberkörpers von den Schultern bis zur Taille. Er bestand aus konservierter Haut und war auf beiden Seiten aufgeschnitten. Alles war vollständig gegerbt, und der ganze Torso war steif, so daß man ihn aufrecht hinstellen konnte. Daran ließen sich dann die Brüste befestigen, die ebenfalls gegerbt waren.

Aber das war nicht alles. Die Ermittler fanden ferner Schüsselchen, die aus menschlichen Hirnschalen gemacht waren, Papierkörbe, die aus gegerbter Haut bestanden, sowie einen Gürtel aus weiblichen Brustwarzen.

Schließlich entdeckten die Beamten noch die vollständig gegerbte »Gesichtsmaske« einer weiteren Frau, die so präpariert worden war, daß man die Gesichtszüge noch erkannte. Selbst das Haar war noch daran. Und dann stieß Arnie Fritz auf einen anderen Beutel, diesesmal war er aus Papier und stand hinter der Küchentür. Er öffnete ihn und leuchtete mit seiner Taschenlampe hinein. Leon »Specks« Murty, dem früheren Sheriff des Distrikts, der herbeigeeilt war, um seinem Amtsnachfolger behilflich zu sein, verschlug es fast den Atem. »Mein Gott, das ist ja Mary Hogan«, stieß er hervor.

Mary Hogan war am 8. Dezember 1954, fast drei Jahre zuvor, spurlos aus der Gaststätte verschwunden, die sie im benachbarten Pine Grove geführt hatte. Wie bei dem Mord an Bernice Worden hatte man auch damals in dem Lokal eine Blutlache auf dem Boden gefunden. Und genau wie Mrs. Worden war auch Mary Hogan Mitte Fünfzig gewesen.

Sheriff Schley fand Gein, nahm ihn fest und nahm ihn auf ziemliche brutale Weise ins Verhör, während dessen er ihn manchmal sogar packte und gegen die Wand schleuderte. Gein gestand den Mord an den zwei Frauen, die er beide erschossen hatte, jedoch nicht den Mord an drei weiteren Toten, die den Ermittlungen zufolge auch auf sein Konto gegangen sein konnten. Er gab ferner zu, auf drei Friedhöfen – in Plainfield, Spiritland und Hancock – die Gräber geöffnet zu haben, und die Leichen von mindestens fünfzehn erst kürzlich verstorbener Personen oder wenigstens Teile der Leichen zu sich nach Hause geschleppt zu haben. Bei allen Toten handelte es sich um Frauen. Gein sagte, daß er einige von ihnen zu Lebzeiten persönlich gekannt habe. Vermutlich hatte er jedoch noch weitere Frauen ermordet, denn zwei der Vaginen, die man in seinem Haus entdeckte, gehörten zu keiner der in jüngster Zeit verstorbenen Personen, die den Eintragungen zufolge auf einem der Friedhöfe der Umgebung bestattet worden waren. An die Mordtaten selbst konnte er sich kaum erinnern, wie er behauptete. Angeblich sei er während der Tat »wie benommen« gewesen. Aber er räumte ein, daß beide ermordete Frauen ihn stark an seine Mutter erinnert haben.

Und genau das war der Schlüssel zum Charakter dieses bizarren Triebtäters. Er war kein Sexualmörder, der aus einer sadistischen Freude heraus getötet hätte, und er mordete auch nicht aus Spaß am Morden. Ihm ging es nicht um Macht und Manipulation, obgleich er erklärte, daß er eine gewisse Erregung verspürte, als er die Gräber öffnete. Was ihn trieb, war scheinbar die Vorstellung, seine Mutter aus willkürlich zusammengetragenen weiblichen Körperteilen »neu zu erschaffen«, die er dann so präparierte, daß er sie sich auch selbst überstreifen konnte, offensichtlich um auf diese Weise selbst »Augusta zu werden«. Wie

Gein einem anderen ehemaligen Sheriff namens Dan Chase erklärte, stülpte er sich den weiblichen Torso manchmal über, befestigte die Brüste, die er dafür präpariert hatte, und marschierte dann bei Mondlicht nachts auf dem Hof vor seinem Haus herum. Wie er sagte, hatte er zu morden begonnen, als seine Grabräubereien ihm nicht mehr ausreichten, um sein »Rohmaterial« zu fertigen, das er brauchte.

Der psychiatrische Gutachter, ein gewisser Dr. Warmington, der Edward Gein nach seiner Verhaftung zu beurteilen hatte, schrieb: »Über die Motivation des Täters kann nichts Sicheres gesagt werden, sie ist schwer definierbar, aber einige Faktoren sprechen dafür, daß Edward Gein aus einer generellen Feindseligkeit heraus handelt, daß ihn seine Taten sexuell stimulieren, und daß er den Drang hat, sich einen Ersatz für seine Mutter zu schaffen in Form einer Nachbildung oder eines Körpers, der unbegrenzt haltbar ist.«

Dr. Warmington bemerkte ferner, »daß Gein seit dem Tod seiner Mutter immer wieder den Eindruck hatte, die Dinge seien in Wahrheit gar nicht real.« Gein erklärte, daß er ein Jahr nachdem seine Mutter gestorben war, mehrmals ihre Stimme zu ihm sprechen gehört hatte.

Andere Psychiater, die den ansonsten recht sanftmütig wirkenden Gein offiziell zu begutachten hatten, attestierten ihm ohne Umschweife eine schwere Psychose, möglicherweise Schizophrenie. Nur eine Woche nach dem Mord an Bernice Worden überstellte man ihn an das Central State Hospital in Waupun, wo er in die geschlossene Anstalt für geistig kranke Kriminelle eingewiesen wurde, und fortan stets freundlich und friedlich vor sich hinlebte, ohne den Behörden jemals die geringsten Schwierigkeiten zu machen.

Seine Geschichte hatte jedoch die Phantasie der Öffentlichkeit zutiefst beeindruckt, und in der Presse nannte man ihn bald nur noch den »Schlächter von Plainfield«. Der Wagen, den er bei seine Grabräubereien benutzt hatte, wurde versteigert und im ganzen Mittleren Westen auf den verschiedensten Jahrmärkten und Volksfesten zur Schau gestellt, während der Romanautor Robert Bloch einen Thriller schrieb, dessen Protagonist ein ruhiger, bescheidener Mann war, der die Erinnerung an seine verstorbene dominante Mutter mit solcher Hingabe pflegte, daß er schließlich sie selbst geworden zu sein glaubte, und eine Frau tötete, die sich zwischen Mutter und Sohn zu stellen drohte. Er nannte sein Buch kurz *Psycho*. Der Kinofilm, der aus dieser Romanvorlage entstand und den Alfred Hitchcock realisierte, wurde nach kürzester Zeit zu einem Klassiker seines Genres.

Zehn Jahre nachdem Gein in das psychiatrische Gefängnis eingewiesen worden war, bestätigten die Sachverständigen, daß er geistig klar genug sei für die Gerichtsverhandlung über den Mord an Bernice Worden. In gegenseitigem Einverständnis verzichteten Anklage und Verteidigung zugunsten einer richterlichen Entscheidung durch Judge Robert H. Gollmar auf ein Geschworenengericht. Nachdem alle Beweispunkte verlesen worden waren, entschied Richter Gollmar – trotz der Tatsache, daß der Mord vorsätzlich begangen worden war (Gein behauptete allerdings, das Gewehr, das er sich in Wordens Geschäft betrachtete, und das er mit seiner eigenen Munition geladen hatte, sei versehentlich losgegangen) –, daß der Angeklagte wegen Geisteskrankheit rechtsunfähig sei.

Ich möchte diese Entscheidung nicht in Zweifel ziehen, aber ich glaube, daß viele Serienmörder im Sinne des Gesetzes nicht als geisteskrank zu bezeichnen sind. Im Falle Geins traf das allerdings eindeutig zu. Ebenso wie Richard Trenton Chase, ein junger Mann aus Sacramento/Kalifornien, der in den späten Siebzigern eine Reihe von Menschen ermordete, weil er glaubte, er bräuchte ihr Blut, damit er innerlich nicht zu Staub zerfiele (zuvor hatte er schon mit Kaninchenblut experimentiert, daß er sich in die Venen spritzte, es schließlich jedoch für unzureichend gehalten), war Ed Gein bewiesenermaßen ein verrückter Spinner, ein reiner Psychot, der die Verbrechen meiner Meinung nach als direkte Folge seiner Psychose begangen hat.

Nach der Gerichtsverhandlung von 1968 wurde Gein wieder ins Central State Hospital überstellt. 1984 starb er friedlich und eines natürlichen Todes in der geriatrischen Abteilung des psychiatrischen Instituts von Mendota.

Als ich mich zum erstenmal für den Fall Ed Gein interessierte, war ich noch ein junger Special Agent. Ich arbeitete damals an meinem zweiten Auftrag in einer Außenstelle des FBI in Milwaukee. Zu der Zeit beschäftigte sich Jerry Southworth, ebenfalls Special Agent, auf eigene Faust damit, ein wenig in Sachen Profilerstellung herumzujonglieren, natürlich ohne die nötigen Hilfsquellen und Forschungsergebnisse, mit denen er seine Schlußfolgerungen hätte stützen können. Das war Anfang der 70er Jahre, und über dem gesamten FBI lag noch der Schatten von J. Edgar Hoover und erstickte jeden Ansatz neuartiger Ermittlungstechniken. Für Hoover war die Profilerstellung von Gewaltverbrechern und andere verhaltensbezogene kriminologische Ermittlungspraktiken nichts anderes als Voodoo und Hokuspokus.

Ich selbst war jedoch absolut fasziniert von dem, was Jerry tat. Es paßte haargenau zu meinen eigenen frühen Experimenten, die Persönlichkeitsprofile bestimmter Straftäter zu ermitteln. Ich konzentrierte mich damals hauptsächlich auf Banküberfälle und andere Raubdelikte und versuchte mir darüber klarzuwerden, warum ein Täter sein Verbrechen beging, nach welchen Gesichtspunkten er sein jeweiliges Zielobjekt auswählte, was ihm möglicherweise während der Tat durch den Kopf ging und ähnliches mehr. Gein erschien mir für meine Nachforschungen insofern besonders interessant zu sein, als wir es hier mit einem denkbar untypischen Fall von Sexualmörder zu tun hatten. In meiner Freizeit wurde ich also im Hauptbüro der Staatsanwaltschft von Madison vorstellig und ersuchte dort um Einsicht in die Akten des Falles. Ich bat darum, mir die Tatortfotos auszuhändigen und das übrige Dokumentenmaterial, damit wir es in unserer Polizeieinheit studieren könnten. Ich hatte Erfolg, und in Quantico nahmen wir schließlich den Fall Gein in unser Lehrprogramm auf. Leider gelang es mir nie, Gein einmal persönlich befragen zu können, was mich sehr interessiert hätte, aber ich hatte die Gelegenheit, ausführlich mit dem Psychiater zu sprechen, der ihn damals betreute.

Wenn wir einen solchen Fall analysieren, dann versuchen wir uns zunächst darüber klarzuwerden, wie wir vorgegangen wären, wenn man uns damit beauftragt hätte, den unbekannten

Täter zu identifizieren. Im Fall Gein hätten uns vermutlich allein die Umstände am Tatort der beiden Morde – an Hogan und Worden – eine Menge über den Täter verraten. In beiden Fällen waren die Opfer entfernt worden, wobei jedoch keine Anstalten gemacht wurden, das Blut fortzuwischen oder die Spuren des Verbrechens zu beseitigen. Bei der großen Menge Blutes, das an beiden Tatorten gefunden wurde, war davon auszugehen, daß die Opfer auf der Stelle tot waren. Es stellt sich also die Frage, warum sich der Mörder die Mühe gemacht hat, die Leichen fortzuschaffen, was ja normalerweise geschieht, um die Tat zu verschleiern. Doch da dies hier offensichtlich nicht der Fall war, mußte es einen anderen Grund geben. Wenn man nun überlegt, was einen Mörder dazu veranlassen könnte, die Leichen seiner Opfer vom Tatort verschwinden zu lassen, ohne damit die Entdeckung des Verbrechens verhindern zu wollen, dann kommt man sehr bald auf den Gedanken, daß es sich bei dem Täter nur um einen gestörten, perversen oder geistig verwirrten Menschen handeln kann.

Zum ersten Mal habe ich 1976 über den Fall Gein in einem Spezialseminar an der Nationalakademie des FBI doziert, an dem Polizeiangehörige des ganzen Landes teilnahmen. Auch wenn ich weit scheußlichere Verbrechen gesehen habe, insofern als die Opfer unendliche Qualen auszustehen hatten, waren diese Fotos von enthaupteten Leichen, von präparierten menschlichen Gesichtsmasken und anderen abgetrennten Körperteilen besonders gruselig anzusehen.

Vermutlich war es auch das, was Thomas Harris dazu veranlaßt hatte, in seinem Roman seinen eigenen Mördertypus zu konstruieren, den ein zwielichtiges und schrilles sexuelles Verlangen dazu trieb, sich ein Kleid aus der Haut und den Körperteilen toter Frauen zu basteln.

Während man Edward Gein also als eindeutig rechtsunfähig bezeichnen muß, weil er tatsächlich in jedem Sinne des Wortes wahnsinnig war, so ist das jedoch die Ausnahme, und gilt sicherlich nicht für Theodore Robert Bundy, der die Vorlage für Harris' Romanfigur Buffalo Bill lieferte. Bis zu dem Zeitpunkt, als Ted Bundy am 24. Januar 1989 im Staatsgefängnis von Starke in Florida auf dem elektrischen Stuhl hingerichtet wurde, waren ihm mehr als dreißig Morde an jungen Frauen quer durch die Vereinigten Staaten nachgewiesen worden.

Auf den ersten Blick konnte man Ted Bundy fast für den klassischen amerikanischen Vorzeigejungen halten, den gutaussehenden, erfolgreichen, glücklichen und leidlich gescheiten jungen Mann der Mittelklasse. Er schien bei Frauen gut anzukommen, konnte sehr charmant sein, kannte und schätzte die etwas besseren Dinge des Lebens, war in der Politik engagiert und eingeschriebener Student einer juristischen Fakultät. Die Kriminalschriftstellerin und frühere Polizeibeamtin Ann Rule arbeitete eine Zeitlang mit ihm zusammen, als er in Seattle in der Notzentrale eines Krisenzentrums für Vergewaltigungsfälle mitarbeitete.

Unter der Oberfläche war er jedoch ein sehr düsterer und problematischer Charakter. Am 24. November 1946 wurde er in Burlington / Vermont als Sohn der einundzwanzigjährigen Louise Cowell im Elizabeth Lund Entbindungsheim für ledige Mütter geboren. Louise hatte ihr Zuhause in Philadelphia verlassen, um den Skandal zu vermeiden, den ihre uneheliche Schwangerschaft dort unweigerlich nach sich gezogen hätte. Nachdem Louise und ihre Eltern Sam und Eleanor Cowell zunächst erwogen hatten, das Kind gleich nach seiner Geburt zur Adoption freizugeben, entschlossen sie sich schließlich jedoch, es zu behalten und es selbst als Adoptivkind auszugeben, was bedeutete, daß Louise fortan als Teds ältere Schwester galt. Obgleich Ted offensichtlich schon als kleiner Junge begriff, daß seine familiären Beziehungen zu der Familie nicht ganz das waren, als was sie erschienen, bewunderte er seinen Vater bzw. Großvater Sam über alles. Von Beruf war Sam ein Landschaftsgärtner, den viele als besonders launischen, bigotten und grausamen Menschen in Erinnerung hatten, und der den Schwächen und Unzulänglichkeiten anderer mit größter Intoleranz gegenüberstand.

Auch wenn die Fotos von Ted – die ihn auf seinem Dreirad zeigen, in einem roten Tretauto, auf seinem Schlitten vor einem Schneemann, beim Bau einer Sandburg am Strand, oder wie er den Weihnachtsbaum schmücken hilft – idyllisches amerikanisches Familienglück zu vermitteln scheinen, so gab es jedoch bereits deutliche Hinweise, daß mit dem Sprößling nicht alles zum Besten stand. Als Louises Schwester Julia fünfzehn Jahre alt war, geschah es mehrfach, daß sie aufwachte und ihren dreijährigen Neffen dabei ertappte, wie er verschiedene Küchenmesser neben sie ins Bett legte. Sie erklärte später, »Ted hatte nur dagestanden und gegrinst.«

Ein Jahr später zog Louise, wieder um Aufsehen zu vermeiden, von Philadelphia fort und ließ sich mit Ted in Tacoma/Washington nieder. Dort fand sie Arbeit als Sekretärin und lernte den Koch John Culpepper Bundy kennen, den sie 1951 heiratete. Dadurch kam Ted zu seinem Nachnamen.

Ted wuchs zu einem gutaussehenden jungen Mann heran, schloß sich den Pfadfindern an und war auch in der Schule gut, wenngleich John und Louise des öfteren von den Lehrern zu hören bekamen, was für ein heftiges Temperament der Junge habe. Louise dachte möglicherweise nur, daß Ted eben nach ihrem Vater geriet und schien sich sonst keine weiteren Sorgen zu machen. Ganz offensichtlich wußte sie nicht, daß ihr Sohn zu High School Zeiten bereits heimlich an den Fenstern der Häuser fremden Frauen zuschaute, wenn sie sich nachts auskleideten. Außerdem stahl er damals bereits teure Kleidung und andere Gegenstände, von denen er seiner Mutter gegenüber behauptete, es seien Geschenke, die ihm in dem Geschäft gemacht worden seien, in dem er zu der Zeit einen Vollzeitjob hatte. Wie es schien, war Ted sich absolut darüber im klaren, daß seine Familie außerstande war, sich den Lebensstandard leisten zu können, den er für sich anstrebte. Durch Diebstahl konnte er sich jedoch einfach und schnell in den Besitz der Dinge bringen, an denen ihm gelegen war. Diese Gewohnheit sollte er während seines ganzen Lebens beibehalten.

Zugegebenermaßen wird nicht gleich jeder Junge, der Schwierigkeiten hat, sein Temperament zu zügeln, zu einem Mörder – nicht einmal einer, der Vergnügen daran hat, heimlich fremde Frauen zu beobachten, wenn sie sich ausziehen, oder einer, der sich regelmäßig die materiellen Dinge zusammenstiehlt, die ihm gerade gefallen. Nicht eine dieser Verhaltensformen ist für sich betrachtet sonderlich bemerkenswert, aber insgesamt tritt hier bereits ein Muster von Verhaltensauffälligkeiten in Erscheinung, das für die Zukunft nicht das Allerbeste zu versprechen scheint.

Es ist noch nicht genau erforscht, wie gesellschaftsfeindliches Verhalten entsteht, aber Experten wie Stanton Samenow, die sich intensiv mit der Entwicklung von Kindern beschäftigen, haben herausgefunden, daß es sich schon in sehr jungen Jahren abzuzeichnen beginnt. »Ich glaube nicht, daß irgend jemand eines schönen Morgens aufwacht und sich sagt, ›Au fein, ich werde ein Krimineller‹«, meint Samenow. »Es ist im herkömmlichen Sinne keine Angelegenheit, die man einfach so beschließt. Aber es findet insofern doch ein Entscheidung statt, als dem Kind bereits sehr früh eine Reihe von Verhaltensmöglichkeiten zur Auswahl stehen – was es beispielsweise tun und was es lieber lassen sollte, was es tun kann und was es tun könnte. Kinder treffen bereits Entscheidungen je nachdem, was sie internalisieren, worauf sie achtgeben und was sie befolgen.«

Es stellt sich die Frage, ob Teds familiärer Hintergrund oder seine Erziehung möglicherweise sein späteres Verhalten beeinflußt haben könnte. Ich habe schon häufig darauf hingewiesen, daß ich anhand meiner eigenen Studien von Serienmördern zu der Erkenntnis gekommen bin, daß diese Menschen alle aus defekten oder in irgendeiner Weise gestörten Familienverhältnissen stammen, und häufig als Kinder physisch mißhandelt oder sexuell mißbraucht wurden. Zwar gibt es in Bundys Fall keinen Hinweis darauf, daß er als Kind mißhandelt worden wäre, aber ganz gewiß hat er eine anormale und für ihn belastende Kinderzeit durchlebt; man denke zum Beispiel an die Desorientiertheit, die er als uneheliches Kind gespürt haben muß, oder die plötzliche Änderung seines Nachnamen, als seine Mutter John Culpepper Bundy heiratete. Sicherlich spielt auch die ambivalente Haltung der Familie gegenüber Teds Herkunft eine Rolle sowie das Verhalten einiger seiner Verwandten wie etwa seiner gleichaltrigen Cousins, die darauf herumritten, daß er aus einer nichtehelichen Beziehung stammte. Wenn man dies nun mit Teds Vorliebe für Dinge verbindet, die er sich nicht leisten konnte, sowie mit seiner Unfähigkeit, sich in andere Menschen hineinzuversetzen oder etwas für sie empfinden zu können, dann kann hier, wenn man nichts dagegen unternimmt, mit Leichtigkeit ein ziemlich gefährlicher Charakter heranreifen.

Und genau dies ist eingetreten. Nachdem er 1965 die High School abgeschlossen hatte, gewann er ein Stipendium für die Universität von Puget Sound und wechselte schließlich an die University of Washington. Danach verliebte er sich in ein wohlhabendes Mädchen, das an der Stanford University studierte. Doch als die junge Frau die Beziehung zu ihm abbrach, verfiel er in Depressionen, vernachlässigte seine Studien und verließ schließlich das College. Er wurde einfach nicht damit fertig, daß er zurückgewiesen wurde, und beschloß, der Mann zu werden, der seiner Meinung nach dieses hübsche und reiche Mädchen beeindrucken würde. Dabei ging er mit der gleichen Obsession vor, mit der Ed Gein versuchte, sich in die Person seiner eigenen Mutter zu verwandeln. Dieses Talent, in die jeweilige Rolle zu schlüpfen, die er für seine Zwecke gerade brauchte, machte Ted Bundy zu einem so »erfolgreichen« Verbrecher.

Er begann sich für die republikanische Partei seines Bundesstaates zu engagieren, knüpfte Kontakte, machte einmal auch einen Handtaschendieb dingfest und rettete ein andermal an einem See einen Säugling vor dem Ertrinken. Äußerlich betrachtet war er ein vorbildlicher Staatsbürger. Ann Rule glaubt, daß er während seiner Arbeit in der Notzentrale des Krisenzentrums für Vergewaltigungsfälle tatsächlich Menschen geholfen und sogar das Leben gerettet hatte. Nach einigen Fehlversuchen schloß er schließlich auch das College ab und immatrikulierte sich in der juristischen Fakultät der Universität von Utah. Doch zu der Zeit, als er hier seine erste Vorlesung besuchte, war er bereits zum Mörder geworden. Am 31. Januar 1974 verschwand die hübsche, einundzwanzigjährige Lynda Ann Healy aus ihrem Souterrain-Appartement in der Nähe der University of Washington spurlos. Sie hatte langes, glattes, blondes Haar gehabt. In ihrer Wohnung fand man die blutgetränkten Bettlaken, und in ihrem Schrank hing ihr blutverschmiertes Nachthemd. Nur wenige Häuserblocks entfernt hatte man ein paar Wochen zuvor die achtzehnjährige Susan Clarke in ihrem eigenen Blut gefunden. Sie war überfallen, geschlagen und sexuell gequält worden. Obwohl Susan Clarke monatelang im Koma lag, überlebte sie und konnte wieder genesen.

Am 12. März 1974 verschwand wieder eine neunzehnjährige Studentin, als sie gerade auf dem Weg nach Olympia/Washington war, wo sie sich ein Jazz-Konzert anhören wollte. Am 12. April wurde eine weitere junge Frau vermißt gemeldet, und am 6. Mai wieder eine. Am 1. Juni verschwand eine junge Frau, die man zuvor mit einem unidentifizierten Mann gesehen hatte, als sie gemeinsam eine Gaststätte in Seattle verließen. Zehn Tage danach verließ eine Collegestudentin das Appartement ihres Freundes in Seattle, kam jedoch nie in dem Studentinnenwohnheim an, in dem sie lebte.

Es wurden keine Leichen gefunden, aber die Polizei ging davon aus, daß die verschwundenen Frauen ermordet worden waren. Es gab auch bestimmte Auffälligkeiten, die den Verdacht nahelegten, daß die Fälle in irgendeiner Beziehung zueinander standen, denn alle vermeintlichen Mordopfer waren weiße Frauen im Studentinnenalter, sie waren alle ausgesprochen attraktiv, hatten eine gute Figur und trugen langes, glattes und in der Mitte gescheiteltes Haar.

Dann, am 14. Juli verschwanden erneut zwei junge Frauen, die zu zwei verschiedenen Picknickgruppen gehörten, die sich am Ufer des Sammamish Lake, einem Ausflugspark, getroffen hatten. Es handelte sich um Janice Ott und Denise Naslund. Beide entsprachen dem einheitlichen Erscheinungsbild der übrigen Frauen – sie waren hübsch, jung und langhaarig. Doch dieses Mal fand die Polizei einen Anhaltspunkt. Eine andere hübsche Langhaarige namens Janice Graham erklärte nämlich, als die Polizei sie fragte, ob sie über das Verschwinden der beiden Frauen etwas sagen könnte, daß sie dort einem gutaussehenden jungen Mann begegnet sei. Er sei Anfang oder Mitte Zwanzig gewesen und habe sich als Ted vorgestellt. Er habe höflich und charmant gewirkt und trug Jeans und ein weißes

T-Shirt. Doch besonders auffällig war sein Gipsarm, den er in einer Schlinge trug.

Er sagte, er habe sich beim Tennisspielen verletzt und bräuchte Hilfe, um sein Segelboot aufs Auto zu laden. Er plauderte überaus freundlich, so daß Graham keine Bedenken hatte, ihm behilflich zu sein. Aber als sie schließlich am Parkplatz bei Teds VW Käfer ankamen, war dort weit und breit kein Segelboot zu sehen, das aufgeladen werden müßte. Ted erklärte, es stünde oben auf dem Hügel, beim Haus seiner Eltern, und forderte Graham auf einzusteigen, um mit ihr hinzufahren. Doch Janice Graham zögerte, und rettete damit ganz zweifellos ihr Leben. Sie erklärte, es sei inzwischen zu spät geworden, sie müsse ihren Mann und ihre Freunde treffen. Ted lächelte nur und antwortete, das sei schon okay. Nur wenige Minuten später entdeckte sie Ted in der Menge, wie er mit einer anderen jungen Frau an seiner Seite in Richtung Parkplatz ging.

Der Gipsarm war in Wahrheit äußerst wirkungsvoll und hilfreich für Teds Modus Operandi. Die Kombination von schlagfertiger Plauderei und Gipsverband überzeugte die meisten der hübschen jungen Frauen, daß er »harmlos« sein müsse, so daß er sie überreden konnte – normalerweise mit der Bitte, ihm zu helfen, irgend etwas Schweres zu bewegen oder zu transportieren, das er in seiner gegenwärtigen gehandikapten Verfassung nicht selbst erledigen könne –, mit zu seinem Wagen zu kommen. Die meisten Menschen sind hilfsbereit, und Bundy nutzte diesen Instinkt für seine Zwecke. Sobald dann die betreffende Frau in Reichweite war und von anderen nicht mehr gesehen werden konnte, wurde der Gipsarm zur Waffe. Er schlug damit auf sie ein und überrumpelte sie oder setzte sie außer Gefecht. Wenn sie sich dann auf dem Beifahrersitz in seinem VW Käfer wiederfand, ob freiwillig oder unfreiwillig, bemerkte sie, daß der Türgriff auf der Beifahrerseite entfernt worden war, und sie nicht mehr entkommen konnte. Tom Harris übernahm diesen Modus Operandi und stattete seine Romanfigur des Buffalo Bill ebenfalls mit einem Gipsarm aus, mit dem dieser seine weiblichen Opfer unter seine Kontrolle brachte.

Die Polizei intensivierte nun ihre Jagd nach einem »Ted«, der auf Grahams Beschreibung paßte. Auch Ted Bundy geriet in die nährer Auswahl, aber es schien einfach zu unwahrscheinlich, daß dieser anständige Jungrepublikaner, der bereits einen Studienplatz an der rechtswissenschaftlichen Fakultät besaß, der Gesuchte sei, so daß er ziemlich schnell wieder von der langen Liste möglicher Verdächtiger gestrichen wurde.

Im September fanden Jäger die verwesten Leichen dreier Frauen, die in der Nähe des Sees verscharrt waren. Dem zahnmedizinischen Befund nach handelte es sich dabei um Janice Ott und Denise Naslund. Die dritte Frau konnte nicht identifiziert werden. Im darauffolgenden Monat wurden die sterblichen Überreste zweier weiterer Opfer entdeckt. Das eine war eine Frau, die in Vancouver/Washington als vermißt gemeldet worden war. Die andere war unbekannt.

Im gleichen Monat verschwand in Salt Lake City/Utah die sechzehnjährige High School Schülerin Nancy Wilcox, und kurz darauf mehrere weitere junge Frauen. Sie verschwanden alle in der gleichen Gegend. Einer Frau – es war die hochgewachsene, bildhübsche Carol DaRonch – gelang es, aus Bundys VW zu springen, nachdem sie vom Parkplatz eines Einkaufszentrums verschleppt worden war. Er hatte sich als Kriminalpolizist ausgegeben und ihr Handschellen angelegt. In seinem Wagen drohte er ihr, er werde ihr »eine Kugel durch den Kopf jagen«, wenn sie nicht aufhöre zu schreien. Am gleichen Abend verließ Debra Kent eine Veranstaltung an der Viewmont High School in Salt Lake City. Sie wurde nie wieder gesehen.

Im folgenden Januar verlagerte sich die Mordserie nach Colorado. In Snowmass Village verschwand zunächst Caryn Campbell. Ihre zerschlagene und geschändete Leiche fand man einen Monat später. Im März verschwand Julie Cunningham in Vail, einem anderen Skigebiet, und im Juni Melanie Cooley in Nederland. Im folgenden Monat hieß das Opfer Shelly Robertson. Die Leichen von Melanie Cooley und Shelly Robertson wurden beide gefunden. Cooley mit zertrümmertem Schädel und bis zu den Fußknöcheln heruntergezogenen Jeans, Robertson in einem verlassenen Minenschacht.

In den letzten paar Wochen war für Bundy einiges schiefgegangen. In Salt Lake City wurde er wegen des Verdachts festgenommen, einen Einbruch verübt zu haben – eine seiner wichtigsten Einnahmequellen, auf die er immer wieder zurückgriff. Außerdem wurde er wegen rücksichtslosen Fahrens angehalten, und bei der Durchsuchung seines Autos fand man Handschellen sowie ein Paar Strumpfhosen, die zu einer Gesichtsmaske zurechtgeschnitten waren. Aus dem Kartenmaterial und den Tankbelegen, die sich im Wagen befanden, war zu entnehmen, daß Bundy sich sowohl in Snowmass als auch in Vail aufgehalten hatte. Durch geschickte Befragung erfuhr die Polizei ferner, daß er möglicherweise auch für den Fall DaRonch in Frage kam. Man lud also Carol DaRonch vor, und die identifizierte Ted Bundy eindeutig. Er wurde wegen versuchten Kidnappings verurteilt und anschließend wegen des Mordes an Caryn Campbell an die Polizei von Colorado ausgeliefert. Doch anstatt ängstlich und verzagt zu werden, schien Bundy sich eher auf die intellektuelle Auseinandersetzung mit Richter und Anwaltschaft zu freuen. Eine Zeitlang wurde er in dem altmodischen Gefängnis des Gerichtsgebäudes in Aspen, im Distrikt Pitkin, untergebracht, bevor man ihn in die modernere Haftanstalt im nahe gelegenen Glenwood Springs, im Distrikt Garfield, überstellen wollte. Da er ankündigte, sich selbst verteidigen zu wollen, gestattete man ihm, während der Haftzeit zur Vorbereitung der Verhandlung die juristische Bibliothek zu benutzen, die sich im Pitkin County Gerichtsgebäude befand. Am 7. Juni 1977 ging Bundy während einer Prozeßpause in die Bibliothek im zweiten Stock, stieg aus dem Fenster und verschwand.

Acht Tage später griff man ihn wieder auf und brachte ihn zurück ins Gefängnis; diesesmal unter verschärften Sicherheitsmaßnahmen. Doch im nachfolgenden Dezember, als die Verhandlung wegen des Mordes an Caryn Campbell immer näher rückte, flüchtete er zum zweiten Mal, indem er mit einer Bügelsäge eine kleine, quadratische Öffnung in die Decke seiner Zelle schnitt, und durch die Wohnung eines bediensteten Wachmanns ins Freie entkam. Er stahl ein Auto, in dem noch der Zündschlüssel steckte, und verschwand erneut. Als der Wagen den Geist aufgab, bestieg er kurzerhand einen Bus nach Denver und flog von dort mit dem Flugzeug nach Chicago. Anschließend fuhr er mit dem Zug nach Ann Arbor in Michigan, wo er gerade rechtzeitig ankam, um sich in einer Gaststätte im Fernsehen noch das entscheidende Spiel der nationalen Basketball-Meisterschaften anzuschauen. Als er schließlich genug hatte von der Kälte, stahl er einen Wagen und fuhr nach Atlanta. Von dort fuhr er mit dem Bus nach Florida, wo die Zeitungen das Thema seiner dreisten Flucht noch nicht aufgegriffen hatten.

Einem Polizeibericht zufolge hatte Bundy während seiner Haftzeit in Colorado einmal einen Gefängnisaufseher gefragt, in welchen Staaten der USA ein überführter Mörder am ehesten zum Tode verurteilt und hingerichtet würde. Der Wärter antwortete, daß die Chancen wohl in Texas und Florida am besten stünden. Demzufolge gab es manche Leute, die Ted Bundys Entscheidung, sich nach Florida zu begeben, als Todeswunsch interpretiert haben, als ein starkes Bedürfnis, endlich geschnappt zu werden. Dieser Auffassung bin ich allerdings überhaupt nicht. Ich habe nur von sehr wenigen Triebverbrechern gehört, die tatsächlich gefaßt werden wollten, und die geben ihren Wunsch in der Regel sehr eindeutig zu verstehen. Einer von ihnen war vielleicht William Heirens in Chicago – der an einem der Tatorte mit dem Lippenstift seines Opfers an die Wand geschmiert hatte: »Um GoTtes Willen scHnappt mich, Bevor ich nocH mehr umbringe« – oder Ed Kemper in Santa Cruz – der, nachdem er seine Mutter umgebracht hatte, die Polizei von einer Telefonzelle in Colorado aus anrief, damit sie ihn holen käme.

Ich bin aber der Auffassung, daß aus dieser Entscheidung Bundys unendliche Arroganz spricht und sein Bedürfnis, nicht nur seine Opfer zu manipulieren, zu dominieren und zu kontrollieren, sondern den Rechtsapparat überhaupt. Wenn er es fertigbrächte, in einem größeren Staat, in dem die Todesstrafe vollstreckt wird, seine Mordserie fortzusetzen, dann wäre er tatsächlich der Supermann, für den er sich hielt, und der meilenweit über allen geltenden Gesetzen stand. Natürlich dürfen wir daneben nicht außer acht lassen, wie tief verwurzelt Bundys Unfähigkeit war, irgendeine normale Beziehung zu anderen

Menschen einzugehen, was sein Bedürfnis zu töten in allererster Linie ausmachte.

Dr. Samenow sagt, »psychologisch verweist man bei solchen Charakteren immer gern auf ihr sogenanntes mangelndes Selbstwertgefühl oder auf gewisse Unzulänglichkeiten. Aber für mich ist das, als ob man ein Geldstück in der Hand hält und dann eine Diskussion eröffnet, welche Seite der Münze nun wohl die wichtigere sei – Kopf oder Zahl? Aber das ist Unsinn, denn die Münze besteht nunmal aus beiden Seiten. Auch bei einem Kriminellen läuft ein derart unsinniger Prozeß ab, indem er permanent zwischen zwei restlos unrealistischen Sichtweisen schwankt: Einerseits hält er sich für den Allergrößten schlechthin, und auf der anderen Seite sieht er in sich den absoluten Niemand.«

Ted bezog ein Zimmer in der Nähe der Florida State University von Tallahassee. Hier war er erneut an einer reichhaltigen Quelle, um mit Leichtigkeit die Opfer seiner Wahl zu finden: hübsche, gertenschlanke Mädchen mit langem, glattem Haar. Dieser Punkt allein ist überaus bezeichnend für das kriminelle Verhalten eines Serientäters. Tausende Meilen entfernt von seinem Ausgangslager schickte er sich an, seine Aktivitäten in einer ihm vertrauten Umgebung wiederaufzunehmen – dem Gelände einer Universität –, genau dort, wo er seine Operationen bereits mehrfach angesiedelt hatte.

Spät nachts, am Samstag des 14. Januar 1978, ganz in Schwarz gekleidet, mit einer dunkelblauen Strickmütze auf dem Kopf und einem Baseballschläger in der Hand, schlich er sich in das Chi Omega Studentinnenwohnheim, das den Ruf hatte, einige der hübschesten Mädchen des ganzen Universitätsviertels zu beherbergen. Als er fünfzehn Minuten später das Gebäude wieder verließ, lagen zwei der Mädchen tot auf ihren Betten – wie bei einem Ritual mit ihren Laken bedeckt –, und ein drittes war schwer verletzt. Alle drei hatte er geschlagen, sexuell gedemütigt und dann mit dem Baseballschläger und seinen Zähnen verstümmelt.

Aber dabei sollte es in dieser Nacht nicht bleiben. Nur ein paar Blocks vom Chi Omerga Wohnheim entfernt brach Bundy in ein Appartement ein, fiel über eine weitere attraktive junge Frau her und ließ sie schließlich diagonal auf ihrem Bett ausgestreckt in ihrem Blut liegen. Er hatte ihr mit fünf wuchtigen Schlägen den Schädel zertrümmert. Doch wie durch ein Wunder überlebte die junge Frau, wenngleich auch auf einem Ohr taub und mit einer irreparablen Gleichgewichtsstörung, was ihren Traum von einer Karriere als Ballettänzerin für immer zunicht machte.

Als Bundy sich Tage später mit seinen Nachbarn über die grauenhaften Morde im Chi Omega Wohnheim unterhielt, ließ er mehrfach die Bemerkung fallen, daß er mit jeder Form von Verbrechen davonkäme, wenn er wolle, sogar mit Mord.

Aber zu der Zeit begann Bundy schließlich gewisse Verhaltensmerkmale an den Tag zu legen, die man bei sehr vielen, wenn nicht sogar bei allen Serienmördern nach einer Weile beobachten kann. Er wurde immer undisziplinierter und ungepflegter. Manche bemerkten sogar, daß er sehr nachlässig zu sprechen begann. Er kleidete sich auch nicht mehr in diesem eleganten modischen Stil, was ja fast zu seinem Markenzeichen geworden war. Er war ohne Arbeit und hatte für sein Zimmer noch kein einziges Mal Miete gezahlt. Statt dessen gab er viel Geld für Nebensächlichkeiten aus, die er mit gestohlenen Kreditkarten bezahlte.

Selbst die Art, wie er seine Verbrechen beging, änderte sich. Während die früheren Morde und versuchten Morde noch seine Neigung erkennen ließen, daß ihm die Jagd nach seinen Opfern ein gewisses Vergnügen bereitete, und so sehr sie verrieten, wie er es genoß, die jungen Frauen unter seiner Kontrolle zu halten, indem er sie so lang es ihm angemessen erschien am Leben ließ, um sie zu demütigen und zu quälen, so waren die Morde in Tallahassee nur noch kurze, blitzschnelle Attacken. Zu dieser Zeit war seine Obsession bereits zu einem bloßen Drang »degeneriert«, junge Frauen zu ermorden. Ob er sich nun darüber im klaren war oder nicht, befand Ted Bundy sich jetzt bereits tief in der Schlußphase seiner Mörderkarriere.

Auch die Wahl seines letzten Opfers zeigt eine vollständige psychologische Degeneration. Ich möchte es am liebsten »einen totalen moralischen Verfall« nennen, wenn man in dem Zusammenhang überhaupt noch davon sprechen könnte, das Bundy in den Abgründen, in denen er sich bewegte, noch so etwas wie eine Moral gehabt hätte.

Am 6. Februar fuhr Ted mit einem gestohlenen Lieferwagen der Marke Dodge nach Jacksonville. Unterwegs deckte er sich mit Hilfe seiner gestohlenen Kreditkarten mit dem Nötigen ein und verließ jeden Morgen ein anderes Motel, ohne seine Rechnung bezahlt zu haben. Am 9. Februar wurde die hübsche, kleine Kimberly Leach, eine dunkelhaarige, zwölf Jahre alte Schülerin der Lake City Junior High School beobachtet, wie sie mit einem fremden Mann auf dem Schulhof sprach und anschließend zu ihm ins Auto stieg, einem weißen Lieferwagen. Ihre Leiche wurde erst Anfang April in einem verlassenen Schweinestall in der Nähe des Suwannee River Naturschutzparks entdeckt – ihr war der Hals durchschnitten worden. Selbst nach einer Zeit von acht Wochen, die seit dem Mord vergangen war, konnten die Gerichtsmediziner eindeutig feststellen, daß dem Kind schwere Verletzungen in der Beckengegend zugefügt worden waren. An der Lage, wie der tote Körper des Mädchens gefunden wurde, konnte man erkennen, daß der Täter es regelrecht abgeschlachtet hatte wie ein Mastschwein, was bedeutete, daß er mit Bedacht den Stall als Tatort gewählt hatte.

Noch am gleichen Tag, an dem Bundy die kleine Kimberly ermordet hatte, war er wieder nach Tallahassee zurückgekehrt. Einen Tag später stand er wegen Mordes und Flucht aus dem Gefängnis auf der Liste der zehn Meistgesuchten des FBI. Nach dem Besuch in einem teuren Restaurant geriet er in eine Routinekontrolle der Polizei, doch als der Beamte zu seinem Einsatzwagen ging, um Teds Nummernschilder überprüfen zu lassen, raste Bundy auf und davon. Danach hatte er, wahrscheinlich weil er sich für unbesiegbar hielt, keine weiteren Probleme mehr mit dem Gesetz, bis zum 12. Februar des nächsten Jahres, als er beschloß, die Stadt zu verlassen. Er stahl einen orangefarbenen VW Käfer, den Wagen, in dem er sich am wohlsten fühlte, und fuhr in Richtung Westen davon.

In der engen Hintergasse eines Restaurants, das geschlossen

war, wurde die Polizei wieder aufmerksam auf ihn. David Lee, ein Polizeibeamte in Pensacola, fand es seltsam, daß ein Auto aus dieser engen Straße kommen sollte, obgleich das Lokal doch geschlossen hatte. Er schaltete daher seine Blinkanlage an und wollte nach dem Rechten sehen, doch in dem Augenblick startete der VW durch und fuhr davon. Lee gab über Funk die KFZ-Nummer durch und erfuhr, daß der Wagen als gestohlen gemeldet war. Also nahm er die Verfolgung auf und konnte das fremde Fahrzeug nach etwa einer Meile überholen. Er zog die Waffe und befahl den Fahrer auszusteigen und sich mit dem Gesicht nach unten auf den Boden zu legen.

Bundy versuchte Widerstand zu leisten und lieferte sich ein Handgemenge mit dem Polizisten, bis Lee schließlich einen Warnschuß abgab. Daraufhin sprang Bundy auf und rannte davon. Doch letzlich konnte der Beamte ihm Handschellen anlegen, ohne allerdings zu ahnen, wen er da geschnappt hatte. Erst am nächsten Tag erfuhr die Polizei von Pensacola durch das FBI, daß sie Theodore Bundy festgenommen hatte.

Das war der Zeitpunkt, in dem Bundy zu verhandeln begann. Ohne irgendeine Schuld einzugestehen, versuchte er in seiner manipulativen, dominierenden und kontrollierenden Art fortzufahren, indem er andeutete, er könne der Polizei helfen, eine Menge landesweit ungelöster Fälle aufzuklären, wenn sie ihm dafür ihrerseits entgegenkäme. Die Beamten glaubten, daß er damit versuchte, ein Todesurteil abzuwenden, um statt dessen in einer gemütlichen psychiatrischen Klinik untergebracht zu werden. Um seine guten Absichten unter Beweis zu stellen, schlug einer der Ermittler Bundy vor, ihnen zu sagen, was er mit der kleinen Kimberley Leach angestellt habe, so daß man wenigstens der Familie des Mädchens endlich die genaueren Hintergründe ihres Todes nennen könne.

Bundy dachte einen Augenblick darüber nach, lehnte dann jedoch mit der Bemerkung ab: »Ich bin der kaltblütigste Scheißkerl, dem ihr je begegnen werdet«, und damit hatte er ausnahmsweise einmal gar nicht so unrecht.

Es gab einige recht zwingende Tatbeweise, einschließlich der Bißspuren, die man am Hinterteil eines der Opfer des Chi Omega Wohnheims gefunden hatte, und die genau Bundys Gebißabdruck entsprachen. Für die Verhandlung selbst bestand Bundy, der erfolglose Jurastudent, darauf, als sein eigener Verteidiger aufzutreten, so wie er es bereits vor seiner Flucht aus Colorado vorgehabt hatte. Als sein »Assistent« sollte Michael Minerva fungieren, ein begabter und geachteter Pflichtverteidiger.

Erst einmal wieder im Gerichtssaal, ließ Bundy erneut all seinen Charme wirken und begeisterte eine wachsende Zahl weiblicher Verehrerinnen für sich. Dies ist kein ungewöhnliches Phänomen und vergleichbar etwa mit solchen Frauen, die sich in überführte Mörder verlieben, die im Gefängnis sitzen. Ich kann darüber immer nur staunen, und es widert mich jedesmal zutiefst an, wenn ich davon höre.

Während der Gerichtsverhandlung deutete dieser ewig manipulative Bundy an, daß er bereit sei, die Morde an den Chi Omega Studentinnen und der kleinen Kimberly Leach zu gestehen, wenn ihm dafür die Todesstrafe erspart bliebe. In seiner unglaublichen Arroganz brach er jedoch einen Streit mit Michael Minerva vom Zaun und verlangte vom Gericht, den Verteidiger des Falles zu entbinden. Das veranlaßte die Anwaltschaft, sich auf keine weiteren Verhandlungen mehr einzulassen, um nicht Gefahr zu laufen, einem Einspruch Bundys nachgeben zu müssen.

Mit diesem letzten Auftritt hatte Bundy sein endgültiges Schicksal besiegelt. Am 23. Juli 1979, nach einer Beratungszeit von sechs Stunden, wurde Theodore Robert Bundy von den Geschworenen des schweren Mordes an den beiden Studentinnen des Chi Omega Wohnheims, Margaret Bowman und Lisa Levy, für schuldig befunden. Richter Edward Court verurteilte ihn zum Tod durch den elektrischen Stuhl. Im Jahr darauf wurde Bundy auch des Mordes an Kimberly Leach überführt und ein weiteres Mal zum Tode verurteilt. Im Verlauf des Prozesses brachte er es sogar fertig, seine damalige Freundin Carole Ann Boone zu ehelichen, die ihm schließlich eine Tochter gebar, während er im Gefängnis saß.

In seiner Todeszelle im Staatsgefängnis von Florida in Starke wurde Bundy, während er auf die Vollstreckung des Urteils wartete, nach und nach so etwas wie ein Prominenter. Alle Welt wollte ihn »studieren« und herausfinden, wie ein so gutaussehender und intelligenter junger Mann zugleich ein solches Monster von einem Mörder sein konnte. In diesem Punkt entsprach er Tom Harris' Romanfigur des gescheiten, aber abgrundbösen Killer-Psychiaters Hannibal Lecter, dem die Intelligenz des Landes lange Briefe schrieb und den jeder interviewen wollte. Als es schließlich dem Ende zuging und ihm nach Jahren die Gründe für ein Revisionsverfahren, die sämtlich abgelehnt wurden, ausgingen, verfiel Bundy auf den Gedanken, mit seinen Informationen über bislang unbekannte Leichen und ungelöste Fälle zu schachern, um mehr Zeit für sich herauszuschlagen.

Zu den Personen, die Bundy vorließ, um mit ihm zu sprechen, gehörte mein Kollege von der Investigative Support Unit, Spezialagent Bill Hagmaier. Bundy erklärte Bill seinen Modus Operandi und setzte ihm auseinander, was in ihm während der Taten vorging. Wie wir bereits vermuteten, spielten Sex und das Töten selbst eine untergeordnete Rolle für ihn. Worum es ihm in erster Linie ging, war die Erregtheit, die ihm die Jagd selbst brachte, und das Gefühl, Herr über Leben und Tod dieser unschuldigen Frauen gewesen zu sein. Er bestätigte sogar, daß er Janice Ott und Denise Naslund, die er vom Lake Sammamish in Washington State verschleppt hatte, noch möglichst lange am Leben ließ, und schließlich die eine zwang, dabei zuzusehen, wie er die andere umbrachte. Diese Verhaltensweise kann als geradezu klassisch bezeichnet werden für einen entarteten Sexualsadisten.

Genauso charakteristisch für diesen Typus von Serienmörder ist auch die Tatsache, daß Bundy nur für sich selbst Mitleid empfand, und daß er trotz aller angestrengter Manipulationsversuche und dem Gezerre vor Gericht offensichtlich für seine Verfehlungen würde sterben müssen. Er bat sowohl Bill Hagmaier als auch Dr. Bob Keppel, einen anerkannten Kriminalbeamten aus Washington, mit dem ich im Zusammenhang mit den Green River Mordfällen zusammengearbeitet hatte, sich in irgendeiner Weise für ihn einzusetzen. Verzweifelt darum bemüht, Zeit für sich herauszuschinden, hatte Bundy Bob damals angeboten, bei der Klärung dieser Fälle behilflich zu sein. Bis zu Bundys Exekution hatte Bill Hagmaier ihn regelmäßig im Gefängnis besucht.

Bundy hatte Bill die schlichte, aber rätselhafte Tatsache unterbreitet, daß er junge, hübsche Frauen tötete, weil er es so wollte; weil es ihm Vergnügen bereitete und Befriedigung verschaffte.

Als jemand, der eine lange Zeit seines beruflichen Lebens damit zugebracht hat, die Ted Bundys dieser Welt zu jagen, kann ich nicht unbedingt behaupten, daß ich es genossen habe, als Bundy endlich mit zweitausend Volt auf dem elektrischen Stuhl von Starke ins Jenseits befördert wurde, aber ich muß doch zugeben, daß es mir eine gewisse Erleichterung verschaffte. Obwohl er bereits mehr als zehn Jahre weggesperrt war, habe ich, als ich am Morgen des 24. Januar 1989 erfuhr, daß er hingerichtet worden ist, das erste Mal wieder tief durchgeatmet, weil nun endgültig keine Gefahr mehr bestand, daß dieser Charakter je wieder einen Menschen töten würde.

Im Hinblick auf die prägende Zeit in Gary Michael Heidnicks Jugend, die er in den späten 1940ern bis in die frühen 1950er Jahre in einem Vorort von Eastlake in Cleveland/Ohio verbrachte, gibt es zwei besonders bemerkenswerte Punkte hervorzuheben.

Zum einen waren diese Jahre gekennzeichnet durch Umstände, die ein Kind zutiefst verstören mußten. Sein Vater, ein Eisengießer und Werkzeugmacher, war ausgesprochen gefühlskalt und mißhandelte Gary und seinen weniger als zwei Jahre später geborenen Bruder Terry sowohl körperlich als auch psychisch. Wenn er beispielsweise ins Bett machte, so erinnerte sich Gary als Erwachsener, dann hängte sein Vater die Bettwäsche aus dem Fenster, damit alle Welt sehen konnte, was der Sohn verbrochen hatte. Desgleichen erzählte Gary, habe sein Vater, wenn er meinte, Gary hätte eine deftige Strafe verdient, auch ihn selbst an den Fußknöcheln zum Fenster hinausgehängt, wo er dann sechs Meter über dem Abgrund baumelnd über seine Verfehlungen nachdenken mußte. Garys Mutter Ellen, eine gelernte Kosmetikerin und im Nebenberuf eine schwere Trinkerin, ließ sich 1964 wegen – wie sie sich ausdrückte – »grober Pflichtvernachlässigung« von Michael scheiden, als Gary nur wenig älter als zwei Jahre und sein Bruder Terry noch ein Baby war. Sie heiratete noch drei Mal, bevor sie sich 1970 das Leben nahm. Ihre letzten beiden Ehemänner waren Schwarze, was möglicherweise zusätzlich zu seinem Haß auf seinen leiblichen Vater ein Grund dafür war, daß Gary sich später als Erwachsener in der Gesellschaft Schwarzer wohler gefühlt hatte als unter Weißen. Nach der Scheidung lebten Gary und Terry zunächst bei ihrer Mutter, mußten wegen ihres chronischen Alkoholismus jedoch nach wenigen Jahren wieder zum Vater zurück.

Der andere bemerkenswerte Punkt in Heidnicks Jugend war seine besondere Vorliebe sowohl für das Militär als auch für das Geschäftemachen. Er liebte es, bei den Pfadfindern zu sein, und träumte davon, irgendwann einmal nach West Point zu gehen, um dort eine Karriere als Berufsoffizier zu machen. Aber genauso träumte er auch davon, irgendwann mit Geschäften zum Millionär zu werden, und verfolgte die Börsennachrichten in der Zeitung immer sehr aufmerksam.

Gary war sehr intelligent. Ed Gein hatte beispielsweise einen IQ von 99, was also gerade dem Durchschnitt entspricht, und Ted Bundy, der allgemeinhin für einen Serienmörder als ziemlich wendig und schlau galt, hatte einen IQ von 120. Gary Heidniks IQ betrug 130, und bei einem anderen Test, dem er sich später als Erwachsener unterziehen mußte, kam er sogar auf einen Quotienten von 148! Er brachte gute Leistungen an der Militär-Akademie von Staunten in Virginia, aber am Ende des ersten Jahres brach er bereits ab, um daheim in Cleveland zu versuchen, doch noch die Schule zu Ende zu machen. Aber schon nach einem Monat verlor er wieder das Interesse und schloß sich der Armee an. Das war 1961, und Gary fiel der Abschied nicht schwer.

An der Sam Houston Kaserne in Texas wurde er zum Sanitäter ausgebildet und mit seiner Einheit anschließend nach Westdeutschland verlegt. Durch den plötzlichen Aufbruch gelang es ihm nicht mehr, rund 5000 Dollar einzutreiben, die er unter einer hohen Zinsauflage an verschiedene Soldaten verliehen hatte, was der Start zu seiner Karriere als Bankier werden sollte. Er war nie wieder so leichtsinnig mit Geld. In Deutschland machte Gary einen High School Äquivalenztest mit, bei dem das Wissen der Probanden gemessen an dem Wissen von Absolventen der High School verglichen wird, und beantwortete 96 Prozent aller Fragen richtig.

Aber er hatte sowohl körperliche als auch psychische Probleme. Er litt unter Kopfschmerzen, Schwindelanfällen, Sehstörungen und Übelkeit. Außerdem beklagte er sich, Halluzinationen zu haben. Schon nach wenigen Monaten kam er wieder zurück in die Staaten, wo er in ein Militärkrankenhaus nach Pennsylvania eingeliefert wurde. Im Januar 1963 diagnostizierten die Ärzte bei ihm eine schizoide Persönlichkeitsstörung, woraufhin er ehrenhaft aus der Armee entlassen wurde. Aus seiner ursprünglich zehnprozentigen Behinderung wurde damit eine hundertprozentige, was ihm eine stattliche Pension einbrachte, mit der er bequem bis ans Ende seiner Tage hätte leben können.

In Philadelphia schrieb er sich für einen Lehrgang zum Krankenpfleger ein, den er ein Jahr später mit Erfolg abschloß. Anschließend machte er ein Praktikum am allgemeinen Krankenhaus von Philadelphia. Er sparte von seiner Rente genug, um schließlich in der Cedar Avenue nahe der Universität von Pennsylvania ein dreistöckiges Mietshaus zu erwerben, in das er selbst einzog, während er in typischer Sparsamkeit die übrigen Stockwerke weitervermietete. Es gab jedoch bereits einige beunruhigende Entwicklungen in Heidniks Leben.

Zunächst einmal hatte er ständig mit irgendwelchen psychiatrischen Kliniken zu tun, und niemals wurde sein Problem klar und deutlich diagnostiziert, auch wenn die Bezeichnungen *schizoid* und *schizophren* immer wieder auftauchten. Ihm wurden alle möglichen Arzneimittel verordnet, unter anderem auch Antipsychotika und Neuroleptika wie Thorazin und Stelazin. Vor allem aber verkehrte er fast ausschließlich mit geistig behinderten oder zurückgebliebenen Frauen, für gewöhnlich schwarzen oder latein-amerikanischen, die er bei den unterschiedlichsten Anstalten und Heimen »aufsammelte«, vornehmlich im Elwyn Institut für Geisteskranke. Unter dem Vorwand, sie auf einen Tagesausflug mitzunehmen, trug er sie aus der Anwesenheitsliste aus, brachte sie dann aber für gewöhnlich zu sich nach Haus, um Sex mit ihnen zu haben.

Als er 1971 aus einer Laune heraus die Landstraßen entlang nach Kalifornien fuhr, erhielt er, wie er später erklärte, einen göttlichen Auftrag. Er kehrte um und fuhr zurück nach Philadelphia, wo er in seinem Haus (dessen Vorhof inzwischen zum Abstellplatz allerlei schrottreifer Autos und Boote geworden war) die »Vereinigte Kirche der Gesandten Gottes« gründete. Er verfaßte eine Charta, ernannte sich selbst zum »Bischof« und sorgte für einen finanzrechtlich korrekten Status seines neugegründeten Vereins. Seine kleine, aber loyale Gemeinde bildete er aus den geistig Behinderten, die er von der Elwyn Anstalt her kannte, sowie aus den Obdachlosen, die in seiner Nachbarschaft auf den Straßen lebten. Er blieb in seinem Haus, bis es im Herbst 1976 zum Streit mit seinen Mietern kam, im Verlauf dessen er sich mit einem Gewehr und einer Pistole im Keller verbarrikadierte. Als einer der Mieter versuchte, durch ein Fenster in den Keller einzusteigen, um Gary zu fassen, schoß Heidnik und verwundete den Mann leicht im Gesicht. Die Anzeige wegen schwerer Körperverletzung wurde zwar abgewiesen, aber Gary hatte genug. Er zog aus und verkaufte das Haus, um in North Philadelphia ein anderes zu erwerben. Als sich die neuen Besitzer des Anwesens in der Cedar Avenue in Garys altem Haus umsahen, fanden sie nicht nur Berge von Müll vor und eine beachtliche Sammlung sadomasochistisch pornographischen Materials, sondern entdeckten in seinem Keller auch eine ein Meter tiefe Grube, die durch den Betonestrich getrieben worden war.

Unter dem Namen Merrill Lynch eröffnete Gary ein Festkonto für seine »Kirche«, das in erster Linie allerdings der Steuerhinterziehung dienen sollte, da diese Kirche niemand anderes als Gary selbst war. Im Laufe der Jahre zahlte er etwa 35000 Dollar auf dieses Konto ein, und als er Anfang 1987 wegen Mordes verhaftet wurde, belief sich das Guthaben auf mehr als 577000 Dollar. Mit den Zinsausschüttungen, die er mit seinen geschickten

Anlagen auf diesem Konto erzielte, erwarb »die Kirche« eine Reihe protziger Cadillacs sowie einen Rolls-Royce. Er nahm auch eine geistig behinderte Frau namens Anjeanette Davidson bei sich auf, die weder schreiben noch lesen konnte, und ihm 1978 ein kleines Mädchen gebar, das allerdings noch als Baby in ein Pflegeheim kam.

Im Mai des nächsten Jahres fuhren Gary und Anjeanette zum Selinsgrove Center in der Nähe von Harrisburg, um dort Anjeanettes vierunddreißigjährige Schwester Alberta zu besuchen, die geistig noch entschieden behinderter war als Anjeanette selbst und bereits seit ihrem vierzehnten Lebensjahre in diesem Heim untergebracht war. Die Heimleitung gab ihnen die Erlaubnis, den Tag mit Alberta außerhalb der Anstalt zu verbringen, doch sie fuhren geradewegs zurück in ihr Haus in der Marshall Street, wo sie Alberta versteckten. Auf Anfrage der Behörden bestritten sie vehement zu wissen, wo sich die behinderte Frau aufhielt, bis die Polizei mit einem Durchsuchungsbefehl kam und Alberta eingesperrt in einem Vorratsraum im Keller des Hauses entdeckte. Heidnik wurde festgenommen und unter anderem der Vergewaltigung angeklagt, der Entführung und der Freiheitsberaubung.

Der psychiatrische Bericht, der Richter Charles P. Mirarchi jr. vorgelegt wurde (Gary verzichtete auf ein Geschworenengericht), war eine recht gute Beschreibung von Heidniks gegenwärtiger psychischer Verfassung:

»Er scheint eine zutiefst verunsicherte und verwirrte Person zu sein. Seinen Gesundheitsakten zufolge leidet er seit langem an einer offensichtlich schwerwiegenden Geisteskrankheit. Außerdem muß er als psychosexuell unreif bezeichnet werden. Er scheint sich sehr leicht von Frauen bedroht zu fühlen, die er als intellektuell oder emotional ebenbürtig empfindet, toleriert keine Form von Kritik an seiner Person und braucht beständig Zustimmung sowie die Anerkennung, daß er ein intelligenter und wertvoller Mensch ist.«

Der Richter erklärte Heidnik für schuldig, nachdem er durch den vom Gericht beauftragten Ermittler Joseph A. Tobin noch folgenden vielsagenden Bericht erhalten hatte:

»Heidnik scheint ein ausgesprochen manipulativer und allem Anschein nach sehr uneinsichtiger Charakter zu sein. Er machte auf mich den Eindruck eines Menschen, der sich selbst für etwas Besseres hält als andere, was er sich offensichtlich immer wieder damit bestätigen muß, daß er sich mit geistig Behinderten und ihm eindeutig unterlegenen Personen umgibt ... Meiner Meinung nach ... ist er nicht nur eine Gefahr für sich selbst, sondern möglicherweise eine noch größere Gefahr für andere, besonders für Personen, die er als schwach und abhängig empfindet. Ich habe leider den Eindruck gewonnen, daß er sein anomales Verhalten in der nächsten Zukunft kaum erheblich ändern wird.«

Richter Mirarchi nahm sich diesen Bericht sehr zu Herzen und tat sein Bestes – er beantragte vier bis sieben Jahre Staatsgefängnis. Heidnik saß vier Jahre und vier Monate ab, während derer er dreimal wegen versuchten Selbstmords in eine psychiatrische Behandlung eingewiesen wurde (er nahm eine Überdosis Schlafmittel zu sich, dann versuchte er sich mit Kohlenmonoxyd zu vergiften, und schließlich zerbiß und verschluckte er eine Glühbirne). Im April 1983 wurde er jedoch wieder auf freien Fuß gesetzt. Im Jahr darauf erwarb er erneut ein Haus; dieses Mal in der North Marshall Street Nr. 3520.

Gemessen an den übrigen Häusern der Umgebung war dieses Haus recht beeindruckend. Neben lauter Reihenhäusern war es das einzige freistehende Einfamilienhaus der Gegend und eignete sich hervorragend für seine »Kirche«. Zu der Zeit hatte er keine feste Freundin, ging aber für kurze Zeit ein Verhältnis zu einer weißen Frau in der Nachbarschaft ein, die anschließend einen Jungen zur Welt brachte, den Heidnik immer den »Kleinen Gary« nannte.

Im nächsten Jahr beschloß Gary zu heiraten. Es mußte allerdings eine Asiatin sein, weil er sich in den Kopf gesetzt hatte, daß Asiatinnen besser als alle anderen Frauen wüßten, was ihre Pflicht und Schuldigkeit sei, die sei ihren Männern gegenüber hatten. Er bestellte sich also per Post eine Braut bei einer Agentur auf den Philippinen und heiratete kurze Zeit später, am 3. Oktober 1985, die hübsche zweiundzwanzigjährige Betty Disto in Elkton/Maryland, nur wenige Tage, nachdem sie mit dem Flugzeug aus Manila gelandet war.

Nach einwöchigem Hochzeitsglück kam Betty eines Tages nach Hause und fand ihren nackten Ehemann mit drei schwarzen Frauen im Bett. Er versuchte seiner vielleicht etwas naiven, aber moralisch anständigen Frau zu erklären, daß man das in Amerika so mache. Aber ganz so naiv war Betty dann auch wieder nicht. Eine Zeitlang blieb sie noch, weil er ihr drohte, sie umzubringen, wenn sie ihn verließe, doch nachdem sie zu anderen philippinischen Aussiedlern Kontakt aufgenommen hatte, faßte sie sich ein Herz und verschwand. Gary wurde wegen Körperverletzung und ehelicher Vergewaltigung angezeigt, als Betty jedoch bei den Vorverhandlungen nicht erschien, wurde die Anklage wieder fallengelassen. Im September darauf kam Betty mit Garys Sohn nieder, den sie Jesse John nannte. Sie schickte ihm eine Postkarte, um ihn davon in Kenntnis zu setzen.

Zu dem Zeitpunkt reichte es Heidnik bereits nicht mehr aus, lediglich der Bischof seiner »Kirche« zu sein – jetzt wollte er seinen eigenen Harem. Für den Anfang, meinte er, reichten ihm zehn Frauen und zehn Kinder. Am Erntedankfest 1986 begann er seinen Plan in die Tat umzusetzen. Als Josephina Rivera, eine attraktive Sechsundzwanzigjährige, die in ihrer Freizeit als Prostituierte arbeitete – halb Puertoricanerin, halb Schwarze –, sich bereiterklärte, für zwanzig Dollar mit zu ihm nach Hause zu kommen, brachte er sie in sein Schlafzimmer, würgte sie, bis sie bewußtlos war, und sperrte sie anschließend nackt in seinem Keller ein, wo er sie an eine Kette legte.

Der wichtigste Bestandteil dort war eine Grube, die Gary im Boden des Kellerraumes ausgehoben hatte. Sie war ähnlich wie die in seinem alten Haus in der Cedar Street, aber viel größer und tiefer – genaugenommen konnten darin mehrere Personen gleichzeitig Platz finden. Hier in der Kälte und im Schmutz hielt er Josephina gefangen. Er vergewaltigte sie täglich sowohl vaginal wie anal, gab ihr nur das Allernötigste zu essen und schlug sie regelmäßig mit einem Stock, um »Disziplin zu halten«.

Weniger als eine Woche später brachte er das zweite Opfer

in seine Gewalt, die fünfundzwanzigjährige, leicht verwirrte, schwarzhäutige Sandra Lindsay. Er hatte sie durch Cyril Brown, einen geistig behinderten Schwarzen, kennengelernt, der in seiner Nachbarschaft lebte, und mit dem er sich angefreundet hatte. Gary ließ ihn des öfteren niedere Arbeiten für sich erledigen. Kurz vor Weihnachten gabelte er die neunzehnjährige Lisa Thomas auf. Sie hatte sich darauf eingelassen, mit ihm zu McDonald's zu gehen und anschließend zu Sears, wo er ihr neue Kleidung kaufen wollte. Sie endete, ebenso wie die beiden anderen, unten bei ihm im Keller.

Am Neujahrstag 1987 brachte Heidnick die dreiundzwanzigjährige Deborah Johnson Dudley in sein Kellerloch. Auch sie war schwarz und erwies sich als die Schwierigste von allen. Ständig bot sie ihm die Stirn und stellte seine Autorität in Frage, sie und die anderen dort unten einzusperren und zu vergewaltigen. Gary zog daraus nur den nüchternen Schluß, daß sie offensichtlich härter gezüchtigt werden müsse als die anderen, verprügelte sie regelmäßig und bestrafte sie, indem er sie entweder in der Bodengrube einsperrte, die er mit einem schweren Deckel schloß, oder sie an den Handgelenken an einem Deckenbalken aufhängte. Wenn die anderen aus der Reihe tanzten, wurden sie mit ähnlich drakonischen Maßnahmen zur Räson gebracht. Unterdessen fuhr er fort, die Frauen zu vergewaltigen und kontrollierte regelmäßig, ob es bei einer von ihnen bereits Anzeichen einer Schwangerschaft gäbe, was ein erster Erfolg für seine Babyfabrik gewesen wäre.

Gelegentlich erschien jemand an der Tür des Hauses, der nach einer der Frauen suchte, die Gary gefangenhielt. Natürlich behauptete er dann, daß er sie nicht gesehen habe, aber um nicht zu riskieren, daß irgend jemand ihre Schreie hörte, ließ er den ganzen Tag in ohrenbetäubender Lautstärke ein Radio brüllen. Auf diese Weise mußten die Frauen sich auch noch an diesen permanenten Lärm gewöhnen neben all den Qualen der täglichen Vergewaltigungen, der Schläge und des ständigen Hungers. Als Hauptbestandteil ihres Speiseplans setzte Heidnik ihnen Hundefutter vor. Außerdem spielte er sie gegeneinander aus, indem er verlangte, daß sie einander irgendeiner Missetat bezichtigten, damit er die Übeltäterin bestrafen konnte. Wenn die Befragte nichts gegen eine ihrer Leidensgenossinnen vorbrachte, dann wurde sie kurzerhand selbst bestraft.

Während dieser Zeit ereignete sich ein interessanter Zwischenfall. Betty machte jetzt nämlich eine finanzielle Unterstützung geltend und brachte Gary deswegen vor Gericht. Doch wie Bundy hatte auch Heidnik das nötige Vertrauen in seine Überlegenheit und seine Fähigkeiten, daß er sich einbildete, daß Rechtssystem ausstechen zu können. Folglich fungierte er vor Gericht als sein eigener Anwalt und brachte den vorsitzenden Richter, Stephen E. Levin jr., mit seinen Verschleierungstaktiken, mit denen er seine finanzielle Situation zu vernebeln versuchte, schier zur Verzweiflung. Den größten Teil seines Besitzes hatte er in seinem »kirchlichen« Verein versteckt.

Am 18. Januar 1987 griff Heidnik eine junge, aber durchaus gescheite Prostituierte auf der Straße auf und brachte sie zu sich nach Hause. Es handelte sich um die achzehnjährige Jacqueline Askins. Er kettete sie gleich bei den anderen Frauen im Keller an, und um ihr einen Vorgeschmack davon zu geben, was sie erwartete, wenn sie Scherereien machen sollte, schlug er ihr mit einer Plastikrute auf die Hinterbacken. Dann fesselte er ihr die Füße und ging wieder nach oben.

Am 7. Februar wurde Gary Heidnik zum Mörder. Als Strafe für vermeintliches Fehlverhalten hing Sandra Lindsay bereits seit ein paar Tagen an ihren gefesselten Händen am Deckenbalken des Kellerraums. Ihr war übel gewesen, und sie hatte Fieber gehabt, aber Gary meinte, daß käme alles nur daher, weil sie nicht essen wolle. Und da er überzeugt war, daß sie schwanger von ihm sei (was nicht der Fall war), hielt er ihre Nahrungsverweigerung für mutwilligen Ungehorsam, was für ihn bedeutete, daß er sie weiterhin bestrafen mußte. Um seine Autorität vor den anderen Frauen nicht aufs Spiel zu setzen, glaubte er diesen Machtkampf unbedingt gewinnen zu müssen.

Er löste ihre Fesseln, ließ sie vom Deckenbalken herab und befahl ihr aufzustehen. Als sie jedoch vor seinen Füßen zusammenbrach, glaubte er immer noch, daß sie ihm nur etwas vormachen wolle, und stieß sie mit einem Tritt in die Grube. Als er ein paar Minuten später zurückkam und sie wieder aus der Grube herauszog, merkte er, daß ihr Herz nicht mehr schlug. Sie war tot. Er packte sie sich kurzentschlossen auf die Schulter und trug sie nach oben, um zu überlegen, was er mit der Leiche anstellen sollte. Schließlich kam ihm die Idee, sie mit einer Kettensäge in möglichst kleine Stücke zu zerschneiden, und anschließend durch den Fleischwolf zu drehen, um sie an seine Hunde und seine übrigen Opfer zu verfüttern. Den Rest von Sandra Lindsays Körper verstaute er im Gefrierschrank. Als ein junger, unerfahrener Polizist an der Tür erschien, weil die Nachbarn sich über den mörderischen Gestank beschwert hatten, der aus Heidniks Haus drang, gestand Gary, ihm sei das Mittagessen auf dem Herd verbrannt, und außerdem sei er ein miserabler Koch. Offensichtlich hatte dem Beamten diese Erklärung genügt.

Heidnik gefiel es nicht, daß die Frauen ihn oben herumlaufen hörten. Er dachte sich, wenn sie immer genau wüßten, wann er zu Hause sei und wann nicht, dann sei die Gefahr zu groß, daß sie einen Fluchtversuch planten. Am besten wäre es also, wenn sie ihn nicht hören könnten. Um dies zu bewerkstelligen, band er, nachdem er die Frauen an ihre Ketten gelegt hatte, jeder einzelnen den Kopf mit Isolierband fest, und zerstach ihnen anschließend mit einem Schraubenzieher das Trommelfell. Zu der Zeit hatte er den Eindruck gewonnen, daß Josephina Rivera etwas zuverlässiger sei als die übrigen, wodurch ihr diese spezielle Tortur erspart blieb.

Deborah Dudley jedoch war nach wie vor ein Problem für ihn. Gary war sich sicher, daß sie die anderen Frauen aufstachelte, etwas gegen ihn zu unternehmen. Er dachte, wenn er ihr Angst einjagte, dann würde sie vielleicht gefügiger. Also zerrte er sie nach oben und zeigte ihr in einem Kochtopf den Schädel von Sandra Lindslays sowie ihre Rippen, die in einer Bratpfanne lagen. Eine Zeitlang war Deborah Dudley daraufhin ruhiger, legte aber schon bald wieder ihr gewohntes Verhalten an den Tag. Gary glaubte nicht umhinzukönnen, als sie körperlich zu züchtigen, da sie auf seine friedlichen Maßnahmen ja offensichtlich nicht reagierte.

Aber diesesmal wendete er zusätzlich zu seinen regelmäßigen Prügelstrafen eine neue Methode an. Er hatte nämlich herausgefunden, daß er mit einem ganz gewöhnlichen Kabel, von dessen Ende er die Isolierschicht entfernt hatte, den Frauen einen sehr schmerzhaften elektrischen Schlag verpassen konnte. Er brauchte das Kabel nur in die Steckdose zu stecken und mit dem anderen Ende die Eisenketten der Frauen zu berühren. Am 18. März hatte er einen Einfall, wie er diese Foltermethode noch verfeinern könnte. Er beschloß, daß die Frauen, mit Ausnahme von Josephina Rivera, eine ordentliche Strafe brauchten, und zwang sie, in die Grube zu steigen, die Josephina anschließend mit einem Wasserschlauch füllen mußte. Dann hängte er das Kabel ins Wasser und steckte das andere Ende in die Steckdose. Die Frauen schrien vor Schmerzen. Doch irgendwie kam das Kabel mit Deborah Dudleys Kette in Berührung, und sie erhielt einen Stromschlag, der sie tötete.

Heidnik schien das nicht weiter zu beeindrucken, aber er wußte, daß er jetzt ein gewisses Problem hatte. Er verfaßte daher eine schriftliche Erklärung, in der er sich und Josephina Rivera die Schuld am Tod der Frau gab, und zwang Rivera anschließend, das Blatt zu unterschreiben. Dieses Dokument betrachtete er als Versicherungspolice, mit der er Rivera unter Kontrolle hätte. Wenn sie auf den Gedanken käme, ihn anzuschwärzen, dann würde sie sich automatisch selbst an den Galgen liefern, war seine Überlegung. Er erklärte ihr, »wenn ich jemals geschnappt werde, dann werde ich mich verrückt stellen ... Das hab' ich nämlich gelernt, um meine Rente zu bekommen.«

Nachdem er Dudleys Leichnam zwei Tage lang im Gefrierschrank deponiert hatte, warfen er und Rivera sie im Staatspark von Wharton, in der Nähe von Camden/New Jersey, ins Gebüsch. In der Annahme seiner ersten Gefangenen trauen zu können, begann Heidnik, ihr nach und nach mehr Freiheiten einzuräumen, und nahm sie bisweilen sogar mit, wenn er in einen seiner bevorzugten Imbißläden in der Gegend ging. Während eines solcher Ausflüge begegnete er einer weiteren Prostituierten namens Agnes Adams, die Rivera von früher her kannte. Sie wurde das neuste Mitglied in seinem Harem.

Am nächsten Tag konnte Rivera Heidnik überzeugen, daß sie sich einmal bei ihrer Familie blicken lassen müßte, um ihren Angehörigen zu sagen, daß alles in Ordnung sei. Er ließ sie gehen, aber nicht ohne sie zu warnen, daß er die anderen töten würde, wenn sie versuchen sollte abzuhauen. Genau wie Ted Bundy gegen Ende seiner Karriere vor lauter Größenwahn schlampig und undiszipliniert wurde, so war auch Gary Heidnik jetzt bereits sehr nachlässig geworden.

Rivera ging geradewegs zu ihrem früheren Freund, Vincent Nelson, der kaum glauben konnte, wie abgemagert sie aussah. Aber noch viel weniger konnte er ihre Geschichten von Vergewaltigungen, Folter und Gefangenschaft begreifen, die sie ihm da erzählte. Zuerst wollte er selbst in die North Marshall Street hinübergehen, und, wenn die Geschichte wahr sein sollte, sich Heidnik selbst vorknöpfen. Auf halbem Weg beschloß er aber, doch lieber die Polizei anzurufen.

Minuten später waren die Polizeibeamten David Savidge und John Cannon zur Stelle und trauten ihren Augen nicht, als sie das Haus betraten. Sobald sie die Gefangenen befreit und den Tatort gesichert hatten, machten sie sich auf die Suche nach Heidnik, den sie ein paar Blocks weiter schließlich fanden. Zunächst glaubte Heidnick, sie seien wegen der Alimente hinter ihm her, doch als er sah, daß die Beamten ihre Waffen auf ihn gerichtet hatten, begriff er, daß es hier wohl doch um etwas Ernsthafteres ging.

Im Gefängnis versuchte Heidnik sich im Duschraum zu erhängen, aber die Wärter konnten ihn gerade noch rechtzeitig wieder herunterschneiden. Man könnte glauben, dies sei nur ein weiteres Beispiel dafür, wie »verrückt« der Mann war, aber in Wahrheit ist das ein durchaus logischer Schritt, wenn man den Gesamtzusammenhang betrachtet. Ich habe sehr oft Sexualverbrecher gesehen, die im Gefängnis schließlich versuchten, sich selbst umzubringen, weil sie nun plötzlich keine Kontrolle mehr über sich hatten und überdies befürchten mußten, daß ihnen ihre Mithäftlinge jetzt möglicherweise genauso übel mitspielen würden, wie sie selbst ihren Opfern mitgespielt hatten.

Heidniks Verteidiger, A. Charles Peruto jr., den er sich selbst ausgesucht hatte, war klug genug zu wissen, daß ein Freispruch nicht in Frage kam – nicht in diesem Fall, in dem die Gefangenen selbst zugleich die Augenzeugen waren, nicht bei all den Gliedmaßen und Körperteilen, die in Heidniks Haus verwesten, und nicht bei all den anderen Beweisen. Überdies waren die Medien bereits alarmiert wegen der Sexsklavinnen, die sich diese kriminelle Intelligenzbestie und selbsternannte Geißel Gottes in seinem Kellerverlies gehalten hatte. Die Frage war nur, ob es ihm gelingen würde, die Geschworenen dahin zu bringen, seinem Mandanten Wahnsinn oder zumindest eine eingeschränkte Schuldfähigkeit zuzugestehen, was Heidnik immerhin den elektrischen Stuhl ersparen würde.

Damals wurde meine Einheit hinzugezogen, um sich mit der Anklagevertretung zu beraten, wie zu verhindern wäre, daß die Verteidigung möglicherweise auf Unzurechnungsfähigkeit plädierte. Ich machte mich mit Ron Walker nach Philadelphia auf den Weg. Rod, der gegenwärtig der FBI-Zweigstelle in Denver vorsteht, war einer der beiden Agenten, die ich seinerzeit wegen des Green River-Falles mit nach Seattle genommen hatte.

Ich hatte keinerlei Zweifel, daß Heidnik unter einer Geisteskrankheit litt – und, soweit ich das sagen kann, sogar unter einer ziemlich ernsthaften. Aber im Gegensatz zu Richard Trenton Chase oder Edward Gein hielt ich ihn nach Lage der Dinge keineswegs für wahnhaft. So grenzenlos unverständlich seine Motive auch für den Rest der Welt gewesen sein mochten, so war er doch sehr wohl in der Lage, zwischen richtig und falsch zu unterscheiden, und er stand absolut nicht unter einem unentrinnbaren inneren *Zwang*, Frauen zu verschleppen, zu vergewaltigen und zu foltern. Im Gegenteil, sowohl die Planung der Entführungen als auch die Maßnahmen, die er ergriff – die laute Radiomusik, die schweren Vorhänge vor den Fenstern und die massiven Wände aus Löschbeton –, verrieten, daß er sehr genau wußte, was er tat und seine Aktionen sorgfältig organisierte. Sein Verhalten war also ganz und gar nicht spontan oder gar »verrückt«. Er hatte sich entschlossen, genau das zu tun, was er tat, weil er es so wollte.

Ich möchte an dieser Stelle einmal mehr Stanton Samenow

zitieren, um die Dinge ins rechte Verhältnis zu setzen. Er sagt: »Von einer Person, die andere Leute umbringt und die Leichen anschließend zerstückelt, um sie aufzufressen, kann man ohne weiteres sagen ›Der Typ ist nicht normal.‹ Das ist durchaus richtig. Aber man muß sich auch die Frage stellen, war dieser Mensch sich seiner Taten bewußt? Hat er sie geplant, und war er in der Lage zu kontrollieren, was er tat? Konnte er zwischen ›richtig‹ und ›falsch‹ unterscheiden? Im Fall Gary Heidnik muß man alle diese Fragen bejahen.

Manchmal ist man so entsetzt von einem Verbrechen, daß man sagt ›Der Kerl muß doch einfach krank sein.‹ Es macht einen *krank*, zu sehen, was ein solches Individuum angerichtet hat, aber das heißt nicht, daß die Tat das Produkt eines kranken Hirnes ist. Diese Leute können ganz genau unterscheiden, was richtig und was falsch ist. Häufig kennen sie die Gesetzeslage sogar entschieden besser als die meisten Normalbürger. Aber sie haben diese unheimliche Fähigkeit – fast so wie man ein Licht an- und ausknipst –, ihr Unrechtsbewußtsein einfach auszuschalten, um die Tat zu begehen, die sie begehen wollen. Dabei sind sie der Überzeugung, daß sie mit ihrem Verbrechen davonkommen werden, bewahren sich aber noch einen Rest Vorsicht, um zugleich die Polizei im Auge zu behalten. Für diese Charaktere ist die kriminelle Tat wie die Luft zum Atmen. Einer von denen hat mir einmal gesagt: ›Wenn ihr mir mein Verbrechen fortnehmt, dann nehmt ihr mir meine Welt.‹«

Während dieser ganzen Zeit, in der Gary Heidnik dieses unfaßbare Doppelleben geführt hat, betrieb er zugleich seine Geldgeschäfte weiter. Als während der Gerichtsverhandlung der Börsenmakler Robert Kirkpatrick in den Zeugenstand trat, wurde deutlich, was für ein gewitzter und cleverer Finanzjongleur Heidnik gewesen ist. Ich weiß schon, einige Psychiater sagen, daß ein Individuum durchaus vernunftgemäß und logisch handeln kann, in einem anderen Bereich aber zugleich absolut blinde Flecken hat. Nur das klingt mir zu einfach. Gary Heidnik konnte hervorragend mit Geld umgehen – aber in Sachen Entführung und Vergewaltigung soll er nicht gewußt haben, was Sache ist? Nein, tut mir leid, das laß ich mir nicht erzählen.

Ich würde sogar so weit gehen zu sagen, daß seine Verbrechen – verglichen etwa mit Ted Bundys Taten – viel raffinierter und durchdachter waren; Heidnik ging ein viel höheres Risiko ein und mußte ganz andere Fähigkeiten mobilisieren, um nicht entdeckt zu werden. Ebenso wie John Wayne Gacy mordete dieser Kerl gleich vor Ort, in seinem eigenen Haus. Aber im Gegensatz zu Gacy hielt er seine übrigen Gefangenen am Leben, während er nach außen hin seinen »normalen« Geschäften nachging. Das ist alles andere als leicht zu bewerkstelligen, und ich möchte sogar behaupten, daß ein wirklich geisteskranker Mensch kaum in der Lage sein dürfte, dieses Doppelleben über eine längere Zeit zu führen, ohne entdeckt zu werden.

Während der Gerichtsverhandlung machte Richter Lynne Abraham den Geschworenen deutlich, daß eine psychische Krankheit einen Täter vor dem Gesetz nicht automatisch rechtsunfähig macht. Das sei durch die Verteidigung erst zu beweisen.

Soweit es die Jury betraf, war die Verteidigung genau dazu offensichtlich nicht in der Lage, denn die Geschworenen kamen schließlich überein, Gary Heidnik des vorsätzlichen schweren Mordes für schuldig zu befinden. Und als es darum ging, das Strafmaß festzulegen, entschieden sie einstimmig, daß Heidnik für seine Taten mit dem Leben bezahlen sollte.

Anfang der 1990er Jahre besuchten mein FBI-Kollege Jud Ray und ich Heidnik im Gefängnis, um ihn im Zuge einer sechzigminütigen Fernsehausstrahlung des Senders CBS zu interviewen. Ich machte dem Kamera-Team klar, daß wir uns aller Erfahrung nach wohl erst einmal fünf Stunden lang den reinsten Blödsinn anhören müßten, bevor wir irgend etwas Brauchbares aus ihm herausbekämen. Jud und ich würden ihm zuerst klarmachen müssen, daß er uns mit seinem Gerede nicht aufs Kreuz legen kann.

Heidnik war ausgesprochen freundlich, aber in seinen Augen lag ein sehr seltsamer Blick. Man hatte ihn von den übrigen Gefangenen isoliert, um ihn vor eventuellen Angriffen seiner Mithäftlinge zu schützen. Es hatte nämlich bereits mehrere Attakken gegen ihn gegeben, die wohl Heidniks ohnehin ausgeprägte Paranoia sicherlich nur noch verstärkten. Zunächst leugnete er alles und behauptete, in der Toilettenschüssel in seiner Zelle sogar mit Elektrokabel herumexperimentiert zu haben, um zu beweisen, daß es gar nicht möglich sei, jemanden auf die Weise umzubringen, wie er dem Vorwurf der Anklagevertretung nach Deborah Dudley getötet haben sollte.

Jud sagte: »Wollen Sie behaupten, daß sie diese Frauen überhaupt nicht mißhandelt haben?«

Heidnik wies es weit von sich, den Frauen ein Haar gekrümmt zu haben. Im Gegenteil, sie hätten dort unten Geburtstags- und Weihnachtspartys gefeiert, und er habe ihnen Geschenke, chinesische Speisen und andere Leckerbissen gebracht. Sogar ein Radio hätte er dort für sie aufgestellt.

Jud erinnerte ihn daran, daß mit dem Radio ja wohl nur ihre Schmerzensschreie übertönt werden sollten. Doch Gary stritt auch das ab. Er konnte nicht bestreiten, daß er sie dort unten bei sich im Keller gehabt hatte, aber er leugnete standhaft, sie jemals mißhandelt zu haben. Als wir ihn schließlich soweit hatten, zugeben zu müssen, daß er sie hin und wieder geschlagen hatte, erklärte er, daß diese Maßnahmen nur zu ihrem eigenen Besten gewesen seien, etwa so wie man einem Kind einen Klaps gibt, weil es unachtsam auf die Straße hinausgerannt ist, ohne auf den Verkehr zu achten. Dann beschrieb er uns seinen Plan, wie er die Welt mit lauter kleinen Garys bevölkern wollte. Es klang wirklich verdammt schräg, was er da von sich gab, aber er wirkte dabei durchaus sachlich und konzentriert.

Jud und ich warfen uns einen Blick zu. Der Augenblick war gekommen, unseren vereinbarten Vorstoß zu landen. Ich beugte mich ganz dicht zu Gary hinüber und sagte: »Mal ganz ehrlich. In ihrer Familiengeschichte gibt es doch irgendein Problem. Erzählen Sie mir doch mal etwas von ihrem Verhältnis zu ihrer Mutter.«

Kaum hatte ich das gesagt, schnappte Heidnik regelrecht über. Das Kamera-Team wäre um Haaresbreite vor lauter Schreck und Verwunderung davongerannt, und auch Leslie Stahl, der Berichterstatter, der das Ganze über einen Monitor von einem anderen Raum aus verfolgte, konnte es kaum glauben.

Ich redete weiter auf ihn ein, mir meine Frage zu beantworten. Heidnik war aufgestanden und stand nun starr und steif da, als ob er nicht wüßte, ob er hinausgehen sollte, und als ob das Mikrophonkabel an seinem Hemdkragen ihn am Weglaufen hinderte. Ich erzählte ihm dann von unseren Untersuchungsergebnissen, wonach Straftäter wie er fast immer ein schwerwiegendes Problem mit ihren Müttern hätten, und daß es in den meisten dieser Fälle seitens der Mütter der Täter vorher zu Mißbrauch oder ähnlichen Tragödien gekommen sei.

Plötzlich begann er zu weinen und zu schluchzen wie ein Baby. Meiner Theorie nach besteht für einen solchen Tätertypus – solange die Mutter noch am Leben ist – immer die unterbewußte oder halbbewußte Hoffnung, daß ihn seine Mutter eines Tages möglicherweise doch noch lieben oder wenigstens akzeptieren lernt. Aus dem Grunde wenden sich Täter, wie beispielsweise Ed Kemper, mit ihren Gewalttaten auch so häufig stellvertretend gegen andere Frauen anstatt gegen diejenige, die ihrer Meinung nach verantwortlich sind für das, was sie quält. Aber wenn die Mutter dann schließlich tot ist, bricht diese Hoffnung zusammen. Besonders anschaulich trat dieses eigentümliche Phänomen zutage im Fall Ed Kempers, der, als er endlich den Mut gefunden hatte, seine Mutter zu töten, einfach alle weitere Hoffung verlor; für ihn gab es jetzt nichts mehr, wofür zu leben sich gelohnt hätte. Möglicherweise hat er sich auch deshalb der Polizei gestellt. Aus eben diesem Grund war auch Heidnik, trotz all seiner Schrulligkeit und Verdrehtheit, vor dem Selbstmord seiner Mutter niemals in irreversible Schwierigkeiten mit dem Gesetz geraten. Tatsächlich hat er aber gleich im Jahr nach dem Tod seiner Mutter seine »Kirche« gegründet.

Soweit unsere Forschungsarbeiten in dieser Angelegenheit bis zum heutigen Tage gediehen sind, können wir nicht annähernd wissenschaftlich begründen, warum ein Edward Gein, ein Theodore Bundy oder ein Gary Heidnik ihre Taten begehen, und was für sie daran so befriedigend ist, daß ihnen daneben alles andere im Leben nebensächlich erscheint. Ich bin mir nicht einmal sicher, ob wir das jemals herausfinden werden.

Wir können bis heute diesem Tätertypus von seinem Vorhaben nicht effektiv abhalten oder ihn dazu veranlassen, seinen speziellen Obsessionen etwas weniger Gefährliches und Produktiveres entgegenzustellen. Doch bis wir soweit sind, haben wir die Pflicht, diese Charaktere weiterhin zu studieren und nach Antworten zu suchen – nicht weil wir *hoffen*, ihnen helfen zu können, sondern weil wir *wissen*, daß wir ihr Treiben rechtzeitiger und effektiver beenden müssen.

KAPITEL ZWÖLF

Sprecht, im Namen Stephanies!

Wenn es tatsächlich je so etwas gegeben hat wie »die typisch amerikanische Familie«, dann waren das die Schmidts aus Leawood/Kansas. Auf sie traf diese Bezeichnung tatsächlich in jeder Hinsicht zu, bis zum 2. Juli 1993, als ihre Welt plötzlich aus den Angeln geriet.

Gene Schmidt stammte aus Hoisington, einer Gemeinde mitten in Kansas und etwa zehn Meilen nördlich von Great Bend, wo der Arkansas River seinen großen Bogen macht – also genau aus dem Herzen des Landes, dem Mittelpunkt der Vereinigten Staaten von Amerika. Margaret Louise Dormois, die alle nur Peggy nannten, kam aus Chanute, einer Stadt im Südosten von Kansas, die nach dem bekannten Bauingenieur und Flugpionier, Octave Chanute, benannt ist, der in Kansas City die erste Brücke über den Missouri baute und später die Brüder Wright beeinflußte, die als die Erfinder des Motorflugzeugs gelten. Gene und Peggy lernten sich 1963 an der Pittsburg State University kennen, etwa eine Autostunde von Chanute entfernt, genau im Süden von Kansas City. 1969 heirateten sie, gleich nachdem Gene das College abgeschlossen hatte und in Missouri ein Lehrerpraktikum machte. Anschließend absolvierte er seinen Pflichtdienst bei der Nationalgarde und nahm dann in Kansas wieder seine Lehrtätigkeit in den Fächern Englisch und Journalistik auf. Später gab er dann den Lehrberuf auf, um bei der Firma Jostens in Topeka, die Jahrbücher und Kataloge aller Art herausgab, als Photograph und verlagstechnischer Berater zu arbeiten.

Ihr erstes Kind, das sie Stephanie Rene nannten, kam am 4. Juli 1973 zur Welt. »Die ersten vier Jahre ihres Lebens ließ ich Stephanie in dem Glauben, daß alle Knallfrösche und Luftschlangen dieser Welt eigens für sie erfunden worden waren«, sagte Gene später in Erinnerung an seine Tochter. Ihre zweite Tochter, Jennifer Anne, kam zwei Jahre später zur Welt, am 9. Oktober 1975. Beides waren entzückende Mädchen – hübsch wie zwei kleine Engel –, Stephanie mit dicken, blonden Locken und Jeni mit feinem, glattem Blondhaar. Stephanie litt drei Monate lang unter einer Kolik, die ihre Eltern buchstäblich Tag und Nacht auf Trapp hielt, aber es zeigte sich, daß dies die einzige Situation bleiben sollte, in der sie ihren Eltern Grund zur Beunruhigung gab, und zwar während ihrer ganzen Kindheit.

Als Peggy mit Stephanie schwanger war, glaubte Gene fest daran, daß das Kind ein Junge sein würde, und Peggy hoffte um seinetwegen, daß er Recht behalten möge. »Aber als Stephanie dann schließlich da war«, muß Gene später gestehen, »hat sie mich auf der Stelle verzaubert, und wir wollten danach gleich noch ein Mädchen.« Und wie Peggy hinzufügt: »Jungen sind ja wirklich nett, aber Mädchen sind einfach etwas ganz Besonderes.«

Jeni schaute praktisch mit dem ersten Wimpernschlag zu ihrer älteren Schwester auf wie zu ihrem einzigen wahrhaften Vorbild im Leben, und Stephanie gab ihr Allerbestes, um dieser Verantwortung gerecht zu werden. Sobald das Neugeborene aus der Entbindungsstation nach Hause gebracht wurde, reichte Stephanie Peggy ihre Windeln und sagte: »Gib sie meiner kleinen Schwester.«

Wie Peggy sich erinnert, war Stephanie »eine große Hilfe. Sie fütterte Jennifer und kümmerte sich rührend um sie.«

Jeni ihrerseits verweigerte schon sehr früh jede Babynahrung, denn sie wollte sein wie Stephanie. Doch bei einer Gelegenheit verweigerte sie ihrer großen Schwester die Gefolgschaft, wie sie sich später erinnerte: »Unsere Mutter hatte uns einmal einen

Berg Rasierschaum auf den Küchentisch gepackt, damit wir damit spielen könnten, und Stephanie hatte mich damals unbedingt überreden wollen, den Seifenschaum aufzuessen.«

Jeni folge Stephanie überallhin; die beiden Mädchen waren einfach untrennbar. Jeni erinnerte sich noch an den Tag, als Steph zum erstenmal in den Kindergarten ging: »Ich hatte sie drei Jahre lang als meine ständige Begleitung, die jeden Tag um mich herum war. Und dann fuhr eines Tages dieser riesenhafte Autobus vor, in dem sie verschwand und davonfuhr. Das hatte ich überhaupt nicht begreifen können. Der Kindergarten dauerte nur einen halben Tag lang, und meine Mutter tröstete mich immer, daß sie ja bald wieder nach Hause kommen würde. Aber es war so schrecklich einsam ohne sie. Ich wartete an der Haustür, bis sie wiederkam.«

Jeni vergötterte ihre große Schwester, als sie miteinander aufwuchsen, aber es gab auch Konkurrenz. Häufig war sie frustriert, wenn sie etwas nicht so gut konnte wie Stephanie, weil sie noch zu jung oder zu klein war – sei es beim Schwimmen, beim Sport, in den Klavierstunden oder als sie lernten, Fahrrad zu fahren.

Schließlich zeigte sich, wo ihre unterschiedlichen Talente lagen. Sie mochten einander nach wie vor, ja sie hingen regelrecht aneinander, aber Stephanie entwickelte sich allmählich als ein Mädchen, das leichter aus sich herauskonnte und sich eher zu Gruppen hingezogen fühlte. Was auch immer sie unternahm und mit wem auch immer sie zu tun hatte, sie wollte immer Verantwortung übernehmen und die Dinge organisieren. Jeni hingegen war sensibler und eher introvertiert. Sie war auch gern mit sich allein und las beispielsweise sehr viel, oder schrieb und kochte. Aber wenn Stephanie etwas Neues ausprobierte – ihr schien alles sehr leicht zu fallen, sei es in Sachen Sport oder bei intellektuellen Dingen, und sie hatte sowohl in den geisteswissenschaftlichen Fächern in der Schule großen Erfolg als auch beim Sport –, dann mußte Jeni es auch probieren. Stephanie war beispielsweise eine erstklassige Schwimmerin, während Jeni eher etwas wasserscheu war, aber als Stephanie sich in dieser Sportart eine Medaille erkämpfte, mußte Jeni es ihr unbedingt nachtun. Es war nicht etwa Neid auf den Erfolg der älteren Schwester; sie bewunderte sie einfach so sehr, daß sie immer unbedingt auch »Stephanies Sachen« machen mußte.

»Als Stephanie den Rechtschreib-Wettbewerb der Schule gewann«, sagt Gene, »gewann Jeni, Gott sei Dank, gleich im Anschluß daran diesen Flash-Card-Wettbewerb, bei dem den Schülern nur ganz kurz verschiedene Karten mit bestimmten Zahlen darauf gezeigt werden. Sie konnte sich die Zahlen besser als alle anderen merken, ansonsten hätten wir, fürchte ich, ihr irgendeinen Siegespokal kaufen müssen!«

Auch wenn Jeni die Ernsthaftere von beiden war, so konnte auch Stephanie bisweilen sehr introvertiert sein. Sie führte beispielsweise schon als kleines Mädchen ein Tagebuch, in das sie ihre tiefsten Gefühle und Wünsche eintrug. Als sie zehn Jahre alt war, schrieb sie beispielsweise: »Ich habe drei Wünsche: 1. wäre ich gerne schlanker, 2. hätte ich gerne langes Haar und 3. wünschte ich, ich würde Ricky Schroder einmal persönlich kennenlernen.«

Zwar wurde Stephanie schließlich zu einer gertenschlanken Schönheit, doch die Wünsche 2 und 3 blieben ihr unerfüllt. Irgendwie hatte der Teenyschwarm Schroder es nie geschafft, ihr über den Weg zu laufen, und ihr Haar blieb genauso dicht und kraus wie zuvor. Die Friseuse Janice Schuetz, die Stephanie in Topeka immer das Haar schnitt, erinnerte sich später: »Stephanie war einfach zu niedlich. Sie wollte immer schon langes Haar, und wenn sie zu mir kam, dann kletterte sie auf den Frisierstuhl und erklärte mir mit ihrem zarten Stimmchen ›Schneid es diesmal lang, ja.‹«

Als Eltern waren Gene und Peggy ihren Töchtern gegenüber voller Hingebung. Gene, der ein ausgebildeter und professioneller Photograph war, hielt praktisch jeden Aspekt des Familienlebens auf Zelluloid fest, einschließlich ihrer Besuche bei den Großeltern, bei Verwandten und Freunden sowie ihren Ausflügen nach Disney World, was sie drei Jahre hintereinander besuchten.

Nachdem Gene die Firma Jostens verlassen hatte, arbeitete er auf sehr unterschiedlichen Gebieten, wobei ihm immer sein umgängliches Wesen zugute kam, seine lebhafte, gewinnende Art und seine natürliche Verkaufsgewandtheit. Eine Zeitlang verkaufte er Häuser und Grundstücke für eine Immobilienfirma in Topeka. Als diese Firma sich schließlich auflöste, schloß er sich der Abteilung an, die schließlich unter dem Kürzel RE/MAX firmierte, zog nach Kansas City um und erwarb hier in dem gehobenen Vorort Leawood ein Eigenheim. Stephanie war zu der Zeit in der achten Schulklasse, und Jeni in der fünften. Die Mädchen taten sich anfänglich schwer mit der Umstellung, die der Umzug mit sich brachte. Sie mußten neue Freunde finden und sich in der neuen Schule eingewöhnen. Vor allem aber waren sie nicht auf diese etwas wohlhabendere Umgebung vorbereitet, in der materielle Dinge eine größere Rolle zu spielen schienen. Stephanie fiel die Eingewöhnung etwas schwerer, weil sie mehr an den Umgang mit Gleichaltrigen gewöhnt war, während Jeni, die sich besser mit sich allein beschäftigen konnte, es in dieser Hinsicht etwas einfacher hatte. Auch wenn es der Familie finanziell durchaus gut ging, nahmen beide Mädchen einen Teilzeitjob im örtlichen Kaufhaus an. Steph wurde als Verkäuferin angelernt. Das machte ihr sehr viel Freude, weil sie mit so vielen anderen Menschen zu tun hatte. Auch kam hinzu, daß sie als Mitarbeiterin des Hauses zu einem günstigeren Preis Kleidung kaufen konnte.

Gene blieb etwa drei Jahre bei RE/MAX und entwarf während der Zeit gemeinsam mit Peggy die unterschiedlichsten Werbeprospekte, die er und andere Verkaufsagenten anschließend bei ihrer Arbeit benutzten. Die Nachfrage nach den Reklameentwürfen, die er und Peggy sich einfallen ließen, wurde schließlich so groß, daß er das Immobiliengeschäft verließ, sich als Werbefachmann und Verkaufsberater selbständig machte und seine eigene Agentur eröffnete. Sein kleines Unternehmen florierte schon nach kurzer Zeit, und immer wieder durften auch Genes und Peggys hübsche, blonde Töchter auf den Kleinhandelsanzeigen und Werbefotos posieren, mit denen ihre Eltern die verschiedensten Immobilien anpriesen. Nach Peggys Mädchennamen nannten sie ihre Agentur »Dormois Productions«.

Wie sie selbst sagen, waren die Eltern weder streng noch allzu nachsichtig mit ihren beiden Mädchen umgegangen. Dem pflichtet auch Jeni bei. Bei ihrer Erziehungsmethode gab es nur sehr wenig Raum für Bestrafungen oder irgendwelche Sanktionen. Statt dessen appellierten die Eltern und besonders Gene, wie Jeni sich erinnert, immer wieder an den eigenen gesunden Menschenverstand der Schwestern. Bei jeder fragwürdigen Situation forderte er sie auf, einmal zu erklären, warum sie dies und jenes so und nicht anders taten, und was sie sich dabei gedacht haben. Wenn sie ihre Ansicht oder ihr Verhalten – worum auch immer es gehen mochte – logisch und vernünftig begründen konnten, dann war das in Ordnung so. Wenn sie das nicht konnten, dann änderten die Mädchen in aller Regel ganz von selbst ihre Meinung und verhielten sich entsprechend. Selbst wenn sich die Eltern einmal genötigt sahen, disziplinarische Mittel anzuwenden, dann wußten die Mädchen immer, daß sie mit Vater und Mutter über alles sprechen konnten, und daß sie immer ein Ohr hatten für eine vernünftige Argumentation.

Eines Nachts, als Stephanie fünfzehn Jahre alt war, und Peggy und Gene von Freunden zurückkamen, mit denen sie den Abend verbracht hatten, kam Stephanie gerade aus der Garage; sie hatte ihren damaligen Freund dabei. Als Gene das sah, explodierte er. Hatte er den Mädchen denn nicht klar und deutlich gesagt, daß sie ihre Freunde nicht mit ins Haus zu nehmen hätten, wenn die Eltern nicht da seien? Im Nachhinein glaubt Gene, um den Eindruck, den er auf die Freunde seiner Töchter machte, mindestens ebenso bemüht gewesen zu sein, wie um alles andere, was ihre Erziehung betraf. Doch als er seine Schimpftirade damals beendete, erwiderte Stephanie nur, daß er und Mutti immer soviel Wert darauf legten, daß man einander vertrauen kann. Hatte sie denn irgend etwas verbrochen, das dieses Vertrauen verletzt hätte? Nein, eigentlich nicht, mußte Gene gestehen. Na, warum er ihr dann in diesem Augenblick mißtraue, fragte Stephanie daraufhin. Da mußte Gene klein beigeben.

Um es deutlich zu sagen, hatte dieser erzieherische Appell an den gesunden Menschenverstand der Kinder absolut nichts mit Bestrafung und Disziplin zu tun, aber dafür eine Menge mit Genes Vorstellung von einem intakten Zusammenleben und Familienfrieden. Auch die Frage nach einem Haushund, den sich die Kinder so sehr wünschten, versuchte Gene nach diesem Muster zu lösen. »Ich war nicht sonderlich begeistert von der Vorstellung, einen Hund im Haus zu haben«, erklärt Gene. »Das hatte viel mit meiner Erfahrung zu tun, die ich als Verkäufer von Immobilien gemacht habe. Ich wußte, was ein Tier für den Wiederverkaufswert eines Eigenheims bedeuten kann.«

»Wir dachten uns immer wieder irgendeine andere Entschuldigung aus«, fügt Peggy noch hinzu. »Eine Zeitlang haben wir die Mädchen mit Stofftieren eingedeckt, aber das ging auch nicht ewig gut.«

Nach einigen Fehlversuchen fanden sie endlich ein kleines, weißes Foxterrierweibchen, gerade noch rechtzeitig zu Jenis siebtem Geburtstag. Sie nannten das Hündchen »Sandi«, und es wurde sehr schnell ein vollwertiges Mitglied der Familie.

Der Witzbold der beiden Mädchen war Stephanie, die viel leichter aus sich herausgehen konnte als Jeni. Gene und Peggy spielten häufig ein Spiel mit den beiden, bei dem eines der Mädchen irgendeine winzige Kleinigkeit an seiner Kleidung verändern mußte – es heftete sich beispielsweise eine Sicherheitsnadel an die Rückseite des Rockes. Es ging darum, wie lange die andere brauchte, um herausfinden, was jetzt anders war. Eines Tages kam Stephanie von der Schule nach Hause und sagte, der Rektor erwarte, daß Gene ihn anriefe. Gene fragte erstaunt, was sie denn angestellt habe.

»Weißt du«, erklärte sie, »wir hatten heute eine Lehrerin als Vertretung in der Klasse. Der habe ich eine Sicherheitsnadel auf die Rückseite ihres Rockes geheftet, weil ich dachte, das sei witzig.«

»Ich habe also den Schulrektor angerufen, aber ich war wirklich sauer, daß der gute Mann sich über eine solche Kleinigkeit wie eine Sicherheitsnadel aufregen konnte«, sagte Gene. »Doch dann erklärte mir der Rektor, daß es nicht nur um eine Sicherheitsnadel ging. Stephanie hatte mit der Nadel nämlich einen Zettel am Rock der Lehrerin festgesteckt, und auf dem stand. ›Ich bin ein Huhn‹. Also sah ich Stephanie an und fragte: ›Du hast bei deiner Geschichte wohl etwas ausgelassen, oder?‹«

Es war sehr bezeichnend für Stephanie, daß sie, immer wenn sie einen Streich ausgeheckt hatte, unbedingt an Ort und Stelle bleiben mußte, um selbst ganz besonders vergnügt darüber zu lachen. Dadurch hatte sie natürlich kaum eine Chance, unentdeckt zu bleiben.

Als Steph und Jeni in das Alter kamen, in dem sie anfingen, ihre eigenen Bezirke abzustecken und etwa begannen, sich gelegentlich darüber zu streiten, wer jetzt an der Reihe mit telefonieren war, beantragten Gene und Peggy eine zusätzliche Telefonleitung, und erklärten den Mädchen, das dies nun ihre eigene sei, und daß sie sich selbst darüber einig werden müßten, wie sie sich das Zweittelefon teilen wollten. Wie fast alles bei den Schmidts wurde schließlich auch diese anfängliche Unstimmigkeit friedlich beigelegt.

In der Art wie Gene und Peggy ihre Töchter erzogen, folgten sie dem Grundsatz des Gebens und Nehmens, der Gleichberechtigung aller: Am besten ist es für jeden, wenn er versucht, sich in die Situation des anderen zu versetzen und seine Haltung zu verstehen. Was Musik betraf, so war Gene beispielsweise ein eingefleischter Rockfan, während Jeni es eher mit Heavy-Metal hielt und Steph die etwas weichere, romanische Musik mochte und Country- und Westernlieder. Da diese drei Musikrichtungen so überhaupt nicht zusammenpaßten, verzichtete Gene darauf, seine Rock-Cassetten zu hören, wenn er eine seiner beiden Töchter im Auto hatte, und ließ ganz selbstverständlich das jeweilige Mädchen seine eigene Musik auflegen. Sie unterhielten sich dann darüber, was dem Mädchen gerade wichtig erschien. Beim nächsten Mal war dann aber er an der Reihe, Rockmusik aufzulegen. Auf diese Weise lernten sie alle, Vater wie Töchter, sich mit den Vorlieben des jeweils anderen anzufreunden und auch dessen Musikgeschmack zu schätzen.

»Alles in allem«, sagt Gene, »war Stephanie ein echter Knaller. Sie war einfach eine Freude. Ich habe nie erlebt, daß jemand derart bedingungslos geliebt hat.« Der größte sichtbare Erfolg für Gene und Peggys Erziehungsmethode spiegelte sich jedoch in einer weiteren Eintragung in Stephanies Tagebuch wider. Dort schreibt sie: »Ich hoffe, daß ich eines Tages genauso sein werde wie meine Eltern. Ich freue mich schon darauf verheiratet zu sein, und möchte zwei bis vier Kinder haben, bis ich dreißig Jahre alt bin. Aber zuvor möchte ich noch ein paar Jahre Jahre mit meinem Mann alleine leben, ohne Kinder. Ich wünsche mir, daß meine Familie eng zusammenhält, daß jeder sich um den anderen kümmert und sich alle sehr gern haben. Ich glaube, meine Familie wird einmal genauso wie wir jetzt zu Hause miteinander leben.«

Jeni war immer eher karriereorientiert, deshalb erklärte Stephanie bei einer Gelegenheit einmal, daß sie an Jenis Stelle ein paar Kinder mehr austragen würde. Doch auch wenn Jeni keine ganz so ausgeprägt mütterlichen Instinkte besitzt, so bezeichnet sie den Einfluß ihrer Eltern doch in einer ähnlich direkten Art wie Stephanie in ihrem Tagebuch: »Ehrlichkeit, Vertrauen und eine gute Portion Humor sind wohl die wichtigsten Dinge, die uns unsere Eltern durch ihre Erziehung mitgegeben haben. Für uns waren das einfach ganz selbstverständliche Bestandteile der menschlichen Natur.«

Als Stephanie und Jeni auf die Junior High School und schließlich auf die High School kamen, zeigte sich die Entwicklung ihrer unterschiedlichen Persönlichkeiten auch in ihrem Geschmack für die Jungen ihres Alters. »Ich mochte immer Jungen, die ihr Haar etwas länger trugen und Gitarre spielen konnten«, sagt Jeni. »Stephanie hingegen fand Jungs mit Bürstenfrisur gut, die dafür um so besser Football spielen konnten. Aber sie kam immer prima zurecht mit den Jungs, die ich nach Hause brachte, genau wie ich mich immer mit ihren Freunden verstand.«

In der gleichen Weise nahm jedes Mädchen an allem Anteil, was das andere interessierte. Selbst Kleidungsstücke tauschten sie bisweilen aus, obgleich Jeni sich immer ziemlich schmucklos anzog im Vergleich zu Steph, die Markenartikel bevorzugte – denn Jeni hielt ihr Geld zusammen, während Steph es gerne wieder schnell unter die Leute brachte. Als Steph eines Tages beschloß, Jeni beizubringen, »wie man einkaufen geht«, hatte sie eine besonders aufmerksame Begleiterin für eine ihrer absoluten Lieblingsbeschäftigungen.

Die Freundschaft, die die beiden Schwestern verband, bedeutete Stephanie sehr viel. Sie hatten die gleichen Freunde, gingen miteinander Schwimmen, sahen sich gemeinsam Kinofilme an, gingen zum Essen aus und kauften zusammen ein. Jeni erinnert sich noch an den Tag, als Stephanie ihren Abschluß an der High School gemacht hatte: »Da ist sie nicht einfach mit ihren Freunden ausgegangen, sondern mit mir. Das fand ich ganz schön klasse.«

Es schien, als mochten sie alle. Heather Haas, ihre Freundin an der Blue Valley High School, sagt: »Sie war eigentlich immer irgendwie der Mittelpunkt. Sie ging einfach wirklich aus sich heraus und hatte das Herz am richtigen Fleck.«

Stephanie war kein Mädchen gewesen, das an der High School besonders leistungsorientiert gewesen wäre, dafür mochte sie das gesellige Leben einfach zu gerne und widmete sich viel zu gern den praktischen Dingen. Als sie daher nach ihrem Schulabschluß erklärte, sie wolle sich an der University of Kansas in Lawrence einschreiben – oder an der KU, wie man salopp sagt –, hatte Gene Bedenken. Seiner Meinung nach waren die Anforderungen dort ein paar Nummern zu hoch für Steph, und nur weil so viele ihrer Freunde dort studieren wollten, müsse sie ja nicht auch unbedingt an die KU. Doch weil er seine Tochter kannte, vermied er es klugerweise, ihr den Vorschlag zu machen, es doch an seinem College zu versuchen.

Da Genes Hochschule aber relativ nahe war – es war nur etwa zwei Autostunden bis dorthin –, und weil die Chancen einfach gut standen, dort einen Platz zu finden, kamen Stephanie und ihre Freundin Shannon Marsh ganz von sich auf die Idee, sich einmal in Pittsburg umzusehen. Und sie waren auf der Stelle überzeugt: das war genau die Schule, die sie wollten.

Selbst als die Vorlesungen begannen, waren sie noch hellauf begeistert. Stephanie berichtete zu Hause, daß alle so freundlich dort waren und so ehrlich wirkten. Es war ein Neuanfang, und sie war ganz entzückt von der Vorstellung, sich hier entfalten und alles mögliche kennenlernen zu können. Sie liebte auch die besondere Aufmerksamkeit der Jungs im Klubhaus der Sigma Chi-Studentenbrüderschaft, wo ihr Vater früher einmal Vorstand und immer noch ein bekanntes Mitglied war.

Nach dem ersten Semester beschloß Stephanie, auch den Sommer über dort zu bleiben und den Ferienkurs zu belegen. Zusammen mit einem anderen Mädchen zog sie aus dem Studentinnenwohnheim aus und suchte sich mit der Freundin ein eigenes Appartement. Dabei behielt sie die Gewohnheit bei, zwei- bis dreimal täglich zu Hause anzurufen, um mit ihrer Schwester oder ihren Eltern zu sprechen.

Im Dezember 1992 nahm Stephanie zum erstenmal außerhalb des Hochschulgeländes einen Job als Kellnerin in einem neueröffneten Restaurant an, das sich Hamilton's nannte. Es war ein kleines Etablissement, in dem vor allem Familien einkehrten, und wo die Kellner und Kellnerinnen gestärkte weiße Hemden und weiße Schürzen trugen. Das Restaurant lag ganz unten im Stadtzentrum am Ende der Hauptstraße, die genau vom College wegführte. Es war also eine ganze Strecke entfernt von ihrem Appartement, aber Stephanie hatte sich inzwischen mit der Hilfe ihrer Eltern einen niedlichen kleinen 1989er Honda gekauft, auf den sie mächtig stolz war.

Stephanie mochte das Hamilton's aus dem gleichen Grund, aus dem es ihr auch während ihrer High School Zeit so gut bei dem Kaufhaus gefiel, in dem sie damals gearbeitet hatte: Sie kam dort mit vielen Menschen in Kontakt. Stacey Payne, der damals zusammen mit ihr in dem Restaurant beschäftigt war, sagt: »Sie ließ sich wirklich durch nichts die Laune verderben und war immer gut drauf.«

Als Peggy und Gene sie im darauffolgenden März einmal besuchten, aßen sie in dem kleinen Restaurant zu Mittag, wo sie mit Tom Hamilton ins Gespräch kamen, einem der drei Besitzer. Er erzählte, wie sehr er sich darüber freute, daß ihre Tochter dort bei ihm half.

Als Gene sie an diesem Abend fragte, wie ihr die übrigen Mitarbeiter dort gefielen, antwortete Stephanie, sie seien alle sehr nett, und fügte dann hinzu: »Es gibt hier aber noch jemanden.

Mit dem haben wir alle ein bißchen Mitleid. Er ist älter als wir anderen, und er war schon mal im Gefängnis.«

»Aus welchem Grund?« fragte Gene.

»Er hatte wohl eine Schlägerei in einer Bar oder etwas Ähnliches«, erklärte Stephanie. »Aber er ist wirklich lieb. Er macht sich nicht an die Mädchen ran oder so.« Der Mann hieß Don Gideon. Er war einunddreißig Jahre alt und auf Bewährung draußen. Zunächst hatte er bei seiner Mutter gewohnt, aber als das nicht funktionierte, gab Tom Hamilton ihm das Appartement über dem Restaurant. Er hatte am Anfang Geschirr gespült, half dann bei der Bedienung aus und schließlich in der Küche, wo er zum Beispiel den Salat vorbereitete. Hamilton hielt ihn für eine gute Arbeitskraft und für jemanden, auf den man sich verlassen konnte. Im Gegensatz zu den meisten Kellnerinnen, die nur aushilfsweise in dem Restaurant arbeiteten, während sie die übrige Zeit am College studierten, hatte Don hier eine Vollzeitbeschäftigung, und seine Arbeit schien ihm Freude zu machen.

Im Sommer 1993, nachdem Stephanie ihr zweites Jahr absolviert hatte, beschloß sie während der Sommerzeit einen Kurs zu belegen, aber ihren Job bei Hamilton's weiterzumachen. Aber noch ehe der Sommerkurs begann, bekam sie eine Halsentzündung, die so schlimm wurde, daß ein Freund sie zum Notarzt fahren mußte, damit sie eine Spritze bekam, denn sie konnte kaum noch schlucken. Als die Infektion endlich wieder abgeklungen war, hatten die Vorlesungen bereits seit vier Tagen begonnen, und es war bereits zu spät, als daß sie den Stoff noch hätte nacharbeiten können. Als sie daher zum Vatertag nach Hause kam, schlugen Gene und Peggy ihr vor, doch eine Pause einzulegen, und den Sommer über bei ihnen zu bleiben. Aber sie wollte einfach zu gerne wieder zurück zu ihrer Arbeit in dem Restaurant.

Sie war noch immer nicht ganz wieder hergestellt, fühlte sich jedoch unter Druck, ihre Arbeitsschichten einzuhalten. Doch eines Tages brüllte Tom Hamilton sie ganz schrecklich an, weil sie irgend etwas verschüttet hatte, Bratensoße oder Sauerrahm oder so etwas. Als sie sich daraufhin zu verteidigen versuchte, daß sie ihr Bestmögliches tue, obwohl sie sich immer noch nicht ganz gesund fühle, da antwortete Hamilton nur: »Na, warum gehst du dann nicht einfach nach Hause!«

Stephanie interpretierte diese Antwort als Rausschmiß. Eine Freundin versuchte anschließend zwischen den beiden zu vermitteln, und überredete Tom, Stephanie zu erklären, daß er sie nicht gefeuert habe, aber die Sache hatte einen bitteren Nachgeschmack. Als Stephanie daher schließlich feststellen mußte, daß man ihr an ihrem Geburtstag nicht freigeben wollte, obgleich sie jedes Wochenende durchgearbeitet hatte, da beschloß sie, das Restaurant zu verlassen und für den Rest des Sommers nach Hause zu ihren Eltern zu fahren. Wenn sich Stephanie erst einmal entschieden hatte, dann rückte sie davon so leicht nicht wieder ab. Doch Tom wollte sie als Arbeitskraft auf keinen Fall verlieren und versicherte ihr daher, daß sie ihren Job jederzeit wieder antreten könne, wenn sie wieder bereit dazu sei. Stephanie packte also ihre Sachen und sagte ihren Eltern, daß sie am Freitag, dem 2. Juli, nach Hause kommen würde. Am Donnerstag davor wollte sie sich noch mit Matt Schicke treffen, einem Jungen, mit dem sie seit zwei Monaten befreundet war. Am vergangenen Wochenende hatten die beiden gemeinsam an einer Kanufahrt der Sigma Chi-Bruderschaft teilgenommen und einen Riesenspaß gehabt. Peggy bereitete unterdessen eine Feier zu Stephanies zwanzigstem Geburtstag vor, die am Sonntag, dem 4. Juli, stattfinden sollte.

Einige von Stephs Freunden – unter denen sich auch Sloane Kehl und Megan Ewing befanden, die mit Stacey Payne zusammenwohnten – wollten sie am Mittwochabend noch zu einem vorgezogenen Geburtstagsumtrunk ausführen. Nachdem sie gemeinsam gegessen hatten, fuhr Stephanie zurück zu ihrem Appartement und rief gegen halb elf bei ihren Eltern an, um ihnen zu sagen, daß sie noch ein wenig mit ein paar Freundinnen in eine Gaststätte in der Nähe gehen werde. Ihr Hals hatte wieder begonnen ihr wehzutun, aber wie sie am Telefon erklärte, wollte sie ihre Freundinnen nur ungern enttäuschen, auch wenn sie sich nicht sehr danach fühlte, jetzt in eine Bar zu gehen.

Etwa eine viertel Stunde später kamen die Mädchen, um Stephanie abzuholen. Gemeinsam fuhren sie dann in die sogenannte Bootleggers Bar in Frontenac, wo sich bereits andere Freunde und Arbeitskollegen getroffen hatten. Frontenac liegt gleich am nördlichen Stadtrand von Pittsburg. Stacey, die neunzehn Jahre alt war, hatte ihre ein Jahr jüngere Freundin mitgebracht. Doch an diesem Abend war Jugendlichen unter neunzehn Jahren der Zutritt zur Bar nicht gestattet, weshalb Stacey und ihre Freundin zusammen mit Don Gideon in eine andere Gaststätte gingen, wo sie bis etwa um Mitternacht blieben. Anschließend ließen sie Gideon bei Bootleggers aussteigen, der dort seinen Kleinlaster geparkt hatte, und fuhren heim. Wie es der Zufall wollte, befand sich genau gegenüber von Bootleggers eine Polizeistation, die Stephanie sicherlich aufgefallen war, als sie im Laufe des Abends einmal die Gaststätte verließ, um sich Lutschpastillen zu kaufen, weil ihre Halsschmerzen wieder heftiger wurden. Don ging zurück in die Bar, und als Stephanie sagte, daß sie sich nicht mehr wohlfühle und nach Hause wolle, bot Don ihr an, sie heimzubringen.

Am Donnerstag hörten Peggy, Gene und Jeni nichts mehr von Stephanie, und obgleich sie sonst regelmäßig anrief, waren sie davon nicht sonderlich beunruhigt. Sie wußten, daß sie alle Hände voll zu tun hatte, sich für ihre Abreise fertigzumachen, daß sie noch einen Arzttermin hatte wegen ihrer Halsentzündung, und zweifellos war sie vollauf damit beschäftigt, ihre Verabredung mit ihrem Freund Matt Schicke vorzubereiten. Das war schon alles in Ordnung, dachten sie. Sie wußten ja, am nächsten Tag würde sie daheim sein, denn vor ein paar Tagen erst hatte Steph sich mit Jeni für Freitagabend zum Kino verabredet. Jeni würde nämlich am Geburtstag ihrer Schwester nicht dabeisein können, weil sie mit den Eltern ihres Freundes, der ein Austauschstudent in Deutschland war, nach Florida fliegen wollte, um ihren Freund dort zu treffen.

Am Freitag morgen, voller Aufregung, daß ihre Tochter nun bald nach Hause kommen würde, sagte Peggy zu ihrem Mann, »Komm, laß uns Stephanie noch schnell anrufen, bevor sie losfährt.«

Gene meinte darauf: »Nein, laß sie sich lieber ausschlafen.«

Doch ein paar Stunden später riefen sie bei Stephanie in Pittsburg an, und als niemand an den Apparat ging, hinterließen sie ihr mehrere Botschaften auf dem Anrufbeantworter. Es gab eine Sturmwarnung im Radio, und Peggy machte sich Sorgen, daß Stephanie auf ihrer Heimreise möglicherweise ins Unwetter geraten könnte.

Als Stephanie um fünfzehn Uhr nachmittags immer noch nicht zu Hause war und auch nicht angerufen hatte, begannen Peggy und Gene, sich ernsthafte Sorgen zu machen, daß sie vielleicht einen Verkehrsunfall gehabt haben könnte. Dann rief Jeni in Pittsburg bei dem Kaufhaus an, in dem Matt arbeitete, und fragte, wie spät sie in der vergangenen Nacht ausgewesen seien, und ob er wüßte, wann Steph in Pittsburg losgefahren sei.

Matts Stimme klang sofort sehr beunruhigt. Stephanie war nämlich zu ihrer Verabredung am vergangenen Abend gar nicht erschienen. Er hatte noch mehrfach versucht, bei ihr anzurufen und sich dann gedacht, daß sie die Verabredung wohl vergessen habe und wohl am nächsten Tag einfach zu ihren Eltern gefahren sei. Er hatte sogar noch bei Hamilton's angerufen und Stacey gefragt, wo Steph stecke.

»Sie ist zu ihren Eltern gefahren«, hatte Stacey geantwortet, denn das hatte Stephanie ihren eigenen Aussagen zufolge vorgehabt. Aber als Matt dann zu Stephanies Appartement fuhr und ihr Auto dort auf dem Parkplatz stehen sah, bekam er Angst. Er war drauf und dran, die Schmidts anzurufen, um zu fragen, wo Stephanie sei.

Jetzt nahm Gene den Telefonhörer: »Ruf bitte sofort die Polizei an«, sagte er zu Matt. Dann rief Peggy bei Hamilton's an. Nach und nach bekamen sie heraus, daß Stephanie Mittwochnacht mit ihren Freunden in der Bootleggers Bar gewesen war, und irgend jemand konnte sich daran erinnern, daß sie sich nicht wohl gefühlt hatte, aber daß die Mädchen, mit denen sie gekommen war, noch nicht nach Hause wollten. Sie sei deswegen mit irgend jemand anderes heimgefahren – möglicherweise war es Don Gideon. Er war an dem Abend auch in der Gaststätte gewesen, und es hieß, er sei in irgendeins der Mädchen verliebt.

Alle waren zutiefst erstaunt, als sie hörten, daß Stephanie nicht aufzufinden sein sollte. Es hatte ohnehin niemand damit gerechnet, sie vor Sommerende wiederzusehen, da sie ja nach Hause zu ihren Eltern wollte. Deswegen hatte sich auch keiner etwas dabei gedacht, als sie am Donnerstag nirgendwo auftauchte.

Jetzt begann auch Stacey, sich Sorgen zu machen.

Don Gideon war am Donnerstag ziemlich übermüdet und unrasiert im Restaurant erschienen. Sie fragten ihn, ob er wüßte, was mit Stephanie passiert sei, denn sie dachten, daß er derjenige war, mit dem man Stephanie zum letzten Mal gesehen hatte. Er räumte ein, daß er sie wohl am Mittwochabend nach Hause fahren wollte, und daß sie gemeinsam aus der Bootleggers Bar hinausgegangen waren, doch auf dem Parkplatz sei sie dann zu irgendeinem ihrer Freunde ins Auto gestiegen, den er nicht gekannt habe. Danach habe er sie auch nicht wiedergesehen.

Der beste Freund der Schmidts, der auch auf ihrer Hochzeit Trauzeuge gewesen war, hieß Ron Seglie und war Arzt in Pittsburg. Er kümmerte sich auch immer um Stephanie und war der Arzt, bei dem sie am Donnerstag einen Termin wegen ihrer Halsinfektion gehabt hatte, jedoch nie dort auftauchte. Gene und Peggy riefen bei Seglie in der Praxis an, und gemeinsam mit einem Polizisten und einem Mann vom Schlüsseldienst gingen sie anschließend zu Stephanies Appartement und öffneten die Tür. Sie fanden absolut nichts, was auf einen Streit oder ähnliches hingewiesen hätte, aber sie fanden auch keine Spur von Steph. Selbst ihr Notizblock lag auf dem Tisch, einzig ihre Schlüssel und ihr Personalausweis fehlten – die hatte sie sicherlich mitgenommen, als sie in die Gaststätte gegangen war.

Sie riefen in der Notaufnahme aller Krankenhäuser der Umgebung an. Doch auch dort gab es keine Spur von ihr. Die Polizei war inzwischen überzeugt, daß Stephanie nicht die Sorte Mädchen war, die einfach so verschwinden würde, ohne irgend jemandem Bescheid zu sagen. »Wir werden mit Hochdruck an die Sache gehen«, versuchte einer der Ermittler Gene zu beruhigen. Sie baten ihn darum, ein gutes Foto seiner Tochter zur Verfügung zu stellen, und dann begann die Suche nach Stephanie, die sich fast über ganz Kansas erstreckte. Die staatlichen Wildhüter durchstreiften selbst die entferntesten Winkel der Naturschutzgebiete und Parkanlagen von Kansas.

Freitagnacht machten Peggy, Gene und Jeni kein Auge zu, und am Samstag früh mußten sie eine gemeinsame Entscheidung treffen: sollte Jeni trotz alledem nach Florida fliegen oder nicht? Jeni wollte bei ihren Eltern bleiben und ihnen bei diesem schrecklichen Martyrium beistehen, doch Peggy redete ihr zu, sie ruhig allein zu lassen. »Das habe ich getan, weil ich ja keine Ahnung hatte, was auf uns zukommen würde und wie lange das noch so weiterginge. Ich dachte – und ich kenne Jeni ja schließlich –, daß es vielleicht besser sei, wenn sie weit fort von all dem wäre.«

Jeni war hin- und hergerissen. »Stephanie und ich haben immer aufeinander gewartet und aufeinander aufgepaßt. Ich wußte einfach nicht, ob es richtig wäre, wenn ich fortginge, ob ich nicht vielleicht meine Eltern enttäuschte oder nicht richtig auf Stephanie achtgäbe. Die Entscheidung ist mir sehr schwer gefallen.«

Als sie sich darauf einigten, daß Jeni mit dem nächstbesten Flugzeug zurückkäme, wenn sich irgend etwas ändern sollte, entschloß sie sich schließlich zu fliegen. Doch während der ganzen Zeit in Florida konnte sie kaum schlafen oder essen. Sie war hauptsächlich damit beschäftigt, ein schönes Geburtstagsgeschenk für Stephanie zu finden. Den ganzen Tag lang war sie auf der Suche danach und hatte dabei gleichzeitig ständig die Furcht im Nacken, daß sie ihre Schwester vielleicht niemals wiedersehen würde.

Eric Rittenhouse hatte Stephanie in Pittsburg getroffen, wußte aber durch ihren Vater bereits vor ihrer Ankunft dort, daß sie das örtliche College besuchen würde, weil Eric selbst ein Mitglied der Sigma Chi Studentenvereinigung war, der auch Gene während seiner Studienzeit angehört hatte. Eric und Stephanie waren häufig miteinander ausgegangen, aber vor allem waren sie gute Freunde. Er war den Sommer über nach Hause zu seinen Eltern gefahren, die in Overland Park wohnten, einer Nachbargemeinde von Leawood. Dort arbeitete er in einem Farben-Geschäft, als seine Mutter anrief und ihm erzählte, daß Stephanie vermißt würde.

Er fühlte augenblicklich, daß hier etwas nicht stimmte. Er kannte Stephanie zu gut, als daß er hätte glauben können, sie würde einfach verschwinden, ohne irgend jemandem in ihrer Familie Bescheid zu sagen. Solch ein Verhalten paßte einfach nicht zu ihrem Charakter.

Fast gleichzeitig kamen alle möglichen Gerüchte über Stephanies Verbleib in Umlauf: zum Beispiel, daß einige junge Leute in Stephanies Appartement-Wohnhaus, die zu einer Musikgruppe gehörten und mit Drogen zu tun hatten, sie übers Wochenende mitnehmen wollten, möglicherweise zu den Ozark Mountains. Jemand anderes wollte eine junge Frau gesehen haben, die am Donnerstag gegen Mitternacht in der Nähe des Colleges herumgelaufen sei, und sehr große Ähnlichkeit mir Stephanie hatte. Gene ließ Stephanies Konto überprüfen, doch außer den üblichen zwanzig Dollar, die regelmäßig von ihrem Konto abgingen, gab es keinerlei verdächtige Geldbewegungen.

»Ich glaube, wir haben im Ernst an nichts Schlimmeres glauben können, als daß Stephanie vielleicht für einige Wochen ins Krankenhaus müßte, wenn wir sie wiederfänden«, sagte Gene. »An ein größeres Unglück haben wir irgendwie gar nicht denken können. Das schien uns einfach gar nicht möglich.« Mit ihren Erfahrungen, die sie bei der Herstellung von eingängigen Werbeplakaten gesammelt hatten, suchten er und Peggy ein möglichst geeignetes Foto von Stephanie aus, und stellten es der Polizei zur Verfügung, die es sogleich an die Presse in Pittsburg weiterleitete.

Dann berief man umgehend einen Krisenstab ein, der sich in der Blue Valley North High School um Stephanies Mitschülerinnen und Freunde kümmerte. Paul Chinn, der Teamleiter und Psychologe der Schule, sagte: »Die Schülerinnen haben sich immer sicher miteinander gefühlt. Sie sind wirklich sehr schnell herangewachsen. Das ist jetzt ein gewaltiger Einschnitt für sie.«

»Man kann nur hoffen, daß nicht gleich das Allerschlimmste passiert ist«, meinte Shannon Marsh.

Inzwischen hatte Don Gideon, die letzte Person, die mit Stephanie zusammen gesehen worden war, Freitagnachmittag plötzlich die Stadt verlassen, nachdem er sich bei Tom Hamilton erkundigt hatte, wo er sich am besten ein Auto mieten könnte. Er war ein unentbehrlicher Zeuge, und die Polizei machte sich sogleich auf die Suche nach ihm. Montag, der 5. Juli, war offiziell Feiertag; man mußte also bis Dienstag warten, bevor zu klären war, ob Gideon sich vorschriftsmäßig bei seinem Bewährungshelfer gemeldet oder die Bewährungsauflage verletzt hatte.

Am Sonntag, dem 4. Juli – der Tag, an dem Stephanie ihren zwanzigsten Geburtstag feiern wollte –, wurde über den Fall bereits im Fernsehen berichtet. Jeder, der irgend etwas zu Stephanies Verschwinden oder dem Verbleib von Don Gideon sagen könnte, wurde aufgefordert, sich bei der Polizei von Pittsburg oder bei den Schmidts zu melden. Es war ein schrecklich quälender Tag für Gene und Peggy. Während der Feiern zum Unabhängigkeitstag und des Feuerwerks wurden Flugblätter verteilt. Die Suche nach Stephanie und die Fahndung nach Gideon wurden schnell zu einem regelrechten Medienereignis. Alle Informationsfäden schienen im Haus der Schmidts zusammenzulaufen, und es herrschte hier ein ständiges Kommen und Gehen. Jeder wollte kurz vorbeischauen, ob Nachbarn oder Freunde, und nach kürzester Zeit trudelteten Tausende von Postkarten und Briefe ein. Auch Stephanies Freunde und Bekannte begannen anzurufen oder kamen gleich persönlich vorbei. Für Peggy und Gene war diese Anteilnahme eine große emotionale Hilfe. Dann kam ihnen Gene Fox zu Hilfe. Er war ein Medienberater und früher einmal Sportreporter beim *Kansas City Star*. Seine Tochter Kristi war eine von Stephanies besten Freundinnen gewesen. Shannon Marsh organisierte unterdessen die Verteilung der Flugblätter im Großraum von Pittsburg.

Am Dienstag stellte sich schließlich heraus, daß Don Gideon nicht bei seinem Bewährungshelfer vorstellig geworden war. Überdies erfuhren die Schmidts von Craig Hill, einem Detective der Ortspolizei von Leawood, der jetzt als Mittelsmann zwischen den Behörden und den Schmidts fungierte, aus welchem Grund Don Gideon in Wahrheit im Gefängnis gesessen hatte. Er war nämlich nicht, wie er den Mädchen bei Hamilton's weismachen wollte, in eine Schlägerei verwickelt gewesen, sondern hatte vielmehr 1983 in Parson/Kansas eine Collegestudentin vergewaltigt und gequält, indem er ihr ein Rasiermesser an die Kehle hielt und ihr drohte, sie umzubringen, wenn sie sich wehren sollte. Im vergangenen November war er vorzeitig wieder aus dem Gefängnis entlassen worden und hatte einen Monat danach den Job bei Hamilton's bekommen. Tom Hamilton gab an, daß Gideon auf seinem Bewerbungsbogen die Frage, ob er vorbestraft sei, mit »Nein« angekreuzt habe.

Gene drängte die Polizei, Gideons Appartement zu untersuchen, doch die Beamten hatten keinen Durchsuchungsbefehl. Gene wurde daraufhin sehr ärgerlich und meinte: »Aber wenn sie nun dort drin ist? Ich möchte nicht, daß meine Tochter stirbt, nur weil ihr keinen Durchsuchungsbefehl habt. Es muß doch irgendeine Möglichkeit geben, in diese Wohnung zu kommen.« Tom Hamilton, der Eigentümer des Appartements, ließ die Polizisten schließlich hinein. Man fand jedoch nichts. Da überdies niemand gesehen hatte, daß Stephanie bei der Bootleggers Bar tatsächlich zu Don Gideon in den Wagen gestiegen war, schöpfte man wieder Hoffnung, daß Gideon vielleicht doch nicht gelogen hätte.

Am Donnerstag rief Don Gideon bei seiner Mutter Shirley an. Es war ein R-Gespräch. Sie fragte ihren Sohn auf den Kopf zu, »Oh Donny, was hast du nur getan? Hast du dieses Mädchen umgebracht?«

»Welches Mädchen?« fragte er.

»Na, diese Stephanie Schmidt.«

»Ich habe überhaupt niemanden umgebracht.«

Shirley meinte, er habe erstaunt gewirkt, als sie ihm sagte, daß nach ihm gefahndet werde. Gleich nach dem Anruf rief sie bei der Polizei an, und es gelang den Beamten schließlich zurückzuverfolgen, wo das R-Gespräch getätigt worden war. Demnach hatte Gideon aus einem Supermarkt in Crescent City in

Kalifornien, nahe der Grenze nach Oregon, angerufen. Wenig später fand man auch seinen Lieferwagen, den er in Coos Bay/Oregon, etwa hundert Meilen weiter nördlich stehengelassen hatte. Wie man später erfuhr, hatte Gideon versucht, nach Kanada einzureisen, wurde jedoch von den Beamten am Grenzübergang in Coutts/Alberta wieder zurückgeschickt, wegen einer Straftat, die er sich in den USA hatte zuschulden kommen lassen.

Während dieser Zeit nahm der Fall eine neue dramatische Wende. Während die Suche nach Stephanie und die Fahndung nach Don Gideon auf Hochtouren lief, meldete sich nämlich eine Frau Anfang Fünfzig bei den Behörden in Crawford County/Kansas, und gab an, im April von Gideon vergewaltigt worden zu sein, als er sie nach einem gemeinsamen Abend nach Hause fuhr. Aus Angst hatte sie den Fall nicht eher gemeldet, fühlte sich jetzt aber dazu verpflichtet, nachdem Gideon möglicherweise auch mit einer anderen Straftat in Verbindung gebracht werden mußte. Sie war sehr besorgt, daß ihr zögerliches Verhalten, den Fall zu melden, Gideon möglicherweise die erneute Chance gegeben hat, eine Frau zu vergewaltigen.

Gene und Peggy bereiteten ein Flugblatt vor, das sie möglichst weiträumig verteilen wollten. Sie setzten darauf sowohl ein Foto ihrer vermißten Tochter Stephanie als auch ein Bild des ein Meter achtzig großen und achtzig Kilogramm schweren Gideon. Gideon war noch nicht offiziell verdächtig, sondern wurde lediglich wegen Verletzung der Bewährungsauflage gesucht sowie als Zeuge für Stephanies Verschwinden. Die drei Freundinnen, mit denen Stephanie Mittwochnacht in der Bootleggers Bar war, sagten zu einem Zeitungsreporter, daß sie kaum glauben könnten, daß Don Gideon irgend etwas mit ihrem Verschwinden zu tun haben könnte. Sie sagten, er sei immer wie ein großer Bruder zu ihnen gewesen.

»Er war bei uns zu Hause«, sagte Sloane Kehl. »Er hat nie irgendwas gemacht. Und er hat auch nie etwas von sich gegeben, woraus wir hätten entnehmen können, daß er zu so was in der Lage wäre.«

Gene Schmidt sagte den Reportern, daß – auch wenn Don

Gideon tatsächlich seine Tochter verschleppt haben sollte – es ihm neuen Mut gäbe, daß dieser Mann die andere Frau nach seinem Überfall nicht umgebracht hatte, sondern wieder gehen ließ.

Shannon Gideon, Dons jüngere Schwester, meinte gegenüber der Associated Press, daß es in ihrer Familie zwar grundsätzlich gewisse Befürchtungen gäbe, daß ihr Bruder etwas mit Stephanies Verschwinden zu tun haben könnte, daß sie das vom Verstand her jedoch für ziemlich ausgeschlossen hielte. »Ich muß zugeben, wir haben uns alle gefragt, ob vielleicht doch irgend etwas Schlimmes passiert sein könnte, aber auf der anderen Seite muß Don ja wissen, daß er mit seiner bedingten Haftentlassung eine zweite Chance bekommen hat, und daß er damit ganz schön großes Glück gehabt hat. Diese Gelegenheit, sein Leben wieder in Ordnung zu bringen, wird er doch nicht einfach fortwerfen. Er hat Arbeit gefunden und verhält sich wie ein rechtschaffener Bürger.« Als Shannon gefragt wurde, was sie dazu sage, daß Don seiner Mutter gegenüber abgestritten hatte, Stephanie umgebracht zu haben, sagte sie: »Ich weiß, daß er eine kriminelle Vergangenheit hat, aber ich glaube ihm.«

Einige Freunde und Bekannte der Familie Schmidt setzten sich sehr dafür ein, daß Stephanies Fall in John Walsh's landesweit ausgestrahlter TV-Serie *Amerikas Meistgesuchte* aufgenommen wurde. Unter diesen Männern ist besonders Larry Cukajti zu nennen, der ein Freund Genes aus der Sigma Chi Studentenvereinigung war. Er war ein Werbefachmann und knüpfte den Kontakt zu dem Produzenten der Serie, Lance Heflin. Am Freitag, dem 16. Juli, wurde eine kurze Sequenz ausgestrahlt, die Stephanie unter anderem mit ihren Freunden zeigte, wie sie gemeinsam mit den Kanus an der sommerlichen Bootstour teilgenommen hatten, sowie ein Interview mit Gene und Peggy, in dem sich beide zuversichtlich zeigten, daß ihre Tochter noch am Leben sei.

Am nächsten Tag rief Don Gideon von der Telefonzelle eines Hotels in Ormond Beach die Polizei in Volusia County/Florida an und stellte sich. Ironischerweise hatte Jeni die ganze Zeit über nur fünf Meilen entfernt gewohnt. Gideon machte keinerlei Geständnisse, er sagte nur: »Ich bin derjenige, nach dem Sie suchen.« Am Telefon hatte er seiner älteren Schwester erklärt, daß er Pittsburg verlassen habe, um, wie er sagte, »ein wenig raus zu kommen und ein bißchen Urlaub zu machen.« Der leitende Detective der Polizei von Pittsburg, Ken Orender, sowie ein paar Mitarbeiter des Ermittlungsbüro von Kansas fuhren nach Florida. Sie überführten Gideon nach Kansas.

Im Bezirksgefängnis von Shawnee County begann er mit den Ermittlern zu sprechen. Der Staatsanwalt dort war Bob Stephan, ein Freund Genes aus dem Kreis der Sigma Chi-Freunde in Topeka, wo Gene vor einiger Zeit ein regelmäßiges Wiedersehen ehemaliger Verbindungsstudenten organisiert hatte. Bob Stephan rief persönlich bei Gene an und erklärte mit tränenerstickter Stimme: »Der Scheißkerl hat gestanden, und das klingt gar nicht gut. Die Polizisten sind bereits auf dem Weg zu dir, um mit Euch zu sprechen.«

Sowohl die Ortspolizei, einige Vertreter des FBI sowie Beamte des zentralen Ermittlungsbüros von Kansas fuhren zu den Schmidts nach Hause. Der Einsatzleiter Steve Cox bat alle, die sich im Wohnzimmer der Familie befanden, den Raum zu verlassen und im unteren Stockwerk zu warten. Dann schloß er die Tür und setzte sich zu Gene, Peggy und Jeni. Craig Hill stand unterdessen Wache an der Zimmertür, um sicherzustellen, daß niemand störte.

Cox unterrichtete sie dann, daß Gideon ein Geständnis abgelegt habe. Er hatte Stephanie tatsächlich umgebracht und ihnen auch eine Karte gezeichnet, wo er die Leiche fortgeworfen hat. Doch bis jetzt hatten sie Stephanies Körper nicht finden können, deswegen wollten sie mit Gideon hinunterfliegen, um sich die Stelle von ihm selbst zeigen zu lassen. Sie bräuchten für die Identifikation Stephanies zahnärztliche Befunde.

Das Geständnis hatten Scott Teeselink, ein Beamter der zentralen Ermittlungstelle von Kansas, sowie der FBI-Agent Michael Napier entgegengenommen. Mike Napier kenne ich gut; er ist ein Pfundskerl und arbeitet inzwischen in Quantico. Gideon hatte den Beamten gestanden, daß er Stephanie angeboten habe, sie nach Hause zu fahren, und daß sie bereitschaftlich angenommen hatte und in seinen Lieferwagen eingestiegen war. Als sie an der Straße vorbeikamen, die zu dem Haus führte, in dem sie wohnte, ergriff er ihre Hände und hielt sie fest, so daß sie nicht aus dem Wagen springen konnte. Dann fuhr er mit ihr auf eine Lichtung im Wald, mißbrauchte sie sexuell, würgte sie anschließend mit den Händen und band ihr den BH um den Hals. All das spielte sich innerhalb einer Stunde ab, nachdem sie die Bar verlassen hatten. Er erklärte, daß er öfter solche Anfälle von Wut bekam, und Teeselinks und Napiers Bericht zufolge, »wird er bei solchen Wutausbrüchen absolut gewalttätig und muß diesen ›Kraftschub‹ dann ausleben.«

Er behauptete, daß er Stephanie nach der Vergewaltigung bei der Hand genommen und sie aus dem Wagen geführt habe, dann will er ihr einen Schraubenzieher gegeben haben und zu ihr gesagt haben, sie solle ihn damit töten. Doch sie konnte das nicht, sagte er, deswegen mußte er sie töten. Ich möchte hier kurz bemerken, daß dies eine durchaus typische Ausschmükkung ist, wenn Triebtäter einen Mord gestehen – es ist sozusagen ein rückwirkender Versuch, sich von der Verantwortung für das Verbrechen freizusprechen –, aber es entbehrt in aller Regel jeglicher Glaubwürdigkeit. Die Viktimologie im Fall Stephanie Schmidt sagt uns ferner, daß Stephanie, wenn ihr tatsächlich diese Gelegenheit eingeräumt worden wäre, Gideon sicherlich nicht umgebracht hätte, aber sie wäre davongerannt.

In einem Telefonanruf aus der Haftanstalt gestand Gideon den Mord auch seiner Mutter gegenüber ein. Er sagte ihr, daß er Stephanie nach der Vergewaltigung umgebracht habe, weil er nicht ins Gefängnis zurück wollte. Er gestand auch, im April die Frau im Bezirk von Crawford vergewaltigt zu haben.

Obgleich die Schmidts sich innerlich auf das Allerschlimmste gefaßt gemacht hatten, schienen die Aussagen Don Gideons allen drei völlig unglaubwürdig. Als Craig sie aufsuchte, erwähnte er die Organisation *Eltern ermordeter Kinder*, von der Gene und Peggy nie zuvor gehört hatten. »Ihr werdet damit fertigwerden können«, sagte Craig.

Nachdem die Schmidts also die traurige Wahrheit erfahren

hatten, füllte sich das Haus wieder mit Leuten. Auch Lynn Allen, die in Johnson County die Hinterbliebenen von Mordopfern betreute und mit der örtlichen Staatsanwaltschaft zusammenarbeitete, stattete den Schmidts einen Besuch ab und bot ihre Hilfe an.

Stacey Payne konnte die Nachricht von Stephanies Ermordung kaum fassen. »Als ich kürzlich krank war, hatte ich Don Gideon auf meinem Studentenzimmer im Wohnheim. Auch Megan war bei mir, und Don schlief bei uns auf dem Boden. Er war für mich wie ein Bruder gewesen.«

Und als sie jetzt an die Nacht des 30. Juni zurückdachte, wurde ihr fast kalt vor Grauen. »Als meine Freundin und ich Don zu der Bootleggers Bar zurückbrachten, war er so seltsam gewesen. Er wollte mir die ganze Zeit verständlich machen, meine Freundin zu Hause abzusetzen und anschließend mit ihm wieder loszuziehen. Aber meine Freundin war über irgend etwas verärgert, so daß ich bei ihr geblieben bin. Aber ich muß immer wieder daran denken. Was wäre wohl passiert, wenn ich tatsächlich noch einmal mit ihm losgegangen wäre? Möglicherweise wäre mir ja das gleiche geschehen wie Stephanie. Meine Mutter muß fast weinen, wenn sie daran denkt, wie haarscharf ich womöglich nur davon gekommen bin.«

Eric Rittenhouse war völlig am Boden zerstört. Er war nicht nur verzweifelt über den Tod seiner Freundin, sondern machte sich Vorwürfe, daß er vielleicht mehr für Stephanie getan haben könnte, wenn er nur etwas gewußt hätte. Er hätte doch viel besser auf sie achtgegeben. »Ich hätte mich geradezu verantwortlich gefühlt für ihre Sicherheit. Ich hätte zu ihr gesagt: ›Stephanie, laß den Mann in Frieden. Wenn du jemanden brauchst, der dich nach Hause fährt oder sonst eine Hilfe, dann ruf mich an – zu jeder Tages- und Nachtzeit. Ruf einfach irgend jemanden aus der Studentenbruderschaft an. Wir helfen dir.‹ Ich wünschte, ich hätte wenigstens eine Ahnung gehabt.«

Die Tageszeitungen nahmen sehr großen Anteil an dem Fall. Es gab jedoch auch Aufmacher, die geradezu der Gipfel der Geschmacklosigkeit waren. Ein Artikel beispielsweise, der Gene in helle Wut versetzte, stellte die Verzweiflung, den die Schmidts über den Tod ihrer Tochter erleiden mußten, mit den Sorgen der Gideons gleich, die durch die Tat ihren Sohn verloren. Doch andererseits stattet auch eine Reporterin des lokalen TV-Senders den Schmidts einen kurzen Besuch ab, die gerade ihren Vater verloren hatte. Sie kam einfach, um ihr tiefes Mitgefühl auszudrücken. Gene und Peggy saßen mit ihr in Stephanies Zimmer und weinten.

Am 27. Juli durchkämmten die Ermittler entsprechend den Erklärungen, die Gideon tags zuvor abgegeben hatte, eine Waldlichtung im Distrikt von Cherokee, nahe dem Städtchen Weir, etwa zehn Meilen südwestlich von Pittsburg. Insgesamt waren etwa fünfzig Beamte an der Suche beteiligt, und um vier Uhr nachmittags fanden sie Stephanies Leiche schließlich an einer von hohem Gras zugewachsenen Stelle. Ihr Körper war nach all der Zeit bereits stark in Verwesung übergegangen. Die Schmidts wurden sofort darüber in Kenntnis gesetzt, daß man Stephanie gefunden hatte, aber wegen des Zustands, in dem sich der Leichnam befand, hatten Gene, Peggy und Jeni natürlich nie die Gelegenheit, Stephanie nach ihrem schrecklichen Tod noch einmal zu sehen.

Donald Ray Gideon wurde des schweren Mordes, der Entführung sowie der Vergewaltigung an Stephanie Schmidt angeklagt und von Shawnee ins Crawford Distrikt-Gefängnis eingewiesen, in der Nähe von Pittsburg.

Zunächst erklärten die Behörden den Schmidts, daß sie Stephanies Leichnam noch nicht zur Bestattung freigeben könnten, weil noch bestimmte Beweise sichergestellt werden mußten, aber nach der forensischen Untersuchung stimmten sie dann zu.

Am 2. August 1993 wurde Stephanie Rene Schmidt, die drei Tage nach ihrem gewaltsamen Tod zwanzig Jahre alt geworden wäre, auf dem »Friedhof der Wiederauferstehung« beigesetzt. Gene und Peggy wählten diesen Friedhof, weil hier auch ein enger Freund Stephanies beerdigt war, der am College dem Sigma Chi Studentenbund angehörte. Er hatte sich das Leben genommen, was für die Gruppe von jungen Leuten eine sehr schwierige Erfahrung bedeutete, besonders weil es für die meisten von ihnen der erste Todesfall in ihrer nächsten Umgebung war. Und nun kam noch Stephanies Tod hinzu. An dem vorangehenden Gottedienst in der Lutherischen Versöhnungskirche in Overland Park nahmen mehr als achthundert Trauergäste teil, und Paul Clark, ein professioneller Musiker und einer von Stephanies vielen Freunden, trug ein eigens für sie komponiertes Lied vor, dem er den Titel gab »Der umgestürzte Baum«. Der Zug der Trauergemeinde zum Friedhof erstreckte sich über mehr als eine Meile.

So sehr sich Peggys und Genes Leben in den schrecklichen Wochen der Ungewißheit über Stephanies Schicksal auch bereits verändert hatte, so sollten jetzt noch weitere quälende Schläge auf die leidgeprüften Eltern zukommen, denen sie sich jedoch in einer bewundernswerten und geradezu heldenhaften Haltung stellten. Ich nehme an, Gene und Peggy würden nur mit den Schultern zucken, wenn man sie darauf ansprächе. Wahrscheinlich würden sie nur sagen, daß sie das alles auf sich nahmen, weil ihnen zutiefst klar war, daß diese Dinge für Stephanie und andere Mordopfer einfach getan werden mußten. Menschen, die das Schicksal der Schmidts nicht am eigenen Leibe erfahren haben, können möglicherweise nicht nachvollziehen, was Gene und Peggy vollbracht haben, aber ich möchte jeden davor warnen, die Leistungen der beiden herunterspielen zu wollen. Leute, die ein ähnliches Schicksal haben wie Gene und Peggy, wissen sehr genau, wovon ich spreche.

Gene sagt: »Unser Leben war vor lauter Ausgewogenheit und familiärem Frieden fast ein wenig selbstgefällig, doch durch Stephanies gewaltsamen Tod leben wir nun förmlich in der Öffentlichkeit und unter permanenter finanzieller Anspannung. Dabei geht es nicht eigentlich um uns selbst, sondern vielmehr um Stephanie. Irgend jemand muß diese Dinge einfach in Angriff nehmen. Es gibt zu wenige Menschen, die das Thema laut und vernehmlich ansprechen.«

Schon gleich am Tag nach der Beerdigung traten Gene und Peggy an die Öffentlichkeit und haben über den Rundfunk ganz offiziell diese eine wichtige Frage gestellt: Wie konnte ein gewalttätiger Krimineller wie Don Gideon aus der Haft entlassen werden?

Man muß dabei vor Augen behalten, daß Gideons vorzeitige Haftentlassung – er war nach zehn Jahren, die er von der zwanzigjährigen Haftzeit, zu der er verurteilt worden war, abgesessen hatte, wieder auf freien Fuß gesetzt worden – ein regulärer Rechtsakt war. Die Frage, ob er möglicherweise nach seiner Entlassung wieder rückfällig würde, stand dabei überhaupt nicht zur Debatte, sondern er wurde freigelassen einzig wegen sogenannter »guter Führung«. Die Schmidts konnten einfach nicht begreifen, wie so etwas von Rechts wegen möglich sein kann. Sie wandten sich diesbezüglich sogar an die staatliche Stelle, die für diese juristische Entscheidung zuständig war. Doch dort erhielten sie nur die pampige Antwort, daß sie keine Berechtigung hätten, in diesem Punkt Informationen einzuziehen, was mit anderen Worten bedeutete: »Wenn Sie etwas von uns wissen wollen, dann müssen Sie das durch einen Gerichtsbeschluß beantragen. Also verklagen Sie uns erst einmal.«

»Die Angestellten dort waren wirklich alles andere als sympathisch und verständnisvoll«, erinnert Peggy sich.

Als daher ein Freund der Schmidts, der Immobilienhändler Jim Blaufuss, an Gene und Peggy herantrat und sie fragte, ob sie an einem Projekt teilnehmen wollten, das er selbst und eine Gruppe maßgeblicher Persönlichkeiten zusammen mit Anwälten und Geschäftsleuten im Hinblick auf die Bedrohung durch sexuelle Gewalttäter ins Leben gerufen hat, da willigten beide ganz spontan ein. Man wollte das Projekt *Stephanie Schmidt Task Force* nennen, und sich in erster Linie darum bemühen, nach bestem Vermögen etwas an der bestehenden Gesetzeslage zu ändern, um die Gefahr, daß das Kind eines anderen Elternpaares in eine ähnlich tragische Situation geraten könnte, möglichst zu verhindern. Neben Blaufuss gehörten noch der Staatsanwalt von Johnson County, Paul Morrison, zu der Projektgruppe sowie Senator Bob Vancrum und der Abgeordnete Gary Haulmark.

Zu diesem Zeitpunkt war es Gene und Peggy bereits vollkommen klar, daß dieses neue Engagement sie ein Leben lang nicht mehr loslassen würde. Sie wollten daher gleich zu Anfang auf einen ganz entscheidenden Punkt hinweisen, und diesen Mangel ein für allemal beseitigen. Was Gene nämlich ganz besonders entsetzt hatte, war, wie er sagte, die Tatsache gewesen, »daß sich keine einzige Hilfsorganisation in Stephanies Fall zuständig fühlte, weil unsere Tochter bereits über achzehn Jahre alt war. Es gibt für Betroffene in Stephanies Alter einfach keine Organisation wie *Das Zentrum für vermißte und mißbrauchte Kinder*.« Demzufolge gründeten sie ihre eigene Stiftung, die sie »Speak Out for Stephanie!« nannten (auf Deutsch etwa »Sprecht, im Namen Stephanies!«), und benutzten für ihre neue Organisation das Kürzel S.O.S. Sie wollten sich vor allem an die jungen Studentinnen an den verschiedenen Hochschulen wenden, und versuchen, bei ihnen ein neues Bewußtsein für die Gefahr durch sexuelle Gewalttäter zu schaffen sowie eine gesteigerte Wachsamkeit, mit der die Mädchen auf ihre persönliche Sicherheit achteten.

Am 6. Oktober 1993 bekannte Don Gideon sich vor dem leitenden Richter des Gerichtshofs von Cherokee County, David F. Brewster, und gegen die formalen Einwände seines Anwalts, aller vier Anklagepunkte für schuldig. Während Gideon auf jeden einzelnen Vorwurf antwortete – der Anklage wegen vorsätzlichen Mordes in einem besonders schweren Fall, des schweren Menschenraubs, der Vergewaltigung und der schweren sexuellen Mißhandlung –, rührte er keine Miene. Auch Gene und Peggy saßen in dem Gerichtssaal sowie etwas sechzig Freunde und Freundinnen von Stephanie, die fast alle eine S.O.S.-Anstecknadel trugen. Sie weinten leise, als der Anklagevertreter John Bork noch einmal die Ereignisse des 30. Juni und 1. Juli rekapitulierte. Bork sagte, daß das Tatmotiv für den Mord der Versuch gewesen sei, die Vergewaltigung zu vertuschen. Anschließend fragte Richter Brewster Gideon, ob er den Ausführungen noch irgend etwas hinzuzufügen hätte. Doch Gideon zuckte nur die Achseln und schüttelte den Kopf. Daraufhin verkündete Brewster, daß er die Höchststrafe beantrage, um sicherzustellen, daß der Angeklagte nie wieder freikäme, um noch einmal einem Menschen etwas zuleide tun zu können. Und er fügte hinzu, daß er auf die

Todesstrafe plädieren würde, wenn sie im Staat Kansas noch zulässig wäre.

Beim Verlassen des Gerichtssaals sagte Gene zu einem Reporter: »Ich hatte zum ersten Mal in meinem Leben das Gefühl, dem wirklich Bösen begegnet zu sein. Dieser Kerl kennt keine Reue. Der hat ein Herz aus Stein, und wo auch immer der auftaucht, da kommen die Menschen ans Leiden.«

Die Urteilsverkündung war für den 18. November geplant. Trotz des Geständnisses des Angeklagten berief Bork noch einmal alle möglichen Zeugen ein und führte den Vorgang der Vergewaltigung und des Mordes an Stephanie erneut in detaillierten Graphiken vor, um nichts unversucht zu lassen, daß Don Gideon auch wirklich die höchstmögliche Haftstrafe erhalten würde.

Gene, Peggy und auch Jeni ergriffen vor Gericht noch einmal das Wort und wandten sich eindringlich an Richter Brewster. Gene überlegte sogar, einen sehr ergreifenden Videomitschnitt einiger Szenen aus Stephanies Leben vorzuführen, um noch einmal optisch deutlich zu machen, was für einen Menschen sie durch diesen scheußlichen Mord verloren hatten, doch man erklärte ihm, daß dieser Film als Beeinflussung der Geschworenen ausgelegt werden könnte, und die Verteidigung daraus möglicherweise einen Grund für einen Einspruch herleiten würde.

Schon vor Stephanies Tod hatte Jeni immer eine Schriftstellerin werden wollen. Es ist daher fast eine Ironie des Schicksals, daß ausgerechnet der Mord an ihrer Schwester der erste öffentliche Anlaß werden sollte, ihre tiefe Empfindsamkeit und hohe sprachliche Sensibilität einem größeren Publikum vor Augen zu führen. Ihre Botschaft war überaus kraftvoll. Während der ganzen Zeit, in der sie vor Gericht sprach, ließ sie Don Gideon keine Sekunde aus den Augen, sondern heftete ihren Blick mit Entschlossenheit auf den Mörder ihrer Schwester. Sie wollte, daß er ihre tiefe Verachtung spürte, und er sollte gezwungen sein, dem Unglück, das er angerichtet hat, in die Augen sehen zu müssen. Nicht Jeni wandte ihren Blick ab, sondern Don Gideon. Wieder einmal bewies dieser Mensch, was für ein Feigling er war, der

nicht einmal genügend Charakter besaß, dem Blick einer acht-
zehnjährigen jungen Frau standzuhalten.

»Euer Ehren«, begann sie,

Stephanie ist nicht nur meine ältere Schwester, sie ist auch
meine beste Freundin. Mein ganzes Leben über stand Stephanie mir zur Seite. Sie war immer für mich da: um mich zu
beschützen und um alles zu tun, was in ihrer Kraft stand, um
mir zu helfen. Ich wünschte, ich hätte ihr meinerseits in dieser entsetzlichen Nacht zum ersten Juli beistehen können.
Ich wünsche, ich hätte sie irgendwie beschützen können. Ich
möchte also heute in diesem Gerichtssaal meine Chance ergreifen, doch noch etwas für meine Schwester zu tun.

Ich habe mir sehr oft überlegt, was ich heute sagen könnte,
aber immer wieder habe ich alles verworfen. Ich wollte einfach nicht wahrhaben, daß ich meine Schwester niemals wiedersehen sollte. Ich wollte nicht glauben, daß sie tot ist. Aber
ich wollte auch nicht glauben, daß unser Rechtssystem tot ist.

Es fällt mir nach wie vor sehr schwer zu sagen, was ich will,
denn ich bin zutiefst verwirrt. Ich bin verwirrt, weil ich nicht
verstehen kann, wie es möglich ist, daß meine Schwester auf
diese brutale Weise ermordet worden ist. Ich begreife einfach
nicht, wie irgendein menschliches Wesen zu einer solch abgrundbösen Tat in der Lage sein kann.

Aber vor allem kann ich nicht fassen, warum das geschah,
denn ich weiß, daß unser Rechtssystem diese Tat hätte verhindern können. Dieses Ungeheuer dort saß bereits hinter
Gittern. Wie konnte der Mann wieder auf freien Fuß gesetzt
werden, obwohl bekannt war, welche Gefahr von ihm ausging?

Seit jener Nacht, in der Stephanie vermißt wurde, habe ich
mich an jede noch so geringe Hoffnung geklammert, daß es
ihr schon gut ginge und sie sicherlich bald wieder daheim
sein würde. Doch die Tage vergingen, und Stephanie hatte
sich immer noch nicht gemeldet. Und immer noch habe ich
die Hoffnung nicht aufgeben können. Und wie bitter wurde
ich schließlich enttäuscht, als man sie endlich fand – tot.

Alle meine Hoffnungen sind dahin. Jetzt habe ich keine Träume mehr, an die ich noch glauben kann. Wie gerne wäre ich dabei eines Tages ihre Brautjungfer geworden, die Tante ihrer Kinder! Stephanie wird nicht bei uns sein, wenn ich meinen High School-Abschluß mache, sie wird mir nicht helfen können, wenn ich ans College gehe. Ich habe nun keine Schwester mehr, die ich mitten in der Nacht wecken kann, wenn ich Trost oder Hilfe brauche, die mir zulächelt, wenn ich mich bedrückt fühle.

Diese Untier dort hat Stephanie das Leben genommen, und er hat mir auch mein Leben genommen! Er hat unsere Zukunft zerstört und unser Vertrauen. Er hat mir meinen Glauben an Gott geraubt, und er hat auch meinen Glauben an unser Rechtssystem zunichte gemacht!

Vater hatte uns immer erklärt, daß der Staat die Unschuldigen beschützt. Aber das sogenannte Rechtssystem war nicht auf seiten der Unschuldigen, sondern einzig darum besorgt, daß sich eine amoralische Kreatur wie der Mörder meiner Schwester in seiner Haut möglichst wohlfühlen konnte!

Euer Ehren, ich möchte sie herzlich bitten, mir einen letzten Rest von Hoffnung zurückzugeben. Bitte helfen Sie mir, daß ich wieder Vertrauen finden kann. Bitte setzen Sie sich dafür ein, daß dieser Feigling niemals wieder auch nur in die Nähe einer Stephanie gelangt. Bitte enttäuschen Sie mich nicht.

Im Gerichtssaal herrschte Totenstille, als Jeni sprach.

Auch Richter Brewster begriff die Botschaft. Er verurteilte Donald Gideon zu vierzig Jahren Haft wegen Mordes, und zwar ohne die Möglichkeit, einen Antrag auf vorzeitige Haftentlassung stellen zu können. Für die übrigen Straftaten bekam Gideon noch einmal 716 Monate Haft – also fast sechzig Jahre –, die er im direkten Anschluß abzusitzen hatte. Im Klartext bedeutete das für den einunddreißigjährigen Mörder, daß er achtundachtzig Jahre lang hinter Gittern verbringen müßte, bevor er jemals wieder auf die Straße käme.

»Der Richter hat alles getan, was in seiner Macht stand«, kommentierte John Bork das Urteil mit einiger Genugtuung. Nur ein

Jahr nach dem Mord an Stephanie trat in Kansas eine neue Gesetzgebung in Kraft, welche die Todesstrafe wieder zuließ.

Im März 1995 legten Gideons Verteidiger beim Obersten Gerichtshof von Kansas Berufung ein gegen die ihrer Meinung nach unverhältnismäßige Härte des Urteils. Sie argumentierten, daß der Richter möglicherweise zu dem Urteil durch »beeinflussende Bemerkungen der Familienmitglieder des Opfers« genötigt worden sei. Dieser Versuch, das Urteil abzuschwächen, kennzeichnet einmal mehr die Ungerechtigkeit, die unser Rechtssystem zuläßt, wenn einem unschuldigen Opfer einfach sämtliche Rechte abgesprochen werden, während der Täter, dem der Mord bereits nachgewiesen worden ist, jede nur denkbare Möglichkeit wahrnehmen kann, der Öffentlichkeit vorzuführen, was für ein netter Kerl er doch in Wahrheit sei. Doch einer Verfügung zufolge wurde der Richterspruch noch einmal bekräftigt, und im April wies der Oberste Gerichtshof alle dreizehn Punkte, auf die Gideon seinen Antrag auf eine Revision des Urteils aufbaute, einmütig ab. Ein Artikel im *Topeka Capital-Journal* griff diese Urteilsbestätigung auf und sprach von einem Präzedenzfall, anhand dessen auch in Zukunft Leute wie Donald Gideon abgeurteilt werden sollten.

Peggy und Gene waren nun kein wohlhabendes Unternehmerehepaar des Mittelwestens mehr, sondern eher so etwas wie Kreuzritter. »Zuvor waren wir in den gesamten Vereinigten Staaten mit unseren speziellen Werbekampagnen unterwegs«, sagt Gene. »Von Kugelschreibern über Postkarten bis hin zu Magneten brachten wir einfach alles unter die Leute, womit man irgendwie Werbung machen konnte. Die meisten unserer Klienten waren Immobilienunternehmen, Schulen und Banken, und bei unserer halbjährlichen Buchprüfung ergab sich, daß die Geschäfte weit besser liefen als wir erwartet hatten. Es sah wirklich gut aus. Das war am dreizehnten Juni. Als dann aber Stephanie plötzlich vermißt wurde, fuhren wir die ganze Maschine auf Null, das heißt, wir haben nicht einfach einen langsameren Gang eingeschaltet, sondern wir brachten den Apparat vollständig zum Stillstand. Uns ging es jetzt nur noch darum, Stephanie wiederzufinden.«

Gene und Peggy kehrten nie wieder zu ihren alten Geschäftsgewohnheiten zurück. Seit der Zeit lebten sie von ihren Ersparnissen und verdienten immer nur gerade soviel dazu, daß sie zurechtkamen. Sie widmeten sich vollständig der Aufgabe, anderen Menschen deutlich zu machen, wie groß die permanente Gefahr durch unbekannte Gewalttäter ist, und wandten all ihre Zeit und Energie auf, sich für eine Änderung der rechtlichen Situation einzusetzen, um einen besseren Schutz für unschuldige Menschen wie Stephanie zu gewährleisten.

Gene sagt: »Diese siebenundzwanzig Tage, in denen Stephanie vermißt wurde, haben unser Leben im wahrsten Sinne des Wortes umgekrempelt. Wir waren einfach überwältigt von der großen Zahl von Stephanies Freunden, diesen vielen jungen Leuten, die uns alle so sehr an unsere Tochter erinnerten; und genauso von Jenis zahllosen Freundinnen und Freunden, die uns wiederum so sehr an unsere andere Tochter erinnerten. Als wir schließlich einsahen, daß wir für Stephanie nichts mehr tun konnten, wußten wir, daß wir trotzdem weitermachen mußten, um diesem Horror ein Ende zu bereiten. Das wurde geradezu unser Lebensinhalt.«

Die Projektgruppe arbeitete inzwischen auf Hochtouren. Bereits im Dezember hatten sie fünf Gesetzesvorschläge für den Umgang mit Sexualstraftätern ausgearbeitet. Während dieses Prozesses wurde ihnen klar, daß sie, um die Ziele erreichen zu können, um die es ihnen sowohl auf bundesstaatlicher als auch nationaler Ebene ging, in irgendeiner Form politisch aktiv sein mußten. Sie mußten sich also ein Gremium schaffen, das vom finanzrechtlichen Aspekt her keine gemeinnützige Organisation mehr war – oder eine Organisation nach Maßgabe der Bestimmung 501(c)3 –, als welche ihr S.O.S.-Projekt galt. Sie gründeten daher eine unabhängige Stephanie-Schmidt-Stiftung und beschlossen, den einzelnen Arbeitsgruppen, die sie an den verschiedenen Universitäten und anderen Lehranstalten ins Leben rufen wollten, den Namen S.O.S. zu geben (der nun nicht mehr für eine gemeinnützige Organisation im Sinne 501(c)3 stand). Ihr Ziel war, die Gesetzeslage und die Einstellung der

Menschen gegenüber der Problematik des Sexualverbrechens zu ändern sowie eine generelle Neuordnung in allen entsprechenden Lebensbereichen.

Gene sprach bei allen möglichen Anlässen vor, um die Gesetzesentwürfe der Projektgruppe auf den Weg zu bringen. Aber desgleichen fühlten er und Peggy sich nach wie vor auch verpflichtet, weiterhin öffentlich über den Fall Stephanie zu sprechen und auf die Umstände hinzuweisen, die erst zu der Tragödie führen konnten. Gene erinnert sich noch an einen Auftritt, den er bei einer Versammlung des gesetzgebenden Komitees von Kansas hatte: »Da gab es einen Repräsentanten, der immer nur meinte, wir müßten in ›kleinen Schritten‹ vorgehen. Das hat mich derart ärgerlich gemacht, daß ich schließlich, als wir zu der *Maury Povich Show* eingeladen wurden, gesagt habe: ›Na dann wollen wir denen mal zeigen, was wir uns unter ›kleinen Schritten‹ vorstellen, und geben ihnen mal endlich zu verstehen, wie ernst wir es meinen.‹«

Am 15. Februar 1994 erschienen Peggy, Gene und Jeni in einer Sendung des öffentlich-rechtlichen Fernsehens. Zu den geladenen Gästen gehörten auch Jack und Trudy Collins, die sich bereits landesweit als Mitstreiter in der Bewegung für die Rechte von Verbrechensopfern einen Namen gemacht hatten, sowie Stanton Samenow. Auch Shirley Gideon und ihre Tochter Shannon waren geladen. Es war eine denkwürdige Begegnung. Vor der Übertragung der Sendung hatte Povich Don Gideon in seiner Gefängniszelle interviewt. Gideon sprach ziemlich ungerührt von seiner Verantwortung für den Mord an Stephanie, zeigte aber ansonsten keine tieferen Gefühle. Für solche Charaktere ist diese Gefühlskälte überaus typisch. Das einzige, was sie tatsächlich zu betreffen scheint, ist ihr unendliches Selbstmitleid, daß sie schließlich »ein Problem« gehabt hätten, worum sich niemand auf der ganzen Welt kümmern wollte.

»Fühlen Sie denn irgendeine Reue über ihre Tat?« fragte Povich ihn.

»Kein Kommentar«, antwortete Gideon nur.

»Wie bitte?« wollte Povich genauer wissen. »Wie können Sie sagen ›Kein Kommentar?‹«

»Na schließlich hat man mich zu neunundneunzigeinhalb Jahren verurteilt. Was für eine Reue soll ich da noch verspüren? Machen Sie sich einmal klar, was das bedeutet: neunundneunzigeinhalb Jahre.«

Dann erzählte er von seinem unsteten Leben, den Inhaftierungen und den zahllosen Fällen, in denen er schon seit seiner Pubertätszeit mit dem Gesetz in Schwierigkeiten gekommen war. Er schien die Verantwortung für sein kriminelles Leben überall und bei jedem suchen zu wollen, nur nicht in seinen eigenen Entscheidungen. Samenow hörte sich die Auszüge des Interviews an, das Povich mit Gideon geführt hatte, und erklärte dann, daß Stephanies Mörder hier drei sehr charakteristische Merkmale deutlich mache, die bei diesem Persönlichkeitstypus sehr häufig anzutreffen sind:

»Zunächst ist hier eine ganz bestimmte Art des Besitzanspruchs auffällig. Dieser Charaktertyp nimmt sich einfach, was er gerade will. Dabei ist es ihm ganz gleichgültig, welche Folgen das nach sich ziehen könnte. Der zweite Punkt ist der, daß dieser Menschenschlag absolut kein Gespür für die Verletzungen hat, die er anderen zufügt. Er bemitleidet sich vielmehr selbst, weil er von der Polizei erwischt wurde, und macht im Anschluß daran das Opfer für seine mißliche Lage verantwortlich. Und der dritte Punkt ist, daß alle diese Typen genau wissen, was ihnen durch ihr Verhalten blühen kann. Sie kennen den Unterschied zwischen ›richtig‹ und ›falsch‹ ganz genau.«

Den Studiogästen sowie der Zuschauerschaft draußen vor den Fernsehgeräten des ganzen Landes erklärte Samenow: »Die Frage, ob jemand kriminell wird oder nicht, ist einzig eine Sache seiner ganz persönlichen Entscheidung. Dieser Mann will – wie die meisten seines Schlages, wenn sie schließlich festgenommen und für ihre Taten zur Verantwortung gezogen werden – die Schuld für seine Taten am liebsten allen anderen in die Schuhe schieben. Er macht schlichtweg das System verantwortlich. Aber soviel steht ja wohl fest, daß man für sein kriminelles Verhalten nicht einfach die Unzulänglichkeit des Staates verantwortlich machen kann. Warum diese Zeitgenossen so sind, wie sie sind, und aus welchen Motiven sie handeln, hat absolut nichts mit dem zu tun, was sie uns dann nach der Tat alles weismachen wollen.«

Ironischerweise war es Shannon Gideon, die aussprach, was so viele von uns im tiefsten Inneren denken:

»Man glaubt immer, daß man selbst nie davon betroffen würde … aber das ist ein Irrtum … Wenn ich mein Examen mache, wird mein Bruder nicht dabei sein können, um sich mit mir zu freuen. Er wird auch nicht dabei sein, wenn ich heirate – er wird sich an gar nichts mehr beteiligen können.«

Das ist wohl wahr. Aber wie Gene andererseits betonte, war Stephanie »zum Tode verurteilt worden. In jedem Land gibt es die Todesstrafe, aber sie liegt in Händen der Verbrecher«.

Bis zum April 1994 wurden vier der fünf Gesetzesentwürfe, die von der Stephanie-Schmidt-Projektgruppe ausgearbeitet worden waren, durch die gesetzgebende Versammlung des Staates Kansas unterzeichnet. Sie wurden unter dem übergeordneten Titel des »Stephanie-Schmidt-Sexualverbrechens« in das Gesetzeswerk aufgenommen. Der einzige Gesetzesvorschlag, der nicht akzeptiert wurde, war die Forderung, daß Arbeitgeber über eventuelle sexuelle Straftaten von Bewerbern unterrichtet werden sollten. Zu den entscheidenden Gesetzesänderungen, die durch die Arbeit der Projektgruppe möglich wurden, gehörte zum Beispiel die Empfehlung, daß jeder, der eine Haftstrafe verbüßt hat und psychologisch als Sexualtäter zu definieren war, von Rechts wegen nach seiner Haftentlassung in eine psychiatrische Klinik eingewiesen werden sollte, solange er noch als gefährlich zu gelten hätte. Desgleichen wurde auch der Vorschlag akzeptiert, daß Sexualverbrecher, die auf Bewährung freikommen, sich in Zukunft registrieren lassen müssen, und zwar Ersttäter für zehn Jahre und Zweittäter ein Leben lang. Diese datentechnische Erfassung von Sexualstraftätern ist der Öffentlichkeit zugänglich zu machen und darf auch von den Medien verbreitet werden. Überdies gilt es nicht mehr als minderes Delikt, wenn jemand, der sich um eine Arbeit bewirbt, eine begangene sexuelle Straftat absichtlich verschweigt, sondern als ein krimineller Akt. Ferner wurden die möglichen zu verhängenden Haftstrafen für die meisten Sexualdelikte erhöht.

Während die Schmidts und ihre Kollegen bei der Projektgruppe so hart daran arbeiteten, ihre Gesetzesentwürfe bei der legislativen Körperschaft des Staates Kansas durchzubekommen, sahen sich Gene und Peggy zur selben Zeit mit einer anderen Abteilung des gleichen Staatsministeriums konfrontiert, die ihnen im Falle Gideon das Leben zur Hölle machen wollte. Als ob es nicht schon unglaublich genug gewesen wäre, daß Don Gideon den Versuch unternehmen konnte, die Schuld an Stephanies Tod der Ermordeten selbst zuzuschieben, versuchte nun allen Ernstes die staatliche Abteilung für strafrechtliche Maßnahmen das gleiche Bravourstück noch einmal selbst abzuziehen. Die Schmidts waren darüber empört und schockiert. Im Dezember 1994, frustriert von den Antworten, die sie von der betreffenden Amtsstelle erhielten und in der Gewißheit, daß die gleiche Unverschämtheit sich auch hinsichtlich eines anderen Vergewaltigungs- bzw. Mordopfers wieder abspielen könnte, erwirkten sie eine Zivilklage sowohl gegen die staatliche Abteilung für strafrechtliche Maßnahmen von Kansas als auch gegen Gideons Bewährungshelfer, Robert Schirk. Ihr Freund und Nachbar Jim Adler, ein Rechtsanwalt mit Kanzlei in Kansas City, erklärte sich bereit, den Fall zu übernehmen. Jim hatte Stephanie viele Jahre gekannt. Sie und Jeni hatten sich häufig um die Kinder der Adlers gekümmert, wenn die Eltern einmal aus dem Haus mußten.

Die Anklage zielte genau auf den Punkt der Sache: Werden gefährliche Straftäter automatisch vor der vollständigen Verbüßung ihrer Haftzeit entlassen, und wenn dem so ist, wer zeichnet dann verantwortlich für diese Kriminellen, und wer garantiert die öffentliche Sicherheit?

Den Gerichtsunterlagen zufolge, kannte Schirk die rechtlichen Bestimmungen seiner Abteilung genau: nämlich daß ein Bewährungshelfer, der Kenntnis davon hat, daß eine bestimmte Gruppe von Menschen – wie etwa die Mitarbeiter des ihm anvertrauten Freigängers – in irgendeiner Form durch seinen Mandanten gefährdet ist, diese Leute über das Risiko zu informieren hat. Schirk deutete zwar an, daß von Gideon eine gewisse Gefahr für die Kellnerinnen in Hamilton's Restaurant ausging, er habe es jedoch unterlassen, sie davon zu unterrichten. Auf die Frage »Warum?« antwortete Schirk, weil er befürchtete, daß Gideon in dem Falle seinen Job verlieren könnte.

Doch selbst nachdem Gideon einige Monate bei Hamilton's gearbeitet und gute Führung an den Tag gelegt hatte, so daß selbst nach Schirks Worten keine Gefahr mehr bestand, daß Gideon seinen Arbeitsplatz verlieren könnte, hielt er es immer noch nicht für nötig, die Mitarbeiter aufzuklären.

Zu ihrer Verteidigung erklärte die staatliche Abteilung für strafrechtliche Maßnahmen, daß die amerikanische Straf-rechtspolitik sich seit fünfzig Jahren vom Prinzip der Vergeltung abgewendet habe und mehr Gewicht auf die Rehabilitierung des Täters lege, und daß das Wissen um die kriminelle Vergangenheit eines Individuums eine ernsthafte Bedrohung für das Gelingen seiner Wiedereingliederung in die Gesellschaft darstelle. Aber ist dieses Individuum denn nicht auch für die Sicherheit unschuldiger Menschen, mit denen es in Kontakt kommt, eine ernsthafte Bedrohung?

Adler weist darauf hin, daß die Position des Staates Kansas in diesem Punkt interessanterweise von der Position abzuweichen scheint, die er in der Frage eingenommen hatte, ob sexuelle Straftaten zu registrieren seien oder nicht, um die damals in der Presse viel Aufhebens gemacht wurde, und die bis zum Obersten Gerichtshof des Bundesstaates ging. Desgleichen hatte der Staat Kansas auch eine unterschiedliche Position bezogen, als es um die Frage ging, ob sexuelle Gewalttäter nach ihrer Haftentlassung in die Obhut einer psychiatrischen Klinik gehören, solange sie als gefährlich eingestuft werden müssen. (Dieser Punkt mußte sogar vom Obersten Gerichtshof der Vereinigten Staaten geklärt werden.) Damals argumentierte der Staat (und die Gerichte pflichteten ihm darin bei), daß die Öffentlichkeit nicht nur ein Recht darauf habe, sondern es für die Sicherheit der Allgemeinheit geradezu unerläßlich sei, daß man Bescheid wisse, wenn sich ein verurteilter Sexualverbrecher in der Gegend herumtreibt, noch dazu, da solche Kriminellen durch eine Haftstrafe häufig nicht von ihren Gewohnheiten abzubringen sind.

Doch in diesem Rechtsstreit schien der Staat die Schmidts selbst für den Tod ihrer Tochter verantwortlich machen zu wollen, ganz so, als wollte man den Eltern vorwerfen, daß sie nicht entsprechende Vorsichtsmaßnahmen getroffen oder ihrer Tochter gleich ganz verboten hätten, in Hamilton's Restaurant zu arbeiten, da sie doch wußten, daß Gideon im Gefängnis gesessen hatte, weil er jemanden krankenhausreif geprügelt hatte. Aber was konnten die Schmidts denn schon über die kriminelle Vergangenheit von Don Gideon wissen im Vergleich zu den staatlichen Behörden? Und sollte man überdies nicht davon ausgehen können, daß dort in der staatlichen Abteilung für strafrechtliche Maßnahmen die entsprechenden Kriminalexperten sitzen?

An dieser Stelle muß einmal darauf hingewiesen werden, daß ein Restaurant wie das Hamilton's, in dem attraktive, junge Collegestudentinnen servieren, regelrecht als ein Treffpunkt potentieller Opfer eines Verbrechers wie Don Gideon zu betrachten ist. Ob Mr. Hamilton Gideon letztlich einen Job gegeben hätte, wenn dieser in seinem Antragsformular die Wahrheit gesagt hätte, und wenn Robert Schirk Hamilton auf die Gefahr aufmerksam gemacht hätte, die von Gideon möglicherweise ausging, sei dahingestellt. Über den Punkt läßt sich nur spekulieren. Aber man muß doch zugeben, daß es zumindest der Sicherheit der Mädchen gedient hätte, wenn Schirk Tom Hamilton über Gideons kriminelle Vergangenheit aufgeklärt hätte, nachdem Hamilton ihn als verläßliche Arbeitskraft schätzen gelernt hatte und ihm einen Vollzeitjob übertrug. Auf diese Weise hätten sie wenigstens gemeinsam auf eventuelle beunruhigende Verhaltensformen des Mannes achten und gegebenenfalls die Mitarbeiter des Restaurants informieren können.

Natürlich wurde auch in diesem Fall wieder das alte Argument bemüht, wie schwer es doch sei vorauszusagen, ob ein bestimmter Verbrecher rückfällig würde oder nicht. Dazu muß man sich einmal die folgende Passage der Zeugenvernehmung vor Gericht am 27. April 1995 vergegenwärtigen:

ADLER: Hätten Sie es gern gesehen, wenn ihre zwanzigjährige Tochter im Juni 1993 zusammen mit Mr. Gideon in einem Restaurant gearbeitet hätte, ohne zu wissen, daß der Mann ein überführter und verurteilter Vergewaltiger ist?

SCHIRK: Nein.

ADLER: Sie haben jedoch zugelassen, daß Stephanie Schmidt genau in diese Situation geriet. Sehe ich das richtig?

SCHIRK: Ja.

ADLER: Und warum hätten Sie es nicht gern gesehen, wenn Ihre zwanzigjährige Tochter im Juni 93 mit ihm in ein und demselben Restaurant beschäftigt gewesen wäre?

LISA MENDOZA (Schirks Anwältin und Rechtsvertretung der staatlichen Abteilung für strafrechtliche Maßnahmen): Einspruch. Der Zeuge wird damit aufgefordert, Vermutungen aufzustellen. Es wird ein unbewiesener Tatbestand unterstellt.

SCHIRK: Ich hätte meine zwanzigjährige Tochter nirgendwo gerne in der Gesellschaft eines solchen Menschen gesehen.

Der Bewährungshelfer unterließ es also wider besseres Wissen, die Mitarbeiter von Hamilton's über Gideons kriminelle Vergangenheit zu unterrichten, und das – wie aus den Gerichtsunterlagen hervorging –, obgleich es den Behörden durchaus klar war, daß dieser Mann eine wandelnde Zeitbombe war. Aus den Gerichtsdokumenten ging überdies hervor, daß selbst Gideons Mutter zu Protokoll gegeben hatte, daß seine Familie Angst vor ihm hatte und nicht länger mit ihm unter einem Dach leben wollte. Außerdem war dort auch noch von anderen Problemen die Rede. So hatte Don Gideon sich beispielsweise in einer Bar geprügelt, hatte die Handtasche irgendeiner Frau die Treppe hinuntergeworfen und eine andere Frau geohrfeigt und von einer weiteren Frau hatte er oralen Sex verlangt.

Wäre Stephanie, so naiv und gutherzig sie war, wohl weiterhin bei Hamilton's geblieben, wenn sie gewußt hätte, daß einer ihrer Arbeitskollegen ein verurteilter Sexualverbrecher war? Ich weiß es nicht, und vermutlich könnten nicht einmal ihre Eltern diese Frage beantworten.

Aber wäre sie möglicherweise in jener Nacht zu Gideon in den Lieferwagen gestiegen? Unter gar keinen Umständen.

Die Zivilklage der Schmidts ist immer noch anhängig. Die beschuldigten Parteien haben inzwischen ein verkürztes Verfahren beantragt, das jedoch abgelehnt wurde. Lediglich der Vorwurf der Schmidts, daß das Verhalten der beklagten staatlichen Abteilung für strafrechtliche Maßnahmen absolut unverantwortlich gewesen sei, kam zur Verhandlung, wurde aber schließlich fallengelassen. Alle Parteien gingen daraufhin in Revision, und als das Appellationsgericht von Kansas einsah, daß Kläger und Beklagte voraussichtlich immer wieder Berufung einlegen würden, ganz gleich, welche Entscheidungen getroffen würden, wurde der Fall an den Obersten Gerichtshof von Kansas weitergeleitet, wo ein endgültiges Urteil bis heute noch aussteht. Als Expertenzeuge hat sich Stanton Samenow den Schmidts zur Verfügung gestellt. Das Restaurant Hamilton's ist seitdem geschlossen.

Rechtsfälle wie diese sind außerordentlich schwer beizulegen, wenn das Gericht daran festhält, daß – selbst wenn das Verhalten des Bewährungshelfers absolut unangebracht und unverantwortlich war – keine Handhabe für das Opfer eines entlassenen Straftäters besteht, solange der Bewährungshelfer nicht nachweislich gegen Maßgaben seiner Amtstelle verstoßen hat, und solange es keine spezifische Gruppe von Menschen, wie etwa Mitangestellte gibt, die leicht hätten benachrichtigt werden können. Nach Meinung der Schmidts liegen in diesem Fall jedoch beide Tatbestände vor.

Um sich zu vergegenwärtigen, warum für ein zu Schaden gekommenes Mitglied einer spezifischen Gruppe von Menschen im Gegensatz zu einem x-beliebigen anderen Mitglied der Gesellschaft ein Rechtsanspruch gilt, sollte man sich einmal das Beispiel vor Augen führen, das Adler in einer seiner Erklärungen vor Gericht benutzte. Wenn etwa ein kleiner Junge die Masern hat, dann wäre es unmöglich, alle Menschen über die mögliche Ansteckungsgefahr zu benachrichtigen, die mit dem Jungen im Supermarkt, im Einkaufszentrum oder sonstwo in Berührung gekommen sind. Die Eltern sollten aber unbedingt den Kindergarten oder die Schule des kleinen Jungen über die Ansteckungsgefahr benachrichtigen, die für die übrigen Kinder dort besteht. Diese Kinder sind also als eine spezifische Gruppe zu betrachten, die gefährdet ist und leicht über die bestehenden Umstände in Kenntnis gesetzt werden kann.

Die Schmidts haben die Hoffnung, mit Hilfe dieses Falles neue rechtliche Maßstäbe zu setzen, durch die ähnliche Tragödien in Zukunft nach Möglichkeit verhindert werden können. Außerdem hoffen sie, die Strafbehörden auf diese Weise veranlassen zu können, auch Verantwortung dafür zu übernehmen, daß die von ihnen erlassenen Verhaltensmaßregeln entsprechend befolgt und ausgeführt werden. In diesem Fall hatte die entsprechende staatliche Behörde von Kansas allem Anschein nach verfügt, daß Arbeitgeber zu unterrichten seien, wenn durch einen Kriminellen, der seine Strafe abgesessen hat und von dem keine Gefahr mehr für die Allgemeinheit zu befürchten ist, dennoch ein gewisses Risiko für die Angestellten des betreffenden Betriebes bestehen sollte. Dessen ungeachtet hatte der Bewährungshelfer jedoch nicht auf diese Möglichkeit hingewiesen, weil er Gideons Arbeitsplatz nicht gefährden wollte. Trotz des entrüsteten Aufschreis der Öffentlichkeit und der richterlichen Verfügung, daß eine Benachrichtigung des gefährdeten Personenkreises stattzufinden habe, scheinen sich die Strafbehörden jedoch an der Meinung festzuklammern, daß der Arbeitsplatz des Delinquenten wichtiger sei – als ob Sexualverbrechen nur von Arbeitslosen begangen würden. Das ist natürlich kompletter Unsinn! Ein Vergewaltiger, der einen Arbeitsplatz besitzt, ist im Gegenteil unter Umständen noch viel eher imstande, ein Vertrauensverhältnis zu seinen ahnungslosen Mitarbeitern aufzubauen, das ihn schließlich um so ungestörter zuschlagen läßt.

Warum aber scheinen Bewährungshelfer offensichtlich dem Arbeitsverhältnis der ihnen anvertrauten Freigänger größere Bedeutung beizumessen als der Notwendigkeit, die Öffentlichkeit über mögliche Risiken zu unterrichten, die von ihren Mandanten ausgehen könnten? Vielleicht liegt das einfach daran, daß sie glauben, ihr Job sei es, den betreffenden Täter zu »resozialisieren«, und nicht der, die Öffentlichkeit vor ihm zu schützen. Wie dem auch sei, eines steht fest: wenn sich an diesem Zustand nichts ändert, so wird es immer wieder zu solchen Tragödien kommen.

Es gab vieles, was die Schmidts spüren ließ, daß Stephanie nicht mehr bei ihnen war, doch besonders bedrückend war das gänzliche Fehlen an Musik und Fröhlichkeit in ihrer Familie. »Wir hatten immer soviel miteinander gelacht«, sagt Gene. »Und plötzlich ist es wie fortgeblasen.«

Und Jeni fügt hinzu: »Ich fühlte mich nach Stephanies Tod so schuldig. Ich hatte das Gefühl, daß ich kein Recht mehr hatte, Freude zu empfinden, und ich konnte mich tatsächlich über nichts freuen, selbst wenn ich es versuchte. Auch die Musik war irgendwie fort aus unserem Leben, und dabei hatte Musik wirklich für lange Zeit eine große Rolle in unserer Familie gespielt.«

Doch trotz dieser traurigen Gedanken erinnern sich Stephanies Freunde und Freundinnen noch, wie rührend Gene und Peggy sich um sie alle gekümmert hatten während der langen Wochen, in denen sie auf ein Zeichen von Stephanie warteten. Heather Haas sagt: »Sie waren einfach für jeden einzelnen von uns da.«

Eric Rittenhouse kann nicht vergessen, »wie sehr sie während der ganzen quälenden Zeit wollten, daß wir bei ihnen blieben. Sie gaben uns so sehr das Gefühl, willkommen zu sein. Aber nicht nur das, sondern sie machten es uns so bequem, wie sie nur konnten. In allem war Stephanie ganz stark zu spüren.«

Es kostete die Schmidts etwa ein Jahr, bevor sie wieder lachen oder die Musik auflegen konnten, die sie gemeinsam mit Stephanie gehört hatten. Doch schließlich sahen sie ein, daß sie auch diese Erinnerungen an Stephanie ernst nehmen mußten, wenn sie sie in ihren Herzen und Seelen lebendig erhalten wollten. Das Zitat unter Stephanies Foto im Jahrbuch ihrer Abschlußklasse lautete: »Ein Tag ohne Lachen ist ein verschwendeter Tag«. Und um Stephanies willen beschlossen sie schließlich, keinen weiteren Tag mehr zu verschwenden.

Aber außer sich wieder über Dinge zu freuen, über die sich auch Stephanie gefreut hatte, gab es noch mehr zu tun, um ihr gerecht zu werden.

Die umstrittenste Regelung, die sich aus der Stephanie-Schmidt-Rechtsakte für die juristische Handhabung von Fällen sexueller Kriminalität ergab, war die Verfügung, daß bestimmte

Sexualtäter auch nach Verbüßung ihrer Haftstrafe noch in staatlichem Gewahrsam gehalten werden können. Diese Neuregelung betrachtete man in vielen Bundesstaaten mit größtem Interesse, ohne sie jedoch zunächst in die eigene Rechtsprechung aufzunehmen. Man war gespannt, wie sich das Verfahren vor den Gerichten in Kansas behaupten würde.

Zum ersten Mal wurde die Anwendung dieser neuen Regelung im Staat Kansas im Hinblick auf einen gewissen Leroy Hendricks beantragt, einen Häftling, der kurz vor seiner Entlassung aus dem Gefängnis stand. Er saß wegen wiederholter sexueller Belästigung von Kindern ein. Die rechtlichen Bestimmungen, nach denen die Regelung in Kraft treten könnte, waren jedoch äußerst strikt. Voraussetzung dafür war, »daß die betreffende Person wegen sexueller Gewaltanwendung angeklagt oder der Tat bereits überführt ist, und daß sie nachweislich unter einer geistigen Anomalität oder einer psychischen Persönlichkeitsstörung leidet, die Grund zu der Annahme bietet, daß sie erneut eine sexuelle Gewalttat verüben wird«. Jeder Fall, auf den diese Voraussetzungen zutrafen, mußte zusätzlich von einem Richter individuell bestätigt und jedes Jahr aufs neue begutachtet werden. Dabei hatte die betreffende Person, auf die die Regelung angewendet würde, das Recht, praktisch zu jeder Zeit eine erneute Begutachtung ihres Falles zu verlangen. Trotz dieser Bedingungen schlug der Oberste Gerichtshof von Kansas die neue Gesetzesvorlage jedoch mit der Begründung ab, daß keine unmittelbare Notwendigkeit für ein solches Rechtsverfahren vorläge. Die Schmidts mußten also erneut alles daran setzen, um diese rechtliche Regelung wieder in Kraft treten zu lassen.

Carla Stovall ist eine junge, energische Frau, die selbst in Pittsburg studierte und dann Rechtsanwältin in Crawford County wurde. Sie ist jetzt die Generalstaatsanwältin von Kansas. Eine ihrer besten Freundinnen wurde ebenfalls das Opfer eines Mordes, daher hatte sie augenblicklich das allergrößte Verständnis für das Anliegen der Schmidts, die sie durch den Abgeordneten Gary Haulmark kennenlernte. Auf ihrem Weg zur Arbeit besuchte sie Gene und Peggy sehr häufig und blieb manchmal auch über Nacht bei ihnen. Sie schlief dann immer in dem Zimmer, das Stephanie gehört hatte, und das jetzt als Gästezimmer benutzt wurde. Die Schmidts hatten hier alles genauso belassen, wie es zu Stephanies Lebzeiten gewesen war, einschließlich der Stoffpuppen und der Werbefigürchen von McDonalds, die ihre Tochter gesammelt hatte.

Carla Stovall erinnert sich: »Zuerst dachte ich, ›Mein Gott, ob das nun für die Schmidts gerade das Richtige ist, alles genauso zu lassen wie es war?‹ Aber als ich dann dort eine Nacht geschlafen hatte, war mir klar, daß es gar nicht anders ging, denn Stephanie nahm immer noch einen so gewichtigen Platz im Leben der Familie ein. Sie ist von Gene, Peggy und Jeni einfach nicht fortzudenken und ist nach wie vor ein Teil dieser Familie, ganz wie sie inzwischen auch ein Teil unseres Rechtssystems geworden ist.«

Stovalls Büro brachte einen Revisionsantrag an den Obersten Gerichtshof der Vereinigten Staaten auf den Weg, und es wurde ihnen zugesagt, daß der Fall angehört werden sollte. Zusammen mit Gene, Peggy, Jim Blaufuss und anderen fuhr Carla Stovall dann nach Washington, wo die Angelegenheit am 10. Dezember 1996 vor der höchsten rechtlichen Instanz der USA zur Verhandlung kam.

»Es ist schon etwas Besonderes, als Anwältin vor diesem obersten Gremium des amerikanischen Rechtswesens sprechen zu dürfen, und man macht seine Sache automatisch so gut man kann. Ich möchte also nicht behaupten, daß ich mich nur aus Interesse an dem Fall besonders gut vorbereitet hätte, aber ich muß sagen, daß das emotionale Engagement viel größer war, als wenn es beispielsweise um eine Steuerangelegenheit gegangen wäre; das heißt, ich war ganz anders bei der Sache, weil Gene, Peggy und Jeni inzwischen so gute Freunde von mir geworden waren. Allein um verständlich zu machen, worum es ihnen bei ihren Anstrengungen ging – ihre Überzeugung, ihren Mut und ihren Einsatz –, war das schon etwas ganz Besonderes. Auch war es richtig, daß sie bei den Ausführungen vor dem Obersten Gerichtshof der Vereinigten Staaten selbst zugegen waren. Wenn sie nicht dabeigewesen wären, hätte etwas ganz

Elementares gefehlt, denn schließlich ging es um ihr Werk, für das wir uns einsetzten. Es war Stephanies Gesetz, das wir dort verabschiedet haben wollten.«

Nach der Anhörung hielten alle den Atem an.

Der hohe Gerichtshof verkündete seine Entscheidung am 23. Juni 1997. Die Gesetzesvorlage wurde mit vier zu fünf Stimmen angenommen, was bedeutete, daß die gesetzliche Regelung in Kansas wieder in Kraft trat und überdies auch in anderen amerikanischen Bundesstaaten als Präzedenzfall herangezogen würde, um potentielle Opfer vor sexuellen Gewalttätern zu schützen. Carla Stovall bot die Hilfe ihrer Kanzlei an, um solcherlei Gesetze juristisch auszuformulieren. In einer entsprechenden Feststellung, daß durch den Schutz, den die Gesetzgebung von Kansas möglichen Opfern gewährt, sich innerhalb herkömmlicher Maßnahmen staatlicher Sicherungsverwahrung von Straftätern bewege, folgerte Richter Anthony Kennedy, »daß die Gesetzesbestimmung von Kansas selbst bei einem Dissens Rechtsgültigkeit behält und auch auf Personen anzuwenden ist, die ihr Verbrechen nach Inkrafttreten der Rechtsverordnung begangen haben. Möglicherweise ist sie auch auf Hendricks anzuwenden, was entsprechende Maßnahmen gerechtfertigt erscheinen läßt.«

Wie Stovall betonte, »hatte Hendricks sich während seiner zehnjährigen Haft in einem Gefängnis von Kansas geweigert, sich einer entsprechenden Therapie zu unterziehen. Er selbst sagte, die einzige Garantie, daß er niemals wieder einen Menschen sexuell belästigen werde sei sein Tod. Er hatte sich über vierzig Jahre lang sexuell an Minderjährigen vergangen – an kleinen Kindern, Teenagern, Jungen und Mädchen seiner eigenen Familie sowie an wildfremden. Manchmal war der Mißbrauch einmalig, in anderen Fällen wurde er über Jahre fortgesetzt. Jedes einzelne Kind in diesem Lande ist ein potentielles Opfer von Leroy Hendricks.«

Stanton Samenow sagt: »Meiner Meinung nach ist die Regelung, wie sie jetzt in Kansas besteht, durchaus human. Einerseits wird so die Allgemeinheit geschützt, und zum anderen wird der Sexualtäter in eine entsprechende psychiatrische Anstalt eingewiesen. Was wäre denn die Alternative dazu? Vielleicht die, daß man diese Charaktere wieder auf die Menschheit losläßt, daß sie möglicherweise erneut jemanden umbringen? Wir wissen doch alle, daß wir nicht die nötigen Mittel besitzen, diese Zeitgenossen auf Dauer zu kurieren oder zu verändern. Darauf haben wir schon viel zu lange gesetzt. Außerdem gibt es meiner Meinung nach niemanden auf der Welt, der wüßte, wie sich die sexuelle Orientierung solcher Personen ändern ließe. Ich bin also der Überzeugung, daß diese gesetzliche Neuregelung genau das ist, was wir gebraucht haben. Und niemand, der sich mit diesen Charakteren auskennt, wird meiner Meinung nach die neue Praxis in Zweifel ziehen oder daran herumkritteln.«

Ich hätte Stanton Samenows Bemerkungen noch die eine Frage hinzuzufügen: Wie wollen wir uns vor den mißhandelten Kindern rechtfertigen, wenn wir ihre Peiniger wieder auf die Menschheit loslassen? Wenn wir einen solchen Charakter wieder auf freien Fuß lassen, dann stärken wir damit nur seine Macht und schwächen seine Opfer.

Als ein Reporter Jeni Schmidt fragte, was ihre Meinung zu dem Sieg am Obersten Gerichtshof sei, da meinte sie nur: »Die Gesetzesänderung kommt vier Jahre zu spät.« Aber es war dennoch ein phantastischer Sieg.

An einem herrlichen Sommernachmittag etwa zwei Wochen nach der endgültigen Entscheidung des Obersten Gerichtshofes – es war ungefähr an dem Tag, an dem Stephanie Geburtstag gehabt hätte – veranstalteten die Schmidts ein Fest, das sie in Anspielung auf die höchste richterliche Instanz ihre »Oberste Freudenfeier« nannten. Die Gäste kamen zu Hunderten. Gene, Peggy und Jeni hatten ihr Haus und ihren Hintergarten zu diesem Anlaß rot, weiß und blau geschmückt, und es wurde die größte Feierlichkeit seit Stephanies Begräbnis.

Carla Stovall hielt eine Ansprache und half den drei Schmidts anschließend einen großen Kuchen aufzuschneiden, den einer von Stephanies Freunden aus den Zeiten, als sie noch gemeinsam in dem örtlichen Kaufhaus arbeiteten, ganz wundervoll dekoriert hatte. Danach übergab die Generalstaatsanwältin den

Schmidts ein Geschenk, das sie, wie sie erklärte, zufälligerweise in einem Kunsthandwerksladen in ihrem Heimatort Marion in Kansas gefunden hätte. Es war eine handgefertigte Puppe, die einen Engel darstellte. (Die Schmidts besaßen bereits eine beachtliche Sammlung verschiedenster Engelpuppen.) Sie bestand aus handgewebtem Musselin und trug ein Gewand, das ebenfalls aus Musselin geschneidert und mit feinen Baumwollspitzen besetzt war, und ihr Haar war blond und lockig, genau wie das von Stephanie.

In den Armen hält der Engel ein Herz, und darauf steht geschrieben: »Stephanie lächelte – 23. Juni, 1997« – der Tag, an dem der Oberste Gerichtshof seine Entscheidung verkündete.

Auch wenn es einen großen Unterschied gab hinsichtlich des Alters, der familiären Herkunft und der Lebenssituation insgesamt, so sind doch gleichzeitig auch außerordentlich prägnante Entsprechungen bei den beiden Mordfällen Stephanie Schmidt und Destiny Souza zu finden. Beide, sowohl Katie Souza als auch Stephanie Schmidt, wurden Opfer ihrer Gutherzigkeit und ihrer Vertrauensseligkeit. Es erhebt sich also die Frage: kann solche Gutherzigkeit erhalten werden, ohne daß weitere Destinys oder Stephanies dafür sterben müssen? Welche Lehre ist aus diesen tragischen Fällen zu ziehen?

Meiner Meinung liegt in dem Mordfall Stephanie Schmidt eine Lehre für jeden einzelnen von uns.

Junge Frauen müssen notgedrungen zur Kenntnis nehmen, daß sie leider kein allzu großes Vertrauen in die menschliche Natur setzen dürfen. Sie sollten ihr Bestes tun, sich darüber klarzuwerden, mit wem sie Umgang pflegen, und sich nicht in Situationen begeben, die für sie in irgendeiner Form bedrohlich werden könnten. Um das zu erreichen, sollten sich junge Frauen möglichst alle Informationen beschaffen, auf die sie ein Anrecht haben.

Eltern sollten ihre Kinder – sowohl Mädchen als auch Jungen – über die möglichen Gefahren aufklären und sie zur Wachsamkeit erziehen.

Richter können aus diesem Fall lernen, daß sie bei ihren Entscheidungen die Realität nicht aus den Augen verlieren. Sie sollten sich an Judge Brewster ein Beispiel nehmen, der klar und deutlich begriffen hatte, mit welchem Typ Mensch er es bei Stephanies Mörder tatsächlich zu tun hatte. Sie sollten ihr Urteil nicht nur fällen, um einen Täter seinem Verbrechen entsprechend zu bestrafen, sondern darüber hinaus den Schutz der Allgemeinheit vor Augen haben.

Der Gesetzgeber muß sicherstellen, daß ein Verbrecher nicht nach der Hälfte seiner Haftzeit wieder auf freien Fuß gesetzt wird, nur weil er im Gefängnis eine sogenannte »gute Führung« an den Tag gelegt hat. Vielmehr muß ein effektiverer und reellerer Maßstab gefunden werden, wann ein Verbrecher wieder aus der Haft entlassen werden kann, sofern das überhaupt zu verantworten ist.

Bewährungshelfer müssen einfach erkennen, welche potentielle Gefahr von den ihnen anvertrauten Ex-Häftlingen ausgeht und dafür sorgen, daß diese Personen auf keinen Fall erneut die Chance bekommen, anderen Menschen etwas zuleide tun zu können, wenn sich bei ihnen eine Neigung dazu andeutet.

Die Freunde von potentiellen Opfern – und darunter sind unglücklicherweise alle Frauen und Kinder zu verstehen und sogar einige Männer – können daraus lernen, daß sie allzeit wachsam und auf der Hut sein müssen, und jederzeit bereit sind einzuschreiten. Wie Eric Rittenhouse es so treffend gesagt hatte: Wissen ist Macht, und ein Mangel an Informationen macht es schwer, rechtzeitig Hilfe zu leisten und kann dramatische Folgen haben.

Wir anderen alle, wir müssen ganz einfach begreifen lernen. Wir müssen uns darüber klarwerden, was hier eigentlich stattfindet, damit wir die entsprechenden staatlichen Maßnahmen fordern können in diesem fortwährenden Krieg. Wir müssen damit aufhören, das Unentschuldbare immer wieder entschuldigen zu wollen, und müssen darauf bestehen, daß diese Leute für das, was sie angerichtet haben, auch zur Verantwortung gezogen werden. Ich muß mich immer wieder wundern, woher diese generelle Neigung der Menschen kommt, es zuzulassen, daß barbarische Gewalttätigkeit einfach als eine psychische Erkrankung erklärt und letztlich entschuldigt wird. Es ist geradezu eine Beleidigung der psychisch Kranken, wenn man unterstellt, daß die Erkrankung der Hauptgrund für die Gewalttaten von Verbrechern sei. Sexuelle Gewalttäter sind tatsächlich krank, aber sie sind nicht geisteskrank, sondern sie haben schlicht und einfach kein Gewissen.

Überdies müssen wir uns einmal ganz genau darüber bewußt werden, was wir uns unter der Rehabilitierung dieser Verbrecher vorstellen. Wie Jeni bei der *Maury Povich* Show sagte: »Die Regierung hat die Vorstellung, daß Verbrecher resozialisiert werden können, und entläßt diese Experimentierfälle in großer Regelmäßigkeit wieder in die Freiheit. Aber ich bin nicht bereit, weiterhin als Versuchskaninchen zur Verfügung zu stehen.«

Die Vorstellung ist durchaus schön, daß Charaktere wie Donald Gideon »bekehrt« werden könnten, und daß sie begreifen, wie Gideons Schwester Shannon sich ausdrückte, daß sie eine zweite Chance bekommen haben, die sie nicht verpassen sollten. Aber leider wurde Shannon Gideon bitter enttäuscht, genau wie auch Gene Schmidt, als er Hoffnung aus der Tatsache schöpfte, daß Don sein erstes Vergewaltigungsopfer ja auch nicht getötet hatte.

Soweit ich die Sache sehe, hat Donald Gideon aus seinen Fehlern tatsächlich etwas gelernt, aber nicht das, was wir uns gewünscht und was vielleicht manch ein Leichtgläubiger unter uns erwartet hätte. Er hat gelernt, daß eine Frau, die man verschleppt, der man anschließend Gewalt antut und sie auch noch schändet, einen bei der nächstbesten Gelegenheit bei der Polizei meldet, und dann wird man bestraft. Wenn man das also vermeiden will, dann darf man entweder keiner Frau mehr Gewalt antun, oder man muß die Zeugin ganz einfach verschwinden lassen. Was auch immer also Don Gideon dazu veranlaßt hat, mit seinen sexuellen Attacken zu manipulieren, zu dominieren und zu beherrschen – um sich, wie er sagt »stark und mächtig« zu fühlen –, konnte ihm nicht ausgetrieben werden; nicht durch die Haftstrafe, durch keine Therapie und auch nicht durch gute Worte.

An dieser Stelle sollte vielleicht noch darauf hingewiesen werden, daß eine Freundin und Collegekollegin von Gideons erstem Vergewaltigungsopfer einem Reporter gesagt hatte, als sie erfuhr, daß Stephanie vermißt würde, und Gideon in dem Zusammenhang gesucht wurde: »Ich fürchte, das Mädchen wird nicht mit dem Leben davonkommen. Diese Mal nicht.« Und sie erklärte weiter: »Noch einmal wird der nicht riskieren, eine Zeugin zurückzulassen, die ihn wegen seiner Tat anzeigen könnte.«

Dr. Samenows Standpunkt zur Frage nach der Resozialisierung von Gewaltverbrechern kennen wir bereits. Aber es gibt da noch eine weitere sehr interessante Haltung, und zwar von M. Douglas Scott, dem Polizeipräsidenten von Fairfax County/Virginia, der nicht nur für den Schutz der Allgemeinheit des Distrikts von Fairfax verantwortlich ist, sondern zugleich auch die immer knapper bemessenen Geldmittel zu verteilen hat, die ihm eben diese Allgemeinheit für seine schwierige Aufgabe zur Verfügung stellt.

»Während meiner langjährigen Berufserfahrung ist mir nur äußerst selten ein verurteilter Sexualverbrecher begegnet, von dem man allen Ernstes behaupten konnte, daß er nach Verbüßung seiner Haftstrafe tatsächlich wieder voll resozialisiert gewesen wäre; das heißt, daß dieser Mensch, nachdem er ein schwerwiegendes Verbrechen begangen hatte, wieder zurückgefunden hätte zu einem normalen und verantwortungsbewußten Leben.

Die Öffentlichkeit neigt dazu, in allen Menschen das Gute sehen zu wollen. Sie will unbedingt glauben, daß ein schlechter Charakter sozusagen kurierbar ist, ein Verbrecher also mit einem gewissen Maß an Unterstützung wieder zu einem vollwertigen Mitglied der Gesellschaft werden könne. Ich dagegen bin der festen Überzeugung, daß unsere Gesellschaft daran zerbrechen würde, wenn wir tatsächlich versuchen sollten, all die üblen Individuen dort draußen auf unseren Straßen wieder zu resozialisieren.«

Ich möchte es einmal anders ausdrücken. Nehmen wir an, Sie seien einer dieser Bewährungshelfer oder einer dieser gutmütigen, freundlichen Menschen, die ein Herz voller Nächstenliebe haben. Sie sagen, daß es einfach nicht möglich ist, vorauszusehen, ob straffällig gewordene Sexualtäter rückfällig werden oder nicht. Sie wollen diese Individuen aber wieder in die Freiheit entlassen, und ihnen eine zweite Chance bieten, weil Sie glauben, daß sie sich in der Haft »gut betragen« haben. Doch lassen Sie mich bitte die eine Frage stellen:

Wie groß dürfte Ihrer Meinung nach die Zahl der rückfällig gewordenen Verbrecher sein?

Gehen wir beispielsweise einmal von einhundert Gewalttätern des Schlages eines Don Gideon aus: also von Männern Anfang dreißig, die mit gezücktem Messer vergewaltigt haben und ihrem Opfer drohten, es umzubringen, wenn es sich wehren sollte. Anschließend haben diese Vergewaltiger ihr Opfer wieder laufen lassen, wurden identifiziert, man hat ihnen den Prozeß gemacht und sie ins Gefängnis gesteckt. Lassen wir die zerrütteten Familienverhältnisse der Einfachheit halber außer acht und auch die Vorstrafenregister, die diese Männer möglicherweise bereits haben.

Nun lassen wir diese Straftäter im Zuge unserer gutmütigen Rehabilitierungsmaßnahme wieder auf die Gesellschaft los, nachdem sie die Hälfte ihrer Haftzeit abgesessen haben. Was wäre für Sie jetzt eine akzeptable Rückfälligkeitsquote? Vielleicht drei? Oder fünf? Möglicherweise sogar ein paar mehr? Bevor Sie mir antworten, lassen Sie mich Ihnen in aller Schärfe sagen, daß auch nicht der Tod nur einer einzigen Person akzeptabel wäre – nicht eine einzige Stephanie Schmidt darf für dieses Rehabilitationsexperiment mit ihrem Leben bezahlen müssen, das ein Charakter wie Donald Gideon einfach auslöscht, weil es ihm gerade in den Kram paßt.

David Beatty vom National Victim Center sagt dazu folgendes: »Seit unseren Kindertagen kennen wir alle den klugen Spruch, daß lieber hundert Schuldigen die Freiheit gewährt werden soll, bevor auch nur ein einziger Unschuldiger zu unrecht in den Kerker geworfen würde. Damit sind wir natürlich alle einverstanden. Aber wie steht es um die hundert Opfer dieser Männer (wenn nicht gar mehr)? Macht sich irgend jemand auch über sie Gedanken? Ich war einmal Gast bei einer öffentlichen Radiodebatte, an der ein Herr teilnahm, der beruflich mit Sexualverbrechern arbeitet. Der erzählte mit Hingabe, was für einen enormen Erfolg er mit seiner Therapiemethode hätte, und daß die Rückfallquote bei seinen Vergewaltigern manchmal nur noch zwanzig Prozent betrüge! ›Darf ich Ihnen einmal eine Frage stellen?‹ sagte ich. ›Haben Sie Kinder?‹ Und er antwortete: ›Ja, das habe ich.‹

Und dann fragte ich: ›Wären Sie bereit, das Leben Ihres Kindes darauf zu verwetten, daß auch nur einer dieser Sexualtäter, mit denen Sie arbeiten, tatsächlich kuriert ist von seiner mörderischen Leidenschaft, und würden Sie hinnehmen, daß Ihr Kind sein Leben verlöre oder sexuell vergewaltigt würde, wenn Sie sich irren sollten? Würden Sie das Risiko eingehen?‹

Er meinte: ›Nun, das ist keine faire Fragestellung, denn unter diesen Umständen kann ich natürlich nicht objektiv sein.‹ Und ich gab ihm zur Antwort: ›Aber genau das tun Sie jedesmal, wenn Sie einen dieser Charaktere wieder in die Freiheit entlassen; Sie verwetten das Leben eines Kindes, auch wenn es nicht Ihr eigenes Kind ist. Und genau aus dieser Perspektive müssen wir das Thema betrachten.‹«

Diese Gewaltverbrecher geben von selbst niemals auf. Das können Fachleute wie Stanton Samenow, Park Dietz und viele andere bestätigen. Sie treffen diese Entscheidung einfach nicht, sie denken nicht einmal daran, denn sie haben kein normales Bewußtsein oder Gefühlsleben.

Im Zusammenhang unserer Diskussion über das Für und Wider von Rehabilitationsmaßnahmen und einem möglichen Reuegefühl bei dieser Art von Gewalttätern möchte ich noch einen Brief erwähnen, den Gideon aus dem Gefängnis an Jim Adler schrieb, nachdem Adler ihn gebeten hatte, eine bestimmte Aussage zu bestätigen, die Gideon während der Gerichtsverhandlung gemacht hatte. Demnach weigerte Gideon sich zunächst zuzugeben, daß er zu Protokoll gegeben hatte, daß die Schmidts ihn überhaupt nichts angingen, wiederholte dann aber, daß diese Familie ihm absolut gleichgültig sei!

Das einzige, was ich diesem Brief hinzuzufügen hätte, wären

die meiner Meinung nach sehr bezeichnenden Kritzeleien, mit denen Gideon seinen Brief dekorierte. Er zeichnete nämlich hinter die vielen Ausrufungszeichen, mit denen er seine Aussage schließlich bestätigte, lauter kleine grinsende Gesichter.

Wenn Individuen wie Donald Gideon nach einem ersten Gewaltverbrechen an einer Frau wieder auf die Menschheit losgelassen werden, hat die Öffentlichkeit dann nicht zumindest ein Recht darauf, davon in Kenntnis gesetzt zu werden?

Stellt es tatsächlich eine zusätzliche Bestrafung eines Verbrechers dar, wenn die Allgemeinheit von der kriminellen Vergangenheit desjenigen erfährt, der nun wieder in ihrer Mitte lebt? Ist es tatsächlich ein Eingriff in seine bürgerlichen Rechte oder eine Erschwernis bei seiner Wiedereingliederung in die Gesellschaft, jetzt, da er seine Schuld doch »bezahlt« hat? Dazu kann ich nur sagen, daß jemand, der vorsätzlich einen anderen Menschen tötet, seine Schuld niemals bezahlen kann. Und in dem Augenblick, in dem er wieder in Freiheit ist, hat er seine Nase schon wieder ganz vorn. An diesem Punkt möchte ich noch einmal David Beatty zitieren:

»Wir gemahnen immer wieder an die Grundrechte eines jeden Bürgers, aber ein verurteilter Gewaltverbrecher hat bereits viele seiner bürgerlichen Rechte verwirkt. Er kann beispielsweise nicht mehr an Wahlen teilnehmen. Gemessen an anderen sind seine Rechte generell ziemlich beschnitten. Aber man höre und staune, genau das haben die sich so ausgesucht. Nun ist es aber so, daß man es als einen besonderen Eingriff in die Privatsphäre versteht, wenn man die kriminelle Vergangenheit dieser Charaktere publik macht – und daß, obwohl sie selbst ihren Opfern sprichwörtlich jedes Recht auf Freiheit geraubt haben. Jemand, der sich dagegen verwehrt, daß die Haftentlassung eines verurteilten Sexualverbrechers öffentlich bekannt gegeben wird, argumentiert im Prinzip dagegen, daß es ein polizeiliches Führungszeugnis oder so etwas wie ein Vorstrafenregister gibt. Ich habe allen Ernstes schon gewisse Rechtsanwälte sagen gehört, daß wir doch ›vergeben und vergessen sollten‹.

Bei einer öffentlichen Diskussion habe ich einmal einen solchen Vertreter zu fassen bekommen. Ich habe zu ihm gesagt:

›Sie stehen doch auch auf dem Standpunkt, daß Informationen, die der Öffentlichkeit zugänglich sind, auch weiterhin der Öffentlichkeit zugänglich bleiben sollten, und daß die Möglichkeit, auf polizeiliche Erkenntnisse zugreifen zu können, ein wichtiges Mittel ist, die Kriminalität unter Kontrolle zu behalten, und die Allgemeinheit vor Verbrechen zu schützen.‹ Worüber dieser Zeitgenosse sich beklagte, war, daß wir die Einrichtung der öffentlich einsehbaren Strafregister übertrieben, wenn wir es an die große Glocke hängten, sobald ein Sexualverbrecher aus der Haft entlassen würde.

In anderen Worten heißt das: die Öffentlichkeit hat zwar ein Recht auf diese Informationen, aber um Gottes Willen, laßt das bloß niemanden wissen.«

»In allen meinen Vorträgen, die ich halte, betone ich immer wieder, was für wahrhafte Helden Gene und Peggy Schmidt sind«, sagt Carla Stavall. »Diese beiden Menschen waren die wirklichen Wegbereiter für die neue Rechtsbestimmung und diejenigen, welche durch ihren Einsatz diese Rechtsreform erst möglich gemacht haben. Schon vor Stephanies Tod hatte es einen ähnlichen Gesetzesvorschlag in Kansas gegeben, aber der blieb irgendwo in den Schubladen hängen. Es ist Genes und Peggys Einsatz zu verdanken und Stephanies Botschaft, daß dieser Gedanke schließlich in unser Gesetzeswerk eingebaut werden konnte. Diese Menschen haben sich einfach mit Haut und Haaren für das Projekt eingesetzt. Zwei Menschen, die weder reich noch mächtig noch berühmt sind, die nicht einmal öffentlich zu ihrem Einsatz berufen worden waren, sondern einfach ganz normale Bürger sind, die der Legislative ihren Vorschlag unterbreiten wollten. Und sie wurden angehört. Das Rechtssystem von Kansas orientiert sich an dem des Staates Washington, und ich hoffe, daß die Entscheidung des Obersten Gerichtshofes auch andere Bundesstaaten der USA ermutigt, diese Rechtsbestimmung einzuführen. Dabei bedarf es keines großen Mutes mehr, wie hier in Kansas, aber es sollte durch die Instanzen abgesegnet werden, bevor sich eine neue Tragödie ereignet.«

Ihr Engagement ist ein zentrales Anliegen im Leben von Gene

und Peggy Schmidt geworden. Sicherlich war es niemals ihr Ziel gewesen, zu nationalen Helden hochstilisiert zu werden, aber dennoch sind sie wahrhaft bewundernswert. Dabei sind sie in ihrem unermüdlichen Kampf um Gerechtigkeit nie verbittert, sondern immer die gleichen, bescheidenen und liebenswerten Menschen geblieben.

Stephanie ist nach wie vor eine wichtige Person im Leben vieler Menschen, die ihr großartiges Lachen vermissen. Shannon Marsh, eine ihrer besten Freundinnen, sagt, daß Stephanie ihnen allen ein großes Vermächtnis hinterlassen habe durch die vielen Jahre, die sie mit ihr verbringen und lachen konnten. »Sie hat uns gezeigt, wie man über sich selbst lacht, und zwar dann am herzhaftesten, wenn die Dinge allzu verfahren erscheinen. Ich muß täglich an sie denken.«

Kelli Farha erinnert sich: »Stephanie konnte so sehr aus tiefstem Herzen lachen, daß ihr dabei die Haare förmlich zu Berge standen.«

Darron Farha und Kelli Gariglietti, wie sie mit Mädchennamen hieß, heirateten aufgrund ihrer Freundschaft zu Stephanie, denn Darron, der Stephanie schon zu High School-Zeiten gekannt und gemocht hatte, und ebenfalls nach Pittsburg gegangen war, hatte Kelli, die aus Pittsburg kam, durch Stephanies Vermittlung kennengelernt.

Auch ihre Verbindung ist das Vermächtnis von Stephanie. Bei ihrer Trauung zündeten sie eine Kerze für Stephanie an. »Wenn Stephanie nun auch nicht mehr bei uns ist, so wirkt ihre liebe Art in uns doch weiter fort«, sagt Kelli.

Jeni ist der Überzeugung, daß alle, die ihr etwas bedeuten, wissen sollten, was für ein Mensch Stephanie gewesen ist. »Wenn ich jemals Kinder haben sollte«, sagt Jeni, »dann werde ich ihnen, glaube ich, vom ersten Tag an klarzumachen versuchen, wer Stephanie ist: Ich werde ihnen Bilder von ihr zeigen und ihnen von ihr erzählen; ich werde versuchen sie zu einem Teil ihres Lebens werden zu lassen, ganz als ob sie mitten unter uns wäre. Stephanie ist Teil meines eigenen Lebens, und ob es nun Kinder sind oder ein Ehemann, ganz gleich, wer mit mir in Kontakt tritt, sie werden Stephanie durch mich kennenlernen;

das werde ich mir durch nichts nehmen lassen. Ich möchte, daß sie durch mich fortlebt.

Es klingt paradox, aber als sie damals zu Hause auszog und ans College nach Pittsburg ging, da hatte ich das Gefühl, als ob wir irgendwie näher zusammenrückten, und jetzt, da sie wirklich weit fort ist, fühle ich mich ihr sogar noch näher. Zur gleichen Zeit fehlt sie mir jedoch auch wieder körperlich, ich vermisse ihren Ratschlag. Und obgleich ich im Gegensatz zu ihr immer älter werde, ist und bleibt sie meine ältere Schwester, und ich habe immer den Eindruck, die Jüngere von Zweien zu sein. Schon zu Stephanies Lebzeiten hatten wir beide uns immer auch in irgendeiner spirituellen Weise miteinander verständigt, ich sehe also gar nicht ein, wieso sich das ändern sollte. Ich bin überzeugt, daß sie mit mir zusammen wächst.»

Gene und Peggy müssen eingestehen, daß die Liebe für Stephanie zwar nach wie vor in ihnen ist, daß aber das Lachen seltener wird, so sehr sie sich auch bemühen, wieder fröhlicher zu werden. Mitunter ist es immer noch sehr schwer für sie; manchmal mehr und manchmal weniger. Es bedrückt sie sehr, wenn andere bisweilen einfach nicht das rechte Verständnis aufbringen können. Neulich zum Beispiel wurde es ihnen besonders schwer ums Herz, weil einer ihrer langjährigen Freunde beim besten Willen nicht nachvollziehen konnte, daß sie es nicht über sich brachten, der Einladung zur Hochzeitsfeier seiner Tochter nachzukommen. Aber seit Stephanies Tod, und seitdem den Schmidts ein ganzer Kosmos von Hoffnungen und Zukunftsfreuden geraubt worden war, ist für sie der Gedanke, an einer Hochzeit teilzunehmen, vollkommen ausgeschlossen – besonders wenn es sich bei der Braut, wie in diesem Fall, um eine so kluge, hübsche und lebhafte junge Frau handelt.

Sie widmen fast alle ihre Zeit der Stiftung sowie ihrer Projektgruppe »Sprecht, im Namen Stephanies!« »Warum wir mit der Namensgebung unseres Projektes auffordern, die Dinge auszusprechen?« fragen sie rhetorisch. »Ganz einfach: weil Schweigen tödlich sein kann.«

Die Arbeit der Stephanie-Schmidt-Stiftung geht weiter und

weiter, und an den verschiedenen Hochschulen werden immer mehr solcher Arbeitsgruppen unter dem Motto »Sprecht, im Namen Stephanies!« eingerichtet. Peggy und Gene sind nach wie vor sehr engagiert und halten Vorträge über das Problem der vorzeitigen Haftentlassung von Sexualtätern, der entsprechenden öffentlichen Aufklärung, wenn ein Verurteilter auf Bewährung freikommt, sowie über das Phänomen des Sexualverbrechens insgesamt. Sie sind inzwischen beide zu prominenten Streitern in der nationalen Bewegung für die Rechte von Verbrechensopfern geworden. Sie bringen inzwischen regelmäßig ein Rundschreiben heraus, dem sie den Namen »Sprecht es aus!« gegeben haben, und setzen parallel dazu ihre Arbeit fort bei einem Ausschuß, der an einer Verfassungsergänzung arbeitet, mit der die Rechte von Verbrechensopfern auch juristisch abgesichert werden sollen.

Mit Hilfe von Genes photographischer Erfahrung und seinem vertriebstechnischen Wissen, hatte die Schmidt-Stiftung damit begonnen, ein gewisses Ausweissystem für Kinder bis zum zwölften Lebensjahr zu entwickeln. Und damit diese Arbeit schließlich von anderen Einrichtungen übernommen werden konnte, wendeten die Schmidts ihre Aufmerksamkeit neuen Projekten zu. Das ist ein sehr typisches Arbeitsverfahren für Gene und Peggy: Sie schauen sich um, wo etwas Wichtiges zu erledigen ist, und widmen sich dann mit aller Hingabe der neuen Herausforderung.

Wenn es ein Wort gibt, das gleichsam die gesamte Arbeit der Stephanie-Schmidt-Stiftung auf den Punkt bringt, so ist es das Wörtchen *Bewußtmachung*. Bei all den Projekten, die die Schmidts an den verschiedensten Mittel- und Hochschulen ins Leben gerufen haben, lehrten, predigten und schrien sie mitunter sogar den jungen Leuten entgegen, wie elementar wichtig es für sie ist, daß sie wachsam werden. Und sie leiten Collegestudenten an, selbst an die Mittel- und Grundschulen zu gehen, um die jüngeren Schüler auf die Problematik aufmerksam zu machen. Wir werden uns im nächsten Kapitel noch eingehender auf einige besondere Aufklärungsgedanken der Schmidts konzentrieren.

An den Colleges haben Gene und Peggy erst kürzlich damit begonnen, auf ein spezielles Pharmazeutikum aufmerksam zu machen, das Rohypnol, das auch »Vergewaltigungsdroge« genannt wird. Doch in erster Linie arbeiten sie an den Lehranstalten daran, für ein gemeinsames Verantwortungs- und Zusammengehörigkeitsgefühl bei den jungen Leuten zu werben, und versuchen klarzumachen, daß einer für den anderen da sein muß. Die erste S.O.S.-Projektgruppe war an der Hochschule von Pittsburg aus der Taufe gehoben worden, doch inzwischen sind Gene und Peggy in den gesamten Vereinigten Staaten unterwegs, um solche Arbeitsgemeinschaften ins Leben zu rufen.

Während wir noch an diesem Kapitel schrieben, starb im Alter von fünfzehn Jahren Sandi, die Hündin der Schmidts. Mit ihr starb für Gene, Peggy und Jeni eines der allerletzten Lebewesen, das Zeuge dafür gewesen ist, wie wundervoll und friedlich es in ihrer Familie einmal zugegangen war.

Und der Kampf geht weiter. Genau an dem Tag, an dem die Schmidts ihre »Oberste Freudenfeier« veranstalteten, druckte der *Indianapolis Star* auf seiner Titelseite die Meldung über einen Mann ab, der bereits eine neunjährige Karriere als Krimineller hatte; er war in eine Messerstecherei verwickelt gewesen, war aus der Haft entflohen und hatte im Gefängnis Drogen in Umlauf gebracht. Doch dann kam ein Richter auf die Idee, diesen Mann bis zu dem Gerichtstermin, an dem über ein anderes Delikt dieses Individuums verhandelt werden sollte, auf die bloße Zusage hin, sich zum Termin am Gericht einzufinden, auf freien Fuß zu lassen. Neun Tage später verging sich dieser Mann an einem dreizehn Jahre alten Mädchen und ermordete es, indem er sechsundsiebzig Mal mit dem Messer auf sein Opfer einstach – dabei machte er von derselben Waffe Gebrauch, die er bereits zuvor bei einer anderen Vergewaltigung benutzt hatte. Der Richter gab an, daß er nicht die leiseste Ahnung von der gewalttätigen Vergangenheit des Mannes gehabt habe. »Dieser Kerl ist irgendwie durch die Maschen gefallen«, lamentierte er.

Wie viele solcher Fälle sollen wir noch hinnehmen? Wie viele Stephanie Schmidts müssen noch sterben?

Von der Steuer absetzbare Spenden zugunsten der Stephanie-Schmidt-Stiftung können an das Postfach 7829, Overland Park, Kansas 66207, geschickt werden. Um Informationen oder zur Unterstützung einer S.O.S.-Arbeitsgruppe wenden Sie sich bitte an folgende Fax- bzw. Telefonnummer: (913) 345–0362.

KAPITEL DREIZEHN

Wissen ist Macht

Hans Hageman ist einer der Menschen, denen alles in den Schoß zu fallen scheint. Trotz seines deutsch klingenden Namens ist er von dunkler Hautfarbe, sieht auffällig attraktiv aus, obwohl er sich den Schädel rasiert, und ist muskulös und gut gebaut. Sowohl sein Vater, ein Weißer, der aus dem Mittelwesten stammte, als auch seine Mutter, eine Puertoricanerin, waren Geistliche. Hans Hageman ist ausgesprochen redegewandt, hat Witz und Temperament. Nach der High School besuchte er zunächst eines dieser schicken Lehrinstitute, an denen vor allem die Zöglinge der besseren Stände aufs College vorbereitet werden, wechselte dann an die Princeton University und machte schließlich am Rechtsinstitut von Columbia mit Bravour sein juristisches Examen. Dann heiratete er eine ebenso intelligente wie attraktive Frau, wurde für eine renommierte New Yorker Firma tätig und spezialisierte sich dort auf Aktienrecht. Anschließend ging er nach Washington, wo er eine Zeitlang als Berater in einem Unterausschuß des Senats im Kapitol arbeitete. Hier machte er die Bekanntschaft aller möglicher maßgeblicher Persönlichkeiten. Schließlich kam er zurück nach New York und ließ sich als Fachanwalt für Drogenangelegenheiten nieder. Doch wegen seines hohen Intellekts, seiner großen juristischen Erfahrung, seines überaus gewandten Auftretens sowie seiner gesellschaftlichen Eleganz umwarben ihn schon bald die größten Rechtsfirmen der Wall Street, bis er endlich einwilligte und dort bei einem siebenstelligen Jahreseinkommen in maßgeblicher Funktion als Broker tätig wurde.

Doch all das ist nicht der Grund, warum wir an dieser Stelle über Hans Hageman schreiben. Vielmehr schreiben wir über ihn wegen seiner ganz besonderen Obsession – nämlich der Obsession, Gutes zu tun und die Welt ein wenig zu verbessern. Man muß nämlich wissen, daß Hans Hageman bald darauf dieser edlen Kanzlei an der Wall Street wieder den Rücken kehrte, sich von seinem feinen Büro trennte und auch auf sein verführerisches Einkommen verzichtete, um statt dessen mit seinem Bruder Ivan, der selbst Absolvent der Harvard University war, eine Privatschule auf der 103. Straße zwischen First und Second Avenue zu gründen, der er den Namen »East Harlem Privatschule von Exodus House« gab. In Exodus House, dem Gebäude, in dem die Schule eingerichtet wurde, war zuvor eine kirchliche Drogenberatungsstelle untergebracht, die von den beiden Pastoren Herrn und Frau Hageman gegründet worden war. Hier waren auch Hans, sein Bruder Ivan sowie ihre Schwester großgeworden. Hans ist der geschäftsführende Leiter der Schule und sein Bruder Ivan der Rektor. Konrektorin ist Inge Hanson.

Neunzig Prozent der Schüler kommen aus Familien, die von der staatlichen Fürsorge leben. Für Hans bedeutet dies, daß er ständig auf der Suche nach zusätzlichen Geldmitteln sein muß. Hans Hageman konnte schon immer sehr gut mit Kindern umgehen, und dachte zunächst daran, eine Grundschule zu gründen. Er meinte, je jünger die Schüler und Schülerinnen wären, desto effektiver würde man sie noch erziehen können. Doch dann sagte er sich, daß es für Kinder dieser Altersstufe bereits entsprechende Einrichtungen und Hilfsprogramme gäbe, und daß die wirkliche Herausforderung die wäre, Kindern zu helfen, die niemand mehr will – also Kindern im Hauptschul- und Junior-High-School-Alter; den Kindern, die besonders schwierig sind, und die bereits durch ihr Vorleben, durch ihre familiäre Situation und sozial problematische Umstände Schaden genommen haben. Er wußte, daß er und sein

Bruder, um diesen Kindern helfen zu können, nicht nur als Erzieher tätig werden mußten, sondern sich gleichermaßen als Polizisten und Therapeuten zu bewähren hatten. Außerdem würden sie den bisweilen außerordentlich gefährlichen Kampf gegen die örtlichen Streetgangs auf sich nehmen müssen, die dort in der Gegend ihr Rauschgift abzusetzen versuchten. Doch Hans nahm diesen Kampf auf, und es gelang ihm, die Crack-Dealer vom Eingang seiner Schule zu vertreiben. Hans erhielt eigens zu diesem Zweck die offizielle Erlaubnis, eine Waffe tragen zu dürfen.

»Die ersten beiden Jahre waren wirklich schwer«, muß Hans einräumen, »aber inzwischen habe ich den Eindruck, daß uns selbst die ganz üblen Jungs des Viertels respektieren.«

East Harlem ist eine sehr streng geführte Schule und stellt hohe Ansprüche. Hans ist der Überzeugung, daß persönliche Freiheit nur in einer Atmosphäre von Disziplin, strikter Ordnung und gemeinsamer Verantwortung gedeihen kann. »Wir versuchen den Jugendlichen eine ausreichende Vorstellung von den Schwierigkeiten des Lebens zu geben, aber wir machen ihnen auch klar, was es an Gutem zu bieten hat«, sagt er.

Der Leitspruch der Schule heißt »Kompetenz durch Charakterstärke«, und Hans meint, »wenn diese Jugendlichen das Erziehungsprogramm während ihrer Pubertät körperlich und emotional durchhalten, dann sind sie im Darwinschen Sinne überlebensfit und können in Zukunft mit allem fertigwerden.« Wie ich in diesem Buch immer wieder betont habe, sind wir alle auf die unterschiedlichste Weise von der Kriminalität um uns herum betroffen. »Aber wir können die Dinge umdrehen«, glaubt Hans. »Das einzige, das einigen dieser Jugendlichen fehlt, um ein erfolgreiches Leben führen zu können, ist das Nichtvorhandensein eines Ortes, an dem sie sich geborgen fühlen können. Und genau diesen Platz im Leben, der ihnen Sicherheit bietet, wo man sich für sie interessiert und wo sie lernen und essen können, den wollen wir ihnen zur Verfügung stellen.«

Hans und Ivan wissen, daß sie nicht bei all diesen Jugendlichen Erfolg haben können. Einer der jungen Männer erhielt beispielsweise kürzlich kein Schulabgangszeugnis, weil er die erforderliche zehn Seiten lange Abschlußarbeit nicht fertigstellte. »Das war seine ganz persönliche Entscheidung, die Arbeit nicht abzuschließen, und dabei hatten wir ihm jede Gelegenheit dazu gegeben. Wir hätten ihm natürlich, wie das viele andere Schulen auch tun, trotzdem sein Abschlußzeugnis aushändigen und sagen können: ›Nun geh zur High School, unser Problem bist du nicht mehr.‹ Aber er hat nun einmal die Abschlußarbeit an dieser Schule nicht geleistet. Und dabei war der Junge einer von denen, die wir seit seiner Kindheit kannten. Das war wirklich keine leichte Entscheidung für uns. Bis zum Überdruß haben wir auf ihn eingeredet, und das kostete manchmal ganz schön Nerven. Aber wir lassen niemanden fallen, solange er sich selbst nicht aufgibt. Und selbst wenn, dann stehen wir doch noch zu ihrer Verfügung, und das wissen die Jugendlichen. Das Schlimmste für mich ist, wenn wir einen von ihnen unterwegs verlieren. Und dieser Junge war so ein Fall. Er wollte seinen Kopf unbedingt durchsetzen. Nur, in einer Gegend wie dieser hier in East Harlem, da kommt mancher eben nicht mehr zurück, wenn er erst einmal abgetaucht ist. Und er ist intelligent genug, sich in wirklich große Schwierigkeiten zu bringen.« Genau wie Hans sich gegen eine lukrative Karriere entschlossen hat und gegen einen luxuriösen Lebensstil, so trifft jeder von uns seine eigenen Entscheidungen.

Ganz ohne Zweifel mußten die Hagemans große persönliche Opfer für ihre Obsession bringen. Ivan ist beispielsweise geschieden, und auch Hans gibt ganz unumwunden zu, welcher Zerreißprobe seine Ehe durch diese Tätigkeit ausgesetzt war. Häufig hatten er und seine Frau noch die zusätzliche Belastung durch zwei oder mehr Jugendliche, die mit ihnen unter einem Dach lebten. Aber was ihn in solchen Situationen immer wieder großen Mut schöpfen läßt, ist die Gewißheit, daß es »dort draußen noch viele andere gibt, die so denken wie wir; da bin ich mir ganz sicher«, sagt Hans.

Ich möchte an dieser Stelle noch auf ein weiteres solcher Projekte zu sprechen kommen, das sich in der gleichen Gegend von New York etabliert hat.

Unser Verlagsagent, Jay Acton, der ebenfalls Anwalt in New York ist, eine einigermaßen gute Baseballmannschaft zusammengestellt hat und ein glühender Anhänger dieser Sportart ist, hat das sogenannte Harlem RBI gegründet. Dieses Kürzel steht für [R]eanimation durch [B]aseball in [I]nnenstädten und bezeichnet ein Hilfsprogramm, das zum erstenmal von John Young, einem professionellen Baseball-Trainer, 1989 in Los Angeles als Erwiderung auf das dort grassierende Problem gewalttätiger Jugendbanden ausprobiert wurde. Wie das S.O.S.-Projekt (Speak Out for Stephanie!) wuchs die Idee rasch, so daß es inzwischen in mehr als fünfzig Großstädten in den Vereinigten Staaten eine RBI-Vereinigung gibt. Inge Hanson, die jetzt auch noch das Amt der Konrektorin an der East Harlem School innehat, ist wie Jay Rechtsanwältin und außerdem im Verlagswesen tätig. Ursprünglich war sie die geschäftsführende Leiterin der RBI-Initiative von Harlem. Jay und seine Mitarbeiter machten auf der Hundertsten Straße, gleich bei der First Avenue in East Harlem, ein verlassenes Grundstück ausfindig, und verwandelten es mit Hilfe der Gemeinde dort in ein Baseball-Spielfeld.

Der Gedanke bei diesem Programm ist, den sieben bis achtzehn Jahre alten Jungen und Mädchen der zentralen Stadtviertel, je nach Alter und Spielqualität in unterschiedliche Mannschaften und Spielklassen aufgeteilt, unter fachmännischer Anleitung fundierte Baseballkenntnisse beizubringen. Doch das eigentliche Ziel ist es, den jugendlichen Großstadtkindern von Harlem zu helfen, ein stärkeres Selbstwertgefühl zu entwickeln, indem sie gleichzeitig den Wert von Teamarbeit und Sportsgeist schätzen lernen, sowie sie darüber hinaus zu motivieren und zu unterstützen, mit sichtbaren Erfolgsaussichten an einem Mannschaftssport teilzunehmen und ihnen einen stärkeren Anreiz zu bieten, die Schule zu beenden. Vor allem dieser letzte Gedanke des erfolgreichen Schulabschlusses ist dabei von ganz besonderer Wichtigkeit. Wer an den Spielen teilnehmen will, muß entsprechende schulische Leistungen bringen. Zu diesem Zweck beinhaltet die RBI-Initiative sowohl ein zusätzliches Erziehungsprogramm für die Jugendlichen als auch eine Einrichtung, in der den entsprechenden Schülern der nötige Nachhilfeunterricht gegeben werden kann. Außerdem gibt die Initiative ein entsprechendes regelmäßiges Rundschreiben heraus, in dem sich die Teilnehmer des RBI unter der Anleitung freiwilliger Journalisten und professioneller Autoren selbst äußern. Ferner werden die Anliegen der Jugendlichen bei regelmäßigen Veranstaltungen von ihren Sprechern auch der Welt außerhalb ihres Verbandes vorgetragen – und zwar sowohl in den friedlichen als auch in den weniger friedlichen Stadtvierteln der Metropole –, wobei Themen angesprochen werden, die vom professionellen Baseball bis hin zur Situation der Frauen in den unterschiedlichen Sportdisziplinen reichen; es wird über bewaffnete Gewalt gesprochen, über das Problem von Drogen, AIDS, Sexualität, oder die Verantwortung der Jugendlichen selbst sowie von spannenden Büchern. Zur Zeit steht das gesamte Programm unter der Schirmherrschaft des New York City Parks Councils, und der gegenwärtige geschäftsführende Leiter der Harlem RBI ist Richard Berlin. Richard hat sein Magisterexamen an der London School of Economics absolviert, gelangte 1993 jedoch zu der Überzeugung, daß er der Gesellschaft etwas zurückgeben müsse, als er als freiwilliger Mitarbeiter der RBI begann.

Nach der Lektüre dieses Buches wird man verstehen, daß die beiden schärfsten Waffen gegen Verbrechen und sexuelle Gewalt ein verstärktes persönliches Selbstwertgefühl unserer Jugendlichen sowie ein besseres Verständnis von gemeinsamer Verantwortlichkeit sind. So ausgestattet werden weniger junge Männer zu Gewaltverbrechern werden und sich eher aufgerufen fühlen, selbst einzuschreiten und etwas gegen die Gewalttätigkeit in ihrer nächsten Umgebung zu tun. Außerdem wird sie ein gestärktes Selbstwertgefühl zu weniger angreifbaren Opfern von Gewalttätern machen. Initiativen wie die Harlem RBI weisen einen Weg in die richtige Richtung und stellen ein wichtiges Instrument dar im Kampf gegen die Kriminalität.

Ursprünglich wollten wir dieses abschließende Kapitel »Kampf dem Verbrechen« nennen, doch diese Kapitelüberschrift haben wir bereits in unserem Buch *Jäger in der Finsternis* benutzt. Wir einigten uns daher darauf, eine Kapitelüberschrift auszuwählen, die noch einmal den allgemeinen Grundgedanken dieses Buches hervorhebt, womit im Prinzip die gleiche Aussage getroffen wird. Wie Hans Hageman deutlich gemacht hat, bedeutet Wissen Macht, und in diesem Sinne gibt es viele Möglichkeiten, das Verbrechen zu bekämpfen.

Man kann den Kampf gegen das Verbrechen wie Gene und Peggy Schmidt führen oder wie Jack und Trudy Collins. Man kann ihn aber auch wie Linda Fairstein angehen, oder wie Carroll Ellis und Sandy Witt. Doch es gibt auch noch die viel direktere Art, dem Verbrechen zu begegnen, und all die anderen unterschiedlichen Methoden und Verfahren, die wir uns ebenfalls zunutze machen müssen, um unsere Chancen, in größerer Sicherheit leben zu können, zu verbessern.

Geradezu jedes Verbrechensopfer, dem ich begegne, und jeder, der durch ein Verbrechen betroffen ist, bestätigt mir, daß er sich sehr schnell gezwungen sah, sich möglichst eingehend mit dem Phänomen der Kriminalität zu beschäftigen, sich über unser Rechtssystem zu informieren, und darüber, welche Haltung die Gesellschaft zu Verbrechern und ihren Opfern einnimmt. Wir müssen uns also unbedingt mit fundiertem Wissen wappnen, *bevor der Ernstfall eintritt*, denn nur mit dem entsprechenden Wissen haben wir gewisse Chancen, unsere Lage zu verbessern. Die folgenden Hinweise und Vorschläge erheben natürlich nicht den Anspruch auf Vollständigkeit, denn zu jedem einzelnen Punkt könnte man spielend ein ganzes Buch füllen, aber ich möchte versuchen, an dieser Stelle noch einmal einige generelle Standpunkte zu klären, sowie ganz bestimmte Verhaltensformen und Einstellungen deutlich zu machen, die man im Hinblick auf Sexualtäter und das obsessive Gewaltverbrechen beherzigen sollte.

Wir müssen uns zum Beispiel ein für allemal darüber im klaren sein, daß eine Vergewaltigung *niemals unter gar keinen Umständen* zu akzeptieren ist. Man könnte meinen, diese Haltung verstünde sich von selbst, doch denken wir nur an die oben angeführte statistische Erhebung, wonach Jungen und Mädchen im Teenager-Alter der Meinung waren, daß es unter gewissen Umständen durchaus okay sei, wenn eine Frau gewaltsam zu sexuellen Handlungen gezwungen wird – nämlich je nachdem, wie lange die beiden Parteien einander bereits kennen, und wieviel Geld der Junge inzwischen in die Beziehung investiert hat.

Gene Schmidt sagt dazu: »Bei allen unseren Diskussionsveranstaltungen, die wir an den verschiedenen Lehrinstituten abhalten, haben wir immer wieder den Eindruck, daß man unseren Mädchen erst einmal beibringen muß, daß sie ohne weiteres das Recht haben ›Nein‹ zu sagen, und daß die Jungen lernen müssen zu begreifen, daß ›Nein‹ auch tatsächlich ›Nein‹ bedeutet, und daß es darüber absolut nichts zu verhandeln gibt.«

Mir erscheint auch eine andere Umfrage überaus alarmierend, die das U. S. Department für Gesundheit und Soziale Dienstleistungen 1995 im Zusammenhang mit einer nationalen Erhebung zu Möglichkeiten der Familienplanung angestellt hatte. Demnach gaben 7 Prozent der befragten jungen Mädchen, die bereits sexuelle Erfahrungen gemacht hatten, an, daß sie ihre erste sexuelle Begegnung nicht freiwillig gemacht haben, und fast ein Viertel der Mädchen meinte, daß ihre erste sexuelle Begegnung »zwar freiwillig, aber nicht erwünscht« war.

Wir müssen aber auch noch einen weiteren Punkt ganz klarstellen, nämlich daß jedes Vergewaltigungsopfer unser uneingeschränktes Mitleid verdient – auch wenn die Vergewaltigung nach einer vorherigen Verabredung mit dem Täter stattgefunden hat, und auch wenn es um die Vergewaltigung einer Prostituierten geht. Wir müssen sicherstellen, daß jedes Vergewaltigungsopfer begreift, daß wir wissen, daß es selbst keine Schuld an dem Verbrechen trifft. Und wir müssen unbedingt die nötigen Einrichtungen zur Verfügung stellen, in denen sich die Opfer sicher fühlen und vorbehaltlos über ihre Vergewaltigung sprechen und das Verbrechen zur Anzeige bringen können.

Ein anderer elementarer Gesichtspunkt zur Verhinderung einer Vergewaltigung ist eine gesteigerte Wachsamkeit dafür, wo man sich befindet. Seine Umgebung genauestens im Blick zu behalten, ist vielleicht die Möglichkeit, mit der man einer sexuellen Gewalttat noch am ehesten entgehen kann. Ich möchte in diesem Zusammenhang nur an den Fall erinnern, von dem Linda Fairstein sprach, als ein Vergewaltiger seinem Opfer bis in die Wohnung folgen konnte, obgleich in der Empfangshalle des Appartementhauses das Fahndungsfoto des Täters aushing.

»Können Sie sich vorstellen, wie oft ich Fälle auf den Schreibtisch bekomme, in denen beispielsweise ein Pizzalieferant ein Appartementhaus betritt, um sagen wir bei Nummer 25D seine Pizza abzuliefern, und dann beim Verlassen des Hauses alle möglichen Wohnungstüren ausprobiert, ob vielleicht irgendwo nicht abgeschlossen ist?« fragt sie. »Und ich glaube nicht, daß ich paranoid bin, sondern vielmehr, daß ich mir mit einer durchaus angebrachten Aufmerksamkeit genau anschaue, was sich um mich herum abspielt.«

Und Linda Fairstein fügt hinzu: »Man sollte auch nicht meinen, daß dies ein Phänomen sei, das es nur in großen Städten gäbe. Ehrlich gesagt vergeht kaum eine Woche, in der ich nicht aus irgendeinem fernen Winkel des Landes angerufen werde, weil man dort in einem bestimmten Fall nicht weiterkommt, oder weil sich Opfer darüber beschweren, daß ein solches Vorkommnis nicht weiter verfolgt wird.«

Vor dem Mord an Stephanie Schmidt war in Pittsburg seit dreißig Jahren keine Frau mehr umgebracht worden. Aber seitdem wurden bereits zwei weitere Frauen ermordet.

Wo auch immer man lebt, sollte man darauf achten, daß man Fenster und Wohnungstüren fest verschließt und daß man den Hauseingang gut beleuchtet. Desgleichen sollte man beim Einparken, besonders auf dunklen Parkplätzen, seinen Wagen immer so abstellen, daß man genügend Spielraum hat, im Bedarfsfall, ohne viel rangieren zu müssen, möglichst schnell an einen gutbeleuchteten, sicheren Platz fahren zu können.

Möglicherweise ist man nicht immer in der Lage, auf alles zu achten und sein Leben so einzurichten, daß die Dinge überschaubar bleiben. Ich möchte jedoch dringend dazu raten, in jeder Situation besonders wachsam zu sein und alle Eventualitäten zu bedenken. Das läßt sich auf einen ganz einfachen und leicht nachvollziehbaren generellen Ratschlag reduzieren:

Wer sich einem größeren Risiko aussetzt, muß entsprechend wachsamer und vorsichtiger sein.

Die Fälle Stephanie Schmidt und Jennifer Levin unterstreichen die Warnung, eine Bekanntschaft niemals zu überschätzen, und sich einzubilden, man kenne eine Person ganz genau. Beide jungen Frauen, sowohl Stephanie als auch Jennifer, waren intelligent und herzlich. Ihr einziger Fehler bestand darin, zu viel Vertrauen in ihre Begleiter gesetzt zu haben – eine Charakterqualität, die wir unter normalen Umständen schätzen. Keine dieser jungen Frauen hat tatsächlich etwas falsch gemacht, aber beide gerieten durch ihre Gutgläubigkeit in eine Situation, die sich als tödlich erwies.

Schau dir deine Freunde an und paß genau auf, was sie tun. Stephanie Schmidt war für Don Gideon das ideale Opfer. Sie hatte nicht nur keine Ahnung von seiner gewalttätigen Vergangenheit, sondern sie war überdies im Begriff, die Sommerferien über nach Hause zu ihren Eltern zu fahren, so daß sie während der nächsten paar Tage keine ihrer Freundinnen vermissen würde.

Man sollte auch nicht meinen, daß Sexualverbrecher in irgendeiner Form an ihrem Äußeren zu erkennen wären. Man sieht ihnen ihre Gewalttätigkeit ebensowenig an wie einem Robert Chambers, einem Alex Kelly oder Don Gideon. Ein Mörder oder Vergewaltiger kann aussehen wie jeder x-beliebige Mann. Fairstein hatte Fälle, da handelte es sich bei den Angeklagten um Ärzte und Rechtsanwälte, sogar um Geistliche und Rabbiner. Sie alle fielen über ihre Opfer in absolut »professioneller« Manier her. Der beste Ratschlag ist immer noch der, den uns unsere Mütter seit frühester Kindheit mit auf den Weg geben: »Nimm keine Anhalter mit, trampe nicht und steige zu niemanden in den Wagen, den du nicht gut kennst!« Dem muß man noch hinzufügen: »Nimm keine Getränke an von jemandem, den du nicht kennst!« (Das schließt den Kellner einer öffentlichen Gaststube oder Bar natürlich aus.) Die Droge Rohypnol kann einem beispielsweise spielend leicht ins Glas gegeben werden, ohne daß man es merkt. Und sie wirkt sehr schnell – manchmal schon nach Minuten –, dabei ist sie nur sehr schwer nachzuweisen und betäubt das Opfer vollständig, so daß es sich anschließend an nichts mehr erinnern kann.

Detective Bob Murphy bringt dies alles auf einen sehr einfachen Nenner: »Man muß einfach versuchen, einem Gewalttäter jede mögliche Gelegenheit zu nehmen.«

Wie wir bereits klargemacht haben, gibt es unterschiedliche Typen von Vergewaltigern, und jeder dieser Typen reagiert unterschiedlich. Wenn man also in einer solchen kritischen Situation noch die nötige Geistesgegenwart hat, so sollte man unbedingt versuchen, das betreffende Individuum einzuschätzen. Man sollte unter allen Umständen seinem Instinkt folgen und entsprechend handeln. Das einzige, worum es geht, ist Überleben. Da es sehr schwer ist, in einem solchen Moment klar und überlegt zu entscheiden, sollte man sich zumindest einige grundlegende Verhaltensweisen zu Herzen nehmen, durch die die Chancen zumindest verbessert werden.

Wenn jemand auf einen zukommt oder einer einen angreift, dann muß man sich mit Händen und Füßen sträuben, in den Wagen des Angreifers einzusteigen. Man sollte sich wehren und schreien, um Aufmerksamkeit zu erregen und versuchen wegzulaufen. Wenn es dem Angreifer gelingt, einen unbemerkt und ohne einen Zeugen von einem öffentlichen Platz zu verschleppen, dann stehen die Chancen, wieder unverletzt oder lebend aus der Situation herauszukommen, ziemlich schlecht. Doch sobald sich eine Gelegenheit zur Flucht bietet, muß man sie ergreifen.

Wenn es sich bei dem Vergewaltiger um einen völlig unbekannten Mann handelt, und er zuläßt, daß man sein Gesicht sieht, oder sogar seinen Namen preisgibt, wenn man auf irgendeine Weise in die Lage kommt, den Täter identifizieren zu können, und er davon weiß, dann ist es um so wichtiger, daß man möglichst entkommt, selbst wenn er ein Messer haben sollte und man eine ernsthafte Verletzung riskiert. Solange der Täter nicht vollkommen unerfahren ist, wird er möglicherweise auch vor Mord nicht zurückschrecken, um keinen Zeugen zu haben. So schwer es auch ist, man darf auf keinen Fall die Konzentration verlieren. Man muß alle seine Anstrengungen nur auf den einen Gedanken richten, nämlich zu überleben.

Wenn der Täter weiß, daß er identifiziert werden kann, und man selbst nicht mehr in der Lage ist zu flüchten, dann muß man versuchen, auf irgendeine Weise Kontakt zu dem Betreffenden aufzunehmen. Ich erkläre Polizisten immer, sich beispielsweise, wenn sie in eine Situation geraten, in der sie ein bewaffneter Gewalttäter als Geisel nimmt, niemals mit dem Gesicht nach unten auf den Boden zwingen zu lassen, denn das ist der Moment, in dem der Verbrecher einen entpersonalisiert und einem zu leicht von hinten eine Kugel durch den Kopf jagen kann – das ist selbst für einen gewaltbereiten Verbrecher einfacher, als abzudrücken, während man ihm in die Augen schaut. Auch ein Vergewaltigungsopfer ist in diesem Sinne eine Geisel, und hat bessere Überlebenschancen, wenn es nicht zuläßt, daß der Täter es entpersönlicht. Selbst ein so extremer Gewaltverbrecher wie Gary Heidnik hat eine seiner Gefangenen anders behandelt als die übrigen, weil er glaubte, daß zwischen ihm und ihr irgendeine spezielle menschliche Verbundenheit bestünde. Sie war letztlich diejenige, die er aus dem Haus ließ, so daß sie fliehen und schließlich für die Befreiung der anderen noch lebenden Gefangenen sorgen konnte.

Hinsichtlich der sogenannten *Stalker* scheint sich die Haltung der Gesellschaft inzwischen zu wandeln, aber es ist immer noch von großer Wichtigkeit, daß man sich darüber im klaren ist, daß diese Männer – und Frauen – nicht liebeskranke Casanovas sind, sondern potentielle Killer. Und wie mit allen Mördern sollte man auch mit denen verfahren, und zwar eher zu früh als zu spät.

Wenn man den Eindruck gewinnt, die Zielperson einer Obsession zu werden, dann sollte man die emotionalen Türen möglichst bald schließen, und zwar in dem Augenblick, in dem einem mulmig zu werden beginnt. Man sollte sich nicht die Mühe machen, die Gefühle des- oder derjenigen zu schonen, sondern die Person einfach fallenlassen. Diese Charaktere scheren sich nicht um die Gefühle, die sie bei ihren Opfern verursachen. Und man sollte auch nicht glauben, daß sie so leicht aufgeben.

Anstatt in Verhandlungen zu treten, sollte man augenblicklich auf Abwehr schalten. Es empfiehlt sich, jeglichen Kontakt abzubrechen, das Telefon überwachen zu lassen und dafür zu sorgen, daß man nicht mehr namentlich am Briefkasten oder am entsprechenden Parkplatz bei der Arbeitstelle erwähnt wird. Desgleichen sollte man sofort damit beginnen, über alle möglichen Bedrohungen oder Belästigungen Buch zu führen. Man sollte mit Freunden, Nachbarn und Arbeitskollegen über den potentiellen *Stalker* sprechen und Informationen austauschen, und man sollte sich von seinen Bekannten möglichst häufig begleiten lassen, wo immer man auch hingeht, damit der betreffende *Stalker* möglichst keine Gelegenheit mehr bekommt, einen allein zu überraschen. Genauso sollte man sich die Wahrnehmungen der anderen zunutze machen und auf das hören, was sie über denjenigen in Erfahrung bringen können und was sie gesehen haben. Man sollte jede nur denkbare Hilfe annehmen.

Ferner ist es wichtig, immer zu wissen, wo die örtliche Polizeistation ist, wo die Feuerwehr und wo der Notarzt zu erreichen ist. Man sollte immer genügend Benzin im Wagen haben und sich ein tragbares Telefon anschaffen, um im Bedarfsfall damit um Hilfe rufen zu können.

Wenn man bereits dafür gesorgt hat, daß ein Unterlassungsurteil oder eine andere entsprechende gerichtliche Verfügung gegen den Betreffenden erging, so sollte man immer eine Kopie des Dokumentes mit sich führen, um es im Bedarfsfall jederzeit der Polizei vorlegen zu können. Wenn die Polizei jedoch nicht einschreiten sollte, so kann man sich an den zuständigen Bezirksanwalt, den Generalstaatsanwalt, an die entsprechende Victim-Witness-Einrichtung in der jeweiligen Gegend oder – unter der Nummer 1–800-FYI-CALL – an das National Victim Center um Hilfe wenden. *Stalking* ist ein strafbarer krimineller Akt.

In dem mit dem *Stalking* recht verwandten Bereich der häuslichen Gewalt ist der beste Schutz vor Mißhandlung immer der, sich – bevor man eine Beziehung eingeht – darüber klarzuwerden, ob der betreffende Mann zur Gewalttätigkeit neigt, oder ein Bedürfnis hat, Frauen unter seine Kontrolle zu bringen. Man sollte das potentiell gewalttätige oder bedrohliche Verhalten seines Partners jedoch niemals entschuldigen; Entschuldigungen für sein Verhalten findet der schon ganz allein, und zwar jede Menge. Entsprechend einer Erhebung des Ausschusses für die Verhinderung häuslicher Gewalt ist mindestens jede dritte ermordete Frau das Opfer ihres eigenen Ehemannes oder Liebhabers.

Wenn er übermäßig eifersüchtig ist, ein mangelhaftes Selbstwertgefühl hat, possessiv ist oder kontrollierend, wenn er versucht, seine Partnerin ihrer Familie, ihren Freunden oder Arbeitskollegen zu entfremden, wenn er überempfindlich reagiert und für alle seine Probleme andere Menschen verantwortlich macht, ohne die Schuld einmal bei sich selbst zu suchen, wenn er grausam zu Kindern oder Haustieren ist, sich eines verletzenden Vokabulars bedient, wenn er schlägt oder seiner Partnerin droht, sie zu verprügeln oder umzubringen, seine Meinung mit Gewalt durchzusetzen versucht oder sexuelle Handlungen mit Gewalt erzwingt, wenn er häufig und unvermittelt zwischen dem liebenden Freund und dem zornigen und gewaltbereiten Bestrafer hin- und herwechselt, oder wenn er in seiner Vergangenheit bereits eine seiner Partnerinnen geschlagen oder mißbraucht hat, dann ist der Ratschlag ganz schlicht: *MACHEN SIE ZU, DASS SIE VERSCHWINDEN!* Und zwar so schnell Sie können. Es gibt inzwischen überall in den Vereinigten Staaten Hilfseinrichtungen wie der sogenannte »Sichere Hafen« in Fairfax County, wo einem geholfen wird.

Wir sollten in unserem Freundes- und Kollegenkreis alle wachsam auf mögliche Hinweise achten, die für einen häuslichen Mißbrauch oder innerfamiliäre Gewalt sprechen könnten. Blaue Flecken etwa, die nicht recht erklärt werden können, ungewöhnliche Introvertiertheit oder andere auffällige Verhaltensformen wie das wiederholte unmotivierte Fernbleiben vom Arbeitsplatz, all dies sind Anzeichen, die uns aufhören lassen sollten, und wir sollten jede mißhandelte Frau (und auch jeden mißhandelten Mann) ermutigen, Hilfe zu suchen, und dabei unbedingt diskret bleiben.

Die Strategien, sich zu schützen, sind ähnlich wie beim *Stalking*. Man sollte jederzeit wissen, wo man sich hinwenden könnte, wie die nächste Polizeistation zu erreichen ist, die nächste Kirche, oder bestimmte Freunde, bei denen man Schutz finden könnte, und die der gewalttätige Partner nicht so leicht findet. Man sollte nach Möglichkeit stets einen Notkoffer gepackt haben, in dem alles bereitliegt, was man für sich selbst und seine Kinder im Ernstfall bräuchte, wenn man Hals über Kopf das Haus verlassen müßte – etwa Personalausweis, Bargeld, Kreditkarten, die Pässe oder Geburtsurkunden, eventuelle Artzberichte oder spezielle Spielsachen für die Kinder. Doch wenn man den Eindruck hat, daß man sich in unmittelbarer Gefahr befindet, dann sollte man auf der Stelle das Weite suchen, auch wenn man keinen Notkoffer gepackt hat. Zufluchtstellen, Polizeistationen und soziale Hilfseinrichtungen, selbst Beratungsstellen für Vergewaltigungsopfer sind da, um zu helfen.

Gavin de Becker betont immer wieder, sich in solchen Augenblicken ganz auf seine Instinkte zu verlassen. Der Mensch hat sie nicht von ungefähr.

Wir müssen grundsätzlich der Kriminalität gegenüber eine ganz andere Haltung einnehmen, und dafür müssen wir einige unserer Wertprinzipien radikal ändern. Ich war zum Beispiel außerordentlich erstaunt, wie aufgebracht das Fernsehpublikum reagierte, als der Schwergewichtsboxer Mike Tyson seinem Kontrahenten Evander Holyfield im Ring das Ohrläppchen abbiß, und wie unbemerkt vergleichsweise die Meldung durch die Medien ging, daß derselbe Kerl in einem Hotelzimmer eine junge Frau vergewaltigte.

Ich bin zwar der Überzeugung, daß wir alle selbst verantwortlich sind für die Entscheidungen, die wir treffen, aber manchmal können solche Entschlüsse durch einen frühzeitigen Eingriff von außen beeinflußt werden, wie Samenow und andere deutlich gemacht haben. wenn ein Ronnie Shelton, ein

Joseph Thompson, ein Alex Kelly oder ein Robert Chambers und selbst ein John Hinckley jr. oder Jeffrey Dahmer früh genug entdeckt worden wäre – das heißt, wenn jemand frühzeitig auf ihre speziellen Verhaltensmerkmale aufmerksam geworden wäre –, dann hätte man vielleicht noch etwas an ihrer Art zu denken ändern können. Ich glaube ganz und gar nicht, daß dies bei allen diesen Charakteren möglich gewesen wäre, aber bei einem gewissen Prozentsatz der Fälle wäre da sicherlich etwas zu machen gewesen. Aber auch wenn wir ihre Art zu denken nicht mehr ändern können, so haben wir doch noch die Möglichkeit, ihnen die Gelegenheit zu nehmen, gewalttätig zu werden.

Wenn Sie also ein Kind haben oder ein Kind kennen, daß bereits in jungen Jahren Zeichen von Aggressivität oder ein gewalttätiges Verhalten an den Tag legt, dann suchen sie so früh wie möglich Hilfe, am besten noch, bevor das Kind in die Pubertät eintritt. Es gibt in dieser Hinsicht einige klassische Alarmzeichen, wie etwa das, was wir als die Triade des Mordes bezeichnen: wenn ein Kind nämlich noch unverhältnismäßig spät regelmäßig ins Bett macht, wenn es Feuer legt und wenn es andere Kinder oder Tiere quält. Möglicherweise sind diese Symptome in bestimmten Fällen nur vorübergehender Natur und legen sich von selbst wieder, aber mir sind diese Verhaltensauffälligkeiten gerade im Hinblick auf die vielen Serientäter, mit denen ich gesprochen und die ich untersucht habe, zu häufig begegnet, als daß ich sie ignorieren könnte. Diese Symptome sind ganz zweifellos ein alarmierendes Zeichen. Selbst wenn man bei einem Kind keine speziellen Verhaltensauffälligkeiten bemerkt, so gibt es doch noch viele Merkmale, die einen nachdenklich stimmen müssen, fast zu viele, um sie alle aufzuzählen. Das Wichtige ist, daß Eltern und Lehrer in der Lage sind, instinktiv diese Alarmzeichen im Gesamtverhalten eines Kindes und im Verlauf seiner emotionalen Entwicklung zu entdecken. Worauf man achten muß, ist das, was Samenow »eine immer deutlicher und intensiver auftretende Verhaltensauffälligkeit nennt«.

Es gilt jedoch nicht nur auf solche reinen Verhaltensauffälligkeiten zu achten. Wir müssen unseren Kindern darüber hinaus die entsprechenden Wertvorstellungen vermitteln und selbst ein vernünftiges Vorbild liefern. Wir müssen unseren Kindern begreiflich machen, daß diese bekannten Figuren im Sport und in der Unterhaltungsbranche zwar imposante und attraktive Zeitgenossen sein mögen, aber daß die wahren Helden unserer Gesellschaft Menschen wie Hans Hageman, Linda Fairstein und Carroll Ellis sind sowie alle Verbrechensopfer, die einen Weg finden, anderen Betroffenen in ihrer großen Not zu helfen – und nicht die Tragödie ihres eigenen Lebens oder den Schicksalsschlag, der sie heimgesucht hat, dafür mißbrauchen, ihrerseits anderen Menschen ein Leid zuzufügen. Katie Souza beispielsweise hatte eine ganz entsetzliche Kindheit, wahrscheinlich schlimmer, als die meisten Menschen sich vorstellen können. Aber sie ist deswegen nicht ihrerseits kriminell oder gewalttätig geworden, sondern hat statt dessen beschlossen, alles daranzusetzen, was in ihrer Macht steht, um ihren Kindern ein friedlicheres und liebevolleres Leben zu ermöglichen.

Wir müssen endlich lernen, bestimmte Tatsachen zu akzeptieren. Zum Beispiel müssen wir den tatsächlichen Effekt von Resozialisierungsmaßnahmen endlich realistisch sehen, und wir müssen Räume schaffen, in denen Verbrechensopfer ohne Furcht leben können.

Dort wo ich lebe, gibt es eine gesetzliche Regelung, die knapp gesagt jedem Haushund ein einziges Mal in seinem Leben zubilligt, jemanden zu beißen, ihm also sozusagen einen »Freibiß« zugesteht. Sobald dieser Hund aber ein zweites Mal jemanden beißt, so wird er als gefährlich eingestuft. Für den Hundehalter bedeutet das, daß er für sein Haustier mit allen Konsequenzen geradezustehen und zu haften hat wie in jeder anderen Situation, in der er eine potentielle Gefahr für seine Mitmenschen darstellt. Ich bin jedoch noch niemals einem Hund begegnet, der so heimtückisch und boshaft gewesen wäre wie einer dieser Sexualverbrecher, mit denen ich in meinem Berufsleben zu tun hatte. Ich frage also: »Wie lange wollen wir diesen Individuen noch mehr als nur einen ›Freibiß‹ zugestehen?«

Wir sprechen hier nicht nur über das Schicksal, einen geliebten und unersetzbaren Menschen für immer verloren zu haben, was als solches schon für die Betroffenen kaum zu verkraften ist. Man denke einmal daran, wieviel Fürsorge, medizinische und emotionale Aufmerksamkeit sowie Anteilnahme durch Freunde und Familienmitglieder einem Menschen noch zuteil werden können, den eine schwere Krankheit heimgesucht hat oder der einen schweren Unfall hatte, an dem er nicht sogleich gestorben ist. Eine Person jedoch, die durch die Hände eines Gewalttäters stirbt, geht mutterseelenallein zugrunde, zutiefst verzweifelt, ungeliebt, panisch vor Angst und Qual. Und es ist nicht etwa ein Akt Gottes, daß dieses Opfer so unendlich leiden muß, sondern einzig die Entscheidung seines Mörders.

Man mag den Eindruck haben, daß ich übermäßig gefühlsbetont auf dieses Thema reagiere, und man mag mich als hitzköpfig betrachten. Beide Vorwürfe nehme ich gerne auf mich, denn ich habe einfach zuviel davon mitangesehen. Ich habe zuviel Zeit mit wundervollen Menschen zugebracht, deren Leben für immer zerstört wurde durch die Machenschaften solcher Ungeheuer. Und jedesmal muß ich daran denken, daß es auch meine eigene Familie hätte treffen können.

Wir müssen uns dafür einsetzen, daß Verbrechensopfer durch unsere Gesetze besseren Schutz und mehr Rechte eingeräumt bekommen, und wir müssen dafür sorgen, daß dieses System zu ihren Gunsten weiterentwickelt wird. Was immer noch als minderschweres Delikt betrachtet wird, muß endlich als strafbare kriminelle Handlung gelten und entsprechend geahndet werden können.

Durch mehr Rechte für Verbrechensopfern werden die bürgerlichen Freiheiten nicht eingeschränkt, genausowenig wie es einen Konflikt zwischen einer fairen und einer ausgewogenen Gerichtsverhandlung gäbe. Wenn wir Verbrechensopfern in unserem Rechtssystem bessere Möglichkeiten einräumen, dann müssen wir nicht notgedrungen die gegenwärtigen Privilegien angeklagter Verbrecher beschneiden. Es geht ausschließlich um ausgewogene Verhältnisse. Wenn ein überführter Verbrecher vor Gericht alles vorbringen darf, was ihm an Nettigkeiten zu seiner eigenen Person einfällt, nur um zu versuchen, das mögliche Strafmaß zu mildern, warum sollten mit dem gleichen Recht nicht auch die Familie und die Freunde des Opfers den Geschworenen vor Augen führen dürfen, wie wertvoll ihnen der geliebte Mensch war, den dieses Individuum ihnen durch seine Tat entrissen hat? Die Angeklagten verlangen Gerechtigkeit. Mehr will ich auch nicht.

David Beatty sagt: »Hinsichtlich der Bewegung für die Rechte von Verbrechensopfern scheint ein Punkt ganz besonders häufig mißverstanden zu werden, nämlich daß diese Rechte nur auf Kosten der Täter zu erreichen seien. Das ist jedoch nicht der Fall. Wir stellen mit unseren Forderungen ja schließlich nicht die Grundrechte in Frage, die ohnehin durch die Verfassung unantastbar sind, und wollen niemandem das Recht auf einen ordentlichen Prozeß streitig machen.«

Aber etwas dürfen wir einfach nicht zulassen, nämlich daß sich ein Täter als das eigentliche Opfer verkauft. Es sind die Verbrecher, die sich entschlossen haben, daß der kriminelle Akt stattfindet, und nicht die Opfer.

Dies ist einer der vielen Gründe, aus denen sowohl ich als auch Gene und Peggy Schmidt und Trudy Collins und viele andere mehr, die sich in den Vereinigten Staaten immer lauter und deutlicher zu Wort melden, dafür eintreten, daß unsere Verfassung eine Ergänzung braucht, durch die die Anliegen von Verbrechensopfern besser berücksichtigt wird.

Um noch einmal David Beatty zu zitieren: »Meiner Meinung nach ist es sehr interessant zu beobachten, daß die Bürger allmählich begreifen, daß ihnen der Schutz durch die Verfassung immer als Schutz ihrer eigenen Person verkauft wurde; ›Die in der Verfassung verankerten Grundrechte sind zu Ihrem Schutz da. Wenn Sie jemals mit dem Gesetz in Konflikt geraten, dann werden sie von diesen Rechten Gebrauch machen wollen.‹ Aber man mache sich einmal deutlich, daß man diese Rechte auch dann in Anspruch nehmen will, wenn man plötzlich zum Opfer eines Verbrechens wird. Und genau darum geht es bei unserem Antrag auf ein entsprechendes Nachtragsgesetz. Es muß wirklich *jeder* Bürger der Gesellschaft durch die Verfassung geschützt werden.«

Die Opfer von *Stalkern* sollten nicht gezwungen sein, ihre Namen ändern zu müssen, irgendwo anders ein neues Leben aufbauen zu müssen, die Stadt verlassen zu müssen oder zu sterben.

Und Opfer von häuslicher Gewalt sollten nicht gezwungen sein, permanente Bestrafung und permanenten Mißbrauch durch ihre Peiniger hinnehmen zu müssen, und sie sollten auch nicht gezwungen sein, als letzten Ausweg ihren Peiniger zu töten, um nicht von ihm umgebracht zu werden.

Opfer von Verbrechen sollten nicht das Gefühl haben müssen, sie hätten keinen Anspruch auf Auskünfte durch unser Rechtssystem, weil sie vor Gericht ohnehin »einen schlechten Stand« haben. Lynn Allen, die Beauftragte für das Recht von Verbrechensopfern in Kansas, sagt dazu: »Wie würde sich jemand fühlen, der zum Arzt geht und dort einfach nicht über seine Krankheit aufgeklärt wird? Schließlich bittet man ja nicht darum, krank zu werden, man sucht sich seine Krankheit nicht aus. Und doch wird man krank. Und dann sagt einem der Arzt nur: ›Wir werden Sie operieren. Halten Sie sich in ein paar Stunden bereit. Das ist alles, was Sie zu wissen brauchen.‹« Umfragen bestätigen immer wieder, daß Verbrechensopfer – mehr noch als eine angemessene Strafe für den Täter – von unserem Rechtssystem Mitgefühl und Verständnis für ihre schreckliche Situation erwarten. Sie wollen von ihrem Peiniger nicht hören müssen, was beispielsweise Don Gideon zu den Schmidts sagte: »Seht doch zu, wie ihr damit fertig werdet.« Sie wollen Verständnis und Anteilnahme.

Ein Urteil darf nicht so ausfallen, daß ein Gewalttäter schon nach kürzester Haftzeit wieder auf freiem Fuß ist, um sein nächstes Verbrechen zu begehen. »In solchen Fällen«, sagt David Beatty, »macht sich die Regierung mitverantwortlich für den nächsten Mord, den die betreffende Person begeht, und wird sozusagen zum Komplizen. *Rechtsverordnungen, die keine Abhilfe schaffen, bleiben hohle Worte.*«

Wir sollten dem Privatleben und dem Ruf von überführten Sexualverbrechern nicht mehr Interesse schenken als der Sicherheit unserer Kinder.

Unsere moralische Empörung über das, was solche Individuen anrichten, kann gar nicht groß genug sein. Wir sollten mit der gleichen Obsession gegen diese Charaktere ankämpfen, mit der sie selbst ihre Verbrechen begehen. Nur auf diese Weise haben wir eine Chance, diesen Krieg zu gewinnen.

Sabine Rückert

Tote haben keine Lobby

Die Dunkelziffer der vertuschten Morde

„Jeder zweite Mord bleibt unentdeckt", lautete 1998 die alarmierende Meldung einer Nachrichtenagentur. Für Sabine Rückert war sie Anlass genug, sich auf Recherche zu begeben. Monatelang sprach die *ZEIT*-Journalistin mit Richtern und Ärzten, Anwälten und Kriminalisten, mit Hinterbliebenen und Tätern. Ihr brisanter Report entlarvt die Misere der Rechtssicherheit in Deutschland: Wir leben in einem staatlichen System des Nichtwissenwollens. „Sabine Rückert hat ein Buch geschrieben, das den Leser bestürzt macht. Dabei liest sich dieses genau recherchierte Buch so spannend wie ein guter Krimi."

Titel, Thesen, Temperamente

304 Seiten, gebunden

HOFFMANN UND CAMPE